통합 임금 관리

통합 임금관리

초 판 발 행 | 2020년 1월 13일
개정판 발 행 | 2024년 10월 24일

지 은 이 | 장 명 현
펴 낸 이 | 김 남 진

펴 낸 곳 | 중앙경제
디 자 인 | 이지훈, 최가영, 가보경
마 케 팅 | 신석재, 김성울, 이소영, 윤지희, 김선혜
경 영 지 원 | 이상훈, 박세라, 조용환

주 소 | 서울시 중구 다산로 11길 19(신당2동 355-8)
백석빌딩 신관 4층
전 화 | 02-2231-7293
팩 스 | 02-2235-5344
홈 페 이 지 | www.elabor.co.kr
출 판 등 록 | 80. 6. 21 제2-66호

I S B N | 978-89-7017-563-8 (93320)
정 가 | 40,000원

ELABOR
HR CONTENT CREATOR

통합 임금 관리

장명현

중앙경제

개정판 서문

이 책을 집필했을 때, 필자가 가장 강조하고자 했던 것은 임금 관리에 있어 〈노동법의 안정성〉과 〈HR의 효율성〉이 통합적으로 고려되어야 한다는 것이었다. 다만, 초판에서는 〈노동법의 안정성〉과 관련된 부분에 비해 〈HR의 효율성〉 관련 부분의 비중이 낮아 아쉬웠기에 이번 개정판에서는 〈HR의 효율성〉 관련 부분을 좀 더 보강하였다. 이에 임금테이블 및 Pay Band 운영의 메커니즘과 사례를 보강하였고, 최근 이슈가 되고 있는 직무급에 대해서도 새롭게 내용을 추가하였다. 실제로 기업들이 활용하고 있는 사례들을 분석하여 도식화하였기에 이해의 폭을 넓히는데 도움이 될 것으로 기대해 본다.

〈노동법의 안정성〉과 관련된 부분에서도 2020년 초판 발행 이후 변화된 사항들을 보완하였다. 2020년 이후 큰 폭의 노동법 개정은 없었으나, 임금피크제・경영성과급・정기상여금 등과 관련된 주요 판례들의 내용들을 반영하였고, 포괄임금제 및 고정OT제의 오・남용을 제한하려는 정부와 국회의 추세, 주52시간 근무제 이후 정착되고 있는 유연근무제와 관련된 내용들도 좀 더 보강하였다.

필자는 2020년 초판을 발행한 이후에도 여러 건의 임금체계 개편 프로젝트를 수행하고 있다. 그러나 임금체계와 관련된 사항들은 그 파급력이 매우 크면서 동시에 중장기적으로 누적되는 영향을 미치다 보니, 회사 내에서도 여러 다양한 계층들의 입장이 서로 다르고, 때로는 제로섬 게임이 되어 첨예한 갈등을 겪는 이슈라는 것을 계속 체감하고 있다. 모쪼록 이 책의 내용들이 여러 이해관계자들에게 유익한 도움을 주어 불필요한 오해와 갈등을 줄이고, 노사가 함께 발전할 수 있는 도구로 활용되길 바라는 바이다.

2024년 8월

노무법인 아이앤컴퍼니 **장 명 현** 노무사

들어가며

2013년 대법원의 통상임금 판결 이후 대기업부터 중소기업까지 우리나라 대부분의 기업들은 임금과 관련된 이슈들로 인해 큰 혼란을 겪고 있다.

[최저임금]과 관련해서는 인상률의 높고 낮음에 대해 사회적으로 큰 갈등이 있었으며, 산입범위와 환산 시간 수에 있어서도 법령이 바뀌는 변화가 있었고, [통상임금]의 범위와 관련해서도 기아자동차 2심 판결이 나오는 등 아직도 소송의 여파가 계속되는 가운데 지급일 현재 재직자에게만 지급하는 임금도 통상임금으로 보는 하급심 판례가 나오며 여전히 혼란을 주고 있다. 그 외에도 점점 다양해지는 인센티브나 복지포인트와 같은 복리후생 금품이 퇴직금에 영향을 주는 [(평균)임금]에 해당되는지의 여부, 장시간근로를 조장하는 원인이 된다는 [포괄임금]을 제한할 것인지의 여부, '근로시간 단축'을 위해 도입하는 유연근무제에서 임금을 어떻게 관리해야 되는지의 이슈, 공공기관에서 주로 강행되었던 [임금피크제]와 [성과연봉제]의 지속 여부, [직무급] 도입 여부 등 노사에 실로 많은 영향을 주는 임금 관련 이슈들이 동시 다발적으로 표출되고 있는 실정이다.

그런데 이러한 이슈들이 기업에 미치는 영향을 분석하고 해결안을 도출해야 할 기업의 인사 실무자 입장에서는 어려운 개념들을 쉽게 이해할 수 있는 임금 관련 실무서가 마땅히 없는 상황이었다. 시중에 있는 임금 관련 실무서들은 크게 두 가지 유형으로 나뉘어져 있는데, 한 가지 유형은 어려운 법률 개념 중심으로 설명되어 있어 실제 회사의 임금 데이터를 바탕으로 분석하거나 적용하기가 쉽지 않은 상황이고, 다른 한 가지 유형은 요즘 이슈가 되는 노동법 관련 이슈들을 도외시하고 임금체계의 합리성만 강조하고 있어 법적 안정성을 확보하기 어려운 상황이다. 그러다 보니 노동법률 관점과 임금의 합리성 관점 두 가지가 함께 고려되어 기술된 실무서가 없어서 기업의 인사 담당자들이 스스로 학습할 수 있는 마땅한 책이 없어 아쉽다고 하는 것이 현실이다.

특히 최근 임금과 관련된 노동법 이슈가 중요함에도 불구하고, 이를 알기 쉽게 도식화 하거나, 실제 데이터를 바탕으로 계산 사례를 풍부하게 담은 책이 없기에 기업들은 외부에 컨설팅을 받거나, 그렇지 못한 경우에는 자체적으로 수행하면서도 불안해하는 실정이었다.

이에 저자는 대기업 인사담당자 출신 공인노무사 겸 HR 컨설턴트로서 수많은 회사의 임금 컨설팅을 수행하고 강의를 해 왔던 경험을 바탕으로 그 동안 축적해온 임금 관련 노하우들을 이 책에 담고자 하였다. 즉 기업의 인사실무자들이 이 책을 읽고 현재 이슈가 되고 있는 노동법 관점과 HR의 합리성 관점이 통합된 임금체계 솔루션을 모색하는데 도움을 주고자 하였다. 이를 위해 실무적 관점에서 이해하기 쉽도록 어려운 개념들을 최대한 그림으로 도식화 하였고, 엑셀 프로그램을 활용하여 실제 산정한 계산 방식을 담았으며, 강의를 하듯이 쉽게 풀이하여 기술하려 하였다. 즉 노동법과 HR 관점을 함께 고려하면서 파워포인트 도식과 엑셀 계산식과 텍스트가 어우러져 임금체계를 입체적으로 설명하려 하였다.

아무쪼록 이 책이 노동법 이슈를 대응하면서도 기업의 경쟁력 제고를 위하여 임금체계를 합리적으로 운영하고자 하는 기업의 인사 실무자들에게 도움이 되었으면 하는 바람이다.

저자가 이 책을 기술하는데 있어 도움을 주신 많은 분들이 계신다. 우선 LG디스플레이 재직 당시 많은 가르침을 주셨던 선배님들께 감사를 드린다. 그리고 많은 프로젝트들을 함께 수행해 온 노무법인 아이앤컴퍼니 조태호 대표노무사님과 박홍인 노무사 및 구성원들에게도 감사를 드리며, 이슈들을 함께 고민해 주었던 김병대 노무사님 등 동료 노무사님들께도 감사를 드린다. 데이터에 대한 합리적 분석 방법론을 가르쳐주신 성균관대 경영대학 김안드레아 교수님께도 감사를 드린다. 임금 관련 책을 써 볼 것을 처음 제안해 주셨던 동희그룹의 이민언 상무님을 비롯하여 프로젝트를 하면서 함께 해결책을 모색했었던 고객사 인사담당자분들께도 감사의 말씀을 전한다. 사랑하는 부모님과 장모님, 아내, 장한 아들에게 감사의 말씀을 전한다. 마지막으로 노동법 관련 임금 이슈가 심화되는 상황에서 집필이 계속 늦어짐에도 기다려 주시고 응원해 주신 (주)중앙경제 김희성 회장님과 김남진 대표님, 출판을 위해 애써주신 김태윤 상무님과 한지희 대리님, 그리고 김동우 차장님 등 임직원 여러분께도 감사의 말씀을 전한다.

2019년 11월

노무법인 아이앤컴퍼니 **장 명 현** 노무사

목 차

Part I. 임금의 개요 및 임금 관련 최근 이슈

Part II. 근로시간에 따른 임금 지급 원칙

Part IV. HR 효율성 관점에서 임금체계의 진단 및 개선

Part Ⅰ.

임금의 개요 및 임금 관련 최근 이슈

1. 최근 임금 관련 이슈들의 상황 및 배경
2. 임금 판단의 지표(임금의 정의 및 요건)
3. 임금 지급의 4대 원칙

1. 최근 임금관련 이슈들의 상황 및 배경
: 임금관리의 우선순위 변화 (효율성 추구 → 법적 안정성 확보)

IMF 이후 많은 기업들은 임금체계의 효율성을 강화하기 위하여 많은 변화를 추구하여 왔다. 성과관리를 위한 평가제도를 도입하고, 평가결과에 따라 임금을 차등하는 연봉제로 임금체계를 전환하는 것이 新인사제도라 불리었다. 이러한 新인사제도는 효율성과 경쟁을 최우선적으로 다루었고, 이 과정에서 근로시간에 따른 임금지급이라는 노동법 원칙은 외면되어 포괄임금제가 확대되는 등 임금에 있어 법적 안정성은 한 동안 외면을 당해 왔었다.

그런데 이러한 상황이 대략 15년 정도 지나게 되자 변화가 생기기 시작했다. 임금체계는 유연하게 변경되었지만 노동법은 여전히 2000년 이전의 산업 시대에 머무르게 되면서 실제 운영되는 임금체계와 노동법상 임금 규정 간 괴리가 심해진 것이다. 이에 퇴직금을 임금에 포함하여 지급하던 것이 금지되었고, 특히 2013년 대법원 전원합의체의 통상임금 판결 이후에는 임금 운영을 잘못했을 경우의 법적 Risk가 크게 부각되었다.

최근에는 최저임금, 통상임금, 포괄임금(고정OT), 경영성과급, 임금피크제 등을 둘러싼 이슈에 더해 근로시간 단축 및 유연근무제 운영에 따른 임금영향과 같은 노동법 이슈가 크게 부각되고 있고, 직무급으로 임금체계로 변화시키자는 논의라든가 무기 계약직 처우 문제 등 대한민국이 온통 임금과 관련된 노동법 이슈들로 몸살을 앓고 있다고 해도 과언이 아니다.

[표] 최근 임금관련 이슈 현황

구 분	주요 내용
최저임금	– 2018년~2019년 최저임금의 가파른 인상과 2020년 이후 속도 조절 – 최저임금 산입 범위 변경(월할 상여금과 복리후생 성격의 금품 등) – 월급을 시급으로 환산하는 시간수 변경(주휴 유급분은 포함하고, 토요 유급분은 제외)
통상임금	– 법원 판결마다 여전히 달라지는 통상임금 해당 여부 – 통상임금 판단 기준 중 하나인 고정성 요건(재직자 지급 기준)에 있어 기간상여와 명절상여 구분 이슈
(평균)임금	– 민간기업 경영성과급이 노동법상 임금(근로의 대가)에 해당되는지 여부, 특히 평균임금에 해당되어 퇴직금 계산 시 반영되어야 하는지 여부

구 분	주요 내용
임금피크제	- 고령자고용법에 따른 차별에 해당되어 무효(위법)인지, 또는 합리적 차별의 이유가 있다고 보아 유효(적법)인지 여부
근로시간 단축	- 유연근무제 도입·적용에 따른 근로시간 및 임금관리 방안
포괄임금제(고정OT제)	- 포괄임금제(고정OT제) 유형 및 오·남용 금지 - 사무직에 대한 근로시간의 측정 및 부족분 추가 지급
임금체계	- 직급체계 통합(단순화)에 따른 임금(승진 Merit 등) 이슈 - (특히 공공기관) 직무평가에 따른 직무급 도입 및 차등 강화 - 무기계약직(공무직 등 별도 직군) 처우 이슈 [수당/복리후생 차별 이슈, 직급/승진제도 도입 요구 등]

우선 최저임금 관련해서는 2018년(16.4% 인상)과 2019년(10.9% 인상)에 급격히 인상된 이후 2020년부터는 속도조절론에 힘입어 인상률이 다시 낮아진 형국이다.

[그림 1-1] 최저임금 인상 추이 및 임금정책선 불균형 초래

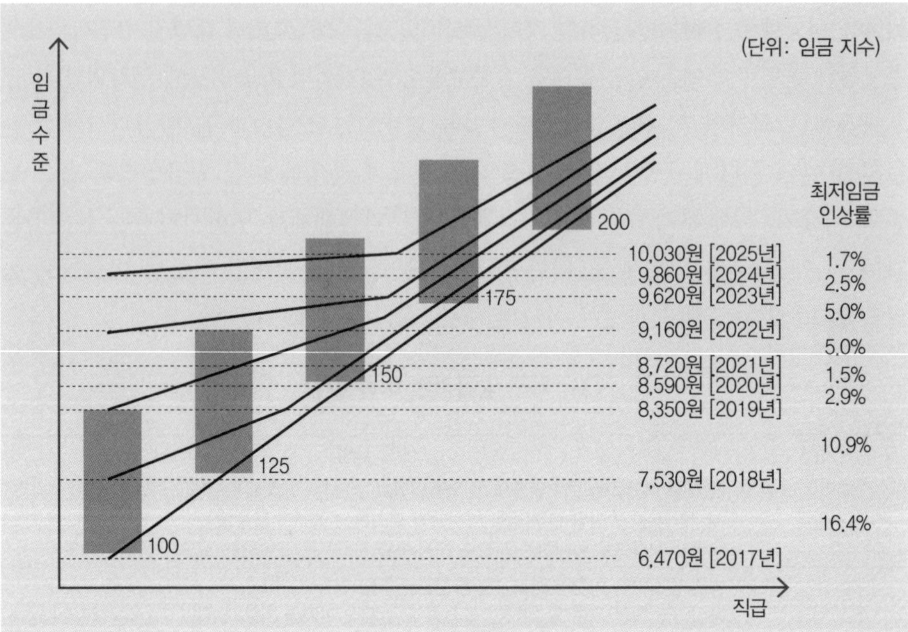

최저임금 이슈는 영세 중소기업에만 해당되는 것이 아니다. 공공기관의 경우에는 총인건비 인상률의 제한으로 인해 임금 역전현상이 일어나거나 임금정책선이

왜곡되는 경우가 발생되었고, 최저임금에 산입 되지 않는 고정상여금 및 연장·야간·휴일 근무수당이 많고 토요일 유급처리에 따라 226이나 243과 같은 높은 환산 시간수[1]를 운영하고 있는 우리나라 임금구조의 특성으로 인하여 중견기업 및 대기업조차 직군에 따라서는 총 연봉수준(실 급여수준)은 꽤 높음에도 최저임금에 미달되는 경우가 발생되고 있다. 특히 고정상여금은 기본급이 인상될 때 연달아 인상되는 정률 임금인 경우가 많으므로 기업에 많은 인건비 부담을 초래하고 있으며, 이에 그 동안 운영하였던 임금구조와 임금정책선 및 임금균형(balance)을 왜곡시키고 있는 상황이다. 실제로 중소기업 중에서는 신입사원부터 고참사원까지 기본급이 최저임금으로 동일해짐으로 인하여 고참사원들이 불만을 내는 경우도 발생되고 있다.

그리고, 최저임금 이슈와 함께 여전히 명확하게 해결되지 않고 있는 통상임금 이슈(특히 재직자 한정 지급하는 정기상여금 이슈), 민간기업 경영성과급의 평균임금 해당 여부, 임금피크제 유효·무효 여부, 근로시간 측정 및 포괄임금제(고정OT제) 오·남용 제한 등의 이슈가 동시 다발적으로 진행되면서 기업들이 임금을 둘러싼 법적 Risk에 대한 압박을 엄청나게 받고 있다.

그렇다면 왜 갑자기 이러한 이슈들이 유독 우리나라에서만 연달아 벌어지고 있는 것이며, 우리나라 기업들의 임금체계는 왜 이렇게 노동법에 취약한 구조가 되어 있는 것일까? 이와 관련된 문제를 이해하기 위해서는 1997년 IMF 전후의 상황을 이해할 필요가 있다.

근로관계에 있어서 가장 기본이 되고 핵심이 되는 임금에 당사자들이 많은 관심을 기울이게 되는 것은 당연한 것이다. 근로자 입장에서는 가족의 생계와 직결되면서 부의 축적을 통한 신분상승의 기초 자산이 되기에 많이 받으려는 것은 인지상정이고, 기업 입장에서는 총 인건비 관리와 통제를 통해 비용을 절감하려 하면서도 직원 동기부여의 강력한 수단으로 활용하려는 것은 경영의 기본이라 할 수 있다. 한편, 정부 입장에서도 공공과 민간부문에 대한 임금관리는 거시적 측면에서의 경기부양과 물가안정 및 세수 확보 등에 영향을 미치는 것이므로 정치적으로 민감한

---

1) 토요일 유급처리에 따른 환산 시간수는 Ⅱ. 3.을 참고.

이슈라 할 수 있다.

그런데 임금과 관련된 관심사가 위와 같다면, 단순히 보았을 때 임금의 수준에 대해서만 논의를 하면 충분할 것임에도 불구하고, 왜 이와 같은 혼란이 야기되고 있는 것일까? 이는 누가 어떤 경우에 임금(Output)을 더 많이 받아야 하는지에 대한 가치 판단과 관련하여, 노사 간에 서로 주장하는 당위적 영향 요인(Input)이 다른 상황에서 노동법은 오직 투입된 시간에 비례해서만 임금 수준이 오르도록 규정되어 있기 때문이라 생각된다.

이 문제를 살펴보기 위하여 우선 고용관계(근로관계)에 대한 법적 정의를 되새겨 보도록 하자.

[그림 1-2] 근로(고용)계약의 개념

> 고용은 당사자 일방이 상대방에 대하여 노무를 제공할 것을 약정하고 상대방이 이에 대하여 보수를 지급할 것을 약정함으로써 그 효력이 생긴다(민법 제655조).
>
> "근로계약"이란 근로자가 사용자에게 근로를 제공하고 사용자는 이에 대하여 임금을 지급하는 것을 목적으로 체결된 계약을 말한다(근로기준법 제2조).

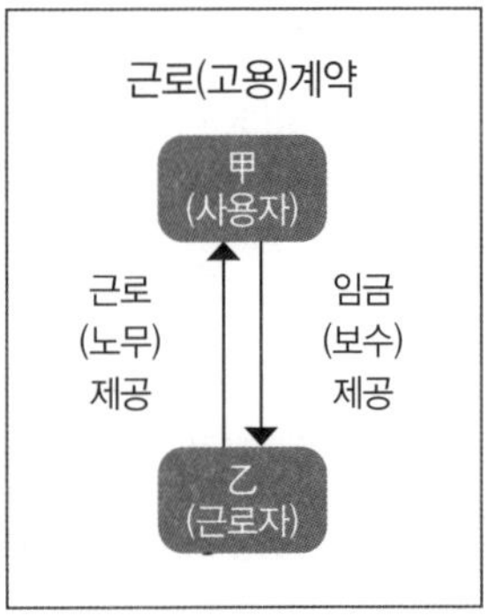

즉 근로자가 근로(= 노무, 정신노동과 육체노동)를 제공하면, 사용자는 임금(= 보수)을 지급하는 것이 근로계약(= 고용계약)인 것인데, 문제는 임금의 수준에 영향을 주는 "근로"의 개념을 바라보는 관점 및 가치관에 차이가 있다는 것이다.

기업은 당연히 성과에 따라 임금을 지급하고자 한다. 반면에 근로자는 성과 외에도 잠재역량(학위·자격·경력 등), 노동 투입시간에 대해서도 보상을 받고자 하는 니즈가 있으며 특히 각종 복리후생 혜택도 보장받고자 하는 니즈 역시 강하다고 볼 수 있다. 반면에 국내 근로기준법은 1953년에 제정된 이래 현재까지 사실상 노동 투입시간에 비례한 임금 지급 원칙을 견지하고 있다.

[그림 1-3] 임금영향요인을 둘러 싼 입장 차이

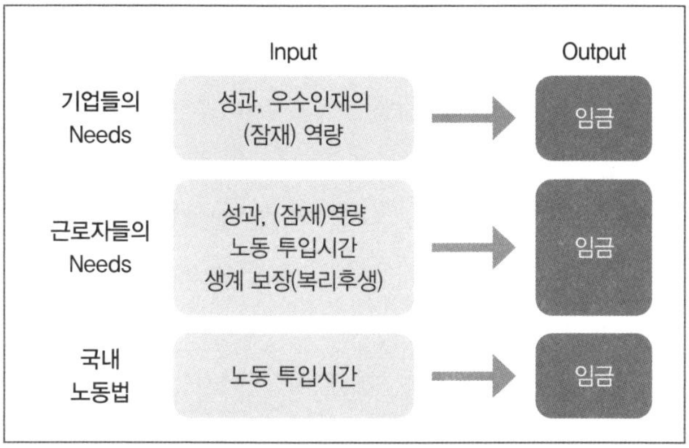

이에 기업들은 근로기준법을 감안하면서, 근로자들의 다양한 니즈들을 충족시키기 위하여 임금구조를 복잡 다양하게 하는 방식으로 대응하였던 것이다. 즉 임금수준이 아닌, 임금구조의 문제로 이슈가 전환된 것이라 볼 수 있다. 여기에는 고용노동부 등 정부의 임금 관련 정책이나 지침들도 영향을 끼쳤던 것이었다.

[그림 1-4] 국내 기업들의 임금구조(Pay Structure) 및 임금결정영향요인(Pay Contributor)

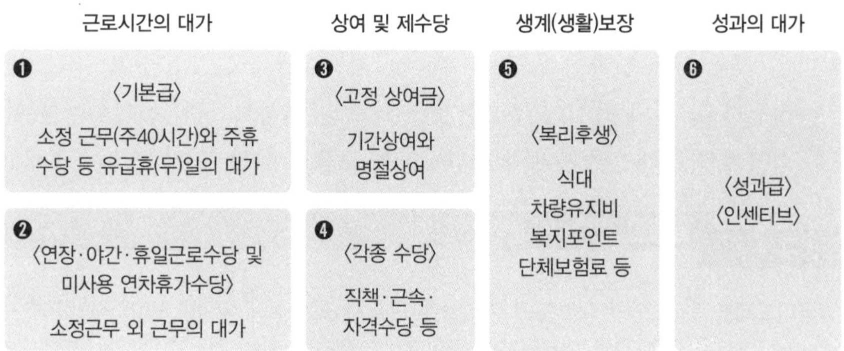

[복잡한 임금구조 형성 이유]

① 기본급 비중 낮춤(임금 인상률 억제, 낮았었던 최저임금 수준)
② OT수당 비중이 높고(교대제 등 장시간 근로), 낮은 연차휴가 소진율

③ 고정 상여금 비중 높음 (매월 지급되지 않으면 통상임금이 아니라는 고용노동부의 기존 통상임금 지침 신뢰)
④ 각종 수당 신설(특정 계층에 대한 동기부여 필요, 임금협약 특성, 타사와의 수당 항목 비교)
⑤ 급여성 복리후생 비중 높음(임금 이분설 영향, 회사가 직원 생계를 보장해 주어야 한다는 사회적 분위기, 타사와의 혜택 비교)
⑥ 평가에 따른 인센티브·생산 장려금 차등 지급(생산성을 높이기 위한 회사의 동기 부여 방안)

게다가 IMF 이후 경쟁이 심화되고 IT를 기반으로 한 산업 고도화로 인하여 기업들은 노동 투입시간에 따른 임금 비중은 낮추고 성과에 따른 임금 비중을 높이는 임금전략을 채택하였던 것이다.

그런데 문제는 "근로시간에 비례한 임금 지급"이라는 근로기준법의 큰 원칙은 여전히 변경되지 않았다는 것이다. 이에 법원에서 매월 지급되지 않으면 통상임금이 아니라는 고용노동부의 기존 통상임금 지침의 효력을 부정하면서 오랫동안 고용노동부의 지침을 신뢰하여 복잡한 임금구조를 운영하였던 기업들에 큰 혼란을 주었고, 정부에서 2018년~2019년에 최저임금을 대폭 인상시키자 총 수령 임금은 높음에도 최저임금에는 미달되는 현상이 나타났던 것이다.

결국 노동법은 명확하지 않고, 누가 어떻게 해석을 하느냐에 따라 결론이 달라지고 있는 상황이다. 이와 같이 현재 상황은 기업의 경영자와 인사담당자들에게 큰 혼란과 어려움을 안겨 주고 있다. 따라서 회사 경영자나 인사실무자들은 법과 HR 관점을 통합적으로 견지하여, 근로기준법의 임금 관련 기본 원칙인 "근로시간에 따른 임금 지급"원칙을 염두에 두면서, 최저임금과 통상임금 및 평균임금의 개념을 정립하고, 이와 동시에 우수인재를 확보·유지하고 직원 동기부여를 할 수 있도록 회사에 적합한 임금체계의 개편방안을 모색해야 할 것이다.

사례연구 Ⅰ-1 **임금피크제는 왜 문제가 되었을까?**

임금피크제를 운영 중인 대부분의 기업들은 근로자 과반수의 동의를 받아 적법하게 도입하였었다. 그런데 2022년 대법원은 임금피크제가 무효가 되는 경우도 있다는 판결(대법 2017다292343, 2022. 05. 26.)을 내렸고, 이에 기업 현장에서는 큰 혼란이 우려되었다. 다만, 대법원은 모든 임금피크제가 무효가 되는 것은 아니라고 하면서, 무효인지 여부를 판단하는 기준을 다음 4가지로 제시하였고, 이들 사정을 종합적으로 고려하여 판단해야 한다는 입장을 제시하였다.

[그림 1-5] 임금피크제가 무효인지 여부를 판단하는 기준

(1)	임금피크제 도입목적의 타당성
(2)	대상 근로자들이 입는 불이익의 정도
(3)	임금삭감에 대한 대상조치의 도입 여부 및 그 적정성
(4)	임금피크제로 감액된 재원이 임금피크제 도입의 본래 목적을 위하여 사용되었는지 등

중앙경제, 이슈앤레포트(2022.05.30.) 인용

해당 판결 이후 여러 소송이 잇따라 제기되었고, 이미 진행 중이었던 사건들을 포함하여 법원은 상기 기준에 따라 각 기업이 도입했던 임금피크제 제도의 특성을 감안하여 유효인지, 무효인지 여부를 달리 판단하게 되었다.

그렇다면, 우선 근로자 과반수의 동의를 통해 절차적 정당성이 확보되었던 임금피크제가 왜 무효가 될 수도 있는 것인지를 살펴보도록 하자.

국내 노동법 중에는 〈고용상 연령차별금지 및 고령자고용촉진에 관한 법률(이하 "고령자고용법"이라 함)〉이 있고, 해당 법률에서는 합리적 이유 없이 고령자(55세 이상자)를 차별하는 것을 금지하고 있다.

〈고용상 연령차별금지 및 고령자고용촉진에 관한 법률 (약칭:고령자고용법)〉

제1조(목적)

이 법은 합리적인 이유 없이 연령을 이유로 하는 고용차별을 금지하고, (중략)

제4조의4(모집 · 채용 등에서의 연령차별 금지)

① 사업주는 다음 각 호의 분야에서 합리적인 이유 없이 연령을 이유로 근로자 또는 근로자가 되려는 사람을 차별하여서는 아니 된다.

2. 임금, 임금 외의 금품 지급 및 복리후생

제4조의5(차별금지의 예외)

다음 각 호의 어느 하나에 해당하는 경우에는 제4조의4에 따른 연령차별로 보지 아니한다.

4. 이 법이나 다른 법률에 따라 특정 연령집단의 고용유지·촉진을 위한 지원조치를 하는 경우

해당 법률은 「연령을 이유로 임금을 차별해서는 안된다」고 명시하고 있으므로 임금피크제는 태생부터가 고령자고용법 위반 소지가 있었던 것이다. 다만, [1] 법 제4조의4에서는 '합리적인 이유 없이' 차별해서는 안된다고 하였으므로 이를 반대해석하면 '합리적인 이유'가 존재한다면 임금 차등이 가능하다는 의미이고, [2] 법 제4조의5에서는 차별금지의 예외 사유가 명시되어 있는데 특히 제4호에서는 '특정 연령집단의 고용유지·촉진을 위한 지원조치를 하는 경우'가 있으므로 위의 두 가지 중 하나라도 해당되는 임금 차등은 적법하고, 해당되지 않는다면 위법하다는 결론이 나온다.

결국 2022년에 나온 대법원 판결은 해당 법률에서 명시되어 있는 두 가지 경우에 해당되는지 여부를 판단하기 위한 구체적 판단 기준을 정립한 것이라 볼 수 있다.

관련하여 해당 대법원 판결이 나온 이후에 대법원이 제시한 기준을 바탕으로 여러 법원들이 판단한 결과 오히려 어떤 사례들은 임금피크제가 적법·유효하다는 결과가 도출되기도 하였다.

그렇다면, 동일한 대법원의 판단 기준을 적용했음에도 불구하고 왜 대법원이 판단한 사례(한국전자기술연구원 사례 ; 대법 2017다292343, 2022. 05. 26.)는 위법·무효하다는 결론이 나왔고, 그 이후에 법원이 판단한 사례(전력거래소 사례 ; 서울남부지법 2020가합103192, 2022.05.27. 및 KT 사례 ; 서울중앙지법 2020가합505662, 2022.06.16.[대법원 2023다220875, 2023.06.15. 확정] 등)는 적법·유효하다는 결론이 나왔을까?

우선 가장 큰 차이점으로는 위법·무효했던 한국전자기술연구원 사례는 2013년 고령자고용법 개정 전에 도입했던 〈정년유지형〉 임금피크제였고, 적법·유효했던 전력거래소 및 KT 등의 사례는 2013년 고령자고용법 개정 후에 도입했던 〈정년연장형〉 임금피크제였다는 점이다.

즉 한국전자기술연구원 사례를 보면, 〈정년유지형〉 임금피크제였기에 직원들 입장에서는 정년이 연장되지도 않았고, 임금이 감소되는 것에 대한 대상(代償)[2]적 조치도 없이 근로조건이 하향되기만 했기에 고령자고용법상 합리적 이유가 없었다고 본 것이다.

반면에 전력거래소 및 KT 등의 사례는 2013년 고령자고용법 개정 이후 정년을 연장시키면서 임금이 삭감된 〈정년연장형〉 임금피크제였기에 그 자체로 어느 정도 적법 요건을 충족하였고, 그 외에 제도 자체의 합리성 및 대상(代償)적 조치들을 하였기에 종합적으로 고려할 때 적법·유효했다고 본 것이다.

2013년 고령자고용법 개정안을 보면 제19조에서 정년을 60세 이상으로 정해야 한다고 규정함과 동시에 제19조의2에서는 사업주와 근로자 과반수 대표자는 임금체계 개편 등 필요한 조치를 해야 한다고 규정되어 있다.

2) 상대편에게 끼친 손해에 대한 보상으로, 그것에 상당한 대가를 다른 물건으로 대신 물어 줌. (표준국어대사전[네이버사전] 인용)

〈고용상 연령차별금지 및 고령자고용촉진에 관한 법률 (약칭:고령자고용법)〉

제19조(정년) [전문개정 2013. 5. 22.]

① 사업주는 근로자의 정년을 60세 이상으로 정하여야 한다.

제19조의2(정년연장에 따른 임금체계 개편 등) [전문개정 2013. 5. 22.]

① 제19조제1항에 따라 정년을 연장하는 사업 또는 사업장의 사업주와 근로자의 과반수로 조직된 노동조합(근로자의 과반수로 조직된 노동조합이 없는 경우에는 근로자의 과반수를 대표하는 자를 말한다)은 그 사업 또는 사업장의 여건에 따라 임금체계 개편 등 필요한 조치를 하여야 한다.

② 고용노동부장관은 제1항에 따라 필요한 조치를 한 사업 또는 사업장의 사업주나 근로자에게 대통령령으로 정하는 바에 따라 고용지원금등 필요한 지원을 할 수 있다.

③ 고용노동부장관은 정년을 60세 이상으로 연장하는 사업 또는 사업장의 사업주 또는 근로자에게 대통령령으로 정하는 바에 따라 임금체계 개편 등을 위한 컨설팅 등 필요한 지원을 할 수 있다.

부 칙 〈법률 제11791호, 2013. 5. 22.〉

이 법은 공포 후 1년이 경과한 날부터 시행한다. 다만, 제19조, 제19조의2제1항 및 제2항의 개정규정은 다음 각 호의 구분에 따른 날부터 시행한다.

1. 상시 300명 이상의 근로자를 사용하는 사업 또는 사업장, 「공공기관의 운영에 관한 법률」 제4조에 따른 공공기관, 「지방공기업법」 제49조에 따른 지방공사 및 같은 법 제76조에 따른 지방공단: 2016년 1월 1일
2. 상시 300명 미만의 근로자를 사용하는 사업 또는 사업장, 국가 및 지방자치단체: 2017년 1월 1일

이에 대해서 법원은 개정법 자체가 정년을 연장하는 것을 전제로 노사의 공동책임으로 임금체계 개편이 요구되었고, 여기서의 임금체계 개편은 임금피크제를 의미하는 것이라고 보았다. 따라서 법 개정에 따라 정년을 연장하면서 임금피크제를 도입한 경우, 즉 〈정년연장형〉 임금피크제를 도입한 경우에는 고령자고용법 제4조의4에서 규정한 '합리적 이유'가 존재한 것으로 볼 수 있고, 또한 동법 제4조의5 제4호에서 규정한 '특정 연령집단(= 55세 이상 60세 미만의 고령자)의 고용유지·촉진을 위한 지원조치를 하는 경우'로 볼 수 있어 차별금지의 예외에 해당된다고 본 것이다.

일례로 KT사례를 보면, 정년 연장 및 임금피크제 도입 전에는 56세 ~ 정년퇴직 (58세) 전까지 누적 임금 지급률이 200%였으나, 정년 연장 및 임금피크제 도입 후에는 56세 ~ 정년퇴직(60세) 전까지 누적 임금 지급률이 300%로 늘어났기에 전체적으로는 정년연장의 혜택

을 본 것으로 볼 수 있어 적법·유효했던 것으로 본 것이다.

[그림 1-6] KT 임금피크제 사례

구분	임금지급률				
	56세	57세	58세	59세	합계
기존 (정년 연장 및 임금피크제 도입 전)	100%	100%			200%
변경 (정년 연장 및 임금피크제 도입 후)	90%	80%	70%	60%	300%

그러나 고령자고용법 개정 후에 〈정년연장형〉 임금피크제를 도입한 경우라 하더라도 위법·무효한 것으로 판단된 사례도 있으니 유의할 필요가 있다. K사의 경우 55세부터 성과연동 임금피크제를 실시함으로써 첫 해부터 최대 45%까지 감액될 수 있었고, 정년연장 및 임금피크제 실시 전에는 55세부터 58세까지 3년간 300%씩 받을 수 있었던 것이 정년연장 및 임금피크제 실시 후에는 매년 성과평가에 있어 최저등급을 받을 경우에는 기존 연봉의 225%만 받게 되었는데, 이와 같이 삭감 폭이 너무 클 경우에는 위법 · 무효한 것으로 본 것이다.

한편, 임금피크제와 관련해서 유의해야 될 것이 또 있는데, 근로자 과반수의 동의를 받아 임금이 삭감되는 임금피크제를 도입하거나 특정 임금 항목이 폐지되는 불이익 변경을 유효하게 한 경우라 하더라도 개별 약정이 존재하고 있을 때에는 유리조건 우선의 원칙에 따라 특정 개인의 동의가 뒷받침되지 않으면 해당 개인에 대해서는 임금 삭감 또는 임금항목 폐지를 할 수 없다는 것이다. 즉 대법원(대법 2018다200709, 2019.11.14.)은 집단적 동의를 받아 유효하게 임금피크제를 도입했다고 하더라도 개별 연봉계약을 통해 임금 삭감이 되지 않은 연봉으로 개별 약정되어 있었을 경우에는 임금피크제가 적용될 수 없고, 개별 동의까지 받아야 한다는 판단을 한 것이다. 이는 임금피크제 외에 특정 임금항목 폐지나 삭감의 경우에도 마찬가지인데, 대법원(대법 2017다261387, 2017.12.13.)은 만근수당 폐지와 관련하여 취업규칙에 정한 내용(만근수당 폐지)보다 근로계약에 정한 근로조건(만근수당 잔존)이 근로자에게 유리한 때에는 당연히 근로계약에 정한 근로조건이 취업규칙보다 우선하여 적용된다는 판단을 한 사례가 있으니 유의하여야 한다.

2. 임금 판단의 지표(임금의 정의 및 요건)

우선 어떤 요건을 갖추어야 근로기준법상 임금인지를 살펴볼 필요가 있다. 어떤 금원이 임금인지 아닌지를 구분하는 실익은 그 금원이 퇴직금 산정을 위한 평균임금에 해당되는지와 같이 근로기준법상 임금 관련 권리·의무 대상이 되는지 여부를 결정하기 위해서라고 볼 수 있다.

근로기준법의 정의 규정에 따르면, 임금 판단의 지표는 다음과 같은 3가지를 모두 충족시켜야 한다.

[그림 1-7] 임금 판단의 지표

"임금"이란 사용자가 근로의 대가로 근로자에게 임금, 봉급, 그 밖에 어떠한 명칭으로든지 지급하는 일체의 금품을 말한다. [근로기준법 제2조(정의) 5호]

임금 판단의 지표
근로기준법 제2조(정의)

❶ 사용자가 근로자에게

❷ 근로의 대가로

❸ 임금, 봉급, 그 밖에 어떠한 명칭으로든지 지급하는 일체의 금품

(1) 사용자가 근로자에게 지급

임금은 "근로기준법상 사용자"가 "근로기준법상 근로자"에게 지급하는 것이어야 한다. 이에 봉사료와 같이 "근로기준법상 사용자"가 아닌 고객이 지급하는 금품은 "근로기준법상 임금"이 아니다. 또한, 보험설계사와 같이 "근로기준법상 근로자"가 아닌 개인사업자가 회사로부터 지급받는 판매수수료와 같은 금품도 "근로기준법상 임금"이 아니다. 다만, "사용자"와 "근로자"라는 개념은 상대적 개념이어서 법원 등의 판단에 따라 달라질 수 있다는 점을 유의하여야 한다.

"사용자"란 사업주 또는 사업 경영 담당자, 그 밖에 근로자에 관한 사항에 대하여 사업주를 위하여 행위하는 자를 말한다(동법 제2조 2호).

"근로자"란 직업의 종류와 관계없이 임금을 목적으로 사업이나 사업장에 근로를 제공하는 자를 말한다(동법 제2조 1호).

사례연구 Ⅰ-2 골프장 캐디피는 임금인가?

일반적으로 골프장 캐디는 캐디피를 회사가 아닌 고객으로부터 직접 받는다. 이에 캐디피는 임금이 아닌 것으로 보며, 이로 인해 골프장 캐디는 근로자로 인정받지 못하고 있다. 다만, 이는 회사가 설정한 지급 방식에 불과하다는 비판도 많다.

(2) 근로의 대가(對價)로 지급

임금은 근로의 대가로 지급되는 것이어야 한다. 여기서 근로의 대가라 함은 임금 항목의 명칭이나 지급 목적과는 상관없이 근로자가 근로를 제공할 것을 전제로 사용자가 지급하는 모든 금품을 의미한다.

이는 법원이 임금 이분설을 폐기[3]함에 따른 것으로 해당 금품을 지급한 목적이 근로자의 생활보장 및 복지제공(식대 등)을 위해서이든 근로자 개인의 성과에 대한 보상(개인 인센티브)이든 간에 근로자가 근로를 제공하였기 때문에 회사가 지급하는 금품을 의미하는 것이다.

따라서, 근로(노동시간의 투입)가 사전적으로 전제되어야하며, 그 대가로 사후적으로 지급되는 것이 임금인 것이다(예외: 가불).

다만, 사용자가 근로자에게 지급하는 금품이라고 하더라도 실비변상적으로 특정 목적에만 활용될 수 있도록 하는 금품(의료비 지원, 자녀 학자비 지원, 출장비 영수증 처리 등)이나, 근로자 개개인의 개별적 근로에 대한 대가가 아니라 회사의 성과 배분(PS; Profit Sharing)을 위한 것이거나, 우수 인재 유치를 위하여 근로에 앞서서 사

3) 임금을 "근로의 대가로서의 임금"과 "생활보조를 위한 임금"으로 나누던 것을 폐기하고, 모든 임금은 "근로의 대가"라고 본 것.

전에 선행하여 지급하는 금품(사이닝보너스, 리텐션보너스, 스톡옵션 등)은 원칙적으로 임금이 아니다. 다만, 최근 민간기업의 경영성과급에 대해서도 근로의 대가(근로자 집단의 협업에 대한 대가)인 임금에 해당한다고 판단한 하급심 판례들이 나오고 있어 혼란이 가중되고 있다.

사례연구 Ⅰ-3 사이닝보너스(Signing Bonus)는 임금인가?

사이닝 보너스, 리텐션 보너스, 스톡옵션 등은 근로에 대한 대가로 사후(事後)적으로 결과적으로 지급하는 금품이 아니라 [y(사이닝보너스) ≠ f(근로)], 우수인재 유치 및 핵심인재 유지를 목적으로 향후에 재직하여 근로할 것을 유인할 목적으로 사전(事前)적으로 선불 지급하는 것이다. [y(의무재직) = f(사이닝보너스)]

이에 향후 근로의 대가를 미리 당겨서 받는 가불과는 다르다. 다만, 이름은 사이닝보너스라 하더라도 지급 방식에 있어, 매월 근로가 완료된 후 급여지급일에 매월 지급하게 되면 임금이 될 수 있음을 유의해야 한다.

[그림 1-8] 임금과 사이닝보너스의 차이

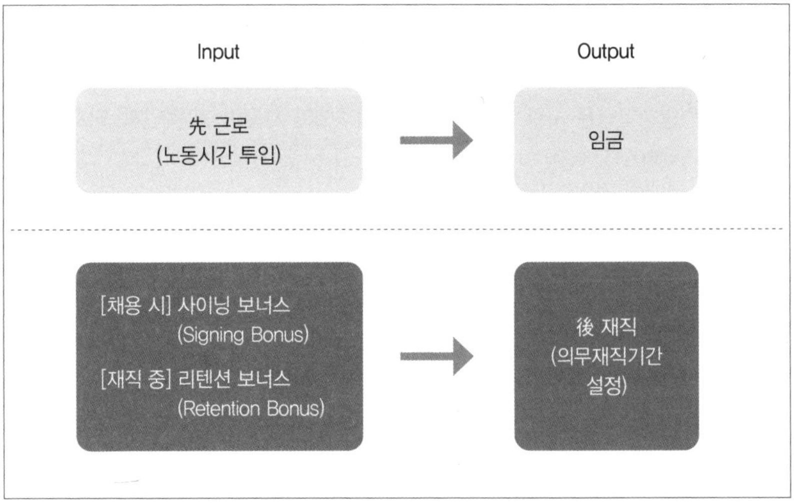

사례연구 Ⅰ-4 경영성과급(PS: Profit Sharing)은 임금인가?

경영성과급은 회사가 이윤이 났을 경우, 임의적·호혜적으로 직원들에게 이윤을 분배하여 지급하는 것이다. 즉 근로자 개개인과의 약정을 통해 개별적인 근로의 대가로 지급되는 것이 아니며, 회사가 직원에 대해 반드시 지급 해야 할 의무가 없으므로 경영성과급이 지급되지 않았다고 하여 직원이 회사에 청구할 수 없는 것이 원칙이다. 이에 (소득세법상 근로소득에 포함됨에도 불구하고) 경영성과급은 원칙적으로 임금이 아니다. 그러나 최근 하급심 판례(서울중앙지법 2019가합538253, 2021.4.15. 등) 중에는 경영성과급도 근로자 집단의 협업에 의한 근로의 대가이므로 임금에 해당된다고 본 사례들이 나오면서 이슈가 되고 있다.

[그림 1-9] 경영성과급의 결정 단계

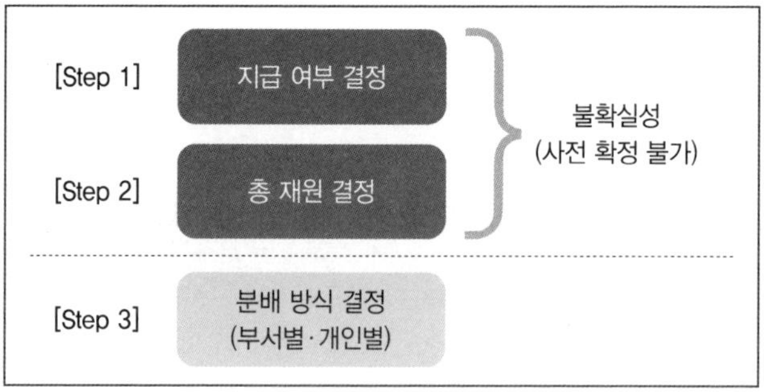

일반적으로 경영성과급은 사업 연도가 종료된 이후에야 지급이 될 것인지, 되지 않을 것인지가 결정되고 [Step 1], 전체 직원들에게 지급할 총 재원이 확정되며 [Step 2], 부서별·개인별로 얼마씩 분배될 것인가가 결정된다[Step 3].

따라서 개별 직원이 얼마를 받게 될지 예측할 수가 없으며(많이 받을 수도 있고, 적게 받을 수도 있고, 아예 못 받을 수도 있음), 특정 개인이 아무리 잘해도(= 근로를 투입해도) 소속 조직이 못하면 못 받을 수 있고, 특정 개인이 못하더라도 조직이 잘하면 받을 수도 있는 것이다.

즉 개별 근로자가 제공한 〈근로의 양과 질〉과 경영성과급간 직접적인 인과관계가 없다면, 임금이 아닌 것이라 볼 수 있다. [y(경영성과급) ≠ f(근로)]

개인별 실적에 따라 차등 지급된 PS의 임금성 부정 판례
○ [서울행법 2008구합17523, 2009.5.1] 특별상여금을 산정함에 있어 직원별로 직급 내지 직책, 지점 등에 따라 지급률을 달리한 것은 개인별·지점별 실적을 참작하여 경영성과에 따라 특별상여금의 분배방식을 정하도록 한 것일 뿐, 개인 내지 지점별 업적을 평가하여 그에 따라 근로의 대가를 지급하였던 것으로 보기 어려운 점 등의 제반 사정에 비추어 보면, 원고가 직원들에게 지급한 성과급이 경영성과와 상관없이 정기적·계속적·반복적으로 이루어짐으로써 근로자와 사용자간에 그 지급이 당연한 것으로 여겨질 정도로 관례가 형성되어 있다고 볼 수 없으므로, 원고가 지급한 특별상여금은 고용보험료 등의 산정기준이 되는 임금총액에 산입할 수 없다 할 것이다.

상기 판례의 경우 개인별 실적과 조직별 실적에 따라 차등 지급함으로써[Step3], 언뜻 보면 성과가 좋은 조직·직원은 많이 받고 성과가 부진한 조직·직원은 적게 받으므로 근로의 대가로 지급된 것처럼 보이지만, 애당초 해당 금원이 지급될지 여부가 결정된 바 없었고, 지급이 결정된 후에도 경영성과급으로 지급되는 총 재원이 나중에 확정되었으므로 [Step1]과 [Step2]에서 이미 임금성은 상실된 것이라 볼 수 있다.

최근 일부 하급심에서 판시된 것처럼 근로자 집단의 협업의 결과로 회사에 이익이 났기 때문에 경영성과급이 지급된 것이므로 임금에 해당된다는 논리에 대해서는 많은 반론이 가능할 수 있을 것이다. 즉 반대로 회사에 손실이 발생하여 적자가 났다면, 그러한 손실도 근로자 집단의 협업의 결과로 발생된 것이라는 논리적 모순이 생길 수도 있는 것이다. 이러한 손실이 발생되었을 때, 근로자들의 임금이 삭감되는 것은 아니기 때문이다. 사실 회사에 이익이 날 것인지 손실이 날 것인지는 근로자 집단의 협업도 중요한 요소이긴 하지만, 그 외에 대외적 환경(환율, 금리, 전쟁, 수요와 공급 등)과 경영자의 고도의 재량에 따른 판단 및 의사 결정(투자, 인수/합병/분할, 수주 등)이 복합적으로 연계되어 결정되는 것이다. 이에 경영성과급이 근로의 대가인 임금에 해당된다는 하급심의 판결에 수긍하기 어렵다.

하지만, 실제 경영성과와는 무관하게 매년 동일한 금액이 상당 기간 지급되어 그 지급이 당연한 것으로 여겨질 정도로 관례가 형성되었다면, 이는 임금으로 인정될 수 있으니 유의하여야 한다.

다만, 공공기관 직원들에게 지급한 경영평가성과급의 경우에는 평균임금 산정의 기초가 되는 임금으로 볼 수 있다는 대법원 판결이 나온 바 있다. 경영평가성과급을 지급받지 못하는 경우가 있다고 하더라도 계속적·정기적으로 지급되고 지급대상, 지급조건 등이 사전에 이미 확정되어 있어 사용자에게 지급의무가 있다는 것을 중요하게 본 것이다.

이는 공공기관의 경우 (비록 경영평가 위원들이 내리는 경영평가 결과에 따라 지급 여부 및 지급률이 사후에 결정된다고 하더라도) 관련 법령 및 예산편성지침에 따라 지급의 기준, 방법과 시기 등이 사전에 명확히 정해져 있다는 것을 중요하게 본 것이다. 즉 위의 [그림 1-7]에서 설명한 경영평가급 결정 단계 중 [Step1]과 [Step2]에 있어서 일반 민간기업과는 달리 상대적으로 임의성과 불확실성이 낮다는 것을 이유로 임금에 해당된다고 판결한 것으로 보여진다.

공공기관의 경영평가성과급에 대해 임금성 긍정 판례
○ [대법 2018다231536, 2018.12.13] 경영평가성과급이 계속적·정기적으로 지급되고 지급대상, 지급조건 등이 확정되어 있어 사용자에게 지급의무가 있다면, 이는 근로의 대가로 지급되는 임금의 성질을 가지므로 평균임금 산정의 기초가 되는 임금에 포함된다고 보아야 한다. 경영실적 평가결과에 따라 그 지급 여부나 지급률이 달라질 수 있다고 하더라도 그러한 이유만으로 경영평가성과급이 근로의 대가로 지급된 것이 아니라고 볼 수 없다. 한편 2012년부터는 공공기관 경영평가성과급의 최저지급률과 최저지급액이 정해져 있지 않아 소속 기관의 경영실적 평가결과에 따라서는 경영평가성과급을 지급받지 못할 수도 있다. 이처럼 경영평가성과급을 지급받지 못하는 경우가 있다고 하더라도 성과급이 전체 급여에서 차지하는 비중, 그 지급 실태와 평균임금 제도의 취지 등에 비추어 볼 때 근로의 대가로 지급된 임금으로 보아야 한다.

(3) 어떠한 명칭으로든지 지급하는 일체의 금품

임금, 봉급, 급여, 보수, 연봉, 금품, 근로소득, 사업소득, 기타소득, 위탁수수료 등 명칭은 노동법상 임금인지 여부를 판단하는데 있어 절대적인 것이 아니다. 세법 및 4대보험의 근로소득(보수)여부와 노동법상 임금 여부도 반드시 일치하는 것이 아니다.

설령 근로자가 아닌 것으로 계약내용을 설정하고 임금이 아닌 수수료 등의 명목으로 지급했다고 하더라도 사후적으로 법원 등으로부터 근로자성이 인정되어 '근로기준법상 사용자'가 '근로기준법상 근로자'에게 지급한 것이 확실하고, 근로에 대한 대가로 지급된 것이라면 노동법상 임금으로 인정되는 것이다.

사례연구 Ⅰ-5 업무위탁수수료는 임금인가?

우리나라는 소위 특수형태고용종사자라 하여 근로자와 유사하지만, 근로계약이 아닌 도급계약 또는 위임계약(위·수탁계약, 개인사업자계약, 용역계약, 프리랜서계약, 자유직업소득자계약 등이라고도 함)을 맺고 있는 직종이 상당 수 존재하고 있다.

[그림 1-10] 고용(근로)계약과 도급계약 및 위임계약의 차이

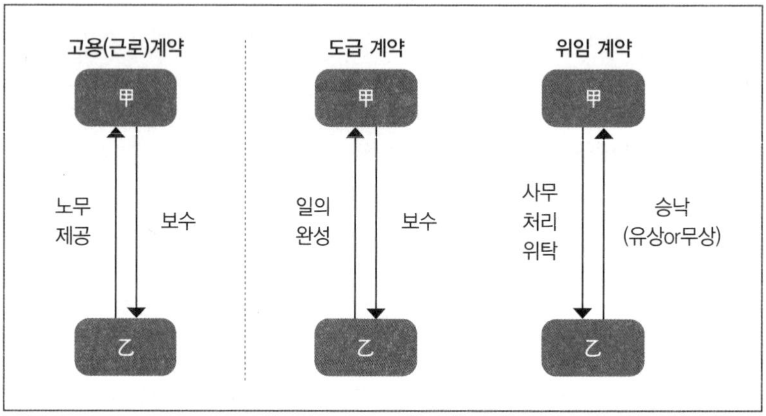

그리고 회사가 이들 직종에게 판매수수료·강의수수료·업무위탁수수료 등의 이름으로 금품을 지급하고 있다.

이들 직종 중에는 소위 보험설계사·학습지교사 등과 같이 산업재해보상보험법에서 정한 특수형태근로종사자 직종에 해당되어 근로자가 아닌 것으로 오히려 낙인된 직종도 있고, 근로자에 해당되는지 여부가 법원이나 노동위원회, 고용노동부 등을 통해 사후적으로 결정되는 계층도 있다. [심지어 운영형태에 따라 동일한 직종임에도 근로자로 인정되기도 하고, 부정되기도 하는 직종도 있다.]

결론적으로 금품의 명칭이 '수수료' 등 임금 명목이 아닌 것과는 상관없이 해당 직종이 근로자로 인정받게 되면 해당 금품은 "임금"이 되는 것이고, 해당 직종이 근로자로 인정받지 못하면 임금이 아닌 것이 된다.

사례연구 Ⅰ-6 세법상 근로소득(4대보험상 보수)의 범위는 임금 범위와 동일한가?

실무에서 보면 노동법과 세법을 혼동하는 경우를 더러 볼 수 있다. 예컨대 (근로소득세가 아닌) 사업소득세로 처리한 자유직업소득자[개인사업자]의 경우 실제는 근로자성이 높아 퇴직금 지급 의무가 발생될 수도 있다고 하면, 사업소득자인데 왜 퇴직금을 지급해야 되느냐고 묻는 경우가 있다. 또한, 식대나 차량유지비와 같은 비과세 소득에 대하여 통상임금 및 평균임금에 포함되어 시간외근로수당 및 퇴직금 산정 시에 반영해야 한다고 하면, 비과세인데 왜 반영해야 하느냐고 묻는 경우도 있다.

이는 (단순히 계약서상 문구나 소득세법상 소득 처리 기준에도 불구하고) 노동법은 실질적인 사실관계에 따라 판단하기 때문에 결론이 달라질 수 있다는 것과 법의 목적과 취지가 다르므로 세법과 노동법은 서로 관련이 없다는 것을 인지하지 못하는 데에서 오는 오해라 할 수 있다.

실제로 아래 그림과 같이 노동법상 〈임금〉과 세법 및 사회보험법상 〈보수(과세 근로소득)〉는 그 범위가 정확히 일치하지 않는다. 기본급 및 고정상여금과 같은 대부분의 임금항목들은 노동법상 〈임금〉이면서 동시에 소득세법상 〈보수(과세 근로소득)〉에 해당되지만, 그렇지 않은 경우도 있다.

예컨대 식대나 차량유지비와 같은 항목들은 세법상 비과세 요건을 갖추게 되면 〈보수(과세 근로소득)〉에서 제외되어 근로소득세 및 사회보험료 산정 시 제외가 되지만, 노동법상으로는 (실비변상이 아닌 한) 임금으로 인정되어 퇴직금 및 시간외근로수당 산정 시 반영이 되어야 한다.

반대로 경영성과급(Profit Sharing)과 같은 경우는 세법상 과세 소득으로 인정되어 근로소득세 및 사회보험료 산정 시에는 포함되어야 하지만, 노동법상으로는 근로의 대가가 아닌 회사의 이윤분배이므로 임금에서 제외되어 퇴직금 산정 시 반영하지 않을 수도 있다.

[그림 1-11] 노동법상 임금과 세법상 근로소득(보수) 차이

세법상 과세되는 [근로소득]이지만
"근로의 대가"인 [임금]이 아님

〈임금(O)〉 〈보수(X)〉	〈임금(O)〉 〈보수(O)〉	〈임금(X)〉 〈보수(O)〉
〈임금〉에 해당되지만 〈보수〉는 아닌 항목 Ex) 비과세 식대 등	**〈임금〉이면서 동시에 〈보수〉에 해당** Ex) 기본급, 자격수당, 고정상여금 등	〈보수〉에 해당되지만 **〈임금〉**은 아닌 항목 Ex) 경영 성과급 (Profit sharing) 등

※ 임금은 "근로의 대가"로 지급되는 금품으로 비과세 여부와 관련 없음.

3. 임금 지급의 4대 원칙

임금은 통화로 지급해야 되고, 사용자가 근로자에게 직접 지불해야 하며(근로자 명의의 계좌 송금 포함), 법정 공제대상 및 단협으로 정하는 금액을 제외하고는 사용자가 임의로 공제함이 없이 전액 지급해야 되고, 원칙적으로 매월 1회 이상 정기적으로 지급해야 한다.

[그림 1-12] 임금 지급 4대 원칙

임금 지급의 4대 원칙 근로기준법 제43조 (임금지급)

❶ 통화(通貨)불 원칙	·임금은 통화로 지급하여야 하며, 다만 법령 또는 단체협약에 특별한 규정이 있는 경우에는 통화 이외의 것으로 지급할 수 있음. ·통화의 의미: 우리나라에서 강제통용력이 있는 화폐 ·취지: 임금에 대한 환가성·처분 가능성 부여 및 근로자 생활 안정
❷ 직접불 원칙	·본인에게 직접, 또는 본인명의로 개설된 은행계좌 입금
❸ 전액불 원칙	·임금은 전액 지급하여야 하며, 다만 법령 또는 단체협약에 특별한 규정이 있는 경우에는 임금의 일부를 공제할 수 있음. ·취지: 위약예정, 전차금 상계 및 강제저축 등을 통한 강제노동 방지
❹ 매월 1회 이상 정기불 원칙	·예외: 임시로 지급하는 임금, 수당, 1개월을 초과하는 조건에 연동된 정근수당·근속수당·장려금·능률수당·상여금, 그밖에 부정기적으로 지급되는 모든 수당

근로기준법 제43조【임금 지급】

① 임금은 통화(通貨)로 직접 근로자에게 그 전액을 지급하여야 한다. 다만, 법령 또는 단체협약에 특별한 규정이 있는 경우에는 임금의 일부를 공제하거나 통화 이외의 것으로 지급할 수 있다.

② 임금은 매월 1회 이상 일정한 날짜를 정하여 지급하여야 한다. 다만, 임시로 지급하는 임금, 수당, 그 밖에 이에 준하는 것 또는 대통령령으로 정하는 임금에 대하여는 그러하지 아니하다.

동법 시행령 제23조【매월 1회 이상 지급하여야 할 임금의 예외】
법 제43조제2항 단서에서 "임시로 지급하는 임금, 수당, 그 밖에 이에 준하는 것 또는 대통령령으로 정하는 임금"이란 다음 각 호의 것을 말한다.
1. 1개월을 초과하는 기간의 출근 성적에 따라 지급하는 정근수당
2. 1개월을 초과하는 일정 기간을 계속하여 근무한 경우에 지급되는 근속수당
3. 1개월을 초과하는 기간에 걸친 사유에 따라 산정되는 장려금, 능률수당 또는 상여금
4. 그 밖에 부정기적으로 지급되는 모든 수당

임금이라면 이러한 임금지급의 4대원칙을 준수해야 하며, 이러한 4대 원칙이 적용되었다면 해당 금품이 '근로기준법상 임금'에 해당하는 것임을 더 강화해 주는 특성이 있다.

(1) 통화(通貨)불 원칙

여기서 통화라 함은 말 그대로 국내에서 통용되는 화폐를 의미한다. 즉 해당 화폐를 지급받았을 때, 활용 용도에 제한받지 않고 어느 것에나 사용할 수 있는 현금을 의미한다(극단적으로 식대를 지급받았다 하더라도 식사를 하는 대신에 화장품을 살 수 있어야 하고, 부조금으로 내거나 심지어 복권을 사거나 도박 자금으로 활용하더라도 아무런 제재가 없어야 한다.).

이에 임금 대신에 회사 제품을 현물로 지급하거나, 외화로 지급하거나, 상품권으로 지급하는 것은 허용될 수 없고, 이를 원칙적으로 임금이라 할 수도 없다. 다만, 근로기준법 제43조 ①항 단서에 따라 법령 또는 단체협약에 특별한 규정이 있는 경우에는 통화 이외의 것으로 지급할 수 있으며, 해외주재원의 경우에는 해당 국가의 통화로 지급할 수 있을 것이다.

사례연구 Ⅰ-7 식당이 없는 사업장에만 지급하는 식대는 임금인가? 실비변상적 복리후생이므로 임금이 아닌가?

〈기아차 사례〉[4] 관련

기아차의 경우 구내식당이 있는 사업장에 근무하여 식사가 현물로 제공된 것은 노사가 당연히 임금으로 보지 않았다. 그런데, 구내식당이 없는 경우에는 형평성 차원에서 식사 대신 중식대를 현금으로 제공[5]하였는데, 이에 대해 회사는 식당이 없는 곳에 근무하는 직원들에게 식사와 동가(同價)의 식대를 제공한 것뿐이어서 식사와 마찬가지로 실비변상이므로 임금이 아니라고 주장하였으나, 노조는 임금에 해당되며 특히 통상임금에도 해당된다고 주장한 사안이었다.

여기서 1심 법원은 구내식당에서 현물로 식사를 제공 받지 못하는 근로자들에게 그에 상응하는 중식대가 지급된다는 이유만으로 실비변상적 금품에 해당된다고 볼 근거가 없다며, (소정)근로의 대가이므로 (통상)임금에 해당한다고 판결하였다.

이에 대해 2심 법원은 『같은 근로자가 같은 내용의 근로를 제공한다고 전제할 경우, 구내식당 설치 여부가 해당 근로자의 근로가치에 대한 평가를 좌우하는 근로조건에 해당한다고는 볼 수 없는 점에서, 중식대의 소정근로대가성을 인정할 수 없다.』는 이유로 1심과는 달리 통상임금이 아니라고 판결하였다.

다만, 2심 법원은 중식대가 통상임금이 아니라는 것은 판결했지만, (평균)임금에 해당되는지 여부에 대해서는 판단하지 않았다. 이 소송은 통상임금이 과소책정되었으므로 시간외수당을 더 지급해달라는 것이 소송의 취지였기에 평균임금에 반영되는 임금인지 여부에 대해서는 굳이 판단하지 않은 것이다.

이와 관련하여 임금이분설을 폐기함으로써 모든 임금은 근로의 대가라고 본 법원 입장에서는 딜레마에 빠진 것으로 볼 수 있다. 즉 기아차 사례에서 중식대를 근로의 대가로 볼 수 없다고 한 이상 통상임금에는 해당되지 않지만, (평균)임금에는 해당된다고 볼 논리가 미약해지기 때문이다. 특히 최저임금법령 개정으로 이미 '근로자의 생활 보조 또는 복리후생을 위한 성질의 임금'이라는 개념이 법에 명시된 이상 임금이분설을 폐기한 법원의 판단이 당분간 계속 엇갈릴 가능성이 있어 보인다.

1심 법원의 판결은 전 직원에게 지급한 금품이 아니라 (식사가 나오지 않기에 부득이하게 일부 직원에게만) "통화"로 지급한 것임에도 불구하고, "통화"로 지급하였기에 그 처분권이

---

4) 1심(서울중앙지법 2011가합105381 등, 2017.8.31), 2심(서울고법 2017나28858 등, 2019.2.22). 대법원(대법 2019다14110 · 14127 · 14134 · 14141, 2020.08.20.)에서는 해당 이슈를 다루지 않아 2심의 판결이 최종 확정되었다.

5) 이 회사 임금규정 제51조에서는 "중식대는 상근자에 한하여 현물로 지급함을 원칙으로 하되, 현물 지급이 불가능한 지역에 근무하는 자에 대하여는 별도 품의에 의해 현금으로 지급할 수 있다."라고 규정하고 있었다.

해당 근로자에게 넘어간 것을 중요하게 본 것으로 판단된다. 즉 현물인 식사 대신 중식대 명목의 현금으로 받았기 때문에 도시락을 싸오거나 다이어트를 위해 굶는 방식으로 실제 받은 식대보다 적게 쓰고, 남은 돈으로 식사 대신에 다른 것에 사용할 수 있는 "통화"였다는 것이 중요하게 작용되었다고 판단된다.

따라서 (2심 법원에서는 결과가 바뀌기는 했지만) 식당이 없는 사업장의 경우, 식대를 통화로 지급하지 않고, 약정된 식당에서만 식사할 수 있는 식권을 지급했거나, 식사한 영수증 금액을 정확히 사후 정산해 주었다면, 실비변상적 항목으로 명확하게 인정되어 통상임금으로 인정되지 않았을 뿐만 아니라 임금 자체에도 해당되지 않았을 것으로 판단된다.

한편, 고용노동부 행정해석(고용노동부 근로기준정책과-655, 2015.3.5)에 따르면 일정액의 금액(통신비, 자가운행보조비 등)이 실비변상으로 인정받기 위해서는 일정 금액의 한도 내에서 실비 지원하는 경우에 해당하여야 한다고 보고 있다. 예컨대 식대의 최고 사용한도를 10만원으로 설정해 두었다면, 실제 사용한 금액이 93,000원으로 영수증 증빙 처리를 가져 왔다면 93,000원을 지원해 주고, 126,000원으로 영수증 증빙 처리를 가져 왔다면 최고 한도인 100,000원까지만 지원해 줄 경우 실비변상으로 보아 임금에 해당되지 않는다고 볼 여지가 있다는 것이다.[6)]

(2) 직접불 원칙

임금은 노동을 한 근로자에게 직접 지급해야 한다는 원칙이다. 직접 지급이라 함은 현찰을 월급봉투에 넣어 건네는 것은 물론이고, 해당 근로자 명의의 급여통장으로 이체하는 것도 당연히 해당된다.

실무적으로 중소기업의 경우에는 해당 근로자가 신용불량자임을 이유로 가족이나 동료 등 타인 명의의 계좌로 입금해 줄 것을 요구하는 경우가 있다. 이 경우 비록 해당 근로자의 요청으로 인해 타인에게 지급해 주었다 하더라도 이는 직접불 위반으로 처벌될 수 있음을 유의하여야 한다.

(3) 전액불 원칙

용어 그대로 임금을 전액 지급하여야 한다는 원칙이다. 급여대장을 보면 [임금항목]과 [공제항목] 그리고 실지급액인 [차인지급액]으로 구성되어 있음을 알 수 있다.

6) 복리후생 금품들의 통상임금 인정 여부는 Ⅲ. 4. 참조.

그런데 여기서 공제항목을 회사가 임의로 설정하여 공제할 수 없다는 것이다. 임금의 처분권은 근로자 본인에게 주어져야 한다는 것으로 본인의 동의 없이 공제할 수 있는 예외 항목은 법정 공제항목과 단체협약에 명시된 공제항목 외에는 없다.

공제항목으로는 법정 공제항목인 근로소득세(소득세와 주민세)와 법정 사회보험료(국민연금, 건강보험료, 장기요양보험료, 고용보험료) 및 민사집행법에 따른 급여 압류항목 등이 해당된다.

또한, 법령에 따라 단체협약으로 인정된 금원들, 예컨대 체크오프 시스템에 따른 조합비 공제가 가능하다.[7)]

그러나, 취업규칙에만 명시된 공제 항목은 임의 공제가 불가능하다. 취업규칙은 특정 근로자가 반대하더라도 근로자 과반수 동의만 얻으면 규정할 수 있는 것인데, 근로의 대가로서 개인에게 주어진 권리인 임금은 취업규칙 규정만으로는 공제할 수 없다. 또한, 아무리 회사가 어렵다 하더라도 임금 반납·공제를 집단적 의사결정으로 행하는 것은 불가하고, 개인의 동의가 반드시 필요한 것이다.

아무리 적은 금액이고 좋은 취지[8)]이거나, 해당 근로자의 귀책사유임이 분명한 회사의 손실[9)]이 발생했다고 하더라도, 임금을 공제하거나 상계하는 것은 반드시 개별 동의 내지 상계 요청[10)]이 필요하다.

다만, 명백한 계산착오로 인해 과·오납을 정산하는 것,[11)] 자유의사에 의한 대출금 공제 신청은 가능하다.

(4) 매월 1회 이상 정기적 지불 원칙

근로기준법에서는 임금을 '매월 1회 이상(일급·주급·2주급·월급 등) 정기적으로 지급'하라고 하면서도 사실상 시행령을 통해 예외 조항을 무한대로 인정(그 밖에 부

7) 이는 노동조합의 단결권을 보장해 주기 위한 것으로 특정 근로자가 노동조합에 가입만 하면, 그 이후에는 개별 조합원의 동의 여부와는 상관없이 조합비를 공제하는 것이다.
8) 우수리 공제, 회사와 개인이 1:1로 매칭 하는 개인연금 등.
9) 불법행위나 채무불이행으로 인한 손해배상 등.
10) 이를 '합의 상계'라 한다.
11) 이를 '조정적 상계'라 한다.

정기적으로 지급되는 모든 수당)하고 있으므로 실무상으로는 크게 이슈가 되지 않는 원칙이라 하겠다.

특히나 2013년 12월의 대법원 전원합의체 판결 이후에는 1달을 초과하는 기간에 지급하는 상여금 등도 통상임금으로 인정될 수 있기 때문에 임금지급의 4대 원칙 중 가장 의미가 퇴색된 원칙이라 할 수 있다. 다만, 경영계의 지속된 요구에도 불구하고, 최저임금은 '매월 1회 이상' 지급하는 금품만 인정하기 때문에 사실상 최저임금의 요건이라 할 수 있다.

한편, 3개월 단위 탄력적 근로시간제를 운영하면서 고정OT제를 동시에 적용하고, 3개월마다 고정OT 초과분을 정산하여 지급하는 사례가 있었다. 하지만 탄력적 근로시간제를 운영하더라도 연장·야간·휴일근로는 1개월 단위로 산정이 가능하고, 연장·야간·휴일근로수당은 매월 정기불 지급 원칙이 적용되므로 3개월 단위로 정산하는 것은 엄밀하게 보아 허용되지 않는다고 할 수 있다.

사례연구 Ⅰ-8 **복지포인트는 임금인가? 임금 지급의 4대 원칙에 부합되는가?**

2013년말 대법원 전원합의체의 통상임금 판결 이후 복지포인트가 통상임금에 해당하는지와 관련된 논란이 한동안 가중되다가 2019년 8월에 나온 대법원 전원합의체 판결(대법 2016다48785, 2019.8.22)로 인해 복지포인트는 임금 및 통상임금에 해당하지 않는 것으로 일단락되었다. 해당 이슈는 복지포인트가 통상임금에 해당되는지에 앞서서, 얼핏 보면 임금 지급의 4대 원칙에 부합되지 않는 복지포인트가 과연 '임금'으로서의 요건을 갖추고 있느냐가 근본적인 이슈가 되었던 것이다.

대법원 판결 전에는 하급심에서 서로 엇갈린 판결이 나왔었는데, 서울고법 판례(2015나2016215, 2016.1.15)는 『(통화가 아닌) 관념적 수치에 불과한 포인트 배정만으로 근로자가 소정 근로의 대가로서 임금을 확정적으로 취득한 것이라 볼 수 없다는 점, (통화가 아니므로) 사용용도와 기간 및 사용방법이 현저하게 제한되고 있다는 점, 해당 기간 내에 사용하지 못하는 경우에도 다음 연도로 이월하여 사용할 수 없다는 점(전액불 원칙이 준수되지 않음), 물품 등을 구매한 후 회사에 결제신청을 하고 회사가 결제승인을 하거나 비용보전을 하여야 비로소 현실적 이익을 얻게 된다는 점(직접불 원칙이 퇴색됨), 복지포인트는 근로시간과 관계없이 지급되고 특히 가족포인트의 경우 근로의 가치평가와 무관한 사항을 조건으로 하여 지급되는 것이므로(근로의 대가[對價]로 볼 수 없음) 복리후생적으로 지급되는 금품 성격이 강하다는 이유로 통상임금에 해당되지 아니한다』고 판시하였고, 임금에도 해당되지 않는다는 판단을 했었다.

그러나 동일한 서울고법의 다른 재판부 판례(2016나2083847, 2017.4.19)에서는 『용도에 제한이 있지만 사용 범위 내에서는 자유롭게 사용할 수 있고 목적 범위 내의 사용에 대하여 회사가 간섭하거나 정산을 거절할 수 없으므로 통화로 지급되는 것과 다르지 않다는 점(포인트도 사실상 통화에 해당된다고 판단), 포인트 부여에 따라 재산적 이익의 처분권이 근로자에게 이전되었고 사후 정산 절차는 구체적인 사용방법에 불과하며 사용되지 않은 포인트가 이월되지 않은 채 소멸한다 하더라도 이는 근로자의 자율적인 판단에 따른 처분 또는 포기에 불과하다는 점(포인트 부여로써 전액불 원칙이 지켜졌다고 판단) 등을 이유로 복지포인트는 [통상]임금에 해당한다』고 상반된 판시를 하였다.

이와 같이 복지포인트나 단체보험료와 같이 사용 용도가 제한되는 실비변상적 성격의 복리후생 항목까지 [통상]임금으로 인정하면서, 임금지급의 4대원칙도 유연하게 보는 경향이 나타났던 것이었다.

하지만 그 이후에 나온 대법원 전원합의체 판결(대법 2016다48785, 2019.8.22)은『복지포인트는 임금에 해당되지 않으며, 이에 통상임금에도 당연히 포함되지 않는다』는 결론을 냈던 것이다.

그 주된 논리로는『1) 근거법령인 근로복지기본법상 근로복지의 개념에서 임금을 명시적으로 제외하고 있다는 점,[12] 2) 선택적 복지제도의 연혁과 도입 경위에 비추어 볼 때 근로자의 욕구를 반영한 새로운 비임금성 기업복지체계를 구축한 것이라는 점, 3) 사용용도가 제한되어 있고 이월되지 않아 소멸되며 양도 가능성도 없다는 점, 4) 근로자의 근로제공과 무관하게 매년 초에 일괄하여 배정되는데, 배정 행위는 사용자가 최종 부담할 의무가 있음을 확인하는 사용자의 사실행위에 불과하므로 배정 자체를 금품의 지급으로 평가할 수 없다는 점, 5) 개별 사업장에서 단체협약이나 취업규칙 등에서 복지포인트에 대해 보수나 임금으로 명시하지 않고 있는 경우가 대부분이라는 점』 등이었다.[13]

---

12) 근로복지기본법 제3조(근로복지정책의 기본원칙) ① 근로복지(임금·근로시간 등 기본적인 근로조건은 제외한다. 이하 같다)정책은[중략]

13) 다만, 대법관 중 4명은 복지포인트가 임금에 해당된다는 반대의견을 제시하였다. 복지포인트의 [통상]임금 여부에 대한 논쟁 이슈는 Ⅲ. 4. (3) 참조

Part Ⅱ.

근로시간에 따른 임금 지급 원칙

1. 근로시간 판단기준 및 법정근로시간
2. 소정근로시간 및 소정근로일의 정의와 요건
3. 시간급 산정을 위한 소위 "시수"의 의미와 이중적 성격
4. 단시간 근로자, 일용근로자에 적용하는 급여 책정 방안
5. 연장 · 야간 · 휴일근로와 가산임금의 적용
6. 대체휴일과 보상휴가제의 운영상 주의사항
7. 포괄임금제(고정OT제) 운영 이슈
8. 주 52시간 근무제에서의 근로시간 구분 및 급여 계산 기준
9. 유연근무제 운영에 따른 급여 책정 방안
10. 감시 · 단속적 근로자 및 관리 · 감독자 등에 대한 급여 책정 방안
11. 교대제 운영 및 개편에 따른 임금 책정 방안

1. 근로시간 판단기준 및 법정근로시간

기본적으로 국내 노동법에서 임금은 근로자가 투입(Input)한 근로시간에 대한 대가(Output, Outcome)의 성격을 갖고 있다. 근로기준법(1953년 최초 제정)이나 최저임금법(1986년 최초 제정)은 모두 제정된 이래 기본적으로 〈근로한 시간〉에 대한 〈시간급 임금〉을 기본 원칙으로 하여 규정하고 있다. 즉 현실적으로 많은 이들이 연봉제 시대에 살고 있지만, 노동법에서는 여전히 시간급 체제인 것이다(노동법에는 연봉이라는 용어조차도 없다). 이는 노사 간의 이해관계에 따라 노동법이 현실을 따라가지 못하고 있는 것이며, 현재에 존재하는 기업들이 1950년대에 만들어진 노동법에 임금체계를 끼워 맞추어야 한다는 것을 의미한다.

따라서, 책임근무제·탄력근무제·재택근무제·원격근무제 등을 통하여 근무장소와 근로시간을 유연하게 운영하려는 기업들과 근로에 투입한 시간(양적 가치)보다는 업무의 질이나 성과(질적 가치)를 중시하는 최근의 기업들은 소위 포괄임금제(고정OT제) 등을 통해 노동법을 회피하려 하지만, 이 과정에서 장시간근로의 폐해가 나타났고 최근 강화되고 있는 장시간 근로에 대한 감독으로 말미암아 어려움을 겪고 있는 기업들이 여전히 존재하고 있다.[1)]

어쨌든 우리나라 노동법은 "근로시간에 따른 임금지급 원칙"을 갖고 있으므로 "근로시간에 따른 임금관리"를 하려면, 근로시간에 대해 명확하게 이해할 필요가 있다.

근로기준법 제50조(근로시간) 제1항과 제2항에서 근로시간은 "휴게시간을 제외"하고 1일 8시간, 1주 40시간을 초과할 수 없다고 하여 법정 근로시간의 한도를 명시하고 있으며, 제3항을 2012년에 신설하여 '근로자가 사용자의 지휘·감독 아래에 있는 대기시간'은 근로시간으로 본다고 규정하고 있다. 이에 근로자가 회사에 체류해 있는 시간 중 회사에 구속되어 실제 근로를 하는 시간을 근로시간으로 하되, 근로자가 자유롭게 이용할 수 있는 휴게시간은 근로시간에서 제외하고, 근로자가 사용자의 지휘·감독 아래에 있는 대기시간은 근로시간에 포함하게 된다.[2)]

---

1) 유연근무제는 Ⅱ. 9. 유연근무제 운영에 따른 급여 책정 방안, 포괄임금제(고정OT제)는 Ⅱ. 7. 포괄임금제(고정OT제) 운영 이슈 참고.

2) 이와 관련하여 최근 사내 복지시설을 이용하는 직원들이 많아지고, 근로시간 중에도 사용자가 지휘·

법정 근로시간의 경우 일반근로자는 1일 8시간과 1주 40시간을 한도로 하여 1주 12시간의 연장근로 한도가 허용되지만, 임산부와 연소자 및 유해·위험한 업무를 수행하는 근로자의 경우에는 달리 적용된다는 것을 유의하여야 한다.

[그림 2-1] 근로자 유형에 따른 법정 근로시간

<table>
<tr><td rowspan="8">법정 근로시간
(5인 이상 사업장)</td><th colspan="2" rowspan="2">구 분</th><th colspan="2">법정 근로시간</th><th rowspan="2">연장 근로
(시간외 근로)</th><th rowspan="2">야간, 휴일근로</th></tr>
<tr><th>1일</th><th>1주</th></tr>
<tr><td colspan="2">일반
근로자</td><td rowspan="4">8hr</td><td rowspan="4">40hr</td><td rowspan="2">(당사자 합의)
1주 12시간
한도</td><td>(제한 없음)</td></tr>
<tr><td rowspan="3">여성
근로자</td><td>일반</td><td>동의 필요</td></tr>
<tr><td>산후
1년 ↓</td><td>1일(2hr), 1주(6hr),
1년(150hr) 한도</td><td rowspan="3">본인 동의
+
노동부 인가 필요</td></tr>
<tr><td>임신 중</td><td>절대적 금지</td></tr>
<tr><td colspan="2">연소자</td><td>7hr</td><td>35hr</td><td>1일(1hr), 1주(5hr)
한도</td></tr>
<tr><td colspan="2">유해·위험</td><td>6hr</td><td>34hr</td><td>절대적 금지</td><td>(제한 없음)</td></tr>
</table>

우선 임산부의 법정 근로시간은 일반 근로자와 동일하나, 출산 후 1년 미만자의 경우에는 연장근로 한도가 제한되며, 임신 중 근로자의 경우에는 연장근로가 절대적으로 금지된다.[3) 4)]

연소자(만 15세 이상 18세 미만인 자)의 경우에는 2018년 법 개정(근로기준법 제69조)으로 인하여 법정 근로시간이 1일 7시간과 1주 35시간이며, 연장근로를 1일 1

감독을 느슨히 한 채 직원들의 재량에 맡기는 경우가 많아지면서 체류시간 중 어디까지를 근로시간으로 볼 것인가가 이슈가 되고 있으며, 특히 고용노동부 광역근로감독과 디지털포렌식팀이 직원들의 출입기록을 데이터화하면서 논란이 되고 있다. 이에 일부 기업에서는 소위 '비근로시간'이라 하여 화장실을 가거나 커피를 마시거나 담배 피우는 시간 등을 제외하려는 움직임을 보이고 있으나, '비근로시간'은 법적 개념이 아니므로 근로시간에서 제외하는 것을 인정받기는 어려운 측면이 있다.

3) 임신중 근로자의 경우에도 특정 요건을 충족할 경우 야간근로가 가능하다는 것을 이유로 연장근로도 가능한 것 아니냐고 오해하는 경우가 있는데, 야간근로가 반드시 연장근로를 전제하는 것은 아니다. 교대제 근로자나 편의점 야간 근로자의 경우에 연장근로를 하지 않으면서 야간에 근로할 수도 있기 때문이다.

4) 고용노동부 근로감독 시, 출산전후휴가를 사용한 직원들의 명단을 받은 후, 이들이 출산전후휴가를 들어가기 전(임신 중이었던 것이 명백하므로)에 연장근로 했는지를 점검하는 방식으로 법 위반 사항을 적발할 수 있다. 다만, 위반 여부는 '실 근로시간'을 기준으로 판단하는 것이므로 '고정연장수당'을 지급했다고 하더라도 실제로 연장근로를 하지 않았다면 법 위반이 되지는 않는다.

시간과 1주 5시간 한도에서 실시할 수 있다. 즉 연장근로를 포함하여 1주간 40시간을 넘을 수 없는 것으로 단축되었는데,[5] 이 법 개정은 5인 이상 사업장에 동시에 적용되었으므로 유의하여야 한다.[6]

이 밖에 유해·위험한 업무의 경우에는 1주 6시간과 1주 34시간을 한도로 하고 연장근로는 절대 금지된다.

사례연구 Ⅱ-1 근로시간 중 휴게시간과 대기시간을 어떻게 구분해야 하는가?

2018~2019년에 최저임금이 급격하게 인상되고, 근로시간 단축 이슈가 부각되면서 체류시간(시업~종업시각)은 동일함에도 휴게시간(수면시 간 포함)을 늘려 근로시간을 줄이는 사례가 아파트 경비원을 중심으로 늘어났었다. 또한 임원 운전기사의 장시간 대기를 휴게로 볼 수 있느냐는 것이 이슈가 되기도 했었다. 특히 근로기준법 제50조 제③항에 대기시간은 근로시간으로 본다는 조항이 2012년부터 들어오면서, 휴게시간과 대기시간이 어떻게 다른지에 대한 이슈가 심화되었다.

기아차 통상임금 소송(서울중앙지법 2011가합105381, 2017.8.3[7])에서는 생산직에 대하여 노사간 합의를 통해 규정으로 정했던 휴게시간을 자유롭게 사용할 수 없었다는 것을 이유로 휴게시간에 대해서도 시간외수당을 청구하여 이슈가 되었다.

해당 판례를 보면, (식사 시간이 아닌) 연장·야간·휴일 근무 중 부여한 10~30분의 휴게시간에 대하여 재판부는 『① 휴게시간에도 생산직 근로자들은 주변정리 및 부품교환 등 준비 작업을 하거나 또는 작업교육, 행정업무를 하였던 것으로 보이고, 일부 부서에서는 휴게시간에도 라인가동이 중단되지 않았기 때문에 정상적인 업무를 수행하여 온 것으로 보이며, 근로자들이 각자의 담당 구역이나 업무에서 이탈하여 자유롭게 수면이나 휴식을 취할 수 있었다고 인정할 만한 증거도 없는 점, ② 달리 피고가 근로자들의 휴게시간이나 휴식시간을 보장하기 위한 실질적 조치를 취하였다고 인정할 만한 증거가 없는 점에다가 ③ 부여된 휴게시간의 기간, 횟수 등에 비추어 보면, 휴게시간에도 근로자들이 실제로는 이를 온전히 이용할 수 없었던 것으로 보이고, 상시 대기상태에 있었던 것으로 보이므로, 원고들에게 부여된 각 10분에서 30분의 휴게시간은 근로자에게 자유로운 이용이 보장된 것이 아니라 실질적으로 사용자

---

5) 법 개정 전에는 1주에 46시간(법정 40시간 + 연장 6시간)까지 근무가 가능했었는데, 1주에 6시간이 단축된 것이다.

6) 일반 근로자의 총 근로시간 한도 단축(1주 68시간 → 1주 52시간)은 근로자 수에 따라 순차적으로 개정법이 시행되지만, 연소자의 경우에는 근로자 수와 상관없이 5인 이상 모든 사업장에 동시 시행되었다. 특히 고등학교를 갓 졸업하고 입사하는 경우에는 주민등록상 생일이 지나지 않아 만 18세에 도달하지 않은 연소자인 경우도 있으므로 유의하여야 한다.

7) 2심 판례(서울고법 2017나28858·28865·28872·28889, 2019.2.22)및 대법원 확정 판결(대법 2019다14110·14127·14134·14141, 2020.08.20.)에서도 동일한 결론이었음.

의 지휘 · 감독 아래 놓여있는 시간으로서 근로시간이라 할 것이다.』라고 판단함으로써, 근로자가 자유롭게 활용할 수 있는 휴게시간에 해당되는 여부에 대한 판단을 엄격히 내린 바 있다.

관련하여 2심에서는 중간 휴게시간 부여와 관련하여 다음과 같은 판단도 한 바 있다.『생산직 근로자와 같이 일반직·영업직·기술직 근로자도 근로시간 중간에 용변을 보거나 음료 등을 위해 자리를 비우기도 하고 근무 중 휴대전화를 사용하기도 하지만, 피고 회사는 이를 근로시간에서 제외하지 않았다. 업무와 업무 중간에 주어지는 휴게시간의 길이, 해당 시간이 효율적인 업무처리에 미치는 영향 등을 반영한 결과로 보인다(피고 회사뿐만 아니라 대부분의 사무직·영업직 근로자가 근무하는 사업장에서 그러하다). 기계가 아닌 이상 매일 8시간의 소정근로시간을 쉬지 않고 일하는 근로자는 상정할 수도 없다. (중략) 근로시간 중간에 휴게를 취하는 방법에 있어서 일반직·영업직·기술직 근로자와 생산직 근로자를 달리 볼 만한 특별한 사정을 찾을 수 없다. 위 시간은 일반직·영업직·기술직 근로자와 같이 다음 근로를 위한 대기시간 또는 준비시간으로 보는 것이 타당하다.』

이러한 법원의 판단 사례를 감안한다면, 최근 일부 회사에서 근로시간을 측정·관리하면서 소위 '비근로시간'이라 하여 커피 마시는 시간 등을 근로시간에서 제외하는 것도 인정받기 어렵다고 할 것이다.

특히 고용노동부 행정해석(근기 01254-12495, 1987.8.5)에서는 작업의 진행상황에 따라 근로자가 '미리 작업개시 전에 휴게시간을 명백히 구분할 수 있는 상황'에 있어야 하며, 사용자로부터 언제 취로 요구가 있을지 불명한 상태에서 대기하는 시간은 휴게시간으로 볼 수 없고 근로시간으로 보아야 한다고 명시하고 있다.

따라서 실제적인 형태를 보아 근로기준법 제54조 제②항과 같이 근로자가 휴게할 수 있는 시간이 사전에 특정되어 실질적으로 자유롭게 이용할 수 있다면 휴게시간으로 볼 수 있고, 그 시간이 사전에 특정되지 않아 언제 사용자의 취로요구가 있을지 알 수 없어 사용자의 지휘 · 감독 아래에 있는 시간은 근로기준법 제50조 제③항에 따른 대기시간으로 보아 유급 근로시간으로 책정해 주어야 하는 것이다.

휴게시간과 대기시간의 구분
근로기준법 제54조(휴게) ② 휴게시간은 근로자가 자유롭게 이용할 수 있다. 근로기준법 제50조(근로시간) ③ 제1항 및 제2항에 따라 근로시간을 산정하는 경우 작업을 위하여 근로자가 사용자의 지휘·감독 아래에 있는 대기시간 등은 근로시간으로 본다.

좀 더 쉽게 식당의 경우를 예로 들자면, 점심과 저녁 시간 사이에 공식적으로 가게 문을 닫고 손님을 받지 않음으로써 직원들에게 온전한 휴게(취침, 외출 허용)를 보장해 준다면 무급 휴게시간이 되는 것이고, 24시간 해장국집에서 비록 야간에 손님이 아무도 없다가도 손님이 한 사람이라도 들어올 경우 식사를 내줘야 한다면 이는 유급 대기시간(근로시간)이 되는 것이다.

사례연구 Ⅱ-2 **자발적인 조기 출근과 늦은 퇴근, 근로시간 중 복지시설 이용 시간, 근로자에게 업무 재량을 부여하며 느슨한 지휘·감독으로 인해 길어진 회사 체류 시간에 대해 급여를 지급해야 하는가?**

[그림 2-2] 고용노동부 근로감독 관련 보도자료

고용노동부, 유명 게임업체 대상 기획근로감독 결과 발표

- 근로자 63.3% 근로시간 한도 위반, 임금 44억여원 미지급
  ○○○게임즈, 근로시간 단축 및 근로자 신규채용 등 일하는 문화 개선 추진키로
- 전체 게임산업의 자율적 근로환경 개선을 유도

□ 고용노동부는 장시간근로로 의혹이 제기된 국내 유명 게임업체인 ○○○게임즈 등 12개사에 대한 근로감독 결과를 발표하였다.

○ 이번 근로감독은 게임업체의 장시간근로문제가 지속적으로 제기됨에 따라 2017.2.14~15 현장 실태조사를 거쳐 기획감독을 실시한 것으로

○ 근로감독(2017.3~4) 결과, 근로자 상당수가 장시간근로에 시달리고 있고, 임금체불 사실도 드러났다.

- 12개사 근로자 3,250명 중 2,057명(63.3%)이 주 12시간의 연장근로한도를 초과하여 6시간을 더 근로*하였고, 연장근로수당, 퇴직금 과소 산정 등으로 금품 44억여원을 미지급한 것으로 나타났다.

  * 2016.2월~2017.1월까지 전체 12개사의 근로자 3,250명 중 1주라도 법 위반에 해당하는 근로자 수 합계 및 법 위반 주간의 평균적인 초과근로시간

- 포괄임금계약을 체결한 경우에도 계약서에 명시된 근로시간보다 실제 근로시간이 많은 경우 추가적 수당을 지급하여야 하는 근로기준법 규정에 대한 이해부족 등으로 임금체불이 발생한 것으로 나타났다.

(붙임) 주요 위반내용 및 체불임금 세부내역

주요 위반 내용

- 근로시간 한도(근로기준법 제53조) 위반: 1주 최대 12시간을 한도로 연장근로 할 수 있으나, 12시간을 초과하여 근로
- 연장수당(근로기준법 제56조) 미지급: 법정근로시간을 초과하여 근로한 경우 근로계약을 초과한 연장근로에 대해 수당을 지급해야 하나, 미지급
- 퇴직금(근로자퇴직급여보장법 제9조) 미지급: 퇴직금은 평균임금을 기준으로 산정하여 지급해야 하나, 일부 항목을 누락하여 평균임금을 과소 산정하였으며, 이로 인해 퇴직금 과소지급
- 파견업무(파견근로자보호등에 관한 법률 제5조): 법에서 규정하는 업무 이외의 업무(회계사무원, 건물관리종사자 등)에 근로자를 파견받아 사용
- 그밖에 ▲취업규칙 변경하였음에도 고용부에 미신고, ▲임신근로자(1명)의 야간근로 제한 위반, ▲기간제근로자와 근로계약시 업무내용 등 필수사항 누락, ▲일부 근로자 건강진단 미실시 등의 위반사항 도 적발

게임업계 등 IT업계는 업무 특성상 근태관리를 철저하게 하지 않고, 근로자에게 업무재량[8]을 부여하며 근로시간 중 복지시설을 자유롭게 이용할 수 있도록 하는 등 근로시간과 휴게시간이 뚜렷이 구분되지 않은 채, 장시간 회사에 체류하는 경우가 많다. 그러면서도 소위 크런치 모드 등 게임 출시를 앞두고서는 일정에 쫓겨 장시간 근로를 지속하는 경향이 있다.

8) 그러나 근로기준법 제58조제3항에 따른 재량간주근로시간제는 유효하게 도입 · 적용하지 않은 경우였음.

2017년 상반기에 고용노동부는 게임업계에 대한 광역근로감독을 실시하면서, 디지털 포렌식 분석팀을 활용하여 근로자들이 회사에 체류해 있는 시간을 분석해 낸 후,[9] 사실상 근로자들이 체류한 전체 시간을 근로시간으로 간주하였다. 이에 1주라도 주 12시간의 연장근로 한도를 넘어선 경우에 대해서는 근로기준법 제53조(연장근로 한도) 위반을 지적하였고, 포괄임금(고정OT)으로 설정한 시간보다 초과하여 근무한 시간에 대해서는 근로기준법 제56조(연장근로수당 지급 의무 등) 위반을 이유로 추가적인 수당 지급 명령을 하였다.

여기서의 시사점은 근태관리의 의무를 지고, 근로시간 여부를 입증·소명해야 하는 주체는 회사(사용자)라는 것과 '근로시간 수'에 따라 고정OT수당을 분리한 경우 약정된 연장근로 시간 한도까지는 포괄임금제(고정OT제)를 인정해 주더라도 그 한도를 초과하는 것에 대해서는 추가적인 연장근로수당 지급의무를 부여한다는 것이다. 즉 근로시간 여부가 뚜렷한 생산직과 달리 사무직의 근로시간은 비근로시간이 혼재되어 명확히 산정할 수 없다고 생각하는 일반 회사들의 고정관념을 깨고, 노동법상 임금은 근로시간에 비례하기 때문에 근로시간 관리의 책임은 회사에 있다는 경각심을 심어준 사안이라 볼 수 있다.

그렇다면, 회사에 체류해 있는 시간(명시적 휴게시간 제외)은 모두 근로시간에 해당되는 것일까? 개인적 성향이나 교통 여건에 따라 빨리 출근하는 직원이 있는가 하면 시업시각 직전에 오는 직원도 있고, 퇴근 통근차량을 이용하기 위하여 일부러 회사에 남아있는 직원도 있으며, 사내 휘트니스나 병원을 이용하느라 업무시간 중에라도 1시간 이상 이석하는 직원도 있는데, 체류시간을 모두 근로시간으로 보는 것도 합리적이지 않을 것이다.

우선 출근시간과 시업시각, 종업시각과 퇴근시간이 반드시 일치하는 것은 아니다. 이 부분 역시 소위 조기출근과 종업시각 후 근로가 얼마나 강제되어 있는 시간인지, 사용자에게 구속된 시간인지 여부를 따져 보아야 한다. 아래 [그림 2-3]의 〈Case 1〉과 같이 개인차는 있더라도 시업시각 직전에 출근하는 것이 허용되고, 종업시각 직후에 퇴근하는 것이 자유로이 허용된다면 실제 체류시간과는 관계없이 시업시각부터 종업시각까지가 근로시간이 되는 것이 원칙이다. 반면에 〈Case 2〉와 같이 사실상 전 직원이 시업시각 전 특정 시각까지 모두 출근하여 업무를 시작하거나, 종업시각 후 특정 시각까지 모두 남아 업무를 하는 경우에는 사실관계를 엄밀하게 따져봐야 한다.

예컨대 백화점이나 병원, 식당, 학원 등 고객이 이용할 수 있는 개점시각과 폐점시각이 있는 경우에는 해당 사업장에서 근무하는 직원들은 당연히 개점시각보다 일찍 출근해야 하고, 폐점시각보다 늦게 퇴근할 수밖에 없을 것이다. 즉 개점시각부터 폐점시각까지의 시간은 고객이 이용할 수 있는 시간인 것이고, 직원들이 업무 준비 및 마감을 위하여 실제로 일하는 시간은 더 길 수밖에 없는 것이다. 실제로 모 패밀리레스토랑을 운영하는 대기업의 경우 고용노동부 근로감독 시, '분 단위 근로시간에 대해 연장근로수당을 지급하지 않은 것'에 대해

9) 최초로 근로감독 대상이 된 A사의 경우 1년(52주)간 3천여명의 건물 출입 기록 880만건, 시스템 접속 기록, 컴퓨터 사용 기록, 야근 교통비 및 식대 지급 내역 등을 모두 찾아내 분석한 것이었음.

연장근로수당 지급명령을 받은 사실이 있는데, 이러한 특성을 무시하였기 때문이다. (교대근무의 경우에도 직전 교대조로부터 업무를 인수받는 시간, 다음 교대조에 업무를 인계하는 시간을 모두 근로시간으로 봐야 할 것이다.)

[그림 2-3] 출퇴근시간과 시업 · 종업시각과의 차이(예시)

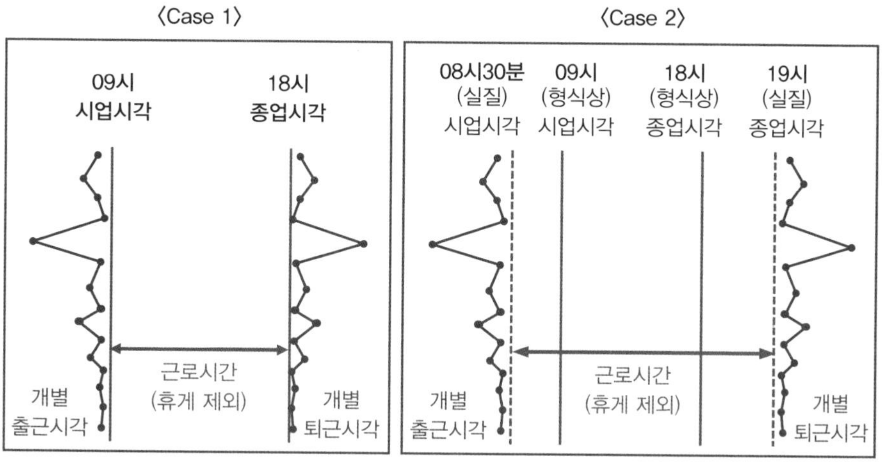

따라서 지문인식 등의 방법으로 출퇴근 체류시간을 반드시 기록해야 하는 것은 아니지만, 근로시간 관리 시스템을 통하여 모니터링을 해야 할 것이다. 즉 업무상 조출이나 연장근로, 휴일근로가 필요할 경우에는 반드시 신청하여 승인을 받도록 하고, 사내 복지시설 이용을 위해 장시간 이석하는 경우에는 반드시 시스템상 사전 계획을 입력하도록 하여야 할 것이다. 이에 이러한 신청이 없었을 경우에는 시업시각부터 종업시각까지의 소정근로시간만 근로시간으로 산정하되, 직원들이 확인할 수 있도록 하고 문제가 있을 경우에는 수정 신청을 할 수 있도록 관리해야 할 것이다. 또한 주기적 모니터링을 통하여 회사에 사전 신청을 하지 않고, 야간이나 휴일에 체류하는 직원에 대해서는 근로시간 관리 기준에 대해 안내를 명확히 하면서 확인서를 받거나, 노무수령 거부의 의사를 표현할 필요가 있다.

사례연구 Ⅱ-3 교육, 워크샵, 회식, 출장 중 이동시간 등을 근로시간으로 봐야 하는가?

고용노동부는 가이드[10]를 통해 교육시간, 접대, 회식, 워크숍·세미나, 출장시간 등에 대하여 근로시간 판단기준을 예시로 제시한 바 있다.

사안별로 애매한 것들이 많아 구체적 사실관계를 따져 판단해야 되겠지만, 가장 중요한 판단기준은 역시 얼마나 사용자의 지시가 있었는지, 그 시간·장소가 구속되었는지에 달려 있다고 할 것이다.

이에 교육의 경우 시간과 장소가 특정된 의무교육은 근로시간으로 봐야 하지만, 업무와의 관련성이 낮거나 사이버교육과 같이 시간과 장소가 특정되지 않거나, 이수가 권고되는 정도에 그치는 것은 근로시간으로 보기 어렵다.

접대, 회식, 워크숍·세미나에 있어서는 사실상 업무로 볼 수 있는 부분에 대해서는 근로시간으로 봐야 하지만, (설령 사용자가 참석을 강제하는 언행을 하였다고 하더라도) 친목도모를 위한 부분이라면 근로시간으로 인정하기 어렵다는 입장이다.

출장 중 이동시간의 경우 애매한 부분이 있으므로 사업장밖 간주근로시간제를 활용하는 것이 바람직하다는 것이 고용노동부의 입장이다. 실제로 하급심에서 내려진 판결(수원지법 2016가단505758, 2016.11.24)을 보면 출·입국 절차에 소요되는 시간, 비행대기 및 비행시간, 현지 이동 시간까지 모두 근로시간으로 봐야 한다는 판단이 있었다.

한편, 업무와의 관련성(인과관계)이 중요한 판단요소가 되는 산재 해당 여부와 근로시간 해당 여부는 반드시 일치하지 않는다는 것을 유의할 필요가 있다. 출퇴근 재해, 1차 회식 중 재해, 야유회에서의 재해는 업무와의 관련성이 있어 산재가 될 수 있지만, 산재로 인정되었다고 하더라도 출퇴근 시간과 회식 시간 및 야유회 시간은 원칙적으로 근로시간에 해당되지 않는다.

10) 〈근로시간 해당여부 판단 기준 및 사례(2018.6.11)〉, 〈노동시간 단축 가이드(2018.6)〉.

2. 소정근로시간 및 소정근로일의 정의와 요건

소정(所定)근로시간이란 법정 근로시간의 범위에서 근로자와 사용자 사이에 정한 근로시간을 말한다(근로기준법 제2조 제8호). 이에 일반적인 경우라면 1일 8시간 및 1주 40시간 이내에서 소정근로시간을 정하게 된다.[11)]

반면에 소정근로일에 대한 정의와 요건은 법에서 따로 정해져 있지 않다. 다만 근로기준법 제55조(휴일) 제①항에서 사용자는 근로자에게 1주일에 평균 1회 이상[12)]의 유급휴일을 주어야 한다고 규정되어 있고, 근로기준법 시행령 제30조(주휴일) 제①항에서는 유급휴일은 1주 동안의 소정근로일을 개근한 자에게 주어야 한다고 규정되어 있다.

이러한 규정들을 종합해 보면, 일반적으로 1주일에 유급 주휴일은 1일 내지 2일이 부여될 수 있고, 1주간의 소정근로일은 주휴일을 뺀 5일 내지 6일로 설정될 수 있으며,[13)] 1주간 40시간의 소정근로시간은 1일 8시간을 한도로 하여 5일 내지 6일의 소정근로일에 배분될 수 있다는 결론이 도출된다.[14)]

---

11) 단시간 근로자가 아닌 경우에는 일반적으로 소정근로시간 역시 법정근로시간과 동일한 1일 8시간 및 1주 40시간으로 정하는 경우가 많다. 그러나 일부 기업의 경우에는 1일 7.5시간 및 1주 37.5시간으로 정하는 경우도 있고, 소위 4.5일(주36시간) 근무제를 운영하는 경우(소위 월요병 예방 차원에서 월요일은 오후 4시간만 근무)도 있으며, 주4일 근무제 도입을 요구하는 경우도 생겨나고 있다. 한편, 탄력적 근로시간제 등을 도입하게 되면, 1일 소정근로시간이 8시간을 초과 할 수 있고, 특정주의 소정근로시간이 40시간을 초과할 수도 있는데, 이에 대해서는 Ⅱ. 9. 유연근무제 운영에 따른 급여 책정 방안 참고.

12) 1주일에 주휴일을 1일 주어도 되고, 2일 주어도 된다. 이에 (어떤 요일을 주휴일로 해야 한다는 법적 제한은 없지만) 일반적으로 일요일만 주휴일로 규정할 수도 있고, 토요일과 일요일 이틀을 주휴일로 규정할 수도 있는 것이다.(상당수의 회사는 일요일만 주휴일로 하고 토요일을 무급 휴무일로 운영) 단, 1주일에 2일을 법에 따른 주휴일로 규정하는 순간 2일 모두 유급휴일로 해야 한다는 것을 주의하여야 한다.

13) 물론 단시간 근로자의 경우에는 1주일에 1일~4일의 소정근무일만 둘 수 있다. 1일 단위의 근로계약을 체결하는 일용근로자의 경우에는 원칙적으로 소정근무일 개념이 성립될 수 없지만, 사실상 기간제 근로자와 같이 연속 근무가 약정된 경우에는 소정근무일 개념이 성립될 수도 있다. 단시간 근로자 및 일용근로자에게 적용되는 급여 책정 사항들은 Ⅱ. 4. 참고.

14) 근로기준법 제50조(근로시간) 및 제53조(연장 근로의 제한)에서 규정한 '1주'가 며칠이냐는 논란과 더불어 1주간 가능한 총 근로시간이 몇 시간인지가 논란이 되었으나, 2018년 근로기준법 개정 시, 제2조(정의) 7호에서 1주란 휴일을 포함한 7일을 말한다고 명시함으로써, 실질적인 근로시간

이를 도식화하면 아래와 같이 3가지 옵션이 나올 수 있다.[15]

[그림 2-4] 1주간 소정근로일 및 소정근로시간 배정 옵션 (토요일 성격 옵션)

	소정 근로일	유급 주휴일	약정 휴(무)일	월	화	수	목	금	토	일
Option 1	5日 (40시간÷8시간)	2日		8hr	8hr	8hr	8hr	8hr	주휴일	주휴일
				40시간÷5일						
Option 2	5日 (40시간÷8시간)	1日	1日	8hr	8hr	8hr	8hr	8hr	약정 휴(무)일	주휴일
				40시간÷5일						
Option 3	6日 (40시간÷7시간)	1日		7hr	7hr	7hr	7hr	7hr	5hr	주휴일
				40시간÷6일						

그러다 보니, 토요일이 소정근로일이 될 수도 있고 휴(무)일이 될 수도 있고, 같은 휴(무)일이라 하더라도 회사의 규정에 따라 법정 주휴일이 될 수도 있고 약정 휴일·휴무일이 될 수도 있으며, 무급 휴(무)일이 될 수도 있고 유급 휴(무)일이 될 수도 있어서 복잡한 양상을 초래하게 되었다.[16]

이상과 같이 현재 근로기준법 체계에서는 주6일 근무도 가능하기 때문에 현재의 근무체계를 주5일제라 하지 않고, 주40시간 근무제라 하는 것이다.

한편, 소정근로시간과 소정근로일은 1일 단위 또는 1주 단위로는 명확하게 정해지지만, 1월 단위로는 명확하게 정해지지 않는다. 월마다 역일(曆日)수가 다르고, 월간 휴(무)일수가 달라지기 때문이다. 따라서 월급제(연봉제 포함)에서는 월 급여의 대상이 되는 월간 근로시간 및 월간 유급 휴(무)일 수를 평균 개념으로 책정하게 된다. 이에 대해서 다음 장에서 곧바로 설명하도록 하겠다.

단축 효과(1주 최대 68시간 근무 가능 → 1주 52시간 근무만 가능)가 발생되었다. 또한, 근로기준법 제51조에 따라 탄력적 근로시간제를 도입하는 경우에는 1주 소정근로시간 40시간을 4일의 소정근로일에 배분할 수도 있다. 탄력적 근로시간제에 대해서는 Ⅱ. 9. 유연근무제 운영에 따른 급여 책정 방안 참고.

15) 근로기준법상 주휴일을 반드시 일요일로 규정해야 되는 것은 아니다. 다만, 편의상 일반적인 모습과 같이 일요일을 주휴일로 정하고, 월요일부터 소정근로일이 시작되는 것으로 설정하였다.

16) 소위 토요일의 성격에 따라 급여 책정 방식에도 차이가 발생되는데, 이에 대해서는 Ⅱ. 3. (2) 소위 토요일의 성격 참고.

3. 시간급 산정을 위한 소위 “시수”의 의미와 이중적 성격

(1) 시간급 산정을 위한 소위 "시수"[17]의 의미

전술한 바와 같이 현행 근로기준법 및 최저임금법은 시급제를 감안하여 설정된 법이라 할 수 있다. 그러나 실제 기업 현장에서는 시급이 아닌 월급 단위[18]를 쓰는 것이 대부분이다.

이에 통상(임금) 시급 및 최저(임금) 시급 산정을 위하여 월급이나 주급, 일급 등을 시급으로 환산하기 위한 기준 시간 수가 필요한데, 이를 편의상 실무에서는 ‘시수’라고 표현하고 있다.[19]

즉 시급은 아래 [그림 2-5]와 같이 특정 기간 동안에 받게되는 임금 총액[분자]을 특정 기간 동안의 시간 수[분모]로 나누어 산정하게 된다. 예컨대 하루에 8시간을 일하고 8만원을 지급받았다면, 시급은 당연히 1만원이 되는 것이다(8만원 ÷ 8시간 = 1만원).

---

17) “시수”라는 용어는 노동법에 나오는 공식적인 용어는 아니지만, 실무적으로 사용되고 있다. 이 책에서 “시수”라 함은 역일상 특정 기간 동안 지급해야 하는 임금을 시간 단위로 환산한 것(몇 시간 어치)을 의미한다. 즉 1주일에 40시간을 근무한 경우 1일의 주휴일을 유급(8시간분)으로 처리한다면 1주 동안에는 48시간분의 임금을 지급해야 하고, 1달 동안에는 209시간분의 임금을 지급해야 하는데, 이와 같이 소정근로를 하게 되면 임금으로 지급해야 하는 시간수(소정근로 시간수+유급처리 시간수)를 “기본 시수”로 칭하도록 하겠다.
한편, 연장·야간·휴일근로를 했을 경우에는 각각 50%의 가산율을 반영해야 한다. 즉 연장근로 2시간을 할 경우에는 3시간분(2시간 × 1.5)의 임금을 지급해야 하는데, 이와 같이 가산 지급률까지 반영한 임금 시간분을 “가산 시수”로 칭하도록 하겠다. 그리고 기본 시수(소정근로 시간수+유급처리 시간수)에 가산 시수(연장·야간·휴일근로에 대한 임금 시간수)를 모두 합산한 것을 “총 시수”로 칭하도록 하겠다. 즉 1주에 40시간의 소정근로를 하고, 1일의 유급 주휴일이 있는 상황에서 1주간 4 시간의 연장근로를 했다면, 1주간 지급하여야 하는 임금은 기본 시수 48시간분(소정근로 40시간분 + 주휴수당 8시간분) + 연장근로 가산 시수 6시간분(4시간 × 1.5) = 54시간분이 되는데, 이와 같이 특정 기간 동안 총 지급해야 하는 임금을 시간 단위로 표현한 것을 “총 시수”로 칭하도록 하겠다.

18) 연봉제를 시행하는 경우에도 연봉을 12개월로 나누어 월급으로 매월 지급하는 것이 원칙임(매월 1회 이상 정기불 원칙).

19) 2018년 최저임금법 개정으로 특정 회사 내에서도 통상임금의 시수와 최저임금의 시수가 다른 경우가 발생될 수 있는데, 이에 대해서는 Ⅱ. 3. (4) 통상임금의 시수와 최저임금의 시수 차이 참고.

2013년 통상임금 전원합의체 판결 전에는 실무적으로 [분자]에 해당하는 최저임금 범위와 통상임금 범위가 같았다고 보았으며, [분모]에 해당하는 최저임금 시수와 통상임금 시수도 같았다고 보았다. 이에 당연히 최저임금 시급과 통상임금 시급은 동일하다고 보았고, 기업들은 시급을 하나만 관리했었다.

[그림 2-5] 최저임금 및 통상임금 시급 산정 방식

▣ (시급이 아닌 일급·주급·월급의) 시급 환산 방식

$$\text{시급} = \frac{\text{[분자] 산입되는 임금 범위 총액}}{\text{[분모] 시간 수}}$$

$$\text{(최저임금)시급} = \frac{\text{(최저임금에) 산입되는 임금 범위 총액}}{\text{(최저임금 산정을 위한)시간 수}}$$

$$\text{(통상임금)시급} = \frac{\text{(통상임금에) 산입되는 임금 범위 총액}}{\text{(통상임금 산정을 위한)시간 수}}$$

그러나 2013년 12월 통상임금 관련 대법원 전원합의체 판결을 통해 최저임금에 산입되는 임금 범위와 통상임금에 산입되는 임금 범위는 다를 수 있다는 것[20]이 공식화되었고, 2018년 최저임금법령 개정을 통하여 최저임금 "기본 시수"와 통상임금 "기본 시수" 역시 다를 수 있다는 것[21]이 명확해졌다. 이에 특정 직원의 최저임금 시급과 통상임금 시급이 달라질 수 있게 되어, 기업들은 이제 시급을 2가지 모두 관리해야 되는 상황이 되었다.

이에 최저임금 시수에 대해서는 Ⅱ. 3. (4)에서 자세히 살펴보도록 하고, 우선 실무적으로 많이 활용되고 있는 통상임금 시수에 대해서 설명하도록 하겠다.

근로기준법 시행령 제6조 제②항에서는 일급·주급·월급 등으로 정해진 임금을 시급으로 환산하기 위하여 나눗셈[분모]에 활용되는 시수를 산출하는 방식이 기술되어 있다.

20) 〈최저임금 범위〉와 〈통상임금 범위〉에 대해서는 Ⅲ. 2. 및 4. 참조.

21) 〈최저임금 시수〉와 〈통상임금 시수〉에 대해서는 Ⅱ. 3 (4) 참조.

근로기준법 시행령 제6조(통상임금)
② 제1항에 따른 통상임금을 시간급 금액으로 산정할 경우에는 다음 각 호의 방법에 따라 산정된 금액으로 한다.
1. 시간급 금액으로 정한 임금은 그 금액
2. 일급 금액으로 정한 임금은 그 금액을 1일의 소정근로시간 수로 나눈 금액
3. 주급 금액으로 정한 임금은 그 금액을 1주의 통상임금 산정 기준시간 수(1주의 소정근로시간과 소정근로시간 외에 유급으로 처리되는 시간을 합산한 시간)로 나눈 금액
4. 월급 금액으로 정한 임금은 그 금액을 월의 통상임금 산정 기준시간 수(1주의 통상임금 산정 기준시간 수에 1년 동안의 평균 주의 수를 곱한 시간을 12로 나눈 시간)로 나눈 금액
5. 일·주·월 외의 일정한 기간으로 정한 임금은 제2호부터 제4호까지의 규정에 준하여 산정된 금액
6. 도급 금액으로 정한 임금은 그 임금 산정 기간에서 도급제에 따라 계산된 임금의 총액을 해당 임금 산정 기간(임금 마감일이 있는 경우에는 임금 마감 기간을 말한다)의 총 근로 시간 수로 나눈 금액
7. 근로자가 받는 임금이 제1호부터 제6호까지의 규정에서 정한 둘 이상의 임금으로 되어 있는 경우에는 제1호부터 제6호까지의 규정에 따라 각각 산정된 금액을 합산한 금액

시간당 통상임금을 산정하기 위한 시수를 살펴보면, [일급 → 시급] 환산은 일급을 1일 소정근로시간 수로 나누면 된다. 일반적으로는 1일 소정근로시간이 8시간이므로 일급을 "8"로 나누면 시급이 된다.

[주급 → 시급] 환산은 주급을 〈1주 소정근로시간 수〉와 〈소정근로시간 외에 1주간 유급으로 처리되는 시간〉을 합산한 시간수로 나누면 된다. 일반적으로는 1주 40시간의 소정근로시간과 1주간 1일의 주휴일에 대한 유급 처리 시간 8시간분[22]을 합산하여, 주급을 "48"로 나누면 시급이 된다.

따라서 주급에는 주휴수당이 포함되어 있다고 볼 수 있는데, 바꿔 말하면 주 40시간 근무를 하더라도 48시간分(어치)의 임금을 지급하는 것이 되고, 주 5일 근무

22) 일반적으로 1일의 유급휴(무)일이나 유급휴가는 1일의 소정근로시간에 해당하는 시간분만큼 유급 처리를 해 주게 된다. 유급처리의 의미는 일을 하지 않았음에도 임금을 지급해 준다는 것이다(무노동유임금).

를 하더라도 6일分(어치)의 임금을 지급하는 것이 된다.[23]

[월급 → 시급] 환산은 월급을 〈주의 통상임금 산정 기준시간 수에 1년 동안의 평균 주의 수를 곱한 시간을 12로 나눈 시간〉으로 나누면 된다.

여기서 "주의 통상임금 산정 기준시간 수"라 함은 앞에서 일반적인 경우인 48시간分(소정근로시간 + 유급처리시간)을 의미하는 것임은 알 수 있는데, "1년 동안의 평균 주의 수를 곱한 시간을 12로 나눈 시간"의 의미가 무엇인지 쉽게 이해가 되지 않을 수 있다. 이는 역일(曆日)상 1달이 30일이나 31일로 이루어진 경우가 있고, 2월의 경우에는 28일로 이루어진 경우도 있기 때문에 이를 평균하라는 의미이다. 왜냐하면 보통 월급은 실제 그 달의 역일수와는 달리 고정된 금액으로 지급되기 때문이다.

이에 "1년 동안의 평균 주의 수를 곱한 시간을 12로 나눈 시간"은 다음과 같이 순차적으로 계산해 나간다면 이해하기가 쉬울 것이다.

① 먼저 1주 동안의 "시수"(1주 동안 지급해야 하는 임금을 시간 분량으로 환산한 것)를 산정한다. [= 1주간 48시간 어치 (1주에 유급 주휴일 1일(유급처리시간 8시간)인 경우)]

② 1주(週)간 "시수"를 7로 나누어 1일(日)간 "시수"를 산정한다. '주(週)' 단위를 '월(月)' 단위로 한 번에 변경할 수 없기에 '일(日)' 단위로 거쳐 가는 것이다. 1주는 7일로 구성되어 있음이 명확하기 때문이다. [= 48시간 어치 ÷ 7]

③ 1일(日)간 "시수"에 365를 곱하여 연(年)간 "시수"를 산정한다. '일(日)' 단위를 '월(月)' 단위로 한 번에 변경할 수 없기에 '년(年)' 단위로 거쳐 가는 것이다. 1년은 (4년에 한 번 돌아오는 윤년을 무시하면) 365일로 구성되어 있음이 명확하기 때문이다. [= 48시간 어치 ÷ 7 × 365]

④ 연(年)간 "시수"를 12로 나누어 월(月)간 "시수"를 산정한다. 1년은 12개월로 구성되어 있음이 명확하기 때문이다. [= 48시간 어치 ÷ 7 × 365 ÷ 12 = 208.57]

이와 같은 방식으로 산정하면 208.57의 시수가 나와 반올림하여 209의 월 시수를 사용하게 되는 것이다.

---

23) 여기에서 소위 토요일이 유·무급인지의 여부와 유급이라면 몇 시간分(어치)이 유급인지에 따라서 시수가 달라지는데, 이에 대해서는 Ⅱ. 3. (2) 토요일의 성격 참고.

[그림 2-6] 통상임금 "시수" 산정 방식

구분	내용
『시수』	· 월급이나 주급, 일급 등을 시급으로 산정하기 위한 기준 시간 수
1주 간 『시수』	· 산정 방식 (근로기준법 시행령 제6조 ②항 3호) : 주의 소정근로시간과 소정근로시간 외에 유급으로 처리되는 시간을 합산한 시간
1월 간 『시수』	· 산정 방식 (근로기준법 시행령 제6조 ②항 4호) : 주의 통상임금 산정 기준시간 수에 1년 동안의 평균 주의 수를 곱한 시간을 12로 나눈 시간
	(40hr + 8hr + 0hr) ÷ 7日 × 365日 ÷ 12月 ≒ 209hr 주 단위 일 단위 환산 연 단위 환산 월 단위 환산

또 다른 계산식으로는 주당 시수에 52를 곱하고 8을 더한 후 12로 나누어 209를 도출하기도 한다. 1주간은 7일이기에 52를 곱하면 364일이 되고, 부족한 1일 8시간을 더한 후 12로 나누어 월간 시수를 산출하는 방식이다. [= (48시간 어치 × 52 + 8시간) ÷ 12 = 208.67]

실무적으로는 뒤의 산식만 계산하여 (÷ 7 × 365 ÷ 12 = 4.345) 주당 시수에 4.34나 4.345를 곱하여 월간 시수를 산출하기도 한다. [= 48시간 어치 × 4.345 = 208.56]

결국 월간 시수의 산정은 주간 시수의 산정으로부터 시작되기 때문에, 월간 시수에도 당연히 주휴수당과 같이 유급 처리하는 시간 수가 포함되어 있는 것이어서 209시간분의 월급에는 주휴수당이 포함되어 있다고 볼 수 있다.[24)](※ 편의점·주유소·커피숍 아르바이트와 같은 시간급 및 일급근로자에게 주휴수당을 지급하지 않은 것이 문제가 되는 경우가 있는데, 월급 근로자의 경우에도 급여명세서 등을 보면 주휴수당이란 임금항목이 별도로 없기에 주휴수당을 지급받지 못했다고 하여 문제를 제기하는 경우가 있다. 그러나, 월급 형태로 지급받는 근로자들은 월급에 주휴수당이 포함되어 있는 것으로 보기 때문에 문제가 되지 않는다.)

---

24) 월급에는 주휴수당 등 유급처리 임금이 포함된 것으로 볼 수 있다는 것은 [사례연구 Ⅱ-4] 참조.

이에 아래와 같이 여러 지급주기 형태별로 다른 임금들(일급, 주급, 월급, 분기급)도 시간급으로 환산을 할 수 있게 된다.[25)]

[그림 2-7] 지급 주기가 상이한 임금항목 별 시급 환산

지급 주기	임금항목	분기급	월 급	주 급	일 급	시 급	[시 수]	시 급	비 고
일 급	일 비				10만		÷ 8	12,500원	
주 급	만근수당			5만			÷ 48	1,042원	(주휴 포함)
월 급	직책수당		20만				÷ 209	957원	(주휴 포함)
분기급	상여금	300만					÷3 ÷ 209	4,785원	(주휴 포함)
시급 합계								19,283원	

(2) 주5일(월~금요일) 근무제에서 토요일의 성격

앞서 소정근로일과 주휴일 등을 배정하는 3가지 Option에 대해 설명했듯이 주5일 근무제에서 토요일[26)]의 성격은 3가지로 나누어 볼 수 있다. 즉 주 6일 근무로 배정했을 경우에는 〈소정근로일〉이고, 평균적으로 주 1일만 부여해도 되는 주휴일을 주 2일 부여했을 경우에는 〈법정 (주)휴일〉이며, 두 가지 모두 해당되지 않을 경우에는 〈약정 휴(무)일〉인 것이다.

우선 주40시간제를 운영하면서 주6일제를 운영하여 토요일을 〈소정근로일〉로 하는 경우는 거의 없으므로 이 경우를 배제하면, 토요일은 〈법정 (주)휴일〉이거나 〈약정 휴(무)일〉이 된다.

우리나라의 휴일은 노동법에서 휴일로 정한 〈법정 휴일〉과 노동법에서 정하진 않았지만 노사가 단체협약이나 취업규칙 등으로 약정하여 정한 〈약정 휴일〉로 나누어 볼 수 있다. 그런데 노동법상 〈법정 휴일〉은 근로기준법 제55조①항에서 정한 주휴일, 근로기준법 제55조②항 및 시행령에 따라 〈관공서의 공휴일에 관한 규

25) 분기급, 반기급 등의 경우에도 해당 월수로 나누어 월급을 산출한 후, 월 시수로 나누어 시급을 산정하면 된다.

26) 주5일 근무제가 아닌 경우도 있고, 주5일제라 하더라도 소정근무일이 반드시 월~금요일인 것만은 아니어서 이번 장에서 다루는 이슈가 역일상 반드시 토요일이라는 특정 요일만을 의미하는 것은 아니나, 편의상 일반적인 경우라 볼 수 있는 주5일(월~금요일) 근무제에서의 토요일을 예로 들었음.

정〉에서 정한 공휴일[27]및 근로자의 날 제정에 관한 법률에서 규정한 근로자의 날만 있을 뿐이다. 그리고 이들 법정 휴일은 유급으로 부여해 주어야 한다.

법정 휴일 외에 창립기념일 등 회사가 취업규칙 등으로 정한 휴일은 〈약정 휴일〉이며, 휴일로 할 것인지 여부를 약정으로 하기 때문에 해당 휴일을 유급으로 할지, 무급으로 할지도 약정사항이 되는 것이다.

[그림 2-8] 노동법상 휴일의 구분

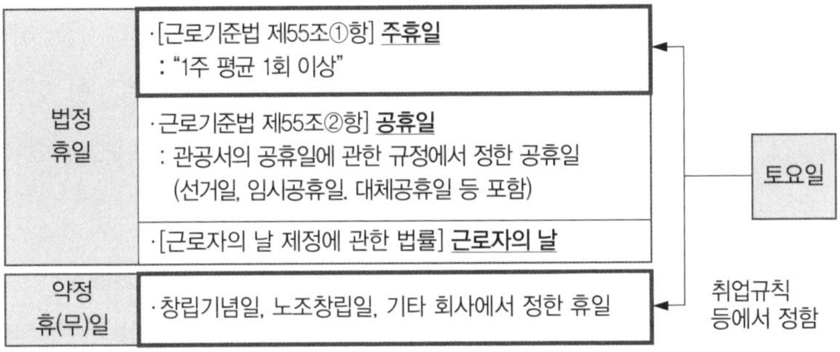

주휴일은 1주일에 1일만 부여해도 되므로 토요일 역시 반드시 〈법정 휴일(주휴일)〉로 부여해야 할 의무는 없다. 이에 토요일을 〈약정 휴(무)일〉로 정해도 되며, 해당 휴일을 유급으로 할 것인지 무급으로 할 것인지도 약정사항이고, 유급으로 한다면 몇 시간을 유급으로 할 것인지도 약정사항이다.

그런데 고용노동부는 주 44시간제에서 주 40시간제로 변경할 당시 토요일의 성격을 두고 별도의 약정이 없다면 '(무급) 휴무일'로 보는 것이 원칙이라는 매뉴얼[28]을 내었고, 이에 많은 기업들이 토요일을 '(무급) 휴무일'로 운영하고 있는 실정이다.[29]

---

27) 관공서의 공휴일에 관한 규정 제2조 10의2호에서 정한 선거일, 11호의 임시 공휴일, 제3조의 대체공휴일도 노동법상 법정 휴일에 포함된다. 관공서 공휴일은 2019년까지는 법정 휴일이 아니었으나 근로기준법 개정으로 2020년 이후 근로자 수에 따라 순차적으로 법정 휴일이 되었다. 그전부터 관공서의 공휴일을 휴일로 하였던 기업들은 약정 휴일이었던 것이 법정 휴일로 전환된 것이다.

28) 주40시간제 도입 매뉴얼(고용노동부, 2010년 12월) 등.

29) 기업들 중에는 토요일이 무급 휴무일이라고 취업규칙이나 근로계약서에 명시적으로 규정하는 경우도 많이 있다.

고용노동부의 논리는 토요일은 소정근무일도 아니고, (주)휴일도 아니므로 별도의 약정이 없다면 휴일은 아니지만 근로의무가 면제되는 휴무일(=근로의무면제일)이라는 논리를 낸 것이다.[30]

이 의미는 주중(월~금요일)에 40시간의 소정근로시간을 모두 채웠을 경우에는 토요일에 근무해야 할 의무가 면제되는 것이며, 다만 주중(월~금요일)에 휴일이 있었거나 휴가가 있음으로 인해서 주40시간을 채우지 못했다면 토요일에 8시간의 근로를 하더라도 법정연장근로로 처리할 필요가 없다는 의미이다.[31]

이러한 휴무일 개념은 비단 토요일 이슈에서만 찾아볼 수 있는 것은 아니다. 예컨대 격일제 근무자의 경우에는 아래 그림과 같이 근무와 휴무를 1일 단위로 반복하게 되고, 이에 어떤 주에는 3일의 휴무일이 발생되고 어떤 주에는 4일의 휴무일이 발생되는 상황을 상정해 볼 수 있다.

[그림 2-9] 격일제 근무자의 근무일 및 휴(무)일 편성 사례

격일제 근무자 Case	월	화	수	목	금	토	일
[1주차]	○	X (무급 휴무일)	○	X (무급 휴무일)	○	X (유급 주휴일)	○
[2주차]	X (무급 휴무일)	○	X (무급 휴무일)	○	X (무급 휴무일)	○	X (유급 주휴일)

이 상황에서도 (유급)주휴일은 1주에 1일만 부여하면 되므로 나머지 휴무일은 주휴일이 아닌 약정 휴일이 되거나 휴일이 아닌 휴무일이 되는 것이라 볼 수 있으며,

---

30) 고용노동부가 2018년 5월에 발간한 [개정 근로기준법 설명자료(40p)]에서도 '무급휴무일'인 토요일에 10시간 근로한 경우에도 '휴일근로 가산임금'이 적용되는지에 대한 Q&A를 통해 휴무일이나 비번일 등 휴일이 아닌 날은 적용되지 않는다고 하여, 휴일과는 다른 휴무일이나 비번일의 개념을 견지하고 있다.

31) 예컨대 주중(월~금요일)에 1일의 유급휴일이나 휴가가 있어서 주 32시간만 근무한 상태라면, 토요일에 8시간을 근무하여 주40시간을 채우도록 할 수 있다는 의미이며, 이 때 토요일에 실시한 8시간의 근무는 50% 가산임금이 지급되어야 하는 법정연장근로나 휴일근로가 아니라는 의미이다. 다만, 주중 휴일이나 휴가는 100% 유급처리(8시간분)가 되어야 하기에 토요일에 실시한 8시간의 근무에 대해서 근무분 100%는 별도로 지급되어야 한다. 이에 대해서는 Ⅱ. 5. 및 8. 참조.

해당 약정 휴일이나 휴무일은 반드시 유급으로 부여할 의무가 없으므로 무급휴(무)일의 성격을 가진다고 볼 수 있다.

다만, 기아차 통상임금 판결[32]에서는 토요일의 성격에 대해서도 판단을 하였는데, 법원은 『근로기준법에서 '휴무일'이라는 용어를 전혀 사용하고 있지 아니하고, 휴일과 휴무일의 사전적 의미가 서로 다르다고 볼 수 없어 휴일과 별도 개념인 휴무일을 인정하여 휴일과는 다른 법적 효과를 부여할 아무런 근거가 없는 점』을 들어 사실상 토요일을 〈약정 휴일〉로 보아 토요일 근무에 대해서는 휴일근로수당을 지급해야 한다고 판시하고 있다.[33]

어쨌든 고용노동부의 휴무일 개념을 그대로 인정할 경우, 토요일의 성격은 아래와 같이 휴일 또는 휴무일 중에 노사가 선택하여 결정할 수 있으며, 휴일로 정한 경우에도 〈법정휴일(주휴일)〉로 운영하는 방법과 〈약정 휴일〉로 운영하는 방법 중에 선택할 수가 있다.

[그림 2-10] 토요일 처리 방식 Option 및 효과

구 분		휴 일		약정 휴무일
		법정 주휴일	약정 휴일	
유급 (처리) 여부	무 급		약정 (O)	약정 (O)
	유급 (4시간)		약정 (O)	약정 (O)
	유급 (8시간)	○	약정 (O)	약정 (O)
주중 결근 시 유급 처리 여부		결근 당일 및 토 · 일요일 무급	결근 당일 무급, 유급휴무일 설정 시, 무급화 여부는 약정에 따름	결근 당일 무급, 유급휴무일 설정 시, 무급화 여부는 약정에 따름
근무 시, 처리		휴일근로	휴일근로	연장근로 (주40hr 초과시)
8hr 초과 시 가산율		200%	200%	150%

32) 1심(서울중앙지법 2011가합105381 등, 2017.8.31), 2심(서울고법 2017나28858 등, 2019.2.22).

33) 2심에서도 「토요일을 주휴일과 달리 취급할 수는 없다」라는 판시를 하였지만, 「토요일 근로에 대해서도 다른 휴일근로와 같은 '명칭'의 휴일근로수당을 지급」한 것을 근거 중 하나로 보았기 때문인 것으로 보여진다. 특히 기아차의 경우에는 토요일과 주휴일을 모두 유급으로 규정했기에 휴무일 구분의 실익이 없다고 판단한 것으로 보여지며, 이에 토요일을 무급으로 규정한 대부분의 회사들에 대해서는 주휴일과는 다른 무급 휴무일의 개념을 인정할 수밖에 없을 것으로 판단된다.

이에 따라 위와 같이 유급처리 여부, 유급으로 한다면 4시간을 유급처리할 것인지 8시간을 유급처리 할 것인지의 여부, 주중 결근 시 유급 처리 여부, 토요일 근무 시 근로의 성격이 휴일근로인지 연장근로인지의 여부, 토요일에 8시간을 초과하여 근무했을 경우에 가산율 적용에 있어서 차이가 발생될 수 있다.[34)]

한편, 토요일을 주휴일이 아닌 〈약정 휴일〉이나 〈약정 휴무일〉로 설정하되, 1일 소정근로시간인 8시간만큼 유급으로 처리하지 않고, 4시간만 유급으로 처리하는 회사들도 제법 있다. 이는 예전 주 44시간 근무제에서 주 40시간 근무제로 법정 근로시간을 단축했을 때, 당시 활용했던 시수를 그대로 활용함으로써 시간당 통상임금을 그대로 유지하고자, 줄어든 4시간의 근로시간을 그대로 유급처리해 준 것이다.[35)]

결국 토요일이 휴일이든 휴무일이든 간에 유급 4시간으로 설정된 것인데, 이에 대해 "그렇다면 4시간까지는 근무하더라도 별도의 수당을 지급하지 않아도 되고, 4시간을 초과한 근무에 대해서만 별도 휴일근로수당 또는 연장근로수당을 지급해야 되느냐?"고 질문해 오는 경우가 더러 있다. 하지만 이는 '유급 처리'의 의미를 오해한 것이라 할 수 있다. 왜냐하면 주휴일인 일요일의 경우에도 8시간을 유급으로 처리함에도 불구하고, 일요일에 4시간을 근무하였을 때 별도의 휴일근로수당(4시간 × 150% = 6시간분)을 지급해 주고 있지 않은가? 즉 '유급 처리'의 의미는 실제로 해당 토요일에 근무를 하던 근무를 하지 않던 간에 일요일 주휴수당과 같이 월급에 해당 유급분을 포함하여 지급한다는 것을 의미하며, 만약 토요일에 1시간이라도 근무를 하게 되면 일요일에 근무하는 것과 마찬가지로 별도의 휴일근로수당이나 연장근로수당을 지급해야 하는 것이다.

또한 비슷한 질문으로 "토요일이 무급이라면, 토요일에 근무해도 별도의 휴일근로수당 또는 연장근로수당을 지급하지 않아도 된다는 것이냐?"고 질문해 오는 경우도 있다. 여기서의 무급이란 일요일 8시간 유급분과 같이 일을 하던 안하던 추가로 지급하는 금액이 없다는 것일 뿐, 토요일에 1시간이라도 근무한다면 해당 시간

---

34) 토요일 8시간 초과 근무 시 임금 가산율에 대해서는 Ⅱ. 5. 참고.

35) 관련 사항은 [그림 2-12] 참조.

분의 휴일근로수당 또는 연장근로수당을 지급해 주어야 한다.

이러한 오해가 생기는 이유는 월급제에서는 휴(무)일을 유급으로 처리하든 무급으로 처리하든 평소에는 그 차이가 잘 드러나지 않기 때문이다. 우선 월급제 하에서 휴가 처리를 어떻게 하는지에 대해 알아보자. 대부분의 회사에서 연차휴가는 유급으로 처리하고, 생리휴가는 무급으로 처리한다. 이때, 연차휴가를 유급으로 부여한다는 의미는 연차휴가를 간다고 하여 월급 외에 임금을 추가로 더 준다는 의미가 아니라 (무노동 무임금의 원칙에 따라 원래 일을 하지 않으면 임금을 주지 않고 공제할 수 있는 것이 원칙이지만) 휴가를 사용하여 근로를 하지 않았음에도 월급을 공제하지 않고, 월급을 보전하여 정상적인 월급이 지급된다는 것을 의미한다. 반면에 생리휴가를 무급으로 부여한다는 의미는 법적 권리이므로 휴가를 사용하는 것은 허용해 주더라도 (무노동 무임금 원칙에 따라) 휴가를 사용하게 되면, 월 급여에서 1일분의 급여를 공제한다는 것을 의미한다.

[그림 2-11] 월급제에서 유급·무급의 의미

(월급제에서) 유·무급의 의미

· 연차(유급)휴가: 연차휴가를 사용해도 월 급여 정상 지급 [월급 보전]
· 생리(무급)휴가: 생리휴가 사용하면, 급여 1일분 공제

· "유급"의 의미: (근로 여부와 상관 없이) 급여가 지급 [근로 시에는 별도 수당이 추가 지급]
→ (일요일은 일을 안해도 유급 휴일이므로) 5일 근무 시, 6일치 임금 지급!
· "무급"의 의미: (근로 여부와 상관 없이) 급여 미지급 [근로 시에는 별도 수당이 추가 지급]

구 분	토요일 성격	월 급	일 급
A사	유급 휴(무)일	300만원	10만원 (300만원 ÷ 30일)
B사	무급 휴(무)일	300만원	12만원 (300만원 ÷ 25일)

〈1달은 30일, 토요일·일요일은 각 5일인 경우를 가정〉
〈A사는 토요 휴(무)일에 8시간 유급 처리함을 가정〉

다음으로 월급제 하에서 토요 휴(무)일이 유급인 것과 무급인 것이 어떻게 다른지를 알아보도록 하자. 사실 월급제를 채택하는 회사에서는 토요일이 유급이든 무급이든 간에 정해진 월급이 나가기 때문에 평상시에는 그 차이를 느끼기 어렵다. 위의 사례에서 보면, A사는 토요일을 유급으로 정하였고, B사는 토요일을 무급으로 정하였지만, 동일하게 300만원의 월급을 책정했다면, 월급 자체로는 그 차이가

없게 된다.

하지만, 이를 일급이나 시급으로 환산해 보면, 그 차이가 드러나게 된다. 실제로 일급으로 환산해 보면, 토요일을 유급으로 처리한 A사의 경우에는 그 달의 모든 날들이 유급이므로 300만원은 30일분의 임금이 되어 일급은 10만원이 된다. 반면에 토요일을 무급으로 처리한 B사의 경우에는 300만원이 토요일을 제외한 25일분의 임금이 되므로 일급은 12만원이 된다. 이에 두 회사가 월급은 동일하지만, 토요일을 유급으로 처리한 회사보다 토요일을 무급으로 처리한 회사가 오히려 더 높은 일급과 시급이 책정됨을 알 수 있다. 그 결과 토요일을 무급으로 처리한 회사가 시간당 통상임금이 더 높아져서 동일한 시간외근로를 하더라도 더 많은 시간외근로수당이 책정되는 것이다.

즉 언뜻 상식적으로 생각하기엔 토요일이 유급인 것이 직원에게 유리하고, 토요일이 무급인 것이 회사에 유리한 것처럼 보여지지만, 실질적인 효과는 반대로 나타날 수도 있는 것이다. 월급제가 적용되는 회사에서 직원들은 토요일이 무급으로 처리된 경우에 오히려 더 많은 시간외근로수당을 받을 수 있게 되어 유리하고, 회사는 토요일이 유급으로 처리된 경우에 오히려 인건비를 절감할 수 있게 되는 것이다. 따라서 이러한 특성을 명확히 알고, 토요일의 유급·무급 여부를 결정해야 할 것이다.

(3) 소정근로시간과 토요일 성격에 따른 통상임금 "시수" 산정

통상임금 시수는 {소정근로시간}과 {소정근로 외에 유급으로 처리하는 시간 수}에 따라 달리 산정된다.[36]

우선 법정근로시간이 주48시간이었던 때에는 시수가 243.3[(소정근로 48시간 + 유급처리 8시간) × 4.345]이었고, 법정근로시간이 주44시간이었던 때에는 시수가 226.0[(소정근로 44시간 + 유급처리 8시간) × 4.345]이 원칙이었다.[37]

---

36) 이하에서 [시수]는 월급을 시급으로 환산할 때 활용하는 시간 수로 한정하여 설명하도록 하며, 1주간을 1월간으로 환산할 때에는 주당 시수에 4.345 [÷ 7 × 365 ÷ 12]를 곱하여 산정하였다.

37) 법정 근로시간이 주44시간이었던 때에도 시간당 통상임금을 높이지 않으려는 의도로 토요일 4시간을 추가로 유급 처리함으로써, 유급처리 시간을 주당 12시간으로 만드는 방식으로 시수를 계속하여 243.3[(소정근로 44시간 + 일요일 유급처리 8시간 + 토요일 유급처리 4시간) ×

그런데 주40시간 근무제가 되면서 기업들은 토요일의 유급 처리 여부 및 유급 처리 시간을 달리 운영하면서 대개 3가지 시수 중 하나를 사용하고 있다.

[그림 2-12] 소정근로시간 및 토요일 유급 여부에 따른 통상임금 시수 계산 (소수점 반올림)

구분		소정근로 [일, 시간]		주 간				월간 (×4.345주)			
		주당 소정 근로일	1일 소정 근로시간	소정근로 시간	유급주휴 (일요일)	유급처리 (토요일)	[소계]	소정근로 시간	유급주휴 (일요일)	유급처리 (토요일)	[소계]
예 전	주 48시간 근무제	6	8	48	8		56	209	35		243
	주 44시간 근무제 (토요 4시간 근무)	6	8	44	8		52	191	35		226
주40시간 근무제	토요 무급	5	8	40	8		48	174	35		209
	토요 4시간 유급	5	8	40	8	**4**	52	174	35	17	226
	토요 8시간 유급	5	8	40	8	**8**	56	174	35	35	243
단시간 근무제	주 35시간 근무제 (토요 무급)	5	7	35	7		42	152	30		182
	주 24시간 근무제 (토요 무급)	3	8	24	4.8		28.8	104	21		125

즉 토요일의 성격이 휴일이든 휴무일이든 간에 토요일을 무급으로 운영하는 경우에는 반올림하여 209 [(소정근로 40시간 + 일요일 유급처리 8시간) × 4.345][38]의 시수를 쓰게 되고,

토요일을 4시간 유급으로 처리하는 경우에는 226 [(소정근로 40시간 + 일요일 유급처리 8시간 + 토요일 유급처리 4시간) × 4.345]의 시수를 쓰게 되는 것이며,

토요일을 8시간 유급으로 처리하는 경우에는 243 [(소정근로 40시간 + 일요일 유급처리 8시간 + 토요일 유급처리 8시간) × 4.345]의 시수를 쓰게 되는 것이다.[39]

한편, 1일 소정근로시간을 법정근로시간보다 단축하여 운영하는 회사의 경우에는 1주 소정근로시간이 단축되고, 유급으로 처리하는 시간(주휴시간)도 단축되어

4.345]으로 유지하던 기업들도 있었다.

38) 1주일에 40시간을 근무하면 주휴수당까지 48시간분을 지급해야 하고(1주일에 5일 근무하면 주휴수당까지 6일분을 지급해야 하고), 이를 월간으로 평균하여 환산(÷7×365÷12 = ×4.345)하면 1달에 174시간을 근무하면 주휴수당 35시간을 더하여 209시간분을 지급하는 것이다. 즉 209시간분이라 함은 주1일에 해당되는 주휴수당이 포함되고, 토요일은 무급인 것을 의미한다.

39) 편의상 한 달은 30일로 이루어졌다고 가정하고, 240(30일 × 8시간)을 사용하는 회사도 있다.

더 낮은 시수를 쓰게 되는 것이다.[40)]

이와 같이 시수는 모든 회사가 공통적으로 사용하게 되는 고정적인 것이 아니라 소정근로시간과 토요일의 성격(유·무급 여부, 유급 몇 시간인지 여부)에 따라 달라질 수 있는 것이다.[41)]

다만, 실무적으로 보면 토요일 4시간 유급처리의 근거를 남기지 않고 226 시수를 쓰다가 문제가 되는 경우가 더러 있다.[42)] 즉 226 시수를 쓰기 위해서는 토요일을 4시간 유급 처리한다는 것이 규정화가 되어 있어야 하는데, 이를 세심하게 규정하지 않음으로써 낭패를 보는 경우가 발생될 수도 있다. 예컨대 토요일 4시간 유급에 대한 근거가 없는 경우에는 ÷ 209를 쓰는 대신에 ÷ 226을 사용함으로 인하여 낮아진 시간당 통상임금을 활용하였기 때문에 과소 지급된 시간외근로수당을 지급하라는 명령이 내려지거나 소송에 걸릴 수 있으며,[43)] 주휴일 등과 함께 막연히 유급휴일의 종류로 토요일을 규정해 놓았을 경우에는 주당 × 16시간(일요일 8시간 + 토요일 8시간)을 유급으로 지급하지 않고 주당 × 12시간만 지급함으로써 약정된 유급 수당을 과소 지급했다는 것을 이유로 지급 명령이 내려지거나 소송에 걸릴 우려가 있으므로[44)] 주의하여야 한다.

---

40) 참고로 시수를 구할 때 1일 소정근로시간이 8시간을 초과할 수는 없다. 소정근로시간은 법정근로시간을 초과할 수 없기 때문이다(근로기준법 제2조 8호 및 제50조). 예컨대 매일 10시간 일하기로 정한 경우라 하더라도 이는 8시간의 소정근로시간에 2시간의 연장근로시간이 포함되었기 때문이며, 주6일간 48시간 근무하기로 정한 경우라 하더라도 이는 40시간의 소정근로시간에 8시간의 연장근로시간이 포함되었기 때문이다. 시수를 구할 때는 소정근로시간만 고려할 뿐, 고정적으로 발생되는 연장근로시간을 감안할 필요는 없다.

41) 소정근로일이 짧은 단시간 근로자의 시수와 유급처리시간[주휴시간] 등에 대해서는 Ⅱ. 4. 단시간 근로자, 일용근로자에 적용하는 급여 책정방안을 참고
또한 3조2교대, 4조3교대, 4조2교대, 5조2교대와 같은 교대제는 역일 및 '주'단위 개념이 깨지면서 '시수'도 달라질 수밖에 없는데, 이에 대해서는 Ⅱ. 11. 교대제 운영 및 개편에 따른 임금책정 방안을 참고.

42) 이론적으로는 토요일을 4시간 유급처리나 8시간 유급처리를 하지 않고, 2시간만 유급처리하거나 6시간만 유급 처리하여 226이나 243이 아닌 다른 시수를 쓸 수도 있지만, 그러한 기업은 거의 없는 것으로 보인다.

43) 토요일이 유급이라는 근거 규정이 없다면, 무급으로 보아 209를 사용해야 됨에도 근거 없이 그 보다 높은 226, 243 시수를 사용함으로써 통상임금을 낮춘 것은 허용될 수 없다고 지적할 수 있다.

44) 주휴일, 근로자의 날, 공휴일 등과 함께 토요일도 '유급휴일'이라는 항목으로 규정해 놓고 몇 시

(4) 통상임금의 "시수"와 최저임금의 "시수" 차이

① 2018년 최저임금법령 개정으로 인한 최저임금 시수 변경

2018년 최저임금법령 개정 이후 주급을 기준[45]으로 시급을 산출하기 위한 〈통상임금 시수 산정방식〉, 〈최저임금 시수 산정방식〉을 비교해 보도록 하자.

근로기준법 시행령 제6조【통상임금】	(개정 후) 최저임금법 시행령 제5조【최저임금의 적용을 위한 임금의 환산】
3. 주급 금액으로 정한 임금은 그 금액을 1주의 통상임금 산정 기준시간 수(1주의 소정근로시간과 소정근로시간 외에 유급으로 처리되는 시간을 합산한 시간)로 나눈 금액	2. 주(週) 단위로 정해진 임금: 그 금액을 1주의 최저임금 적용기준 시간 수(1주 동안의 소정근로시간 수와 「근로기준법」 제55조제1항에 따라 유급으로 처리되는 시간 수를 합산한 시간 수를 말한다)로 나눈 금액

얼핏 보면 최저임금의 시수 산정 방식과 통상임금의 시수 산정 방식이 유사해 진 것처럼 보이지만, 일부 차이가 있는 것을 알 수 있다. 즉 통상임금의 경우에는 '소정근로시간 외에 유급으로 처리되는 시간'을 합산하도록 함으로써 주휴수당 뿐만 아니라 토요일 유급 처리분 등 모든 유급처리 시간을 합산하도록 하였으나, 최저임금의 경우에는 '「근로기준법」 제55조 제1항에 따라 유급으로 처리되는 시간'만을 합산하도록 함으로써 통상임금 시수와 차이가 발생한 것이다.

이에 2018년말의 최저임금법 시행령 개정에도 불구하고 아래 표와 같이 소정근로시간과 토요일 성격에 따라 여러 가지 시수가 나올 수 있게 된 것이다. 즉 주 40시간 근로제를 채택하는 회사의 경우에도 토요일을 유급 주휴일로 하는지, 그렇지 않은지에 따라 차이가 나게 되는 것[46]이어서 최저임금 시수가 무조건 209가 되는 것이 아니라 243이 될 수도 있는 것이다.

간짜리 유급인지를 명시하지 않았다면, 8시간 유급인 다른 휴일들과 달리 토요일만 4시간 유급이라고 볼 근거가 없다.

45) 월급은 주급에 4.345를 곱하여 평균값을 내는 것이므로 주급을 기준으로 비교하는 것이 보다 명확하다.

46) 근로기준법 제55조 제1항은 "사용자는 근로자에게 1주에 평균 1회 이상의 유급휴일을 보장하여야 한다."고 규정하고 있다. 이에 단체협약이나 취업규칙 등을 통해 1주에 1일(주로 일요일)의 주휴일을 설정할 수도 있지만, 1주에 2일(토요일 및 일요일)의 주휴일을 설정할 수도 있는 것이다.

[그림 2-13] 개정 최저임금법 시행령에서의 최저임금 시수 산정 사례 (주40시간 근무제)

토요일 성격 구분			소정근로 [일,시간]		주 간				월간 (×4.345주)			
토요일 성격	1주간 주휴일 횟수	토요일 유급 여부	주당 소정근로일	1일소정근로시간	소정근로시간	유급주휴 (일요일)	유급주휴 (토요일)	[소계]	소정근로시간	유급주휴 (일요일)	유급주휴 (토요일)	[소계]
약정 휴(무)일	1일 (일요일)	무급	5	8	40	8		48	174	35		209
		유급 4시간 유급 8시간	5	8	40	8	**0**	48	174	35	**0**	209
주휴일	2일 (토/일요일)	유급 8시간	5	8	40	8	**8**	56	174	35	35	243

따라서 회사의 단체협약, 취업규칙, 근로계약서 등에서 주휴일이 어떻게 규정되어 있는지(주 1회 일요일만 규정되어 있는지 또는 주 2회 토요일 및 일요일로 규정되어 있는지), 토요일이 어떻게 규정되어 있는지(주휴일로 규정되어 있는지, 약정 휴일 또는 휴무일로 규정되어 있는지)를 면밀히 살펴야 할 것이다.

② 월급·주급에는 주휴수당 등 유급휴일에 대한 임금이 포함되어 있음

월급제 또는 주급제를 활용하는 회사에서는 일반적으로 주휴수당이라는 임금항목을 별도로 지급하지 않는 경향이 있으며, 토요일 유급분 역시 별도의 임금항목으로 지급하지는 않는 경향이 있다. 그렇다면 월급제 또는 주급제에서 주휴수당 및 토요일 유급분은 어떻게 지급되는 것이길래 최저임금이나 통상임금을 구할 때 이를 포함하여 산정하는 것일까?

이에 대해 대법원은『근로자에 대한 임금을 월급으로 지급할 경우 월급 통상임금에는 근로기준법 제45조 소정의 유급휴일에 대한 임금도 포함된다(대법 93다32514, 1994.5.24).』라고 하였고, 또 다른 대법원 판결은『시급제 사원이 기본시급과 함께 매월 고정수당을 월급의 형태로 지급받는 경우, 그 고정수당 중에는 소정의 유급휴일에 대한 임금의 성격을 갖는 부분도 포함되어 있는 것으로 봄이 상당하므로(대법 97다28421, 1998.4.24)』라고 함으로써, 월정액으로 지급하는 수당에는 주휴수당이 포함되어 있는 것이라 판시한 바 있다.

통상임금 관련 기아차 판결[47]을 보더라도 노조에서 “상여금을 통상임금에 추가로 반영할 경우 (주휴수당도 과소 지급한 것이 되므로) 과소 지급한 주휴수당도 추가로 지급하라는 청구에 대하여 법원은『생산직, 기술직 원고들이 지급받은 통상수당, 기타수당 뿐만 아니라 상여금에는 근로기준법 제55조의 유급휴일에 대한 임금이 포함되어 있다고 할 것이므로, 상여금을 추가로 반영함으로써 피고가 생산직, 기술직 원고들에게 미지급한 주휴수당이 존재하지 아니한다.』라고 판시를 하였다.

이러한 판례들을 종합해 본다면, 상여금이나 고정수당의 경우에는 〈소정근무에 대한 대가〉 뿐 아니라 주휴수당 등 유급처리분에 대한 지분이 포함되어 있다는 것을 알 수 있다.

즉 월급제나 주급제를 적용받는 경우에는 일반적으로 급여명세서에 주휴수당 등의 임금항목이 별도로 나와 있지 않지만, 이는 주휴수당이나 토요 유급분을 지급받지 않았던 것이 아니라 월급이나 주급에 포함되어 있다는 것이다.

만약 토요일이 무급인 회사에서 기본급을 209만원 지급받는 직원이 있다고 할 때, 그 209만원은 소정근로의 대가로 지급받는 임금 174만원과 주휴수당의 대가로 지급받는 임금 35만원이 합쳐진 것이다. 즉 주40시간제가 적용되면서 토요일이 무급인 경우에 지급받는 기본급 등은 소정근로의 대가에 대한 지분율 약 83.3%[48](월간 174시간분 / 209시간분)와 주휴수당에 대한 지분율 약 16.7%[49](월간 35시간분 / 209시간분)로 구성되어 있다는 것이다.

그런데 월급제를 운영하는 많은 회사들은 기본급 외에도 각종 고정적 수당을 지급하고 있으며, 고정상여금[50]을 지급하는 경우도 많다. 이 때에는 그 수당 및 상여금 등이 통상임금이나 최저임금의 범위에 들어간다면, 그 수당이나 상여금에도 주휴수당 및 토요 유급휴일분이 포함되어 있다는 것이다.[51]

---

47) 서울중앙지법 2014가합579273, 2017.8.31.

48) 1주간 40시간분/48시간분 및 5일분/6일분과 같은 비율임.

49) 1주간 8시간분/48시간분 및 1일분/6일분과 같은 비율임.

50) 기간별로 지급되는 고정상여금은 월급으로 환산할 수 있을 것이다. 즉 2개월에 한 번씩 지급하는 고정상여금은 2로 나누면 월할 상여금이 되고, 분기에 한 번씩 지급하는 고정상여금은 3으로 나누면 월할 상여금이 될 것이다.

51) 애초에 주휴수당은 기본급을 기준으로 산출하는 것이 아니며, 월급제의 경우 기본급에만 주휴수

일반적으로 주 40시간 근무를 하면서 토요일이 무급이어서 209 시수를 사용하는 회사들은 아래 그림과 같이 기본급 및 고정수당을 합친 금액을 209로 나누어 시급을 산정한다. 여기서도 알 수 있는 것은 기본급 뿐 아니라 각종 수당들 역시 소정근로의 대가에 대한 지분율과 주휴수당 등에 대한 대가의 지분율로 나누어진다는 것이고, 이는 기본급 뿐 아니라 각종 수당들에도 주휴수당 등 유급처리분의 대가가 포함되어 있다는 것이다.

[그림 2-14] 월급 분개 사례

■ 월급이 기본급과 자격수당으로 구성되어 있고, 총액이 2,299,000원인 사례

월급 구분 (예시)		월급 분개			{시급}
임금항목	금 액	소정근로의 대가 [A]	주휴수당 [B]	합계 [A]+[B]	
기본급	2,090,000	(174시간分) 1,740,000	(35시간分) 350,000	(209시간分) 2,090,000	10,000
자격수당	209,000	(174시간分) 174,000	(35시간分) 35,000	(209시간分) 209,000	1,000
[합계]	2,299,000	(174시간分) 1,914,000	(35시간分) 385,000	(209시간分) 2,299,000	11,000
		약 83.3%	약 16.7%	100%	

즉 아래 예시와 같이 매월 10만원씩 지급되는 직무수당이 있다고 했을 때, 이 10만원의 직무수당은 1개월 동안 직무를 수행한 것에 대한 대가이며, 이 대가에는 〈소정근로시간〉을 근무한 것에 대한 대가와 〈주휴수당 등 유급으로 처리되는 시간에 대한 대가〉가 포함된 것으로 보아야 한다. 예컨대 주 40시간 근무제이면서 토요일에 4시간을 유급으로 처리하는 회사의 경우에는 아래와 같이 〈소정근로의 대가〉로서의 지분과 〈주휴수당 8시간 유급 처리분〉에 대한 지분과 〈토요일 4시간 유급 처리분〉에 대한 지분이 포함된 것이라 할 수 있는 것이다.

당이 포함되어 있다고 볼 수는 없다. 왜냐하면 기본급이라는 것은 법적 임금 개념이 아니며, 회사의 임금구조에 따라 기본급 비중은 매우 높을 수도 있고 매우 낮을 수도 있으며 심지어 기본급을 아예 두지 않을 수도 있는 등 천차만별이기 때문이다.

[그림 2-15] 직무수당을 소정근로의 대가와 유급처리의 대가로 분개

구 분		[지분율]	금 액	시 급
분개	(1주간 소정근로 40시간의 대가로서의) 직무수당	40 / 52 = 173.8 / 226 (76.9%)	76,923원	(÷ 173.8) 442.6원
	(주휴수당 8시간 유급처리분으로서의) 직무수당	8 / 52 = 34.8 / 226 (15.4%)	15,385원	(÷ 34.8) 442.6원
	(토요일 4시간 유급처리분으로서의) 직무수당	4 / 52 = 17.4 / 226 (7.7%)	7,692원	(÷ 17.4) 442.6원
직무수당		226시간分 (100%)	100,000원	(÷ 226) 442.6원

※ [주간 시수 비율] 소정근로(40시간): 주휴(8시간): 토요유급(4시간)
※ [월간 시수 비율]은 [주간 시수 비율]에 4.345(÷7×365÷12)를 곱하여 산출함

③ 2018년 최저임금법령 개정에 따른 최저임금 산정 사례

2018년 최저임금법령 개정으로 기존에 토요일을 주휴일로 규정하지는 않았지만, 4시간 또는 8시간짜리 약정유급 휴(무)일로 규정함으로써, 월간 226 또는 243의 시수를 사용해 왔던 회사들의 최저임금은 어떻게 산정해야 하는지가 이슈가 될 수 있다. 이들 회사의 경우 통상임금 시수는 여전히 226 또는 243을 사용하더라도 최저임금 시수는 209로 변경이 된다. 이에 분모가 되는 시수가 줄어든 만큼 시급이 높아지게 된다면, 회사가 유리해졌다고 볼 수도 있을 것이다. 하지만 이는 최저임금에 산입되는 임금의 범위가 동일하여 임금이 유지되는 경우 성립될 수 있을 것인데, 실제로는 최저임금법 시행규칙이 개정됨으로써 결과적으로는 동일한 시급으로 산정되는 효과가 발생하게 되었다.

2018년에 개정된 최저임금법 및 최저임금법 시행규칙(고용노동부령)에 따르면, 최저임금에 산입되는 임금의 범위도 변경되었음을 알 수 있다.[52] 기본적으로는 '매월 1회 이상 정기적으로 지급하는 임금'은 산입하도록 하였지만, 산입하지 않는 제외 범위가 열거되어 있다.

52) 개정된 최저임금 범위의 전반적인 내용에 대해서는 Ⅲ. 2. 참조.

최저임금법 제6조【최저임금의 효력】

④ 제1항과 제3항에 따른 임금에는 매월 1회 이상 정기적으로 지급하는 임금을 산입(算入)한다. 다만, 다음 각 호의 어느 하나에 해당하는 임금은 산입하지 아니한다.

1. 「근로기준법」 제2조제1항제8호에 따른 소정(所定)근로시간(이하 "소정근로시간"이라 한다) 또는 소정의 근로일에 대하여 지급하는 임금 외의 임금으로서 고용노동부령으로 정하는 임금

최저임금법 시행규칙[고용노동부령] 제2조【최저임금의 범위】

① 「최저임금법」(이하 "법"이라 한다) 제6조제4항제1호에서 "고용노동부령으로 정하는 임금"이란 다음 각 호의 어느 하나에 해당하는 것을 말한다.

1. 연장근로 또는 휴일근로에 대한 임금 및 연장·야간 또는 휴일근로에 대한 가산임금
2. 「근로기준법」 제60조에 따른 연차 유급휴가의 미사용수당
3. 유급으로 처리되는 휴일(「근로기준법」 제55조제1항에 따른 유급휴일은 제외한다)에 대한 임금
4. 그 밖에 명칭에 관계없이 제1호부터 제3호까지의 규정에 준하는 것으로 인정되는 임금

제외 범위 중에서 소위 주휴수당 및 토요일 유급분과 관련된 내용을 본다면, 최저임금법 제6조 ④항 1호에서 '소정근로시간 또는 소정의 근로일에 대하여 지급하는 임금 외의 임금으로서 고용노동부령으로 정하는 임금'은 산입하지 않도록 하였고, 최저임금법 시행규칙(고용노동부령) 제2조 ①항 3호에서 「유급으로 처리되는 휴일(「근로기준법」 제55조제1항에 따른 유급휴일은 제외한다[53])에 대한 임금」이라고 구체화하고 있다. 결국 유급휴일에 대한 대가는 최저임금에 포함하지 않도록 하면서도, 최저임금에서 제외되는 범위에 주휴수당은 제외된다는 이중 부정을 통해 주휴수당은 포함시킨 것이다. 즉 최저임금에 산입되는 임금 범위에 주휴수당은 포함하고, 약정 휴(무)일에 대해 지급한 토요일 유급분은 제외하도록 한 것이다.

즉 주휴일에 대한 대가와 시간은 포함하고, 약정 토요일에 대한 대가(유급분)와 시간은 제외하도록 한 것이라 볼 수 있다.

---

53) 근로기준법 제55조제1항에 따라 주휴일은 주1회도 될 수 있고, 주2회도 될 수 있으므로 주휴일을 주2회 설정한 회사의 경우에는 주2일분의 주휴수당이 모두 해당된다.

[그림 2-16] 개정 최저임금법령에 따른 산정 방식(예시)

■ 개정 최저임금법에 따른 산정 방식(월 단위 예시)

(최저임금)시급 = 소정근로의 대가 + 주휴수당 (주휴일) 유급수당 + ~~(토요일) 유급수당~~ / 소정근로시간 수 + (주휴일) 유급처리시간 수 + ~~(토요일) 유급처리시간 수~~

1) 월급에 주휴수당 포함 (토요일 무급)	1,740,000원 + 350,000원 / 174시간 + 35시간	= 2,090,000원 / = 209시간	= 10,000원
2) 월급에 주휴수당 및 토요일 4시간 유급 포함	1,740,000원 + 350,000원 + ~~170,000원~~ / 174시간 + 35시간 + ~~17시간~~	= 2,090,000원 / = 209시간	= 10,000원
3) 월급에 주휴수당 및 토요일 8시간 유급 포함	1,740,000원 + 350,000원 + ~~350,000원~~ / 174시간 + 35시간 + ~~35시간~~	= 2,090,000원 / = 209시간	= 10,000원

※ 3)의 경우 토요일이 '주휴일'인 경우에는 여전히 243시간분의 임금을 243으로 나누도록 함

그렇다면, 어떻게 해야 주휴일에 대한 대가와 시간은 포함하고, 약정 토요일에 대한 대가(유급분)와 시간은 제외하도록 할 수 있을까? 주휴수당은 최저임금에 포함하고, 약정유급휴무수당은 제외하도록 한 하급심에서 제시한 수식을 활용하면 될 것이다.

주휴수당은 최저임금의 비교대상임금에 포함되나, 약정유급휴무수당은 포함되지 않는다. (대전지법 천안지원 2017고정110, 2017.6.23)

【요 지】 기본급에 포함되어 있는 주휴수당 부분(일요일 8시간 해당분)은 1주의 소정근로를 개근한 근로자에게 지급되는 것이므로 소정근로에 대하여 지급하는 것이라고 볼 수 있으므로 비교대상임금에 포함되나, 약정유급휴무수당 부분(토요일 4시간 해당분)은 근로자의 소정근로 여부와 무관하게 지급되는 것이므로 소정근로에 대하여 지급하는 것이라고 볼 수 없으므로 비교대상임금에 포함되지 않는다.

월 기본급 중 약정유급휴무수당 부분의 비중은 7.69%(=17.38시간 ÷ 226시간)이므로 월 기본급에서 약정유급휴무수당 부분을 제외한 액수가 박ㅇㅇ의 경우에는 1,035,025원(= 1,121,250원 × 0.9231), 윤ㅇㅇ의 경우에는 976,519원(= 1,057,870원 × 0.9231) 또는 1,018,502원(= 1,1,03,350원 × 0.9231)이 된다.

하급심의 사례는 토요일에 4시간을 약정유급휴무로 설정함으로써 월 시수가 226이었던 회사의 사례인데, 위와 같이 직원이 수령한 월 기본급 중에서 토요 유급분을 뺀 나머지를 구하는 방식을 설명하고 있다. 즉 월 단위로 환산하였을 때, 토요일에 해당하는

시간분은 17.38시간분[54]이며, 이는 월간 총 226시간분 중에서 7.69%에 해당되는 것이다.[55] 이에 월 기본급 전체 금액에서 토요 유급분을 제외하기 위해서는 7.69%를 차감해야 하며, 이는 달리 표현하면 월 기본급 전체 금액에서 소정근로시간에 대한 대가와 주휴수당에 대한 대가는 92.31%에 해당한다는 것이다. 따라서 위 하급심 판례에서는 수령받은 기본급에 0.9231을 곱함으로써, 토요 유급분이 제외된 금액을 산출하였다.

[그림 2-17] 토요일이 약정유급휴(무)일인 경우, 임금 분개 및 비율

■ 임금에 토요일 약정유급분이 포함된 경우, 임금 분개

구분		시간		비율		비고	
		1주	1월				
토요일 4시간 유급	소정근로시간	40	173.8	76.92%	0.7692	0.9231	기본급 및 고정수당 중 소정근로+주휴수당 비율
	8시간 주휴	8	34.76	15.38%	0.1538		
	4시간 약정유급	4	17.38	7.69%	0.0769		
	[합계]	52	226	100%	1.0000		
토요일 8시간 유급	소정근로시간	40	173.8	71.43%	0.7143	0.8571	기본급 및 고정수당 중 소정근로+주휴수당 비율
	8시간 주휴	8	34.76	14.29%	0.1429		
	8시간 약정유급	8	34.76	14.29	0.1429		
	[합계]	56	243	100%	1.0000		

따라서 위 그림과 같이 주 40시간 근무제를 운영하면서 토요일을 4시간 또는 8시간 유급으로 설정한 회사의 경우에는 월 기본급 및 고정수당에 포함되어 있는 토요 약정 유급분을 차감함으로써, 나머지 소정근로의 대가 및 주휴수당의 대가만을 비교금액으로 남겨 놓은 후, 209로 나누어 최저임금 위반 여부를 판단하게 되는 것이다.

[그림 2-18] 주40시간제 & 토요 약정유급휴무 운영 회사에서 209시간분 추출 산식

■ 토요일을 4시간 또는 8시간 약정 유급 휴(무)일로 정한 회사의 최저임금 금액 환산 방식

▶ 226 시수: 월 최저임금 산입 임금 × 209/226 (0.9231)
▶ 243 시수: 월 최저임금 산입 임금 × 209/243 (0.8571)

※ 단, 토요일을 주휴일로 정하지 않은 경우임

54) 1주 4시간에 4.345를 곱하여 월 단위 평균 시간을 산정한 것이다.

55) 226시수에서 수령한 기본급 중 소정근로시간에 대한 지분율은 76.92%, 일요일 주휴수당 8시간분에 대한 지분율은 15.38%, 토요일 4시간 유급분에 대한 지분율은 7.69%이다.

즉 위와 같이 월급에 포함되어 있는 전체 금액 중 209시간분에 해당되는 임금만을 추출한 후, 209로 나누어야 되는 것이다.

월급제를 운영하는 많은 회사들은 기본급 외에도 최저임금에 산입되는 여러 임금 항목을 두는 경우가 많다. 이들 회사에서 지급되는 각 수당들은 아래와 같이 소정근로의 대가, 주휴수당의 대가, 토요 약정유급분의 대가로 분개될 수 있는 것이므로 기본급 외에 최저임금 산입 범위에 포함되는 고정 수당들도 토요 유급분이 제외된 상태를 기준으로 합산한 후 최저임금을 위반했는지 여부를 판단해야 하는 것이다. 즉 아래 그림과 같이 합산한 금액에서 일정 비율을 공제하든, 각 항목별로 공제한 후 합산하든 동일한 결과가 나오는 것이다.

[그림 2-19] 최저임금에 산입되는 고정수당들이 있고, 토요 유급분이 있는 경우 최저임금 환산

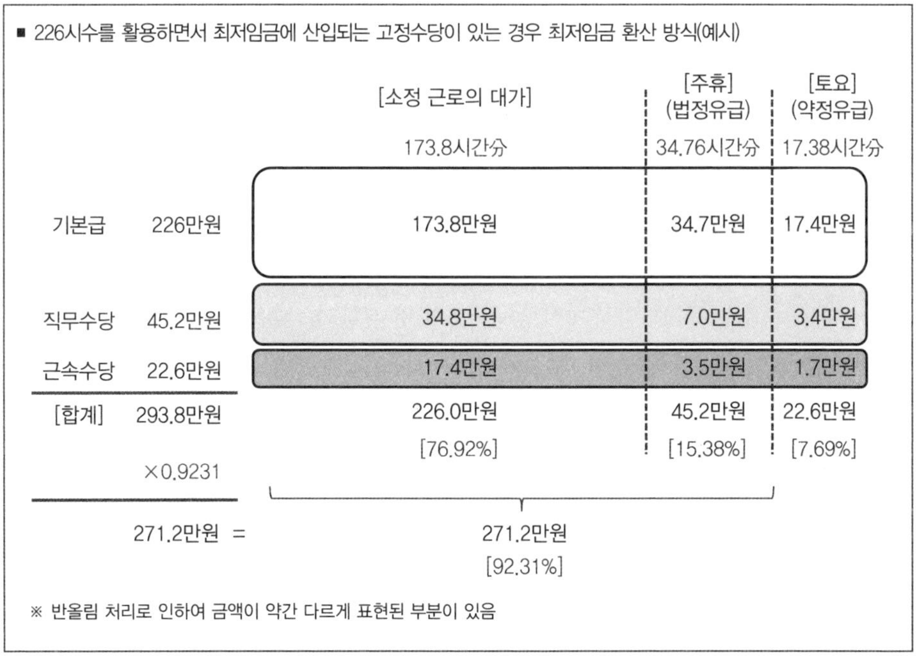

즉 최저임금법령 개정으로 인하여 아래와 같이 토요일이 무급 휴(무)일인 경우, 4시간짜리 약정 유급 휴(무)일인 경우, 8시간짜리 약정 유급 휴(무)일인 경우 모두 동일하게 표면적인 최저임금은 209시간분인 2,060,740원 [2024년 최저임금 기

준]만 지급하면 최저임금법 위반이 아니게 되었다. 하지만 단체협약이나 취업규칙 등에서 토요일을 4시간 또는 8시간짜리 유급 휴(무)일로 약정한 회사가 최저시급× 209시간분만 지급하게 된다면, 최저임금법 위반은 되지 않지만 토요일을 4시간 또는 8시간 유급 처리해 주겠다는 약정을 위반한 것이 된다. 이에 근로기준법 제43조에 따른 전액불 원칙 위반이 되어 민형사상 임금 체불에 대한 책임을 져야 되는 것이다.[56] 이에 표면적인 최저임금은 낮아진 것처럼 보이지만, 실질적인 최저임금은 226시간분 또는 243시간분을 지급해야 되는 것이다.

[그림 2-20] 토요일 유급 약정 회사의 경우, 표면적 최저임금과 실질적 최저임금 차이

구 분	토요일 성격		통상임금 시수	(개정법) 최저임금 시수	표면적 최저임금 (월급)	실질적 최저임금 (월급)	차 액
Case1	약정 휴(무)일	무급 휴(무)일	209	209	2,060,740	2,060,740	
Case2		4시간 유급 휴(무)일	226	209	2,060,740	2,228,360	167,620
Case3		8시간 유급 휴(무)일	243	209	2,060,740	2,395,980	335,240
Case4	주휴일	8시간 유급 휴일	243	243	2,395,980	2,395,980	

※ 최저 시급은 9,860원으로 산정(2024년 기준)

(5) "시수"의 이중적 성격과 한 회사에서 여러 시수를 사용하는 사례

그렇다면 시수는 회사 입장에서 높은 것이 유리할까, 낮은 것이 유리할까? 예전에 최저임금수준이 그리 높지 않았던 시절에는 많은 기업들이 시간외근로수당 및 연차휴가수당 절감을 위하여 높은 시수 활용을 선호하였었다. 반면에 노동조합에서는 낮은 시수를 쟁취(?)하기 위한 노력을 기울였었다.[57]

그런데 문제는 시수라는 것은 이중적 성격을 지니고 있다는 것이다. 즉 월급을 시급으로 환산할 때에는 나누기(÷ 시수)를 하기 때문에 모수인 시수가 높으면 높을수록

56) 단체협약에 토요일 유급 휴(무)일 조항이 있는 회사의 경우에는 단협 위반에 따른 책임도 져야 한다.

57) 일부 노동조합은 가산율을 높이기 위한 노력도 기울였었다. 예컨대 미사용 연차휴가수당에 대해 1.5배를 지급해 줄 것을 요구하거나, 시간외근로수당에 대한 가산율을 높게 적용해 줄 것을 요구하기도 했었다.

시간당 통상임금이 낮아지는 효과가 있으므로 회사에 유리한 측면이 있는 것은 사실이다. 그러나 반대로 시급을 월급으로 환산할 때에는 곱하기(× 시수)를 하기 때문에 시수가 높으면 높을수록 (주휴수당 및 토요일 유급분을 포함한)실질적인 최저임금 월급 수준 또한 높아지는 것이다. 예전에 최저임금 수준이 낮았을 때는 문제되지 않았었지만, 최근 최저임금 수준이 급격히 높아지면서 높게 설정했던 시수가 이제는 회사의 발목을 잡고 있는 형국이다.

아래 계산한 사례를 보면, [통상임금 관점]에서는 시수를 높이면 높일수록 동일한 월급에 대해 시간당 통상임금이 낮아지므로 회사 입장에서는 시수를 높이려 했던 것이고, 노동조합 입장에서는 시수를 낮추려 했던 것이다. 실제로 노동조합 중에서는 교섭의 결과(쟁취물)로 209보다도 낮은 184 또는 174의 시수를 확보한 경우도 있었다.

[그림 2-21] 시수의 이중성 (통상임금 관점 및 최저임금 관점)

【통상시급 관점】 (월급 ÷ 시수)

구 분 (토요일 유·무급)	월급 / 시 수	2,500,000	2,400,000	2,300,000	2,200,000	2,100,000	2,000,000	비 고
{노조 쟁취}	174	14,368	13,793	13,218	12,644	12,069	11,494	2024년 최저시급 9,860원 비교
무 급	209	11,962	11,483	11,005	10,526	10,048	9,569	
유급 4시간	226	11,062	10,619	10,177	9,735	9,292	8,850	
유급 8시간	243	10,288	9,877	9,465	9,053	8,642	8,230	

【최저임금 관점】 (시급 × 시수)

구 분 (토요일 유·무급)	월 시수	(토요 유급분을 포함한) 실질 최저임금						비 고
		2019년	2020년	2021년	2022년	2023년	2024년	
		8,350	8,590	8,720	9,160	9,620	9,860	
무 급	209	1,745,150	1,795,310	1,822,480	1,914,440	2,010,580	2,060,740	주휴수당 및 토요 유급분 포함
유급 4시간	226	1,887,100	1,941,340	1,970,720	2,070,160	2,174,120	2,228,360	
유급 8시간	243	2,029,050	2,087,370	2,118,960	2,225,880	2,337,660	2,395,980	

※ 개정된 최저임금법에 따라 토요일 유급분을 지급하지 않더라도 최저임금 위반은 아님.
다만, 단체협약·취업규칙상 토요일 유급 규정이 있을 경우, 여전히 토요일 유급분을 지급하여야 함.

※ 최저시급에 174만 곱해서 지급하는 경우, 주휴수당을 미지급한 것이 됨.

노동조합이 있든지 없든지 간에 174나 184와 같은 낮은 시수를 쓰는 회사들은 동일한 회사에서 [× 시수]와 [÷ 시수]를 다르게 사용하는 경우이다. 즉 월간 통상임금에서 시간당 통상임금을 구할 때는 법정 기준보다 낮은 모수(÷ 시수)를 사용함으로써 시간당 통상임금을 높여주고(법보다 유리한 근로조건), 최저임금을 지급할 때는 정상적인 시수(× 시수)를 사용하여 지급하는 것이다. 이러한 회사는 [÷ 시수]는 174나 184를 쓰고, [× 시수]는 209를 쓰는 것인데, 법보다 유리한 것이므로 얼마든지 가능하다. 그러나 반대의 경우(통상임금 ÷ 시수는 209를 쓰고, 최저임금 × 시수는 174를 쓰는 것)는 주휴수당을 지급하지 않는 것이기 때문에 허용되지 않는다.[58)]

이와 같이 시수는 이중적 성격(÷ 시수이면서, × 시수인 성격)을 갖고 있으므로 특정 회사에서 높은 시수를 채택하는 것이 반드시 유리한 것만은 아니므로 회사의 인력구성과 시간외근로의 빈도, 임금구성 및 임금수준을 면밀히 검토하여 시수를 결정해야 할 것이다.[59)]

2018~2019년의 급격한 최저임금 인상으로 인해 예전에 높은 시수를 활용하여 시간당 통상임금을 낮추어 시간외근로수당을 절감하였던 회사들이 높아진 최저임금에 부담을 느꼈던 경우가 많았다. 즉 2017년 정도만 하더라도 최저임금 위반을 걱정하지 않았던 월급 200만원의 경우에도 시수를 209가 아닌 243을 쓰는 경우에는 2019년도에 실질적으로 최저임금 위반이 되는 정도였다.[60)] 2010년의 최저임금과 비교했을 때, 2배 이상으로 오른 월급을 지급해 주어야 하는데, 209가 아닌 226이나 243 시수를 쓰는 회사들은 최저임금으로 인한 실질적 인건비 부담이 더 올라간 것이다.

---

58) 174(40 ÷ 7 × 365 ÷ 12)를 모수로 쓰는 경우는 주휴수당 35시간分(주당 8시간 ÷ 7 × 365 ÷ 12)을 제외한 채 실제 한 달동안의 소정근로시간만으로 산출한 숫자이다. 184는 한 달에 소정근로일이 23일 정도 있다고 가정하고 산출한 것으로 보인다(23일 × 8시간 = 184).

59) 관련된 사항은 Ⅲ. 3. 참조.

60) 2019년을 기준으로 표면적으로는 1,745,150원 이상만 주면 최저임금 위반이 아니지만, 단체협약 및 취업규칙 등으로 토요일을 8시간 유급 휴(무)일로 규정한 경우에는 임금 전액불 원칙에 위배되지 않기 위하여 실제로는 2,029,050원(8,350원 × 243시간분)을 지급해야 한다.

사례연구 Ⅱ-4

기아차 통상임금 소송 시, 시수 관련 논쟁
기아차 노조는 시간급 통상임금 산정을 위한 시수를 다음과 같이 임금항목별로 다르게 설정할 것을 요구하였다.
시간급 통상임금 = (기본급 ÷ 240시간) + (통상수당 ÷ 226시간) + (상여금 월할액 ÷ 243시간)
하나의 회사에서 시수를 달리 가져갈 수가 있는가?

기아차의 경우, 단체협약에 따라 토요일을 유급휴무일로 설정하였으므로 시수는 243.33을 활용할 수 있었다. 그런데 그 동안은 노사합의로 기본급 월급은 ÷ 240으로 시간급 통상임금을 산출하였고, 통상수당 월급은 ÷ 226으로 시간급 통상임금을 산출하였던 것이다. 기본급은 아마도 일급(8시간)을 30(1개월을 30일로 간주)으로 곱하여 산출한 관행으로 인해 ÷ 240의 시수를 활용했던 것으로 보이고, 통상수당은 243을 쓸 수 있었음에도 전술한 바와 같이 노조의 투쟁의 산물로 회사가 양보하여 226을 활용(근로조건을 유리하게 하여 시급을 더 높게 책정하는 것이므로 가능함)했었을 것으로 보인다. 그리고 소송을 통해 새롭게 통상임금에 포함되어야 한다고 주장한 상여금의 경우에는 (이전에 노사 간 시수 처리에 대한 합의가 없는 부분이므로) 토요일 유급을 감안하여 ÷ 243 시수로 계산하는 것에 대해 이견이 없는 것이라 할 수 있다.

필자가 판단하건데, 이와 같이 동일 직군의 동일 근로조건(토요일은 유급휴무일) 체제하에서 노사 간의 합의로 임금항목별로 시수를 달리하는 것은 얼마든지 가능하다고 생각된다. 원칙은 모든 임금항목에 대하여 ÷ 243 시수를 쓰는 것이지만, 노사 간의 합의로 일부 근로조건을 상향시키는 약정을 하는 것은 얼마든지 가능하기 때문이다.

다만, 이 사안은 노동조합이 회사를 상대로 과소 지급된 시간외근로수당을 지급하도록 해 달라고 소송을 한 것이며, 시간외근로수당이 과소 지급되었는지를 산출해야 되는 사안이라고 할 수 있다. 그렇다면 기존에 지급된 시간외근로수당이 과소 지급되었는지 여부를 판단하기 위해서는 비교의 대상 기준이 있어야 할 것이다.

시간외근로수당은 아래와 같이 시간당 통상임금에 시간외근로시간을 곱한 후, 가산율을 곱하여 산출한다. 이 때 시간외근로시간과 가산율에 다툼의 여지가 없다면, 시간당 통상임금을 어떻게 산출하느냐 하는 것이 이슈가 되는 것이다.

[시간외근로수당 = 시간당 통상임금 × 시간외 근로시간 × 가산율]

기존에는 (상여금 등을 통상임금에서 제외했었으므로) 통상임금의 범위가 법정 기준에는 미달했었지만, 시수는 노조에 유리한 근로조건(÷ 243을 써도 되지만, ÷ 240과 ÷ 226을 사용함으로써 높은 시급 적용)이 적용되었다.

그런데, (상여금 등이 통상임금임에도 불구하고 그동안 통상임금 범위에서 제외되었으므로) 통상임금의 범위가 법정 기준 대비 미달한다는 것을 인지한 노동조합에서는 시간당 통상임금을 재산정하여 과소 지급되었던 시간외근로수당을 지급해 줄 것을 소송을 통해 요구한 것이고, 이 과정에서 노동조합은 노사 간 약정으로 인하여 노조에 유리했던 시수는 그대로 인정하여 산정해 줄 것을 주장한 것이었다.

[그림 2-22] 기아차 시수 논쟁 관련 노조의 주장 및 법원의 판단(1)

구 분	내 용	통상임금 범위	시 수	
기 존	통상임금 범위가 법정 기준 미달	법정 기준 대비 미달	법정 기준 대비 유리 (노사간 약정사항 –기득권)	기본급 ÷ 240 통상수당 ÷ 226
노조 주장	통상임금 범위만 법정 기준 준수(확대), 시수는 노사간 약정사항이므로 기득권 유지	법정 기준으로 조정(확대)	유리한 시수 인정 (노사간 약정사항 –기득권)	기본급 ÷ 240 통상수당 ÷ 226 상여금 ÷ 243
법원 판단	법정 임금 미달 여부를 다투는 것이므로 비교 잣대도 법정 기준으로 일원화 필요	법정 기준으로 조정(확대)	법정 기준으로 조정 (일원화)	기본급 ÷ 243 통상수당 ÷ 243 상여금 ÷ 243

이에 대해 법원(서울중앙지법 2011가합105381, 2017.8.31)은 『시간당 통상임금을 산정함에 있어 〈통상임금의 범위〉는 근로기준법에서 정한 바에 의하고 〈산정 기준이 되는 소정근로시간〉에 관하여는 노사 간의 합의에 따른다면, 이는 하나의 조건에 포함된 여러 가지 요소의 개별적인 비교를 허용하는 것이 되어 근로기준법의 법률해석에 반하고 서로 다른 각 규정에서 근로자에게 유리한 것만을 취사선택할 수는 없는 것이어서 허용되지 아니할 뿐만 아니라, 시간당 통상임금 산정의 각 요소를 분리하여 근로기준법 위배 여부를 판단할 것이 아니라 {근로기준법에 따라 산정한 시간당 통상임금 금액}과 {노사합의에 따라 산정한 시간당 통상임금 금액}을 비교하는 것이 타당하므로(대법원 2013.1.24. 선고 2011다81022 판결 등 참조) 이 사건에서 월 통상임금 산정 기준시간은 243.33시간으로 보고, 시간당 통상임금을 산정함이 타당하다.』고 하면서 모든 임금항목에 대하여 ÷ 243 시수를 활용해야 한다고 판시하였다.

이는 예전에 과소 산정된 평균임금에 누진율을 적용하여 퇴직금을 산정한 경우, 평균임금이 법정 기준 대비 미달하였으므로 차액을 지급해 달라고 한 사안에 대해 법정 기준 대비 미달했는지의 여부를 판단하는 비교 잣대는 누진율을 적용하지 않은 것을 기준으로 해야 한다는 것과 동일한 맥락이라 볼 수 있다.[61)]

그럼에도 각 임금항목별로 시수를 달리하여 일부 근로조건을 유리하게 설정하는 것은 여전히 가능하다고 판단된다. 왜냐하면 근로기준법 제4조(근로조건의 결정)에 따라 근로조건은 노사 간 약정으로 법정 기준 대비 유리하게 설정할 수 있는 것이고, 근로기준법 제3조(근로조건의 기준)에 따라 법에서 정한 근로조건은 최저기준이므로 노사는 법정 기준을 이유로 기존의 근로조건을 낮출 수 없기 때문이다.

61) 이는 '취사선택금지 원칙' 또는 '최소기준 원칙'과 관련된 것이다. 통상임금 산정 등에 있어 법정 미달 조건과 법정 유리 조건 경합 시 판단기준에 대해서는 Ⅲ. 4. (5) 참고.

다만, 이번 소송은 과거에 지급한 법정수당이 법정기준 대비 미달된 것인지 여부를 다투기 위한 목적이었으므로 법정 기준에 미달되었는지 여부를 판단하는 기준 잣대를 설정하기 위하여 시수를 법정 기준으로 환원한 후 미달 여부를 판단한 것이라고 볼 수 있다.

한편, 기아차 노조는 시수를 동일하게 ÷ 243으로 산정해야 한다면, 모든 임금항목에 대해 × 243이 되어야 하는데 그 동안 기본급은 × 240을 해 왔고, 통상수당은 × 226을 한 셈이 되므로 차액이 되는 × 3과 × 17에 해당하는 기본급과 통상수당을 더 지급해 달라고도 주장하였다. 이게 대체 무슨 의미일까?

노동조합의 주장을 가상의 임금항목 및 금액으로 예시하여 본다면, 만약 직책수당으로 月 100,000원을 지급받았다면, 이는 月 243시간 어치가 아니라 月 226시간 어치에 불과했으므로 (시수를 243으로 해야 한다면) 차액이 되는 월 17시간(243 − 226 = 17) 어치에 상당한 차액 7,522원을 추가로 더 지급하여 직책수당을 月 107,522원으로 인정해 달라는 것이다.

[그림 2-23] 기아차 시수 논쟁 관련 노조의 주장 및 법원의 판단(2)

▣ 노동조합 주장을 예시로 표현: (예시) 직책수당이 10만원인 경우

구 분	직책수당 (월)	시 수	시 급	비 고
기존 지급방식	100,000원 →	÷ 226	= 442.5원	기존 지급방식으로 시급을 산정하면 442.5원이 나옴 (100,000원 ÷ 226) → 노동조합은 시급 442.5원을 기준으로 226 시간분만 지급된 것이라고 주장함 (442.5원 × 226 = 100,000원)
노동조합이 소송을 통해 주장한 방식	107,522원 ←	= × 243	442.5원	→ 노동조합은 시급 442.5원을 유지하면서, 243시간분이 지급되어야 한다고 주장함 (442.5원 × 243 = 107,522원)
차액 요구금액	7,522원	(17시간分)		

하지만 이는 시수의 이중적 성격으로 인해 시수가 달라질 수 있다는 것을 인식하지 못한 주장이라 할 수 있다. 전술한 바와 같이 일반적인 회사에서도 시급을 월급으로 산출할 때는 × 209 시수를 쓰면서도, 근로조건을 유리하게 할 목적으로 월급을 시급으로 산출할 때는 (÷ 209를 써도 되지만) ÷ 174를 써주어, 시수를 달리 운영하는 것이 가능하다.

이번 사안에서도 실상은 직책수당이 243시간 어치로 구성(× 243)되었지만[※ 물론 통상수당을 정할 때는 시급 단위로 정하지 않고, 월급 단위로 정했다.],[62] 월급을 시급으로 산출할 때에 한하여 근로자에게 유리하게 적용해 줄 목적으로 ÷ 226을 써 준 것에 불과한 것이다.

62) 앞의 (4) ②에서 월급에는 소정근로의 대가 뿐 아니라 유급처리의 대가가 모두 포함된 것이라고

이에 법원(서울중앙지법 2011가합105381, 2017.8.31)에서도 『실제 월 소정근로시간[63]이 243.33시간인데도 통상임금을 산정할 때 월 소정근로기간을 240시간 및 226시간으로 계산한 것은 전체적으로 비교하여 근로기준법이 정한 하한보다 근로자에게 유리하게 계산한 것이 되고, 이 사건에서 통상임금을 계산할 때에는 근로기준법이 정한 바에 따라 실제 월 소정근로시간인 243.33시간을 기준시간으로 삼는 것은 {근로기준법에 따라 산정한 시간당 통상임금 금액}과 {노사합의에 따라 산정한 시간당 통상임금 금액}을 비교하기 위한 것에 불과하다. 따라서 원고가 3시간분의 기본급과 17시간분의 통상수당을 적게 지급받았다고 볼 수 없고, 달리 이를 인정할 만한 증거가 없다. 오히려 앞서 본 인정사실에 의하면, 원고는 월급제 근로자로서 정해진 월 기본급 및 통상수당을 모두 지급받았다고 보일 뿐이다.』라고 판시했던 것이다.[64]

설명하였던 것을 참고.

63) 엄밀하게 본다면, 서울중앙지법이 226시간, 243.33시간 등을 판단할 때 사용한 '소정근로시간'이라는 용어는 틀린 말이다. 226시간이나 243.33시간에는 '소정근로시간' 뿐 아니라 '유급으로 처리한 시간'도 합산된 것이기 때문이다.

64) 기아차 노조가 1심에서 주장하였으나 법원에서 인정하지 않아 패소했던 2가지 시수 논쟁 관련 사항들에 대해서는 기아차 노조가 항소하지 않아 2심에서는 다루지 않았다.

4. 단시간 근로자, 일용근로자에 적용하는 급여 책정 방안

(1) 단시간 근로자와 일용근로자의 의미 및 노동법 적용

근로기준법에서는 아래와 같이 단시간 근로자의 정의에 대해 명시하고 있고, 단시간 근로자의 근로조건에 대해서도 규정하면서 그 원칙은 '(그 사업장의 같은 종류의 업무에 종사하는) 통상 근로자의 근로시간을 기준으로 산정한 비율에 따라 결정' 하도록 하고 있다. 이에 근로기준법 시행령 [별표2] '단시간 근로자의 근로조건 결정기준 등에 관한 사항'에서는 임금의 계산 시 시간급을 원칙으로 하되 〈소정근로시간 수를 산정하는 방법〉 등이 명시되어 있고, 유급휴일과 연차유급휴가의 적용에 대해서도 명시하고 있다.

다만, 근로기준법 제18조 제③항에 따라 4주간을 평균하여 1주 동안의 소정근로시간이 15시간 미만인 단시간 근로자(소위 '초단시간 근로자'라 함)에 대해서는 유급휴일 및 연차유급휴가를 적용하지 않을 수 있으며, 근로자퇴직급여보장법에 따라 퇴직급여 역시 지급하지 않아도 된다(※ 이러한 법 규정을 악용하여, 총 근로시간은 주당 15시간 이상임에도 불구하고, 소위 꺾기 방식으로 소정근로시간은 줄이고 상시 적용되는 연장근로시간을 설정함으로써 주휴수당 및 연차유급휴가수당을 지급하지 않으려던 회사의 사례가 있었다. [예컨대 (1日 7시간의 소정근무 + 1시간의 연장근로) × 2日 = 14시간의 소정근무 + 2시간의 연장근로 = 총 16시간 근무] 그러나, 고용노동부는 해당 회사와 근로자 간의 약정으로 상시 근무하기로 한 연장근로시간을 소정근로시간으로 인정하여, 총 소정근로시간이 주 14시간이 아닌 주 16시간으로 판단하였고, 이에 지급하지 않은 연차수당을 지급하라는 명령을 내린 사례가 있다.).

근로기준법 제2조【정의】①

9. "단시간 근로자"란 1주 동안의 소정근로시간이 그 사업장에서 같은 종류의 업무에 종사하는 통상 근로자의 1주 동안의 소정근로시간에 비하여 짧은 근로자를 말한다.

근로기준법 제18조【단시간 근로자의 근로조건】

① 단시간 근로자의 근로조건은 그 사업장의 같은 종류의 업무에 종사하는 통상 근로자의 근로시간을 기준으로 산정한 비율에 따라 결정되어야 한다.

② 제1항에 따라 근로조건을 결정할 때에 기준이 되는 사항이나 그 밖에 필요한 사항은 대통령령(※ [별표 2] 단시간 근로자의 근로조건 결정기준 등에 관한 사항)으로 정한다.
③ 4주 동안(4주 미만으로 근로하는 경우에는 그 기간)을 평균하여 1주 동안의 소정근로시간이 15시간 미만인 근로자에 대하여는 제55조와 제60조를 적용하지 아니한다.

근로자퇴직급여 보장법 제4조【퇴직급여제도의 설정】

① 사용자는 퇴직하는 근로자에게 급여를 지급하기 위하여 퇴직급여제도 중 하나 이상의 제도를 설정하여야 한다. 다만, 계속근로기간이 1년 미만인 근로자, 4주간을 평균하여 1주간의 소정근로시간이 15시간 미만인 근로자에 대하여는 그러하지 아니하다.

근로기준법 외에도 단시간 근로자에 대해서는 비정규직으로 인정하여, 특별히 보호할 필요성이 있다고 보고【기간제 및 단시간 근로자 보호 등에 관한 법률(이하 "기단법"이라 함)】을 제정하여 운영하고 있다.[65]

일용근로자의 정의에 대해서는 근로기준법에 명확하게 규정이 되어 있지는 않다.[66] 고용노동부는 〈1년 미만 단기계약근로자에 대한 근로기준법 등 적용지침(근로기준과-4532, 2004.8.30)〉을 통해『일용직근로자: 근로계약을 1일 단위로 체결하는 근로자』라고 개념 정의를 하였고, 또 다른 행정해석은『일용근로자라 함은 고용기간이 1일로서 그날의 근로종료에 따라 사용종속관계가 일단 종료되고 필요에 따라 하루하루를 기간으로 하여 사용하는 근로자를 말함(근기 1451-12200, 1983.5.12)』이라고 정의하고 있다.

다만 일용직 계약이 형식에 불과하여 사실상 계속 근무를 하고 있다면 (설령 중간

65) 근로계약기간의 정함이 없는 정규직 근로자의 경우에도 육아기 근로시간 단축제 등을 사용함으로써 통상 근로자에 비해 소정근로시간이 짧은 기간에 대해서는 근로기준법상 단시간 근로자에 관한 규정들 외에도 기단법상 단시간 근로자에 관한 사항들이 추가로 적용된다는 것이 고용노동부의 입장이다.

66) 고용보험법 제2조(정의) 6호에서는「일용근로자란 1개월 미만 동안 고용되는 자를 말한다.」고 정의하고 있으나, 이는 고용보험법 적용 대상 및 적용 기준 측면에서의 정의로 한정된다고 보아야 한다. 일용근로자에게 주휴수당이나 퇴직급여가 적용되는지, 부당해고가 적용되는지와 관련된 쟁점에서는 일용근로자의 고용 형태가 매우 다양한 양태로 나타나며, 판례나 노동위원회 판정례 및 행정해석에서도 사안별로 달리 판단하므로 일용근로자를 획일적으로 정의하기는 어려운 측면이 있다.

중간에 빠진 날이 있다 하더라도) 계속근로기간은 연속되며, 이에 주휴일 및 연차휴가도 적용될 수 있다고 보는 것이 판례와 고용노동부 행정해석의 공통된 입장이다. [대법 93다26168, 1995.7.11, 근기 68207-424, 1997.4.2 등]

사회보험법에서는 일용근로자와 단시간 근로자를 별도로 다루면서도 혼용하여 사용하는 경향이 있다.[67]

실무에서도 단시간 근로자와 일용근로자의 개념이 혼용되어 사용되는 경우가 많으며, (특히 법정 용어가 아닌) 아르바이트나 인턴 같은 경우에는 일용직인 경우도 있고, 단시간 근로자인 경우도 있고, 기간제 근로자인 경우도 있다.

하지만 엄격하게 볼 때, 단시간 근로자와 일용근로자는 다른 개념이고, 이에 주휴수당 적용 등에 있어 법적 효과도 다르므로 유의하여야 한다. 단시간 근로자와 일용근로자를 구분하는 가장 큰 차이는 1주간 소정근로일이 정해져 있는지 여부라 할 것이다. 즉 단시간 근로자는 상당 기간 계속근로가 예정되어 있는 자로서, 1주

---

67) 사회보험법에서도 아래와 같이 일용근로자와 단시간 근로자를 별도로 다루면서도 실무 적용에 있어서는 혼용하여 사용되는 경향이 있다.

> 국민연금법 시행령 제2조【근로자에서 제외되는 사람】
> 「국민연금법」(이하 "법"이라 한다) 제3조제1항제1호 단서에 따라 근로자에서 제외되는 사람은 다음과 같다.
> 1. 일용근로자나 1개월 미만의 기한을 정하여 사용되는 근로자. 다만, 1개월 이상 계속 사용되는 경우는 그러하지 아니하다.
> 4. 1개월 동안의 소정근로시간이 60시간 미만인 단시간 근로자
>
> 국민건강보험법 제6조【가입자의 종류】
> ② 모든 사업장의 근로자 및 사용자와 공무원 및 교직원은 직장가입자가 된다. 다만, 다음 각 호의 어느 하나에 해당하는 사람은 제외한다.
> 1. 고용 기간이1개월 미만인 일용근로자
> 4. 그 밖에 사업장의 특성, 고용 형태 및 사업의 종류 등을 고려하여 대통령령으로 정하는 사업장의 근로자 및 사용자와 공무원 및 교직원
>
> 동법 시행령 제9조【직장가입자에서 제외되는 사람】
> 법 제6조제2항제4호에서 "대통령령으로 정하는 사업장의 근로자 및 사용자와 공무원 및 교직원"이란 다음 각 호의 어느 하나에 해당하는 사람을 말한다.
> 1. 비상근 근로자 또는 1개월 동안의 소정(所定)근로시간이 60시간 미만인 단시간 근로자
>
> 고용보험법 시행령 제3조【적용 제외 근로자】
> ① 법 제10조제2호에서 "소정근로시간이 대통령령으로 정하는 시간 미만인 자"란 1개월간 소정근로시간이 60시간 미만인 자(1주간의 소정근로시간이 15시간 미만인 자를 포함한다)를 말한다. 다만, 생업을 목적으로 근로를 제공하는 자 중 3개월 이상 계속하여 근로를 제공하는 자와 법 제2조제6호에 따른 일용근로자(이하 "일용근로자"라 한다)는 제외한다.

간 소정근로일 및 소정근로시간이 정해져 있는 자로 보아야 할 것이다. 예컨대 매주 월·수·금요일 3일간 8시간씩 근무(1주간 24시간)하거나, 매주 토·일요일 2일간 8시간씩 근무(1주간 16시간)하거나, 매주 월~토요일 6일간 4시간씩 근무(1주간 24시간)하는 식이다. 반면에 일용근로자는 일이 있으면 근무하고, 일이 없으면 근무하지 않으므로 출근하는 날의 소정근로시간은 정해질지언정, 1주간 소정근로일 및 소정근로시간은 정해지지 않는 것이 가장 큰 차이라 할 것이다.[68] 이에 기단법 제17조 6호에 따라 단시간 근로자에게는 사용자와 서로 정한 '근로일 및 근로일별 근로시간'이 서면으로 명시되어야 하는 것이고, 엄격한 의미의 일용근로자는 그 기재가 불가능한 것이다. 이에 일용근로자와 단시간 근로자의 특성을 아래와 같이 구분해 볼 수 있고, 주휴수당 적용 등에 있어서도 달리 적용될 수 있으므로 유의하여야 한다.

[그림 2-24] 일용근로자와 단시간 근로자 구분

구 분	일용근로자	단시간 근로자
정 의	1일 단위의 계약으로 채용되고 당일 약정된 근로의 종료와 동시에 자동적으로 근로계약도 종료하여 근로관계가 계속 유지되지 않는 자(고용노동부 행정해석 임금 68207-526, 1994.8.25)	1주 동안의 소정근로시간이 그 사업장에서 같은 종류의 업무에 종사하는 통상 근로자의 1주 동안의 소정근로시간에 비하여 짧은 근로자 (근로기준법 제2조 ① 9호)
근로계약기간	1일 단위 체결·종료	기간제 또는 무기계약 [상용(常用) 근로]
근로계약서 기재사항	1일 단위 근로일 결정으로 근로일 및 근로일별 근로시간 약정이 성립되지 않음	근로일 및 근로일별 근로시간 명시 의무 (기단법 제17조 6호)
소정근로일	1일 단위 근로여부 결정으로 소정근로일 개념 성립 불가	1주간 소정근로시간을 정해야 하므로 1주간 소정근로일도 정해져야 함
결근 개념	결근 개념 불성립	결근 개념이 성립되며, 결근 시 급여 차감 및 징계 가능
소정근로시간	1일 소정근로시간만 설정	1일 소정근로시간 및 1주 소정근로시간 설정
근로조건	1일 단위 근로조건 설정	통상근로자의 근로시간을 기준으로 산정한 비율에 따라 결정 [ex. 1주 24시간 근무자 : 24 / 40]

68) 물론 실무적으로는 일용직 계약을 맺은 후 3주간 매주 월~금요일 동안 출근하기로 약정하는 등 그 구분이 명확하지는 않은 것이 현실이다.

구 분	일용근로자	단시간 근로자
4대보험 신고	일용직 근로내역 확인 신고	4대보험 성립·상실 신고
국민연금·건강보험 적용 제외사유	고용기간이 1개월 미만인 일용근로자	1개월간 소정근로시간이 60시간 미만인 단시간 근로자

한편, 단시간 근로자나 일용근로자 모두[69] 기단법 제17조(근로조건의 서면 명시)가 적용되고, 위반 시에는 1인당 최대 240만원의 과태료가 시정기한 없이 즉시 부과되므로 각별히 유의하여야 한다.

(2) 단시간 근로자 및 일용근로자의 주휴수당 산정 방안

실무적으로 단시간 근로자에 대해서는 시급제, 일급제, 월급제가 활용되는 경향이 있으며, 일용근로자에 대해서는 시급제, 일급제가 활용되는 경우가 많다.[70]

4주간을 평균하여 1주 소정근로시간이 15시간 이상인 단시간 근로자와 사실상 연속하여 근무하는 일용근로자에 대해서는 유급 주휴일이 부여되어야 한다.

다만, 단시간 근로자와 일용근로자 간에는 주휴수당 발생 조건 및 산정방식이 다르다고 할 수 있다.

먼저 단시간 근로자는 1주간 소정근로일 및 소정근로시간이 사전에 정해져 있으므로 주 15시간 이상 근무자에게 성립이 되고, 근로기준법 제18조 제①항 및 동법 시행령 별표2에 따라 소위 비례의 원칙으로 산정하면 된다.

---

69) 소위 아르바이트, 근로자성이 있는 인턴, 근로자성이 있는 프리랜서 등도 포함된다.

70) 여기서 시급제, 일급제, 월급제 등은 임금의 산정기간을 의미한다. 시급제나 일급제를 활용하더라도 임금을 1개월에 한 번씩 모아서 지급하는 경우도 많이 있으나 이는 임금의 지급주기일 뿐 월급제라 볼 수는 없다. 왜냐하면 "월급제는 임금이 월 단위로 결정되어 월의 근로일수나 근로시간의 많고 적음에 관계없이 일정한 임금이 지급되는 임금형태를 뜻"[대법 93다32514, 1994.5.24]하기 때문이다.

[그림 2-25] 단시간 근로자 주휴수당 산정 방식

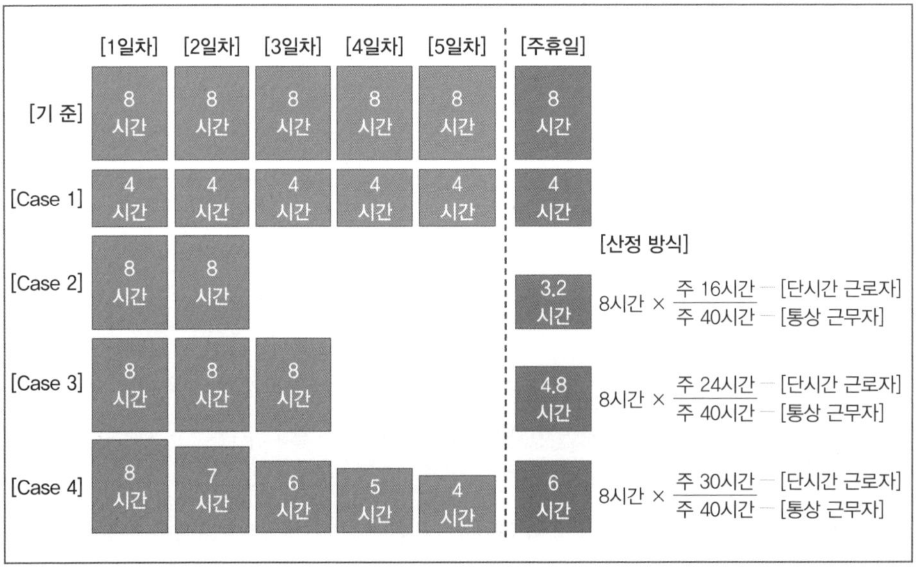

주휴수당은 1주일을 만근했을 경우(통상근무자와 같이 주5일 내지 주6일을 만근했을 경우)에는 1일 소정근로시간에 해당하는 금액만큼 지급하면 되므로 1일 소정근로시간이 8시간인 근로자의 경우에는 주휴수당도 8시간分 임금이 100% 지급되면 되는 것이고, 1일 소정근로시간이 4시간인 근로자의 경우에는 주휴수당도 4시간分 임금이 100% 지급되면 되는 것이다. 즉 주 5일 근무했으면 5일치 일급이 아닌 6일치 일급을 지급하면 되는 것이고, 주40시간 근무했으면 40시간分 시급이 아닌 48시간分 시급을 지급하면 되는 것이다.

만약 (1주 15시간 이상 근무했지만) 주2일이나 주3일만 근무하거나, 1일 소정근로시간이 요일별로 다르다면, 위의 그림 예시와 같이 근로기준법 제18조 제①항에 따라 통상근로자의 근로시간을 기준으로 산정한 비율에 따라 결정하면 된다.

한편, 일용근로자의 경우에는 단시간 근로자와는 달리 1주간 소정근로일 및 소정근로시간이 정해져 있지 않은 것이 원칙이기 때문에 "실 근로일수"를 기준으로 유급주휴일 및 주휴수당 발생 여부가 결정된다. 이에 적어도 5일 연속 실제 근무를 한 후,[71] 다음주에도 곧바로 근무를 했을 경우에 유급주휴일 및 주휴수당이 발생된다고 볼 수 있다.[72] 이에 5일간 연속 근무를 했다면, 주휴수당으로 1일분의 일급을 산정하여 더 지급해 주면 될 것이며, 6일 이상 연속근무하여 주휴일에 근무를 했다면 휴일근로에 따른 가산 수당도 지급되어야 할 것이다.

- 일용 근로자라 하더라도 일정한 요건에 해당할 경우 근로기준법 제45조의 유급 주휴일을 부여하여야 하는 바, 근로계약 내용 중 동 근로자의 임금 속에 유급휴일 수당을 포함하여 지급하기로 사전에 약정하지 않았다면 1주일간 소정근로일수[73]를 개근한 근로자에게는 유급으로 주휴일을 부여하여야 할 것임(근기 68207-1854, 1993.8.24).
- 근로계약이 1일단위로 체결되어 1주간의 소정근로일수를 산정할 수가 없는 일용근로자에게는 원칙적으로 주휴일을 부여할 수 없음.
  - 그러나 주휴일의 부여 목적이 1주간의 근로로 인하여 축적된 근로자의 피로를 풀어주고 건강을 확보하게 하며, 여가의 이용을 가능케 하여 사회적·문화적 생활을 할 수 있도록 하는데 있으므로 일용근로자가 계속적으로 근로를 한다면 이때에는 소정근로일수 대신 실근로일수를 기준으로 하여 1주일에 6일을 개근하였으면 주휴일을 부여하여야 함(※ 필자 견해: 주40시간 근무제인 경우에는 1주일에 5일을 개근하면 주휴일을 부여하여야 할 것이다.)

    한편, 일용근로자의 경우 주휴수당을 포함하여 임금을 지급받기로 사전에 약정하지 않은 한 주휴수당은 임금과는 별도로 지급되는 것이므로 주휴일이 부여된 일용근로자에게는 임금과는 별도로 주휴수당을 지급하여야 함(근기 68207-424, 1997.4.2).

---

71) 주 44시간 근무제가 적용된 때 6일간 개근하면 주휴일이 성립된다고 보았으므로 주 40시간 근무제가 적용되는 요즘에는 5일 연속 근무가 성립 조건이라 할 것이다.

72) 일용근로자에게 근로자의 날이 유급휴일로 적용될지 여부에 대해서도 고용노동부는 적어도 근로자의날을 전후하여 계속 근무했을 경우라면 근로자의 날을 적용하여야 한다는 입장이다. 즉 최소한 4/30, 5/1, 5/2를 연속 근무한 일용직에게는 근로자의 날을 유급휴일로 처리할 수 있다는 것이다.

> 건설일용근로자의 근로자의 날 적용 관련 (근로개선정책과-6257, 2014.11.12)
> 근로자의 날은 평상적인 근로관계를 전제로 근로계약 기간 내에 있어야 유급휴일로 될 수 있는 바, 일일단위로 근로계약이 체결되는 일용근로자의 경우 원칙적으로 유급휴일 부여 문제가 발생하지 않는다 할 것입니다.
> - 다만 근로계약을 반복 갱신해 근로자의 날을 전후해 계속 근로한 것으로 인정될 수 있는 경우라면 그 기간 내 포함된 근로자의 날에 대해서는 유급휴일을 부여해야 할 것이므로(근기68207-2505, 2001.8.6. 참조), 이에 대해서는 근로계약 및 근로실태 등에 대한 구체적 사실관계를 검토해 판단해야 할 것으로 사료됩니다.

73) 여기서의 소정근로일수는 통상근로자의 소정근로일수로 보는 것이 합당할 것이다.

- 1주 5일 근무제를 채택한 사업장의 경우에 일용직근로자가 1주 5일을 계속 근로한 경우에는 1일의 유급휴일과 1일의 무급휴무일을 부여하면 됨 〈1년 미만 단기계약근로자에 대한 근로기준법 등 적용지침(근로기준과-4532, 2004.8.30)〉

한편, (월급제[74]가 아닌) 일급제의 경우에 주휴수당은 원칙적으로 별도로 지급해야 할 것이나, 대법원 판결 및 고용노동부 행정해석에 따르면 일정 기간 사용이 예정되어 있는 일용직의 경우에 주휴수당을 미리 일급 임금에 포함하여 지급하는 것이 가능할 것이라 해석하고 있다.

- 주휴수당이나 연월차휴가수당이 근로기준법에서 정한 기간을 근로하였을 때 비로소 발생하는 것이라 할지라도 당사자 사이에 미리 그러한 소정기간의 근로를 전제로 하여 주휴수당을 일당임금에 포함하여 지급하는 것이 불가능한 것이 아니며(중략) (대법 96다24699, 1998.3.24)
- 고용노동부 행정해석 (근기 68207-424, 1997.4.2)
  [질 의] 일당 속에 주휴수당을 포함하기로 계약한 사실이 없는 일용근로자에 대하여 사용자가 유급주휴일을 부여하여야 하는지?
  [회 시] 일용근로자의 경우 주휴수당을 포함하여 임금을 지급 받기로 사전에 약정하지 않은 한 주휴일이 부여된 일용근로자에게는 임금과 별도로 주휴수당을 지급하여야 한다.[75]
- 일용근로자에 대해 주휴수당을 미리 임금에 포함할 수 있는지에 대해서는 1일 단위로 근로관계가 단절되어 계속고용이 보장되지 않는 순수 일용근로자의 경우에는 주휴수당을 미리 임금에 포함할 수 없을 것이나, 일정기간 사용이 예정된 경우라면 근로기간 중 사용자가 소정근로일의 근무를 전제로 지급되는 주휴수당을 미리 임금에 포함하여 지급하는 것은 가능할 것으로 보입니다(근로개선정책과-2617, 2012.5.14).

주휴수당을 일급에 포함하려면, 아래와 같이 시간 비율에 따라 산정한 후 급여항목을 분리하여야 한다. 산정방식은 {소정근로시간}과 {유급처리시간}의 비율(83.3%: 16.7%)을 산정한 후, 책정한 일급을 해당 비율에 각각 곱하여 산정하면 된다.

---

74) 월급제를 적용하는 경우 월급에는 별도의 명시가 없더라도 주휴수당이 포함되어 있는 것으로 본다는 것에 대해서는 Ⅱ 3. (4) ② 참조.

75) 반대로 해석하면 일당 속에 주휴수당을 포함하여 임금을 지급받기로 사전 약정하는 것이 가능하다고 볼 수 있음.

[그림 2-26] 일당에 주휴수당을 포함한 후 포괄 분개를 하는 방식

구 분	소정근로의 대가	주휴수당
일당 10만원(예시)	(일당 × 5일 / 6일) 83,333원	(일당 × 1일 / 6일) 16,667원
	5일 / 6일 = 40시간 / 48시간 = 83.3%	1일 / 6일 = 8시간 / 48시간 = 16.7%

[그림 2-27] 다양한 경우에 있어 일급에 주휴수당을 포함하고, 포괄 분개하는 방식

구분	1일 소정 근로시간	1주 소정 근무일	1주 소정 근로시간	주휴 시간	주당 시수 합계	1일 근로시간	1일 환산 주휴시간	1일 합계 시수	일급 [예시]	(일급) 기본급	(일할) 주휴수당	일급 합계	시 급
산정 방식	[A]	[B]	[C]=[A]×[B]	[D]=8×[C]/40	[E]=[C]+[D]	[F]=[C]/[B]	[G]=[D]/[B]	[H]=[F]+[G]	[I]	[J]=[I]×[C]/[E] 또는 [I]×[F]/[H]	[K]=[I]×[D]/[E] 또는 [I]×[G]/[H]	[L]=[J]+[K]	[M]=[J]/[F]
기준	8	5	40	8	48	8	1.6	9.6	80,500	67,083	13,417	80,500	8,385
Case 1	4	5	20	4	24	4	0.8	4.8	48,000	40,000	8,000	48,000	10,000
Case 2	8	2	16	3.2	19.2	8	1.6	9.6	90,000	75,000	15,000	90,000	9,375
Case 3	8	3	24	4.8	28.8	8	1.6	9.6	120,000	100,000	20,000	120,000	12,500
Case 4	6	5	30	6	36	6	1.2	7.2	66,000	55,000	11,000	66,000	9,167

구분	[C]	[D]	[E]	[F]	[G]	[H]	[J]	[K]	[L]
기준	83.3%	16.7%	100%	83.3%	16.7%	100%	83.3%	16.7%	100%
Case1	83.3%	16.7%	100%	83.3%	16.7%	100%	83.3%	16.7%	100%
Case2	83.3%	16.7%	100%	83.3%	16.7%	100%	83.3%	16.7%	100%
Case3	83.3%	16.7%	100%	83.3%	16.7%	100%	83.3%	16.7%	100%
Case4	83.3%	16.7%	100%	83.3%	16.7%	100%	83.3%	16.7%	100%

또는, 주휴수당 8시간分을 5일간의 일급에 포함하는 것이 되므로 일급에 1.6시간分(8시간 ÷ 5일)을 더하여 8시간 근무를 기준으로 9.6시간分(소정근로 8시간分 + 주휴수당 1.6시간分)을 지급하는 것으로 산정할 수도 있다.

즉 애초에 {소정근로시간 수} 외에 {유급으로 처리하는 시간}이 포함된 주급이나 월급과 마찬가지로 일급[76]에 {소정근로시간 수}와 {유급으로 처리하는 수}를 합한 것이며, 소위 '근로시간 수에 따라 산정한 적법한 포괄임금제' 형태인 것이다.[77]

---

76) 이론적으로는 시급제의 경우에도 시급에 주휴수당을 포함하는 것을 고려할 수 있겠으나, 최저임금이 시급 단위로 고시되는 것을 감안할 때, 시급에 주휴수당을 포함하는 것 보다는 항목을 명확하게 분리하여 별도로 지급하는 것이 바람직할 것이다.

77) 실무적으로 고용노동부에서는 월급의 경우에는 209 등이 활용된다면 별도의 명시가 없더라도 월급에 주휴수당이 포함되어 있는 것으로 인정해 주지만, 시급·일급·주급의 경우에는 아무리 금액이 많더라도 주휴수당이 포함되어 있다는 것을 인정해 주지 않는 경향이 있다. 이에 시급·일급·주급의 경우에는 근로계약서를 통해 주휴수당 포함 여부를 명시하고 임금항목 역시 기본

(3) 단시간 근로자의 [월급 → 시급] 시수 산정 방안

1일 소정근로시간과 1주간 소정근로일이 사전에 확정된 단시간 근로자라면, 월급제를 채택하여 매월 동일한 월급을 지급하는 것도 얼마든지 가능하다. 그렇다면 단시간 근로자의 월급을 시급으로 환산하기 위한 시수를 산정하는 방식은 어떻게 될까?

[그림 2-28] 소정근로시간과 토요일 성격에 따른 시수 및 최저임금

토요일 성격	소정근로 [일, 시간]		주 간				월간 (×4.345주)		최저 시급 [2024년]	표면적 최저임금 (토요 유급분 제외)		실질적 최저임금 (토요 유급분 포함)	
	1일 소정근로 시간	주당 소정 근로일	1주 소정근로	유급주휴 (일요일)	유급처리 (토요일)	[소 계]	최저임금 시수	통상임금 시수		월 급	연 봉	월 급	연 봉
무급 휴(무)일	4	5	20	4.0		24.0	104.3	104.3	9,860	1,028,201	12,338,410	1,028,201	12,338,410
	8	2	16	3.2		19.2	83.4	83.4	9,860	822,561	9,870,728	822,561	9,870,728
	8	3	24	4.8		28.8	125.1	125.1	9,860	1,233,841	14,806,092	1,233,841	14,806,092
	6	5	30	6.0		36.0	156.4	156.4	9,860	1,542,301	18,507,614	1,542,301	18,507,614
유급 휴(무)일 [주휴일 아님]	4	5	20	4.0	4.0	28	104.3	121.7	9,860	1,028,201	12,338,410	1,199,568	14,394,811
	8	2	16	3.2	3.2	22.4	83.4	97.3	9,860	822,561	9,870,728	959,654	11,515,849
	8	3	24	4.8	4.8	33.6	125.1	146.0	9,860	1,233,841	14,806,092	1,439,481	17,273,773
	6	5	30	6.0	6.0	42.0	156.4	182.5	9,860	1,542,301	18,507,614	1,799,351	21,592,217

통상적인 근무자의 경우 근로시간과 토요일의 성격에 따라 시수가 209, 226, 243 등으로 결정되는 것과 같이 단시간 근로자의 경우에도 근로시간과 토요일 유·무급에 따라 (월급을 시급으로 환산하는) 시수가 결정된다.

다만, 최저임금법에 따른 표면적 최저임금을 구할 때에는 토요일 유급 분에 대한 임금과 시간수를 각각 빼야 하므로[78] 표면적인 최저임금 월급은 낮아지지만, 역시 단체협약이나 취업규칙 및 근로계약서 등에 단시간 근로자에 대해서도 토요일을 유급휴(무)일로 하도록 약정되어 있다면 토요일 유급분을 지급해야 하므로 실질적인 최저임금 월급은 시급에 토요일 유급분이 포함된 시수를 곱해서 산정해야 된다는 것을 유의해야 한다.

급과 주휴수당으로 명확히 분할하여야 할 것이다.

78) 1주일에 2일을 주휴일로 설정하지 않고, 토요일을 약정 유급 휴(무)일로 운영하는 경우이다.

(4) 단시간 근로자 및 일용근로자의 연차휴가 산정 방안

주 15시간 이상 근무하는 단시간 근로자 및 계속 근로가 예정된 일용근로자의 경우에도 연차유급휴가가 적용된다. 근로기준법 시행령 [별표2]에서는 단시간 근로자에게 적용하는 연차휴가 부여 방식이 명시되어 있는데, 기본적인 원칙은 연차휴가를 (통상근로자의 근로시간에 비례하여) 日 단위가 아닌 시간 단위로 부여하는 것이며, 이때 유급 임금은 '시간급'을 기준으로 하라고 명시하고 있다.[79)]

근로기준법 시행령 [별표2] 단시간 근로자의 근로조건 결정기준 등에 관한 사항
4. 휴일·휴가의 적용 나. 사용자는 단시간 근로자에게 법 제60조에 따른 연차유급휴가를 주어야 한다. 이 경우 유급휴가는 다음의 방식으로 계산한 시간단위로 하며, 1시간 미만은 1시간으로 본다. $$\text{통상 근로자의 연차휴가일수} \times \frac{\text{단시간 근로자의 소정근로시간}}{\text{통상 근로자의 소정근로시간}} \times 8\text{시간}$$ 마. 나목의 경우에 사용자가 지급하여야 하는 임금은 시간급을 기준으로 한다.

특히 아르바이트 등의 경우에도 최소 1개월 이상 근무하는 경우가 많이 있는데, 이때는 근로기준법 제60조 제②항의 규정에 따라 1개월 개근 시 1일의 유급휴가를 부여하여야 하며, 만약 연차휴가를 사용하지 못하고 퇴사하였을 경우에는 반드시 해당 휴가에 상응하는 미사용 연차휴가수당을 지급해 주어야 한다(※ 고용노동부 근로감독 시, 아르바이트 등 기간제나 시간제 및 일용근무자에 대해서 1년 미만 퇴사자의 잔여 연차휴가에 대해 수당으로 지급해 주었는지 여부를 집중적으로 점검하는 경우가 많은데, 일부 회사들이 1년 이내 퇴사한 직원들에 대해 미사용 연차휴가 수당을 지급하지 않아 지급명령이 내려지는 경우가 많으므로 주의해야 한다.)

단시간 근무자 연차휴가에 대해서 아래 그림과 같이 예를 들어 설명하자면, [사례1] 1일 6시간 × 주5일 근무하는 단시간 근로자의 경우, 연차휴가는 1년에 90시간이 생성된다. 그런데, 이를 휴가 개수로 환산해 보면, 1일 소정근로시간이 6시간

79) 1시간 미만은 1시간으로 본다는 것에 유의해야 하며, 0.2일과 같이 일 단위로 환산이 되었다면 이를 무시하고 버려서는 안 되며, 시간 단위로 환산하여 부여해 주어야 한다.

이므로 90시간 ÷ 6시간 = 15개가 된다. 연차휴가 개수로만 보면 통상근무자의 개수와 동일한 것이다. 다만 연차휴가를 1개 사용하게 되면 당연히 (8시간이 아닌) 6시간이 차감되는 것이다. 만약에 해당 근로자가 연차휴가가 생성된 직후에 통상근무자(1일 8시간 × 주5일 근무)로 전환하게 되면, 이미 획득해 놓은 연차휴가 시간은 90시간이므로 이를 휴가 개수로 환산해 보면, 1일 소정근로시간이 8시간으로 전환되었으므로 90시간 ÷ 8시간 = 11.25개가 되며, 연차휴가 1개를 사용할 때마다 8시간씩 차감되는 것이다.

[사례2] 1일 8시간 × 주3일 근무하는 단시간 근로자의 경우, 연차휴가는 1년에 72시간이 생성된다. 그런데, 이를 휴가 개수로 환산해 보면, 1일 소정근로시간이 8시간이므로 72시간 ÷ 8시간 = 9개가 된다(※ 15개가 되는 것이 아님을 유의!). [사례1]과는 1일 소정근로시간이 다르므로 연차휴가 개수도 달라지는 것이다. 이에 해당 근로자가 연차휴가를 1개 사용하게 되면 8시간이 차감되는 것이다. 만약에 해당 근로자가 연차휴가가 생성된 직후에 통상근무자(1일 8시간 × 주5일 근무)로 전환하게 되면, 1일 소정근로시간이 동일하므로 그대로 9개의 휴가를 쓸 수 있게 되는 것이다.

[그림 2-29] 단시간 근로자 연차휴가 산정 사례

구 분	[사례 1] 1일 6시간 × 주5일 근무	[사례 2] 1일 8시간 × 주3일 근무
휴가 생성	15개 × $\frac{30시간}{40시간}$ × 8시간 = 90시간	15개 × $\frac{24시간}{40시간}$ × 8시간 = 72시간
휴가 사용 (단시간)	90시간 ÷ (1일) 6시간 = 15개	72시간 ÷ (1일) 8시간 = 9개
휴가 사용 (통상 전환)	90시간 ÷ (1일) 8시간 = 11.25개	72시간 ÷ (1일) 8시간 = 9개

이와 같이 통상 근무자에서 단시간 근무자로, 또는 단시간 근무자에서 통상 근무자로 전환되는 사례가 앞으로 많아질 것으로 예상되는데, 이 때에는 시간 단위로 산정하고 차감해야 함을 유의하여야 한다.[80)]

80) 육아기 근로시간 단축, 시간선택제 전환형 등의 경우에 특정 기간별로 통상 근무자와 단시간 근무제를 번갈아 사용하는 사례가 늘어나고 있다. 탄력적 근로시간제를 적용하는 경우에도 사전에

한편, 1일 단위로 계약이 체결되고 소멸되는 진정한 의미의 일용근로자에게는 연차휴가 개념이 성립될 수 없을 것이다. 그러나, 실질적으로는 1개월 이상 사실상 계속 근로하는 경우에는 연차휴가가 발생될 수 있을 것이다. 일용근로자에게 연차휴가(1개월 만근 시 1개 생성, 1년에 80% 이상 출근 시 15개 생성)가 생성되는지 여부는 주휴일 생성 조건과 마찬가지로 실 근로일수를 기준으로 판단해야 할 것이다. 왜냐하면 소정근로일이 정해져 있지 않은 일용근로자에 대해서는 출근율을 산정하는 것이 원칙적으로는 불가능하기 때문이다. 이 때에는 통상근로자에게 적용되는 소정근로일 개수(분모)를 모수로 삼고 실 근로일수(분자)를 기준으로 출근율을 산정해야 할 것이다.

(5) 단시간 근로자 및 일용근로자의 퇴직금 산정 방안

통상 근무자에서 단시간 근무자로, 또는 단시간 근무자에서 통상 근무자로 전환되는 경우에 퇴직금 산정을 어떻게 해야 하는지, 그리고 월별로 근무일수가 다른 일용근로자의 퇴직금 산정을 어떻게 해야 하는지에 대하여 논란이 될 수 있다. 이에 대해서는 Ⅲ. 6. 및 8.에서 후술하도록 하겠다.

사례연구 Ⅱ-5 회사가 정상적으로 운영되고 있는데, 단시간 근로자에게 휴업수당을 지급하도록 시정명령이 나온 사례는 무엇 때문인가?

근로기준법 제46조에서는 『사용자의 귀책사유로 휴업하는 경우에 사용자는 휴업기간 동안 그 근로자에게 평균임금의 100분의 70 이상의 수당을 지급하여야 한다.』라고 하여 사용자 귀책사유로 일을 못 시킨 경우에는 〈휴업수당〉을 지급할 것을 명시하고 있다. 이러한 〈휴업수당〉은 일반적으로 회사가 도급 업무를 수주 받지 못하는 등 경영상의 어려움을 겪을 경우에 활용되는 것이다.

그런데 몇 년 전 패밀리레스토랑을 여러 개 운영하고 있는 대기업 계열사에 대하여 정상 영업을 하고 있음에도 불구하고 〈휴업수당〉을 지급하지 않았다는 이유로 고용노동부가 근로감독을 통해 거액의 지급명령을 내린 사례가 있었다. 도대체 왜 이러한 일이 벌어진 것일까?

약정된 1일 근로시간이 달라지는 경우가 있는데(1일 6시간 근무할 때와 1일 10시간 근무할 때가 공존하는 경우), 이 때에도 이러한 원리를 준용할 수 있다고 판단된다.

소위 아르바이트(단시간 근로자)를 많이 사용하는 서비스업 회사의 경우에는 그 날 그 날의 상황에 따라 아르바이트들의 노동력이 필요한 시간이 유동적인 경우가 많다. 즉 어떤 날은 6시간 근무시키면 되지만, 어떤 날은 7시간 또는 8시간 근무를 시킬 필요가 있는 경우이다. 기존에는 예컨대 최소 근로시간인 6시간을 소정근로시간으로 정하고, 실제로는 7시간 또는 8시간을 근무시키더라도 시급 100%만 지급하면 되었기에 문제가 되지 않았지만, 2014년 기간제 및 단시간 근로자 보호 등에 관한 법률이 개정된 후에는 소정근로시간을 초과하여 근무하는 1~2시간의 근무가 150%를 지급해야 하는 연장근로가 되었기에 회사의 부담이 늘어난 것이다.

이에 해당 회사는 예컨대 가장 많이 근무를 하는 경우인 8시간을 1일 소정근로시간으로 설정한 후 실제로는 6시간이나 7시간만 근무를 시켜도 충분한 날에는 1~2시간 조퇴를 시키며, 해당 시간에 대해서는 임금을 지급하지 않는 방법을 취하였다. 그러나 이는 사전에 정해진 소정근로시간을 사용자의 귀책사유로 보장해 주지 못한 것이라 할 수 있고, 이에 조퇴시킨 시간에 대하여 〈휴업수당〉을 지급하라고 명령을 내린 사건이었다.

[그림 2-30] 단시간 근로자에게 휴업수당 및 연차휴가수당 지급을 명령한 사례

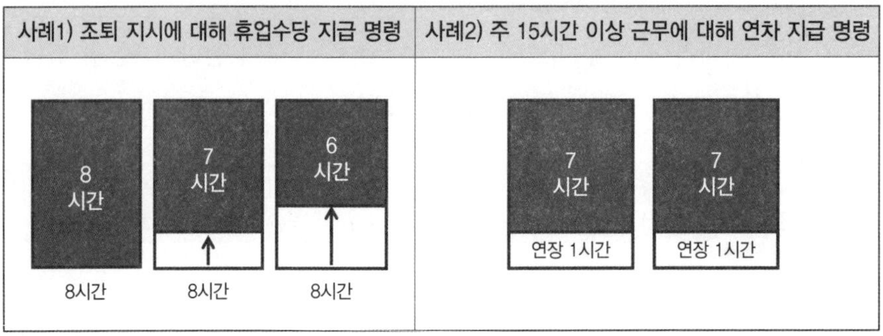

한편 해당 회사는 연차수당 지급명령도 받았는데, 이는 근로기준법 제18조 ③항을 오인하였기 때문이었다. 근로기준법 제18조 ③항에서는 1주 동안의 소정근로시간이 15시간 미만인 경우에는 주휴일(주휴수당) 및 연차휴가(연차수당)가 적용되지 않는다고 규정되어 있다. 이에 해당 회사는 사례2)와 같이 1일 8시간의 약정된 근로를 시키면서도 그 중 7시간만 소정근로시간에 해당된다고 약정하고, 나머지 1시간은 연장근로로 설정함으로써 연차휴가를 발생시키지 않았었다. 하지만 고용노동부는 실질적인 소정근로시간이 1일 8시간이라고 보아 연차수당을 지급하도록 명령을 내린 사건이었다.

5. 연장·야간·휴일근로와 가산임금의 적용

근로시간 단축을 위한 2018년 근로기준법 개정에 따라 연장·야간·휴일근로 시 수당을 산정하는 방식을 규정한 근기법 제56조가 개정되었다. 사실 개정 전 법률[81]과 비교했을 때, 지급률 등 그 계산 방식이 본질적으로 달라진 것은 없다. 하지만 1주 40시간 근무를 마친 후 주말 휴일에 근무했을 때, 휴일근로에 대한 가산율 적용 외에 연장근로에 대한 가산율도 적용되는지 여부와 관련해서 소송이 반복되고 그 결과가 달라지는 등 가중되었던 혼란을 명확히 정리했다는 점에서 의미가 있는 법 개정이었다.

[그림 2-31] 2018년 근기법 제56조 개정 및 연장·야간·휴일근로수당 산정 원리

근로기준법 (2018년 개정)
제56조【연장·야간 및 휴일근로】 ① 사용자는 연장근로(제53조·제59조 및 제69조 단서에 따라 연장된 시간의 근로를 말한다)에 대하여는 통상임금의 100분의 50 이상을 가산하여 근로자에게 지급하여야 한다. ② 제1항에도 불구하고 사용자는 휴일근로에 대하여는 다음 각 호의 기준에 따른 금액 이상을 가산하여 근로자에게 지급하여야 한다. 1. 8시간 이내의 휴일근로: 통상임금의 100분의 50 2. 8시간을 초과한 휴일근로: 통상임금의 100분의 100 ③ 사용자는 야간근로(오후 10시부터 다음 날 오전 6시 사이의 근로를 말한다)에 대하여는 통상임금의 100분의 50 이상을 가산하여 근로자에게 지급하여야 한다.

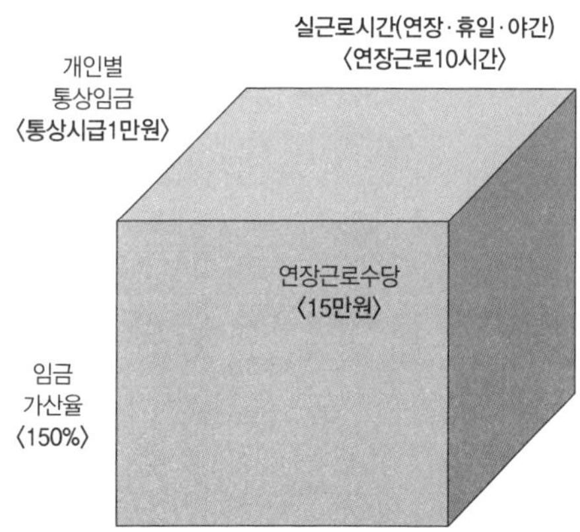

개정법에 따르면, 법정연장근로는 50% 이상을 가산하도록 되어 있고(①항), 야간근로에 대해서도 50% 이상을 가산하도록 되어 있다(③항). 휴일근로에 대해서는 8시간을 기준으로 8시간 이내의 휴일근로에 대해서는 50% 이상을 가산하도록 하였고(②항 1호), 8시간을 초과한 휴일근로에 대해서는 100% 이상을 가산하도록 (②항

---

81) 개정 전 근로기준법 제56조【연장·야간 및 휴일근로】
사용자는 연장근로(제53조·제59조 및 제69조 단서에 따라 연장된 시간의 근로)와 야간근로(오후 10시부터 오전 6시까지 사이의 근로) 또는 휴일근로에 대하여는 통상임금의 100분의 50 이상을 가산하여 지급하여야 한다.

2호) 명확히 정한 것이다.

이에 이제는 연장근로와 휴일근로가 중복되는 경우는 발생되지 않아 연장 및 휴일근로 가산율을 중복할 필요가 없어졌으며(①항 및 ②항은 중복되지 않음), 법 개정 전에 있었던 「1주 40시간을 근무한 이후의 휴일근로에 대하여 연장근로 가산 지급률을 중복할 것인지」에 대한 논란이 없어지게 된 것이다.[82] 다만, 여전히 ③항 야간근로와는 중복이 될 수 있으므로 연장근로이면서 야간근로인 경우(①항 및 ③항 중복), 휴일근로이면서 야간근로인 경우(②항 및 ③항 중복)에는 가산율을 중복하여 계산해 주어야 한다.

아래 사례를 보면, 유급휴일에 장시간 근무를 하게 될 경우 8시간 초과 여부에 따라 휴일근로의 가산율이 달라지고, 22시 이후의 근무에 대해서는 야간근로가 중복으로 인정되어 가산율이 높아짐을 알 수 있다(휴일근로 시, 연장근로 중복 개념은 없어졌다).

[그림 2-32] 휴일에 장시간 근무 시, 휴일근로수당 산정 사례

■ 〈유급휴일〉에 13시간 근무 시, 급여 산정사례 [시급 10,000원] (유급휴일수당은 월급에 포함)

구 분	유급휴일 수당 [A]	실제 근무 [B]	휴일근로 가산수당		야간근로 가산수당 [E]	총 지급 [F]=A+B+C+D+E		〈월급〉 포함 [A]	별도 지급 [F]-[A]	
			8시간 이내 [C]	8시간 초과 [D]		지급률	금 액		지급률	금액
9시~10시	100%	100%	50%			250%	25,000	100%	150%	15,000
10시~11시	100%	100%	50%			250%	25,000	100%	150%	15,000
11시~12시	100%	100%	50%			250%	25,000	100%	150%	15,000
12시~13시		[휴게]								
13시~14시	100%	100%	50%			250%	25,000	100%	150%	15,000
14시~15시	100%	100%	50%			250%	25,000	100%	150%	15,000
15시~16시	100%	100%	50%			250%	25,000	100%	150%	15,000
16시~17시	100%	100%	50%			250%	25,000	100%	150%	15,000
17시~18시	100%	100%	50%			250%	25,000	100%	150%	15,000

82) 연장근로는 ①항, 휴일근로는 ②항에서 독립적으로 규정하고 있고, ②항 처음에 '제1항에도 불구하고'라는 문구를 삽입함으로써 연장근로와 휴일근로를 중복시키지 않으려는 의도를 반영하였다. ②항 1호와 2호를 구분하여 가산율을 50%와 100%로 각각 규정함으로써 휴일에 8시간을 초과하는 근로에 대해서도 ①항을 중복시킬 필요가 없게 되었다. 이에 자연스럽게 1주간 40시간을 초과한 휴일근로라 하더라도 연장근로 50%를 중복할 필요 없이 휴일근로에 따른 50%(휴일에 8시간 초과한 경우에는 100%)만 가산하면 되도록 하였다.

구 분	유급휴일 수당 [A]	실제 근무 [B]	휴일근로 가산수당		야간근로 가산수당 [E]	총 지급 [F]=A+B+C+D+E		〈월급〉 포함 [A]	별도 지급 [F]-[A]	
			8시간 이내 [C]	8시간 초과 [D]		지급률	금 액		지급률	금액
18시~19시		[휴게]								
19시~20시		100%	50%	50%		200%	20,000		200%	20,000
20시~21시		100%	50%	50%		200%	20,000		200%	20,000
21시~22시		100%	50%	50%		200%	20,000		200%	20,000
22시~23시		100%	50%	50%	50%	250%	25,000		250%	25,000
23시~24시		100%	50%	50%	50%	250%	25,000		250%	25,000
[합계 금액]	80,000	130,000	65,000	25,000	10,000		310,000	80,000		230,000

연장·야간·휴일근로수당은 [연장·야간·휴일근로시간] × [개인별 통상임금] × [법정 가산율]의 세 가지를 곱하여 산정해야 한다. 마치 수학시간에 배웠던 부피 구하는 공식과 마찬가지 방식인 것이다([그림 2-32] 참조). 그런데 포괄임금제(고정 OT제) 라는 이름으로 이러한 법정 공식을 활용하지 않고, 이를 무시하거나 일부를 과소 책정하는 등 오·남용 사례가 많아 사회적 이슈가 되고 있다.[83)]

한편, 근기법 제56조 ①항에 따르면, 연장근로에 대해서는 50%의 가산율이 적용되어야 하는데, 이때 50%의 가산율이 적용되어야 하는 연장근로가 무엇인지에 대해서는 법으로 정하고 있다. 즉 근기법 제53조,[84)] 제59조, 제69조 단서에 따라 연장된 시간의 근로만을 한정하고 있는 것이다. 이를 반대로 해석하면, 통상근로자의 경우에 소정근로일 및 소정근로시간대가 아닌 때에 추가 근무를 했다고 하더라도 주중 휴일이나 휴가 등이 있어 법에서 정한 연장근로 요건에 해당되지 않는다

83) 포괄임금제 또는 고정OT제와 관련한 이슈는 Ⅱ. 7.을 참조.

84) 근기법 제53조에 따른 연장근로는 1일 8시간을 초과하거나, 1주 40시간을 초과한 것을 의미한다. 다만, 최근 대법원은(대법2020도15393, 2023.12.7) 근로시간 한도 위반(근기법 제53조) 측면에서는 1일 8시간을 초과한 근로시간들의 합계가 1주 12시간을 초과했다고 하더라도 1주 총 근로시간의 합계가 52시간 이내라면 연장근로 한도 초과로 볼 수 없어 법 위반이 아니라고 보았다. 그럼에도 연장근로수당가산율 적용(근기법 제56조 ①항) 측면에서는 1일 8시간을 초과한 근로에 대해서는 여전히 50% 가산율을 적용해야 한다고 판시함으로써, 연장근로를 둘러싼 제53조와 제56조 적용을 미세하게 달리 보았다.이는 형사처벌에 있어서는 처벌의 필요성과 관련하여 다소 관대화하는 사법적 판단으로 보인다. 관련 내용은 Ⅱ.8. 참조

면, 50%의 가산율을 적용하지 않아도 된다는 것이다.[85)]

근로기준법 제56조【연장·야간 및 휴일근로】

① 사용자는 연장근로(제53조·제59조 및 제69조 단서에 따라 연장된 시간의 근로를 말한다)에 대하여는 통상임금의 100분의 50 이상을 가산하여 근로자에게 지급하여야 한다.

근로기준법 제53조【연장 근로의 제한】

① 당사자 간에 합의하면 1주 간에 12시간을 한도로 제50조의 근로시간을 연장할 수 있다.

> **제50조【근로시간】**
> ① 1주 간의 근로시간은 휴게시간을 제외하고 40시간을 초과할 수 없다.
> ② 1일의 근로시간은 휴게시간을 제외하고 8시간을 초과할 수 없다.

② 당사자 간에 합의하면 1주 간에 12시간을 한도로 제51조 및 제51조의2의 근로시간을 연장할 수 있고, 제52조제1항제2호의 정산기간을 평균하여 1주 간에 12시간을 초과하지 아니하는 범위에서 제52조제1항의 근로시간을 연장할 수 있다.

근로기준법 제59조【근로시간 및 휴게시간의 특례】

①「통계법」 제22조제1항에 따라 통계청장이 고시하는 산업에 관한 표준의 중분류 또는 소분류 중 다음 각 호의 어느 하나에 해당하는 사업에 대하여 사용자가 근로자대표와 서면으로 합의한 경우에는 제53조제1항에 따른 주(週) 12시간을 초과하여 연장근로를 하게 하거나 제54조에 따른 휴게시간을 변경할 수 있다.

근로기준법 제69조【근로시간】

15세 이상 18세 미만인 사람의 근로시간은 1일에 7시간, 1주에 35시간을 초과하지 못한다. 다만, 당사자 사이의 합의에 따라 1일에 1시간, 1주에 5시간을 한도로 연장할 수 있다.

이는 휴일근로의 경우에도 마찬가지인데, 예컨대 1일 소정근로시간이 6시간인 근로자가 휴일에 6시간을 초과하여 8시간까지 근무했다고 하더라도 근기법 제56조 ②항 1호에 따라 50%만 가산 지급해 주면 되는 것이다.

한편,【기간제 및 단시간 근로자 보호 등에 관한 법률】에서는 단시간 근로자의 연장근로에 대하여 2014년부터는 사용자와 근로자가 정한 소정근로시간을 초과하여 근무하는 연장근로에 대해서는 통상임금의 100분의 50 이상을 가산하여 지급해야

---

85) 관련 사항은 Ⅱ. 8.과 사례연구 Ⅱ-6을 참조.

된다는 법 개정이 있었다(기단법 제6조 ③항).

[표] 단시간 근로자 연장근로 임금지급률 산정 사례

구 분	1일 근로시간	1주 근무일	1주 근로시간	임금지급률
소정근로시간	6시간	5일	30시간	100%
연장근로	2시간	5일	10시간	100% + 50% = 150%
총 근로시간	8시간	5일	40시간	

즉 2014년 전에는 단시간 근로자가 연장근로를 하더라도 결과적으로 1일 8시간, 1주 40시간 이내의 근무만 했다면, 150% 가산율을 적용하지 않고, 근무한 대가인 100%만 지급해도 되었으나, 2014년 이후에는 위의 예시와 같이 1일 8시간 내 연장근로라 하더라도 150%의 가산율을 적용하여야 한다.[86]

사례연구 II-6 반일연차휴가(4시간)를 쓴 다음 4시간 근무 후, 추가로 4시간을 근무했다면 이는 법정 연장근로에 해당하는가?

연차휴가는 일(日)단위로 사용하는 것이 원칙이지만, 실무에서는 반일휴가(4시간)를 사용하는 경우가 많으며, 법원과 고용노동부도 이를 인정하고 있다. 그런데, 오전에 반일휴가를 다녀온 후 나머지 4시간을 근무한 다음 추가로 근무를 한 것에 대하여 이를 법정 연장근로로 인정하여 가산수당까지 지급해야 하는지가 이슈가 되는 경우가 있다.

즉 연장근로라 함은 1일 8시간을 초과하여 근무하거나, 1주 40시간을 초과하여 근무했을 때 발생되는 것인데, 여기서 1일 8시간이나 1주 40시간은 실제 근무한 시간을 의미하는 것인지, 아니면 (주중 휴일, 연차휴가, 파업·결근·지각 등으로 인하여 실제로는 소정근로시간보다 적게 근무하였지만) 소정근로시간의 종업시각을 넘어서 근무한 것은 모두 연장근로로 보는 것인지가 이슈가 되는 것이다.

이에 대하여 고용노동부는 행정해석을 통해 (종업시각 이후의 근무는 연장근로로 본다와 같은) 특약이 없는 한 실 근로시간을 기준으로 연장근로가 발생되었는지 여부를 판단하면 된다고 보고 있다.

행정해석은 『파업으로 인하여 법정근로시간 미달 시 종업시간 이후의 근로시간에 대한 연장근로가산임금을 지급할 의무는 없다(근기 68207-2776, 2002.8.21)』라고 하여 「종업시

86) 단시간 근로자가 아닌 통상근로자의 소정근로시간이 6시간인 경우에 6시간을 초과하여 8시간까지 근무한 경우에는 기단법을 적용받지 않고, 근기법 제56조 ①항도 적용되지 않아 연장근로 가산율을 지급할 필요 없이 근무에 따른 대가 100%만 지급하면 된다.

각 이후의 근로에 대해서는 연장근로수당을 지급한다는 특약이 있는 경우에는 특약을 따라야 한다.」고 보고 있다.

[그림 2-33] 반일휴가 사용 후 근무 시, 근로시간 및 급여 산정 방식

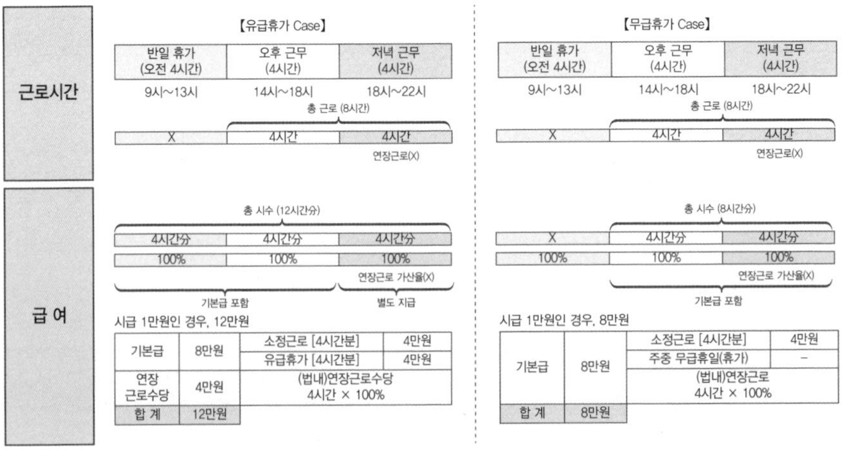

한편, 위와 같이 근로시간 산정과 급여 산정은 달리 보아야 한다. 반일휴가를 사용한 경우에는 그 반일휴가가 유급휴가든 무급휴가든 상관없이 실제로 근무하지 않은 시간은 근로시간에 포함되지 않는다. 이에 반일휴가 이후에 근무한 시간이 총 8시간(종업시각 전 4시간, 종업시각 후 4시간)이라면 법정연장근로는 발생되지 않는 것이다. 급여 산정에 있어서는 법정연장근로가 발생되지 않았으므로 모든 근무는 근무한 것에 대한 대가 100%만 지급되면 될 뿐, 연장 가산수당 50%는 지급될 필요가 없다. 다만, 반일휴가가 유급휴가라면 반일휴가의 대가와 4시간 근무의 대가가 합쳐져서 원래 약정된 고정급이 지급될 것이므로 종업시각 이후의 4시간 근무에 대해서는 별도로 수당을 지급하여야 한다. 하지만 반일휴가가 무급휴가라면 8시간 근무에 대한 대가가 원래 약정된 고정급이 될 것이므로 별도로 지급될 급여는 없다.(※ 반일휴가가 무급휴가이고 그 이후 4시간만 근무했다면, 고정급에서 4시간분을 공제하면 된다.)

1일 근로시간의 경우뿐 아니라 1주 근로시간의 경우에도 행정해석은 『특정 토요일에 8시간 근로하였으나 주중에 휴일 및 휴가 등으로 총근로시간이 법정 근로시간 미만인 경우에는 (토요일 근무는 연장근로로 본다는) 특약이 없는 한, 주중에 휴일 또는 휴가가 있어 근로를 제공하지 아니한 경우 그러한 휴일 또는 휴가기간은 실 근로시간에 포함되지 아니하므로 연장근로 가산수당을 지급하지 않아도 된다(근기 68207-2990, 2000.9.28), (근기 01254-16100, 1991.11.6)』고 보고 있다.

이에 실근로시간이 법정근로시간을 초과하지 않는 한, 소정근로일이 아닌 휴무일(토요일)에 근무했거나, 미리 정해 놓은 소정근로일의 종업시각 이후에 근무했다고 하더라도 무조건 법정 연장근로가 되는 것은 아니라 할 수 있다.

다만, 2명의 직원이 동일한 토요일 근무를 했을 경우, 주 40시간을 근무한 직원에 대해서는 토요일 근무를 연장근로로 보아 150%를 적용하고, 주중 1일의 연차휴가를 다녀온 직원에 대해서는 연장근로로 인정하지 않아 100%만 적용한다면, 법적으로는 문제가 되지 않을 수 있더라도 형평성 차원에서 문제가 될 수 있을 것이다. 이는 자칫 연차휴가를 사용한 경우 불이익을 주는 것으로 볼 수도 있기에 노무관리상 이슈가 될 수 있으므로 운영에 신중을 기하여야 한다고 생각된다.

사례연구 II-7 포괄임금제(고정OT제)를 통해 시간외근로수당을 지급했음에도 휴일근로수당 및 야간근로수당이 지급되지 않아 별도로 추가 지급해야 한다는 것이 무슨 의미인가?

근로시간 수에 따른 포괄임금제(고정OT제)를 운영하면서 〈시간외근로〉에 대하여 〈고정시간외근로수당〉을 설정한 후 월급에 포함하여 지급하는 경우를 더러 볼 수 있다(예컨대 월 20시간의 시간외근로에 대하여 고정시간외근로수당을 월급에 포함하여 지급하는 사례).

그런데 월간 특정 시간의 〈시간외근로〉에 대하여 포괄임금(고정OT)을 설정하였고, 월간 설정된 근로시간 한도 내에서 업무를 시켰다고 하는 회사에 대하여 고용노동부는 근로감독을 통하여 {휴일근로} 및 {야간근로}에 따른 임금을 지급하지 않았으므로 지급명령을 내리는 경우가 간혹 발생되고 있다. 왜 해당 회사는 〈시간외근로수당〉을 지급했음에도 불구하고, 별도의 {휴일근로수당}이나 {야간근로수당}을 지급해야 한다고 하였을까?

판례나 행정해석을 보면, 법원과 고용노동부는 〈시간외근로〉를 {휴일근로}나 {야간근로}와 별도로 보고 있음을 확인할 수 있다.

> 격일제 교대근무의 경우에도 시간외·야간·휴일근로수당에 관한 근로기준법 규정이 적용된다(대법 96다38995, 1997.7.22).
> 시간외근로란 동법 제49조에서 정한 근로시간, 즉 1일 8시간, 1주 44시간을 초과하는 근로시간을 말하며, 이때 휴일근로시간은 시간외근로에 포함되지 않으며, 야간(22:00~06:00)에 근로하더라도 기준근로시간(근로기준법 제49조의 근로시간)을 초과하지 않으면 시간외근로에 해당하지 않음 (여원 68240-483, 2001.11.6).

즉 법원과 고용노동부는 〈시간외근로 = 연장근로〉로 보고 있으며, 원칙적으로 〈시간외근로〉에 {휴일근로}와 {야간근로}가 포함되어 있다고는 보지 않는 것이다.

실제로 근로기준법을 보면, 시간외근로는 연장근로만 해당함이 명백하다. 예컨대 임신 중 여성근로자의 경우 시간외근로(연장근로)는 절대 금지되지만 특정 요건을 갖출 경우 야간 및 휴일근로는 가능한 것이다. (※ 근로기준법상 용어 통일이 필요한 부분으로 보인다.)

> 근로기준법 제70조【야간근로와 휴일근로의 제한】
> ② 사용자는 임산부와 18세 미만자를 오후 10시부터 오전 6시까지의 시간 및 휴일에 근로시키지 못한다. 다만, 다음 각 호의 어느 하나에 해당하는 경우로서 고용노동부장관의 인가를 받으면 그러하지 아니하다.
>
> 근로기준법 제71조【시간외근로】
> 사용자는 산후 1년이 지나지 아니한 여성에 대하여는 단체협약이 있는 경우라도 1일에 2시간, 1주에 6시간, 1년에 150시간을 초과하는 시간외근로를 시키지 못한다.
>
> 근로기준법 제74조【임산부의 보호】
> ⑤ 사용자는 임신 중의 여성 근로자에게 시간외근로를 하게 하여서는 아니 되며,(중략)

이에 근로시간 수에 따른 적법한 포괄임금제(고정OT제)를 하더라도 〈시간외근로〉에 대해서만 포괄임금(고정OT)을 설정해 놓았다면, 22시~06시까지의 {야간근로} 및 {휴일근로}에 대해서는 포괄임금(고정OT)이 설정되어 있다고 볼 수 없고, 별도의 {야간근로수당} 및 {휴일근로수당}을 지급해야 하는 것이다.

다만 급여규정 등에 정의 규정을 삽입하여 〈시간외근로수당〉은 연장 · 야간 · 휴일근로의 대가가 포함되어 있는 것이라 명시하고, 실제 근로시간 수에 따른 포괄임금(고정OT)을 설계할 때에도 연장근로 ○○시간분과 야간근로 ○○시간분과 휴일근로 ○○시간분이 포함되도록 구분하여 설정하고 그러한 내용을 연봉계약서 및 급여명세서 등에 명시한다면 근로시간 수에 따른 적법한 포괄임금제(고정OT제)로 인정받을 수 있다고 판단된다. 그럼에도 〈시간외근로〉라는 용어는 연장근로만 해당되는 것이라고 보일 수 있기 때문에 가급적 〈시간외근로수당〉외에 {야간근로수당}과 {휴일근로수당}을 구분하여 용어를 사용하는 것이 바람직할 것이다.

참고로 야간근로(22시~06시)는 소정근로시간에 발생될 수도 있고, 연장근로시간에 발생될 수도 있다. 만약 월급제(연봉제 포함) 직원의 경우 야간근로가 소정근로시간에 발생될 경우에는 근무분 100%는 기본급에 이미 포함되어 있으므로 추가 50% 야간가산수당만 지급하면 되고, 야간근로가 연장근로시간에 발생될 경우에는 150%는 연장근로수당으로 지급하되 나머지 50%는 야간가산수당이라는 별도 임금항목으로 분리하여 표기해도 되고, 200%에 해당하는 연장및야간근로수당으로 통합하여 표기해도 된다. 아래 고용노동부의 임금명세서 설명자료[87]를 참고하기 바란다.

87) 고용노동부, 2021.11.19. 시행 개정 「근로기준법」 설명자료 ('21.11.)

〈야간근로 관련 임금명세서 기재요령〉

○ 소정근로시간이 아닌 시간에 근로를 제공하는 연장근로 및 휴일근로와 달리 야간근로는 소정근로시간 여부와 관계없이 발생할 수 있음

○ 따라서 사업장 편의에 따라 야간근로수당을 별도의 항목으로 구분하여 지급할 수도 있고

- 야간근로가 연장 또는 휴일근로에 해당할 경우에는 연장 또는 휴일근로수당에 포함하여 산정하는 것도 가능

* 야간근로가 연장근로에 해당하는 경우:

① (해당 근로시간수 × 통상임금의 200%)를 연장근로수당으로 기재 또는

② (해당 근로시간수 × 통상임금의 150%)를 연장근로수당으로 기재하고 (해당 근로시간수 × 통상임금의 50%)를 야간근로수당으로 기재 가능

6. 대체휴일과 보상휴가제의 운영상 주의사항

연장·야간·휴일근로를 한 경우에는 전술한 바와 같이 통상임금의 100분의 50 이상을 가산하여 연장·야간·휴일근로수당을 지급하여야 한다. 그런데 실무에서는 해당 근무에 대하여 금전으로 수당을 지급하는 대신 다른 날에 대체 휴무를 부여하고자 하는 니즈가 많이 있어왔다.

이에 법원 판례나 고용노동부 행정해석에 따라 소위 대휴(대체휴일, 휴일대체)제도[88]를 예전부터 운영하던 경우가 많았다. 가장 일반적인 것이 휴일에 하루 근무하는 대신 다른 근무일에 쉬는 개념이었다.

그런데, 2003년 근로기준법 개정 시 근로시간 단축(주 44시간 근무제 → 주 40시간 근무제)과 함께 〈보상휴가제〉가 공식적으로 도입됨에 따라 기존 대휴 제도와 혼재되면서 법적 문제가 발생되는 경우가 있다. 하지만 고용노동부는 다음과 같이 〈보상휴가제〉와 〈휴일대체〉를 분명히 다른 제도로 구분하고 있다. 즉 근로자의 날에 근무할 경우에는 보상휴가제는 가능하지만, 휴일대체는 불가능하다는 것이다.

근로자의 날 관련 근로기준법 적용지침 (임금근로시간정책팀-3356, 2007.11.13)

3. 관련해석

(1) 근로자의 날은 유급휴일임.

(2) 근로자의 날의 근로에 대하여는 휴일근로수당을 지급하거나 보상휴가제를 실시할 수 있음.

---

88) 용어는 유사하지만 그 개념 및 효과가 전혀 다른 것으로 '연차휴가 대체', '대체 공휴일' 등이 있다. '연차휴가 대체'는 근로기준법 제62조에 따라 특정 근로일을 연차휴가로 대체하여 쉬도록 하는 것을 의미하고, '대체 공휴일'은 「관공서의 공휴일에 관한 규정」 제3조에서 명시한 몇몇 공휴일이 다른 공휴일이나 토요일과 겹칠 경우 1일의 공휴일을 추가로 대체하여 부여하는 것을 의미한다. 이에 대휴(휴일대체)와는 전혀 다른 제도라 할 수 있다. 한편, 대휴를 '대체휴가'로 칭하는 경우가 있는데 이는 사실 잘못된 표현이다. '휴일'은 애초에 근로제공의무가 없는 날이어서 그 날짜가 미리 특정되어 있어야 하고, '휴가'는 근로제공 의무가 있는 날 중에 근로자가 쉬고 싶은 날을 아무 때나 선택하여 쉬는 개념인데, 대휴(대체휴일)가 적법하려면 대체된 휴일 날짜가 미리 특정되어야 하므로 '대체휴가'라는 개념은 성립할 수가 없다. 이에 용어의 혼란을 줄이려면 '대체휴일'이라는 용어 보다는 차라리 '휴일변경'이라는 용어를 쓰는 것이 더 바람직할 것이다.

- 「근로기준법」 제57조에서 같은 법 제56조의 야간·휴일·연장근로에 대하여 보상휴가제를 실시할 수 있다고 규정하고 있을 뿐 근로자의 날을 제외하고 있지 않으므로 근로자의 날의 근로에 대하여 임금을 지급하는 것을 갈음하여 휴가를 부여할 수 있음(임금근로시간정책팀-2363, 2007.7.13).

{근로자의 날에 근로한 것에 대하여는 임금(가산수당 포함)을 지급하는 것에 갈음하여 동등한 가치의 휴가를 부여할 수 있다 할 것임.}

(3) 근로자의 날은 휴일대체가 불가함.

- 근로자의 날은 법률로서 5월 1일을 특정하여 유급휴일로 정하고 있으므로 다른 날로 대체할 수 없다고 보아야 함(근기-829, 2004.2.19).

이에 두 가지 제도의 차이점은 무엇이고, 적법하게 활용할 수 있는 요건이 무엇인지 알아볼 필요가 있다.

(1) 대체휴일의 요건

대체휴일은 기존의 '휴일'을 다른 날로 대체하여 변경하는 것을 의미한다. 이에 우선 노동법상 '휴일'의 종류는 무엇이 있고, 휴일의 종류별로 대체휴일을 운영하기 위해서 어떠한 요건이 필요한지를 살펴볼 필요가 있다.

[그림 2-34] 노동법상 휴일의 구분 및 휴일대체 요건

휴일의 종류	노동법상 휴일 구분		휴일 대체 요건	비 고
	법정휴일	약정휴일		
주휴일	●		사전 통지	단, 1주 평균 1회 이상 부여되어야 하므로 **적치 사용 불가**
근로자의 날	●		**불가**	보상휴가만 가능함
『관공서의 공휴일에 관한 규정』에 따른 공휴일 (선거일·대체공휴일·임시 공휴일 포함)	●		사전 통지 + **근로자 대표와의 서면 합의**	2020년 근로기준법 개정으로 법정휴일 化 [※ 법 개정 전에는 사전 통지만으로 휴일대체 가능]
회사 창립기념일 등		●	사전 통지	
토요일		△	사전 통지	토요일을 휴일이 아닌 휴무일로 지정한 경우에는 휴일변경이 아닌 휴무일 변경이라 볼 수 있음

휴일은 법정휴일과 약정 휴일로 구분될 수 있는데, 노동법상 법정휴일은 유급으로 부여되어야 하며, 근로기준법 제55조에 따른 주휴일 및 관공서공휴일, 그리고 근로자의 날 제정에 관한 법률[89]에 따른 근로자의 날이 법정휴일에 해당된다. 이 중 흔히 빨간 날이라고 하는 공휴일은 【관공서의 공휴일에 관한 규정】[90]에서 규정된 것으로 관공서 외의 일반 기업들은 2019년까지는 노동법상 법정휴일이 아니었다. 이에 동 규정에 나와 있는 선거일, 대체공휴일, 임시공휴일 등도 노동법상 휴일로 부여해 줄 의무가 없었다. 그런데 2020년부터 개정된 근로기준법[91]이 시행되어 이제는 법정 선거일, 대체공휴일, 임시공휴일 등을 포함한 모든 공휴일에 대해서 노동법상 법정 유급휴일로 적용이 된다.

이에 이들 법정 휴일을 제외하고는 특정한 날에 대하여 회사가 취업규칙 등에서 휴일로 정함으로써, 비로소 약정 휴일이 되는 것이다. 그리고 법으로 휴일로 정할 의무가 없는 날이다 보니, 약정으로 정한 휴일을 유급으로 부여할지 무급으로 부여할지에 대해서도 약정으로 정하면 되는 것이다. 다만, 약정 휴일로 규정한 날에 근무하게 되면, 법정휴일과 동일하게 휴일근로수당이 적용되므로 유의하여야 한다. 한편, 소위 토요일의 경우에는 전술한 바와 같이 법정휴일(주휴일)이 될 수도 있고, 약정 휴일이 될 수도 있으며, 약정 휴무일이 될 수도 있다.[92]

이와 같이 휴일의 노동법적 성격이 다르므로 대체휴일을 운영할 경우에도 법정휴일과 약정휴일은 그 요건이 다르다고 볼 수 있다. 하지만 법정휴일과 약정휴일 모두 휴일대체를 하기 위해서는 '사전(적어도 24시간 전)에 근로자에게 교체할 휴일

---

89) 5월 1일을 근로자의 날로 하고, 이 날을 「근로기준법」에 따른 유급휴일로 한다.

90) 제1조(목적), 제2조(공휴일), 제3조(대체공휴일), 제4조(임시공휴일의 지정)으로 구성되어 있고, 제2조에서 법정 선거일을 비롯한 11개의 관공서 공휴일을 열거하고 있다.

91) 관공서공휴일에 대해서는 근로기준법 제55조 ②항 및 동법 시행령 제30조 ②항에서 규정하고 있다. 한편, 근로기준법 제17조(근로조건의 명시) ①항 3호에서는 "제55조에 따른 휴일"에 대하여 근로계약을 체결할 때 서면으로 명시하고 교부하도록 하고 있는데, 기존에는 제55조에 따른 휴일이 '주휴일'만을 의미하였으나, 이제는 주휴일 외에 '관공서 공휴일'도 포함되므로 근로계약서 휴일 조항에 주휴일 외에 관공서 공휴일도 반드시 기재해 두어야 한다. 최근 근로감독 때 상당히 많이 지적되고 있는 사항이므로 유의하여야 한다.

92) 토요일의 성격에 대해서는 Ⅱ. 3. (2) 참조.

을 특정하여 고지해야 한다'는 공통 요건을 충족하여야 한다. 고용노동부[93]는 대체휴일을 특정하여 고지하지 않고, 임의로 사용토록 할 때는 휴일대체로 인정되지 않는다는 입장이다.[94]

각각의 휴일에 대하여 대체휴일 가능 여부 및 그 요건을 살펴보면, 먼저 전술한 바와 같이 고용노동부는 법정휴일 중 근로자의 날의 경우에는 대체휴일(휴일대체, 휴일변경)이 불가하다고 보았는데, 그 이유는 근로자의 날은 별도의 법을 통해 매년 5월 1일로 그 날짜가 특정되어 있기 때문이라고 보았다. 다음으로 법정휴일 중 주휴일의 경우에는 법 문구의 해석을 통해 고용노동부가 제시한 아래의 행정해석 요건을 갖출 경우에 한하여 대체휴일이 가능하다고 볼 수 있다.

우선 근로기준법 및 동법 시행령은 주휴일을 1주일에 평균 1회 이상 부여하도록 규정하고 있다.

근로기준법 제55조【휴일】

① 사용자는 근로자에게 1주에 평균 1회 이상의 유급휴일을 보장하여야 한다.

동법 시행령 제30조【휴일】

① 법 제55조제1항에 따른 유급휴일은 1주 동안의 소정근로일을 개근한 자에게 주어야 한다.

즉 최소 1주일에 1일의 주휴일이 부여되어야 하며, "평균" 개념이 들어가 있으므로 연속 7일 동안 한 번의 주휴일도 포함되어 있지 않았다 하더라도 법 위반이 되는 것은 아니라고 할 수 있다.[95]

---

93) 고용노동부 개정 근로기준법 설명자료(2018.5) 23페이지, 고용노동부 노동시간 단축 가이드(2018.6) 24페이지.

94) 기업들은 그동안 실무적으로 휴일근로를 먼저 실시한 후, 사후적으로 휴일대체를 신청하여 대체휴일을 1:1의 비율로 적치(예시: 휴일근로 2회면, 대체휴무 2회)해 놓은 다음, 대체될 휴일을 특정하지 않은 채 개인별로 연차휴가처럼 자유롭게 신청하여 사용하는 것을 관행으로 하는 경우가 많았는데, 이는 대체휴일로 인정될 수 없으므로 사전에 대체할 휴일을 특정할 수 없다면 휴일근로수당을 지급하거나, 보상휴가제를 활용하여 1.5배로 휴무를 하도록 해야 한다.

95) 월간 근무편성표를 통해 사전에 해당 근로자의 주휴일이 언제인지 예측할 수 있다면, 예컨대 1주차엔 월요일이 주휴일이고 2주차엔 토요일이 주휴일이 되어 10일 이상 주휴일이 돌아오지 않는다 하더라도, 2주에 2일이 부여된다면 평균해서 1주에 1일이 부여된 것이므로 법 위반이 되지 않는다.

근로기준과-2916, 회시일자: 2005.5.30

근로기준법 제54조에 사용자는 근로자에게 1주일에 평균 1회 이상의 유급휴일을 주도록 규정하고 있는 바, 여기서 '1주일'이라 함은 연속된 7일의 기간을 의미하고, 그 기간 중 1일을 주휴일로 부여하면 되므로 주휴일간의 간격이 반드시 7일이 되어야 하는 것은 아니라고 할 것임.

이와 같이 주휴일은 1주일에 평균 1회 이상 부여하도록 되어 있기 때문에 대체휴일(휴일변경)을 하더라도 적치하여 몇 주 후에 사용하는 것은 불가하다고 볼 수 있으며, 가급적 원래 주휴일의 전주부터 다음 주 이내까지의 근무일과 변경하도록 해야 할 것이다.

근기 68207-806, 1994.5.16

1. 지정된 휴일을 변경하고자 할 때에는 적어도 24시간 전에 근로자에게 통지하여야 함.
2. 지정된 휴일의 변경은 단체협약이나 취업규칙에 그 변경요건·절차 등이 미리 정하여져 있거나 근로자의 동의를 얻은 경우에 다른 날로 대체할 수 있는 바, 이와 같이 휴일이 대체휴일로 변경된 경우에는 당초의 휴일은 평일이 되므로 휴일근로가산수당을 지급할 필요가 없음.
3. 변경된 대체휴일에 근로한 경우에는 휴일근로수당을 지급함이 타당함.
4. 근로기준법 제45조에 의한 주휴일은 적치 사용할 수 없음.

회사 창립기념일과 같은 약정 휴일의 경우에도 애초에 약정된 휴일을 다른 날로 변경하기 위해서는 반드시 "사전" 변경 절차를 거쳐야 한다. 다만 원래 휴일로 부여할 의무가 없는 날을 휴일로 약정한 것이기 때문에 휴일 대체도 약정에 따라 다양한 방식으로 할 수 있으며, 이에 몇 달이 지난 후의 날짜와 대체(변경)하는 것도 가능하다고 판단된다. 하지만, (휴일은 휴가와는 그 성격이 다르기 때문에) 애초에 약정된 휴일이 특정 날짜(예컨대 5월 5일)로 명시되어 있었던 만큼 변경되는 휴일이 언제인지도 사전에 특정해 주어야 한다고 판단된다.

관공서의 공휴일에 관한 규정에 따른 공휴일에 대하여 대체휴일을 적용하는 것은 그 요건이 다소 다르므로 유의할 필요가 있다. 먼저 개정법이 적용되기 전까지는 법정휴일이 아닌 약정 휴일이었으므로 비교적 자유롭게 휴일 대체가 가능했다. 그런데, 개정법이 적용되어 법정휴일이 되면서 휴일대체의 요건이 까다로워졌다.

즉 근로자대표와의 서면 합의가 있어야만 휴일대체가 가능해진 것이다. 이에 그동안 4조2교대나 5조3교대 등 교대제를 운영하면서 관행적으로 공휴일 대신 교대휴일로 휴일을 대체해 왔던 회사들의 경우에는 근로자대표로부터 서면합의를 받아야만 이전과 같이 휴일대체가 가능해진 것이다.[96] 다만, 관공서 공휴일의 경우 당연히 평균 개념은 적용되지 않기에 언제로 대체되든 제한을 받지는 않는다. 예컨대 5월 5일 어린이날 대신에 연말인 12월 31일로 휴일을 대체하는 것도 가능하다.[97]

근로기준법 제55조【휴일】

② 사용자는 근로자에게 대통령령으로 정하는 휴일을 유급으로 보장하여야 한다. 다만, 근로자대표와 서면으로 합의한 경우 특정한 근로일로 대체할 수 있다.

동법 시행령 제30조【휴일】

② 법 제55조제2항 본문에서 "대통령령으로 정하는 휴일"이란「관공서의 공휴일에 관한 규정」제2조 각 호(제1호는 제외한다[98])에 따른 공휴일 및 같은 영 제3조에 따른 대체공휴일을 말한다.

이와 같이 휴일별로 공통 요건 및 개별 요건이 준수되어야만 1:1의 값으로 애초의 휴일을 다른 근무일로 대체(변경)할 수 있는 것이고, 휴일근로를 먼저 한 후에 "사후"적으로 휴일을 변경하는 것은 불가하며 이 경우에는 보상휴가제를 적용하여야 한다.

결국 대체휴일은 엄밀히 말해 애초의 휴일을 그 휴일이 도래하기 전에 다른 날

96) 공휴일 휴일 대체에 대한 동의를 받지 못할 경우에는 교대휴일은 교대휴일대로 적용되면서, 각 조별로 공휴일에 근무하는 직원들에게는 휴일근로에 따른 가산 수당을 지급해 주어야 된다.

97) 공휴일 휴일 대체에 대한 동의를 받지 못할 경우에는 교대휴일은 교대휴일대로 적용되면서, 각 조별로 공휴일에 근무하는 직원들에게는 휴일근로에 따른 가산 수당을 지급해 주어야 된다.

98) 관공서의 공휴일에 관한 규정 제2조 제1호는 일요일이다. 제1호 일요일이 제외되는 이유는 근로기준법 제55조 ①항에 따른 주휴일과 별개로 설정되는 것을 방지하기 위한 것이다. 즉 근기법에 따른 주휴일을 일요일로 설정하지 않는 회사나 직군도 있을텐데, 이들에게 근기법 제55조 ②항 및 근기령 제30조 ②항을 통해 일요일도 유급휴일로 설정할 경우에는 1주일에 2일의 유급휴일이 설정될 수도 있기 때문에 이러한 현상을 방지하기 위하여 제1호를 제외한 것이다. 제1호를 제외한 결과 원래부터 일요일이 주휴일이었던 회사든 다른 요일이 주휴일이었던 회사든 기존과 동일하게 주휴일은 1주일에 평균 1회 이상 부여하면 되는 결과가 유지되는 것이다.

로 변경하는 "휴일 변경"이라고 보아야 한다. 따라서 연장근로와 야간근로는 "휴일 변경"의 대상이 당연히 될 수 없으므로 대휴제도를 활용하지 못하고, 보상휴가제를 활용해야 할 것이다. 또한 휴일 자체가 변경되는 것이므로 반일(4시간) 휴일대체라는 개념도 성립될 수가 없다.[99] 따라서 1:1로 동일한 환가로 변경하기 위해서는 "사전"에 "휴일"을 "변경"하는 것만 가능하다고 할 것이다.

한편, 토요일을 휴일이 아닌 휴무일로 운영하는 회사의 경우에 휴무일 대체도 가능할 것인지가 이슈가 될 수 있다. 그러나, 휴무일은 근무하더라도 휴일근로가 아닌 연장근로가 되는 것이며, 엄밀하게 보아 휴일이 아니므로 휴일대체라는 용어가 성립될 수 없을 것이다. 이에 휴일대체가 아닌 휴무일 대체가 될텐데, 사견으로는 휴무일 대체는 의미가 별로 없다고 생각된다. 왜냐하면 1주간 소정근로일에 주 40시간을 이미 근무한 이후의 토요일(휴무일)근무는 설령 휴무일이 대체되었다 하더라도 어차피 다시 연장근로가 되기 때문이다.[100] 이에 휴무일 근무에 대해서는 보상휴가가 적용되어야 한다고 생각된다.

(2) 보상휴가제의 요건

최근 고용노동부 근로감독 및 소송을 통해 대체휴일을 운영한 것에 대하여 '잔여 50%가 지급되지 않았으므로 지급해라'라고 하는 지급명령이 간혹 나오고 있다. 즉 2003년 근로기준법 개정으로 보상휴가제가 새롭게 도입되면서 관행상 "사후적" 대휴를 운영하던 회사들이 (1.5배의 보상휴가를 부여하지 않고) 1배의 휴일만 부여한 것에 대해 제동을 걸고 있는 것이다.

---

99) 실무에서는 애초의 휴일에 전일(8시간) 근무할 필요는 없고, 몇 시간만 근무할 필요가 있을 경우에도 대체휴일을 적용하고자 하는 경우가 있다. 예컨대 휴일에 4시간(반일)을 근무한 후에 대체된 휴일에 나머지 4시간(반일)을 채우려는 것이다. 그러나, 휴일대체(변경)를 하게 되면, 대체된 휴일에 근무하는 것은 휴일근무(50% 휴일근로 가산 적용)가 되는 것이기 때문에 (반일 연차휴가와 유사한) 반일 휴일대체라는 개념은 성립될 수 없는 것이다.

100) 만약 주중에 휴일이나 휴가가 있어서 1주 40시간에 미달한 근무만 했거나, 1개월간 선택적 근로시간제를 적용한 경우에는 토요일(휴무일) 대체를 하더라도 50% 연장 가산 적용 의무는 발생되지 않을 수 있기는 하다. 그럼에도 토요일(휴무일) 대체는 법적인 의미보다는 직원 휴무일 보장 및 근로시간 단축이라는 실무적 의미로 접근하는 것이 바람직할 수 있다.

서울중앙지법 2004가단273036, 2005.12.28.

단체협약상 공휴일에 근로한 것에 대해 휴일근로수당으로서 통상임금의 150% 지급할 의무가 있지만 공휴일에 대신하여 대휴로서 통상의 근로일에 휴무하였으므로 통상임금의 100%에 해당하는 금원은 공제한 50%를 지급할 의무가 있다.

근로기준법은 다음과 같이 연장·야간·휴일근로에 대하여 수당을 지급하는 것을 "갈음"하여 휴가를 줄 수 있다고 명시하고 있으며, 이 때 "갈음"한다는 것은 가산하여 지급하는 가산율도 반영하라는 의미라 할 수 있다.

근로기준법 제57조【보상 휴가제】

사용자는 근로자대표와의 서면 합의에 따라 제56조에 따른 연장근로·야간근로 및 휴일근로에 대하여 임금을 지급하는 것을 갈음하여 휴가를 줄 수 있다.

즉 〈휴일에 근로한 것에 대하여는 임금(가산수당 포함)을 지급하는 것에 갈음하여 동등한 가치의 휴가를 부여할 수 있다 할 것[101]〉이므로 예컨대 (사전에 휴일을 변경하지 않은 채) 8시간의 휴일근로를 했다면, 8시간의 휴가만 주면 되는 것이 아니라 12시간(1.5일)의 휴가를 부여해야 한다는 것이다(1:1 환가가 아니라 1:1.5의 비율로 환가를 해야 함).

극단적으로 휴일에 8시간을 초과하여 근무를 하였다면, 가산 지급률이 100%이므로 8시간을 초과한 휴일근로 1시간당 2시간의 휴가를 부여해야 하고(1:2 비율), 거기에 더해 야간 22시 이후에 근무를 하였다면 1시간당 2.5시간(근로시간 1시간[100%] + 8시간 초과 휴일근로 1시간[100%] + 야간 0.5시간[50%])의 휴가를 보상해 주어야 하는 것이다.

다만 보상휴가제도는 근로자대표와의 서면합의를 요건으로 하므로 서면 합의만 있다면, 유효기간 내에서는 얼마든지 적치하여 사용할 수 있고, 개인별로 사용하고 싶을 때 언제든지 사용할 수 있다. 다만, 보상휴가는 연차휴가와 달리 촉진제를 통해 미사용 휴가를 소멸시킬 수는 없으며,[102] 남아있는 보상휴가를 사용하지 못하고

101) 임금근로시간정책팀-3356, 2007.11.13.

102) 연차휴가는 근로기준법 제61조를 통해 촉진/소멸시킬 수 있는 법적 근거가 있으나, 보상휴가는 회

퇴사한다면, 반드시 수당으로 지급해 주어야 한다.

한편, 휴일대체를 활용하든 보상휴가를 활용하든 간에 원래 휴일에 근무한 경우에는 실제 근무한 날의 근로시간으로 산정되기 때문에 1주간 근로시간 단축에는 효과가 없을 수 있고, 특히 휴일대체의 경우에는 휴일가산수당을 지급할 필요는 없지만 연장가산수당 50%를 지급해야 될 수도 있어서 실익이 별로 없을 수도 있다는 것을 유의하여야 한다.[103)]

[그림 2-35] 휴일대체와 보상휴가제 도입요건 및 보상기준 등 비교

구 분	휴일 대체	보상휴가제
적용 대상	"휴일근로"에만 대체 적용 가능	휴일근로 뿐 아니라 연장근로 및 야간근로(22시~06시)에도 적용 가능
도입 요건	규정상 포괄적 합의 후, 사전 통지 [※ 근기법 개정 후, 공휴일은 근로자대표와의 서면합의 필수]	근로자대표 선정 후, 근로자대표와의 서면 합의 필수
적용 방식	원래 휴일이 도래되기 앞서 최소 24시간 전에 변경되는 휴일을 특정하여 사전 대체해야 함 [예시) 6.17(일) 대신에 6.20(수)을 휴일로 대체함]	연장·야간·휴일근로를 일단 먼저 하고, 사후에 보상휴가제 활용 가능
대체 방식	주휴일의 경우, 해당 주휴일의 전주·그 주·다음 주에는 대체를 해야 함 – 누적하여 적치 사용할 수 없음 (연차휴가처럼 연말에 모아 두었다가 사용 불가)	서면 합의서에 따라 적치·누적하여 추후 개인이 사용하고 싶을 때 자유롭게 사용할 수 있음 [※ 단, 퇴직 시, 남아있는 휴가는 수당으로 보상해야 함]
보상 기준	1:1로 대체할 수 있음. [※ 다만, 1주 40시간을 넘긴 상태라면, 연장근로가 되므로 50% 가산수당을 지급해야 함]	수당 가산율을 반영하여 '시간' 단위로 휴가를 부여하여야 함 – 휴일 8시간 근무 시, 150%를 적용하여 12시간(1.5일)을 휴가로 보상해야 함 – 휴일 4시간 근무 시, 150% 적용하여 6시간을 휴가로 보상해야 함 – 평일 20시부터~24시까지 4시간 근무 시, 20시~22시까지는 150% (2시간*150%=3시간) 22시~24시까지는 200% (2시간*200%=4시간)가 적용되어 7시간을 휴가로 보상해야 함
근로시간 포함여부	주당 근로시간 한도인 52시간에 포함됨	주당 근로시간 한도인 52시간에 포함됨

사 재량으로 사용을 촉구할 수는 있다 하더라도 법적 근거가 없으므로 촉진 후 소멸시킬 수는 없다.

103) 대체휴일이나 보상휴가를 사용하더라도 실 근로시간 기준으로 근로시간을 산정한다는 것과 휴일대체를 하더라도 연장가산수당 50%를 지급해야 될 수도 있다는 것에 대해서는 Ⅱ. 8. 참조.

7. 포괄임금제(고정OT제) 운영 이슈

(1) 연장·야간·휴일근로수당을 월급에 포함하여 고정적으로 지급하는 유형들

포괄임금제와 관련된 이슈가 지속되고 있다. 법원과 고용노동부에서 포괄임금제 계약이 무효라고 보는 사례도 많아졌고, 특히 장시간 근로의 주범이므로 규제해야 한다는 목소리가 높아지면서 입법 발의안이 계속 나오고 있고, 고용노동부에서도 보도자료(2022.12.19.)를 통해 「포괄임금 · 고정OT 오남용 사업장 기획감독」실시를 예고하기도 했다.

그런데, 포괄임금제는 법에서 정한 제도가 아니고, 실무적으로 운영되는 포괄임금제의 모습이 다양[104]하다 보니 노사 간, 그리고 입법·행정·사법기관에서 바라보는 포괄임금제의 이미지는 서로 차이가 나는 경향이 있다. 하지만 언론에서는 이러한 차이점을 구분하지 않고, 단순히 포괄임금제가 금지된다고만 얘기하고 있어서 혼란이 가중되는 모양새이다.

우리나라 근로기준법은 "근로시간에 따른 임금 지급 원칙"을 견지하고 있다. 이에 실제로 근무한 근로시간을 산정한 후, 근로시간 수에 따라 임금항목을 구분하여 지급하는 것이 원칙이라 하겠다.

근로기준법 제48조(임금대장 및 임금명세서)에서는 사용자로 하여금 각 사업장별로 임금대장을 작성해 놓도록 하고 있고, 임금을 지급할 때 근로자에게 임금명세서를 서면으로 교부하도록 하고 있다. 특히 동법 시행령에서는 〈연장근로, 야간근로 또는 휴일근로를 시킨 경우에는 그 시간수〉를 임금대장 및 임금명세서에 기재하도록 하고 있다.

---

104) 여러 가지 임금항목들을 포괄하여 지급하는 것이 포괄임금제의 의미라고 본다면, 월 기본급에 주휴수당을 포함하여 지급하는 것도 일종의 포괄임금제로 볼 수 있다.

근로기준법 제48조(임금대장 및 임금명세서)

① 사용자는 각 사업장별로 임금대장을 작성하고 임금과 가족수당 계산의 기초가 되는 사항, 임금액, 그 밖에 대통령령으로 정하는 사항을 임금을 지급할 때마다 적어야 한다.

② 사용자는 임금을 지급하는 때에는 근로자에게 임금의 구성항목·계산방법, 제43조제1항 단서에 따라 임금의 일부를 공제한 경우의 내역 등 대통령령으로 정하는 사항을 적은 임금명세서를 서면(「전자문서 및 전자거래 기본법」 제2조제1호에 따른 전자문서를 포함한다)으로 교부하여야 한다.

동법 시행령 제27조(임금대장의 기재사항)

① 사용자는 법 제48조제1항에 따른 임금대장에 다음 각 호의 사항을 근로자 개인별로 적어야 한다.

1. ~ 5. (생략)
6. 근로일수
7. 근로시간수
8. 연장근로, 야간근로 또는 휴일근로를 시킨 경우에는 그 시간수
9. 기본급, 수당, 그 밖의 임금의 내역별 금액 (이하 생략)

동법 시행령 제27조의2(임금명세서의 기재사항)

사용자는 법 제48조제2항에 따른 임금명세서에 다음 각 호의 사항을 적어야 한다.

1. ~ 3. (생략)
4. 기본급, 각종 수당, 상여금, 성과금, 그 밖의 임금의 구성항목별 금액(통화 이외의 것으로 지급된 임금이 있는 경우에는 그 품명 및 수량과 평가총액을 말한다)
5. 임금의 구성항목별 금액이 출근일수·시간 등에 따라 달라지는 경우에는 임금의 구성항목별 금액의 계산방법(연장근로, 야간근로 또는 휴일근로의 경우에는 그 시간 수를 포함한다)
6. (생략)

이에 실무에서는 거의 활용되지 않는 서식이긴 하지만 근로기준법 시행규칙 별지 제17호 [임금대장] 서식을 보면 임금계산의 기초사항인 시간급과 함께 〈근로일수〉와 〈근로시간 수〉 및 〈연장·휴일·야간 근로시간 수〉를 매월별로 기재하여 보관하도록 하고 있으며, 고용노동부 근로감독 시 이 양식에 따라 근로시간 수를 기재하지 않은 것을 지적하는 경우도 간혹 있다.

[그림 2-36] 근로기준법 시행규칙 별지 제17호 [임금대장] 서식

[별지 제17호서식]

임금대장

관리번호:

성명	생년월일	기능 및 자격	고용연월일	종사업무	임금계산기초사항			가족수당계산기초사항		
					기본 시간급	기본 일급	기본월급	부양가족수	1인당 지급액	계산 시간

구분 월별	근로 일수	근로 시간수	연장 근로 시간수	휴일 근로 시간수	야간 근로 시간수	기본급	여러 가지 수당						그 밖의 임금			총액	공제액	영수액	영수인
													현금	현 물					
							가족 수당	연장근 로수당	휴일근 로수당	야간근 로수당				품명	수량평가액				

또한, 2021년 근로기준법령 개정(근로기준법 제48조 ②항 및 시행령 제27조의2)으로 인해 임금명세서 교부 의무가 신설되면서 고용노동부[105]에서는 설명자료를 배포하면서 월급으로 지급되는 임금명세서 샘플을 2개 게재하였는데, 샘플을 보면 시간당 통상임금 및 연장/야간/휴일근로시간 수가 명시되어 있다.

임 금 명 세 서

지급일 : 2021-11-25

성명	홍 길 동	사번	073542
부서	개발지원팀	직급	팀장

세부 내역

지급			공제	
임금 항목		지급 금액(원)	공제 항목	공제 금액(원)
매월지급	기본급	3,200,000	소득세	115,530
	연장근로수당	396,984	국민연금	177,570
	야간근로수당	16,541	고용보험	31,570
	휴일근로수당	99,246	건강보험	135,350
	가족수당	150,000	장기요양보험	15,590
	식대	100,000	노동조합비	15,000
격월 또는 부정기 지급				
지급액 계		3,962,771	공제액 계	490,610
			실수령액(원)	3,472,161

계산 방법

구분	산출식 또는 산출방법	지급액(원)
연장근로수당	16시간×16,541원×1.5	396,984
야간근로수당	2시간×16,541원×0.5	16,541
휴일근로수당	4시간×16,541원×1.5	99,246
가족수당	[100,000원×1명(배우자)]+[50,000원×1명(자녀 1명)]	150,000

임 금 명 세 서

지급일 : 2021-11-25

성명	홍 길 동	사번	073542
부서	개발지원팀	직급	팀장

세부 내역

지급			공제	
임금 항목		지급 금액(원)	공제 항목	공제 금액(원)
매월지급	기본급	3,200,000	소득세	115,530
	연장근로수당	396,984	국민연금	177,570
	휴일근로수당	99,246	고용보험	31,570
	가족수당	150,000	건강보험	135,350
	식대	100,000	장기요양보험	15,590
			노동조합비	15,000
격월 또는 부정기 지급				
지급액 계		3,946,230	공제액 계	490,610
			실수령액(원)	3,455,620

연장근로시간수	야간근로시간수	휴일근로시간수	통상시급(원)	가족 수
16	0	4	16,541	배우자 1명, 자녀 1명

계산 방법

구분	산출식 또는 산출방법
연장근로수당	연장근로시간×통상시급×1.5
야간근로수당	야간근로시간×통상시급×0.5
휴일근로수당	휴일근로시간×통상시급×1.5
가족수당	배우자 : 100,000원, 자녀 1명당 50,000원

105) 고용노동부, 2021.11.19. 시행 개정「근로기준법」설명자료 ('21.11.)

만약 임금대장을 작성하지 않거나 임금대장을 작성하더라도 기재해야 할 사항을 일부 적지 않은 경우, 임금명세서를 교부하지 않거나 임금명세서를 교부했더라도 기재사항을 적지 않거나, 사실과 다르게 적어 교부한 경우에는 아래와 같은 기준으로 과태료가 부과될 수 있으므로 유의하여야 한다.

위반행위	근거 법조문	과태료 금액(단위 : 만원)		
		1차 위반	2차 위반	3차 이상 위반
바. 법 제48조제1항에 따른 임금대장 작성의무를 위반한 경우	법 제116조 제2항제2호			
1) 임금대장을 작성하지 않은 경우		30	50	100
2) 임금대장에 기재해야 할 사항을 일부 적지 않은 경우		20	30	50
사. 법 제48조제2항에 따른 임금명세서 교부의무를 위반한 경우	법 제116조 제2항제2호			
1) 임금명세서를 교부하지 않은 경우		30	50	100
2) 임금명세서에 기재사항을 적지 않거나, 사실과 다르게 적어 교부한 경우		20	30	50

이와 같이 근로기준법령에서는 연장/야간/휴일근로시간 수를 기재하도록 하고 있지만, 그럼에도 많은 회사들은 근로시간에 따라 급여가 매월 변동되는 것을 선호하지 않는다. 이는 급여가 매월 변동됨으로써 인건비를 예측하기 어려운 상황을 선호하지 않기 때문이며, 직원의 성과가 반드시 근로시간에 비례하는 것은 아니라는 믿음을 바탕으로 근로시간이 늘어난다고 할증률이 가산된 연장·야간·휴일근로수당을 더 지급하는 것을 꺼리기 때문일 것이다.

이에 많은 회사들은 특히 일반 사무직에 대하여 연장·야간·휴일근로수당을 고정급여에 포함하여 매월 동일한 급여를 지급하려고 한다. 하지만 연장·야간·휴일근로수당이 고정급여에 포함되어 지급된다고 하더라도 이들 모두를 동일한 포괄임금제라고 할 수 있는 것은 아니다.

실제로 고용노동부는 보도자료(2022.12.19.)를 통해 공식적으로는 처음으로 {포괄임금 계약}과 {고정OT 계약}을 비교 설명하였고, 특히 포괄임금 계약은 〈정액급제〉와 〈정액수당제〉로 다시 구분하여 설명하였다. 그러면서 각 회사별로 약정된

{포괄임금 계약} 또는 {고정OT 계약}의 구체적 내용에 따라 계약 자체를 원천적으로 무효화하기 보다는 오·남용이 발생되지 않도록 지도하고, 오·남용이 발생된 사업장에 대해서는 법정 기준과의 차액을 지급하도록 지급명령을 내리는 방식으로 근로감독을 강화하겠다는 입장을 밝혔다.[106]

〈 포괄임금 VS 고정OT 계약 비교 〉[107]

구 분	포괄임금 계약	고정OT 계약
정의	각각 산정해야 할 **복수의 임금항목을 포괄**하여 **일정액**으로 지급하는 **계약**	**기본임금 외 법성수당 모두·일부를 수당별 정액**으로 지급하기로 하는 계약
형태 및 구분 방법	• **(정액급) 기본임금과 수당이 구분 안됨** * 예)임금 100만원(연장, 야간, 휴일 포함) • **(정액수당) 기본임금과 수당 총액은 구분되나 개별 수당 간 금액은 구분 안됨** * 예)기본임금 70만원 + 법정수당 30만원(연장, 야간, 휴일 포함) = 100만원	**기본임금과 각 개별 수당이 구분됨** 예) 기본임금70+연장10+야간10+휴일 10만원 = 100만원 예) 기본임금90+연장10(고정 OT) = 100만원, 야간, 휴일은 근로시간만큼 지급
추가 지급 의무	• **유효한 포괄임금 계약**의 경우 추가 지급의무 없음 • 유효하지 않은 포괄임금 계약의 경우 실근로시간에 따라 초과분 추가지급	약정된 연장근로시간을 초과할 경우 초과분 추가지급

또한, 최근 입법 발의되었던 근로기준법 발의안에서도 제안이유를 보면, 「임금항목을 구분하지 않고 연봉과 같이 임금총액의 형태로 일괄지급(협의의 포괄임금)」하거나, 「기본급만 결정한 뒤 연장·야간·휴일근로에 관한 법정 가산항목을 매월 정액으로 지급하는 경우」가 있다고 밝히고 있는데, 고용노동부가 구분한 기준으로 보면 전자가 {포괄임금 계약 _ 정액급제}에 해당되고, 후자가 {포괄임금 계약 _ 정액수당제} 내지는 {고정OT계약}에 해당된다고 할 수 있겠다.

---

106) 고용노동부 보도자료(2022.12.19.) 중 발췌
이정식 고용노동부 장관은 "소위 포괄임금제는 현장에서 근로시간 계산 편의와 예측가능성을 높이기 위해 활용되고 있는 것으로 보이며, 포괄임금·고정OT로 인한 문제는 '계약 그 자체'라기 보다는 이를 오남용하여 '일한만큼 보상하지 않는 공짜야근'이다"라고 밝혔다.

107) 고용노동부 보도자료(2022.12.19.) 중 발췌
다만, 〈정액수당제〉는 판례에서도 사용된 용어이기는 하지만, 판례/기존 행정해석 및 실무에서는 〈정액수당제〉와 {고정OT 계약}이 명확히 구분되지 않고 혼재되어 사용되는 경향이 있다.

〈김영진의원 대표발의안 ;
근로기준법 일부개정법률안(의안번호 21721, 2023.4.28.) 중 발췌〉[108)]

제안이유 및 주요내용

일부 사용자는 실제 근로시간에 따라 각 항목별로 구분하여 산정·지급하여야 하는 임금항목을 구분하지 않고 연봉과 같이 임금총액의 형태로 일괄지급(협의의 포괄임금)하거나, 기본급만 결정한 뒤 연장·야간·휴일근로에 관한 법정 가산항목을 매월 정액으로 지급하는 경우가 있는 것으로 나타났음.

근로자가 정액 가산수당에 해당되는 근로시간보다 추가근로를 제공하면 근로자에게 부족분을 추가지급하여야 함에도 불구하고 실제로는 이를 포괄임금계약과 같이 운영하여 추가근로에 대한 보상을 지급하지 않는 위법사례가 나타나고 있음.

이에 위법한 근로계약을 방지하기 위하여 근로시간을 산정할 수 없는 예외적인 경우를 제외하면 연장·야간·휴일근로에 따라 가산되는 금액을 각 항목별로 구분하여 지급하도록 정하지 아니한 포괄임금계약을 체결할 수 없도록 하고자 함.

또한 사용자가 근로시간을 일·주·월 단위로 기록한 뒤 그 산정 결과를 고용노동부장관에게 제출하도록 하여 위법한 포괄임금계약에 대한 근로감독의 자료로 활용하도록 하려는 것임(안 제50조 및 제56조 등).

개정안 ***[※ 실제 개정되는 것은 아니고, 폐기된 법안임을 유의!]***

제50조(근로시간)

④ 사용자는 고용노동부령으로 정하는 바에 따라 근로자의 업무 개시·종료 시간을 일 단위로 측정하여 기록하고 누적 근로시간을 일·주·월 단위로 기록하여야 한다.

⑤ 사용자는 제4항에 따른 근로시간 및 누적 근로시간 측정기록을 대통령령으로 정하는 바에 따라 고용노동부장관에게 제출하여야 한다.

⑥ 사용자는 근로자가 제4항에 따른 근로시간 및 누적 근로시간 측정기록의 열람·제공을 요청할 경우 이를 제공하여야 한다.

제56조(연장·야간 및 휴일근로)

④ 사용자는 제1항, 제2항 및 제3항에 따라 연장근로·야간근로 및 휴일근로에 대하여 가산되는 금액을 각 항목별로 구분하여 지급하도록 정하지 아니한 근로계약(이하 "포괄임금계약"이라 한다)을 체결하지 못한다.

---

108) 의원입법으로 발의된 것일 뿐이며, 국회 회기 종료로 인해 폐기된 발의안이므로 실제 시행되는 법률이 아님을 유의하고, 참고만 할 것.

⑤ 사용자는 근로자에게 제1항, 제2항 및 제3항에 따라 연장근로·야간근로 및 휴일근로에 대하여 가산되는 금액을 제50조제4항에 따라 측정한 근로시간에 따라 각 항목별로 구분하여 지급하여야 한다.

부칙 제2조(포괄임금계약 금지에 관한 경과조치)

① 사용자와 근로자대표는 가능한 한 빠른 시일 내에 단체협약·취업규칙 또는 근로계약 등에 제56조의 개정규정에 따른 포괄임금계약 금지에 관한 개정사항이 반영되도록 하여야 한다.

② 사용자는 제1항에 따라 제56조의 개정규정에 따른 임금수준을 정할 경우 종전의 규정에 따른 단체협약·취업규칙 또는 근로계약에서 정한 임금보다 낮은 수준으로 할 수 없다.

해당 입법안에서는 실제 근로시간을 측정하도록 의무화(제50조 ④항 위반 시 500만원 이하 과태료) 하려 했으며, 제42조(계약 서류의 보존) 및 제48조(임금대장 및 임금명세서)도 개정하여 근로시간 측정기록을 임금대장 및 임금명세서에 기재하도록 하고, 3년간 보존하도록 하려 했었다.

참고로 현행 근로기준법 제48조 ②항에 따라 현재도 임금명세서에 연장·야간·휴일근로시간 수를 기재하여야 하지만, 고용노동부 설명자료에 따르면 고정연장근로수당이 있을 경우 기재되어야 할 연장근로 시간 수는 실제 발생된 연장근로시간을 반드시 측정해야 하는 것은 아니고, 해당 고정연장근로수당이 왜 그렇게 계산되었는지를 알 수 있도록 계산 방법을 기재하면 되는 것이어서, 약정된 고정연장 근로시간 수를 기재하면 될 뿐, 아직 법적으로는 실제 근로시간을 측정해야 하는 의무가 생기진 않은 상황이다. 다만, 임금명세서 교부 의무와 관련된 법의 취지 및 고용노동부의 의도는 매월 산정된 연장·야간·휴일근로수당의 계산방식을 직원들에게 명확히 고지하도록 하여 실제 발생된 근로시간이 약정된 시간을 초과할 경우에는 그 차액을 지급하도록 유도하려는 것으로 보인다.

[그림 2-37] 고정연장근로수당이 있을 경우 임금명세서 기재 방식[109]

8. 고정 연장근로수당이 있을 경우 실제 연장근로를 하지 않았더라도 계산방법에 연장근로 시간수를 기재해야 하나요?

ㅇ지급된 임금 금액을 기준으로 계산방법을 작성하면 됩니다.
- 고정 연장근로수당 외에 추가적인 연장근로에 따라 임금이 지급되는 경우에는 해당 시간을 포함하여 계산방법을 적어야 하지만,
- 추가적인 연장근로가 없는 경우에는 근로계약서나 취업규칙에 고정연장근로수당에 대한 시간이 규정되어 있다면 해당 시간을 기재하지 않을 수 있습니다.

이와 같이 포괄임금제 및 고정OT제와 관련된 여러 이슈들이 지속되고 있는 바, 이하에서는 매월 동일한 금액의 연장·야간·휴일근로수당을 월급에 포함하여 지급하는 여러 유형[110]들을 살펴본 후, 어떤 것을 포괄임금제라고 하는 것인지, 그리고 그 특성과 유의사항은 무엇인지를 살펴보도록 하겠다.

[그림 2-38] 연장·야간·휴일근로수당을 매월 고정급으로 지급하는 유형

구 분	고용노동부 구분 명칭	운영 방식		운영 예시	적용 시 효과
		급여항목 분개 여부 (기본급: OT수당)	실제 근로시간 상관(비례) 여부		
유형 1	포괄임금제 - 정액급제	×	×	- 실제 몇 시간을 근무하든 상관없이 월급 5백만원(연봉 6천만원)에 모든 근로의 대가가 다 포함되어 있는 것으로 약정	- 일반 사무직 적용 불가 - 근로시간 산정이 어려운 예외적인 경우에만 활용 가능
유형 2-1	포괄임금제 - 정액수당제	△	×	- 연장·야간·휴일수당을 기본급의 25%로 지급함 (몇 시간 분인지 명시하지 않음) - 월간 40시간의 연장·휴일근로에 대한 대가를 계산하여 매월 동일한 금액을 지급함 - 과장 직급이 휴일 근무(8시간) 시, 10만원 지급	- 실제 근로시간 및 통상임금에 따른 OT 수당을 산정한 후, 과소 지급된 경우 부족한 차액을 지급하여야 함 - 근기법 제58조 간주 근로시간제(사업장밖, 재량업무)와 같이 실제 근로시간과 상관 없이 특정시간을 근무한 것으로 간주할 수 있는 경우에 특히 적합한 형태

109) 고용노동부, 2021.11.19. 시행 개정「근로기준법」설명자료 ('21.11.) 중 Ⅳ. 임금명세서 관련 FAQ
110) 유형을 구분하는 기준은 〈급여항목이 기본급과 OT수당으로 구분될 수 있는지 여부〉와 〈실제 근로시간에 비례하여 지급되는지 여부〉이다.

구 분	고용노동부 구분 명칭	운영 방식		운영 예시	적용 시 효과
		급여항목 분개 여부 (기본급: OT수당)	실제 근로시간 상관(비례) 여부		
유형 2-2	고정OT제	○	×	(상동)	(상동)
유형 3		○	○	- 매주 6일 근무(8시간×6일=48시간)를 하기로 약정한 경우 1주 40시간을 초과하는 8시간에 대하여 연장근로수당을 매월 동일하게 지급하는 경우(8시간×1.5배×4.345주=52시간분)	- 약정된 근로시간 이내 근무 시, 유효 - 약정된 근로시간보다 실제 근로시간이 더 많은 경우, 추가 수당 지급 의무 발생

① [유형1] 포괄임금제〈정액급제〉

먼저 살펴볼 포괄임금제 유형은 소위 〈정액급제〉라고 하여 급여항목이 기본급과 연장·야간·휴일근로수당으로 분리되어 있지 않고, 실제 근로시간과 상관없이 일정 금액만을 지급하는 형태이다. 예컨대 몇 시간을 근무하든지 간에 월급 5백만원(연봉 6천만원)에 모든 근무의 대가가 포함되어 있다는 식으로 운영하는 것이다. 그리고 월급 5백만원의 대가에는 몇 시간의 시간외근로가 포함되어 있다는 명시가 전혀 없어서, 소정근로의 대가인 기본급이 그중 얼마이고, 시간외근로의 대가인 시간외근로수당이 그중 얼마인지를 구분하거나 역산할 수 없는 유형을 의미한다.

포괄임금제 유형1 〈정액급제〉는 근로시간 산정이 어려운 극히 예외적인 경우[111]에만 활용할 수 있는 것이므로 사업장 내에서 근무하여 근로시간 산정이 가능하다고 볼 수 있는 일반 사무직[112]의 경우에는 근로시간 산정이 가능하므로 포괄임금제 유형1 〈정액급제〉 방식은 활용할 수 없다.

111) 대법원(대법 2008다6052, 2010.5.13)은 근로시간 산정이 어려운 경우를 감시, 단속적 근로의 경우라고 예시하고 있다.

112) 실무적으로 기업들은 사무직의 경우에 커피 마시거나 담배 피우는 시간, 업무와 무관한 인터넷 서핑하는 시간, 사내 복리후생 시설을 이용하는 시간, 자발적으로 업무습득을 위하여 남아있는 시간 등이 포함되어 있으므로 근로시간 산정이 어렵다고 주장하고 있지만, 법원과 고용노동부는 사업장 안에 있기 때문에 사업주의 관리감독이 가능하므로 근로시간 산정이 용이하다고 보고 있다. 즉 사업장 안에서 체류하고 있는 시간 중 근로시간을 정확히 산정하는 것은 사용자의 책임이라고 보는 것이다.

② [유형2] 포괄임금제〈정액수당제〉 및 고정OT제

다음으로 살펴볼 유형은 포괄임금제 〈정액수당제〉 및 고정OT제인데, 급여항목은 기본급과 연장·야간·휴일근로수당으로 분리되어 있지만(또는 분리되어 있지는 않더라도 역산을 통해 분리할 수 있지만), 연장·야간·휴일근로수당이 실제 근로시간과 상관없이 일정 금액만을 지급하는 형태이다. 이는「기본급을 미리 산정하면서도 가산지급 대상이 되는 연장·야간·휴일근로에 대하여 일정액을 실제 근로시간 수에 상관없이 지급하기로 하는 근로계약」을 의미한다.

이러한 [유형2] 정액수당제의 경우에는 기존에 연장·야간·휴일근로수당 명목으로 지급했던 부분에 대해서는 법정수당으로 인정을 받지만, 법정 기준 대비 과소 지급된 부분이 있다면 추가로 지급해야 한다는 결론으로 귀결되고 있다. 그 사례들을 보자면,

대법원은「'근로시간 수와 상관없이' 포괄임금제 방식의 임금 지급계약을 체결하는 것은 허용될 수 없다.」고 하면서「임금에 포함된 정액의 법정수당이 근로기준법이 정한 기준에 따라 산정된 법정수당에 미달하는 때에는 미달되는 법정수당을 지급할 의무가 있다」고 보았다. 이는 반대로 해석하면 "근로시간 수에 따라" 일정액을 지급[113] 하게 되면 문제가 되지 않는다는 것이고, 만약 사전에 책정한 근로시간 수를 초과 근무하여 사전에 책정한 일정액의 연장·야간·휴일근로수당이 법정 기준 대비 부족하게 되면 미달되는 법정수당만 지급하면 역시 문제가 되지 않는다는 것이다.

<u>근로시간 수와 상관없이</u> 일정액을 법정수당으로 지급하는 포괄임금제 방식의 임금 지급계약을 체결하는 것은 허용될 수 없다(대법 2008다6052, 2010.5.13). [동일 취지: 요양보호사, 대법 2014도8873, 2016.9.8]

1. 감시·단속적 근로 등과 같이 근로시간의 산정이 어려운 경우가 아니라면 달리 근로기준법상의 근로시간에 관한 규정을 그대로 적용할 수 없다고 볼 만한 특별한 사정이 없는 한 <u>근로기준법상의 근로시간에 따른 임금지급의 원칙이 적용되어야 할 것</u>이므로, 이러한 경우에도 근로시간 수에 상관없이 일정액을 법정수당으로 지급하는 내용의 포괄임금제 방식의 임금 지급계약을 체결하는 것은 그것이 근로기준법이 정한 근로시간에 관한 규제를 위반하는 이상 허용될 수 없다.

113) 필자가 [그림 2-38]에서 〈유형3〉으로 분류한 형태라 할 수 있다.

> 2. 근로시간의 산정이 어려운 등의 사정이 없음에도 포괄임금제 방식으로 약정된 경우 그 포괄임금에 포함된 정액의 법정수당이 근로기준법이 정한 기준에 따라 산정된 법정수당에 미달하는 때에는 그에 해당하는 포괄임금제에 의한 임금 지급계약 부분은 근로자에게 불이익하여 무효라 할 것이고, 사용자는 근로기준법의 강행성과 보충성 원칙에 의해 근로자에게 그 미달되는 법정수당을 지급할 의무가 있다.

대법원은 해당 판례에서 "허용될 수 없다"거나 "무효"라는 표현을 사용하고 있는데, 이는 {근로시간 수와 상관없이 일정액만을 지급해도 무방하며, 실제 연장·야간·휴일 근로시간이 약정된 연장·야간·휴일 근로시간 보다 많더라도 추가적인 수당을 지급하지 않는다는 약정} 자체가 허용되지 않기에 무효라는 의미이며, 기왕에 연장 및 야간·휴일근로수당 명목으로 지급한 수당 금액 자체를 부정하는 것은 아니다. 이에 기왕에 지급했던 연장 및 야간·휴일근로수당은 법정수당으로 인정을 해 주되, 과소 책정된 만큼만 추가로 지급하라는 것이다.

2017년에 나온 부산고법 판례의 사례를 보면, 해당 회사는 연장근로수당을 지급하는 방식과 휴일근로수당을 지급하는 방식을 달리 운영해 왔었다. 즉 연장근로수당은 매월 56시간의 연장근로에 대한 대가를 고정적으로 지급해 왔고, 휴일근로수당은 휴일근로를 할 때마다 일정액의 정액수당(4시간 근무와 8시간 근무에 대한 대가를 직책별로 차등 책정함)[114]을 변동적으로 지급해 왔었다. 이 경우에도 법원은 법적 기준으로 재산정한 연장 및 휴일근로수당에서 기존에 지급했던 연장 및 휴일근로수당을 차감한 나머지 금액을 추가로 지급하도록 판결을 내렸다. 특히 법원은 휴일근로수당의 경우 휴일근로일수와 근로시간 실적에 따라 변동 지급한 것은 타당하지만, 법정 기준에 따른 통상임금 시간급을 적용하지 않고 별도의 단가를 적용한 것을 인정하지 않은 것이다.

---

114) 실무적으로 보면 많은 회사들이 이러한 방식으로 휴일근로수당을 주는 경향이 있다. 즉 직급별로 다른 단가를 책정하고(같은 직급인 경우에는 통상임금이 다르더라도 동일한 단가를 적용), 반일 또는 전일 근무에 대한 단가만 책정(6시간을 근무했더라도 4시간 근무만 인정)하여 지급하는 경우다. 이는 법적으로 허용되는 방식이 아니지만, 그럼에도 이와 같은 관행이 많은 이유는 (1) 근태 관리의 편의성과 (2) 동일한 시간을 근무했을 때, 많은 임금을 받는 직원일수록 더 많은 OT수당을 받는 구조를 기업들이 선호하지 않기 때문인 것으로 보인다.

■ 부산고법 판례 (부산고법 2015나5422, 선고일자: 2017.11.15)

가) 연장근로시간에 관한 판단

실제 근로시간과 관계없이 월 56시간의 연장근로시간을 인정하기로 하는 묵시적 합의 내지 관행이 성립되었다고 봄이 상당하다. 따라서 연장근로수당을 재산정함에있어서 원고 등의 연장근로시간은 월 56시간으로 보아야 하고, 피고는 원고 등의 실제 연장근로시간이 월 56시간에 미달하는지 여부를 다툴 수 없다고 보아야 한다.[115)]

나) 휴일근로수당에 관하여 포괄임금제(정액수당제)에 관한 약정이 있는지 여부

피고의 임금규정에는 "직원이 연장근로, 야간 및 휴일근로를 한 때에는 통상임금의 50%를 가산하여 지급한다. 단, 월급제 직원에 대하여는 정액특근수당으로 이에 갈음할 수 있다." 라는 내용이 포함되어 있는 사실, 피고는 원고 등이 휴일근로를 할 경우에 휴일근로보조비 명목으로 공장 직책자에게는 1일 70,000원(8시간 근무) 또는 35,000원(4시간 근무)을, 직장 직책자에게는 1일 64,000원(8시간 근무) 또는 32,000원(4시간 근무)을 일률적으로 지급한 사실은 인정된다.

피고는 원고 등의 실제 휴일근로일수와 근로시간에 비례하여 휴일근로수당을 차등 지급하면서 그 지급기준만을 통상임금이 아닌 별도의 시간급(공장 직책자의 경우 시간당 8,750원, 직장 직책자의 경우 시간당 8,000원)을 적용하였던 것에 불과한 점등에 비추어 보면, 원고 등과 피고 사이에 휴일근로에 대하여 정액수당을 지급하기로 하는 내용의 포괄임금제에 관한 약정이 성립되었다고 볼 수는 없다.[116)]

재산정한 연장근로수당과 휴일근로수당에서 피고가 원고 등에게 이미 지급한 금액을 뺀 차액이 피고가 추가로 지급하여야 할 연장근로수당과 휴일근로수당이 된다.

2017년 기아자동차 판례를 보면, 기아자동차의 일정 직급 이상의 직원들에게는 실제 연장·야간·휴일근로시간을 측정하여 수당을 지급하지 않고, 통상임금의 23% 및 30%를 특근수당(고정연장근로수당) 명목으로 정액 지급하여 온 사실이 있었다.

---

115) 포괄임금제(고정OT제)의 특성상 합의된 연장근로시간보다 적게 일했다고 하더라도 임금(고정연장근로수당)을 차감할 수는 없다는 의미이다.

116) 여기서 "포괄임금제에 관한 약정이 성립되었다고 볼 수는 없다"라는 표현의 의미는 {법에서 정한 기준을 사용하지 않고, 회사가 임의로 약정한 방식대로 연장 및 휴일근로수당을 지급해도 허용될 수 있다는 약정}이 법적으로 유효하게 성립되었다고 볼 수 없다는 의미로 보아야 할 것이다. 즉 통상임금이 아닌 별도 시급 단가를 적용하는 것은 허용될 수 없으므로 개인별 통상임금 시급 단가로 산정한 수당 금액에서 별도 시급 단가로 산정한 수당 금액을 차감한 차액에 대해서는 추가로 지급해야 한다는 것이다.

기아자동차 통상임금 판결 (서울중앙지법 2011가합105381, 2017.8.31) 中 [법원 판단]

9) 일반직, 영업직, 생산직 원고들의 특근수당(고정연장근로수당) 청구에 관한 판단

임금규정 제40조에서 '일반직, 별정직, 영업직, 생산직 중 기장 이상의 시간외 근로는 업무 특성상 시간 또는 일 단위의 정확한 측정이 곤란하므로 1일 8시간을 초과하는 시간외 근로에 대하여 통상임금의 23%를 특근수당으로 지급하고, 생산직 중 반장, 주임의 시간외 근로는 업무 특성상 시간 또는 일 단위의 정확한 측정이 곤란하므로 1일 8시간을 초과하는 시간외 근로에 대하여 통상임금의 30%를 특근수당으로 지급한다.'고 규정한 사실은 앞서 본 바와 같고, 그에 따라 산정된 특근수당(고정연장수당)을 일반직, 영업직 및 생산직 중 일부 원고들이 지급받아 온 사실은 당사자 사이에 다툼이 없다.

그런데 위 인정사실에 의하면, 위 원고들의 경우 업무의 특성을 고려하여 적어도 연장수당에 한하여 이를 정액으로 산정하였는데, 위 원고들이 실제로 연장근로 한 매월의 시간수가 확인되지 않으므로, 위와 같은 〈정액연장수당〉과 근로기준법에 따라 산정될 〈법정연장수당〉을 비교하여 근로기준법 위반 여부 및 그 범위를 판단할 수 없다.

따라서 위 원고들이 특근수당(고정연장수당) 산정을 위해 제출한 증거들만으로는 위 원고들이 단체협약 등에 따라 실제로 지급받은 해당 수당들이 위 원고들에 지급된 상여금, 중식대를 근로기준법에 따라 통상임금에 포함하여 산정한 법정수당액에 미달하는지 여부와 그 정도를 구체적으로 인정할 수 없고, 달리 이를 인정할 증거도 없다. 결국 피고가 위 원고들에게 지급한 정액의 연장수당이 근로기준법을 위반한 것이라고 인정할 수 없으므로, 위 원고들의 이 부분 주장은 이유 없다.

기 지급된 〈정액연장수당〉		법에 따라 산정될 〈법정연장수당〉
(과소 통상임금) × 23% or 30%	< , = , > 비교 불가	(법정 통상임금) × 실 연장근로 × 1.5 ⓐ ⓑ ⓒ

이와 관련하여 노동조합은 통상임금이 과소 책정되었으므로 정상적으로 책정된 통상임금 범위를 바탕으로 특근수당(고정연장근로수당)이 추가로 지급되어야 한다고 주장하였다. 하지만, 법원은 「실제로 연장근로 한 매월의 시간수가 확인되지 않으므로, 기존에 지급된 〈정액연장수당〉과 근로기준법에 따라 산정되어야 하는 〈법정연장수당〉을 비교하여 근로기준법 위반 여부 및 그 범위를 판단할 수 없다」고 보았다. 이는 〈정액연장수당〉이 연장근로에 대한 대가라는 것을 인정하면서, 실제로 수행한 연장근로시간에 따라 지급되어야 할 〈법정연장수당〉 보다 기존에 지급했던 〈정액연장수당〉이 적다면 미달하는 금액만큼 추가로 더 지급해야 하지만, 근로시간이 측정되지 않아 미달 여부를 알 수 없다는 것이다. 즉 통상임금의 범위가 축

소되어 있으므로 상여금 등을 포함하여 법정수당을 계산해야 하는 것은 맞지만, 법정수당을 계산하는 요소들인 ⓐ 통상임금의 범위, ⓑ 실제 연장근로시간, ⓒ 가산지급률 중의 한 요소인 ⓑ 실제 연장근로시간에 대한 정보가 없다 보니, 비교를 할 수가 없어 노동조합 측 주장을 인용할 수 없다는 것이었다.[117]

고용노동부의 행정해석을 보더라도 「"고정 O/T수당 금액을 알 수 없는 경우" 연장근로수당이 적법하게 지급된 것으로 보기 어렵다」고 하고 있는데, 이 역시 반대로 보면 "고정 O/T수당 금액을 알 수 있는 경우"에는 연장근로수당이 지급된 것으로 볼 수 있다는 의미로 해석된다.

고정 O/T수당 금액을 알 수 없는 경우 달리 볼 사정이 없는 한 연장근로수당이 적법하게 지급된 것으로 보기 어렵다(회시번호: 근로기준과-3172, 2005.6.13).

현실적으로 근로시간 측정이 곤란하거나 일별로 변동이 심할 경우 노사 간 약정에 의하여 실제 연장근로시간에 관계없이 월별로 일정 시간분의 연장근로수당을 지급받기로 하고 당해 근로자가 일정기간 동안 아무런 이의 없이 동 수당을 수령해 온 경우, 제반사정에 비추어 근로자에게 불이익이 없다고 인정될 때에는 이른 바 포괄산정임금제로 보아 이를 무효라고 볼 수 없다는 것이 판례와 행정해석의 입장임.

- 다만, 고정급 연장근로수당(귀 질의의 고정 O/T수당)을 월임금에 포함시켜 지급한다 하더라도, 노사당사자간에 월임금에 포함된 고정 O/T수당 금액을 명시하거나 연장근로시간(또는 그 상한)을 약정하여 시간급 임금의 산정(소위 포괄역산) 및 연장근로수당의 계산이 가능하여야 할 것임. 물론, 이 경우에 매일 매일의 실제 연장근로시간이 반드시 미리 정한 1일분 고정 O/T수당과 일치하여야 하는 것은 아니며, 임금 지급 시 실제로 근로한 연장근로시간에 기초한 법정 수당과 노사 간의 약정에 따라 기 수령한 고정 O/T수당을 비교하여 후자의 금액이 전자의 금액 이상이면 근로기준법 제55조의 규정에 의한 연장근로에 대한 가산임금이 지급된 것으로 볼 수 있을 것임.
- 그러나, 고정 O/T수당 금액을 명시하지 아니하거나 연장근로시간(또는 그 상한)이 명확하게 표시되지 아니하여 고정 O/T수당 금액을 알 수 없는 경우에는 달리 볼 사정이 없는 한 근로기준법 제55조의 연장근로수당이 적법하게 지급된 것으로 보기 어려울 것이라고 사료됨.

---

117) 통상임금 소송을 통해 근로자(노조)들이 궁극적으로 청구하는 대가는 과소 지급된 연장 · 야간·휴일근로수당 등을 추가로 지급하라는 것이다. 즉 통상임금은 연장·야간·휴일근로수당 등을 산정하기 위한 도구적 수단에 불과하므로 소의 이익은 통상임금 범위 확대(정상화) 그 자체가 아니라 통상임금 범위 확대(정상화)를 통해 과소 지급받았던 연장·야간·휴일근로수당 등을 더 받을 수 있도록 하는 것에 있다.

고용노동부의 행정해석을 보면「노사당사자간에 고정 O/T수당 금액을 명시하거나 연장근로시간(또는 그 상한)을 약정하여 시간급 임금의 산정(소위 포괄역산) 및 연장근로수당의 계산이 가능하여야 할 것임. 물론, 이 경우에 매일 매일의 실제 연장근로시간이 반드시 미리 정한 1일분 고정 O/T수당과 일치하여야 하는 것은 아니며, 실제로 근로한 연장근로시간에 기초한 법정 수당과 노사 간의 약정에 따라 기수령한 고정 O/T수당을 비교하여 후자의 금액이 전자의 금액 이상이면 적법하게 가산임금이 지급된 것으로 볼 수 있음」이라고 하여 포괄임금제 유형2 〈정액수당제〉가 허용되는 요건을 설명하고 있다.

2017년 상반기에 장시간근로와 관련하여 특별 근로감독을 실시한 게임사의 경우에도 사전 약정을 통해 설정해 놓은 연장근로시간분에 대해서는 인정을 해 주었고, 약정된 연장근로시간을 초과한 연장근로시간에 대해서만 추가적인 연장근로수당을 지급하라는 지급명령을 내린 바 있다.

해당 특별 근로감독에 대한 고용노동부의 보도 자료를 보면,「포괄임금계약을 체결한 경우에도 계약서에 명시된 근로시간보다 실제 근로시간이 많은 경우 추가적 수당을 지급하여야 한다.」라고 하면서「근로계약을 초과한 연장근로에 대해 수당을 지급해야 하나, 미지급」한 것이 주요 위반내용이라고 보았다. 이는 근로계약에 따라 사전 합의한 고정연장근로 시간에 따라 일정 비율의 정액수당을 지급한 경우, 그 한도까지는 적법하게 지급한 연장근로수당으로 인정하되, 실제 합의한 연장근로시간을 초과한 경우에는 초과한 범위를 한도로 하여 추가로 연장근로수당을 지급하라는 것이다.

[그림 2-39] 고용노동부 특별 근로감독 시, 포괄임금에 대한 처리 (2017년 사례)

– 포괄임금계약을 체결한 경우에도 계약서에 명시된 근로시간보다 실제 근로시간이 많은 경우 추가적 수당을 지급하여야 하는 근로기준법 규정에 대한 이해부족 등으로 임금체불이 발생한 것으로 나타났다.

붙임	주요 위반 내용 및 체불임금 세부내역

주요 위반 내용

◈ 근로시간 한도 (근로기준법 제53조) 위반: 1주 최대 12시간을 한도로 연장근로 할 수 있으나, 12시간을 초과하여 근로

◈ 연장수당(근로기준법 제56조) 미지급: 법정 근로시간을 초과하여 근로한 경우 근로계약을 초과한 연장근로에 대해 수당을 지급해야 하나, 미지급

즉 고용노동부는「노사 간 합의로 실제 연장근로시간과 관계없이 일정 시간을 연장근로시간으로 간주하기로 합의를 한 경우라면, 사용자는 근로자의 실제 근로시간이 합의한 시간에 미달하는 경우에도 약정된 연장근로수당은 지급하여야 하고, 합의한 시간을 초과하는 경우에는 차액을 추가 지급하기만 한다면, 근로시간에 따른 임금지급의 원칙이 적법하게 적용된 것」으로 보고 있는 것이다. 따라서 연장근로수당 등이 급여에 포함되어 매월 일정한 금액이 지급된다고 하더라도 그 자체가 원천적으로 무효인 것은 아니고, 그 약정된 한도까지는 유효하게 인정된다고 볼 수 있는 것이다.

따라서 포괄임금제 유형2 〈정액수당제〉 또는 고정OT제의 경우에는 기존에 책정된 수당 대비 부족한 금액만큼만 추가로 지급하면 된다는 것을 알 수 있다.

아래 [사례1]은 1일 소정근로시간을 8시간으로 정하고, 기본임금을 월 300만원으로 하되, 매월 30시간의 고정 O/T[118]에 대한 대가를 산정하여 지급해 온 경우, 특정월에 근로자가 한 달간 40시간의 연장근로를 한 경우 체불임금이 얼마인지를 산정한 것이다. 즉 약정된 연장근로시간 대비 초과된 연장근로 10시간에 대한 연장근로수당을 구해야 하는 것이다.

아래 그림을 보면, 소위 토요일을 무급 휴(무)일로 보아 시간당 통상임금 산정을 위한 기본 시수를 209로 보았을 때, 통상시급은 14,354원이 되고, 매월 30시간의 고정 O/T에 대해 고정 O/T수당을 지급해 왔다면, 매월 645,933원을 지급해 왔을 것이다. 그런데 특정 월에 실제로는 40시간의 O/T를 했다면, 40시간 중 매월 급여로 지급해 왔던 30시간까지는 인정이 되고, 부족한 10시간분만 지급하면 되는 것이다. 이에 산정한 통상시급 14,354원에 10시간을 곱한 후 연장가산 150%를 곱해서 나온 215,311원 만큼 추가 지급하면 되는 것이다. 즉 기존에 지급해 왔던 30시간분에 대한 645,933원은 유효하게 인정이 되는 것이다.[119]

---

118) O/T; Over Time(시간외근로)

119) 정액수당 약정의 특성상 약정된 수당 금액은 최소한 지급 보장되어야 하며, 실제 OT 시간이 30시간을 미달한 달에도 고정OT수당을 삭감할 수는 없다. 또한, 매월 1회 이상 정기불 원칙에 따라 월 단위로 끊어서 독립적으로 판단해야 하며, 월 단위를 넘어서 약정시간 대비 초과하거나 미달한 시간을 상계하거나 평균 적용할 수는 없다.

[그림 2-40] 정액수당제 임금 분석(사례1)

구 분	기본급 [A]	기본 시수 [B]	통상시급 [C]=[A]/[B]	O/T시간 [D]	O/T수당 [E]=[C]×[D]×1.5	월급 합계 [A]+[E]
정액수당제	3,000,000	209	14,354	30	645,933	3,645,933
실제 근무	3,000,000	209	14,354	40	861,244	3,861,244
추가 지급액	-			10	215,311	215,311

아래 [사례2]는 1일 소정근로시간을 8시간으로 정하고, 기본임금을 월 300만원으로 하되, 기본임금의 30%인 90만원을 연장근로수당으로 지급해 왔던 사례이다. 언뜻 보면 월 90만원의 O/T수당이 몇 시간의 O/T에 대한 대가인지가 나와 있지 않지만, 통상시급을 구한 후 역산하면 몇 시간분의 O/T에 대한 대가를 매월 지급해 왔는지를 산정할 수 있다.

[그림 2-41] 정액수당제 임금 분석(사례2)

구 분		기본급 [A]	기본시수 [B]	통상시급 [C]=[A]/[B]	O/T시간 [D]	O/T수당 [E]=[C]×[D]×1.5	월급 합계 [A]+[E]	비 고
가	정액수당제	3,000,000	209	14,354	41.8	900,000	3,900,000	고정OT시간 역산 [D]=[E]÷[C]÷1.5
나	실제 근무 (20시간)	3,000,000	209	14,354	40	861,244	3,861,244	
다	실제 근무 (40시간)	3,000,000	209	14,354	50	1,076,555	4,076,555	
다-가	추가 지급액	-			8.2	176,555	176,555	

즉 기본급이 300만원이므로 시간당 통상임금 산정을 위한 기본 시수가 209라면, 통상시급은 14,354원이 된다. 그 동안 O/T수당으로 나갔던 900,000원은 연장근로 ㅇㅇ시간에 대하여 통상시급을 곱한 후 연장근로에 따른 가산율 150%를 곱하여 산출된 금액(900,000원 = 연장근로 ㅇㅇ시간 × 14,354원 × 150%)이므로 이를 역산해 보면 (연장근로 ㅇㅇ시간 = 900,000 ÷ 14,354원 ÷ 150%) 그 동안 월간 연장근로 41.8시간에 해당하는 연장근로수당이 매월 지급되고 있음을 알 수 있다. 따라서 41.8시간 이내의 연장근로까지는 연장근로수당을 추가로 지급할 필요는 없는 것이다.

예컨대 해당 근로자가 특정 월에 40시간의 연장근로를 하였다면(위 그림'나') 매월 설정된 O/T보다 적게 연장근로를 한 것이므로 추가로 연장근로수당을 지급할 의무는 없게 된다. 이를 금전으로 계산해 본다면, 월 40시간의 연장근로를 실시한 달에는 원래 통상시급 14,354원에 40시간을 곱한 후 150%를 다시 곱하여 861,244원을 지급해야 하는 것인데, 매월 900,000원씩을 지급해 왔으므로 추가로 지급할 필요가 없는 것이다. [※ 다만 유의할 점은 포괄임금제 유형2 〈정액수당제〉를 약정한 경우에는 특정월의 실제 연장근로시간이 적어 원래 지급해야 할 연장근로수당이 적다고 하더라도 평상시 지급해 왔던 고정연장근로수당을 감액할 수는 없다는 것이다.]

만약 해당 근로자가 특정 월에 50시간의 연장근로를 하였다면(위 그림'다'), 월 8.2시간(50시간 − 41.8시간)에 대해서는 추가로 연장근로수당을 지급해야 한다. 이를 금전으로 환산해 보면, 월 50시간 연장근로의 대가는 1,076,555원(통상시급 14,354원 × 50시간 × 150%)이므로 매월 지급되는 900,000원 대비 176,555(통상시급 14,354원 × 8.2시간 × 150%)원이 추가 지급되어야 하는 것이다.

한편, 근로기준법 제58조에서 규정한 간주 근로시간제(사업장 밖 간주근로시간제, 재량업무 간주근로시간제)와 같이 실제 근로시간과 상관없이 특정 시간을 근무한 것으로 간주할 수 있는 경우에는 포괄임금제 유형2 〈정액수당제〉가 매우 적합한 형태라고 할 수 있다.

예컨대 연구업무나 시스템 개발 업무를 담당하여 재량간주 근로시간제를 적용하거나 외근직이어서 항상 사업장 밖 간주근로시간제를 적용하는 경우, 1주일에 6일 동안 52시간을 근무[120]한다고 간주할 수가 있다. 그렇다면 이러한 직원들은 실제 근로시간과는 상관없이 1주일에 40시간의 법정 소정근무와 12시간의 연장근로를 하는 것이라고 유효하게 간주되는 것이다.

이에 1주일에는 40시간분의 급여와 8시간에 해당되는 주휴수당과 18시간분(12시간 × 150%)[121]에 해당되는 연장근로의 대가가 지급되어야 하므로 총 66시간분이 주급으로 지급되면 된다.

---

120) 1주 1일의 주휴일은 보장하며, 휴일근로와 야간근로를 실시하도록 회사가 지시하지 않는다고 전제.

121) 실무적으로 가산율이 포함된 시간분을 근로시간으로 오해하는 경우가 있다. 즉 이 경우에는 12시간의 근로시간에 대해 1.5배가 가산된 18시간분의 임금이 지급되는 것인데, 근로계약서 등에 이를 명확히 기재하지 않음으로써 18시간의 근로가 허용된 것으로 오해하는 경우가 있으니, 고정OT제를 운영하는 경우에는 근로시간과 급여산정시간분을 혼동하지 않도록 유의하여야 한다.

[그림 2-42] 1주 52시간 근무 간주자 임금 분개 방식

1주 근로시간 (주6일)		1주 급여 책정				1월 급여 책정 (1주×4.345)		
소 정	연 장	소 정	주 휴	연장(가산)	합 계	소정+주휴	연장(가산)	합 계
40	12	40	8	18	66	209	78.2	287.2
						72.8%	27.2%	

연 봉	월 급	월급 분개		시 급
		기본급	연장근로수당	
60,000,000	5,000,000	3,638,453	1,361,547	17,409
		72.8%	27.2%	

이를 월간으로 환산(주당 시수 × 4.345주)하게 되면, 소정근로의 대가와 주휴수당의 대가를 합쳐서 209시간분([40시간 + 8시간] × 4.345주)을 지급하고, 연장근로의 대가로 78.2시간분([12시간 × 150%] × 4.345주)을 지급하면 되므로 한 달에 총 287.2시간분(209시간분 + 78.2시간분)을 지급하면 되는 것이다. 즉 1달 총급여의 78.2%(209시간분 / 287.2시간분)는 기본급 등 통상임금으로 지급하고, 27.2%(78.2시간분 / 287.2시간분)는 연장근로수당으로 지급하면 되는 것이다. 따라서 간주근로시간제를 적용받으면서 월급이 5백만원(연봉 6천만원)인 근로자가 있다면, 그 월급을 기본급 등 통상임금 3,638,453원(72.8%)과 연장근로수당 1,361,547원(27.2%)으로 분개하면 되는 것이다.

③ [유형3] 실제 예정된 연장·야간·휴일근로시간에 따라 임금을 분개하는 방식

매월 급여에 동일한 수준의 연장·야간·휴일근로수당이 포함되어 지급됨으로써, 매월 고정급여가 동일하다고 하더라도 '실제 근로시간 수에 비례하여' 적법하게 지급되는 구조라면, 이는 입법·행정·사법기관에서 금지하려고 하는 포괄임금제로 보기 어렵다.

매장 운영시간이 고정되어 있는 서비스업종의 경우에는 주6일 근무를 하거나 1일 근로시간이 8시간을 항상 초과하도록 되어 있어 늘 동일한 시간의 연장·야간·휴일근로를 할 수밖에 없는 경우가 있다. 또는 3조 2교대나 4조 3교대와 같은 교대근무제나 탄력적 근로시간제와 같이 사전에 편성된 근무편성 주기표에 따라 동일한 근로시간이 반복되는 경우도 있다. 이에 늘 동일한 연장·야간·휴일근로수당이 급여에 포함됨으로써 월급이 고정되어 있지만, '실제 근로시간 수에 비례하여' 지급되는 것이기 때문에 과소 지급의 문제도 발생되지 않고 법적으로 문제가 없다.

즉 〈유형3〉의 경우에는 매월 급여는 동일하지만 실제 근로시간에 따라 급여항목이 구분되어 지급된다는 특성으로 인하여 전형적인 포괄임금제와는 차이가 난다.

예컨대 아래의 근무형태는 1주에 6일을 근무(휴일근로 1일 포함)하되, 1일 8.5시간씩 근무(1일 0.5시간은 야간근로)하여 1주에 총 51시간을 근무하는 형태이다.

[그림 2-43] 1주 51시간 근무자 임금 분개 방식(1)

Case 근로시간 운영

구분	월	화	수	목	금	토	일
실 근로시간 [51시간]	8.5	8.5	8.5	8.5	8.5	8.5	

[전제] 주40시간 근무제, 1일 0.5시간씩 야간근로(22시~06시)
주 1일 유급 주휴일(일요일), 주 1일 무급 약정휴일(토요일)

이 경우 정산방식[시급을 구한 후 월급 및 연봉을 구하는 방식]은 아래와 같이 주당 산정되는 근로시간을 월간 근로시간으로 환산한 후, 가산 지급률을 반영하여 시급을 곱해주면 된다.

[그림 2-44] 1주 51시간 근무자 임금 분개 방식(2)

■ 정산 [시급 → 월급, 연봉] 방식 (시급 10,000원 예시)

1일 근로시간				주당 근로시간						월 근로시간 (4.345주)				
총 근로 시간	소정 근로	연장 근로	야간 근로	총 근로 시간	소정 근로	[평일] 연장 근로	휴일 근로	야간 근로	휴일 근로 (8시간 초과)	소정 근로	[평일] 연장 근로	휴일 근로	야간 근로	휴일 근로 (8시간 초과)
8.5	8	0.5	0.5	51	40	2.5	8.5	3	0.5	174	10.9	36.9	13.0	2.2
	8.5				51					222				

월간 가산 시간 수							시 급	월 급여						연 봉
소정 근로	유급휴일 (주휴)	[평일] 연장근로 (×1.5)	휴일 근로 (×1.5)	야간 근로 (×0.5)	휴일근로 [8시간 초과] (×0.5)	계		기본급 (주휴수당 포함)	[평일] 연장근로 수당	휴일 근무 수당	야간근로 [가산] 수당	휴일근로 (8시간 초과) [가산]수당	(합계)	
174	35	16.3	55.4	6.5	1.1	288.3	10,000	2,090,000	163,000	554,000	65,000	11,000	2,883,000	34,596,000
72.5%		5.7%	19.2%	2.3%	0.4%	100%		72.5%	5.7%	19.2%	2.3%	0.4%	100%	

우선 1주일간의 근로시간을 보면, 총 51시간의 근무가 40시간의 법정 소정근로와 2.5시간의 평일 연장근로(1일 0.5시간 × 5일) 및 8.5시간의 토요일 휴일근로로 구분이 됨을 알 수 있다. 그리고 1일 8.5시간의 근무 중에는 매일 0.5시간씩의 야간근로가 포함되어 있으므로 1주일에는 3시간(0.5시간 × 6일)의 야간근로가 발생되고 있다. 또한, 8.5

시간의 토요일 휴일근로 중 0.5시간은 8시간을 초과하는 휴일근로[122]임을 알 수 있다. 마지막으로 실제 근무는 아니지만 1주일에 8시간은 주휴수당으로 지급되어야 한다.

이들 주간 근로시간을 월간 근로시간으로 환산(× 4.345주)한 후 임금 지급 가산율을 곱하면, 1달에 총 몇 시간분의 시급이 지급되어야 하는지 산출된다.

즉 이 경우에는 1달에 총 288.3시간분의 시간급을 지급하여야 하는데, 이를 분개하여 보면 (주휴수당을 포함한) 소정근로시간분이 209시간분[72.5%], 가산율(1.5배)을 적용한 평일연장근로시간분이 16.3시간분[5.7%], 가산율(1.5배)을 적용한 휴일근로시간분이 55.4시간분[19.2%], 추가 가산율(0.5배)을 적용한 야간근로시간분이 6.5시간분[2.3%],[123] 추가 가산율(0.5배)을 적용한 8시간 초과 휴일근로시간분이 1.1시간분[0.4%][124]이 된다.

이들 각각의 시간분에 시급 10,000원을 곱해 주면, 적법한 임금이 구성되고, 이를 합산하게 되면 총 월급이 나오게 된다. 이때 임금 지급 가산율을 곱한 총 시(간)수 대비 각각의 항목별 시(간)수의 비율은 월급 총액 대비 각각의 임금항목에 대한 비율과 일치함을 알 수 있다(※ 예컨대 총 시(간)수[288.3시간분] 대비 기본 시(간)수[209시간분] 비율은 72.5%[209 / 288.3]인데, 월급여 합계[2,883,000원] 대비 기본급[2,090,000원] 비율도 72.5%[2,090,000 / 2,883,000]임을 알 수 있다.).

이와 같이 근로시간에 따른 임금항목별 비율이 나왔으므로 특정 월급이나 연봉을 이 비율로 분개해 주면 근로시간에 비례하여 책정된 적법한 임금 분개가 가능해진다. 총액을 먼저 구한 후 각각의 항목으로 분개한다고 하여 역산제 방식[정해진

---

122) 가산 기준을 규정한 근기법 제56조는 2018년 개정 이전에는 휴일근로이면서 동시에 1일 8시간을 초과하는 연장근로라고 보아 각각 50%씩 가산하여 결과적으로 100%를 가산하였었고, 2018년 법 개정(근기법 제56조 ②항 2호) 이후에는 8시간 초과 휴일근로에 대해서는 100%를 가산하도록 규정되어 있다. 결과적으로 지급률은 동일하다. 다만, 토요일의 성격이 휴무일이라면, 휴일근로가 아니므로 근기법 제56조 ②항 2호가 적용되지 않으며, 전체 근로가 연장근로이므로 8시간 초과 여부와 상관없이 50%만 가산하면 된다.

123) 야간근로의 경우 해당 시간은 연장근로이면서 동시에 야간근로이므로 가산율 50%+50%를 중복 적용하여 총 2배(근무의 대가 100% + 연장 50% + 야간 50%)를 지급하여야 하지만, 추가 가산율 0.5배만 책정하는 이유는 이미 책정한 연장근로 시간분에 해당 연장근로의 대가(1.5배)는 포함되어 있기 때문이다.

124) 8시간 초과 휴일근로의 경우 해당 시간에는 가산율 100%를 적용하여 총 200%를 지급하여야 하지만, 추가 가산율 0.5배만 책정하는 이유는 이미 책정한 휴일근로시간분에 해당 휴일근로의 대가(1.5배)는 포함되어 있기 때문이다.

월급 및 연봉을 역으로 계산하여 시급을 구하는 방식]이라 부른다. 즉 대부분의 회사들은 직원의 임금수준을 연봉 또는 월급으로 결정하기 때문에 연봉 또는 월급을 미리 책정한 후, 이를 근로시간에 따라 분개하는 것이다.

[그림 2-45] 1주 51시간 근무자 임금 분개 방식(3)

■ 역산 [연봉 → 월급 → 시급] 방식 (연봉 4,200만원 예시)

연 봉	월 급	기본급 (주휴수당 포함)	[평일]연장 근로수당	휴일 근로수당	야간근로 [가산] 수당	8시간 초과 휴일근로 수당	합 계	시 급
42,000,000	3,500,000	2,537,321	197,811	672,557	79,124	13,187	3,500,000	12,140
		72.5%	5.7%	19.2%	2.3%	0.4%	100%	

즉 월급 총액에 각각의 비율을 곱하여 산출을 하면 되는데, 기본급은 총 임금의 약 72.5%(209시간분 / 288.3시간분), 평일연장근로수당은 총 임금의 약 5.7%(16.3시간분 / 288.3시간분), 휴일근로수당은 총 임금의 약 19.2%(55.4시간분 / 288.3시간분), 야간근로가산수당은 총 임금의 약 2.3%(6.5시간분 / 288.3시간분), 8시간 초과 휴일근로수당은 총 임금의 약 0.4%(1.1시간분 / 288.3시간분)로 계산하는 것이다.

[그림 2-46] 1주 51시간 근무자 임금 분개 방식(4)

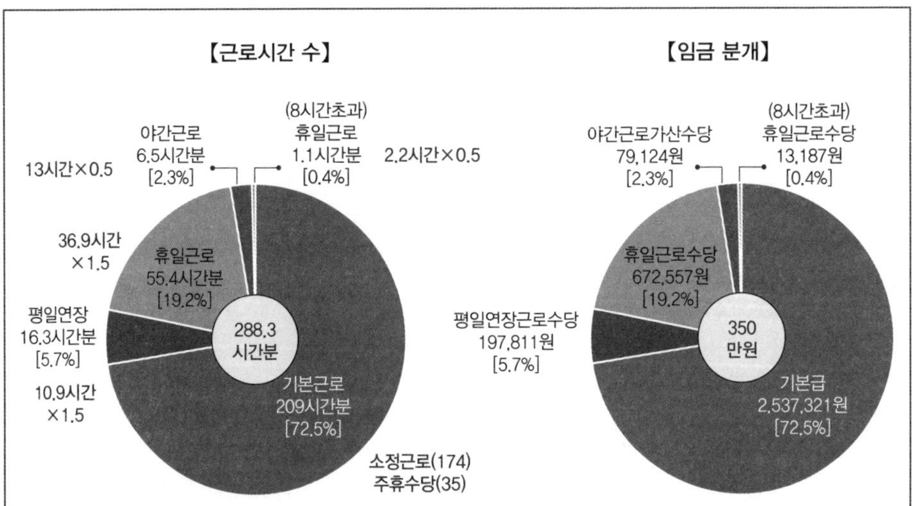

이를 원그래프로 표현해 보면, 위와 같이【근로시간 수】의 비율과【임금항목별 금액】분개 비율이 정확히 일치됨을 알 수 있고, 이와 같이 근로시간 수에 비례한 역산제는 적법하다고 볼 수 있으며, 엄밀히 말하여 입법·행정·사법부에서 제한하려고 하는 포괄임금제로 보기 어렵다. 다만, 실 근로시간 수가 변경되어 미리 설정된 시간을 초과할 경우에는 추가로 수당을 지급하여야 된다.

한편, 기본급 외에 통상임금에 속하는 급여항목들이 있는 경우 적법한 역산제를 설계하는 방법도 알아볼 필요가 있다.

가장 단순한 사례를 예로 들어 보면, 주5일 근무제를 하되 1주일에 실근로시간이 9시간으로 고정된 사업장이 있다고 하면, 아래와 같이 근로시간을 분개할 수 있다. 즉 소정근무와 주휴의 대가로 209시간분이 지급되어야 하고, 연장근로의 대가로 32.6시간분이 지급되어야 해서 한 달에는 총 241.6시간분이 지급되어야 한다.

[그림 2-47] 1주 45시간 근무자 임금 분개 방식(1)

■ 1주 45시간 (1일 9시간 × 5일) 근무자 근로시간 분개

1일 근로시간		1주 근로시간(주5일)		1주 급여 책정				1월 급여 책정(1주×4.345)		
소정	연장	소정	연장	소정	주휴	연장(가산)	합계	소정+주휴	연장(가산)	합계
8	1	40	5	40	8	7.5	55.5	209	32.6	241.6
								86.5%	13.5%	

그런데 이 직원의 월급은 5백만원이고, 그 중에는 직책수당 30만원과 식대 10만원이 포함되어 있으며, 직책수당과 식대는 모두 통상임금에 해당된다고 가정해 보도록 한다. 이 경우에는 우선 임금을 통상임금과 연장근로수당으로 분개하여야 한다. 앞서 급여 책정을 위한 분개가 209시간분:32.6시간분 = 86.5%:13.5% 임을 알고 있으므로 총 5백만원의 임금은 4,325,555원(5백만원의 86.5%)의 통상임금과 674,445원(5백만원의 13.5%)의 연장근로수당으로 분개할 수 있다. 그리고 통상임금은 기본급과 직책수당 및 식대로 구성([A] = [C] + [D] + [E])이 되어 있으므로 직책수당과 식대는 정해진 금액을 그대로 지급하고, 기본급은 통상임금에서 직책수당과 식대를 차감([C] = [A]−[D]−[E])하면 된다.

[그림 2-48] 1주 45시간 근무자 임금 분개 방식(2)

■ 1주 45시간 (1일 9시간 × 5일) 근무자 임금 분개

연 봉	월 급	통상임금 [A]	연장근로 수당 [B]	기본급 [C]	직책수당 [D]	식대 [E]	연장근로 수당 [B]
60,000,000	5,000,000	4,325,555	674,445	3,925,555	300,000	100,000	674,445
		86.5%	13.5%	78.5%	6.0%	2.0%	13.5%
				86.5%			

간혹 실무에서는 월급을 통상임금과 연장근로수당으로 분개하지 않고, 기본급과 연장근로수당만 일정 비율로 분개를 한 후, 추후 통상임금인 각종 수당 및 식대 등을 추가로 지급하는 경우가 있다. 하지만 통상임금인 각종 수당 및 식대가 늘어나게 되면, 시간당 통상임금이 늘어나게 되어 연장근로수당도 연동하여 늘어나야 한다. 예컨대 식대 10만원이 추가되면, 통상임금이 478원(100,000원 / 209) 증가되는 효과가 발생되므로 약정된 연장근로시간을 맞춰주려면 연장근로수당도 증액시켜야 함에도 불구하고 연장근로수당은 그대로 두어 결과적으로 통상임금이 과소 책정되어 연장근로수당이 과소 지급되는 결과가 발생된다.

이에 월급에 기본급 외의 다른 통상임금 항목들이 있다면, 통상임금에서 각종 통상수당들을 먼저 차감한 후 기본급을 산출하거나, 각각의 통상수당들 역시 시간 비율로 연장근로수당과 각각의 통상수당을 분할해 주어야 한다.[125] 그렇지 않다면, 통상수당이 증가되어 통상임금이 늘어난 만큼 연장근로수당도 더 늘려주어 월급 총액도 늘려주어야 한다(※ 식대 10만원이 추가되면, 통상임금이 478원 늘어나게 되었으므로 연장근로수당도 15,583원[478원 × 32.6시간분] 늘어나게 되는 것이다.).

이번에는 통상시급을 구해보도록 하자. 이는 임금이 역산으로 잘 분개되었는지 확인하는 데에도 유용하게 활용될 수 있다. 가장 일반적으로 활용되는 방법은 통상임금을 월 소정 시간 수로 나누는 방법이다. 토요일을 무급으로 가정하였을 때, 월 소정 시수는 209이고, 기본급과 직책수당 및 식대를 합산한 통상임금을 209로

125) 예컨대 식대 10만원을 추가해 주는 경우에도 86.5%에 해당하는 86,500원만 식대 명목으로 지급하고, 13.5%에 해당하는 13,500원은 연장근로수당으로 전환하여 지급해 주어야 하는 것이다.

나누게 되면 시급(시간당 통상임금)은 20,696원(4,325,555 / 209)이 됨을 알 수 있다. 이는 연장근로수당을 연장근로시수(연장근로시간 × 150%)로 나눈 것(674,445원 / 32.6시간분 = 20,696원)과도 동일하며, 월급 총액을 총 시수로 나눈 것(5,000,000원 / 241.6시간분 = 20,696원)과도 동일하다. 만약 동일한 시급이 산출되지 않는다면 어딘가 오류가 있다는 의미이니 다시 검증해 보아야 한다.

[그림 2-49] 1주 45시간 근무자 임금 분개 방식 (3)

■ 역산제 시급 산출

구 분	통상임금	연장근로수당	월 급
임 금	4,325,555	674,445	5,000,000
시간분	209	32.6	241.6
시급 (임금 ÷ 시간분)	20,696	20,696	20,696

(2) 포괄임금제(고정OT제) 무효·금지 및 오·남용 제한의 의미 요약

입법부·행정부·사법부에서 바라보고 있는 포괄임금제(고정OT제)와 관련된 개념 및 유·무효 판단 방식, 무효 시 처리 방식을 요약하여 다음과 같이 도식화를 해 볼 수 있다.

우선 포괄임금제의 개념을 다시 한번 정리해 보자면, 포괄임금제란 ① 소정근로시간 및 연장·야간·휴일근로시간의 대가를 각각 구분하지 않거나[126](유형1; 포괄임금제_정액급제) ② 실제 근로시간과 상관없이 일정액만을 지급하겠다(유형2; 포괄임금제_정액수당제 및 고정OT제)는 임금 지급 방식을 의미한다.

하지만 근로기준법 상 임금지급 원칙은 명백하다. 『근로시간에 따른 임금 지급』 원칙이 지켜져야 하며, 이에 실제 근무한 연장·야간·휴일근로시간에 시간당 통상임금을 곱한 후 가산 지급률을 적용하여 지급해야 하는 것이다.

---

126) (=또는 구분할 수 없거나); 구분해 놓지 않더라도 몇 시간 분의 연장·야간·휴일근로시간이 포함되어 있는지가 명시되어 역산을 통해 구분할 수 있다면 유형2로 볼 수 있으나, 몇 시간 분이 포함되어 있는지 조차 알 수 없다면 구분할 수 없으므로 유형1로 볼 수 있다.

[그림 2-50] 포괄임금제(고정OT제) 유효·무효 판단 도식도

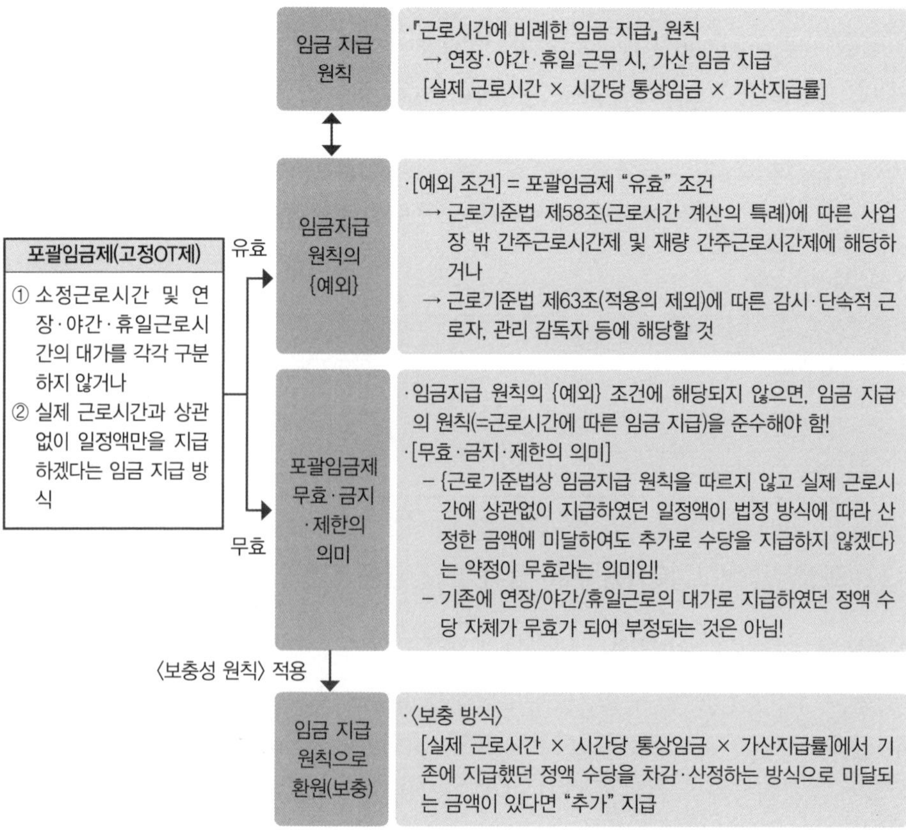

다만 『근로시간에 따른 임금 지급』 원칙을 지키지 않아도 되는 예외 조건이 있는데, 그 예외 조건은 포괄임금제 유효 조건이라고도 볼 수 있는 것이다. 그 조건은 근로기준법 제58조에 따라 근로시간 계산의 특례가 허용되는 사업장 밖 간주근로시간제 및 재량 간주근로시간제에 해당하거나, 근로기준법 제63조에 따라 근로시간·휴게·휴일에 관한 규정이 적용되지 않는 감시·단속적 근로자나 관리 감독자 등에 해당하여야 된다는 것이다. 이에 근로기준법 제58조 및 제63조에 해당되지 않는 한 임금지급의 원칙은 반드시 준수되어야 하며,[127] 이를 위반한 포괄임금제는

127) 사무직이든, 연봉제든 예외가 허용되지 않는다.

무효·금지·제한된다는 것이다.

그런데 포괄임금제가 무효라는 것, 금지·제한된다는 것의 의미가 무엇인지를 되짚어 보아야 한다. 여기서 포괄임금제가 무효·금지·제한된다는 의미는 {근로기준법상 임금지급 원칙을 따르지 않고 실제 근로시간에 상관없이 지급하였던 일정액이 법정 방식에 따라 산정한 금액에 미달하여도 추가로 수당을 지급하지 않겠다}라는 포괄임금 약정이 무효[128]라는 의미이며, 설령 법적 기준 대비 부족하게 지급되었다고 하더라도 기존에 이미 연장·야간·휴일근로의 대가로 지급하였던 정액 수당 자체가 무효가 되어 부정되는 것은 아니라는 것이다.

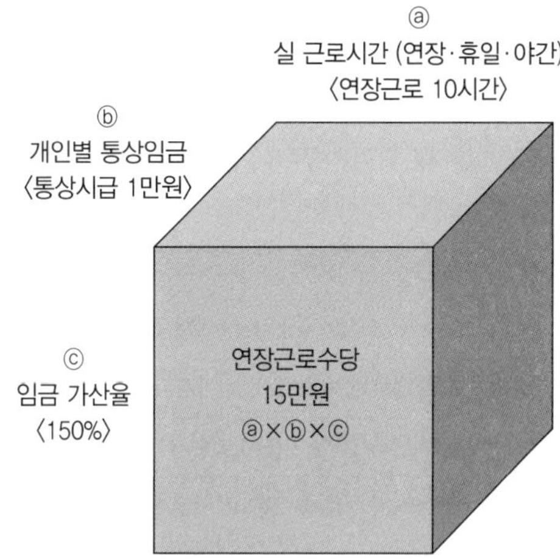

[그림 2-51] 연장근로수당 산정 [법정] 공식

따라서 법원 및 고용노동부가 부족액을 산정하였던 것과 마찬가지 방식으로 보충성 원칙을 적용하여 법적 기준인 [ⓐ 실제 근로시간 × ⓑ 시간당 통상임금 × ⓒ 가산 지급률](A)에서 기존에 지급했던 정액 수당(B)을 차감하여 산정(A - B = C)하는 방식으로 미달되는 금액을 추가 지급함으로써 근로기준법상 임금지급 원칙으로 환원·보충해 주면 되는 것이다.[129] 물론 실제 지급해야 되는 금액을 제 때 지급하지 않은 것은 그 자체로 법 위반 사항이지만, 기존에 지급했던 정액 수당이 원천적으로 무효화 되는 것은 아니라는 의미이다.

128) 즉 ⓐ실근로시간이 포괄 약정한 시간보다 초과하더라도 추가 수당을 지급하지 않고 기존에 약정된 금액만 지급하겠다는 약정이 무효라는 의미이고, ⓑ개인별통상임금과 ⓒ가산율을 적용한 법적 단가를 적용하지 않고 이 보다 적은 단가로 산정하여 과소 책정한 금액만 지급하겠다는 약정이 무효라는 의미이다.

129) 만약 법에 따라 산정된 [실제 근로시간 × 시간당 통상임금 × 가산 지급률](A) 보다 기존에 월급에 포함하여 지급했던 정액수당(B)이 더 많거나 같다면(A≦B), 추가로 지급해야 되는 금액은 없고, 기존에 월급에 포함하여 지급했던 정액수당(B)은 유효한 것이 된다.

(3) 포괄임금제(고정OT제) 오·남용 제한에 따른 향후 운영 방안

결국 근로시간을 측정할 수 있다고 볼 수 있는 사무직 등에 대해서는 아래와 같은 요건을 갖추어야만 적법한 임금 지급이 되는 것이라고 할 수 있다.

[그림 2-52] 포괄임금제(고정OT제) 오·남용 제한에 따른 적법한 임금 지급 요건

1	회사와 직원간 포괄임금제(고정OT제) 시행에 대한 동의가 있어야 할 것 (개별 약정)
2	소정(법정)근로의 대가인 기본임금이 미리 산정(결정)되고, 임금항목이 구분되어 있어야 할 것
3	(약정된 시간외) 근로시간 수가 산정되어야 할 것 [연장·야간·휴일 근로시간 수 각각 구분 산정 원칙]
4	(연봉계약서·급여대장·급여명세서 상) 임금항목이 구분되어 있어야 할 것
5	(약정된 시간외근로시간 수 초과 근무 시) 미달되는 수당을 지급할 것

즉 노사 간의 약정을 바탕으로 소정(법정)근로의 대가인 기본임금(기본급 및 통상수당을 포함한 통상임금)과 연장·야간·휴일근로수당이 구분[130]되어 있어야 하고, 미리 연장·야간·휴일근로 시간을 정하여 그 시간수에 따라 비례하여 임금이 분개되어 있어야 한다. 만약 실제 근무한 연장·야간·휴일근로시간이 미리 설정된 연장·야간·휴일근로 시간을 초과하는 경우에는 미달되는 연장·야간·휴일근로수당을 지급하여야 하는 것이다.

따라서 사전에 일정 시간의 연장·야간·휴일근로를 설정하고, 이에 대한 연장·야간·휴일근로수당을 급여에 포함하여 지급했다면, 미리 설정한 시간 한도까지는 적법하고 유효하게 운영할 수 있는 것이다.

다만, 일정 시간의 연장·야간·휴일근로를 설정할 때에는 어느 단위 기간을 기준으로 설정할 것인지가 이슈가 될 수 있다. 즉 1일 ○시간, 1주 ○시간, 1월 ○○시간, 1년 ○○○시간 중 어느 기간 단위를 기준으로 설정할 것인가를 결정해야 한다. 우선 1년 ○○○시간으로 설정하고, 월별로 이를 신축하여 사용하는 것은 매월

130) 특히 연장근로를 할 때, 그 시간이 야간(22시~06시)에 해당될 경우에는 총 200%(근무 100% + 연장 50% + 야간 50%)가 지급되어야 하는데, 연장근로수당은 150%만 책정이 되므로 반드시 별도의 야간근로가산수당 50%를 추가로 설정하여야 한다.

1회 이상 정기불 원칙을 위반하는 것이기 때문에 허용되지 않는다.[131] 반면에 1일 ㅇ시간 또는 1주 ㅇ시간으로 고정OT시간을 설정하는 것은 유연성이 다소 떨어진다고 볼 수 있다.[132] 따라서 매월 급여가 지급되는 경우에 고정OT시간을 설정할 때에는 급여지급 주기인 월 단위로 설정하는 것이 합리적일 것이다.

최근 많은 회사들은 사무직에 대해서는 출퇴근 시간을 관리하지 않는 경우가 많고, 총 체류시간 중에도 각종 복리후생 시설을 이용하는 경우가 많아 실질 근로시간을 측정하기 어려운 경우가 많다. 하지만 최근 근로기준법 개정 발의안 중에는 근로시간 측정 의무를 사용자에게 부담시키려는 법 개정안이 나오고 있으며, 고용노동부는 광역근로감독과에 디지털포렌식팀을 두면서 각종 자료들을 바탕으로 근로시간을 측정하는 경우가 많아지고 있다.

이에 기업들은 포괄임금제(고정OT제)로 불리어지는 모든 제도가 금지되는 것은 아니므로 근로시간에 따른 임금 지급 원칙이 준수될 수 있도록 법적 요건을 구비하여 제도를 설계해야 할 것이며, 최근 근로시간 단축 및 측정에 대한 의무가 강조되는 추세라는 것을 유의하여 근태 관리를 강화해야 할 것이다.

---

131) 예컨대 연봉제를 운영하면서 1년에 360시간(월 평균 30시간)을 설정해 두고, 어느 달은 10시간만 활용했으니 그 다음 달에 50시간을 활용하는 것을 허용하려는 회사가 있다. 즉 1년 누적 개념 내지는 월간 평균 개념을 활용하려는 의도인 것이다. 하지만 근로기준법 제43조 ②항 및 동법 시행령 제23조에 따라 법정수당인 연장·야간·휴일근로수당은 매월 지급되어야 하므로 허용되지 않는다.

132) 1주일에 8시간의 고정연장근로시간을 설정하였다면, 1주차는 연장근로가 6시간이고 2주차는 연장근로가 10시간일 경우에 2주차에는 약정된 시간을 초과한 것이 되므로 (평균하면 1주 8시간이라고 하더라도) 인정받지 못할 수도 있다.

사례연구 Ⅱ-8 자격수당을 추가로 지급했더니, 고정OT수당이 과소 지급되어 추가로 지급해야 한다구요?

많은 회사들은 최초 고정OT제도를 설정할 때, 그 당시 통상임금을 기준으로 고정OT수당을 책정하게 된다. 이에 제도 도입 초기에는 근로시간 비율에 따라 임금항목별 비율도 적법하게 분개가 되어 운영된다.

급여산정 시간 분개			급여 분개			비 고	
소정근무 (주휴 포함)	시간외근로 (가산율 적용)	[합계]	기본급	시간외수당	합계	통상시급	시간외근로 시수
209	30.0	239.0	2,090,000	300,000	2,390,000	10,000	30
87.4%	12.6%	100%	87.4%	12.6%	100%		20시간×1.5

그런데 이후에 각종 수당을 추가로 지급하면서 고정OT 비율을 조정하지 않아 문제가 되는 경우가 꽤 많이 발생되고 있다. 즉 통상수당을 신설하여 통상임금이 늘어나게 되면, 이에 비례하여 시간외근로수당을 증액하여야 하는데, 증액하지 않는 바람에 약정된 OT시간에 대한 수당이 과소 지급되는 경우가 발생되는 것이다.

기본급	자격수당	시간외수당	합 계	통상임금 [월급]	통상임금 [시급]	시간외근로 시수(가산율 포함)	시간외수당 법정 지급액	시간외수당 과소 지급액
2,090,000	100,000	300,000	2,490,000	2,190,000	10,478	28.6	314,354	14,354
83.9%	4.0%	12.0%	100.0%			300,000 ÷ 10,478	10,478× 30시간분	

즉 고정OT제는 [통상임금의 비율 : 고정OT수당의 비율]이 유지되어야 하는데, 통상수당이 늘어 났음에도 불구하고 고정OT수당을 연동하여 증액하지 않음으로써 비율이 달라지게 되었고, 그 결과 약정된 고정OT시간에 증액된 통상임금을 곱하여 시간외수당 법정 지급액을 구해보면, 과소 지급액이 나오게 되는 것 이다.

따라서 이 경우에는 동일 비율이 유지되도록 시간외근로수당도 증액하거나, 근로자 동의를 받고 기본급 등 통상임금 중 일부를 차감하여 그 재원을 시간외수당으로 전환해 주어야 한다.

8. 주 52시간 근무제에서의 근로시간 구분 및 급여 계산 기준

(1) 2018년 법 개정을 통한 주 52시간 근무제 적용의 의미

2018년에 근로기준법이 개정되면서, 상시 근로자 수에 따라 순차적으로 소위 주 52시간 근무제를 적용하게 되었다. 하지만 개정된 법을 보면, 그 어디에도 52시간이라는 용어는 나오지 않고 있으며, 근로시간을 규정하고 있는 근기법 제50조 및 제53조는 전혀 개정되지 않았음을 알 수 있다.

개정 전	개정 후
제2조【정의】 ① 이 법에서 사용하는 용어의 뜻은 다음과 같다. 7. "소정(所定)근로시간"이란 제50조, 제69조 본문 또는 「산업안전보건법」 제46조에 따른 근로시간의 범위에서 근로자와 사용자 사이에 정한 근로시간을 말한다.	제2조【정의】 ① 이 법에서 사용하는 용어의 뜻은 다음과 같다. 7. "1주"란 휴일을 포함한 7일을 말한다. 〈신설〉 8. 〈좌동〉
제50조【근로시간】 ① 1주 간의 근로시간은 휴게시간을 제외하고 40시간을 초과할 수 없다. ② 1일의 근로시간은 휴게시간을 제외하고 8시간을 초과할 수 없다.	〈좌동〉
제53조【연장 근로의 제한】 ① 당사자 간에 합의하면 1주 간에 12시간을 한도로 제50조의 근로시간을 연장할 수 있다.	〈좌동〉

즉 법 개정 전에도 근기법 제50조에 따라 법정 근로시간 한도는 1주 40시간이었으며, 연장근로의 한도는 근기법 제53조에 따라 1주 12시간이어서 이를 합하면 1주 52시간이었던 것이다. 그런데, 근로시간의 한도를 규정한 근기법 제50조 및 제53조는 전혀 개정되지 않았음에도 1주간 최대 근로할 수 있는 한도가 68시간에서 52시간으로 단축되었다고 얘기하는 것이다. 개정된 것은 근기법 제2조(정의)에서 『"1주"란 휴일을 포함한 7일을 말한다.』라는 문구만 새로 신설된 것 뿐이었다.

이는 "1주"가 며칠인지에 대한 해석 논란과 관련 있는 것으로 법 개정 전에는 1주가 7일이라는 것이 명시되어 있지 않아 혼란이 있었던 것이다. 상식적으로 보면 1주가 7일임은 명확한 사실인데, 이것이 왜 혼란을 초래했던 것일까? 근기법 제50조 및 제53조에서는 1주간 근로시간의 한도를 정하고 있는데, 문제는 근기법 제55조에 따라 1주에 1일 이상의 휴일을 부여하도록 하였기 때문이다. 즉 1주에 최소 1일은 휴일을 부여해야 했기에 근기법 제50조에서 규정한 주 40시간의 근로시간은 1주일에 5일 내지 6일 동안 분배될 수 밖에 없는 구조였다. 그러다 보니, 근로시간 한도를 규정한 근기법 제50조와 제53조에서의 1주는 5일 내지 6일을 의미한다는 해석이 나오게 되었고, 이에 40시간+12시간 외에 1일 내지 2일의 휴일 동안 각 8시간의 근무를 더 할 수가 있어서 최대 68시간(법정근로 40시간 + 연장근로 12시간 + 휴일근로 16시간)까지 근무를 할 수 있는 것이라는 해석을 기존에 고용노동부가 했었던 것이다.

[그림 2-53] 1주간 허용되는 총 근로시간 (법 개정 전 고용노동부 행정해석 기준)

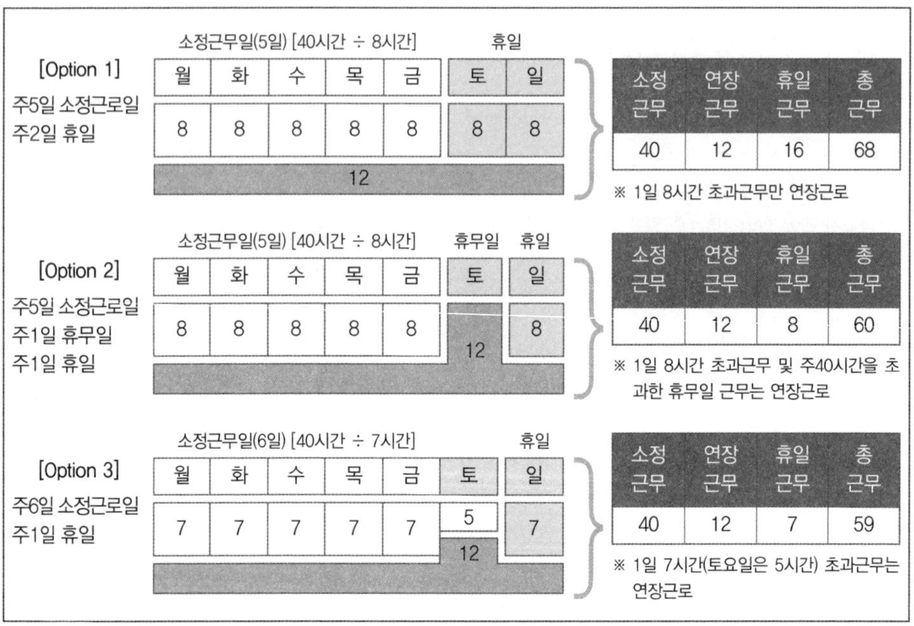

하지만, 2018년 법 개정을 통해 1주일은 휴일을 포함하여 7일이라는 것을 명확히 하였고, 이에 근로시간 한도를 규정한 근기법 제50조 및 제53조는 개정되지 않았지만, 이제는 1주일에 최대 52시간만 근무할 수 있다는 한도가 명확해진 것이었다.

[그림 2-54] 법 개정을 통한 근로시간 단축 개념 (1주 최대 68시간 → 52시간)

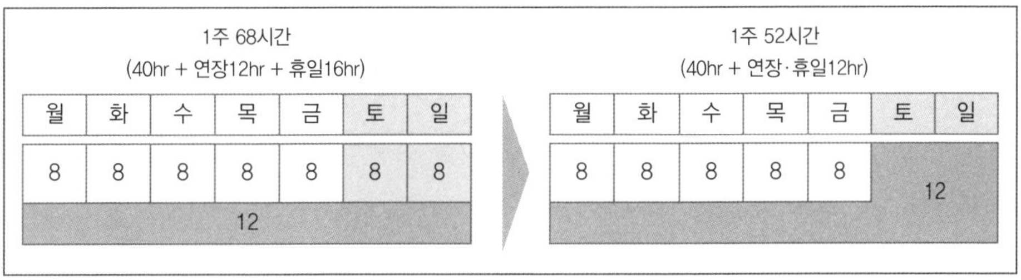

한편, 기업들은 법 개정에 따라 근로시간을 단축해야 하는 부담을 갖게 되었다. 이에 일각에서는 근로시간 단축이 현실적으로 어려우니, 근로시간 한도를 초과했을 경우 연장근로수당을 더 지급하면 되는 것 아니냐는 이야기를 하는 경우도 있다. 하지만, 이는 법 체계를 잘 이해하지 못한 것에서 발생한 오해라 할 수 있다. [근로시간 한도 위반]과 [연장근로수당 미지급]은 적용 법률이 다르기 때문에 연장근로수당을 아무리 많이 지급한다고 하더라도 근로시간 한도를 위반하면 그 자체로 법 위반이 되어 벌칙이 적용될 수 있는 것이다.

즉 근로시간 한도[133]는 근기법 제53조에 명시되어 있고, 연장근로 시 수당을 가산 지급해야 한다는 것은 근기법 제56조에 명시되어 있으며, 각각의 조항 위반 시에 벌칙을 적용받는 것도 구분되어 있다. 따라서 허용되는 근로시간 한도를 초과한 경우에 이에 대한 수당을 추가로 지급해야 되는 것은 당연한 것이고, 수당 지급으로 근로시간 한도 위반의 책임이 면책되는 것은 아니다.

---

133) 정확히는 법정연장근로시간 한도를 의미한다.

구 분	근로기준법 조항	근로기준법 벌칙 조항
연장근로시간 한도 위반	제53조【연장 근로의 제한】 ① 당사자 간에 합의하면 1주 간에 12시간을 한도로 제50조의 근로시간을 연장할 수 있다.	제110조【벌칙】 다음 각 호의 어느 하나에 해당하는 자는 2년 이하의 징역 또는 2천만원이하의 벌금에 처한다. 1. 제53조 제1항·제2항·제3항 본문
연장근로수당 미 지급	제56조【연장·야간 및 휴일근로】 ① 사용자는 연장근로(제53조에 따라 연장된 시간의 근로를 말한다)에 대하여는 통상임금의 100분의 50 이상을 가산하여 근로자에게 지급하여야 한다.	제109조【벌칙】 ① 제56조를 위반한 자는 3년 이하의 징역 또는 3천만원이하의 벌금에 처한다.

한편, 2023년에 나온 대법원 판결(대법 2020도 15393, 2023.12.7.)에 따라 근로시간 한도 위반(제53조 ①항 위반)에 따른 벌칙을 적용할 때는 1주간 총 근로시간이 52시간을 넘은 경우에만 처벌 대상이 된다.

(2) 근로시간의 3단 구분 및 급여 계산 기준

근로시간은 아래 [그림 2-55]와 같이 크게 3가지로 구분될 수 있다. 즉 [A] 소정근로시간, [B] 소위 (법내)연장근로시간, [C] (법정)연장근로시간으로 구분될 수 있는 것이다.

우선 [A] 소정근로시간이 무엇인지는 근기법 제2조(정의)에서 명시되어 있다. 소정근로시간이란 「제50조 (중략)에 따른 근로시간의 범위에서 근로자와 사용자 사이에 정한 근로시간」을 말한다. 다시 말해서 소정근로시간이란 근로자와 사용자 사이에 정한 근로시간을 의미하는데, 다만 그 한도는 근기법 제50조에서 정한 법정 근로시간(1일 8시간, 1주 40시간)의 한도를 넘어설 수는 없다는 것이다.[134] 간혹 1일에 10시간 일하기로 정했다거나, 1주에 6일간 48시간 일하기로 정한 경우가 나오지만, 엄밀히 말해서 이는 소정근로시간에 더하여 고정적으로 연장근로를 하기로 약정한 것이다. 따라서 실 근로시간 기준으로 1일 8시간을 넘어가거나, 1주 40시간을 넘어간 근무는 소정근로시간이 될 수 없고, 연장근로시간이 되는 것이다.

134) 연소자는 근기법 제69조 본문에 따라 1일 7시간 및 1주 35시간의 법정 근로시간이 소정근로시간의 한도가 되고, 유해 위험한 업무를 수행하는 직원은 산업안전보건법 제139조 ①항에 따라 1일 6시간 및 1주 34시간의 법정 근로시간이 소정근로시간의 한도가 된다.

[그림 2-55] 근로시간의 3단 구분

근로시간
Input

	[A] 소정근로시간	[B] (법내)연장근로	[C] (법정)연장근로
[개념]	- 법정 근로시간 (1일 8시간 and 1주 40시간) 한도 내에서 노사간 약정한 기본 근로시간	- 약정된 소정근로시간대를 벗어나 근로하였지만, 1일 8시간을 초과하지 않고 and 1주 40시간도 초과하지 않은 근로시간	- 1일 8시간 초과 or 1주 40시간 초과한 근로시간 → [A]+[B]+[C] = 1주 52시간 초과 시, 법 위반 (벌칙 적용)
[예시]	ex) 월~금요일 9시~18시 근무	ex) 주중 휴일이 있어 월~금까지 32시간 근무한 후, 토요일에 8시간 근무	ex) 평일 18시 이후 근무 or 월~금까지 40시간 근무한 후 토요일에 8시간 근무
[법적 근거]	〈근기법 제50조 ①,②항 및 근기법 제2조 8호〉	〈근기법 제53조 ①,②항에 미 해당〉	〈근기법 제53조 ①,②항에 따른 연장근로〉
[임금]	- 지급률: 100% - 통상임금(기본급)의 형태로 고정적으로 지급	- 지급률: 100% (근로기준법 제56조 ①항 미 해당) - 소정근로의 대가가 아니므로 통상임금(기본급) 외에 별도로 지급해야 하나, 가산율 적용 의무는 없음	- 지급률: 150% (근로기준법 제56조 ①항에 따라 50% 가산 지급)

다음으로 [B] (법내)연장근로시간에 대해 알아보기 전에 법적 근거가 명확한 [C] (법정)연장근로시간부터 알아보도록 하자. 연장근로를 (법정)연장근로와 (법내)연장근로로 구분하는 것의 실익은 근기법 제56조에 따른 임금지급 가산율 적용 의무가 달라진다는 것 때문이다.

[C] (법정)연장근로는 근기법 제53조 1항에 따라 근기법 제50조의 근로시간을 연장한 경우를 의미한다. 즉 근기법 제50조의 법정 근로시간 한도인 1일 8시간을 초과하여 근무한 시간 또는 1주 40시간을 초과하여 근무한 시간을 의미한다.[135] 여기서 중요한 것은 (법정)연장근로는 소정근로시간 한도를 초과한 것이 아니라 근기법 제50조의 법정근로시간 한도를 초과한 것을 의미한다는 것이고, 이 때 근로시간을

135) 탄력적 근로시간제나 선택적 근로시간제를 운영하는 경우에는 근기법 제53조 2항에 따라 단위기간 또는 정산기간을 평균한 시간이 1주 40시간을 초과한 근로를 의미한다(다만, 탄력적 근로시간제의 경우에는 사전에 정한 근로일별 근로시간, 즉 1일 약정 근로시간을 초과한 경우에도 법정연장근로가 될 수 있다.).

산정할 때는 실제로 근무한 '실 근로시간'만 산정한다는 것이다.

주5일, 주40시간 근무제가 일반적인 요즘에는 법정근로시간과 소정근로시간은 당연히 일치하는 것이라고 오해하는 경우가 많지만, 최근에는 전사적으로 소정근로시간을 주40시간보다 짧게 설정하는 회사도 있다.[136] 그리고 주중에 휴일이나 휴가가 있는 경우에는 그 주에 한해서는 소정근로의 의무시간이 법정 근로시간보다 짧은 경우도 흔히 발생된다. 근로시간 한도 초과 여부를 따질 때에는 '실 근로시간'을 기준으로 판단하므로 설령 주중 휴일이나 휴가가 유급이어서 급여지급 기준시간에는 포함된다고 하더라도 근로시간에는 포함되지 않는다.

이와 같은 특성으로 인하여 소위 [B] (법내)연장근로의 개념이 나타나게 되는 것이다. 즉 (법내)연장근로는 법에는 그 정의가 명확하게 나타나지 않지만, 개념적으로는 사용자와 근로자간 일하기로 약정한 소정근로일의 소정근로시간에는 해당되지 않는 소정근로 외의 근로이지만, 근기법 제50조에 따른 법정 근로시간 한도를 초과하지는 않아서 (법정)연장근로에도 해당하지 않는 연장근로를 의미한다고 할 수 있다. 예컨대 주중 휴일·휴가가 있던 주에 무급휴무일인 토요일에 근무를 한 경우라든가, 오전 반일 연차휴가(4시간 상당)를 사용한 후 오후에 4시간 근무를 하다가 종업시각 이후에도 4시간 더 근무를 한 경우[137]가 이에 해당된다. 결과적으로 소정근로시간도 아니고 (법정)연장근로시간도 아닌 중간 영역에 있는 근로시간인 셈이다.

이와 같이 애초에 출근 의무가 있는 소정근로시간이 아닌 때 근무를 한다고 하더라도 반드시 (법정)연장근로가 되는 것은 아니고, 1일 8시간 및 1주 40시간을 초과하지 않는 근무는 (법내)연장근로가 되어 근기법 제53조에 따른 연장근로시간 한도 초과 여부에 영향을 받지 않는다는 것이다.[138]

---

136) 소정근로시간을 1일 7시간 및 1주 35시간으로 설정한 사례, 1일 7.5시간 및 1주 37.5시간으로 설정한 사례도 있고, 월요일에 한하여 (소위 월요병을 예방하고자 공식적으로 오후에 출근하도록 함으로써) 1일 4시간을 소정근로로 하여 1주 36시간을 소정근로(화~금요일은 1일 8시간)로 운영하는 회사도 있다.

137) Ⅱ. 5.의 〈사례연구 Ⅱ-6〉 참고.

138) 다만, 2023년 대법원 판결(대법 2020도15393, 2023.12.7.) 이후에는 근로시간 한도 위반에 따른 벌칙 적용 여부를 판단할 때, 1주간 총 근로시간이 52시간을 넘었는지 여부만 판단하게 될 것이므로 근로시간 구분의 실익이 줄어들었다.

게다가 이러한 구분은 임금 가산율에도 영향을 주게 된다. 즉 근기법 제53조에 따른 (법정)연장근로는 근기법 제56조에 따라 50%를 가산하여 총 150%의 지급률로 지급해야 되지만, (법내)연장근로는 50% 가산의 의무가 없으므로 근무에 대한 대가인 100%만 지급하여도 무방하다는 것이다.

이러한 해석은 연장근로 시 가산율 50%를 추가로 지급해야 한다는 근기법 제56조 1항 문구를 통해 도출되는 것이다.[139] 즉 근기법 제56조 1항에서는「연장근로(제53조·제59조 및 제69조 단서에 따라 연장된 시간의 근로를 말한다)에 대하여는 통상임금의 100분의 50 이상을 가산하여」라고 함으로써, 50%의 가산율이 적용되어야 하는 연장근로의 범위가 명시되어 있다. 따라서 법적으로는 제53조에 따라 연장된 시간의 근로에 대해서만 50%의 가산율을 적용해 주면 되는 것이고, 이는 1일 8시간을 초과하거나 1주 40시간을 초과하는 연장근로에 대해서만 50%의 가산율을 적용해 주면 될 뿐, 실 근로시간 기준으로 1일 8시간 이내의 근로나 1주 40시간 이내의 근로에 대해서는 설령 사전에 약정된 소정근로일의 소정근로시간을 벗어난 근로라 할지라도 50%의 연장근로 가산율을 적용해 줄 법적 의무는 없다는 것이다.[140]

다만, 이러한 지급률 차등은 이번 법 개정으로 인하여 새롭게 생겨난 개념이 아

139) 근기법 제56조는 연장·야간·휴일근로를 한꺼번에 규정한 단일 조항이던 것이 2018년 법 개정으로 인하여 3개 조항(1항은 연장근로, 2항은 휴일근로, 3항은 야간근로)으로 늘어나게 되었지만, (법내)연장근로에 대해서는 50% 가산율이 적용되지 않아도 된다는 것은 개정법 이전 법 적용에서도 마찬가지였다. 개정 전 법률에서도 50% 가산율을 적용하는 연장근로란 제53조에 따라 연장된 시간의 근로를 의미했기 때문이다.[※ 개정 전 법률: 사용자는 연장근로(제53조·제59조 및 제69조 단서에 따라 연장된 시간의 근로) (중략) 에 대해서는 통상임금의 100분의 50 이상을 가산하여 지급하여야 한다.]

140) 2023년 대법원 판결(대법 2020도15393, 2023.12.7.)에서는 근로기준법 구조(제50조를 초과한 근로가 제53조에 따른 법정 연장근로이고, 법정 연장근로가 1주 12시간을 초과하면 법 위반이 됨)에도 불구하고, 1일 8시간을 초과한 근로시간은 누적하지 않고, 1주간 총 근로시간이 52시간을 넘은 경우에만 벌칙 적용을 한다고 판시하였다. 그러나 임금가산율 적용에 있어서는 근로기준법 구조에 따라 제53조에 따른 법정 연장근로(1일 8시간 초과 or 1주 40시간 초과)에 대해서는 근로기준법 제56조에 따라 50% 가산율이 적용된다고 판시하였다. 이와 같이 동일한 근로기준법 구조에도 불구하고 근로시간 한도 위반 기준과 임금가산율 적용 기준을 달리한 것은 분명 모순된 판단이지만, 법 취지를 감안하여 벌칙 적용은 최소화하려는 대법원의 의지가 반영된 것으로 보인다.

니라 기존부터 이미 법 해석에 따라 적용되던 것이었다. 따라서 기존에 이미 (법내) 연장근로에 대하여 가산율 50%를 적용하여 150%를 지급해 오던 회사의 경우 가산율을 적용하지 않고 100%만 지급하려면, 관행화된 근로조건을 저하시키는 것이므로 근로자 과반수 동의라는 취업규칙 불이익변경 절차를 밟아야 할 것이다.[141)]

(3) 사례를 통해 본 근로시간의 3단 구분

그러면, 지금까지 설명했던 근로시간의 구분을 실제 사례를 바탕으로 자세히 살펴보도록 하자. 아래 [그림 2-56]의 사례들은 고용노동부에서 발간한 설명자료에 나와 있는 사례들[142)]을 재구성한 것이다.

[그림 2-56] 실 근로시간을 기준으로 (법정)연장근로 한도를 초과했는지 판단하는 사례들

구 분	소정 근로일					휴무일	주휴일	실 근로시간 합계
	월	화	수	목	금	토	일	
[사례1] 격일제 근무자	15		15		15			45
[사례2] 짧은 소정근로시간	7	7	7	10	10	7		48
[사례3] 주중 휴일·휴가	(휴일) (휴가)	(휴일) (휴가)	8	8	8	8	8	40
[사례4] 일요일 근무 (차주 대체휴일 사용)	10	10	10	11	11		8	60

141) 게다가 이와 같이 수당 지급률을 100%와 150%로 차등하는 것은 일반 직원들의 입장에서는 선뜻 납득하기 어려운 개념일 것이다. 즉 지금까지는 상식적으로 종업시각 이후의 근무와 토요일 및 일요일 근무에 대해서는 모두 50%가 가산된 150%의 지급률을 적용받는 것이 당연하다고 생각해 왔던 직원들에게 법적 개념과 해석을 설명하면서 지급률을 차등할 경우(예컨대 토요일 근무는 100%, 일요일 근무는 150% 지급)에는 현장에서 큰 혼란이 발생될 것이다. 또한, 주중 연차휴가를 쓴 직원이 토요일 근무를 할 경우에는 100% 지급률을 적용하고, 주중 연차휴가를 사용하지 않은 직원이 토요일 근무를 할 경우에는 150% 지급률을 적용한다면, 연차휴가 사용에 따른 불이익이 발생되는 결과가 초래되는 것이므로 바람직하지 않다고 할 것이다. 게다가 회사 입장에서도 1주 단위로 개인별 실 근로시간이 40시간에 미달하였는지 여부를 따지는 것은 관리상 번거로움이 클 것이다.

142) 고용노동부, 개정 근로기준법 설명자료(2018.5). 이하 "고용노동부 설명자료"라 한다.

① [사례1] 격일제 근무자 사례

[사례1][143]은 격일제 근무자 사례이다. 이 사례는 1일 15시간씩, 1주일에 3일만 근무하기로 정한 사례이다사례이다. 이 경우 고용노동부는 근로기준법 구조에 따라 법정 연장근로시간 한도를 넘어 위법한 것으로 보았었다. 왜냐하면 1주간 총 근로시간은 1주 52시간 이내이지만, 근로기준법 제53조에 따른 법정 연장근로시간(근기법 제50조 2항에 따른 1일 법정근로시간 한도인 8시간을 초과한 근로시간 누적분)은 주12시간을 초과하였기 때문이다.

[그림 2-57] [사례1]에 대한 근로시간 분개

구 분	소정 근로일					휴무일	주휴일	실 근로시간 합계
	월	화	수	목	금	토	일	
[사례1] 격일제 근무자	15		15		15			45

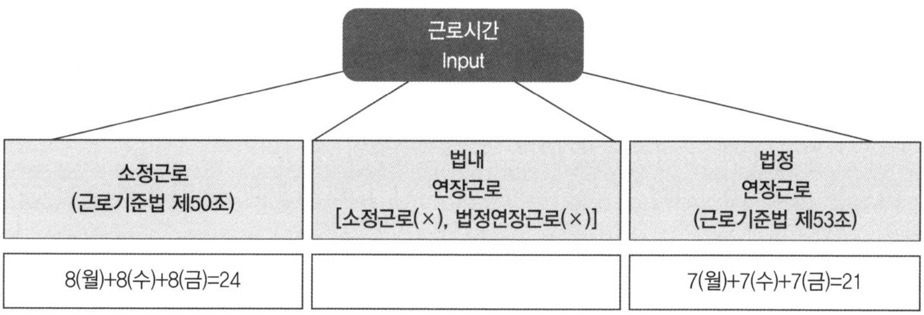

즉 유연(탄력적)근로시간제를 도입하거나 감시·단속적근로자 승인을 받지 못하는 한, 1일 소정근로시간은 8시간의 법정근로시간을 초과할 수 없기에 1일 15시간의 근무는 8시간의 소정근무와 7시간의 법정연장근로시간으로 분개된다. 이에 1주간에는 24시간(8시간 × 3일)의 소정근무와 21시간(7시간 × 3일)의 법정연장근로시간으로 분개되며, 법정연장근로시간이 1주 한도인 12시간을 초과하게 되므로 근기법 제53조 위반이 되는 것이라고 고용노동부는 보았던 것이다. 결과적으로 소정근로시간은 1주 40시간에 훨씬 미치지 못함에도 불구하고, 법정연장근로시간이 많이 책정되

143) 고용노동부 설명자료 31페이지의 (사례4)에 해당된다.

는 불균형으로 인하여 법 위반이 된다는 것이다. 그런데 2023년의 대법원 판결(대법 2020도15393, 2023.12.7.)에서는 이와 같은 근기법 구조와 고용노동부의 해석에도 불구하고, 1주 총 근로시간이 실 근로시간 기준으로 52시간을 넘었을 경우에만 근기법 제53조 위반에 따른 벌칙 적용을 하겠다고 본 것이다.[144] 이에 이러한 근무형태는 위법이 되진 않지만, 임금가산율 측면에서 50% 가산된 임금이 적용되는 근로시간대가 많으므로 유연(탄력적)근로시간제를 도입하여 '평균'을 적용하거나 감시·단속적근로자 승인을 받는 것이 바람직할 것이다.

② [사례2] 소정근로시간이 법정근로시간보다 짧은 사례

[사례2][145]는 회사 전체적으로 1일 및 1주 소정근로시간이 법정근로시간보다 짧게 설정된 사례이다. 즉 소정근로시간을 1일 7시간 및 1주 35시간(소정근로일은 월요일부터 금요일까지 주 5일)으로 정한 사례이다. [사례2]에서는 목요일과 금요일에 소정근로시간을 각각 3시간씩 초과하였고, 소정근로일이 아닌 토요일에도 7시간을 근무함으로써, 1주간 소정근로시간을 13시간 초과하였다. 하지만, 이 13시간의 연장근로는 법내연장근로와 법정연장근로로 구분될 수 있다. 구체적으로 보면 월요일부터 수요일까지는 원래 약정된 1일 7시간의 소정근로만 실시하였다. 그리고 목요일과 금요일은 각각 10시간의 근무를 하였는데, 1일 10시간의 근무는 3가지 근로시간으로 분개된다. 우선 10시간 중 7시간은 소정근로가 된다. 그리고 소정근로를 초과하는 3시간은 연장근로가 되는데, 이는 1시간의 법내연장근로와 2시간의 법정연장근로로 분개되는 것이다. 즉 법정연장근로는 근기법 제50조 2항의 1일 8시간을 초과하는 것만 해당되므로 2시간은 법정연장근로가 되는 것이고, 소정근로도 아니고 법정연장근로도 아니지만 소정근로를 초과한 나머지 1시간은 법내연장근로가 되는 것이다. 따라서 월요일부터 금요일까지 총 41시간의 근로시간은 35시간(7시간 × 5일)의 소정근로와 2시간(1시간 × 2일)의 법내연장근로와 4시간(2시간 × 2일)의

---

144) 이 판결로 인해 1일 24시간 연속근무(극단적으로는 2일을 초과한 52시간 연속근무)도 가능해졌다. 이에 노동계는 크게 반발하였으며, 입법부에서도 이를 제한하려는 입법안이 여럿 발의되었으나, 아직 통과된 법률안은 없다.

145) 고용노동부 설명자료 33~34페이지의 (사례7)에 해당된다.

법정연장근로시간으로 구분되는 것이다.

[그림 2-58] [사례2]에 대한 근로시간 분개

구 분	소정 근로일					휴무일	주휴일	실 근로시간 합계
	월	화	수	목	금	토	일	
[사례2] 짧은 소정근로시간	7	7	7	10	10	7		48

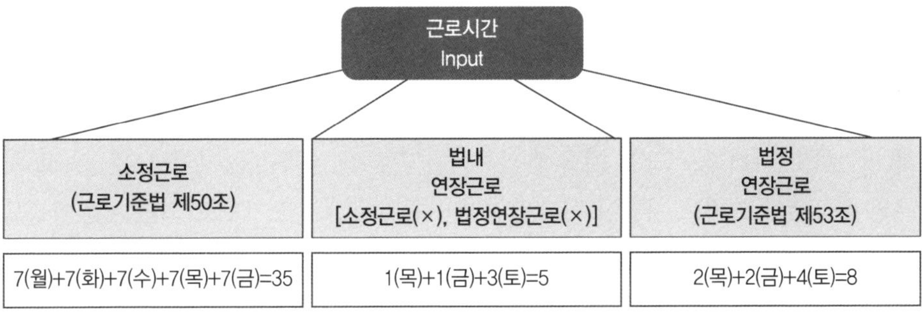

해당 사례는 소정근로일이 아닌 토요일(무급휴무일)에도 출근하여 7시간을 근무하였으므로 토요일 7시간의 근무도 분개를 해야 한다. 우선 토요일이 소정근로일이 아니므로 소정근로시간에 해당되는 시간은 없다. 그리고 1일 8시간을 초과하지는 않았으므로 이 경우에는 1주 40시간 초과 여부를 따져 보아야 한다. 즉 월요일부터 금요일까지 보았을 때, 총 41시간의 근무를 하였는데, 이 중 소정근로(35시간)와 법내연장근로(2시간)에 해당되는 시간은 37시간이 된다. 이에 토요일 근무 중 37시간을 초과하고 40시간 이내인 3시간에 대해서는 법내연장근로로 잡히게 된다. (※ 참고로 월요일부터 금요일 사이에 이미 법정연장근로로 분개된 4시간에 대해서는 1주 40시간을 초과했는지 여부를 따질 때 포함하지 않는다.) 결과적으로 토요일 7시간의 근무 중 법내연장 3시간을 차감한 4시간은 법정연장근로가 되는 것이다. 이로써 [사례2]의 경우에는 법내연장근로 5시간이 포함되어 있으므로 1주 40시간(소정근로 35시간+법내연장근로 5시간)을 초과한 법정연장근로는 8시간만 해당이 되는 것이다.

다만, 동일한 [사례2] 근무의 경우에 단시간근로자[146]의 경우에는 단시간근로자

146) 근로기준법 제2조(정의) 1항 9호에 따르면, "단시간근로자"란 1주 동안의 소정근로시간이 그

에게 적용되는 특별법[147]으로 인해 근로시간 한도 초과가 되어 위법이 되고, 소정근로시간을 넘어 근무하게 되면 모두 법정연장근로가 되어 50%의 가산수당이 지급되어야 하므로 유의하여야 한다.[148] 즉 회사 전체적으로 통상근로자의 소정근로시간이 법정근로시간보다 짧은 경우와 통상근로자 대비 소정근로시간이 짧은 단시간근로자에게 적용되는 기준이 다르므로 이를 구분할 필요가 있다.

③ [사례3] 주중 유급휴일 또는 유급휴가가 있는 사례

[사례3][149]은 주중에 휴일이나 휴가가 있어 소정근로일에 근무를 하지 않은 사례이다. 이들 휴일이나 휴가가 유급휴일이나 유급휴가일 경우에는 실제로 근무를 하지 않았다고 하더라도 급여 지급에 있어서는 근무한 것과 마찬가지로 유급으로 처리되어 급여가 그대로 지급이 된다. 하지만, 근로시간 한도가 초과되었는지 여부를 따질 때에는 장시간 근로에 대한 제한을 하는 것이므로 실제로 근무를 하지 않았다면 근로시간에 포함되지 않는다.

이에 [사례3]에 대해 근로시간 분개를 해 보면, 휴일이나 휴가로 인하여 실제 근무를 하지 않은 월요일 및 화요일은 근로시간으로 산정되지 않는다. 그리고 수요일부터 금요일까지 원래 예정된 24시간(8시간 × 3일)의 근무는 당연히 소정근로시간으로 분개된다.

사업장에서 같은 종류의 업무에 종사하는 통상 근로자의 1주 동안의 소정근로시간에 비하여 짧은 근로자를 말한다. 즉 같은 종류의 업무에 종사하면서 근로시간이 긴 비교 대상근로자가 있어야 단시간근로자에 해당되는 것이다.

147) 기간제 및 단시간근로자 보호 등에 관한 법률 제6조【단시간근로자의 초과근로 제한】

① 사용자는 단시간근로자에 대하여 「근로기준법」 제2조의 소정근로시간을 초과하여 근로하게 하는 경우에는 당해 근로자의 동의를 얻어야 한다. 이 경우 1주간에 12시간을 초과하여 근로하게 할 수 없다.

③ 사용자는 제1항에 따른 초과근로에 대하여 통상임금의 100분의 50 이상을 가산하여 지급하여야 한다.

148) 고용노동부 설명자료 34~35페이지의 (사례8)을 통해 통상근로자 (사례7)과 비교하여 설명하였다.

149) 고용노동부 설명자료 30페이지 (사례3)의 내용을 각색하였다.

[그림 2-59] [사례3]에 대한 근로시간 분개

구 분	소정 근로일					휴무일	주휴일	실 근로시간 합계
	월	화	수	목	금	토	일	
[사례3] 주중 휴일·휴가	(휴일) (휴가)	(휴일) (휴가)	8	8	8	8	8	40

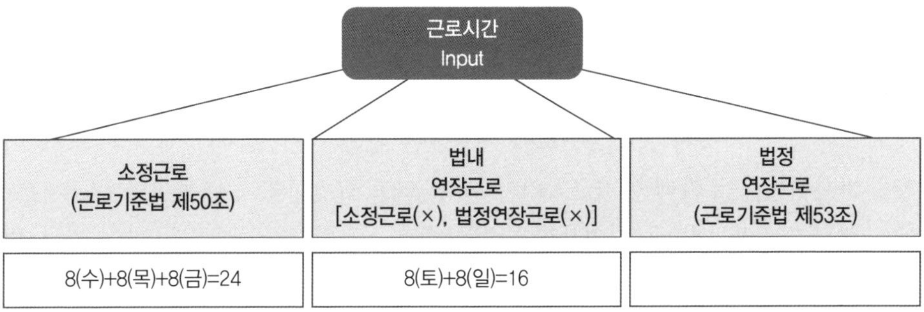

다음으로 소정근로일이 아닌 토요일(무급휴무일)에 일한 8시간은 [사례2]에서와 같이 모두 법내연장근로가 된다. 월요일부터 금요일까지 24시간의 근무만 한 상태이기 때문에 토요일 근무를 모두 포함해도 1주 40시간 이내이기 때문이다. 거기에 더해 일요일에 8시간의 휴일 근무를 한 것도 마찬가지로 1주 40시간 이내의 근무이기 때문에 법내 연장근로에 해당된다. 따라서 토요일과 일요일 이틀 동안 16시간의 근무를 했음에도 불구하고, 법정연장근로는 전혀 발생되지 않은 것이다.

이와 같이 휴일근로가 반드시 법정연장근로가 되는 것은 아니다. 법정연장근로의 조건은 1일 8시간을 넘거나, 1주 40시간을 넘어야만 되는 것이다. 따라서 1주 40시간 이내의 주중 휴일(공휴일)근로의 경우에는 휴일근로는 될지언정 법정연장근로의 한도에는 잡히지 않는 것이다. 소정근로일이 아닌 토요일이나 일요일 휴일근로의 경우에도 무조건 법정연장근로의 한도에 잡히는 것이 아니라 1주 40시간을 초과한 근로인지에 따라 법정연장근로 해당 여부가 달라지는 것이다. 즉 주중에 40시간[150]의 근무를 모두 채운 후에 토·일요일 휴일근로를 하는 경우에는 법정연장근로에 해당되지만, 주중에 휴일이나 휴가가 있어 1주간 실 근로시간이 40시간

150) 이 때 주중 연장근로(1일 8시간을 초과한 근로)는 감안하지 않고, 1일 8시간 이내의 법정 근로만 포함하게 된다.

에 미달한 경우에는 토·일요일 휴일근로를 했다고 하더라도 법정연장근로에 반드시 해당되는 것은 아니다.[151) 152)]

한편, 토요일까지 1주 40시간을 이미 근무한 상태에서 일요일에 8시간의 휴일근로를 실시한 경우, 임금 지급 가산율을 따질 때에는 연장근로와 휴일근로가 중복 가산되지 않고, 휴일근로에 따른 50%만 가산되어 150%만 지급하면 된다는 것을 유의해야 한다. 왜냐하면, 근기법 제56조[153)]에서는 제1항에서 연장근로 시 가산율을 규정하고 제2항에서 휴일근로 시 가산율을 규정하였는데, 제2항에서는 「'제1항에도 불구하고' 사용자는 휴일근로에 대하여는 다음 각 호의 기준에 따른 금액 이상을 가산하여 근로자에게 지급하여야 한다.」라고 규정하였기 때문이다. 즉 '제1항에도 불구하고'라는 문구를 기재함으로써, 휴일근로인 경우에는 제1항에 따른 법정연장근로와의 중복 여부와 무관하게 제2항 각 호에서 기재한 가산율만 적용하도록 한 것이다.[154)] 다만, 야간근로 시 가산율을 규정한 제3호에서는 단서 문구를 두지 않았으므로 연장근로이면서 동시에 야간근로일 때에는 각각의 가산율을 중복 가산하여야 하고, 휴일근로이면서 동시에 야간근로일 때에는 역시 각각의 가산율을 중복 가산하여야 하는 것이다.

---

151) 위 [사례3]에서는 일요일 휴일 근무가 법정연장근로에 해당하지 않았지만, 후술할 [사례4]에서는 일요일 근무가 법정연장근로에 해당하고 있다.

152) 2023년 대법원 판결(대법 2020도15393, 2023.12.7.) 이후에는 휴일근로가 법정 연장근로에 해당되는지 여부를 따질 실익이 사실상 없어졌다.

153) 제56조【연장·야간 및 휴일근로】
① 사용자는 연장근로(제53조·제59조 및 제69조 단서에 따라 연장된 시간의 근로를 말한다)에 대하여는 통상임금의 100분의 50 이상을 가산하여 근로자에게 지급하여야 한다.
② 제1항에도 불구하고 사용자는 휴일근로에 대하여는 다음 각 호의 기준에 따른 금액 이상을 가산하여 근로자에게 지급하여야 한다.
1. 8시간 이내의 휴일근로: 통상임금의 100분의 50
2. 8시간을 초과한 휴일근로: 통상임금의 100분의 100
③ 사용자는 야간근로(오후 10시부터 다음 날 오전 6시 사이의 근로를 말한다)에 대하여는 통상임금의 100분의 50 이상을 가산하여 근로자에게 지급하여야 한다.

154) 휴일에 8시간을 초과한 근무에 대해서도 제1항의 연장근로와 중복시키지 않고, 제2항 2호를 통해 100%를 가산 지급하도록 별도로 규정함으로써, 소위 휴일연장근로라는 개념은 성립되지 않게 되었다.

그렇다면, [사례3]에서 임금 지급률을 어떻게 산정하여야 할까? 이를 설명하기 위하여 아래와 같이 응용 사례들을 다양하게 구성해 보았다. 아래 사례들은 공통적으로 월요일과 화요일은 유급휴일 또는 휴가여서 근무를 하지 않았고, 수요일부터 금요일까지는 24시간의 소정근무를 한 것은 동일하며, 다만 토요일 및 일요일 근무 여부에 따라 3가지 응용 사례로 구분한 것이다.

[그림 2-60] [사례3] 관련 다양한 형태별 근로시간 및 임금 산정 방식

[사례3-1]

구 분		월	화	수	목	금	토	일	[합계]
근로시간		X	X	8	8	8	X	X	24
임금 (시간분)	기 본	8	8	8	8	8		8	48
	추 가								

[사례3-2]

구 분		월	화	수	목	금	토	일	[합계]
근로시간		X	X	8	8	8	8	X	32
임금 (시간분)	기 본	8	8	8	8	8		8	56
	추 가						8		

[사례3-3]

구 분		월	화	수	목	금	토	일	[합계]
근로시간		X	X	8	8	8	8	8	40
임금 (시간분)	기 본	8	8	8	8	8		8	68
	추 가						8	12	

※ 월요일·화요일은 유급휴일(공휴일), 토요일은 무급휴무일, 일요일은 유급휴일(주휴일)

먼저 [사례3-1]은 토요일과 일요일에 근무를 하지 않은 사례이다. 이 경우 1주간 근로시간은 오직 소정근로시간 24시간만 산정된다. 하지만 1주간 급여는 총 48시간분이 지급되어야 한다.[155] 이는 유급휴일이나 휴가인 월요일, 화요일, 일요일에 대해서는 근무를 하지 않더라도 유급으로 처리되도록 약정되었기 때문이며, 이에 연봉제를 포함한 월급제의 경우에는 1주 24시간의 근무만 했음에도 정상 월급이 지급되면 되는 것이다.

155) 1달 동안에는 209시간분이 지급되어야 한다. [48시간분÷7일×365일÷12월=48시간분×4.345주=209시간분] 단, 토요일이 4시간 유급이면 226시간분을, 8시간 유급이면 243시간분을 지급해야 한다. 소정근로시간 및 토요일 성격에 따른 시수 산정은 Ⅱ. 3. 참조.

[사례3-2]는 무급휴무일인 토요일만 근무를 한 사례이다. 이 경우 1주간 근로시간은 32시간으로 산정되는데, 이는 24시간의 소정근로시간과 8시간의 법내연장근로시간으로 분개된다. 1주간의 급여는 총 56시간분이 지급되어야 하는데, 이 중 48시간분은 [사례3-1]과 같이 소정근로 및 유급으로 처리되는 휴일·휴가에 대하여 원래 책정된 급여분(기본급 등 통상임금으로 지급)이고, 거기에 더해 소정근로시간이 아닌 토요일 8시간의 법내연장근로에 대해서는 가산율 적용없이 근무한 대가의 100%인 8시간분만 추가로 지급(기본급 외 별도수당으로 지급해야 함)하면 된다. 즉 앞서 설명한 바와 같이 휴일근로가 아닌 법내연장근로는 근기법 제56조가 적용되지 않으므로 50%의 가산율이 적용될 필요 없이 100%만 지급해도 법적으로는 무방한 것이다.

[사례3-3]은 무급휴무일인 토요일과 유급휴일인 일요일 모두 근무를 한 사례이다. 이 경우 1주간 근로시간은 40시간으로 산정되는데, 이는 24시간의 소정근로시간과 16시간의 법내연장근로시간으로 분개된다. 1주간의 급여는 총 68시간분이 지급되어야 하는데, 이 중 48시간분은 [사례3-1]과 같이 소정근로 및 유급으로 처리되는 휴일·휴가에 대하여 원래 책정된 급여분(기본급 등 통상임금으로 지급)이고, 8시간분은 [사례3-2]와 같이 무급휴무일인 토요일 8시간 근무에 대해 별도로 지급해야 하는 급여분이고, 나머지 12시간분은 유급휴일인 일요일 8시간 근무에 대해 별도로 지급해야 하는 급여분이다. [사례3-3]의 경우에 근로시간의 분개 측면에서는 토요일 근무나 일요일 근무 모두 법내연장근로에 해당되어 근기법 제56조 1항을 적용받지는 않지만, 일요일 근무는 휴일근로이므로 근기법 제56조 2항 1호가 적용되어 50%가 가산되어야 하는 것이다. 즉 [사례3-3]에서는 토요일근무와 일요일근무가 모두 소정근로를 벗어난 근무이지만, 그 지급률은 차이가 날 수 있는 것이다. 다만, 전술한 바와 같이 지급률을 달리 적용하는 것은 형평성 및 직원 정서 측면에서 바람직하지는 않으므로 지급률을 통일하여 토요일 근무에 대해서도 50%를 가산하여 지급하는 것이 바람직할 것이다.

한편, 이상과 같이 유급으로 처리되는 휴일이나 휴가는 근로시간으로 산정되지 않기 때문에 근로시간과 임금산정시간분은 다르다는 것을 유의하여야 한다.

④ [사례4] 52시간 근무 후 휴일 대체를 전제로 추가 근무를 한 사례

[사례4][156]는 주중에 이미 52시간을 근무한 상황에서 다음 주에 대체휴일을 사용할 것을 전제로 원래 휴일이었던 일요일에 8시간의 근무를 추가로 더 한 사례이다. 실무적으로는 휴일 대체를 했으니, 일요일에 실시한 8시간의 근무도 다음 주 근무시간으로 기산될 것이라고 오해하는 경우가 많이 있다. 하지만 휴일을 다른 날로 대체하는 것 자체는 인정될 수 있다 하더라도 근로시간 한도를 따질 때에는 실제로 근무한 날짜를 기준으로 산정하게 되니 유의해야 한다.

[그림 2-61] [사례4]에 대한 근로시간 분개

구 분	소정 근로일					휴무일	주휴일	실 근로시간 합계
	월	화	수	목	금	토	일	
[사례4] 일요일 근무 (차주 대체휴일 사용)	10	10	10	11	11		8	60

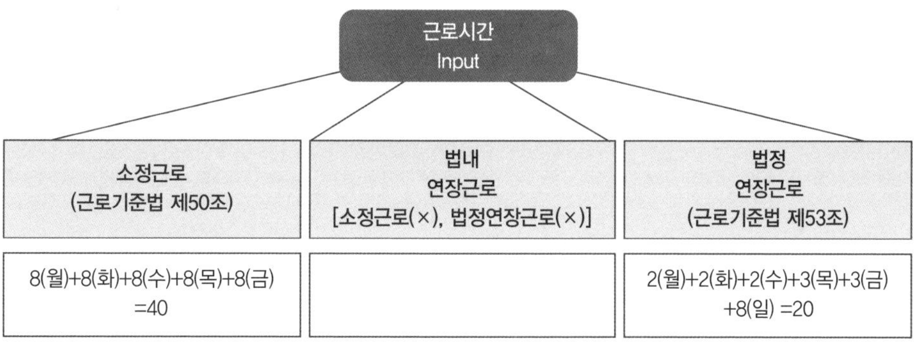

이에 [사례4]에 대해 근로시간 분개를 해 보면, 월요일부터 금요일까지 총 52시간의 근무 중 40시간(8시간 × 5일)은 소정근로로 분개되고, 매일 8시간을 초과한 2시간 내지 3시간씩의 근무들은 법정연장근로시간이 되어 총 12시간의 법정연장근로시간 한도에 이미 도달된 상태가 된다. 거기에 더해 일요일에 8시간의 근무를 했으므로 그 8시간의 근무는 1주 40시간을 초과한 법정연장근로가 되고, 이에 법정연장

156) 고용노동부 설명자료 33페이지 (사례6)에 해당된다.

근로를 1주간 20시간(12시간+8시간) 한 결과가 되어 법을 위반한 것이 된다.[157] 즉 휴일 대체가 유효하게 성립되었다고 하더라도 근로시간 산정 시에는 1주간 '실 근로시간'을 기준으로 산정하는 것이므로 [사례4]는 1주간 60시간을 근무한 것이어서 법 위반이 되는 것이다.[158] 따라서 이 경우 법 위반이 되지 않으려면 대체휴일 제도 외에 1주를 초과하는 단위기간 또는 정산기간을 평균하여 근로시간을 산정할 수 있는 탄력적 근로시간제 또는 선택적 근로시간제를 도입해야 하는 것이다.

한편, [사례4]에서 일요일에 근무한 8시간에 대해서는 임금 가산율 50%가 적용되어 추가로 지급해야 한다. 휴일대체가 적법하게 성립되어 일요일이 휴일이 아닌 평일이 되어 휴일근로 가산 지급률이 적용되지 않음에도 불구하고, 일요일 근무는 주중 40시간을 이미 초과한 법정연장근로가 되므로 근기법 제56조 1항에 따른 연장근로 가산율 50%는 적용되어야 하기 때문이다.[159]

이와 같이 휴일대체를 하더라도 실제로 일한 날을 기준으로 근로시간 한도에 포함이 되고, 연장근로에 대한 가산율도 적용받을 수 있으므로 휴일대체는 신중하게 활용을 해야 할 것이다.[160]

---

157) 대법원 기준으로 보더라도 1주 총 근로시간이 52시간을 초과하였으므로 법 위반이 된다.

158) 이에 일부 회사들은 1주의 기산점을 토요일부터 시작하여 다음 금요일까지로 운영하는 경우도 있다. 이를 통해 토요일과 일요일에 휴일근로를 하게 될 경우에는 다음 월요일부터 금요일까지 실 근로시간을 단축함으로써, 1주간 근로시간 한도가 초과되지 않도록 운영하려는 것이다.

159) 다만, 유급휴일에 대한 대가 100%는 실제로 대체된 휴일에 지급되어도 무방할 것이며, 근무의 대가 100%도 기본급에 포함이 되어 있는 것이므로 법정연장근로에 따른 가산율 50%만 추가 지급하면 된다.

160) 휴일대체의 요건 및 유의사항에 대해서는 Ⅱ. 6. 참고.

9. 유연근무제 운영에 따른 급여 책정 방안

(1) 유연근무제의 종류 및 특성

업무형태가 다양해지고 직원들의 창의력 발휘가 중요해짐에 따라 전통적이고 획일적이었던 업무시간과 업무장소에 대한 중요성이 줄어들게 되었고, 이에 유연근무제 또는 재택근무제를 도입하는 기업들이 많아지고 있다. 그리고 2018년부터 적용되기 시작한 소위 주 52시간 근무제의 해결방안으로 유연근무제가 주목받게 되면서, 이제는 많은 기업들이 유연근무제를 도입하고 있는 상황이다. 하지만 각종 유연근무제를 어떻게 운영해야 하는지, 그리고 유연근무제에서의 급여 산정은 어떻게 해야 하는지에 대해 오해와 시행착오가 여전히 많은 현실이다. 이에 유연근무제 운영상 유의사항과 급여 산정 방안을 설명하도록 한다.

[그림 2-62] 유연근무제의 종류

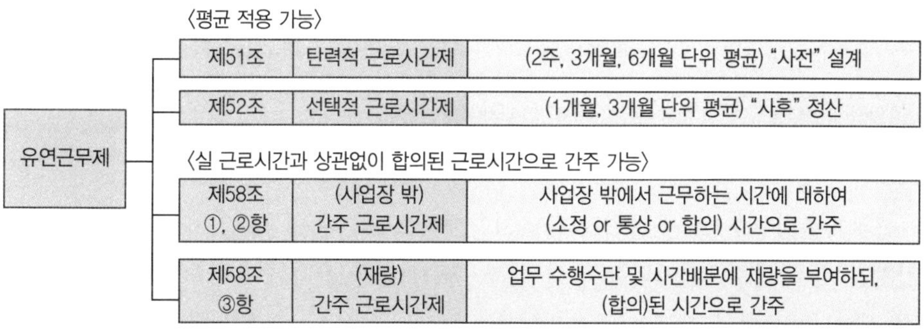

우선 주 52시간 한도에 대응하기 위한 관점에서 보았을 때, 유연근무제는 크게 두 가지로 구분할 수 있다. 하나는 "평균 적용이 가능한 근무제"이고, 또 다른 하나는 "실근로시간과 상관없이 합의된 근로시간으로 간주하는 것이 가능한 근무제"라고 할 수 있다.

상시 주 52시간을 초과하여 근무하는 사업장의 경우에는 인력 확충 등 보다 근본적인 개선을 취해야 할 필요가 있겠지만, 대부분의 사업장에서는 주 52시간제와 관련하여 크게 두 가지의 고민을 갖게 될 것이다. 하나는 전반적으로는 근로시간이 많지 않지만, 특정 기간에 특정 부서 인력들은 1주 52시간을 넘겨서 근무하는 것이 불가피하다는 것이고, 다른 하나는 주로 외근 업무로 구성되어 있거나 개인의 창의성이 많이 요구되어 아이디어 모색을 위한 시간이 필요한 업무들은 전체 시간 중 실제로 근로에 투입한 시간을 구별하기 어려운 특성이 있다는 것이다. 이에 근로기준법에서는 이러한 경우에 적용할 수 있는 유연근무제를 법으로 규정해 두고 있다.

먼저 간헐적으로 1주 연장근로 한도를 넘기는 경우를 대비할 수 있도록 근로기준법은 탄력적 근로시간제와 선택적 근로시간제를 규정하고 있다. 이 두 가지 제도는 공통적으로 특정 기간 동안의 근로시간을 평균할 수 있도록 함으로써, 일부 기간의 근로시간은 법정 상한을 초과한다고 하더라도 특정 기간 내 나머지 일부 기간의 근로시간을 단축시킴으로써 상쇄가 되도록 하여 평균적으로는 1주 52시간을 준수할 수 있도록 하는 제도이다.

구 분	공통점	차이점
탄력적 근로시간제 (근로기준법 제51조)	– 실제 근로시간에 따라 급여를 계산함 – 특정 기간 동안 평균 개념을 활용하여, 주당 평균 40시간에 대해서는 가산임금 미적용	– 사전에 특정 기간별로 근로시간이 많고 적음이 정해짐
선택적 근로시간제 (근로기준법 제52조)		– 사후에 결과적으로 실제로 행한 근로시간을 측정함

탄력적·선택적 근로시간제	• 주당 "평균" 40시간에 대해서는 가산임금 미 적용 → 주당 "평균" 40시간을 초과하는 근무에 대해서는 가산임금 적용

근로기준법 제51조의 탄력적 근로시간제와 근로기준법 제52조의 선택적 근로시간제는 간주 근로시간제와는 달리 실제 근로시간을 산정하여 급여를 계산하고, 특정 기간 동안 평균 개념을 활용한다는 것은 동일하다. 다만 탄력적 근로시간제는 "사전에" 근무형태가 고정되어 있는데 반해 선택적 근로시간제는 근무를 자율적으로 실시한 후 "사후적으로" 정산한다는 것이 차이점이라 할 수 있다. 참고로 많은 기업들이 예전부터 시차출퇴근제를 적용하는 사례들이 많았으나, 이 제도는 1주 40시간 및 1일 8시간이라는 소정근로시간의 길이는 그대로 둔 채 하루의 시업시각 및 종업시각만 앞뒤로 조정하는 제도에 불과하다.[161] 따라서 1주간 52시간이라

161) 1일 8시간이라는 소정근로시간의 길이는 누구에게나 동일하지만 직원들의 상황에 따라 8시~17시, 8시30분~17시30분, 9시~18시, 10시~19시와 같이 시업시각과 종업시각을 다르게

는 법정 한도는 그대로 준수되어야 하므로 상대적으로 유연하지 못하고, 이에 근로시간 단축에 있어 근본적인 해결책이 되기 어렵다고 할 수 있다. 반면에 탄력적 근로시간제나 선택적 근로시간제는 1일 소정근로시간은 8시간이어야 한다는 오래된 고정관념이 깨지고, 개인의 상황에 따라 소정근로시간의 길이를 단축 및 연장할 수 있고, 특정 주에 52시간을 초과하는 것도 가능하다는 점에서 훨씬 유연한 근무제도라 할 수 있다.

다음으로 외근 및 재량업무로 인하여 근로시간을 정확히 측정하기 어려운 경우에 활용될 수 있도록 근로기준법은 사업장밖 간주근로시간제와 재량 간주근로시간제라고 하는 두 가지 간주근로시간제를 두고 있다. 근로기준법은 기본적으로 〈근로시간에 따른 임금 산정〉 원칙을 기반으로 규정되어 있어서 실제 근로시간을 측정한 후 그에 따라 임금을 지급도록 규율하고 있다. 그런데 간주근로시간제는 이러한 근로기준법의 대원칙에 예외가 되는 것이며, 이에 간주근로시간제를 규정한 근기법 제58조는 그 제목을 "근로시간 계산의 특례"로 규정하고 있다. 즉 외근 및 재량업무의 경우에는 그 특수성을 감안하여 실제 근로시간과는 상관없이 합의한 시간을 근로시간으로 간주하는 것이 허용된다. 그 결과 법정근로시간 한도인 1주 40시간을 넘기는 고정 연장근로를 설정(예컨대 1주 소정 40시간 + 연장 12시간 = 52시간으로 간주)하는 것도 가능하여, 포괄임금제(고정OT제)를 문제없이 활용할 수 있는 제도이기도 하다.

이와 같이 유연근무제는 근로기준법의 기본 원칙에 상당 부분 예외를 허용하는 것이기 때문에 그 도입요건이 까다롭고, 실제 운영에 있어서도 유의해야 할 사항이 많으며, 임금 책정에 있어서도 고려해야 할 사항들이 많다. 이에 각각의 유연근무제에 대하여 그 적용 방법이나 급여 책정 방안을 자세히 기술하도록 하겠다.

운영하는 것이다. 이에 1일 8시간을 근무하는 것은 동일하므로 시차출퇴근제만 운영한다면 연장근로 적용 조건(1일 8시간을 초과하거나, 1주 40시간을 초과하면 연장근로가 됨) 및 근로시간 한도(1주에 총 근로시간이 52시간을 초과하면 안됨)와 관련된 법률은 동일하게 적용되며, 임금 산정에 있어서도 차이가 발생되지 않는다.

(2) 탄력적 근로시간제에 따른 급여 책정 방안

① 탄력적 근로시간제 개요

탄력적 근로시간제를 규정한 근로기준법 조항을 보면, 아래와 같이 2주 단위의 탄력적 근로시간제와 3개월 단위의 탄력적 근로시간제, 그리고 2021년 법 개정을 통해 신설된 3개월 초과 6개월 이내 단위의 탄력적 근로시간제로 나누어 볼 수 있다. 2주 단위의 탄력적 근로시간제는 취업규칙에서 정하면 도입할 수 있고, 3개월 단위 및 3개월 초과 6개월 이내 단위의 탄력적 근로시간제는 근로자대표와의 서면 합의에 따라 도입할 수 있다.

근로기준법 제51조【3개월 이내의 탄력적 근로시간제】

① 사용자는 취업규칙(취업규칙에 준하는 것을 포함한다)에서 정하는 바에 따라 2주 이내의 일정한 단위기간을 평균하여 1주 간의 근로시간이 제50조제1항의 근로시간을 초과하지 아니하는 범위에서 특정한 주에 제50조제1항의 근로시간을, 특정한 날에 제50조제2항의 근로시간을 초과하여 근로하게 할 수 있다. 다만, 특정한 주의 근로시간은 48시간을 초과할 수 없다.

② 사용자는 근로자대표와의 서면 합의에 따라 다음 각 호의 사항을 정하면 3개월 이내의 단위기간을 평균하여 1주 간의 근로시간이 제50조제1항의 근로시간을 초과하지 아니하는 범위에서 특정한 주에 제50조제1항의 근로시간을, 특정한 날에 제50조제2항의 근로시간을 초과하여 근로하게 할 수 있다. 다만, 특정한 주의 근로시간은 52시간을, 특정한 날의 근로시간은 12시간을 초과할 수 없다.

1. 대상 근로자의 범위
2. 단위기간(3개월 이내의 일정한 기간으로 정하여야 한다)
3. 단위기간의 근로일과 그 근로일별 근로시간
4. 그 밖에 대통령령으로 정하는 사항 [→ 서면 합의의 유효기간]

③항 및 ④항 (생략)

제51조의2【3개월을 초과하는 탄력적 근로시간제】

① 사용자는 근로자대표와의 서면 합의에 따라 다음 각 호의 사항을 정하면 3개월을 초과하고 6개월 이내의 단위기간을 평균하여 1주간의 근로시간이 제50조제1항의 근로시간을 초과하지 아니하는 범위에서 특정한 주에 제50조제1항의 근로시간을, 특정한 날에 제50조제2항의 근로시간을 초과하여 근로하게 할 수 있다. 다만, 특정한 주의 근로시간은 52시간을, 특정한 날의 근로시간은 12시간을 초과할 수 없다.

1. 대상 근로자의 범위
2. 단위기간(3개월을 초과하고 6개월 이내의 일정한 기간으로 정하여야 한다)
3. 단위기간의 주별 근로시간
4. 그 밖에 대통령령으로 정하는 사항 [→ 서면 합의의 유효기간]

② (생략)

③ 사용자는 제1항제3호에 따른 각 주의 근로일이 시작되기 2주 전까지 근로자에게 해당 주의 근로일별 근로시간을 통보하여야 한다.

④ 사용자는 제1항에 따른 근로자대표와의 서면 합의 당시에는 예측하지 못한 천재지변, 기계 고장, 업무량 급증 등 불가피한 사유가 발생한 때에는 제1항제2호에 따른 단위기간 내에서 평균하여 1주간의 근로시간이 유지되는 범위에서 근로자대표와의 협의를 거쳐 제1항제3호의 사항을 변경할 수 있다. 이 경우 해당 근로자에게 변경된 근로일이 개시되기 전에 변경된 근로일별 근로시간을 통보하여야 한다.

⑤항 및 ⑥항 (생략)

제51조의3【근로한 기간이 단위기간보다 짧은 경우의 임금 정산】

사용자는 제51조 및 제51조의2에 따른 단위기간 중 근로자가 근로한 기간이 그 단위기간보다 짧은 경우에는 그 단위기간 중 해당 근로자가 근로한 기간을 평균하여 1주간에 40시간을 초과하여 근로한 시간 전부에 대하여 제56조제1항에 따른 가산임금을 지급하여야 한다.

2주 단위의 탄력적 근로시간제는 주44시간 근무제를 운영할 당시 토요일 4시간 근무의 비효율성을 해소하기 위하여 생겨난 제도라 할 수 있다. 즉 아래와 같이 주44시간 근무제를 운영하다 보니 차라리 4시간짜리 근무 이틀을 8시간짜리 근무 하루로 몰아서 하는 것이 효율적이라는 공감대가 노사 간 형성되었고 이에 격주 단위로 주6일 근무와 주5일 근무를 하는 회사가 생겨난 것이다.

[그림 2-63] 주44시간제, 2주 단위 탄력적 근로시간제 (1)

[주 44시간 근무제 표준]

구분	월	화	수	목	금	토	주당 근로시간
1주차	8	8	8	8	8	4	44
2주차	8	8	8	8	8	4	44

[2주 단위 탄력적 근로시간제]

구분	월	화	수	목	금	토	주당 근로시간
1주차	8	8	8	8	8	8	48
2주차	8	8	8	8	8		40

그런데 이와 같은 제도는 법을 통해 특례 조항을 만들어주지 않는 한 문제가 발생된다. 즉 2주간을 평균해서는 주당 평균 44시간이 되지만, 특정 기간 동안 평균할 수 있다는 조항이 없다면, 48시간을 근무하게 되는 1주차에는 4시간의 연장근로가 발생되고, 40시간만 근무하게 되는 2주차에는 원래 약정한 소정근로시간을 4시간 못하게 되었으므로 휴업수당을 지급해야 하는 문제[162]가 생기게 되는 것이다. 이에 취업규칙에 규정만 하면 2주 단위로 근로시간을 평균할 수 있도록 법제화가 된 것이다. 아래 그림과 같이 시급을 1만원이라고 했을 때, 탄력적 근로시간제를 적용하게 되면 연장근로수당과 휴업수당이 발생되지 않아 44,000원이 줄어들게 된다.

[그림 2-64] 주44시간제, 2주 단위 탄력적 근로시간제 (2)

■ 탄력적 근로시간제(2주 단위 예시)

주44시간 근무제 (토요 4시간 근무)	구분	월	화	수	목	금	토	일	소정
	1주	8	8	8	8	8	4		44
	2주	8	8	8	8	8	4		44

주44시간 근무제 (토요 격주 8시간 근무)		구분	월	화	수	목	금	토	일	소정	연장	소정	휴업	연장	연장가산	주휴	총시수	휴업	급여	휴업수당	합계	
	탄력적 근무시간제 미적용	1주	8	8	8	8	8	8		44	4	44		4	2	8	58		580,000		580,000	
		2주	8	8	8	8	8			40		40	[4]			8	48	[4]	480,000	28,000	508,000	
																	106				1,088,000	
	탄력적 근무시간제 적용	구분	월	화	수	목	금	토	일	소정		소정	휴업	연장	연장가산	주휴	총시수	휴업	급여	휴업수당	합계	
		1주	8	8	8	8	8	8		48		48				8	56		560,000		560,000	
		2주	8	8	8	8	8			40		40				8	48		480,000		480,000	
																	104				1,040,000	-4.4%

즉 탄력적 근로시간제는 사전에 특정 단위기간 동안 근로시간을 평균하여 근로시간을 유연하게 운영할 수 있는 제도이다.

162) 사용자와 근로자가 약정했던 소정근로시간에 대하여 회사의 귀책사유로 인하여 휴업하게 되는 경우에는 근기법 제46조에 따라 휴업수당을 지급해야 할 수가 있다.

[그림 2-65] 탄력적 근로시간제 개념 및 유형

위와 같이 1일 평균 8시간의 소정근로시간을 준수하면서 특정한 날에 8시간보다 소정근로시간을 짧게 배정하기도 하고 특정한 날에 8시간보다 소정근로시간을 길게 배정할 수도 있으며, 1주 평균 40시간의 소정근로시간을 준수한다면 특정한 주에 40시간보다 소정근로시간을 짧게 배정하는 대신에 특정한 주에 40시간보다 소정근로시간을 길게 배정할 수도 있는 것이다.[163)]

또한, 위 그림 왼쪽 하단과 같이 1달은 주당 16시간씩 근무하고, 다른 2달은 주당 52시간씩 근무하게 하더라도 평균 주당 40시간의 소정근로시간이 지켜지기 때문에 연장근로 발생 없이 근무할 수 있게 되는 것이다. 이에 더해 매주 12시간까지 법정연장근로를 추가로 할 수도 있다.

아래 그림은 시급을 1만원으로 가정하고 1개월과 2개월에는 주당 52시간을 근무하고 3개월에는 주당 16시간을 근무한 것으로 예를 든 것인데, 탄력적 근로시간제를 적용하게 될 경우 동일한 총 근로시간에도 불구하고 가산율이 적용되는 연장

163) 결과적으로 어떤 주는 주4일을 근무하도록 하고 어떤 주는 주6일을 근무하도록 할 수도 있으며, 약10주간 근로시간을 늘리고 2~3주의 근무를 아예 없애는 것도 가능하다.

근로가 발생 되지 않기 때문에 인건비가 줄어들게 됨을 알 수 있다.[164)]

[그림 2-66] 3개월 단위 탄력적 근로시간제 적용의 효과

	구분	주당							월간		급여		
		주당 근로시간	소정 근로	연장 근로	주 휴	연장 가산	총 시수	[휴업]	총 시수	휴 업	월급여	휴업급여	[합 계]
탄력적 근무 시간제 미 적용	1개월	52	40	12	8	6	66		286.8		2,867,700		2,867,700
	2개월	52	40	12	8	6	66		286.8		2,867,700		2,867,700
	3개월	16	16		8		24	24	104.3	104.3	1,042,800	729,960	1,772,760
	[합계]	120	96	24	24	12	156	24	677.8	104.28	6,778,200	729,960	7,508,160
	[평균]	40	32	8	8	4	52	8	225.9	34.76	2,259,400	243,320	2,502,720
탄력적 근무 시간제 적용	1개월	52	40		8		48		208.6		2,085,600		2,085,600
	2개월	52	40		8		48		208.6		2,085,600		2,085,600
	3개월	16	40		8		48		208.6		2,085,600		2,085,600
	[합계]	120	120		24		144		625.7		6,256,800		6,256,800
	[평균]	40	40		8		48		208.6		2,085,600		2,085,600

절감액	1,251,360
절감률	−17%

② 다양한 형태의 탄력적 근로시간제 설정 방식

한편 근로기준법 문구를 보면, 2주 단위 탄력적 근로시간제의 경우 특정한 주에 48시간을 초과하여 근로시간을 설정할 수 없게 하였고, 3개월 단위 및 3개월 초과 6개월 이내 단위 탄력적 근로시간제의 경우 특정한 주에 52시간을, 특정한 날에 12시간을 초과하여 근로시간을 설정할 수 없도록 규정하고 있다. 하지만 이 제한은 평균의 대상이 되는 소정근로시간[165)]을 의미하는 것이지, 절대적인 근로시간이 이를 초과할 수 없는 것은 아니다.

즉 2주 단위의 탄력적 근로시간제를 예로 든다면, 평균 주 40시간이 되도록 주당 48시간과 주당 32시간으로 설정하여 연장근로가 발생되지 않게 할 수는 있지만

---

164) 이로 인하여 근기법 제51조 ④항 및 제51조의2 ⑤항에서는 탄력적 근로시간제를 할 경우 기존 임금수준이 낮아지지 지 않도록 임금보전방안을 강구하도록 규정하고 있으며, 특히 3개월 초과 6개월 이내 탄력적 근로시간제를 적용할 경우에는 고용노동부 신고 의무까지 부과하고 있다(미신고 시, 500만원 이하의 과태료 부과). 단, 임금보전 조치를 하지 않았다고 해도 이를 처벌할 수 있는 벌칙 조항은 없다.

165) 즉 연장근로 가산율이 적용되지 않고, 100% 지급률이 적용될 수 있는 법정근로를 의미한다.

(40시간 ± 8시간이 최대), 주당 60시간과 주당 20시간(40시간 ±20시간)으로 변동 폭을 넓히는 것은 허용하지 않는다는 것이다. 다만 근로기준법 제53조 2항을 통해 탄력적 근로시간제에도 1주간 12시간 한도의 연장근로가 가능하도록 규정하였기 때문에 50%의 가산수당만 추가로 지급한다면, 근로시간이 많게 배정된 날이나 주에도 연장근로를 추가로 더 할 수 있게 된다.

[그림 2-67] 3개월 단위 탄력적 근로시간제 적용 사례

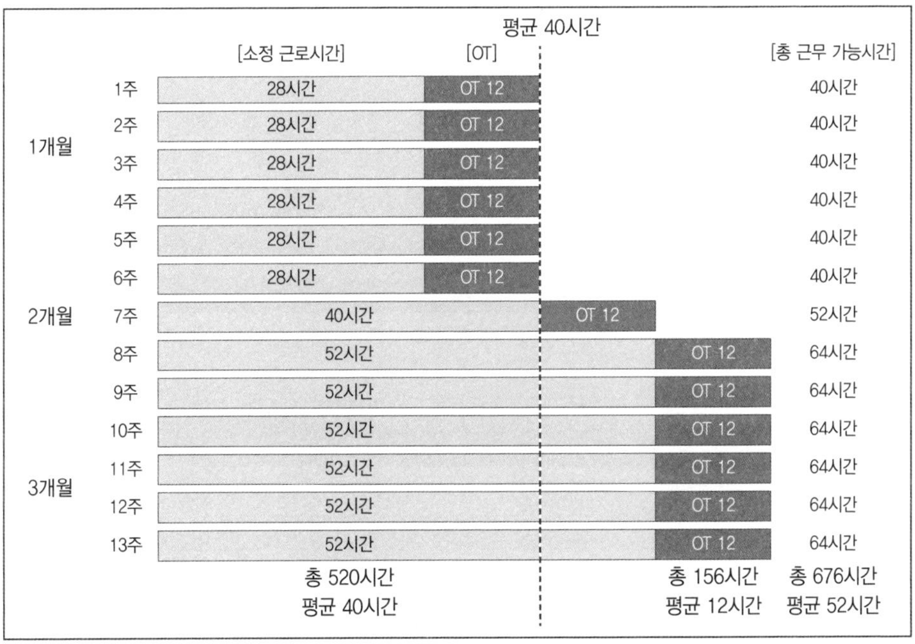

이에 3개월 단위 및 3개월 초과 6개월 이내 단위의 탄력적 근로시간제의 경우에는 위의 그림과 같이 소정근로시간을 주당 평균 40시간으로 설정하되, 연장 가산율이 적용되지 않는 최대 근로시간은 주당 52시간으로 설정하고, 추가로 50%의 연장근로 가산률이 적용되는 연장근로를 주당 12시간 추가로 시행할 경우에는 주당 64시간까지 근무하는 주가 나올 수 있는 것이다.

따라서 이와 같은 탄력적 근로시간제 활용이 적합한 사업 또는 직무[166]로는 교대제 사업장[167]과 같이 근무 형태가 규칙적이나 1일 또는 1주 단위로 필요한 근로시간이 차이나는 경우, 또는 프로젝트성 업무와 같이 특정 기간 동안 집중적으로 장시간 근무를 한 후 특정 기간은 근로시간을 줄일 수 있는 직무에서 활용 가능하다고 할 수 있다.

먼저 근무형태가 규칙적이지만 1일 근로시간이나 1주 근로시간이 차이나는 경우로는 아래와 같은 경우를 예로 들 수 있겠다.

[그림 2-68] 1주 단위 탄력적 근로시간제 및 1개월 단위 탄력적 근로시간제 적용 사례

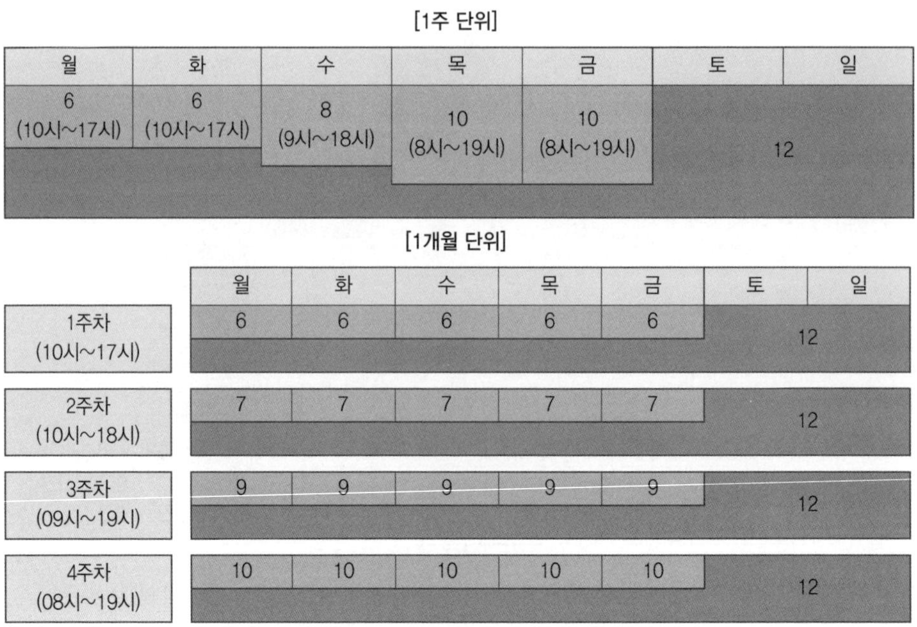

예컨대 1주 단위 탄력적 근로시간제를 적용하여 요일마다 소정근로시간 및 시업·종업시각을 달리 적용할 수 있을 것이다. 즉 매주 반복적으로 주 초반보다 주

166) 탄력적 근로시간제를 도입할 때에는 대상 근로자의 범위를 정해야 한다. 이에 일부 부서나 직무에 대해서만 부분적으로 적용하는 것도 가능하다.

167) 교대제에서 탄력적 근로시간제를 적용하는 사례는 Ⅱ. 11. 참조.

후반의 업무량이 더 많은 경우 초반에는 1일 6시간을 근무하도록 하고, 후반에는 1일 10시간을 근무하도록 하는 것이다. 또는 아예 1일 10시간씩 4일만 근무하도록 하여 주4일제로 운영하는 것도 가능할 것이다. 마찬가지로 매월 반복적으로 월초에는 일이 적은데 월말에는 일이 많다면 1개월 단위 탄력적 근로시간제를 적용하여 1주차와 2주차는 1일 및 1주 소정근로시간을 단축하여 운영하고, 3주차와 4주차는 1일 및 1주 소정근로시간을 연장하여 운영하는 것이 가능할 것이다. 또는 백화점 매장이나 병원과 같이 1개월 단위로 사전에 근무편성표를 운영하면서 근무일과 휴무일을 개인별로 달리 운영하고, 1주간 근로시간이 다른 경우에도 활용할 수 있을 것이다. 이와 같이 운영할 경우 개인 차원에서는 일이 없을 때 굳이 8시간에 구속될 필요 없이 조기 퇴근하여 개인 여가생활을 즐길 수 있을 것이고, 회사 차원에서는 인력운영을 효과적으로 할 수 있게 될 것이다. 즉 1일의 근로시간은 8시간이어야 하고, 1주일은 5일 동안 40시간을 근무해야 한다는 고정관념을 깨뜨리고 그야말로 유연하고 탄력적으로 근무를 할 수 있게 되는 것이다.

이와 같이 3개월 단위기간 내에 매주, 매월 마다 근무 패턴이 일정하여 단위기간의 근로일과 그 근로일별 근로시간이[168] 계속 반복되는 경우에는 최초 한번만 합의를 하면 되고, 매번 합의를 해야 될 필요는 없다.

한편, 업무 패턴이 비교적 일정한 경우라 하더라도 사전에 예측하기 어려운 업무소요가 발생될 수도 있다. 이런 경우에는 1주간 12시간까지 연장근로가 가능하기 때문에 소정근로를 벗어난 초과근로[169] 또는 휴(무)일 근로[170]를 통해 대응을 할 수가 있다.[171] 물론 연장근로 또는 휴일근로를 한 경우에는 50% 이상의 가산율이 당

---

168) 3개월 이내 탄력적 근로시간제에서는 '단위기간의 근로일과 그 근로일별 근로시간'이 서면합의서의 필수 기재사항이다.

169) 탄력적 근로시간제에서 애초에 정한 소정근로시간이 6시간인 날에는 6시간을 초과한 근로에 대해서 50%의 가산율이 적용된다. 이 경우에는 6시간 초과 8시간 이내의 근무에 대해 법내 연장근로의 개념이 성립되지 않는다.

170) 1주간 소정근로시간을 초과한 휴무일 근로에 대해서는 법정연장근로에 대한 50% 가산율이 적용되고, 휴일근로에 대해서는 휴일근로에 대한 50% 가산율이 적용된다. 연장근로에 대한 가산율과 휴일근로에 대한 가산율이 중복 적용되지는 않는다.

171) 이러한 연장근로나 휴일근로를 감안하여 고정OT제를 시행하는 것도 가능할 것이다.

연히 적용된다.

2021년 이전 근기법에서는 최대 3개월까지 단위기간을 확대하여 탄력적 근로시간제를 운영할 수 있었기 때문에 분기 내 월 단위로 업무량이 일정하게 변동되는 경우(예컨대 분기초에는 일이 적고, 분기말에는 일이 많은 경우)에 탄력적 근로시간제를 적용할 수 있었다. 하지만, 이와 같이 분기 내 월 단위로 업무량이 차이가 나는 경우는 거의 없을 것이고, 대부분은 계절적 업무와 같이 1년 중 성수기와 비수기 차이가 큰 경우가 많을 것이다. 즉 매년 여름이나 겨울이 성수기이거나 비수기인 경우인데, 최대 3개월의 단위기간으로는 탄력적 근로시간제를 활용하기에 한계가 있었던 것이다.

이에 2021년 근기법 개정(제51조의2)을 통해 최대 6개월까지 탄력적 근로시간제를 적용할 수 있게 되어 여름·겨울 성수기나 비수기에 따른 근무시간 조정이 상당 부분 가능해졌다. (※ 6개월 단위 탄력적 근로시간제를 적절히 활용할 경우 사실상 1년 단위 탄력적 근로시간제처럼 운영할 수도 있기 때문이다. [아래 그림 우측 참고]) 특히 합의일 이후 6개월간 정확한 근로일별 근로시간을 사전에 예측하기 어렵기에 3개월 초과 6개월 이내 단위 탄력적 근로시간제의 경우에는 (「단위기간의 근로일과 그 근로일별 근로시간」까지 사전에 확정해야 하는 3개월 이내 탄력적 근로시간제와는 달리) 사전에 「단위기간의 근로일과 그 근로일별 근로시간」까지 확정해야 하는 것은 아니고, 「단위기간의 주별 근로시간」만 사전에 합의하도록 하되(근기법 제51조의2 ①항 3호), 사전에 예측하지 못한 사유 발생 시에는 근로자대표와의 (합의가 아닌) 협의를 거쳐 「단위기간의 주별 근로시간」을 변경할 수도 있도록 하였고(근기법 제51조의2 ④항), 각 주의 근로일이 시작되기 2주 전까지 근로자에게 「해당 주의 근로일별 근로시간」을 통보(근기법 제51조의2 ③항)하기만 하면 되도록 규정함으로써 더욱 유연한 근로시간 운영이 가능해졌다. 게다가 중도 입·퇴사 및 휴·복직 등으로 인해 단위기간 일부만 근무하는 경우에도 단위기간 일부만 평균할 수 있는 법적 근거(근기법 제51조의3)를 마련하여 단위기간 일부에 대해서도 탄력적 근로시간제를 적용할 수 있게 되었다.

6개월 단위 탄력적 근로시간제 신설로 인해 특정 시점에 출시를 해야 하는 프로젝트나 수주물량 폭증과 같이 일시적으로 업무량이 늘어야 할 경우에는 [그림 2-69]의 오른쪽 하단 형태와 같이 20주 연속으로 1주 64시간 근무를 한 후 6주간 근무를 하지 않는 방식도 활용할 수 있을 것이다.[172] 다만, 이 경우에도 1주간 최대 사용 가능한 근로시간은 연장근로를 포함하여 64시간으로 제한된다.[173] 왜냐하면 근기법 제51조의2 1항 본문 단서에 따라 특정한 주의 (소정)근로시간은 52시간을 초과할 수 없으며, 여기에 더해 1주간 12시간의 연장근로만을 추가로 할 수 있기 때문이다. 간혹 다음 주에 실시할 수 있는 연장근로 한도를 미리 당겨서 활용할 수 없느냐는 질문을 받는 경우가 있는데, 이는 불가하며 1주간 원래 정해져 있는 소정근로시간(최대 52시간)에 12시간의 연장근로만 더 실시할 수 있으므로 최대 1주간 64시간만 근무를 할 수 있다.

그리고 현재는 최대 6개월의 단위기간이 최대 한도인데, 이를 2개 연달아 붙이게 되면 사실상 1년 단위 탄력적 근로시간제를 운영하는 것처럼 활용할 수도 있으며, 최대40주 연속으로 1주 64시간 근무를 할 수도 있다.[174] [그림 2-69]의 오른쪽 형태와 같이 마치 데칼코마니를 하는 것과 같은 방식이다. 다만, 이 경우에는 반드시 6개월 마다 근로자대표와의 서면합의를 별도로 체결해야 한다. 처음부터 12개월(6+6개월)간 운영을 합의하게 되면 이는 법에서 정한 6개월 단위기간 한도를 위반한 것이 되므로 전반부 6개월이 지나기 전에 반드시 다음 6개월에 대한 합의를 해야 하는 것이다.

---

172) 마지막 6주는 소정근로일과 소정근로시간이 전혀 설정되지 않는 경우이다. 다만, 1주간 12시간 한도로 연장근로를 실시할 수는 있다.

173) 또한, 개정 근로기준법 제51조의2 ②항에 따라 근로일 종료 후 다음 근로일 개시 전까지 근로자에게 연속하여 11시간 이상의 휴식 시간을 주어야 하는 의무가 생겼음을 유의하여야 한다.

174) 주 단위로 설정을 하는 경우, 6개월은 26주(1년 52주×6개월 / 12개월) 단위로 설정하면 되고, 6개월+6개월은 52주(1년) 단위로 설정하면 된다.

[그림 2-69] 집중근무를 위한 6개월 단위 탄력적 근로시간제 적용 사례

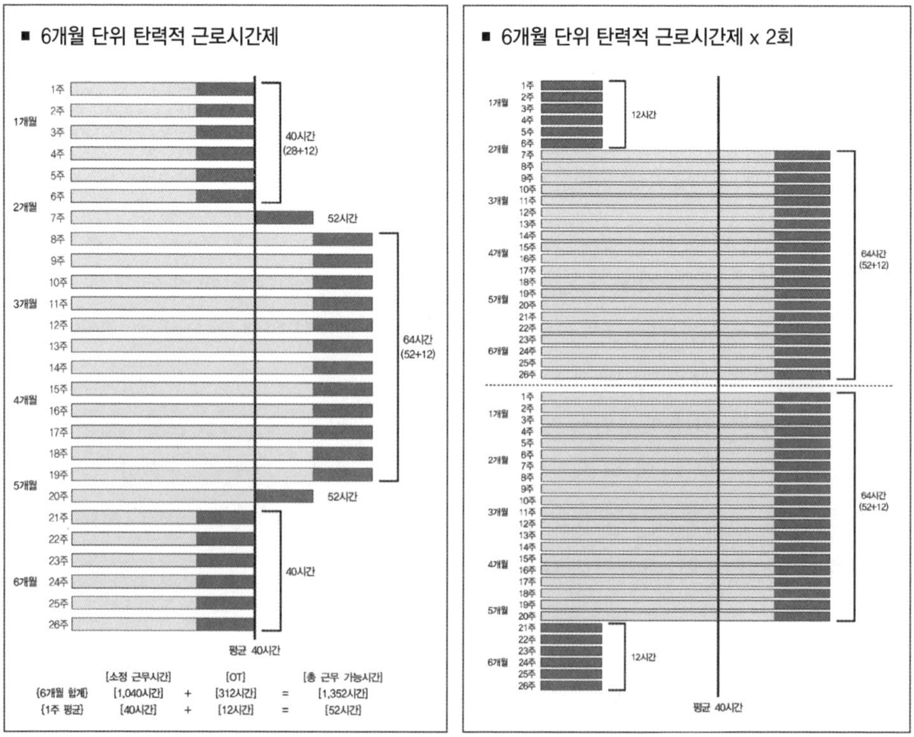

③ 탄력적 근로시간제 운영 시, 고려사항

이외에도 탄력적 근로시간제를 운영함에 있어 몇 가지 고려사항들이 있다.

먼저 탄력적 근로시간제 단위기간 중에 주중 휴일이나 휴가가 있어 근무를 하지 않은 경우에 그 만큼 추가로 더 근무를 할 수 있는지 여부이다.

[그림 2-70] 탄력적 근로시간제 단위기간 중 휴일이나 휴가가 있는 경우 근무 가용시간

구 분	월	화	수	목	금	토	일	주당 소정 근무시간 [A]	(법정) 연장근무 가능시간 [C]	총근무 가능시간 [A+C]
1주차	9	9	9	9	9			45	12	57
2주차	7	7	7	7	7			35	12	47
평 균								40	12	52

구 분	월	화	수	목	금	토	일	실제 근무시간 [A]	(법내) 연장근무 가능시간 [B]	(법정) 연장근무 가능시간 [C]	총근무 가능시간 [A+B+C]
1주차	9	9	×	9	9			36	9	12	57
2주차	7	7	7	7	7			35		12	47
평 균								40		12	52

예컨대 위 그림과 같이 2주 단위 탄력적 근로시간제를 운영하고 있는 경우 원래는 소정근로일이어야 하는 날에 공휴일 등 휴일이 포함되어 있을 수 있다. 이때 휴일에는 당연히 근무를 하지 않아도 되며, 휴일이 유급휴일이라면 정상 급여가 지급될 것이다. 하지만 해당 주의 소정근로시간 대비 적게 근무를 한 것이므로 휴일이나 휴가로 인해 줄어든 시간만큼 추가로 더 근무를 하는 것은 무방하며, 이 경우 소위 법내연장근로가 되어 근기법 제53조 제2항[175] 및 제56조 1항이 적용되지 않으므로 근무한 것에 대한 대가인 100%만 지급하는 것도 원칙적으로는 가능하다. 이와 같이 탄력적 근로시간제를 적용하는 경우에도 주중 유급휴일이나 휴가로 인해 근로를 하지 않게 되면, 휴일이나 휴가에 해당되는 시간은 근로시간으로 산정되지 않는 것이다.

그리고 단위기간 중 연장근로나 휴일근로가 발생할 경우 급여 산정은 언제 해주어야 하는지도 고려해야 할 사항이다. 간혹 단위기간이 1개월을 초과하는 경우, 예컨대 3개월간 탄력적 근로시간제를 운영하는 경우에는 3개월 단위로 연장근로 및

175) 근로기준법 제53조 ② 당사자 간에 합의하면 1주 간에 12시간을 한도로 제51조 및 제51조의2의 근로시간을 연장할 수 있고, 제52조제1항제2호의 정산기간을 평균하여 1주 간에 12시간을 초과하지 아니하는 범위에서 제52조제1항의 근로시간을 연장할 수 있다.

휴일근로를 산정하여 그 수당을 지급해도 되는지 고민하는 경우가 있다. 하지만, 탄력적 근로시간제는 1일 및 1주 단위로 소정근로시간이 사전에 결정되어 있으므로 1일 및 1주 단위로 연장·야간·휴일근로를 산정할 수가 있으며,[176] 연장·야간·휴일근로수당과 같은 법정 수당은 근기법 제43조 2항에 따라 매월 1회 이상 정기불 원칙이 지급되므로 반드시 매월 급여로 산정하여 지급되어야 한다는 것도 유의하여야 한다.

마지막으로 탄력적 근로시간제 적용 중 연차휴가 사용에 대한 이슈가 발생될 수 있다. 탄력적 근로시간제에서는 근로일별 근로시간이 1일 6시간, 1일 10시간 등으로 다를 수 있기 때문에 연차휴가 사용에 있어 형평성 문제가 발생되거나, 직원들이 1일 근로시간이 긴 날에 연차휴가를 사용하는 것에 대해서 선호할 수 있기 때문이다. 이에 대한 명확한 판례나 행정해석은 아직 없지만, 취업규칙 개정 및 근로자대표와의 합의를 통해 연차휴가 생성 및 사용 방식에 대해서도 미리 정해 두어야 할 것이다. 즉 1일 단위 사용을 기본으로 하는 취지를 살려 1일 근로시간의 장단에 따른 형평성 이슈에도 불구하고 1일 단위로 운영을 하거나, 단시간근로자의 연차휴가 사용 방식을 준용하여 시간 단위로 운영을 하는 방식을 고려할 수 있을 것이다.[177]

(3) 선택적 근로시간제에 따른 급여 책정 방안

① 선택적 근로시간제 개요

탄력적 근로시간제가 "사전적으로" 소정근로시간을 차등 배정하고 근로시간을 평균하는 개념이라면, 선택적 근로시간제는 1일 및 1주간 소정근로시간을 두지 않

---

176) 3개월 초과 6개월 이내 단위 탄력적 근로시간제의 경우에도 주 단위 근로시간이 미리 합의되어야 하고(제51조의2 ①항 3호), 해당 주의 근로일별 근로시간도 2주전에 통보되어야 하므로(제51조의2 ③항) 1일 및 1주 단위로 연장·야간·휴일 근로를 산정할 수 있다.

177) 고용노동부 자료(고용노동부 임금근로시간과, 유연근로시간제 가이드, 2019년 8월, 37p, Q&A 11.)를 보면 "연차휴가는 시간 단위가 아닌 일(日) 단위로 부여·관리하여야 하므로 근로일별 근로시간이 다른 탄력적 근로시간제에 있어 연차휴가 사용에 관한 노·사간 갈등이 있을 수 있습니다. 따라서, 탄력적 근로시간제 도입을 위한 근로자대표와의 서면합의 또는 취업규칙에 1일 연차유급휴가 사용시간에 관한 기준을 정하는 것이 바람직합니다."라고 기재되어 있다.

은 채 일단 근무를 한 뒤 "사후적으로" 정산기간 동안의 근로시간을 평균하여 운영하는 근무제도라 할 수 있다. 즉 선택적 근로시간제는 1일 또는 1주간 근로시간의 한도나 제약을 두지 않고, 정산기간을 평균하여 1주간 52시간 이내로만 근로시간을 맞추면 되고, 1주 평균 40시간을 초과하는 시간에 대해서는 연장근로로 인정하는 제도인 것이다.

근로기준법 제52조【선택적 근로시간제】

① 사용자는 취업규칙(취업규칙에 준하는 것을 포함한다)에 따라 업무의 시작 및 종료 시각을 근로자의 결정에 맡기기로 한 근로자에 대하여 근로자대표와의 서면 합의에 따라 다음 각 호의 사항을 정하면 1개월(신상품 또는 신기술의 연구개발 업무의 경우에는 3개월로 한다)이내의 정산기간을 평균하여 1주간의 근로시간이 제50조제1항의 근로시간을 초과하지 아니하는 범위에서 1주간에 제50조제1항의 근로시간을, 1일에 제50조제2항의 근로시간을 초과하여 근로하게 할 수 있다.

1. 대상 근로자의 범위(15세 이상 18세 미만의 근로자는 제외한다)
2. 정산기간
3. 정산기간의 총 근로시간
4. 반드시 근로하여야 할 시간대를 정하는 경우에는 그 시작 및 종료 시각
5. 근로자가 그의 결정에 따라 근로할 수 있는 시간대를 정하는 경우에는 그 시작 및 종료 시각
6. 그 밖에 대통령령으로 정하는 사항
   [→ 표준근로시간(유급휴가 등의 계산 기준으로 사용자와 근로자대표가 합의하여 정한 1일의 근로시간)]

② 사용자는 제1항에 따라 1개월을 초과하는 정산기간을 정하는 경우에는 다음 각 호의 조치를 하여야 한다.

1. (생략)
2. 매 1개월마다 평균하여 1주간의 근로시간이 제50조제1항의 근로시간을 초과한 시간에 대해서는 통상임금의 100분의 50 이상을 가산하여 근로자에게 지급할 것. 이 경우 제56조제1항은 적용하지 아니한다.

선택적 근로시간제를 운영한다면 사전에 그 근무 스케줄이 반드시 정해져야 하는 것은 아니고, 일단 근무를 한 후 사후 정산을 하게 되는 것이다. 1주에 1일의 주휴일만 부여된다면, 1주에 6일을 일하는 경우도 있고 4일 미만을 일하는 경우도 있을 수 있다. 근무일에도 어떤 날은 8시간보다 훨씬 짧게 근무하기도 하고, 어떤

날은 훨씬 길게 근무할 수도 있다. 그리고 해당 기간이 지나서 정산을 하되, 주당 평균 40시간에 해당되는 근로시간까지는 가산임금을 미적용하고, 주당 평균 40시간을 초과하는 근로시간에 대해서는 법정연장근로로 보아 50%를 가산하여 지급하면 된다. 특정일에 8시간을 훨씬 초과해서 근무하고, 특정주에 52시간을 훨씬 초과해서 근무했다고 하더라도 전체 정산기간을 평균하여 주당 평균 40시간 이내의 근무를 하게 되면 연장근로가 전혀 발생되지 않을 수도 있는 것이다.

예컨대 2주 동안 총 98시간을 근무한 경우에는 2주에 80시간까지는 법정근무 범위가 되고, 이를 초과한 18시간에 대해서만 연장근로로 처리해 주면 된다. 물론 주휴일에 대한 유급수당도 지급되어야 하며, 22시 이후 야간에 근무하였을 경우에는 야간근로에 따른 가산수당을 지급해야 될 수도 있다.

2021년 법 개정을 통해 신상품 또는 신기술의 연구개발 업무의 경우에는 최대 3개월까지 정산기간을 정할 수 있으나, 일반적인 사무직 직원의 경우에는 대부분 정산단위를 1개월로 정하는 경우가 많으며, 이에 월 근태 기산 기간을 설정하여 월급으로 지급하는 형태[178]가 일반적 모습이라 할 수 있다.

② 선택적 근로시간제 운영 방식 구분

선택적 근로시간제는 운영 방식에 따라 그 형태를 다양하게 구성할 수 있다.

i) 우선 근로일도 선택할 수 있는지 여부에 따라 〈근로일수 조절형〉 선택적 근로시간제와 〈근로시간 조절형〉 선택적 근로시간제로 구분할 수 있다.[179] 즉 〈근로일수 조절형〉은 직원 개인이 근로일과 휴무일까지 선택할 수 있는 근무체계로써, 예컨대 1주 40시간의 근무를 4일 만에 끝내고 3일간 휴무를 할 수 있는 형태이다. 반면에 〈근로시간 조절형〉은 반드시 1주간 5일의 소정근로일은 준수(주5일제)하도록하도록 하되, 1일 근로시간만 늘였다 줄였다 선택하여 운영할 수 있는 형태이다.

---

178) 예컨대 1일부터 말일까지 기산하여 익월 5일에 지급하거나, 전월 21일부터 당월 20일까지 기산하여 당월 25일에 지급하는 방식이다.

179) 이러한 구분은 고용노동부에서 발간한 『유연근무제 우리기업은 어떻게 운영할까요2(2016년 11월)』에 따른 것이며, 해당 매뉴얼에서는 88페이지에서 94페이지에 걸쳐 근로일수 조절형 및 근로시간 조절형의 다양한 유형을 제시하고 있다.

최근 선택적 근로시간제를 도입한 대부분의 기업들은 〈근로시간 조절형〉을 채택함으로써, 그래도 주5일 근무는 실시하도록 하는 경우가 대부분이다. 이는 부서 내 동료 및 부서 간 협업을 위하여 최소한의 의무근로시간을 설정할 필요가 있다는 점과 연차휴가를 소진하도록 하기 위함이다.[180)]

ⅱ) 다음으로 평균을 적용할 수 있는 정산기간의 길이에 따라 다양한 형태의 선택적 근로시간제로 운영할 수 있다.

아래 예시는 1주를 정산기간으로 하는 선택적 근로시간제 방식이다. 이 방식은 1일 근로시간은 자유롭게 선택할 수 있도록 하되, 1주 근로시간은 52시간(40시간+12시간 연장)을 준수해야 하는 방식이다. 이에 1일 근로시간을 (반일 연차휴가 없이) 4시간으로 줄이기도 하고 10시간이나 그 이상으로 늘릴 수도 있다. 실제로 아래 그림과 같이 월요일과 화요일의 근로시간을 늘리는 대신 금요일 근로시간을 줄이고, 금요일 오후부터 주말을 활용하여 가족 여행을 갈 수도 있는 것이다. 이와 같이 1일 근로시간의 한도가 정해지지 않기 때문에 극단적으로는 1일 24시간 근무도 가능하고, 주초에는 8시간을 초과하여 근무했다고 하더라도 그 주에 연장근로가 발생될지 여부는 정산기간이 끝나봐야 알 수 있는 것이다. 즉 1일 근로시간이 아무리 많다고 하더라도 1주간 누적하여 40시간을 초과 근무해야만 연장근로가 발생되기 때문이다. 이에 아래 예시와 같이 1주간 40시간을 이미 소진한 후에 추가적인 근무가 필요하다면 연장근로 및 휴(무)일 근무를 더 할 수도 있다. 다만, 정산기간이 1주간이므로 1주에 52시간 한도는 반드시 지켜야 하고, 이에 정산기간을 길게 운영하는 것에 비해 상대적으로 덜 유연한 제도라 할 수 있다.

---

180) 〈근로일수 조절(가능)형〉 선택적 근로시간제를 채택할 경우에는 연차휴가를 사용할 동인이 줄어들게 되며, 특히 근로일수를 자유롭게 조절할 수 있기 때문에 연차휴가 촉진제를 운영하기 어려워지는 측면이 있다.

[그림 2-71] 1주 정산기간 선택적 근로시간제

[사용 가능한 근로시간]

구 분	소정근로시간	연장근로시간	총 근로시간
1주간	40시간	12시간	52시간

[운영형태 (예시)]

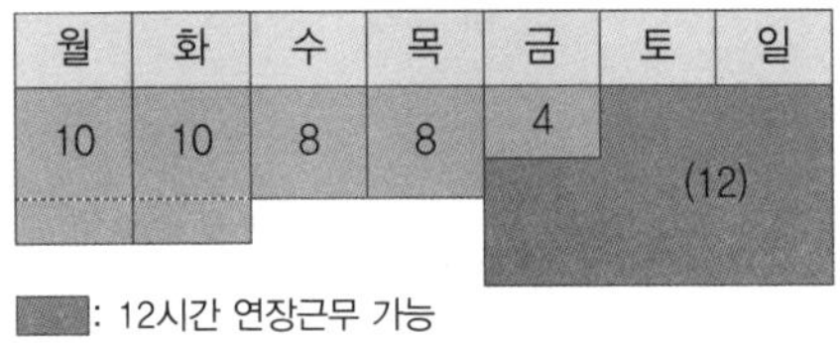

다음 예시는 2주를 정산기간으로 하는 선택적 근로시간제 방식이다. 이 방식은 2주간 활용할 수 있는 근로시간을 선택적으로 운영하는 방식이다. 이에 2주간 80시간(1주 40시간 × 2주)을 정상적인 근무 배정에 활용할 수 있고, 2주간 24시간(1주 12시간 × 2주)의 연장근로를 활용할 수가 있어서, 2주간 최대 근무 한도는 104시간(1주 52시간 × 2주)이 되는 것이다. 이에 아래 그림 오른쪽 Case1과 같이 1주차에 50시간을 근무하고 2주차에 30시간만 근무하여 연장근로 발생 없이 2주간 총 80시간(1주 평균 40시간)을 근무하는 것도 가능하고, Case2와 같이 1주차에 60시간을 근무하고 2주차에 40시간을 근무하여 2주간 총 100시간(1주 평균 50시간)을 근무하되 80시간을 초과하는 20시간은 연장근로로 처리하는 것도 가능하다.[181)]

[그림 2-72] 2주 정산기간 선택적 근로시간제

[사용 가능한 근로시간]

구 분	소정근로시간	연장근로시간	총 근로시간
2주간	80시간	24시간	104시간
1주 평균	40시간	12시간	52시간

[운영형태 (예시)]

구 분	1주차	2주차	합계	소 정	연 장
Case 1	50	30	80	80	–
Case 2	60	40	100	80	20

그 다음 예시는 4주를 정산기간으로 하는 선택적 근로시간제 방식이다. 이 방식

181) 탄력적 근로시간제와 달리 선택적 근로시간제는 1주간 근로시간 한도가 없으므로 정산기간을 평균하여 1주 52시간을 넘지 않는 한, 특정 주에는 1주에 70시간 또는 80시간 근무를 하는 것도 가능하다. 극단적으로는 2주를 정산기간으로 하는 경우 1주에 104시간을 근무하고, 2주차에는 전혀 근무를 시키지 않는 것도 가능하다. 물론 2주간 80시간을 초과하는 근무에 대해서는 연장근로수당이 지급되어야 한다. 다만, 지나친 장시간 근로가 이루어지지는 않도록 운영하는 것이 바람직할 것이다.

은 4주간 활용할 수 있는 근로시간을 선택적으로 운영하는 방식이다. 이에 4주간 160시간(1주 40시간 × 4주)을 정상적인 근무 배정에 활용할 수 있고, 4주간 48시간(1주 12시간 × 4주)의 연장근로를 활용할 수가 있어서, 4주간 최대 근무 한도는 208시간(1주 52시간 × 4주)이 되는 것이다. 이에 아래 그림 사례를 보면 4주간 총 176시간을 근무했으므로 이를 분개해 보면, 160시간(1주 평균 40시간)의 소정근로와 16시간(1주 평균 4시간)의 연장근로로 구성되어, 1주 평균 44시간을 근무했다는 것을 알 수 있다. 이에 급여 산정 시간수로 환산해 보면, 매주 8시간에 해당되는 유급휴일수당(주휴수당)[182]과 연장근로에 대한 50% 가산분을 포함하여 총 216시간분(1주 평균 54시간분)의 급여가 지급되어야 하는 것이다.

[그림 2-73] 4주 단위 선택적 근로시간제 적용 사례

구분		월	화	수	목	금	토	일	주당 근로시간
근로시간	1주	12	13	14	12	10	9		70
	2주	10	9	8	9	10	7		53
	3주	9	7	4	6	4			30
	4주	6	4	4	5	4			23
	[합계]								176

구분	총 근로 [A]	근로시간 분개		(주휴) [B]	(연장 가산) [C]	급여 시간 수 합계 [A+B+C]
		소정근로	연장근로			
4주간	176	160	16	32	8	216
1주 평균	44	40	4	8	2	54

※ 단, 야간(22시~06시) 근무는 없다고 가정함.

이상과 같이 정산기간을 1주, 2주, 4주로 설정하여 운영하는 것은 계산이 편하고 상대적으로 복잡하지 않다는 장점이 있다. 하지만 일반적으로 임금은 월 단위로 지급되기 때문에 월급 산정 기간과 부합되지 않는다는 단점이 있다. 이에 주 52시간제를 대비하기 위하여 선택적 근로시간제를 도입하는 기업들은 대부분 정산기간을 1개월로 설정하여 운영하는 경우가 많다. 그런데 1개월을 정산기간으로 설정하는 경우에는 변수가 많고 복잡하다는 단점이 있다. 이에 대해서는 아래 ③에서 따로 설명하도록 한다. 한편, 2021년 근로기준법 개정으로 인하여 신상품 또는 신기술의 연구개발 업무의 경우에는 정산기간을 3개월까지 확대하여 설정할 수 있게

182) 토요일을 유급으로 설정한 회사는 토요일 유급분도 포함되도록 해야 한다.

되었다.[183)]

iii) 마지막으로 1일 근로시간을 의무근로시간(코어타임)과 선택근로시간으로 구분하여 설정하는지 여부에 따라 몇 가지 형태로 구분할 수 있다.

우선 의무근로시간을 설정하지 않고 완전 선택적 근무로 운영할 수 있다. 즉 몇 시부터 근무를 개시하든, 그리고 하루에 1시간을 근무하든 16시간을 근무하든 모두 개인의 선택에 맡기는 것이다. 다만, 22시부터 익일 06시까지의 근무는 선택할 수 없도록 운영하는 경우도 있다. 이는 야간근로가 발생되지 않도록 하여 야간 가산수당 지급을 억제하려는 것이다. 일부 직원들은 개인의 취향에 따라 심야에 근무하는 것을 선호할 수도 있을텐데, 만약 회사가 야간 근무를 선택할 수 있도록 허용해 준다면 회사는 야간근로에 따른 50%의 가산수당을 지급해 주어야 할 수도 있다. 이에 원칙적으로 22시부터 익일 06시까지는 선택할 수 없도록 제도적으로 운영하고, 해외 컨퍼런스 콜 등을 위해 야간근로가 불가피한 경우에는 반드시 부서장의 사전 신청 및 승인을 받도록 하되 이 경우에는 야간근로에 따른 가산수당을 지급해야 할 것이다. 고용노동부 매뉴얼에 따르면, 야간에 근무하는 것을 회사가 제도적으로 허용하지 않았고 반드시 야간에 근무할 업무상 필요가 없었음에도 개인의 취향으로 야간에 근무한 것에 대해서는 야간 가산수당을 지급할 의무가 없다고 제시하고 있다.[184)]

---

183) 3개월 단위 선택적 근로시간제를 적용할 수 있는 대상자는 실제 업무가 신상품 또는 신기술의 연구개발 업무를 직접 담당하는 직무에 종사하는 근로자에 한정되며, 설령 그러한 연구개발 부서에 속해 있다 하더라도 행정지원 업무를 담당하는 등 직접 연구개발 업무를 담당하는 직원이 아니라면 적용 대상에 해당되지 않으므로 유의하여야 한다. 또한, 근기법 제52조제2항에 따라 3개월 단위 선택적 근로시간제를 적용할 경우에는 근로일 종료 후 다음 근로일 시작 전까지 근로자에게 11시간 이상의 연속 휴식 시간을 부여해야 하며, 근기법 제56조제1항을 적용하지 않고 매 1개월마다 평균하여 1주간의 근로시간이 주40시간을 초과한 경우에는 통상임금의 50%를 가산하여 지급해야 한다(급여산정방식에 대해서는 ⑥ 참조).

184) 고용노동부, 유연근로시간제 가이드, 2018.6, 57페이지 Q&A 6. 참조.

[그림 2-74] 선택적 근로시간제에서 1일 근로시간을 설정하는 방식

■ 1일 단위 근로시간 설정 방식 (의무근로시간+선택근로시간)

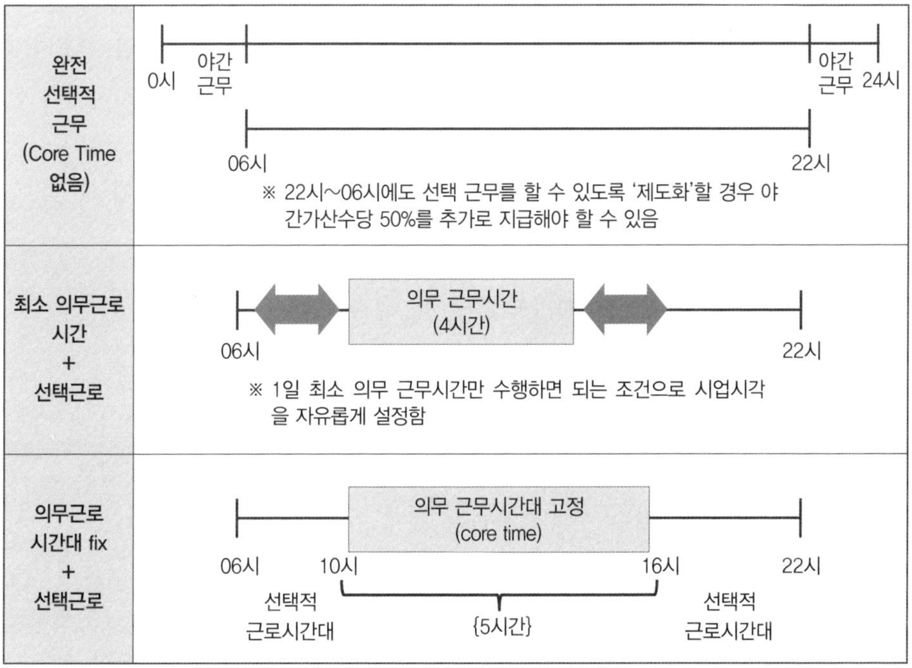

다음으로는 의무근로시간은 설정하되, 그 시간대를 고정시키지는 않고, 의무근로시간의 개시 시간을 근로자의 선택에 맡기는 방식이다. 이 경우 최소 의무 근로시간은 4시간 등으로 설정하는 방식이다. 이는 선택권을 최대한 부여하되, 업무의 효율성을 위하여 1~2시간만 근무하고 퇴근하는 것은 허용하지 않는 것이다. 다만 업무 효율성을 위하여 개시할 수 있는 시간을 예컨대 7시에서 10시까지로 설정하는 것도 가능하다.

마지막으로는 의무근로시간대를 고정시키고 그 앞뒤로 선택근로시간대를 운영하는 방식이다. 예컨대 점심 휴식시간을 제외하고 10시부터 16시까지 5시간을 의무근로시간대(Core Time)으로 운영하는 방식이다. 이 경우에는 최소한의 업무 시업시각 및 종업시각이 설정되어 있어서 이를 위반하면 지각·조퇴 내지는 결근이 성립되어 급여 공제가 될 수도 있다. 이는 업무효율을 위하여 집중근로시간을 설정하거나, 부서

내·부서 간 협업을 위하여 근로시간을 활용하기 위한 의도가 있는 것이다. 이 때, 의무근로시간대를 몇 시간 정도까지 설정할 수 있느냐가 이슈가 될 수 있다. 왜냐하면 기업들은 선택적 근로시간제의 장점을 살려 1주간의 근로시간 한도는 유연하게 확보하기를 원하면서도, 한편으로는 1일 의무근로시간대는 늘려 업무 효율성을 확보하기를 원하기 때문이다. 이에 대한 명시적인 판례나 행정해석은 없지만, 근로시간을 선택할 수 있는 권리가 부여되어야 하는 제도의 특성상 의무근로시간대를 1일 7시간 이상으로 설정하는 것은 허용되기 어렵다고 보여진다. 실무적으로 보면 대부분의 기업들은 의무근로시간대를 4시간에서 6시간 사이에 설정하는 경우가 많다.

③ 1개월 단위 선택적 근로시간제 운영 시, 월력과 수식과의 차이

선택적 근로시간제를 운영하는 상당수의 기업들은 정산기간을 1개월로 운영하고 있다. 그런데 주 단위와는 달리 월 단위의 경우에는 매월 역일상 일수가 다르기 때문에 쉽게 법정근로시간을 산정하기가 어렵다. 게다가 1개월을 며칠로 볼 것이냐와 관련하여 평균 일수[185]를 적용하는 것이 가능하다는 근거도 없다. 따라서 원칙적으로는 매월 달라지는 역일수[186]를 고려하여 활용 가능한 법정근로시간을 달리 적용해야 할 것이다. 그렇다면, 1주 평균 52시간(법정40시간+12시간 연장근로)이 가능한 근로시간을 1개월 단위로 환산해야 할 것인데, 그 기간 동안 법정근로시간을 산정하는 방법으로는 〈(방법1) 수식을 이용하는 방법〉과 〈(방법2) 소정근로일수를 이용하는 방법〉이 있다.[187]

우선(방법1) 수식[비례식]을 통해 그 시간이 산정될 수 있을 것이다. 예컨대 역일수가 28일까지 있는 2월의 경우에는 7일:40시간=28일:XXX시간과 같은 산식으로 구하는 것이다. 이에 역일상 사용가능한 근로시간은 아래와 같이 산정될 수 있다. 1주 평균 40시간까지에 해당되는 법정근로시간 이내의 근무에 대해서는

185) 예컨대 획일적으로 30.4일(365일÷12개월) 적용

186) 월간 역일수가 30일까지 있는 달이 4개 있고, 31일이 있는 달이 7개 있다. 그리고 2월은 역일수가 28일까지 있지만, 4년에 한 번 돌아오는 윤년에는 29일까지 있다.

187) 고용노동부도 2가지 방법을 혼재하여 사용하다가 2021.3.16. 임금근로시간과에서 [선택,탄력근로제下 법정근로시간 산정 방법 검토]를 통해 2가지 방법을 종합 검토하였고, 〈(방법1)수식을 이용하는 방법〉이 적절하다고 검토의견을 제시하였다.

100% 지급률로 기본급 등 통상임금이 지급되면 되고, 정산 결과 월별 법정근로시간을 초과한 연장근로에 대해서는 50%를 가산해서 150% 지급률로 연장근로수당을 지급하면 될 것이며, 월간 사용할 수 있는 근로시간의 최대 한도인 총 근로시간을 넘겨서는 안되는 것이다.

[그림 2-75] 1개월 단위 선택적 근로시간제 적용 시, 월별 역일수에 따른 근로시간 한도

근로시간 한도 / 역일 수	법정 근로시간	연장 근로시간	총 근로시간
28일	160.0	48.0	208.0
30일	171.4	51.4	222.9
31일	177.1	53.1	230.3
산 식	40시간 ÷7일 × 해당 월의 역일수	12시간 ÷7일 × 해당 월의 역일수	52시간 ÷7일 × 해당 월의 역일수
1주 평균	40	12	52

다음으로 실제 달력을 기준으로 소정근로일수를 세어 소정근로시간을 산정(소정근로일수×8시간)하는 방식(방법2)을 고려할 수 있는데, 이 경우 (방법1)에 따라 수식으로 산정된 시간과는 정확하게 맞아 떨어지지 않는다는 것을 알 수 있다. 왜냐하면 동일하게 30일까지 있는 달이라 하더라도 월별로 주휴일 수와 휴무일[188] 수가 달라지는 경우[189]가 있으며, 공휴일의 경우에도 주중에 있는 경우와 주말에 휴무일과 겹치는 경우가 매번 다르며 특히 음력의 경우에는 공휴일이 속하게 되는 월도 달라지기 때문이다. 이에 월별로 소정근로일수 및 소정근로시간이 매번 달라지는 문제가 발생된다. 거기에 더해 개인별로 휴가까지 사용하게 되면 실질적인 소정근로일수 및 소정근로시간이 개인별로도 달라지게 된다. 따라서 근로시간 한도를 어떻게 부여해야 할지, 그리고 이에 따른 급여 산정은 어떻게 해야 할지 혼란이 따르게 된다.

실제 사례를 통해 살펴보도록 하자.

188) 선택적 근로시간제를 설명하는 이 장에서는 편의상 토요일을 무급휴무일로 설정하여 설명하였다. 이에 월간 급여산정 시간수도 209를 기준으로 설명하도록 하겠다.

189) 주휴일(일요일)이 4일 있는 달도 있고 5일 있는 달도 있으며, 이는 휴무일(토요일)도 마찬가지다. 이에 월간 주휴일과 휴무일을 합친 수도 8일, 9일, 10일 등 경우의 수가 나눠진다.

[그림 2-76] 월별 역일수에 따른 소정근로시간 사례

【2021년 1월】

일	월	화	수	목	금	토
					1	2
3	4	5	6	7	8	9
10	11	12	13	14	15	16
17	18	19	20	21	22	23
24	25	26	27	28	29	30
31						

구 분	소정근로일	유급 휴일	무급 휴무일
역일 수	20일	6일	5일
구 분	소정 근로시간	유급처리 시간	1주 평균 소정근로시간
시 간	160시간	48시간	36.1시간
급여산정 시간수	208시간		

【2021년 2월】

일	월	화	수	목	금	토
	1	2	3	4	5	6
7	8	9	10	11	12	13
14	15	16	17	18	19	20
21	22	23	24	25	26	27
28						

구 분	소정근로일	유급 휴일	무급 휴무일
역일 수	18일	7일	3일
구 분	소정 근로시간	유급처리 시간	1주 평균 소정근로시간
시 간	144시간	56시간	36.0시간
급여산정 시간수	200시간		

【2021년 3월】

일	월	화	수	목	금	토
	1	2	3	4	5	6
7	8	9	10	11	12	13
14	15	16	17	18	19	20
21	22	23	24	25	26	27
28	29	30	31			

구 분	소정근로일	유급 휴일	무급 휴무일
역일 수	22일	5일	4일
구 분	소정 근로시간	유급처리 시간	1주 평균 소정근로시간
시 간	176시간	40시간	39.7시간
급여산정 시간수	216시간		

【2021년 4월】

일	월	화	수	목	금	토
				1	2	3
4	5	6	7	8	9	10
11	12	13	14	15	16	17
18	19	20	21	22	23	24
25	26	27	28	29	30	

구 분	소정근로일	유급 휴일	무급 휴무일
역일 수	22일	4일	4일
구 분	소정 근로시간	유급처리 시간	1주 평균 소정근로시간
시 간	176시간	32시간	41.1시간
급여산정 시간수	208시간		

이상과 같이 월별 역일수도 다르지만, 소정근로일 및 유급휴일 수도 매월 달라진다. 이에 당연히(방법2)에 따른 월별 소정근로시간(소정근로일 × 8시간)과 유급처리시간(유급휴일 × 8시간)도 달라지게 된다. 그러다 보니 소정근로일에 만근을 하게 되더라도 1주 평균 소정근로시간[190)]이 40시간이 되는 것이 아니라 40시간보다 미달하는 경우가 대부분이고, 경우에 따라서는 40시간을 초과하는 경우도 발생된다.

[그림 2-77] 월간 근로시간 산정 방법 비교 〈2021년 기준〉

구분	수식 기준(고용노동부 1안)				역일 기준(고용노동부 2안)								연장 없는 소정 근로
	역일수	법정 근로시간 (평균 40)	법정 연장시간 (평균 12)	법정 총시간 (평균 52)	역일수				소정 근로시간 (소정근로일 ×8시간)	1주 평균 근로시간	(시급) 임금 산정시간	법내 연장	
					소정 근로일	(무급) 휴무일	(유급) 휴일	합계					
	a	b	c	d	e	f	g	h	i	j	k	l	m
		a÷7×40	a÷7×12	a÷7×52				e+f+g	e×8	i÷h×7	(e+g)×8	b-i	min(b,i)
1월	31	177.1	53.1	230.3	20	5	6	31	160	36.1	208	17.1	160
2월	28	160.0	48.0	208.0	18	3	7	28	144	36.0	200	16.0	144
3월	31	177.1	53.1	230.3	22	4	5	31	176	39.7	216	1.1	176
4월	30	171.4	51.4	222.9	22	4	4	30	176	41.1	208	-4.6	176
5월	31	177.1	53.1	230.3	19	4	8	31	152	34.3	216	25.1	152
6월	30	171.4	51.4	222.9	22	4	4	30	176	41.1	208	-4.6	176
7월	31	177.1	53.1	230.3	22	5	4	31	176	39.7	208	1.1	176
8월	31	177.1	53.1	230.3	21	4	6	31	168	37.9	216	9.1	168
9월	30	171.4	51.4	222.9	19	4	7	30	152	35.5	208	19.4	152
10월	31	177.1	53.1	230.3	19	4	8	31	152	34.3	216	25.1	152
11월	30	171.4	51.4	222.9	22	4	4	30	176	41.1	208	-4.6	176
12월	31	177.1	53.1	230.3	23	3	5	31	184	41.5	224	-6.9	184

실제로 1년간 월별 역일 수 및 근로시간 수를 (방법1) 수식 방식과 (방법2) 역일 수 방식으로 구체적으로 살펴보도록 하자.

(방법1) 수식 방식의 경우 월별 휴무일 수나 공휴일 수는 고려하지 않고, 역일 수 차이(a ; 28일, 30일, 31일)에 따라 법정 근로시간(b), 법정 연장시간(c) 및 법정 총 근로 가능 시간(d)만 매월 달라지는 것을 확인할 수 있다.

190) [월별 소정근로시간 ÷ 해당월의 역일수 × 7일]로 산정한다.

(방법2) 역일 수 방식의 경우 월별 소정근로일수(e ; 18일~23일)가 매월 달라지고, 휴무일 수(f ; 3~5일)와 유급 휴일 수(g ; 주휴일 + 공휴일 ; 4~8일)도 달라진다. 이로 인해 월별 소정근로시간(i ; 144시간~184시간)도 달라지고, 1주 평균 소정근로시간(j ; 34.3시간~41.5시간)도 달라지는 것을 확인할 수 있다. 특히 몇몇 월(4월, 6월, 11월, 12월)의 경우에는 월별 휴무일+휴일 수가 상대적으로 적고, 평일(소정근로일) 수가 많다 보니, 소정근로일 × 8시간만 산정했음에도 1주 평균 소정근로시간이 40시간을 초과(41.1시간 및 41.5시간)하는 것을 확인할 수 있다.

이는 선택적 근로시간제를 운영하지 않고, 일반 근무제를 실시할 경우에는 무시했거나 평균을 적용했던 사항들이다. 즉 일반 근무제를 운영할 때에는 근로시간 한도를 월 단위가 아닌 주 단위로 산정하다 보니, 월간으로 보았을 때 1주 평균 소정근로시간이 40시간을 넘었는지 여부를 따질 필요가 없어 무시했던 사항이었고, 특히 임금 산정시간의 경우에도 시급제나 일급제가 아닌 월급제(연봉제)를 주로 적용하다 보니 평균을 적용하여 월간 209시간분을 적용했던 것이다.

유급휴일수당을 포함한 급여산정 시간수도 많은 기업들이 매월 동일하게 209시간분을 책정하여 지급해 주고 있지만, 209시간분이라는 숫자 자체가 1년의 기간을 평균한 것[191]이며, 매월 지급해야 되는 급여산정 시간수도 사실은 매월 달라지는 것이다. 위 사례 임금산정시간(k)을 보면, 어떤 달은 209시간분보다 적은 200시간분이나 208시간분만 지급하면 됨에도 209시간분을 지급하고 있는 것이고, 어떤 달은 216시간분이나 224시간분을 지급해야됨에도 209시간분만 지급하고 있는 것이다. 그럼에도 월급제를 실시하는 경우에는 월별 소정근로일수 및 유급휴일수 차이에도 불구하고 평균 개념을 적용하여 209시간분을 공통적으로 적용하여 매월 동일한 월급을 지급하는 것이 허용된다.[192] 이에 원래는 209시간분보다 적게 지급해도 되는 달이 있어도 급여를 공제하지 않고, 209시간분보다 많이 지급해야 되는 달이 있어도 추가 급여를 지급하지 않는 것이다.

---

191) [(40시간+유급8시간) ÷ 7일 × 365일 ÷ 12월]로 산정하므로 매월 지급해야 하는 급여산정 시간수를 1년간 평균한 것이다.

192) 대법 93다32514, 1994.5.24; 대법 97다28421, 1998.4.2; 근로기준정책과-2677, 2016.4.21; 근로기준과-2156, 2004.4.30 참조.

이와 마찬가지로 월력상 매번 달라지는 소정근로시간에 대하여 1주 평균 소정근로시간으로 환산해 보면, 어떤 달은 주 40시간보다 적은 34.3시간이나 36.0시간만 근무하게 되더라도 급여를 공제하지 않고, 어떤 달은 주 40시간보다 많은 41.1시간이나 41.5시간을 근무하게 됨에도 추가 급여를 지급하지 않았던 것이다.

결국 (방법2) 역일 기준의 경우 1주 평균근로시간을 환산하면 1주 40시간보다 적은 경우도 있고, 많은 경우도 발생되며, 이에 (방법1) 수식 기준과 (방법2) 역일 기준은 차이가 발생될 수밖에 없다(위 그림 l=b-i). 또한, (방법2)에 따라 평일에 8시간씩 만근을 한 경우 법정 연장근로가 발생되는 경우도 있고(l열에서 음수가 나온 4, 6, 11, 12월), 법내 연장근로를 할 수 있는 여유분이 생기는 경우도 발생하게 된다. 이에 연장근로에 따른 가산 지급률 50% 지급과 관련해서도 1주 평균 40시간보다 하회하는 연장근로가 발생하는 경우에는 법내연장근로로 보아 가산 지급률을 적용하지 않는 것도 법적으로는 가능할 것이다.[193] 예컨대 선택적 근로시간제가 아닌 일반 근무제의 경우 주중에 명절로 인한 유급휴일이 3일이 있어 소정근로일이 2일(소정근로시간 16시간)만 있다면, 휴일이 아닌 휴무일(토요일)에 근무를 하였을 때 50% 법정 연장 가산 지급률 없이 100%만 지급해도 되는 법내연장근로가 발생되는 것이다. 하지만 실무상으로는 법적 의무와 상관없이 50% 가산율을 적용하여 150%를 지급하고 있는 것이다. 한편, 1주 평균 41.5시간을 근무하게 되는 2021년 12월과 같은 경우에는 그 산정기간을 월간으로 하였기에 1주 평균 40시간을 넘게 되는 것일 뿐, 매주 단위로 끊어서 보면 (예컨대 8월 1~3일까지 붙여서 보면) 연장근로가 발생되지 않으므로 50% 가산을 하지 않아도 되는 것이다. 이와 같이 선택적 근로시간제를 적용하지 않는 평상시에는 월간 역일수에 따라 변동되는 왜곡을 무시하고 매월 동일하게 209시간분을 지급하고 있는 것이다.

그렇다면 1개월 단위의 선택적 근로시간제에서는 근로시간 및 급여산정을 어떻게 적용하는 것이 합리적인지 알아보도록 하자.

우선 {법정 근로시간 한도}와 {급여 산정시간}은 구분해서 보아야 한다. 고용노동

---

193) 1주 평균 36시간을 근무하게 되는 2021년 2월의 경우에 월간 144시간(1주 평균 36시간)을 초과하고 월간 160시간(1주 평균 40시간)을 하회하는 16시간(160시간-144시간) 이내의 연장근로를 실시할 경우에 이는 법내 연장근로가 되어 100% 적용이 가능할 것이다.

부의 2021년 지침[선택, 탄력근로제下 법정근로시간 산정 방법 검토]에서 (방법1) 수식 기준과 (방법2) 역일 기준 중 (방법1) 수식 기준이 적절하다고 판단한 것은 {법정 근로시간 한도} 측면에서 결론을 낸 것이며, {급여 산정시간}은 조금 달리 보아야 한다.

즉 2021년 고용노동부 지침은 근로기준법 제53조(연장 근로의 제한) 및 제56조(연장·야간 및 휴일 근로)를 적용함에 있어 기준이 되는 {법정 근로시간 한도}를 적용하는 기준을 제시함으로써, 근로시간 한도 위반이 되어 법 위반이라고 할 수 있는 기준 시간은 수식 기준으로 산정해야 하며, 50%의 연장근로 가산율을 적용해야 하는 시간 역시 수식 기준으로 산정해야 한다는 것을 명확히 한 것이다.

다만, (방법1) 수식 방식이 법적 기준이라고 하더라도 실무적으로는 2021년 4월, 6월, 11월, 12월의 경우처럼 [소정근로일 × 8시간]만 근무했음에도 1주 평균근로시간이 40시간을 초과했다고 하여 법정 연장근로가 발생되었고, 이에 150%의 연장근로수당이 별도로 지급되어야 한다는 것을 심정적으로 이해하기는 어렵다. 반대로 1주 평균 근로시간이 40시간 미만인 다른 달들의 경우 만약 일반 근무제를 적용했다면 [소정근로일 × 8시간]만 근무했어도 충분했을 것을 1개월 단위 선택적 근로시간제가 적용된다는 이유로 [소정근로일 × 8시간]을 넘어 수식상 1주 평균 40시간에 이르기까지 의무 근로시간을 늘린다면, 이 역시 직원들이 심정적으로 이해하기 어려울 것이다.

따라서 실무적으로는 1개월간 기준 근로시간(법정 근로시간 한도 내에서의 소정 근로시간)을 제시해 줄 때, (방법1) 수식 기준과 (방법2) 역일 기준을 절충하여 매월별로 두 가지 방법 중 최소값을 기준 근로시간으로 제시해 주는 것이 바람직할 것으로 보인다. 즉 1주 평균 근로시간이 40시간 미만인 달(2021년 기준 1~3월, 5월, 7~10월)에는 (방법2) 역일 기준을 적용하여 일반 근무제와 같이 [소정근로일 × 8시간]을 기준 근무시간으로 제시함으로써 직원들의 수용성을 높이고, 1주 평균 근로시간이 40시간을 초과하는 달(2021년 기준 4월, 6월, 11월, 12월)에는 [소정근로일 × 8시간]보다 적은 기준 근무시간이 제시되는 (방법1) 수식 기준을 적용해 줌으로써 결과적으로 별도의 연장근로수당(150%)이 발생되지 않도록 하는 것이다. 물론 월별로 (방법1) 수식 방식과 (방법2) 역일 방식이 혼재되어 시스템상 이를 관리하기 어려운 측면이 있지만, 고용노동부의 지침을 감안하면서 직원들의 수용성을 확보할 수 있는 방법이라 보여진다.

다음으로 {급여 산정시간} 관점에서는 유급휴일 등 "유급으로 처리되는 시간"을 보장해 주어야 한다는 개념과 "법내 연장근로"의 개념을 감안할 필요가 있다. 즉 주중 공휴일 등 유급휴일이 있어서 정산기간 내 법정 근로시간을 추가로 배치할 여유가 있다고 하더라도 "유급으로 처리되는 시간"은 보장되어야 할 것이므로 별도 수당(법내 연장근로 수당)을 지급해야 되는 의무가 발생된다는 점을 유의하여야 한다는 것이다.

다소 어려운 개념이므로 아래와 같은 예시를 통해 설명해 보도록 하겠다. 우선 1주 단위의 선택적 근로시간제를 운영한다고 가정해 보자. 만약 아래와 같이 주중에 유급휴일(공휴일)이 있거나, 유급 연차휴가를 사용한 경우를 상정해 보자.

[그림 2-78] 근로시간 및 급여 산정시간(1주 단위) 비교

구분		월	화	수	목	금	토	일	합계
일반 근무제	실 근로시간	8	8		8	8			32
	임금 산정시간	8	8	8	8	8		8	48

구분		월	화	수	목	금	토	일	합계
선택적 근로시간제	실 근로시간	10	10		10	10			40
	임금 산정시간	10	10	8	10	10		8	56

만약 일반 근무제였다면 수요일에 휴무를 하고, 1주 32시간만 근무를 하더라도 1주간 지급되어야 할 통상임금이 48시간분(근로의 대가 32시간분 + 수요일 유급처리 8시간분 + 주휴일 유급처리 8시간분) 지급되었을 것이다. 만약에 추가 근무를 하였다면 이는 연장근로가 되어 별도의 연장근로수당이 지급되었어야 했을 것이다.(※ 1주 40시간까지는 법내 연장근로가 되어 100%를 별도 지급하고, 1주 40시간을 초과하는 것은 법정 연장근로가 되어 150%를 별도 지급)

이에 1주 단위 선택적 근로시간제를 운영한다고 하더라도 1주에 32시간의 기준

근로시간을 활용하면 통상임금이 지급되는 것이고, 추가로 근무해야 할 의무는 발생되지 않는다. 여기에 추가 근무를 더 한다면 역시 연장근로가 되어 별도의 연장근로수당이 지급되어야 하는 것이다.(※ 마찬가지로 1주 40시간까지는 법내 연장근로가 되어 100%를 별도 지급하고, 1주 40시간을 초과하는 것은 법정 연장근로가 되어 150%를 별도 지급)

만약 법정 근로시간 한도가 (방법1) 수식 기준이라고 하였기에 1주 40시간의 근로를 하도록 하면서 별도의 수당을 지급하지 않고 통상임금으로만 갈음하려는 경우에는 임금이 과소 지급된 것으로 볼 수 있다. 즉 법정 근로시간 한도(1주 40시간)는 초과하지 않아 법정 연장근로는 발생되지 않았지만, 주중 1일의 휴일 또는 휴가에 대해서는 '유급으로 처리'해 주어야 하기 때문이다. 따라서 원래 1주간 지급되어야 할 48시간분을 초과한 8시간분(56시간분-48시간분)에 대해서는 소위 법내 연장근로에 대한 대가 100%를 별도로 지급해 주어야 할 것이다. 단지, 고용노동부의 지침만을 얼핏 보고 1주 40시간의 근로를 시켰음에도 8시간분을 지급하지 않았다면, 주중 유급휴일이나 유급휴가에 대해 유급처리를 해 주지 않았으므로 임금 과소지급이 되는 것이다.

이를 1개월 단위로 확장해 보자. 2021년 2월은 주중 휴일이 있기에 (방법1) 수식으로는 법정 근로시간이 160시간(40시간÷7일×28일)이지만, (방법2) 역일 기준으로는 144시간(18일×8시간)이 되어 1주 평균 근로시간은 36시간이 된다. 이에 일반근무제의 경우(Case1)에는 월간 144시간을 근무하게 되면 유급휴일에 대한 유급처리 시간수를 포함하여 임금산정 시간수는 200시간분이 되고, 통상임금(월 평균 209시간분)을 지급하게 된다.

그런데 만약 1개월 단위 선택적 근로시간제를 운영(Case2)하면서 법정 근로시간 한도인 160시간을 근로하도록 하면서 별도의 수당을 지급하지 않고 통상임금으로만 갈음하려는 경우에는 역시 임금이 과소 지급된 것으로 볼 수 있다. 즉 법정 근로시간 한도(1주 평균 40시간)는 초과하지 않아 법정 연장근로는 발생되지 않았지만, 주중 휴일에 대해서는 '유급으로 처리'해주지 않은 것으로 볼 수 있기 때문이다.

[그림 2-79] 근로시간 및 급여 산정시간(1개월 단위) 비교

2월 달력	월	화	수	목	금	토	일	소정근로일
1주	1	2	3	4	5	6	7	5
2주	8	9	10	11	12	13	14	3
3주	15	16	17	18	19	20	21	5
4주	22	23	24	25	26	27	28	5

Case 1	구분	월	화	수	목	금	토	일	합계
	실 근로시간	8	8	8	8	8			40
		8	8	8					24
		8	8	8	8	8			40
		8	8	8	8	8			40
									144
	구분	월	화	수	목	금	토	일	합계
	임금 산정시간	8	8	8	8	8		8	48
		8	8	8	8	8	8	8	56
		8	8	8	8	8		8	48
		8	8	8	8	8		8	48
									200

Case 2	구분	월	화	수	목	금	토	일	합계
	실 근로시간	10	10	8	8	8			44
		10	10	8					28
		10	10	8	8	8			44
		10	10	8	8	8			44
									160
	구분	월	화	수	목	금	토	일	합계
	임금 산정시간	10	10	8	8	8		8	52
		10	10	8	8	8	8	8	60
		10	10	8	8	8		8	52
		10	10	8	8	8		8	52
									216

결국 고용노동부 지침에서 결정해 준 것과 같이 (방법1) 수식 기준을 적용할 경우 (방법2) 역일 기준 대비 법정 근로시간 한도가 늘어나는 경우가 많아지지만, 그렇다고 해서 그 한도 시간을 다 사용하도록 하면서 별도의 수당을 지급하지 않으면 유급휴일 및 유급휴가의 취지가 몰각될 수 있는 것이다.

이에 아래 그림과 같이 1개월간의 정산기간 중에 유급휴일이 있거나, 유급휴가를 사용할수록 법정 근로시간인 1주 평균 40시간 대비 여유(buffer) 시간이 발생되지만, 이에 대해서는 소위 '법내 연장근로'를 적용하여 통상임금과는 별도의 법내 연장근로수당(100%)가 지급되어야 할 것이다. 즉 아래 그림과 같이 유급휴일이 많은 달에는 1주 평균 40시간에 미달하는 여유(buffer) 시간이 발생되고, 이러한 여유(buffer) 시간은 연차유급휴가를 사용할수록 더욱 늘어나는 것이며, 이렇게 늘어난 여유 시간에 대해서는 통상임금과는 별도의 법내 연장근로수당(100%)을 지급해 주어야 할 것이다.

[그림 2-80] 휴일 · 휴가로 인한 Buffer 시간과 법내 연장근로

일	월	화	수	목	금	토
	1	2	3	4	5	6
7	8	9	10	11	12	13
14	15	16	17	18	19	20
21	22	23	24	25	26	27
28						

구분	소정 근로일	소정 근로시간	법내 연장근로 (Buffer 시간)	법정 연장근로
실 근로시간	18일	144시간	16시간 (누적 160시간)	48시간 (누적 208시간)
(1주 평균)	(4.5일)	36시간	4시간 (누적 40시간)	12시간 (누적 52시간)
급여산정	월 고정급 지급(209시간분)		100% 별도	150% 별도

연차 사용일	소정 근로일	소정 근로시간	연차 시간 (근무 '간주')	법내 연장근로 (Buffer 시간)
0일	18일	144시간		
1일	17일	136시간	(8시간)	+8시간
2일	16일	128시간	(16시간)	+16시간
3일	15일	120시간	(24시간)	+24시간

종합적으로 표현하면, 아래 그림과 같이 {근로시간 관점}과 {임금 산정시간 관점}을 별개로 보되, 매월 역일 수 및 (소정근로일×8시간)이 수식 기준으로 나온 시간 대비 적은지 많은지에 따라 달리 볼 필요가 있다는 것이다.

[그림 2-81] 1개월 단위 선택적 근로시간제에서의 근로시간 및 임금산정시간 구분

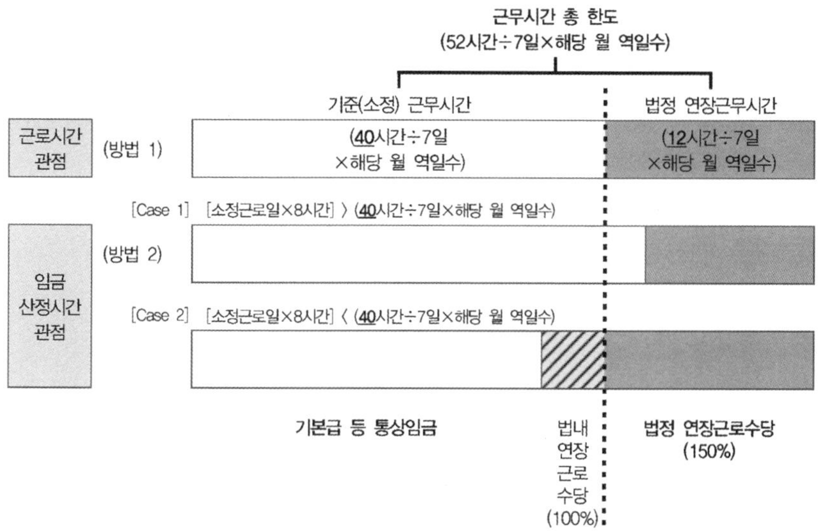

즉 실무적으로는 (방법2) 역일상 기준으로 운영할 경우 (방법1) 수식 기준과 비교하게 되면, 역일 기준 근로시간 〉 수식 기준 근로시간인 경우(Case1)도 있고, 역일 기준 근로시간 〈 수식 기준 근로시간인 경우(Case2)도 있다. 역일 기준 근로시간 〉 수식 기준 근로시간인 달(Case1)에는 소정근로일×8시간만 하더라도 법정 연장근로 구간이 나올 수 있으므로 가급적 수식 기준 근로시간만 기준 근로시간으로 제시한 후 이를 초과한 근로시간에 대해서는 별도 연장근로수당(150%)을 지급하도록 하고, 역일 기준 근로시간 〈 수식 기준 근로시간인 달(Case2)에는 직원 수용성을 감안하여 소정근로일×8시간만 기준 근로시간으로 제시하되 이를 초과한 근로시간 중 1주 평균 40시간이 될 때까지의 시간에 대해서는 100% 지급률(법내 연장근로)로 별도 수당을 지급하고 1주 평균 40시간을 초과하는 시간에 대해서는 150%의 지급률(법정 연장근로)로 별도 수당을 지급하면 될 것이다. 물론 실무적으로 연장근로에 대한 근태 코드를 법내 연장근로와 법정 연장근로 2개로 나누어 별도 지급률을 적용하고 관리하는 것은 번거로울테니 모두 150%의 지급률로 적용하는 것도 당연히 가능하다.

어느 경우든 유급 연차휴가를 사용할 경우에는 그 시간만큼 기준 근무시간 내에서 근무한 것으로 간주되는 것이기에 추가로 근무할 수 있는 여유(buffer) 시간이 발생되는 것이지만, 그 여유 시간에 근무하는 것에 대해서는 추가로 수당을 지급해 주어야 한다.

한편, 선택적 근로시간제를 운영하더라도 사전에 노사간 약정한 연장·야간·휴일근로에 대하여 고정OT수당을 급여에 포함하여 지급하는 것은 가능하다고 보며, 실제로 선택적 근로시간제 도입 전에 고정OT제를 운영하던 여러 회사들은 선택적 근로시간제 도입 후에도 계속 고정OT제를 운영하는 경우가 많다.

만약 휴가를 사용한 시간을 포함하여 최소 의무시간(기준 근무시간) 보다 적게 근무한 경우에는 적게 근무한 시간에 대해서는 급여를 공제할 수도 있다.

또한, 최대로 근무할 수 있는 법적 최대 한도시간은 수식 기준으로 1주 평균 52시간이 나오게 되는 산식인 [52시간 ÷ 7일 × 해당 월의 역일 수]를 초과해서는 안되는 것이며, 이때의 근로시간은 휴일이나 휴가를 모두 제외한 실 근로시간 기준인 것이다.

④ 선택적 근로시간제에서 정산기간 내 근로시간 관리 방식

선택적 근로시간제는 1일 및 1주 근로시간을 구애받지 않고, 정산기간 동안 근로시간을 선택하여 사용할 수 있게 하는 제도이므로 지금까지의 근태관리와는 전혀 다른 방식의 근태관리가 필요하다. 같은 부서에 있는 직원들마다 일하는 근로시간대가 달라질 수 있으며, 특정 시점까지 사용한 근로시간 총량도 개인별로 달라지기 때문이다.[194] 이에 직원의 자기주도적 근태관리와 부서장의 효율적 인력운영관리가 중요하다. 즉 부서원들의 총 가용 근로시간이라는 자원을 효과적으로 배분하고 활용할 필요가 있는 것이다.

그런데, 선택적 근로시간제는 직원들이 스스로 근로시간을 선택할 수 있어야 한

194) 따라서 부서 내 근태관리를 위한 시스템 운영이 필요하다. 하지만 지문인식 등 출입시간 관리가 반드시 필요한 것은 아니고, 부서원들이 1일 근로시간을 8시간보다 단축(−)하고 싶거나 늘리고(+) 싶을 때, 부서원들이 선택한 근로시간을 부서장이 확인하며, 그 (±) 누적값이 관리될 수 있는 시스템이 필요한 것이다.

다는 의미이지, 반드시 그 선택에 있어 무제한의 재량을 주어야 하는 것은 아니다.[195] 이에 선택한 근로시간에 대해 부서장이 적절히 관리할 수 있는 것이며, 기준근로시간 대비 과소 근무를 하거나 과도한 연장근로를 하는 직원은 통제할 수 있는 것이다. 특히 의무근로시간대를 두는 경우에는 의무근로시간을 기준으로 지각 및 조퇴, 결근 처리도 가능한 것이다.

[그림 2-82] 선택적 근로시간제에서의 근태 관리 방식 (괄호안 숫자는 예시)

[Step 1] 월간 사용 가능 근무시간 제시(A)	Min [소정근로일 × 8시간] or [40시간×해당 월 역일수 ÷ 7] 중 최소값[196] (160) 시간	Max [52시간 × 해당월 역일수 ÷ 7] (222.9) 시간
[Step 2] 1일 근무시간 설정 및 신청 (승인·확인)	1일 기본 근무시간[디폴트 값] 설정: 8시간 (09시~18시) 신청일 [9월 16일] (수)요일 1일 근무시간 신청: (6)시간, [시업시각(10:00), 종업시각(17:00)] 신청 구분: 야간근로 [ ], 휴일근로 [ ], 유급휴가 [ ]	
[Step 3] 현재까지 사용시간 정산분 확인(B)	날짜: (9월 15일) 현재까지 사용 시간: (90)시간 [근무시간 (82)시간 + 유급휴가 (8)시간][197] [야간 ( )시간 + 휴일 ( )시간] 포함 표준 시간: (80)시간 표준 시간 대비 비교: (+ 10)시간	
[Step 4] 잔여 사용 가능 시간(C=A–B)	소정근로 필요 시간 : (70)시간 연장근로 가능 시간 : (62.9) + (8)시간[198] 총 근로 가능 시간 : (140.9)시간	

선택적 근로시간제에서는 위 예시와 같이 크게 4단계로 나누어서 근태 관리를 해야 할 것이다. 이하에서는 설명의 편의상 정산기간이 1개월인 경우로 설정하도록 한다.

195) 그러한 점에서 재량 간주 근로시간제와 구별된다.

196) 고용노동부 지침(2021년)을 감안하여 월별로 (방법1) 수식 기준과 (방법2) 역일 기준 중 최소값으로 설정

197) 유급휴가는 실 근로시간에 카운팅되진 않지만, 임금 산정시간에는 카운팅되므로 근무시간으로 간주하여 사용시간에 포함

198) (8)시간 : 휴가 사용으로 인해 법내 연장근로가 가능해 진 추가 여유(buffer) 시간

[Step 1]은 직원들에게 월간 사용할 수 있는 근로시간을 제시하는 단계이다. 전술한 바와 같이 다양한 요인에 의해 매월 사용할 수 있는 근로시간의 양이 달라지므로 번거롭더라도 매달 다른 값이 제시되어야 할 것이다. 우선 기본적으로 충족되어야 하는 기본 근로시간은 월별로 [소정근로일 × 8시간] 또는 [52시간 × 해당월의 역일수 ÷ 7일] 중 적은 값을 제시하면 될 것이다. 직원들은 해당 시간 만큼 근무를 하거나 연차휴가 등을 사용해야 하고, 이를 충족하지 못한 경우에는 급여 공제가 될 수도 있다. 그리고 연장근로를 포함하여 최대 허용되는 근로시간은 [52시간 × 해당월의 역일수 ÷ 7일]로 제한함으로써, 1주 평균 52시간을 넘지 못하도록 해야 할 것이다.

[Step 2]는 직원들로 하여금 근로시간을 선택하도록 하고, 부서장이 확인하는 단계이다. 즉 자기주도적 근태관리를 하게 되는 가장 핵심단계이며, 근로시간 한도가 초과되지 않도록 부서장이 모니터링을 하는 단계인 것이다. 다만, 매일매일 이러한 근태 관리를 반복하는 것은 매우 번거로운 일이 될 것이다. 게다가 대부분의 직원들은 선택권이 부여된다고 하더라도 평상시의 습성으로 인하여 특별한 일이 없다면 1일 8시간을 일정한 시간 동안 근무하는 것을 선호할 것이다. 이에 시스템을 통해 개인별로 기본 근로시간을 설정하도록 하고, 1일 근로시간을 줄이거나 늘리는 등의 변동이 없는 경우에는 기본 근로시간을 근무한 것으로 처리하는 것이 바람직할 것이다. 이 때 기본 근로시간을 설정할 때에는 의무 근로시간을 반드시 포함하도록 하되, 시차출퇴근제처럼 개인별로 설정할 수 있는 몇 가지 근로시간대를 제시하여 선택하도록 하는 것도 가능할 것이다.

그리고 기본 근로시간이 아닌 특이 근태 신청이 필요한 경우, 즉 불가피한 야간근로나 휴일근로가 필요하거나,[199] 연차휴가 등 휴가를 사용하고자 할 때에는 사전 신

199) 야간(22시~익일 6시)이나 휴일에 근로를 선택할 수 있도록 선택근로시간을 부여하지 않는 한 야간 및 휴일근로는 허용하지 않을 수 있다. 그럼에도 업무상 불가피하게 야간이나 휴일에 근무할 수밖에 없는 상황이 있다면, 별도로 야간 및 휴일근로를 신청할 수 있도록 하되 승인 여부를 부서장이 엄격히 판단하고, 승인을 받아 실시한 야간 및 휴일근로에 대해서는 야간 및 휴일근로에 따른 가산 수당 50%를 지급해야 할 것이다. 다만, 이 경우에도 휴일근로가 애초에 발생되지 않도록 휴일 대체(변경)를 할 수 있고, 야간 및 휴일근로에 대해 보상휴가를 적용할 수도 있다.

청 및 승인을 받도록 운영해야 할 것이다. 이러한 근태 신청은 가급적 전날 신청하도록 함으로써, 부서장이 다음날 부서 상황을 감안하여 승인 여부를 결정하도록 해야 할 것이다. 또한 부서 내 1일 근무계획이 공유될 수 있도록 하여 업무 협업이 원활하도록 해야 할 것이다. 다만, 이러한 계획이 실제로는 변경될 수 있을 것[200]이기 때문에 당일이 되면 수정 신청을 할 수 있도록 시스템을 운영할 필요가 있고, 전날 근태 실적을 부서장이 최종 확정함으로써 누적 근로시간을 산정하고 급여가 정산될 수 있도록 하여야 할 것이다. 그럼에도 당일 아침에 개인 사유로 인하여 스스로 설정한 시업시각을 갑자기 늦추는 것은 허용하지 않는 것도 고려될 수 있을 것이다.

[Step 3]은 정산기간 도중에 그 시점까지 사용한 근로시간 수를 누적하여 보여주는 단계이다. 즉 정산기간 내에 부서원마다 근로시간을 달리 사용하게 되므로 현재까지 사용한 근로시간 총량을 확인할 수 있도록 해주어야 한다. 그리고 그 시점까지 표준 근로시간(그 시점까지의 [소정근로일 × 8시간] 또는 [40시간 ÷ 7일 × 그 시점까지의 역일 수])[201]을 제시해 줌으로써, 표준 근로시간 대비 적게 근무하는 추세인지 많게 근무하는 추세인지 직원 본인과 부서장이 확인할 수 있도록 하여, 향후 근무계획을 수립하거나 조정하는데 도움을 주도록 하는 것이 좋다. 거기에 그때까지 야간과 휴일에 근무한 시간도 명확히 하여 급여 산정에 있어 오류가 없도록 하는 것이 바람직하다.

[Step 4]는 [Step 1]에서 제시한 사용 가능 근로시간에서 [Step 3]에서 확인된 현재까지의 근로시간을 차감한 후, 앞으로 남은 기간 동안 사용 가능한 근로시간을 확인하도록 하는 단계이다. 이는 마치 연차휴가 사용 촉진제를 운영할 때, 생성된 휴가에서 사용한 휴가를 차감한 잔여휴가를 확인하도록 한 후 사용계획을 수립하도록 하는 것과 비슷한 방식이다. 앞으로 사용 가능한 근로시간을 확인하도록 함으로써, 법 위반이 되지 않도록 하고, 과소 근무로 인해 급여 공제가 되거나 연장근로가 과도하게 발생되지 않도록 직원 본인과 부서장이 관리하도록 하는 것이다.

---

200) 예컨대 단축근무 하는 것으로 신청했으나, 당일 업무 상황으로 인해 8시간 기본 근무를 다 하거나, 계획에 없던 8시간 초과 근로를 해야 할 경우가 생길 수 있을 것이다.

201) 그 달의 기준 근무시간 책정이 역일 기준이면 역일로 제시하고, 수식 기준이면 수식으로 제시하도록 함

⑤ 선택적 근로시간제에서 휴가 등 근태 운영 방식

선택적 근로시간제 합의사항으로 표준근로시간을 정해야 된다는 것이 있는데, 표준근로시간이란 유급휴가 등의 계산 기준으로 사용자와 근로자대표가 합의하여 정한 1일의 근로시간을 말한다.[202] 이에 정산기간 중 연차휴가를 사용하게 되면, 휴가 1일당 노사가 정한 표준근로시간(일반적으로 1일 8시간으로 설정한다.)만큼 근로한 것으로 간주하여 사용 가능 근로시간에서 차감하면 된다. 다만, 이는 유급휴가이기 때문에 급여 산정을 위하여 어디까지나 근로한 것으로 '간주'하는 것일 뿐, 근로시간 한도를 위반했는지 여부를 따질 때에는 근로시간에 포함되지는 않는다.[203] 즉 연차휴가 시간은 급여 산정 시에는 포함하되, 실제 근로시간에는 포함되지 않는 것이다.

연차휴가와 관련하여 또 하나 고려해야 할 사항은 반차(4시간) 및 반반차(2시간) 휴가를 허용해 줄 것인지 여부이다. 고용노동부 행정해석[204]에 따르면 원래 연차휴가는 1일 단위로 사용하는 것이 원칙이지만, (유연근무제를 적용하지 않고 1일 8시간 근무를 하는 경우에) 노사간 약정이 있다면 편의상 반차 (및 반반차)를 사용할 수 있다는 입장이다. 하지만 연차휴가 없이도 단축 근무가 가능한 선택적 근로시간제의 경우에는 반차(4시간) 휴가를 이용해야 할 필요성이 거의 없어진다. 의무근로시간에 대해서 반차휴가를 적용해 줄 여지가 있기는 하지만 의무근로시간을 설정하는 취

---

202) 근로기준법 제52조 제1항 6호 및 근로기준법 시행령 제29조.

203) 이에 그림 2-78 사례에서 연차휴가를 사용한 시간(1일 8시간)은 사용 근로시간으로 간주하였고, 이에 잔여 근무 가능 시간을 산정할 때에 '사용 가능 소정근로시간'에서는 연차휴가를 사용한 시간까지도 차감하였다. 예컨대 월간 사용 가능한 기본 근로시간 160시간에서 연차휴가 8시간을 포함한 사용 시간 90시간(실제근로 82시간 + 연차 8시간)을 차감한 70시간이 남은 기간동안 사용 가능한 소정근로시간으로 본 것이다. 이에 남은 기간 동안 70시간만 더 근무하게 되면 정확히 통상임금만 지급해 주면 되는 것이고, 이 경우 연차휴가는 유급 처리가 되는 것이다. 하지만, 연차휴가를 사용한 시간은 실제 근로시간은 아니므로 연차를 사용한 시간만큼 추가로 연장근로를 더 할 수 있는 것이고, 이에 연장근로를 통해 사용 가능한 법정 최대 한도 시간에는 연차휴가를 제외한 실제 근로시간을 기준으로 잔여 근무 가능 시간을 산정하였다. 예컨대 법정 허용 총 시간인 222.9시간에서 연차를 제외한 실제 근로시간 82시간(90시간-연차휴가 8시간)을 차감한 140.9시간이 법을 위반하지 않고 허용될 수 있는 총 근로시간인 것이다.

204) 근기68207-1666, 1996.12.19.

지상 반차를 허용하는 것은 바람직하지 않을 것이다.[205] 다만, 그럼에도 연차휴가 소진을 위해 반차휴가 제도를 병행하는 것도 불가능하지는 않다.

연차휴가 외에 생리휴가 등 무급휴가를 어떻게 처리할 것인가도 근태 관리상 이슈가 될 수 있다. 결론적으로 선택적 근로시간제에서는 생리휴가 등 무급휴가 사용 시, 급여 공제를 통한 무급 적용이 어려워진다. 다른 소정근로일에 근로시간을 더 늘려서 정산기간에 배정된 기본 근로시간을 모두 채우면 되기 때문이다.[206]

또 하나 고려해야 할 사항은 단축근무를 통해 1일 4시간만 근무하는 경우에 휴게시간을 어떻게 설정할 것인지의 이슈이다, 근기법 제54조에 따르면 4시간 근로에 30분의 휴게시간을 부여해 주어야 하고, 행정해석에 따르면 휴게시간은 근로시간 도중에 부여하여야 한다. 하지만 많은 직원들은 휴게시간 30분을 근로시간 도중에 넣음으로써, 체류시간이 4시간 30분으로 늘어나는 것을 원하지 않고, 4시간을 연속 근무한 후 바로 퇴근하는 것을 원하는 경향이 있다. 이는 선택적 근로시간제 외에 탄력적 근로시간제에서도 발생될 수 있는 문제이고, 유연근무제를 운영하지 않더라도 반일 연차휴가를 사용하는 경우에도 발생될 수 있는 문제이다. 그러나 근기법 제54조는 강행법규이므로 사용자와 근로자 당사자 간 합의했다고 하더라도 면책이 될 수 있다고 보기는 어렵다. 이에 대해서는 법률 보완이 필요해 보인다.

한편, 선택적 근로시간제 정산기간 중에 중도 입·퇴사를 하거나 중도 휴·복직을 함으로써, 정산기간을 온전히 근무하지 못하는 경우가 발생될 수도 있을 것이다. 이러한 경우에 어떻게 운영해야 한다는 명시적인 지침은 아직 없는 것으로 보인다.[207]

---

205) 예컨대 의무근로시간이 6시간인 사업장에서 반차를 사용하게 되면 2시간만 의무근무를 하게 되는 것으로 설정할 수도 있고, 또는 의무근로시간 중 2시간과 선택근로시간 중 2시간을 휴가로 차감하여 근로한 것으로 간주할 수도 있지만, 운영에 있어 혼란이 가중될 것이다.

206) 의무근로시간이 설정되어 있지 않거나 〈근로일수 조절형〉 선택적 근로시간제를 운영하는 경우에는 생리휴가를 사용하는 경우에 사실상 무급 처리가 불가능하다. 정산기간 동안 배정된 기본 근로시간만 채우면 정상 급여가 지급되기 때문이다. 의무근로시간이 설정되어 있는 사업장에서 무급 생리휴가를 사용하는 경우에도 역시 의무근로시간에 해당하는 시간만큼 공제할 수는 있겠지만, 공제된 시간만큼 근무를 더 하여 기본 근로시간을 충족시킨다면 사실상 무급휴가로 보기 어려워질 것이다.

207) 탄력적 근로시간제의 경우 2021년 법 개정(제51조의3)을 통해 해당 이슈가 해결되었다.다만,

다만, 선택적 근로시간제는 정산기간 동안 근로시간을 자율적으로 관리해 갈 수 있고 그 기간이 종료된 후에 정산만 해주면 되는 것이기 때문에 정산기간 중 일부 기간만으로도 활용이 가능할 수 있다고 생각된다. 즉 [잔여 정산기간 중 소정근로일 × 8시간] 또는 [40시간 ÷ 7일 × 잔여 정산기간 일수]를 기본 근로시간으로 설정하고, 이를 초과한 근로시간은 연장근로로 설정하되, [52시간 × (해당 월 역일 수 – 휴직·정직 등 미 근무 기간) ÷ 7일]을 최대 한도로 하면 1주 평균 52시간을 맞출 수도 있을 것이다. 그러나, 예상치 못한 갑작스러운 휴직·퇴직이 발생될 수도 있을 것인데, 정산기간 후반에 근무를 줄일 생각으로 정산기간 초반에 근무를 많이 한 상태에서 휴직·퇴직을 하게 되면 일시적으로 법 위반 상태가 될 수도 있을 것이다.[208] 따라서, 이와 관련된 판례나 행정해석 등이 나오기를 기다려 봐야 할 것 같다.

⑥ 휴일·야간근로 및 3개월 단위 선택적 근로시간제에서의 급여 산정 방식

정산기간 중 휴일근로 및 야간근로에 대해서는 전술한 바와 같이 개인의 취향에 따라 임의로 실시한 것에 대해서는 별도의 가산 수당을 인정할 필요가 없다고 보여지지만, 실제로 휴일이나 야간에 근무하는 것이 불가피할 경우에는 근기법 제56조 2항 및 3항에 따라 휴일근로 및 야간근로에 대하여 50%의 가산수당을 추가로 지급해 주어야 할 것이다.

한편, 선택적 근로시간제에서 휴일근로를 한 것에 대하여 해당 시간을 별도로 관리할 것인지, 아니면 정산기간 내 근로시간에 합산하여 누적 관리할 것인지가 이슈가 될 수 있다. 즉 급여 산정에 있어서 여러 가지 경우의 수가 있을 수 있기 때문에 관리의 편의상 휴일근로를 어떻게 관리하는 것이 효과적인지 고려해 보아야 한다. 예컨대 1개월간 소정 근로시간이 160시간일 경우에 평일 근로를 152시간하고, 휴일근로를 8시간하여 160시간을 맞추는 경우가 발생될 수 있다.(아래 그림의 [A]구간)[209] 이때에는 휴일근로 8시간에 대하여 추가 50%의 수당만 지급하면 될 것

선택적 근로시간제의 경우에는 중도 입퇴사자 등 이슈가 되는 개개인별로 정산기간을 단축하여 정산할 수 있으므로 해당 이슈에 대해 굳이 법제화를 할 필요가 없다고 본 것으로 판단된다.

208) 이 경우에는 고의로 법 위반을 한 것이 아니므로 실제로 처벌이 되지는 않을 것으로 생각된다.

209) 회사 내부의 정책을 통해 이러한 형태(정산기간 내 소정근로시간을 휴일근로를 포함하여 맞추

이다. 왜냐하면 휴일에 근로한 8시간의 대가 100%는 기본급 등 통상임금으로 충당되기 때문이다. 다음으로 소정 근로시간은 넘었지만 1주 평균 40시간 이내의 법내연장근로에 해당되는 휴일근로를 했을 경우의 지급률 이슈이다.(아래 그림의 [B]구간) 휴일이 아닌 법내연장근로에 대해서는 100% 지급률로 추가 지급을 해도 무방하지만, 휴일에 근로를 하였기 때문에 근기법 제56조 1항(연장근로)은 적용되지 않더라도, 근기법 제56조 2항(휴일근로)이 적용되므로 150% 지급률로 추가 지급을 해야 할 것이다. 마지막으로 1주 평균 40시간을 초과한 휴일근로에 대한 지급률 이슈이다.(아래 그림의 [C]구간) 원래 휴일이 아닌 평일에 해당 근무를 한 경우에는 근기법 제56조 1항(연장근로)이 적용되어 50%가 가산된 150%가 지급되어야 할 것인데, 휴일에 근무를 했을 경우에는 연장근로 가산율에 휴일근로 가산율이 중복 적용될 것인지가 이슈가 될 수 있다. 하지만, 근기법 제56조 2항(휴일근로) 본문에는 '제1항에도 불구하고'라는 문구가 기재되어 있어 연장근로와 휴일근로는 중복되지 않도록 설정되어 있다. 따라서 휴일근로에 대한 가산율 50%만 가산된 150%를 지급해 주면 될 것이다.[210)]

[그림 2-83] 선택적 근로시간제 정산기간 구간별 휴일근로수당 가산율 적용

소정근로일 × 8시간 | 1주 평균 40시간 | 52시간 × 해당월의 역일수 ÷ 7일

정산기간 내 근로시간 누적 구간	[A] 소정근로 구간	[B] 법내 연장근로 구간	[C] 법정연장근로 구간
휴일근로 시 휴일근무수당 추가 지급률	50% [휴일근로 150% – 소정근로 100%]	150% [휴일근로]	150% [휴일근로 (연장 중복 X)]

는 것)는 불허하고, 평일근로로만 정산기간 내 소정근로시간을 충족하도록 제한을 둘 수도 있을 것이다.

210) 결과적으로 지급률은 150%로 동일하다. 즉 연장근로(근로 대가 100% + 연장 가산 50%)대신 휴일근로(근로 대가 100% + 휴일 가산 50%)로 바뀌는 것 뿐이기 때문이다.

이와 같이 정산기간 내 근로시간 구간에 따라 휴일근로수당 지급률을 산정하는 것은 너무 복잡할 수 있다. 따라서 평일근로와 휴일근로를 분리하여 따로 관리하고, 평일근로로만 정산기간 내 소정근로시간을 모두 충당하도록 하면서,[211] 평일 누적 근로시간이 소정근로시간을 초과하는 경우에는 연장근로로 처리하고, 별도로 관리하는 휴일근로에 대해서는 150%의 휴일근로수당을 별도로 지급하는 것이 바람직해 보인다. 물론 이 때에도 평일근로와 휴일근로를 합산한 근로시간이 법정 최대 한도(52시간 × 해당월의 역일수 ÷ 7일)를 초과하면 안된다.

한편, 2021년 법 개정으로 인해 신설된 3개월 단위 선택적 근로시간제에서는 급여 산정 방식이 다른 부분이 있다. 즉 근로시간을 평균할 수 있는 기간은 3개월이지만, 급여는 매 1개월마다 산정하여 지급하며, 이 경우 연장근로수당에 대한 일반 규정인 근기법 제56조제1항은 적용하지 않는다는 것이다.

제52조(선택적 근로시간제)

② 사용자는 제1항에 따라 1개월을 초과하는 정산기간을 정하는 경우에는 다음 각 호의 조치를 하여야 한다.

2. 매 1개월마다 평균하여 1주간의 근로시간이 제50조제1항의 근로시간을 초과한 시간에 대해서는 통상임금의 100분의 50 이상을 가산하여 근로자에게 지급할 것. 이 경우 제56조제1항은 적용하지 아니한다.

이를 아래와 같이 도식화해 보면, 예컨대 매월 기준 근무시간이 160시간일 경우 3개월간 기준 근무시간의 한도에서 특정 월에 근무를 집중적으로 많이 할 수 있게 된다. 이때 3개월간의 실제 근무(총 480시간)는 3개월간의 기준 근무시간 한도(총 480시간)를 초과하지 않더라도 월별 기준 근무시간을 초과한 시간(1월차 ; 300시간−160시간=140시간)에 대해서는 50%를 가산하여 연장근무수당을 지급해야 한다는 것이다. 다만, 기본급 등 통상임금은 매월 동일한 금액을 지급해도 무방하고, 만약 3개월간의 기준 근무시간을 초과하여 근무하게 되면 당연히 초과 근무분에 대해서는 근로의 대가 100%를 추가로 지급하되 50% 가산분은 매월 단위로 1주

211) 이를 위하여 사전 휴일대체를 통해 휴일근로를 없애고, 평일근로화 시키는 것도 고려해 볼 수 있을 것이다.

평균 40시간을 초과한 시간에 대해서만 50%를 가산하여 지급하면 될 것이다.

[그림 2-84] 3개월 단위 선택적 근로시간제에서의 급여 산정

구 분	기준시간	실제 시간	임금	
			기본	OT
1월차	160	300	160	(140)×0.5
2월차	160	160	160	-
3월차	160	20	160	-
합계	480	480	480	70
1주 평균	40	40		

(4) 간주 근로시간제에 따른 급여 책정 방안

근로기준법 제58조는 근로시간 계산의 특례를 규정하고 있는데, 사업장 밖 간주 근로시간제와 재량 간주 근로시간제를 특례사항으로 두고 있다. 특례라 함은 근로기준법의 일관된 원칙인 '근로시간에 따른 임금 지급 원칙'의 특례를 의미하는 것으로 실제 근무한 시간을 그대로 인정하지 않고, 특정된 시간을 근무한 것으로 '간주'한다는 의미이다. 즉 실제 근무한 시간은 간주된 근로시간보다 더 많을 수도 있고, 더 적을 수도 있지만, 실제 근무한 시간 대신에 간주된 근로시간을 기준으로 급여를 책정하게 된다는 것이다.

〈사업장 밖 간주근로시간제 근거 법령〉

제58조【근로시간 계산의 특례】
① 근로자가 출장이나 그 밖의 사유로 근로시간의 전부 또는 일부를 사업장 밖에서 근로하여 근로시간을 산정하기 어려운 경우에는 소정근로시간을 근로한 것으로 본다. 다만, 그 업무를 수행하기 위하여 통상적으로 소정근로시간을 초과하여 근로할 필요가 있는 경우에는 그 업무의 수행에 통상 필요한 시간을 근로한 것으로 본다.
② 제1항 단서에도 불구하고 그 업무에 관하여 근로자대표와의 서면 합의를 한 경우에는 그 합의에서 정하는 시간을 그 업무의 수행에 통상 필요한 시간으로 본다.

먼저 사업장 밖 간주근로시간제를 보면, 아래와 같이 3가지 옵션으로 근로시간

을 간주할 수 있다.

첫 번째 옵션은 법정근로시간 한도에서 회사와 직원 간 서로 정한 근로시간인 소정근로시간을 근무했다고 간주하는 것이다. 즉 1일 소정근로시간을 8시간으로 정하고, 1주 소정근로시간을 40시간으로 정한 경우에는 연장근로 없이 소정근로만 하는 것으로 간주하고 급여를 책정하면 된다. 두 번째 옵션은 통상 필요한 근로시간이 소정근로시간을 초과한다고 판단될 경우에 특정 시간만큼을 연장근로로 처리하는 것이다. 예컨대 1일 통상근로시간을 10시간으로 간주할 경우에는 8시간에 대해서는 100%를 적용하고, 이를 초과하는 2시간에 대해서는 150%를 적용하여 총 11시간분의 일급을 책정하는 것(8시간 + (2시간 × 150%))이다. 세 번째 옵션은 두 번째 옵션에 대하여 근로자 대표와 합의한 시간을 통상근로시간으로 간주하는 것이다. 두 번째 옵션은 통상 소요되는 시간에 대하여 노사 간 갈등의 소지가 있을 수 있지만, 세 번째 옵션과 같이 근로자대표와 합의가 이루어진다면, 실제 근로시간과는 무관하게 근로자대표와 합의한 시간을 통상 근로시간으로 간주하게 된다. 이와 같이 두 번째와 세 번째 옵션의 경우에는 포괄임금제(고정OT제)와 병행하여 임금을 책정할 수 있다.

[그림 2-85] 사업장 밖 간주근로시간제 적용 옵션

[Option 1] 소정근로시간 근로 간주
[Option 2] 통상 필요한 시간(소정근로시간 + 초과근로시간) 간주 ⇨ 포괄임금제(고정OT제) 병행 가능
[Option 3] 근로자대표와 합의한 시간(소정근로시간 + 초과근로시간) 간주 ⇨ 포괄임금제(고정OT제) 병행 가능

[Option 2]나 [Option 3]을 설정할 때에는 사업장밖에서 근무하게 되는 출장 기간이나 외근·출장 장소에 따라 다양하게 시간을 간주하는 것도 가능할 것이다. 즉 출장 기간도 다양하고, 출장 장소도 국내·외로 다양하다면, 획일적으로 근로시간을 간주할 것이 아니라 출장기간과 장소를 기준으로 매트릭스 형식으로 간주할 근로시간을 정할 수도 있으며, 그 시간에는 비행시간이나 현지 이동시간을 포함하여 업무에 부수적으로 소요되는 시간까지 모두 포함하여 간주하는 것으로 설정할 수도 있을 것이다.

[그림 2-86] 출장기간과 출장지역에 따라 사업장밖 간주근로시간을 설정한 예시

장소 구분 / 출장기간	재 택	국 내			국 외		
		시 내	수도권	수도권 외	일본·중국	동남아시아	미주·유럽 등
1일	8	8	8	10	14		
2일				19	26	26	
3일				28	36	38	
4일				36	44	46	40
5일				44	48	48	50
6일				48	50	50	58
1주일	40	40	40	52	52	52	64

출장 장소의 측면으로 구분하면 최근 많아지고 있는 재택근무[212]에 대해서도 사업장밖 간주근로시간제를 적용할 수 있을 것이고, 국내와 국외로 구분하고, 그 속에서도 출장지역의 원근[213]에 따라 간주근로시간을 다르게 설정할 수 있을 것이다. 그리고 출장기간의 측면으로 구분하면 1일부터 1주일까지 현실적으로 소요되는 평균 출장시간을 감안하여 시간을 설정할 수 있을 것이다. 그리고 1주일을 초과하는 출장에 대해서는 예컨대 [52시간 × 출장일수 ÷ 7일]과 같은 수식을 적용하는 것으로 간주함으로써, 1주 평균 52시간 이내 근무하는 것으로 간주할 수 있을 것이다. 만약 탄력적 근로시간제나 선택적 근로시간제를 도입한 기업의 경우에 출장자가 발생될 경우에는 사업장밖 간주근로시간제를 함께 활용하는 것도 가능할 것이다. 예컨대 미주·유럽·남미·아프리카 등 원격지 출장의 경우에는 현실적으로 1주 52시간을 초과하여 근무할 가능성이 높을 것이므로 탄력적 근로시간제 또는 선택적 근로시간제를 통해 1주 52시간을 초과하는 시간을 간주하는 것도 가능할 것이다.[214]

---

212) 다만, 재택근무의 경우 최근 활용되고 있는 각종 근태 시스템 활용을 통해 사업장 밖 간주 근로시간제가 아닌 일반 근무제 또는 선택적 근로시간제를 적용해야 될 수도 있을 것이다. 근기법상 사업장 밖 간주근로시간제는 "근로시간을 산정하기 어려운 경우"에만 활용될 수 있는 제도이기 때문이다.

213) 마치 여비출장규정에서도 해외 출장 시, 지역 원근에 따라 A급지, B급지, C급지 등으로 나누어 출장 경비를 달리 책정하는 원리와 유사하게 설정할 수 있을 것이다.

214) 예컨대 1주에 64시간을 간주하고, 단위·정산 기간 내 다른 근무일의 근로시간을 줄이면 될 것이다.

다만, 여기서 유의할 점은 사업장밖 간주근로시간제를 적용하기 위해서는 근기법 제58조 1항 본문에서와 같이 '사업장 밖에서 근로하여 근로시간을 산정하기 어려운 경우'로 한정되어야 한다는 점이다. 따라서 일부 배송직원의 사례와 같이 GPS 등으로 업무장소나 이동경로, 근로시간 및 휴게시간이 산정되는 경우에는 사업장밖 간주근로시간제를 적용할 수 없다.

다음으로 재량 간주근로시간제는 법이 정하는 특정 업무에 종사하는 직원에 대해서 업무수행의 재량권을 부여하고, 근로자대표와 간주한 시간을 근로시간으로 간주하는 제도이다.

〈재량 간주근로시간제 근거 법령〉

제58조【근로시간 계산의 특례】

③ 업무의 성질에 비추어 업무 수행 방법을 근로자의 재량에 위임할 필요가 있는 업무로서 대통령령으로 정하는 업무는 사용자가 근로자대표와 서면 합의로 정한 시간을 근로한 것으로 본다. 이 경우 그 서면 합의에는 다음 각 호의 사항을 명시하여야 한다.

1. 대상 업무
2. 사용자가 업무의 수행 수단 및 시간 배분 등에 관하여 근로자에게 구체적인 지시를 하지 아니한다는 내용
3. 근로시간의 산정은 그 서면 합의로 정하는 바에 따른다는 내용

동법 시행령 제31조【재량근로의 대상 업무】

법 제58조제3항 전단에서 "대통령령으로 정하는 업무"란 다음 각 호의 어느 하나에 해당하는 업무를 말한다.

1. 신상품 또는 신기술의 연구개발이나 인문사회과학 또는 자연과학분야의 연구 업무
2. 정보처리시스템의 설계 또는 분석 업무
3. 신문, 방송 또는 출판 사업에서의 기사의 취재, 편성 또는 편집 업무
4. 의복·실내장식·공업제품·광고 등의 디자인 또는 고안 업무
5. 방송 프로그램·영화 등의 제작 사업에서의 프로듀서나 감독 업무
6. 그 밖에 고용노동부장관이 정하는 업무
   (회계·법률사건·납세·법무·노무관리·특허·감정평가·금융투자분석·투자자산운용 등의 사무에 있어 타인의 위임·위촉을 받아 상담·조언·감정 또는 대행을 하는 업무)

이에 재량 간주근로시간제를 적용할 경우에는 실제 근무한 시간과는 무관하게

근로자대표와 합의한 시간을 근로시간으로 간주하며, 소정근무 외 연장근로가 발생되는 것을 합의하여 간주한다면, 포괄임금제(고정OT제)를 통해 임금을 설정할 수 있다. 예컨대 매일 10시간씩 근무하는 것으로 간주할 경우에는 8시간의 소정근무와 2시간의 연장근로로 임금을 설정하면 되는 것이다. 즉 아래 예시와 같이 1개월에는 274.2시간분의 임금을 지급하면 되고, 시급이 1만원일 경우에는 2,742,000원을 지급하면 되는 것이다.[215]

연봉이 6,000만원인 직원이 있다면, 월급은 500만원이 되고, 이를 위의 시간수로 분개할 경우, 기본급은 3,811,434원(5,000,000 × 209 / 274.2)이 되고, 연장근로수당은 1,188,566원(5,000,000 × 65.2 / 274.2)이 된다(※ 시급은 18,237원임).

[그림 2-87] 재량 간주근로시간제 적용 시, 포괄임금제 급여 산정 방식

1일 근로시간		1주 근로시간 (주5일)		1주 급여 책정				1월 급여 책정 (1주 × 4.345)		
소 정	연 장	소 정	연 장	소 정	연 장 (가산)	주 휴	합 계	소정 + 주휴	연장 (가산)	합 계
8	2	40	10	40	15	8	63	209	65.2	274.2

연 봉	월 급	월급 구성		시 급
		기본급	연장근로수당	
60,000,000	5,000,000	3,811,434	1,188,566	18,237

재량 간주근로시간제에서 유의해야 할 사항은 특정 업종을 기준으로 하는 것이 아니라 특정 업무를 기준으로 한다는 것이다. 즉 정보처리시스템의 설계 또는 분석을 주된 사업으로 영위하는 회사(IT회사)의 경우에 정보처리시스템의 설계 또는 분석 업무를 수행하는 직원들에게는 재량 간주근로시간제를 적용할 수 있지만, 같은 회사라 하더라도 다른 업무를 수행하는 직원(예컨대 IT회사의 인사 업무 담당 직원)에게는 재량 간주근로시간제를 적용할 수 없다.

또 하나 유의해야 할 사항은 재량간주 근로시간제의 경우에는 재량업무를 수행하는 직원들에게 정말로 재량을 부여해 주어야 한다는 것이다.[216] 근기법 제58조 3

215) 토요일은 무급 휴(무)일인 것으로 설정한 것이다.

216) 고용노동부, 재량간주근로시간제 운영 가이드(2019.7.31.) 참조

항 2호를 보면, 『사용자가 업무의 수행 수단 및 시간 배분 등에 관하여 근로자에게 구체적인 지시를 하지 아니한다는 내용』을 서면합의서에 명시하도록 하고 있다. 이에 매일 9시에 회의를 실시하는 등의 방법으로 사실상 근로시간을 제약하면 유효성을 인정받지 못할 수도 있다. 그렇다고 해서 출근 여부까지 재량을 주어 결근을 허용해야 되는 것은 아니며, 업무의 방향과 내용까지 통제를 하지 못하는 것은 아니다. 법 시행령에서 제시된 재량업무들은 대부분 프로젝트성 업무로써 납기가 설정되는 업무들이 대부분이므로 프로젝트 기간 중간(예컨대 주 1회)에 보고·회의를 통하여 업무의 진행 경과 및 방향에 대해서는 피드백을 줄 수 있을 것이다.

이외에도 휴일과 야간에 근무할 경우에 가산수당을 지급해야 되는지가 이슈가 될 수 있을 것이다. 간주근로시간제의 취지상 전면적인 재량이 부여되고, 휴일과 야간에 근무할 것을 사용자가 구체적으로 지시하지 않았다면, 근로자 재량으로 휴일과 야간에 업무를 수행한 것에 대하여 휴일 및 야간 가산수당을 지급해야 할 의무는 없을 것이다.

(5) 유연근무제도의 중복, 교차 활용 방안

하나의 사업장에서도 직군·부서 등에 따라 각각 다른 종류의 유연근무제를 적용할 수 있고, 여러 종류의 유연근무제도를 중복하여 활용하거나, 기간에 따라 교차 활용하는 것도 가능할 수 있다. 다만, 몇몇 유연근무제는 그 성질상 중복하여 활용할 수 없는 경우도 있다.

우선 탄력적 근로시간제, 선택적 근로시간제, 재량 간주근로시간제는 상호간에 중복하여 동시에 적용할 수 없다. 탄력적 근로시간제는 사전에 근로일과 근로일별 근로시간이 확정되어야 되므로 근로시간을 자유롭게 변형시킬 수 있는 선택적 근로시간제나 재량 간주근로시간제를 동시에 활용할 수는 없다. 다만 요건이 된다면 순차적으로 적용하는 것은 가능할 수 있다. 예컨대 3개월간은 탄력적 근로시간제를 적용하다가 그 이후에는 선택적 근로시간제를 적용하는 것은 가능할 것이다.

반면에 사업장밖 간주근로시간제의 경우에는 탄력적 근로시간제나 선택적 근로시간제와 동시에 적용할 수 있을 것이다. 예컨대 탄력적 근로시간제가 적용되는 단위기간 중이나, 선택적 근로시간제가 적용되는 정산기간 중에 외근·출장 등이 있을 경우에는 동시에 적용할 수 있을 것이다. 전술한 바와 같이 단위기간이나 정산기간 중 일부 기간에 대하여 1주 52시간을 초과하는 장시간 외근·출장을 가게 될 경우에는 통상 소요되는 기간을 근로한 것으로 간주(예컨대 1주 64시간 근무 간주)한 후 단위기간이나 정산기간 중 나머지 기간의 근로시간을 줄임으로써 효과적으로 대응할 수 있을 것이다.

그런데 탄력적 근로시간제 운영상 1일 소정근로시간이 다른 경우에는 사업장밖 간주근로시간제와 상충될 우려도 있다. 예컨대 사업장밖 간주근로제를 통해 외근·출장 시에는 소정근로시간(1일 8시간)을 근무한 것으로 간주하겠다고 정해 놓은 경우에 탄력적 근로시간제가 적용되어 요일별로 4시간, 6시간, 8시간, 10시간, 12시간 등 1일 소정근로시간을 달리 정해 놓은 경우 상충될 우려가 있는 것이다. 이 경우 원래 1일 4시간, 6시간만 일하는 것으로 예정되어 있는 날이라면, 연장근로가 발생된다고 볼 수 있으므로 연장근로수당 미지급 이슈가 발생되지 않도록 보상 휴가제 등을 통해 보완해야 할 것이다.

한편, 유연근무제를 운영하면서 연차휴가 사용촉진제를 어떻게 적용할 수 있을지도 이슈가 될 수 있다. 이에 대한 명쾌한 사례나 해석 등은 아직 없지만 다음과 같은 이슈들이 발생될 수 있을 것이다.

우선 1일 소정근로일이 다른 탄력적 근로시간제를 운영하는 경우 연차휴가 사용촉진을 통해 근로자 혹은 사용자가 근로시간이 적은 날이나 많은 날에 휴가를 지정한 경우 형평성 이슈가 발생되거나 인력운영상 문제가 될 여지가 있다. 이에 노사합의를 통해 연차휴가를 시간 단위로 차감 관리하도록 할 필요가 있으며, 충분한 협의를 통해 휴가 날짜를 조율해야 될 것이다.

그리고 재량 간주근로시간제를 운영하는 경우에도 그 취지상 연차휴가 촉진제와 상충될 우려가 있다. 즉 재량 간주근로시간제는 사용자가 업무의 시간 배분 등에 관하여 근로자에게 구체적인 지시를 하면 안되기 때문이다. 이에 특정일에 강제로 휴가를 가도록 사용자가 지정하는 것은 재량 간주근로시간제의 취지에 부합되지 않는다고 할 수 있다. 하지만 재량 간주근로시간제를 운영하는 경우에도 직원이 출근을 하지 않으려면 연차휴가를 사용해야 될 것이므로 촉진제를 하더라도 휴가 날짜를 근로자가 스스로 지정할 수 있도록 하는 것이 바람직할 것이다.

(6) 근로자대표 선출 및 서면 합의 시, 유의사항

2주 초과 6개월 이내 탄력적 근로시간제, 선택적 근로시간제, 사업장밖 간주근로시간제 중 [Option 3], 재량 간주근로시간제를 도입하기 위해서는 반드시 적법하게 선정된 근로자대표와 서면 합의서를 작성해야 한다.[217)]

이에 사용자의 지배·간섭이 배제된 상태에서 자율적으로 근로자대표를 선정하도록 하고, 선정된 근로자대표와 반드시 별도의 서면 합의서가 체결되어야 한다. 한편, 일부 부서나 직군에 대해서만 유연근무제를 도입하려 할 경우에도 반드시 사업 또는 사업장 단위로 선정된 근로자대표와 서면 합의를 해야만 유효하다는 것이 예전 고용노동부의 행정해석이어서 불합리함이 있었으나, 2021년 행정해석 변경을 통해 소위 〈부분 근로자대표〉를 인정함으로써, 이제는 부서별·직군별로 근로자대표를 따로 선정하여 유연근무제를 도입할 수 있도록 하였다. 관련된 내용들은 아래 고용노동부의 〈근로기준법상 근로자 대표의 개념과 서면합의의 효력 등에 관한 해석 기준〉을 참고하면 될 것이다.

근로기준법상 근로자대표 관련
지침번호 : 근로기준정책과-1554, 제정일자 : 2021-05-27

□ **부분 근로자대표 허용**

○ 기존 지침은 '사업 또는 사업장' 단위로만 근로자대표를 선정하도록 정하고 있고 사업장 내 일부 근로자 집단을 대표하는 부분 근로자 대표를 인정하지 않았으나,
  - 특정 직종 등에 한정하여 적용되는 사항에 대해서도 전체 근로자 기준으로만 근로자대표를 선정해야 한다고 하면 오히려 적용대상 근로자의 이해관계가 적절히 반영되기 어려운 점, 부분 근로자집단의 동의를 허용하는 취업규칙 관련 판례(대법원 2009두2238) 취지 등을 고려하여,
  - 일부 직군·직종 등의 근로자에게만 적용되는 사항의 경우 적용(또는 적용가능) 근로자 단위로 근로자대표를 선정하는 '부분대표' 선정을 인정

---

217) 고용노동부는 이슈 기업에 대한 기획 근로감독을 할 때, 외부 리서치업체를 통해 전 직원 무기명 설문 조사를 하면서 회사의 근로자대표가 누구인지, 근로자대표를 어떻게 선정했는지, 근로자대표를 선정할 때 회사의 개입/간섭이 있었는지, 서면 합의서를 본 적이 있는지 등을 물어 본 사례도 있으므로 유의하여야 한다.

* 근로기준법상 근로자대표의 개념과 서면합의의 효력 등에 관한 기준(근로기준팀-8048, 2007.11.29.)

****

▼

****

〈변경〉

'사업 또는 사업장 단위'로 선정함을 원칙으로 하되, 예외적으로 특정 근로자 집단에만 적용되는 사항을 도입 · 변경하는 경우에는 적용 또는 적용 가능 근로자 단위로 '부분대표' 선정 인정

근로기준법상 근로자 대표의 개념과 서면합의의 효력 등에 관한 해석 기준[218)]
(제정: 근기 68207-735, 1997.6.5, 개정: 근로기준팀-8048, 2007.11.29)

1. 목 적

근로기준법(97.3.13)은 사용자가 근로시간제도의 변경을 하고자 하는 경우 등에 있어 일정한 사항에 대하여 근로자 대표와 서면합의를 하도록 함. 이 경우 근로자 대표는 "당해 사업 또는 사업장에 근로자의 과반수로 조직된 노동조합이 있는 경우에는 그 노동조합, 근로자의 과반수로 조직된 노동조합이 없는 경우에는 근로자의 과반수를 대표하는 자"를 의미함(법 제24조제3항). 그러나 동 규정만으로 근로자 대표를 선출하는 근로자의 범위, 근로자 대표의 선정단위 및 선정방법, 근로자 대표의 대표권 행사방법, 서면합의서의 효력 등이 명확하지 않음. 따라서 이에 관련한 문제에 대한 명확한 해석 기준을 제시하여 법 해석과 운영을 둘러싼 혼선을 예방하고자 함

〈근로자대표와의 서면합의 사항〉

관련 조문	서면합의 사항
제51조	3월 단위로 탄력적근로시간제의 도입과 관련된 사항[219)]
제52조	선택적근로시간제의 도입과 관련한 사항
제57조	보상휴가제
제58조	간주근로시간제
제59조	운수업 등 특수업종에 있어 연장근로 및 휴게시간의 특례에 관한 사항

218) 2007년 고용노동부 지침을 기재하였으나, 2. (1) ② 근로자 대표의 선정단위는 2021년 고용노동부 지침에 따라 수정된 내용으로 대체하였음.

219) 2021년 법 개정으로 2주 초과 6개월 이내 단위로 변경되어야 함

2. 해석기준

(1) 근로자의 범위 및 근로자 대표의 선정단위

① 근로자 대표를 선출하는 근로자의 범위

근로자 대표를 선출하는 근로자의 범위 즉, 노동조합이 근로자의 과반수를 조직하고 있는지 여부를 판단함에 있어 근로자의 범위와 근로자 대표를 선출함에 있어 투표에 참여하는 근로자 범위는 다음과 같이 산정함

※ 근로자대표를 선출하는 근로자의 범위 = 근로기준법상의 근로자(법 제2조제1호) - 근로기준법상의 사용자(법 제2조제2호)

따라서 근로자와 사용자의 이중적 지위를 갖는 자는 제외되는 바, 이는 설사 이들이 근로자로서 향후 합의내용의 적용을 받더라도 노사서면 합의과정에서는 사용자를 위하여 행위하는 자로 볼 수 있기 때문임

② 근로자 대표의 선정단위

'사업 또는 사업장 단위'로 선정함을 원칙으로 하되, 예외적으로 특정 근로자 집단에만 적용되는 사항을 도입 · 변경하는 경우에는 적용 또는 적용 가능 근로자 단위로 '부분대표' 선정 인정. 근로자 대표를 선정 인정하는 범위는 반드시 노동조합의 조직범위, 노사협의회의 구성단위와 일치할 필요는 없음

(2) 근로자대표의 선정방법

① 근로자 과반수로 조직된 노동조합이 있는 경우

노동조합이 근로자의 과반수를 조직하고 있는지 여부는 사업단위로 도입하는 경우는 사업단위에서, 사업장단위로 도입하는 경우는 사업장단위에서 판단해야 함[220)]

노동조합이 근로자 과반수를 조직하고 있으면 근로자 대표는 노동조합의 대표자 또는 노동조합으로부터 대표권을 위임받은 자(예: 노동조합지부장)가 됨

② 노동조합이 근로자 과반수로 조직되지 않은 경우

노동조합이 근로자의 과반수로 조직되지 않은 경우에는 근로자의 과반수를 대표하는 자를 선정하여야 함. 이 경우 선정방법에는 특별한 제한이 없으며, 근로시간제도에 대한 대표권을 행사한다는 것을 근로자에게 주지시킨 상태에서 근로자의 의사를 모으는 적당한 방법이면 됨

따라서 반드시 직접 투표에 의하지 않아도 되며, 1인의 대표는 물론 복수의 근로자 대표를 선정하는 것도 가능함. 근로시간제도를 도입하고자 하는 사업 또는 사업장단위에 근로자참여및협력증진에관한법률에 의한 노사협의회가 설치되어 있으면 그 근로자위원을 근로자 대표로 볼 수 있음. 다만, 구법에 의해 근로자 과반수를 조직하고 있지 못한 노동조합이 근로자위원을 위촉한 경우는 근로자 대표로 볼 수 없음

220) 2021년부터 인정되는 〈부분 근로자대표〉의 경우, 노동조합이 근로자의 과반수를 조직하고 있

(3) 근로자 대표의 대표권 행사방법

① 노동조합이 대표권을 행사하는 경우

노동조합의 대표자 또는 노동조합으로부터 대표권을 위임받은 자가 대표권을 행사함. 단체협약의 부속(별도)협약으로 체결하거나, 단체협약과는 별개의 서면합의서로 작성할 수 있음

② 노사협의회 근로자 위원이 대표권을 행사하는 경우

서면합의의 방식은 노사협의회의 근로자위원들이 정한 대표권 행사방법에 따름. 즉, 정하는 바에 따라 1인의 대표자를 선출하거나 당해 사안에 한하여 1인의 근로자위원에 대표권을 위임하거나 별도의 의사결정방법을 설정하거나(예를 들어 과반수 이상의 찬성, 2/3 이상의 찬성 등) 근로자위원 전원이 서면합의에 참여하는 등의 모든 방법이 가능함. 따라서 사용자가 일방적으로 일부 근로자위원과만 서면합의하는 경우 법적 효력이 발생하지 않음

③ 새로이 근로자 대표를 선정하는 경우

1인의 근로자 대표가 선정된 경우는 선정된 대표가 대표권을 행사하면 됨. 복수의 근로자 대표가 선정되는 경우는 노사협의회 근로자 위원이 대표권을 행사하는 방법에 준하여 대표권을 행사함

(4) 서면합의서의 효력

① 단체협약의 별도(부속)협약의 형식으로 체결하는 경우

노동조합의 대표자 또는 노동조합으로부터 위임을 받은 자와 단체협약의 별도(부속)협약의 형식으로 체결하는 경우에는 단체협약의 효력을 개폐하는 효력이 발생함

노동조합으로부터 위임을 받은 자가 단체협약의 별도(부속)협약이 아닌 단순한 서면합의 형식으로 체결하는 경우에는 기존 단체협약의 개정 효력을 인정할 수 없음

② 노사협의회 근로자 위원과의 서면합의 형식으로 체결하는 경우

단체협약을 개폐하는 효력은 발생하지 않으므로, 단체협약에 배치되는 경우 단체협약의 적용을 받는 근로자에게도 적용하려면 별도로 단체협약의 개정 절차를 밟아야 함. 단체협약의 적용을 받지 않는 근로자에게는 서면합의만으로도 적용 가능

취업규칙과 관련해서는 반드시 기존 취업규칙의 변경이 없어도 적용이 가능. 다만 근로조건 규정의 통일성을 기하기 위해 기존 취업규칙을 변경하는 것이 바람직함. 취업규칙을 변경하는 경우 별도의 취업규칙 변경절차(근로자 대표 또는 근로자 과반수의 의견청취 또는 동의)는 거치지 않아도 됨

③ 새로이 선출된 근로자 대표와 서면합의하는 경우

노사협의회 근로자위원과의 서면합의 효력에 준하여 판단함.

(5) 기타 노사협의회에서 근로시간과 관련하여 의결하는 경우

근로자참여및협력증진에관한법률은 노사협의회에서 '작업 및 휴게시간의 운용'에 관한 사항을 협의하거나 의결할 수 있도록 하고 있음(제19조제1항제8호). 이 경우 노사협의회의 의결

는지 여부는 해당 부분 단위에서 판단해야 할 것이다.

만으로 탄력적근로시간제를 도입할 수 있는지의 여부와 의결된 사항에 대한 법적 효력이 문제가 됨
탄력적근로시간제의 도입과 관련한 사항 등 근로기준법상 사용자가 근로자 대표와의 서면합의를 하도록 한 규정은 동 제도의 도입을 위한 기본적인 법적 요건이므로 노사협의회의 의결만으로는 도입이 불가함
따라서 탄력적근로시간제 도입 등에 관한 사항을 노사협의회에서 의결하더라고 별도로 서면합의서를 작성하거나 취업규칙을 변경하여야 함

10. 감시 · 단속적 근로자 및 관리 · 감독자 등에 대한 급여 책정 방안

근로기준법은 제63조에서 근로시간과 휴게 및 휴일에 관한 규정을 적용하지 않는 근로자를 명시하고 있다.

> **근로기준법 제63조【적용의 제외】**
> 이 장과 제5장에서 정한 근로시간, 휴게와 휴일에 관한 규정은 다음 각 호의 어느 하나에 해당하는 근로자에 대하여는 적용하지 아니한다.
> 1. 토지의 경작·개간, 식물의 재식(栽植)·재배·채취 사업, 그 밖의 농림 사업
> 2. 동물의 사육, 수산 동식물의 채포(採捕)·양식 사업, 그 밖의 축산, 양잠, 수산 사업
> 3. 감시(監視) 또는 단속적(斷續的)으로 근로에 종사하는 자로서 사용자가 고용노동부장관의 승인을 받은 자
> 4. 대통령령으로 정하는 업무
> (→ 사업의 종류에 관계없이 관리·감독 업무 또는 기밀을 취급하는 업무에 종사하는 근로자)

(1) 감시 · 단속적 근로자 및 관리 · 감독자 해당 요건

일반 회사에서는 주로 제3호의 감시·단속적 근로자나 제4호의 관리·감독자에 해당되는 근로자들이 주요 대상이 될 것이다.

감시적 근로자는 경비원 등 감시 업무를 수행하는 근로자를 말하고, 단속적 근로자는 임원 수행기사와 같이 간헐적으로 업무를 수행하는 근로자를 말한다. 단속적 근로자로 인정받으려면 평소 업무가 한가하여 휴게시간이나 대기시간이 많은 업무로 실근로시간이 8시간 이내이면서 전체 근무(체류)시간의 절반 이하여야 하고, 휴게시간이 근로시간보다 짧은 업무[221]여야 한다.[222] 따라서 임원 수행기사의 업무

---

221) 2019년 이전 근로감독관 집무규정에서는 "실 근로시간이 대기시간의 반 정도 이하인 업무로서 8시간 이내인 경우"로 규정되어 있었으나, 2019년 및 2021년에 내용이 개정/보완되었다. 이에 예컨대 16시간을 근무(시업~종업시각)하도록 약정할 경우, 실 근로시간은 최대 8시간까지만 설정이 가능하고, 휴게시간은 실 근로시간보다 짧아야 하며(= 당연히 8시간 이상일 수 없음), 나머지는 대기시간으로 설정하여야 한다. 이 때 휴게시간은 무급 처리가 가능하지만, 대기시간은 유급으로 처리해 주어야 한다. 특히 2021년 개정을 통해 무급 휴게시간의 상한을 설정함으로써, 휴게 시간을 늘려 임금을 감소시키는 편법 운영을 방지할 수 있도록 하였다.

222) 2021년 10월에 개정되어 시행된 근로감독관 집무규정 제68조(감시적·단속적 근로에 종사하

를 한다고 당연히 인정되는 것이 아니라 실제 차량 운행 및 정비시간이 적어야 되는 것이다. 이에 영업 임원과 같이 하루에 상당 시간을 실제로 운행하는 임원 수행기사의 경우에는 단속적 근로자로 승인받기 어려울 것이다.[223] 감시·단속적 근로자는 그 직무를 수행한다는 사실만으로 근기법 제63조가 곧바로 적용되는 것은 아니고, 반드시 고용노동부에 감시적·단속적 근로종사자에 대한 적용제외 승인 신청을 하여 고용노동부로부터 승인을 받아야만 한다. 고용노동부의 승인은 특정 직원에 대해서 나는 것이 아니라 사업장 내 감시·단속적 '근로자 수'를 기준[224]으로 나는 것이므로 승인을 받을 당시의 직원이 퇴사하고 다른 직원을 퇴직 충원으로 채용했다고 하더라도 다시 승인을 받을 필요는 없다. 하지만 애초에 승인받았던 근로자 수를 초과해서 운영해야 할 경우에는 추가로 승인을 받아야 한다.

다음으로 관리·감독자[225]는 아래와 같이 근로조건의 결정 기타 노무관리에 있어서 경영자와 일체적 지위에 있는 자를 의미하므로 근기법 제63조에 따라 근로시간과 휴게·휴일에 관한 규정이 적용되지 않는 자는 조직도상 직책 보임자 중에서 노무관리상 지휘·감독 권한을 상당히 지니고 있는 자로 엄격하게 한정하여야 한다.

고용노동부 행정해석 (근로개선정책과-41, 2011.3.3. 등)

'관리·감독업무에 종사하는 자'란 근로조건의 결정 기타 노무관리에 있어서 경영자와 일체적 지위에 있는 자를 말하는 것으로 사업장의 노무관리방침의 결정에 참여하거나 노무관리상의 지휘·감독 권한을 지니고 있는지 여부, 출·퇴근 등에 있어서 엄격한 제한을 받는지 여부, 그 지위에 따른 특별수당을 받고 있는지 여부 등을 종합적으로 검토하여 판단하여야 할 것임.

간혹 부장·차장·과장이나 1급·2급과 같이 직급이 높거나, 직책수당을 받는다는

는 자에 대한 적용제외 승인) 제2항 1호, 2호, 4호에서 발췌하여 인용.

223) 승인을 위해서 고용노동부 근로감독관이 실사를 나오는데, 이 때 차량 운행일지가 중요한 판단자료가 된다.

224) 정원 기준.

225) (등기이사 등 업무대표권이나 업무집행권을 갖는 임원이 아닌 한) 관리·감독자도 노동법을 적용받는 근로자이다[업무집행권이 인정되지 않는 미등기 임원도 근로자에 포함됨]. 이에 관리·감독자로 인정받는 경우에도 주휴수당, 연장 및 휴일근로수당 외에는 다른 노동법 규정이 모두 적용된다는 것을 유의해야 한다.

이유로 연장·야간·휴일근로수당을 적용하지 않는 경우가 있는데, 직급이 높다고 하더라도 휘하에 부서원이 없어서 노무관리상 지휘·감독 권한이 없는 경우에는 관리·감독자에 해당되지 않으므로 이 점 역시 유의하여야 한다. 게다가 법원과 고용노동부에서는 부서장이라 하더라도 본사 건물에서 근무하는 수많은 현업 팀의 팀장들(특히 1차 조직장)에 대해서는 '노무관리방침의 결정'에 실제로 참여하지 않으므로 '근로조건의 결정 기타 노무 관리에 있어서 경영자와 일체적 지위에 있는자'로 인정하지 않는 경우가 많다. 즉 공장장이나 지점장과 같이 근무장소가 분리되어 독립적으로 운영되는 특정 사업장의 최고 관리책임자이거나 인사위원회의 인사위원으로 들어올 정도의 보직자가 아니면, '경영자와 일체적 지위에 있는 자'로 인정해 주지 않는 것이다. 이에 최근에는 팀장 등 보직자들이 연장 및 휴일근로수당을 받지 못하였다고 진정 등을 제기하는 경우가 많아지고 있다. 이와 같이 관리·감독자에 대해서는 고용노동부 신청 및 승인 절차가 없는 대신 엄격하게 해석하여 적용하는 추세이므로 유의하여야 한다.

(2) 감시·단속적 근로자 및 관리·감독자 급여 산정 방식

감시·단속적 근로자 및 관리·감독자에 대해서는 법정 근로시간 및 연장 근로시간 한도가 적용되지 않으므로 장시간 근로에 대한 제약이 없고, 이에 연장근로라는 개념이 성립되지 않으므로 1일 8시간 및 1주 40시간을 초과하여 근로한 경우에도 50% 연장근로 가산율이 적용되지 않아도 된다. 그리고 휴일에 관한 규정도 적용되지 않으므로 주휴수당과 같은 유급휴일수당 역시 지급할 의무가 없어서 일반 직원과는 다른 통상임금 산정 시수를 적용할 수 있고,[226] 회사 내 다른 직원들의 휴일에 근무를 하더라도 휴일근로라는 개념이 성립되지 않으므로 50%의 휴일근로 가산율 역시 적용되지 않아도 된다.

---

226) 일반 직원들에게 적용되는 209, 226, 243 등의 통상임금 산정 시수는 주휴수당 등 유급휴일에 대한 시간수가 포함된 것인데, 근기법 제63조 적용 대상자에 대해서는 주휴수당 등 유급휴일에 대한 대가를 지급할 필요가 없으므로 약정된 기본 근로시간을 기준으로 통상임금 산정 시수를 적용하면 되는 것이다. 그럼에도 노사간 약정으로 근기법 제63조 적용 대상자에 대해서도 주휴수당 등 유급으로 처리되는 시간을 동일하게 부여함으로써 209 등의 통상임금 산정 시수를 동일하게 적용해 주는 것도 가능하다.

다만 유의할 점으로는 휴가 규정이 적용되지 않는 것은 아니므로 연차유급휴가는 부여되어야 하고, 미 사용한 연차유급휴가에 대해서는 수당으로 지급해 주어야 한다는 것이며, 고용노동부의 행정해석에 따라 22시부터 06시까지 근무하는 부분에 대해서는 야간근로로 보아 50%의 가산수당을 지급해야 한다는 점이다.

한편, 근기법 제63조에 따라 휴게 규정도 적용하지 않을 수 있는데, 회사 내 체류시간 중 실질적으로 사용자의 지휘·감독에서 확실히 벗어날 수 있는 시간이 있다면 이를 휴게시간으로 설정하여 급여를 지급하지 않는 것이 가능하지만, 현실로 작업에 종사하지 않는 대기시간이나 휴식·수면시간 등이라 하더라도 사용자의 지휘·명령으로부터 완전히 해방되어 시간적·장소적으로 자유로운 이용이 보장되지 않는다면, 이를 대기시간으로 보아 근로한 것으로 보고[227] 급여를 지급해야 하므로 유의하여야 한다.[228]

사례를 통해 급여 산정 방식을 확인해 보도록 하자. 아래 그림은 주5일 근무를 기본 근무로 약정한 단속적 근로자(임원 수행기사) 사례를 가정해 본 것이다.

[그림 2-88] 단속적 근로자(임원 수행기사)의 근로시간 및 급여 산정 방식 예시

<table>
<tr><th>구분</th><th>월</th><th>화</th><th>수</th><th>목</th><th>금</th><th>토</th><th>일</th></tr>
<tr><td>06시
~
20시</td><td colspan="5">〈기본 약정 근무시간〉
1일 12시간 × 5일 = 1주 60시간

(1일 14시간 체류 – 2시간 휴게
= 12시간 근무[대기시간 포함])</td><td colspan="2" rowspan="2">근무시간 당
시급 100% 지급</td></tr>
<tr><td>20시
~
22시</td><td colspan="5">근무시간 당 시급 100% 지급</td></tr>
<tr><td>22시
~
익일
06시</td><td colspan="7">근무시간 당 시급 150% 지급</td></tr>
</table>

227) 근로기준법 제50조 3항.

228) 최저임금제도 업무처리지침(임금근로시간정책팀-3848, 2006.12.20) 중【감시·단속적 근로자의 최저임금 적용 시 고려사항】에 인용된 판례 및 행정해석에서 인용하였다.

해당 근로자와는 주5일 근로를 하되, 06시를 시업시각으로 20시를 종업시각으로 약정한 것으로 가정하였다.[229] 이에 1일 기본 체류시간은 14시간이 되지만, 그 중 2시간은 휴게시간으로 차감[230]하여 12시간을 1일 근로시간으로 보고[231] 급여를 산정하였다. 따라서 기본 근로시간은 1주 60시간이 되고, 1개월로 환산[232]하면 260.7시간을 근무하게 되는 것으로 보았다. 이에 시급을 1만원으로 책정했다면 1달에 260.7만원을 지급해 주면 되고, 월급을 300만원으로 책정했다면 시급은 11,507원[233]이 되는 것이다. 법정 근로시간 한도 및 주휴수당이 적용되지 않으므로 약정 근로시간 수로만 나누면 되는 것이다.

그리고 20시 이후와 주말에는 간헐적으로만 운행하는 것으로 보고, 평상시의 근로시간으로는 설정하지 않았다. 이에 실제로 20시 이후와 주말에 근무를 하는 경우에는 별도의 수당을 추가로 지급해 주면 되는데, 50%를 가산할 필요는 없으므로 100% 지급률로 산정하여 지급해 주면 된다. 다만, 22시 이후의 야간근로에 대해서는 가산율 50%를 가산하여 지급해 주어야 한다.[234]

---

229) 토요일과 일요일 주말에 근무하는 경우도 있을 것이고, 20시 이후에 근무하는 경우도 있을 것이지만, 그러한 근무는 발생 시 따로 급여를 지급하는 것으로 설정하고, 상시적으로 근무하는 근무일 및 기본 근로시간을 약정하였다.

230) 휴게시간을 설정하고 급여를 지급하지 않으려면, 휴게시간의 자유로운 이용이 보장되어야 하고, 사전에 언제부터 언제까지가 휴게시간인지를 특정해 두어야 한다. 다만, 임원 수행기사의 특성상 원래 설정한 휴게시간에 운행을 나가야 될 수도 있을텐데, 이 경우에는 다른 시간으로 휴게시간을 변경한 것으로 처리하는 것이 합리적일 것이다. 다만 대기시간은 근로시간으로 보아야 하므로 휴게시간을 과도하게 많이 설정하는 것은 인정되기 어려울 것이다. 해당 케이스에서는 06시부터 20시 사이에 적어도 2시간은 식사시간(조식 및 석식은 각 30분씩, 중식 1시간)으로 활용하도록 설정하였다.

231) 평소 14시간의 체류시간 중 실제 운행시간은 1/3 이하인 4.67시간인 것으로 보았다. 휴게시간을 포함한 대기시간 9.33시간의 1/2 이하인 것으로도 표현할 수도 있을 것이다. 이는 평균적인 수치이므로 가끔은 실제 운행시간이 4.67시간을 넘기는 것도 가능하다. 다만, 평균적인 운행시간이 좀 더 길다면, 체류시간을 더 늘려서 휴게 및 대기시간의 1/2 이하가 되도록 설정한 후, 고용노동부에 승인 신청을 해야 될 것이다.

232) 1개월은 4.345주로 보고, 4.345를 곱하여 산정하였다.

233) 300만원 ÷ 260.7시간.

234) 종업시각 이후 근무, 주말 근무, 야간 근무(22시~06시)를 월간 몇 시간 추가로 실시할 수 있는 것으로 약정하고, 월급에 해당 수당을 고정적으로 포함하여 지급하는 고정OT제 운영도 가능할

11. 교대제 운영 및 개편에 따른 임금 책정 방안

(1) 교대제 유형에 따른 급여 책정 방안

교대제를 운영하는 경우에는 주간에만 통상적으로 근무하는 경우에 비해 임금 관련 고려사항이 많아진다. 우선 야간근로(22시~익일 06시)를 하게 되는 경우가 많으므로 야간근로가산수당을 책정해야 되고, 2교대 근무나 4조 이상으로 조 편성을 하게 되는 경우(3조 2교대, 4조 2교대, 4조 3교대 등)에는 역일상 요일 개념을 유지하기 어렵게 때문에 휴일이 매주 요일을 달리하게 되고, 탄력적 근로시간제 적용이 불가피하게 되는 경우도 많다. 이에 이러한 특성들을 잘 이해하여 근로시간에 따른 임금 지급 원칙을 준수해야 한다.

교대제 유형을 크게 구분해 보면, 가동을 중단할 수 없어 연속 공정을 유지해야 되는 유형과 가동을 중단할 수 있는 유형으로 구분할 수 있다. 즉 제철, 전력, 반도체 및 디스플레이 산업 등은 공정의 특성상 가동을 중단할 수 없어 24시간 365일 연속하여 인력이 교대로 운영되어야 한다. 반면에 자동차 및 부품 제조업 등의 경우에는 가동을 중단할 수 있으며 물량에 따라 휴일근로와 연장근로를 조절할 수 있다.

이 책에서는 주로 24시간 365일 연속적으로 가동되는 공정에 활용되는 교대제 유형별로 임금이 어떻게 책정되는지를 기술하도록 하겠다.

교대제는 보통 ○조 ○교대로 표현될 수 있다. 이 때 '조'는 근무조를 몇 개로 편성하여 전체 시간 및 인원을 분배할 것인가와 관련된 것이다. 역일상 1일은 24시간, 1주는 7일, 1년은 365일로 이루어져 있으므로 1주일은 168시간(24시간 × 7일), 1년은 8,760시간(24시간 × 365일)으로 환산될 수 있다.

24시간 365일 근무하는 교대제는 보통 3조 또는 4조로 근무조가 편성이 되는데, 3조일 경우에는 1조당 1주에 56시간(168시간 / 3조) 및 1년에 2,920시간을 책임져야 하고, 4조일 경우에는 1조당 1주에 42시간(168시간 / 4조) 및 1년에 2,190시간을 책임져야 한다.[235]

것이다. 물론 약정한 시간을 초과하여 근무하는 경우에는 추가로 수당을 지급해 주어야 한다.

235) 교대제 근무자의 경우에도 회사에 머물러 있는 시간 중에는 휴게를 부여해야 하므로 총 체류시

그리고 '교대'는 1일에 몇 번의 교대가 이루어지는가를 의미한다. 즉 2교대의 경우에는 1일 24시간을 12시간씩 책임져 2번의 교대가 발생되는 것이고, 3교대의 경우에는 1일 24시간을 8시간씩 책임져 3번의 교대가 발생되는 것이다.

이에 '조'와 '교대'가 함께 어우러져 교대제가 구성되는 것이다. 즉 3조2교대는 3개조가 편성되고, 1일에는 2개조가 각각 12시간씩 근무하여 2번의 교대가 이루어지며, 나머지 1개조는 휴무를 하게 되는 것이다. 4조3교대는 4개 조가 편성되고, 1일에는 3개조가 각각 8시간씩 근무하여 3번의 교대가 이루어지며, 나머지 1개조는 휴무를 하게 되는 것이다.

원칙적으로 조가 같으면, 주간·월간·연간 총 근로시간은 평균하여 동일하게 된다. 즉 3조 2교대와 3조 3교대의 총 근로시간은 동일하고, 4조 2교대와 4조 3교대의 총 근로시간은 동일하게 된다. 다만, 2교대인지 3교대인지에 따라 1일 근로시간과 주간·월간·연간 근무일 수와 휴(무)일 수가 다르게 되는 것이다.

한편, 4조 2교대와 4조 3교대는 역일상 총 시간을 4조로 분할하기 때문에 평균적으로 총 근로시간(주당 42시간, 연간 2,190시간)은 동일하지만, 1일 근로시간이 각각 12시간(24시간 / 2조 근무, 2조는 휴무)과 8시간(24시간 / 3조 근무, 1조는 휴무)으로 다르고, 연간 총 근무일과 휴(무)일 수가 달라진다. 즉 4조 2교대는 하루에 2개조는 근무하고 2개조는 휴무하게 되므로 1년 중 절반인 182.5일(365일 × 2조 / 4조)이 소정근무일이 되고, 182.5일(365일 × 2조 / 4조)이 휴(무)일이 된다. 반면에 4조 3교대는 하루에 3개조는 근무하고 1개조는 휴무하게 되므로 1년 중 273.7일(365일 × 3조 / 4조)이 근무일이 되고, 91.3일(365일 × 1조 / 4조)이 휴(무)일이 된다.

간에서 휴게시간을 차감한 것이 근로시간이겠지만, 교대제 운영을 위해서는 교대 전후로 인수인계 등을 위한 근로시간이 필요하게 마련이다. 따라서 이 책에서 교대제 근무자의 근로시간은 편의상 차감되어야 할 휴게시간과 추가되어야 할 교대 소요시간을 같다고 가정하도록 한다. 즉 1일 24시간을 3개조가 교대로 근무한다고 할 경우, 8시간이 근로시간이라고 가정한다(8시간 − 휴게 30분 + 교대 전후 인수인계에 소요되는 근로시간 30분 = 8시간).

[그림 2-89] 교대제 유형 및 유형별 근로일·휴일·근로시간

- 1주일 = 24hr × 7일 = 168hr ▪ 1년 = 24hr × 365日= 8,760hr
- 근로시간 = 조별 배정시간(8시간 or 12시간) – 휴게시간 + 전후 교대시간

	[조 구분]	[주당(평균) 근로시간]	[2교대 연간] 근무일	[2교대 연간] 휴(무)일	[3교대 연간] 근무일	[3교대 연간] 휴(무)일	[연간(평균) 근로시간]
24hr 365日 (연속 가동) 사업장	3조	56hr	243.3日	121.7日	365日	0日	2,920hr
	3.5조 (7조)	48hr	208.6日	156.4日	312.9日	52.1日	2,503hr
	4조	42hr	182.5日	182.5日	273.7日	91.3日	2,190hr
	4.5조 (9조)	37.3hr	162.2日	202.8日	243.3日	121.7日	1,946hr
	5조	33.6hr	146日	219日	219日	146日	1,752hr

※ 교대 형태: 2교대(1일 12시간 근무), 3교대(1일 8시간 근무)
※ 교대제가 아닌 통상근무자 연간: 〈근무일〉 260.7일 – α, 〈휴(무)일〉 104.3일 + α

한편, 4조로 운영하거나 2교대를 운영하게 되면, 역일상 근무하는 요일과 휴무하는 요일이 고정되지 않고 변동되므로 1주간에 근무일과 휴(무)일 수가 매주 달라지게 되고, 월~금요일을 소정근로일로 토~일요일을 휴(무)일로 운영할 수 없게 된다. 이 경우 휴(무)일 중 며칠이나 유급 주휴일로 처리를 해야 하는지도 고려하여야 된다.[236] 따라서, 교대제 운영 시 급여 산정을 어떻게 해야 되는지가 이슈가 되는 것이다.

최근에는 근로시간 단축 추세에 따라 3조를 4조로 개편하거나, 4조를 5조로 개편하는 방안이 논의되고 있다. 하지만, 교대조를 증편하는 것은 회사 입장에서는 대규모 인력이 추가 투입되어야 한다는 부담이 있고, 직원 입장에서는 연장·야간 근로가 감소되어 큰 폭의 임금 하락이 불가피한 부담이 발생된다. 이에 3조와 4조의 중간인 3.5조나 4조와 5조의 중간인 4.5조와 같은 변형 교대제를 모색하는 사업장들도 있다.

---

236) 참고로 월요일~금요일까지 주40시간을 근무하는 통상적인 주간근무자의 경우, 연간 260.7일(365일 × 5일 / 7일) 중 공휴일 등 주중 약정 휴일을 뺀 날이 소정근무일이 되고, 약 2,000시간(260.7일 × 8시간 – 주중 휴일 약 10일 × 8시간 = 주40시간 × 52주 – 주중 휴일 약 10일 × 8시간) 정도가 소정근로시간이 된다. 그리고 연간 104.3일(365일 × 2일 / 7일)에 주중 휴일을 더한 날이 휴(무)일이며, 이 중 최소 52.1일(1주당 1일)은 유급 주휴일이 된다.

이에 이하에서는 여러 교대근무 유형별로 급여 산정을 어떻게 해야 되는지를 사례 위주로 제시하고, 탄력적 근로시간제 적용 여부에 따른 급여 효과에 대해서도 기술하도록 하겠다. 아울러 근로시간 단축을 위한 교대제 개편 시 급여가 어떻게 하락하는지, 변형 교대제는 어떻게 운영되고 급여 효과는 어떠한지도 기술하도록 하겠다.

① 2조 격일제(24시간 맞교대) 근무형태

[그림 2-90] 연중무휴 2조 격일제 교대 형태

Case 1 연중무휴 2조 격일제

구분	월	화	수	목	금	토	일	1주간		
								근무일 수	휴(무)일 수	근로시간
1주	18		18		18		18	4일	3일	72시간
2주		18		18		18		3일	4일	54시간

[가정] 시업 및 종업시각은 09시~익일 09시, 주당 1일의 유급주휴일
1일 휴게시간은 6시간 (00시~04시, 07시~07시30분, 12시~13시, 18시~18시30분)

연중무휴 2조 격일제(24시간 맞교대)는 근무일과 휴(무)일을 하루씩 되풀이하며, 하루 근무할 때에는 24시간을 체류하도록 배정이 되고, 그 중 휴게시간을 차감한 것이 근로시간이 된다. 위에서는 1일 24시간 중 6시간을 휴게시간으로 하여, 1일 18시간이 근로시간인 것으로 예를 들었다. 보통 격일제는 이틀에 걸쳐서 근무하게 되는데, 고용노동부는 행정해석[237]으로 이틀에 걸친 근무는 시업시각이 속해 있는 날의 근무로 보고 있다. 위의 사례에서 1주차에 월요일 09시에 출근하여 화요일 09시에 퇴근한다면, 이는 월요일 근무로 본다는 것이다.

격일제 근무는 2일 주기로 근무가 돌아오므로 1주 7일의 개념을 그대로 적용하기가 어려워진다. 즉 위와 같이 1주차에는 4일 근무에 3일 휴무를 하게 되어 72시간을 근무하게 되고, 2주차에는 3일 근무에 4일 휴무를 하게 되어 54시간을 근무

237) 근기 68207-402, 2003.3.31.

하게 되므로[238] 격주로 근무일 및 휴(무)일, 근로시간이 변하게 된다. 또한 휴(무)일도 계속 요일이 바뀌게 되며, 유급주휴일도 휴(무)일 중 하루를 특정한다고 하더라도 토요일과 일요일을 번갈아가며 부여하게 된다.

이에 아래와 같이 2주 단위로 보아야 근무일과 휴(무)일 및 근로시간이 동일해지며, 1주간으로 평균하면 주당 근무일과 휴(무)일이 각각 3.5일이 되고, 주당 근로시간은 63시간으로 산정된다.

[그림 2-91] 연중무휴 2조 격일제 교대 형태 _ 근무편성표

■ 2조 격일제 (14일 주기형)

구분	1주차							2주차							2주간 합계			1주간 평균		
	월	화	수	목	금	토	일	월	화	수	목	금	토	일	근무일	휴(무)일	근로시간	근무일	휴(무)일	근로시간
1조	18	off	18	off	18	off	18	off	18	off	18	off	18	off	7	7	126	3.5	3.5	63
2조	off	18	off	18	off	18	off	18	off	18	off	18	off	18	7	7	126	3.5	3.5	63

이와 같은 근무형태일 경우 일반 근로자에게 적용되는 법정 기준으로 급여를 산정해 보면, 아래와 같이 주급 및 월급이 산정된다.

[그림 2-92] 연중무휴 2조 격일제 교대 형태 _ 일반 근무자 기준 급여 분개

(시급 1만원 가정)

2주간			1일간						1주간 평균					
근무일	주휴일	휴무일	체류 시간	휴게 시간	근무 시간	소정 근무	연장 근무	야간 시간	근무일	근무 시간	소정 근무	연장 근무	야간 시간	주휴 시간
7	2	5	24	6	18	8	10	4	3.5	63	28	35	14	8

1주간 평균 임금 시수				
소정 근무	주휴 시간	연장 근무 (×1.5)	야간 가산 (×0.5)	[소계]
28	8	52.5	7	95.5

1개월간 평균 임금 시수 [1주×4.345]			
소정 +주휴	연장 근무 (×1.5)	야간 가산 (×0.5)	[소계]
156.4	228.1	30.4	414.9

월급			
기본급 (소정+ 주휴)	연장 근무 수당	야간 가산 수당	합 계
1,564,200	2,281,125	304,150	4,149,475

238) 1주 52시간을 초과하는 근무는 근로시간 한도 위반이 된다. 따라서 일반적인 상황에서는 24시간 365일 근무를 2개조가 격일제로 수행할 수는 없다. 실무적으로는 근로시간 관련 법률이 적용되지 않는 감시·단속적 근로자로 승인을 받아야 운영이 가능한 형태라고 볼 수 있다.

우선 1일 근로시간을 보면, 총 18시간의 근로시간 중 1일 법정근로시간 한도인 8시간만 법정(소정)근로시간이 되고, 이를 초과하는 10시간은 연장근로가 된다. 이와 동시에 18시간의 총 근로시간 중 4시간(22시부터 익일 6시까지 8시간 중 0시~4시까지는 휴게시간으로 가정하였으므로 8시간 - 4시간 = 4시간)은 야간근로에 해당된다. 이에 원칙적으로 1일 18시간의 근로시간 중 8시간은 100%만 지급하면 되지만, 이를 초과하는 10시간은 연장근로가 되어 150%를 지급해야 되며,[239] 이와는 별도로 야간에 근무하는 4시간에 대해서는 추가로 50%가 가산 지급되어야 하는 것이다.

다음으로 1주간 평균 근로시간을 보면, 주당 3.5일을 근무하게 되므로 1일 근로시간에 3.5를 곱해주면 1주간 평균 근로시간이 나온다. 이에 총 63시간(18시간 × 3.5일)을 근무하게 되는데, 이는 28시간(8시간 × 3.5일)의 소정근로시간과 35시간(10시간 × 3.5일)의 연장근로로 나눠지고, 총 63시간의 근로시간 중 14시간(4시간 × 3.5일)은 야간 가산 수당이 추가로 책정되어야 한다. 그리고 여기에 더해 1주간 8시간에 해당되는 유급 주휴수당이 가산되어야 한다.[240] 그렇다면 통상임금 산정을 위한 월간 시간수는 156.4([주당 28시간 + 8시간] × 4.345[241])가 된다.

1주간 평균 근로시간이 나오면 주급을 산출할 수 있다. 기본급은 소정근로시간과 주휴시간을 합산하여 산정하면 되고, 연장근로수당은 연장근로시간에 1.5를 곱하여 산정하고, 야간근로가산수당은 야간근로시간[242]에 0.5를 곱하여 산정하면 된다. 시

239) 감시단속적 근로자 승인을 받으면, 50% 가산을 하지 않아도 되어 100%만 지급하면 된다.

240) 동종업무에 1주 40시간 소정근무를 하는 통상근무자가 있는 상황에서 1주 28시간만 소정근로시간으로 책정되었다면 이는 단시간 근로자가 되므로 통상근무자와의 비례 원칙에 따라 주휴시간은 5.6시간(8시간 × 28시간 / 40시간) 이라고 볼 수도 있지만, 여기서는 편의 상 1주 8시간을 주휴수당으로 보았다. 한편, 감시단속적 근로자 승인을 받으면, 유급 주휴수당을 지급하지 않아도 된다.

241) 4.345는 주간 근로시간을 월간 근로시간으로 환산할 때 곱하는 수이다. 365일을 12개월로 나누면, 월간 평균 30.4일(365일/12개월)이 되고, 1주일은 7일이므로 이를 다시 7일로 나누면 1개월은 평균 4.345주(30.4일/7일)로 환산된다.

242) 이 때 야간근로는 소정근로 또는 연장근로에 이미 포함된 시간임을 유의해야 한다. 즉 1일 18시간은 8시간의 소정근로와 10시간의 연장근로로 구성되므로 야간근로 4시간은 별도로 근무한 시간이 아니라 소정근로 또는 연장근로이면서 그 시간이 야간근로시간대에 배정된 근로라는 의미이다. 결국 소정근로이면서 동시에 야간근로이거나, 연장근로이면서 동시에 야간근로라는 의미이다. 이에 야간근로수당은 가산율 50%만 추가 지급하면 되므로 야간근로시간에 0.5

급을 1만원으로 가정했을 때, 주급은 총 955,000원이 된다. 그리고 주급을 월급으로 환산할 때에는 4.345를 곱해주면 되므로 월급은 총 4,149,475원이 된다.

그런데 위의 금액은 다소 과다 책정되었다고 볼 수 있다. 왜냐하면 1주간 법정근로시간 한도에서 소정근로시간을 40시간까지 책정할 수 있음에도 위의 경우에는 1주간 소정근로시간을 28시간밖에 책정하지 않았고, 나머지 35시간을 연장근로시간으로 책정했기 때문이다. 이에 12시간(40시간 – 28시간)에 대해서는 100%만 지급해도 됨에도 불구하고 150%가 책정되어 인건비가 많이 나가게 되었기 때문이다.[243] 따라서 근로시간에 '평균' 개념을 적용하여 불합리하게 많이 책정된 연장근로시간을 줄이고, 소정근로시간을 법정근로시간에 맞출 필요가 있다. 이와 같이 통상적인 근무체계(1일 8시간 × 주5일 근무)와는 다르지만, 사전에 근무형태가 명확히 정해져 있는 교대제의 경우에는 근로기준법 제51조에서 규정된 탄력적 근로시간제를 도입하여 '평균' 개념을 적용시킬 수 있다. 즉 통상적인 근무자의 경우에는 2일 연속으로 8시간씩의 소정근무를 하게 되지만, 격일제 근무자의 경우에는 근로시간이 매우 많은 1일과 휴무를 하는 1일이 연속되어 있다. 이에 탄력적 근로시간제를 통해 평균 개념을 도입하여 1일의 근무를 2일의 근무로 배분하는 효과를 얻을 수 있다.

[그림 2-93] 연중무휴 2조 격일제 교대 형태 _ 탄력적 근로시간제

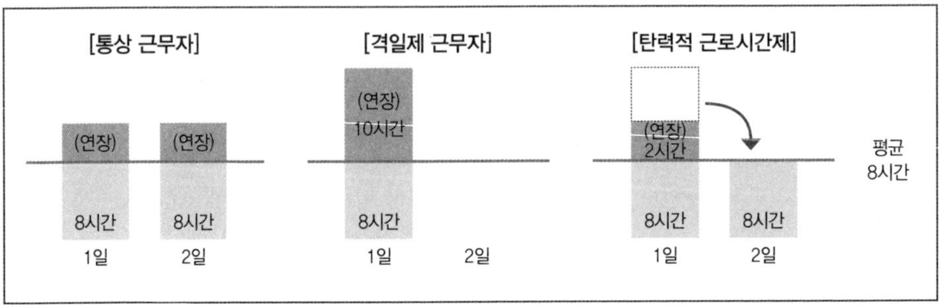

를 곱하여 산정한다.

243) 1주간 근무시간은 40시간 이내이지만, 1일 8시간을 초과하는 근무는 모두 법정연장근로이므로 150%가 책정된다.

이에 역일상 요일이 동일하게 적용되는 근무형태 주기[244]인 2주(14일) 단위로 탄력적 근로시간제를 도입하게 되면 아래와 같이 소정근로가 법정근로시간 한도까지 늘어나게 되고 연장근로가 줄어들게 되어, 결과적으로 인건비가 감소되는 효과가 나타난다.

[그림 2-94] 연중무휴 2조 격일제 교대 형태 _ 탄력적 근로시간제 급여 분개

■ 탄력적 근로시간제 (2주 단위) (시급 1만원 가정)

2주간			1일간						1주간 평균					
근무일	주휴일	휴무일	체류 시간	휴게 시간	근무 시간	소정 근무	연장 근무	야간 시간	근무일	근무 시간	소정 근무	연장 근무	야간 시간	주휴 시간
7	2	5	24	6	18	8	10	4	3.5	63	40	23	14	8

1주간 평균 임금 시수					1개월간 평균 임금 시수 [1주×4.345]				월급				효과	
소정 근무	주휴 시간	연장 근무 (×1.5)	야간 가산 (×0.5)	[소계]	소정 +주휴	연장 근무 (×1.5)	야간 가산 (×0.5)	[소계]	기본급 (소정+ 주휴)	연장 근무 수당	야간 가산 수당	합계	금액	비율
40	8	34.5	7	89.5	209	149.9	30.4	389.3	2,090,000	1,499,025	304,150	3,893,175	- 256,300	- 6.2%

위의 계산식을 보면, 탄력적 근로시간제를 적용하지 않았을 때에 비해 100%만 지급하면 되는 소정근로시간이 주당 평균 12시간 증가(주당 평균 28시간 → 주당 평균 40시간)하고, 150%를 지급해야 하는 연장근로시간이 주당 평균 12시간 감소(주당 평균 35시간 → 주당 평균 23시간)되었음을 알 수 있다. 이에 총 근로시간은 동일하지만, 150% 지급해야 되는 연장근로시간이 100%만 지급해도 되는 소정근로시간으로 전환됨에 따라 인건비를 절감하는 효과를 얻게 된다.

또한 통상임금 산정을 위한 월간 시간수도 209(≒208.6)를 적용할 수 있게 된

244) 격일제 근무제는 2일 단위로 근무형태가 반복되지만, 1주(7일)에 1일 부여되어야 하는 주휴일을 고려한다면 근무형태가 반복되는 주기인 2일과 역일상 1주일을 구성하는 7일의 최소 공배수를 찾을 필요가 있다(2와 7의 최소공배수는 14가 된다.). 즉 2조 격일제 근무를 하는 직원들은 누구나 14일의 주기를 기준으로 역일상 동일한 패턴이 반복된다. 월요일부터 일요일까지 각 요일별로 1일의 근무일과 1일의 휴무일이 동일하게 배정되는 것이다(누구나 14일을 기준으로 2번의 특정 요일이 배정되는데, 일요일을 예로 들면 2일의 일요일 중에는 1일의 근무일과 1일의 휴무일이 배정된다.).

다.[245] 2주 단위의 탄력적 근로시간제는 근로기준법 제51조 ①항에 따라 취업규칙(취업규칙에 준하는 것을 포함)을 통해 도입할 수 있다. 다만, 2주 단위의 탄력적 근로시간제는 특정한 주의 소정근로시간이 48시간을 초과할 수 없으며, 48시간으로 소정근로가 배정된 주에 연장근로를 12시간 더 실시한다 하더라도 총 60시간밖에는 실시할 수 없으므로 위의 근무 편성은 연장근로 한도 위반으로 여전히 위법이 된다.

따라서 위와 같은 근무편성은 실제로는 경비원과 같은 감시·단속적 근로자에게만 적용하는 경우가 대부분이다. 감시·단속적 근로자는 근로기준법 제63조에 의해 근로기준법상 근로시간과 휴일에 대한 규정이 적용되지 않기 때문이다. 즉 법정근로시간의 한도와 연장근로의 한도가 적용되지 않으므로 장시간 근로 약정이 가능하고, 1일 8시간 및 1주 40시간을 초과하여 근무하더라도 연장근로 가산수당이 책정되지 않으며, 주휴수당을 지급할 의무도 없어진다. 다만, 감시·단속적 근로자라 하더라도 연차휴가는 적용되어야 하고, 고용노동부 행정해석(임금근로시간정책팀-3848, 2006.12.20 등)에 의하면 야간근로에 따른 가산수당 50%는 적용되어야 한다. 그리고 감시·단속적 근로자의 근로시간은 일정기간(주 또는 월 등)의 평균적 개념으로 산정할 수 있다.[246]

[그림 2-95] 연중무휴 2조 격일제 교대 형태 _ 감시·단속적 근로자 급여 분개

■ 감시·단속적 근로자 (시급 1만원 가정)

2주간		1일간				1주간 평균			1주간 평균 (가산 시수)		
근무일	휴(무)일	체류 시간	휴게 시간	근무 시간	야간 시간	근무일	근무 시간	야간 시간	근무 시간	야간가산 (×0.5)	[소계]
7	7	24	6	18	4	3.5	63	14	63	7	70

주급			월급 (주급×4.345)		
기본급	야간가산수당	합계	기본급	야간가산수당	합계
630,000	70,000	700,000	2,737,350	304,150	3,041,500

효과	
금액	비율
-1,107,975	-26.7%

이에 감시·단속적 근로에 종사하면서 고용노동부로부터 승인을 받은 경우에는

245) 1주일에 1일만 유급휴일로 적용했다는 의미이고, 1주일에 2일을 유급처리 할 경우에는 통상임금 산정을 위한 시수가 226이나 243 등이 될 수도 있다.

246) 근로감독관집무규정 제68조 ③.

위와 같이 큰 폭으로 인건비가 감소되는 것을 확인할 수 있다. 즉 연장근로가 적용되지 않으므로 모든 근로에 대해서 100% 근로의 대가만 지급하면 되며, 다만 야간근로에 대해서만 추가 가산율 50%가 적용되면 된다. 또한 주휴수당이 적용되지 않으므로 그만큼 급여가 적게 나가게 된다. 실무에서는 감시·단속적 근로자에 대하여 최저임금 수준으로 급여를 책정하고, 체류시간 중 휴게시간을 더 늘려 책정함으로써 근로시간을 단축하여 급여를 적게 책정하는 경우도 있다. 다만, 휴게시간에 사용자의 지휘·감독에서 벗어나 자유롭게 휴게하는 것이 실질적으로 보장되지 않고, 사실상 잠시도 자리를 비울 수 없는 대기시간이라면 해당 시간은 근로시간으로 보아야 하므로 주의하여야 한다.

② 연중무휴, 3조 3교대 근무형태

[그림 2-96] 연중무휴 3조 3교대 교대 형태

Case 2 연중무휴(24시간, 365일) 3조3교대

구분		월	화	수	목	금	토	일	1주간		
									평일근로	휴일특근	근로시간
1주	야간 (23시~07시)	7.5	7.5	7.5	7.5	7.5	7.5	11(후)	6일	1일	56시간
2주	중간 (15시~23시)	7.5	7.5	7.5	7.5	7.5	7.5	11(전)	6일	1일	56시간
3주	오전 (07시~15시)	7.5	7.5	7.5	7.5	7.5	7.5		6일		45시간

[전제] 평일(월~토요일) 8시간 체류 중 휴게시간 30분, 휴일(일요일) 12시간 체류 중 휴게시간 1시간,
일요일은 주휴일, 주40시간 근무제
12시간 체류 시 시업 및 종업시각: (후근) 19시~07시, (전근) 07시~19시

연중무휴 3조 3교대를 운영하게 되면, 1일 24시간을 3개조가 8시간(24시간 / 3조)씩 교대로 체류하게 되고, 휴무하는 조가 발생되지 않으므로 1년 365일을 휴일 없이 매일 근무해야 된다. 따라서 연중무휴 3조 3교대를 운영하게 되면, 주중 1~2일을 12시간(24시간 / 2조) 맞교대로 운영함으로써 최소 1개조에게 실질적인 휴무일을 부여하게 된다.[247]

247) 1주 동안 4일간은 7.5시간을 근무하고, 2일간은 11시간을 근무함으로써 다른 조에게 실제 휴

그리고 1일 근로시간을 7.5시간(8시간 체류 - 30분 휴게)으로 설정할 경우 1주에 6일(1일 7.5시간 × 6일 = 45시간, 40시간은 소정근로로 하고 5시간은 연장근로로 설정함)을 소정근로일(평일)로 설정할 수 있으며,[248] 주당 1일은 주휴일로 설정하되 휴일근로를 적용할 수 있다. 이 경우에는 역일상 요일의 개념을 그대로 적용할 수 있다.

위와 같은 유형의 3조 3교대 근무형태는 3주를 순환 주기로 하여 모든 근무조건이 동일해진다. 즉 1주 단위로 근로시간대가 변경되다 보니, 3주 동안을 누적해야 오전근로일·오후근로일·야간근로일 수가 각 6일씩으로 동일해 지고, 전근·후근·실제 휴무일 수도 각 1일씩으로 동일해지게 된다.

[그림 2-97] 연중무휴 3조 3교대 교대 형태 _ 근무편성표

■ 3조 3교대 (21일 주기형)

구분	1주차							2주차							3주차							3주간 합계					
	월	화	수	목	금	토	일	월	화	수	목	금	토	일	월	화	수	목	금	토	일	오	중	야	전	후	off
1조	야	야	야	야	야	야	후	중	중	중	중	중	중	전	오	오	오	오	오	오	off	6	6	6	1	1	1
2조	중	중	중	중	중	중	전	오	오	오	오	오	오	off	야	야	야	야	야	야	후	6	6	6	1	1	1
3조	오	오	오	오	오	오	off	야	야	야	야	야	야	후	중	중	중	중	중	중	전	6	6	6	1	1	1

이 경우에는 시급제를 운영하면서 개별적으로 매주 근무한 근로시간을 실제로 산정하여 소정근로 및 주휴일에 대한 대가를 합산하여 기본급으로 지급하고, 발생된 연장근로·야간근로·휴일근로 시간을 측정하여 각각의 가산율을 곱하여 연장·야간·휴일근로수당으로 지급하는 것이 가장 정확한 산정법이라 할 수 있다. 왜냐하면 1달은 약 4.345주로 구성되지만 각각의 근무 형태가 동일해 지는 주기는 3주이므로 월마다 오전근로일·오후근로일·야간근로일 수 및 전근·후근·실제 휴무일 수가 달라지기 때문이다.

다만 여기에서는 다른 교대제 형태와 급여 조건을 비교해 보기 위하여 편의상

무일을 부여하게 된다면, 나머지 1일은 휴무를 갖게 되어 매주 1일의 실제 휴무일을 확보할 수 있고, 매주 근무일과 근로시간이 동일해질 수도 있다.

248) 1일 7.5시간씩 주5일만 소정근로일(평일)로 설정할 경우, 37.5시간(1일 7.5시간 × 5일)이 되어 주당 40시간의 법정근로시간 대비 2.5시간의 여유분이 발생한다. 1주간에 주휴일은 1일만 설정하면 되므로 1주에 6일을 소정근로일(평일)로 설정할 수 있다.

'평균' 개념을 적용하여 평균 월급을 산출해 보도록 하겠다.

[그림 2-98] 연중무휴 3조 3교대 교대 형태 _ 주차별 근로시간 분석

▪ 주차 별 근로시간 분석

1주차 (야간)										
소정 근무일	평일(6일) 근로시간	휴일 근로시간	총 근로시간	소정근무	연장근로 (평일)	휴일근로	8시간초과 휴일근로	야간근로 (6일)	야간근로 (후근)	주 휴
6	45	11	56	40	5	11	3	39	7	7.5

2주차 (중간)										
소정 근무일	평일(6일) 근로시간	휴일 근로시간	총 근로시간	소정근무	연장근로 (평일)	휴일근로	8시간초과 휴일근로	야간근로 (6일)		주 휴
6	45	11	56	40	5	11	3	6		7.5

3주차 (오전)										
소정 근무일	평일(6일) 근로시간		총 근로시간	소정근무	연장근로 (평일)					주 휴
6	45		45	40	5					7.5

먼저 주차 별 근로시간을 분석해 보면, 1주차와 2주차 및 3주차의 근로시간이 모두 다른 것을 확인할 수 있다. 우선 평일(주6일) 근로시간은 모두 45시간(1일 7.5시간 × 6일)으로 동일하지만, 휴일근로시간은 1주차와 2주차는 각 11시간씩이지만 3주차는 실제 휴무로 인하여 발생되지 않는다. 이에 1주차와 2주차의 총 근로시간은 각각 56시간(평일근로 45시간 + 휴일근로 11시간)이지만,[249] 3주차의 총 근로시간은 45시간이 된다. 그리고 평일근로 45시간은 40시간의 소정근로와 5시간의 연장근로(연장근로 150% 적용)로 구성되며, 1주차부터 3주차까지 모두 적용된다. 1주차와 2주차에 발생되는 11시간의 휴일근로 중 8시간까지는 150%를 적용하고 8시간을 초과하는 3시간에 대해서는 200%를 적용해 주어야 한다.[250] 또한 야간교대조근무(23시부터 익일 07시까지 근무)를 하는 1주차에는 평일 6일 동안에는 1일 6.5시간(야간근로가 적용되는 23시부터 06시까지 7시간 중 휴게시간 0.5시간을 차감)의 야간근로가 발생되어 6일간 39시간(6.5시간 × 6일)의 야간근로가 책정되며, 후근(19시부

249) 주52시간제 적용에 따라 근로시간 한도 위반이 되는 경우이다.
250) 근로기준법 제56조 2항 1호 및 2호.

터 익일 07시까지 근로)을 하는 휴일에는 1일 7시간(야간근로가 적용되는 22시부터 06시까지 8시간 중 휴게시간 1시간을 차감)의 야간근로가 발생되어 1주간 총 46시간의 야간근로가 책정된다. 중간교대조 근무(15시부터 23시까지 근무)를 하는 2주차에는 평일 6일 동안에는 1일 1시간(야간근로가 적용되는 22시부터 23시까지)의 야간근로가 발생되어 6일간 6시간(1시간 × 6일)의 야간근로가 편성되어 1주간 총 6시간의 야간근로가 책정된다.

이를 3주간 합산한 후, 1주간 평균을 내고, 다시 1월간 환산하여 월 평균 근로시간을 분석한 결과는 아래와 같다.[251]

[그림 2-99] 연중무휴 3조 3교대 교대 형태 _ 월 평균 근로시간 분석

■ 월 평균 근로시간 분석

3주간 합계										
소정 근무일	평일 근로시간	휴일 근로시간	총 근로시간	소정근무	연장근로 (평일)	휴일근로	8시간초과 휴일근로	야간근로 (평일)	야간근로 (휴근)	주 휴
18	135	22	157	120	15	22	6	45	7	22.5

1주간 평균										
소정 근무일	평일 근로시간	휴일 근로시간	총 근로시간	소정근무	연장근로 (평일)	휴일근로	8시간초과 휴일근로	야간근로 (평일)	야간근로 (휴근)	주 휴
6	45	7.33	52.33	40	5	7.33	2	15	2.33	7.5

1월간 평균 (1주 × 4.345)										
소정 근무일	평일 근로시간	휴일 근로시간	총 근로시간	소정근무	연장근로 (평일)	휴일근로	8시간초과 휴일근로	야간근로 (평일)	야간근로 (휴근)	주 휴
26.07	195.53	31.86	227.39	173.80	21.73	31.86	8.69	65.18	10.14	32.59

월 평균 근로시간에 따라 월 평균 급여를 산정한 결과는 아래와 같다.

우선 소정근로시간인 173.8시간과 주휴수당 32.59시간을 합친 206.39시간[252]

251) 1주 평균 52.33시간을 근무하게 되어 1주 평균 52시간을 초과하므로 탄력적 근로시간제를 적용하더라도 법 위반이 된다.

252) 보통 주5일 주40시간 근무제의 경우에는 주휴수당이 8시간분이 책정되어 월간 209시간을 적용하지만, 이번 경우는 1일 7.5시간 근무에 주6일 근무를 설정하였기에 주휴수당을 7.5시간분만 책정하였고, 이에 월간 209시간보다 적은 206.39시간을 책정하였다. 하지만, 편의상 209시간분을 책정하는 것도 가능하다.

에 대하여 기본급으로 지급되어야 한다. 그리고 평일 연장근로 21.73시간에 대하여 150%를 적용한 32.59시간분을 연장근로수당으로 지급해야 한다. 휴일근로는 총 31.86시간이 발생되는데, 그 중 8.69시간은 1일 8시간을 초과한 휴일근로이다. 이 경우 휴일근로수당은 두 가지 방식으로 산정할 수 있다. 첫 번째 방식은 전체 휴일근로 31.86시간에 대하여 150%를 적용한 47.80시간분을 지급하고 거기에 더해 1일 8시간을 초과한 휴일근로 8.69시간에 대해서는 추가 50%를 적용한 4.345시간분을 지급하는 것이다. 두 번째 방식은 전체 휴일근로 31.86시간 중 8시간 이내의 휴일근로 23.17시간(31.86 - 8.69)에 대해서 150%를 적용한 34.76시간분을 지급하고, 8시간을 초과하는 휴일근로 8.69시간에 대해서 200%를 적용한 17.38시간분을 지급하는 것이다. 두 가지 방식 모두 합산하면 52.14시간분의 휴일근로수당을 지급해야 되는 것은 동일하며, 다만 산출하는 과정만 다른 것이다. 마지막으로 야간근로 75.32시간(평일야간근로 65.18시간 + 후근야간근로 10.14시간)에 대하여 추가 50%를 적용한 37.66시간분을 야간근로수당으로 지급해야 한다. 이를 모두 합산하면 총 328.79시간분을 지급하면 되는 것이다. 이와 같이 각각의 근무 종류별로 분개하여 각각의 법정 가산율을 반영해서 지급해야 되는 것이다.

[그림 2-100] 연중무휴 3조 3교대 교대 형태 _ 월 평균 급여 산정

■ 월 평균 급여 산정 (시급 1만원 가정)

1월간 평균 가산 시수								월 급
소정근무	주 휴	기본시수 (소정+주휴)	연장 근로시수 [× 1.5]	휴일 근로시수 [× 1.5]	8시간 초과 휴일근로 추가 시수 [× 0.5]	야간 근로시수 [× 0.5]	총 시수	
173.8	32.59	206.39	32.59	47.80	4.345	37.66	328.79	3,287,850

③ 연중무휴, 3조 2교대 근무형태

연중무휴 3조 2교대 근무형태는 3개조를 편성한 후, 1일 24시간 중 주간 12시간을 1개조가 맡고, 야간 12시간을 1개조가 맡으며, 나머지 1개조는 휴무일을 갖는 교대근무 형태이다. 이에 특정 기간(1주·1월·1분기·1년 등)의 1/3은 주간근무를 하고, 1/3은 야간근로를 하며, 1/3은 휴무일을 갖게 된다. 동일한 기간을 3개조가 맡게 된다는 점에서 3조 2교대와 3조 3교대의 총 근로시간은 동일하다고 할 수 있다. 3일이라는 기간이 있을 때, 3조 2교대는 12시간씩 2일을 근무하여 총 24시간을 근무하고, 3조3교대는 8시간씩 3일을 근무하여 총 24시간을 근무하는 셈이기 때문이다. 그러나 3조 3교대와 비교할 때, 3조 2교대는 하루에 12시간씩 맞교대를 하는 것은 힘든 일이지만 휴무일이 훨씬 많아진다는 장점이 있다. 특정 기간의 1/3은 휴무일로 배정되기 때문이다.

3조 2교대는 동일한 근로시간대 근무를 연속으로 며칠간 한 다음 다른 근로시간대 근무나 휴무로 변경하는지에 따라 아래와 같은 다양한 주기 형태로 편성할 수 있다. 다만 그 주기 패턴은 3의 배수(3일, 6일, 9일, 12일, 15일, 18일, ... 등)로 편성하게 된다.

[그림 2-101] 연중무휴 3조 2교대 주기 유형

■ 3조 2교대 (3일 주기형)

구분	월	화	수
1조	주	야	off
2조	야	off	주
3조	off	주	야

■ 3조 2교대 (6일 주기형)

구분	월	화	수	목	금	토
1조	주	주	야	야	off	off
2조	야	야	off	off	주	주
3조	off	off	주	주	야	야

■ 3조 2교대 (9일 주기형)

구분	월	화	수	목	금	토	일	월	화
1조	주	주	주	야	야	야	off	off	off
2조	야	야	야	off	off	off	주	주	주
3조	off	off	off	주	주	주	야	야	야

■ 3조 2교대 (12일 주기형)

구분	월	화	수	목	금	토	일	월	화	수	목	금
1조	주	주	주	주	off	off	야	야	야	야	off	off
2조	야	야	off	off	주	주	주	주	off	off	야	야
3조	off	off	야	야	야	야	off	off	주	주	주	주

■ 3조 2교대 (15일 주기형)

구분	월	화	수	목	금	토	일	월	화	수	목	금	토	일	월
1조	주	주	주	주	주	off	off	야	야	야	야	야	off	off	off
2조	야	야	off	off	off	주	주	주	주	주	off	off	야	야	야
3조	off	off	야	야	야	야	야	off	off	off	주	주	주	주	주

일반적으로 주기 패턴이 짧을수록 근로시간대가 자주 변경되고 연속 휴무일이 짧아서 더 피곤한 근무형태라 할 수 있다. 반면에 주기 패턴이 길수록 동일한 근로시간대로 연속 근무를 할 수 있고 연속 휴무일도 많아지며 근로시간대가 변경되는 중간 중간에 휴무[253]를 넣을 수가 있어 상대적으로 덜 피곤한 근무형태라 할

253) 15일 주기형의 경우 주간 근무 후 2일의 휴무일을 배정하고, 야간 근무 후 3일의 휴무일을 배

수 있다.

3조 2교대를 운영하게 되면, 역일상 요일의 개념을 가져갈 수 없게 되고 1주간의 근무일 및 휴(무)일, 근로시간도 조별로 균등하게 운영할 수 없게 된다. 이에 주휴일도 특정 요일로 지정할 수 없고, 교대 근무편성표 상 설정되는 휴(무)일 중에 주휴일을 포함하게 된다. 또한 교대 근무자에 대해서는 공휴일 근무조에 대해 휴일근로 처리를 하여 휴일근로수당을 지급하거나 공휴일 대체를 하게 된다.[254)]

아래는 3조 2교대 9일 주기형을 4주간 운영한 것이다. 당연히 각 주별로 근무일도 달라지고 근로시간도 달라진다. 특정 주는 1주간 최대 허용 근로시간인 52시간을 초과하는 경우도 발생될 수 있다. 아래 그림에서 1주차에는 66시간의 근로가 발생[255)]되고 있어 근로기준법상 근로시간 한도를 초과하고 있다.

하지만 '평균'을 활용할 수 있다면, 주당 평균 근로시간은 짧아지게 되며, 어떤 주기형으로 운영하더라도 동일한 근로시간으로 설정된다. 이에 평균을 활용하기 위해 탄력적 근로시간제를 도입하는 것이 필수라 할 수 있다.

탄력적 근로시간제는 평균을 하게 되는 단위 기간을 정해야 한다. 기본적으로 3조 2교대의 단위 기간은 앞서 표현한 주기형과 같이 3의 배수가 되는 3일, 6일, 9일, 12일, 15일 등이 될 수 있다. 여기에 역일상 1주간 및 요일까지도 고려하게 되

정할 수 있다. 휴무일의 개수로 보면 2일과 3일로 불규칙하지만, 연속 휴무시간을 보면 72시간으로 동일한 것을 알 수 있다. 주간근무가 07시~19시이고, 야간근로가 19시~07시라고 가정할 때, 15일 주기형 1조의 근무스케줄을 보도록 하자. 주간근무를 5일간 하다가 금요일 19시에 퇴근한 후 월요일 19시에 출근하므로 총 72시간(금요일 5시간 + 토요일 24시간 + 일요일 24시간 + 월요일 19시간)의 연속 휴무가 보장된다. 다음으로 야간근로를 5일간 하게 되면 금요일 야간출근 시 다음날인 토요일 07시에 퇴근한 후 화요일 07시에 다시 출근하게 되므로 마찬가지로 총 72시간(토요일 17시간 + 일요일 24시간 + 월요일 24시간 + 화요일 7시간)의 연속 휴무가 보장된다. 이와 같이 교대제는 휴(무)일 수 뿐만 아니라 근로시간대가 변경될 때, 얼마나 많은 연속 휴무시간이 보장되는지도 반드시 고려하여야 한다.

254) 근로기준법 제55조(휴일) 2항 신설로 인하여 2020년부터 순차적으로 공휴일을 법정휴일로 운영하게 되었다. 그런데 교대제를 운영하다 보면, 특정 공휴일에 근무가 편성되는지 휴무가 편성되는지와 같은 우연한 사정으로 교대조별 형평성 문제가 발생된다. 이에 교대근무일로 편성된 날에 공휴일이 겹치게 되면 휴일 특근수당으로 처리해 주어야 하며, 만약 다른 날로 공휴일을 대체하려면 근로자대표와의 서면 합의를 거쳐야 한다.

255) 주52시간제 적용에 따라 1주차 뿐 아니라 2주차도 근로시간 허용 한도를 초과하게 된다.

면 7과 최소공배수가 되는 기간을 탄력적 근로시간제의 단위기간으로 지정할 수도 있다. 예컨대 9일 주기형의 경우 63일(9와 7의 최소공배수, 9일 주기 × 7 사이클 반복, 9주 × 주 7일)이 경과되면 다시 최초와 같이 월요일부터 주간근무(주/주/주)가 시작된다.

[그림 2-102] 연중무휴 3조 2교대 교대 형태

Case 3 연중무휴(24시간, 365일) 3조2교대

구분	월	화	수	목	금	토	일	1주간			
								주간근무	야간근무	휴(무)일	근로시간
1주	주(11)	주(11)	주(11)	야(11)	야(11)	야(11)		3일	3일	1일	66시간
2주			주(11)	주(11)	주(11)	야(11)	야(11)	3일	2일	2일	55시간
3주	야(11)				주(11)	주(11)	주(11)	3일	1일	3일	44시간
4주	야(11)	야(11)	야(11)				주(11)	1일	3일	3일	44시간

[전제] 12시간 체류 중 휴게시간 1시간을 제외한 11시간 근무, 주40시간 근무제
- (주간) 07시~19시 체류 중 12시~13시 휴게
- (야간) 19시~07시 체류 중 01시~02시 휴게

하지만 반드시 7과의 최소공배수를 단위기간으로 할 필요는 없고, 평균의 대상기간이 되는 3일, 6일, 9일, 12일, 15일 등을 탄력적 근로시간제의 단위 기간으로 설정할 수도 있을 것이다. 왜냐하면 9일 주기형의 경우 9일간의 근로시간을 9로 나누어 1일 평균 근로시간을 산정한 후, 7을 곱하여 1주 평균 근로시간을 산정할 수 있기 때문이다.

아래는 3조 2교대 [9일 주기형]의 월 평균 급여를 산정한 것이다. [9일 주기형]이므로 9일 중 3일은 주간근무, 3일은 야간근무, 3일은 휴(무)일이 된다. 이에 9일간의 근로시간을 산정한 후, 이를 9로 나누어 1일 평균 근로시간을 산정하고, 다시 7을 곱하여 1주 평균 근로시간을 산정하여 급여를 구하는 것도 가능하다. 하지만 아래는 역일상 주의 개념까지 감안하여 9일 주기와 1주 7일의 최소 공배수인 63일(9주)간 근로시간을 산정한 후, 9로 나누어 1주간 평균 근로시간을 산정하고, 다시 4.345를 곱하여 1월간 평균 근로시간 및 가산시수를 산정하여 급여를 계산하였다.

그런데 3조 2교대는 1일 근로시간이 길고, 휴(무)일이 많기 때문에 1주 평균 소정근로시간이 짧고, 1주 평균 연장근로시간이 많이 나오게 된다. 즉 1일 근로시간은 11시간으로 소정근로시간 8시간과 연장근로시간 3시간으로 구성되는데, 이를 9주간 42일(21일의 주간근무 및 21일의 야간근로)로 곱하게 되면 총 462시간의 근무가 336시간의 소정근무와 126시간의 연장근로로 구성이 된다.[256] 이를 다시 9로 나누어 1주 평균 근로시간으로 산정해 보면, 1주간 평균 51.3시간을 근무하게 되는데 이는 37.3시간의 소정근로시간과 14시간의 연장근로시간으로 구성이 된다. 이에 탄력적 근로시간제의 특성에 따라 연장근로 중 2.7시간을 차감하여 소정근로시간에 합산하게 되면, 1주간 평균 51.3시간의 근로시간이 40시간의 소정근로시간과 11.3시간의 연장근로시간으로 구성이 된다.[257] 여기에 1주 8시간의 주휴시간을 합산하고, 연장근로는 150%를 적용하며, 야간근로에는 추가 50%를 가산해 주면 월 평균 급여가 산정이 된다.

[그림 2-103] 연중무휴 3조 2교대 교대 형태 _ 급여 산정

■ 3조 2교대 (9일 주기형) 급여 산정 (시급 1만원 가정)

9주간 (9일주기형 × 7cycle) [63일]				1일간					
주간 근무일	야간 근무일	휴(무)일	휴(무)일 中 주휴일	체류 시간	휴게 시간	근무 시간	소정 근무	연장 근무	야간 근무 (야근)
21	21	21	9	12	1	11	8	3	7

9주간 합계					
소정 근무일	총 근무 시간	소정 근무 시간	연장 근무 시간	야간 근무 시간	주휴 시간
42	462	336	126	147	72

256) 야간근로(22시~06시) 총 147시간은 야간근로 1일(19시~07시 예시) 중 야간근무 시간대(22시~06시)에 근무하게 되는 7시간(8시간 – 휴게 1시간)에 63일 중 야간근무로 편성되는 21일을 곱하여 산정(7시간 × 21일)한 것이다.

257) 이에 1주 평균 연장근로시간이 12시간 이내가 되어 법 위반이 되지 않는다. 그러나 교대제를 운영하다 보면 대체 근로가 발생될 수 있는데, 대체 근로를 하게 되면 1주 평균 근로시간이 52시간을 초과하게 될 수 있으므로 유의하여야 한다.

1주간 평균					
소정근무일	총 근무시간	소정 근무시간	연장 근무시간	야간 근무시간	주휴시간
4.67	51.33	37.33	14.00	16.33	8.00

1월간 평균					
소정근무일	총 근무시간	소정 근무시간	연장 근무시간	야간 근무시간	주휴시간
20.28	223.04	162.21	60.83	70.97	34.76

1월간 가산 시수						월 급
소정근무	주휴	(통상)시수	연장시수 [× 1.5]	야간시수 [× 0.5]	총 시수	
162.21	34.76	196.97	91.25	35.48	323.70	3,237,025

1주간 평균 (9주 단위 탄력적 근로시간제)					
소정근무일	총 근무시간	소정 근무시간	연장 근무시간	야간 근무시간	주휴시간
4.67	51.33	40.00	11.33	16.33	8.00

1월간 평균					
소정근무일	총 근무시간	소정 근무시간	연장 근무시간	야간 근무시간	주휴시간
20.28	223.04	173.80	49.24	70.97	34.76

1월간 가산 시수						월 급
소정근무	주휴	(통상)시수	연장시수 [× 1.5]	야간시수 [× 0.5]	총 시수	
173.80	34.76	208.56	73.87	35.48	317.91	3,179,092
						-1.8%

(2) 교대제 유형 변경 시, 급여 책정 방안

앞에서 설명한 연중무휴 3조 3교대 및 3조 2교대 교대제에서 추가 잔업이 발생될 경우에는 1주 근로시간 한도인 52시간을 초과할 가능성이 높아지므로 적법하게 운영하기가 어려워진다. 따라서 3조 교대제의 경우에는 4조 교대제로의 변경을 고려할 필요가 있다.

그런데 3조를 4조로 개편하는 것은 노사 모두 큰 부담을 갖게 된다. 우선 회사 입장에서는 인력을 1/3(3명이 하던 일을 4명이 하게 됨. 3명 + 3명 × 1 / 3 = 4명)만큼 더 투입해야 하므로 인건비 부담이 증가된다. 반면에 직원 입장에서도 단순히 계산하면 1주간 56시간(1주 168시간 / 3조) 동안 하던 업무를 1주간 42시간(1주 168시간 / 4조)만 하게 되니 14시간의 근로시간이 감소하게 되고, 감소되는 14시간은 모두 1.5배를 적용받던 연장근로이다 보니 실질적으로는 1주일에 21시간분(14시간 × 1.5)에 해당되는 급여가 감소되어 대폭의 급여 하락이 발생되기 때문이다.

따라서 3조를 4조로 개편하는 것은 노사 모두 큰 부담이 될 수밖에 없으며, 큰 폭의 급여 하락을 완화하기 위하여 급여를 일부 보전해 줄 경우에는 회사 입장에서 더 많은 인건비 부담을 지게 된다. 이에 3조를 4조로 개편하는 것이 아니라 중간

형태인 3.5조와 같은 변형 교대제를 검토하는 경우도 있다.

이하에서는 4조 3교대 및 4조 2교대, 변형 교대제에 대해 알아보고, 급여가 어떻게 변경 책정되는지를 산정해보도록 하겠다.

① 연중무휴, 4조 3교대 근무형태

기존에 연중무휴 3조 3교대를 운영했던 사업장은 1조를 더 늘려 4조 3교대로 변경하는 것을 고려할 것이다. 3조 3교대는 매일 8시간씩만 근무한다면 365일 내내 실제 휴무를 할 수 없기 때문에 중간에 12시간씩 맞교대로 근무함으로써 1개 조를 휴무토록 하는 기형적인 운영을 할 수밖에 없었다.[258] 게다가 연차휴가나 교육 등으로 인해 1개조 직원이 근무를 하지 못할 경우에도 별도의 대체근무 인력이 없을 경우에는 다른 2개조 직원이 4시간씩 연장근로를 실시하여 12시간씩 근무할 수밖에 없어서 피로도가 높은 근무형태라 할 수 있다.

그런데 1개조가 더 늘어나 4개조가 된다면, 기본적으로 하루에 3개조는 근무하고 1개조는 휴무를 실시하게 됨으로써 휴무가 대폭 늘어나게 되고,[259] 1개조의 휴무조가 대체인력[260]이 될 수 있으므로 근무자들이 12시간 맞교대를 하게 되는 어려움은 거의 발생되지 않는다.

3조 2교대가 3의 배수로 주기형테를 설정할 수 있는 것처럼, 4조 3교대와 4조 2교대는 4의 배수로 주기형태를 설정할 수 있다. 즉 4일, 8일, 12일, 16일, 20일, 24일, 28일, ... 등으로 주기형을 구성할 수 있다.

---

258) 중간에 의도적으로 휴무를 주기 위해 12시간 맞교대를 넣지 않는다면, 1년 365일 중 1/3인 121.7일은 오전근무, 121.7일은 오후근무, 121.7일은 야간근무가 배정되고, 실질적인 휴(무)일은 하루도 배정될 수가 없다.

259) 365일 중 1/4인 91일은 오전근무, 91일은 오후근무, 91일은 야간근무가 배정되고, 나머지 91일은 실질적인 휴(무)일이 된다.

260) 다만, 야간근로자가 휴가·결근을 할 경우에는 휴무조가 대체 근무하는 것을 꺼리기 때문에 인력 운영에 있어 관리가 필요하다.

[그림 2-104] 4조 3교대 근무 스케줄 유형

범례: A(오전근무), B(오후근무), C(야간근로), off(휴[무]일)

■ 4조3교대 (4일 주기형); 최소공배수 28일

구분	월	화	수	목
1조	A	B	C	off
2조	B	C	off	A
3조	C	off	A	B
4조	off	A	B	C

■ 4조3교대 (8일 주기형); 최소공배수 56일

구분	월	화	수	목	금	토	일	월
1조	A	A	B	B	C	C	off	off
2조	B	B	C	C	off	off	A	A
3조	C	C	off	off	A	A	B	B
4조	off	off	A	A	B	B	C	C

구분	월	화	수	목	금	토	일	월
1조	A	A	B	B	off	C	C	off
2조	B	B	off	C	C	off	A	A
3조	off	C	C	off	A	A	B	B
4조	C	off	A	A	B	B	off	C

■ 4조3교대 (12일 주기형); 최소공배수 84일

구분	월	화	수	목	금	토	일	월	화	수	목	금
1조	A	A	A	off	B	B	B	off	C	C	C	off
2조	off	B	B	B	off	C	C	C	off	A	A	A
3조	B	off	C	C	C	off	A	A	A	off	B	B
4조	C	C	off	A	A	A	off	B	B	B	off	C

■ 4조3교대 (16일 주기형); 최소공배수 112일

구분	월	화	수	목	금	토	일	월	화	수	목	금	토	일	월	화
1조	A	A	A	A	off	B	B	B	B	off	C	C	C	C	off	off
2조	C	C	off	off	A	A	A	A	off	B	B	B	B	off	C	C
3조	B	off	C	C	C	C	off	off	A	A	A	A	off	B	B	B
4조	off	B	B	B	B	off	C	C	C	C	off	off	A	A	A	A

■ 4조3교대 (20일 주기형); 최소공배수 140일

구분	월	화	수	목	금	토	일	월	화	수	목	금	토	일	월	화	수	목	금	토
1조	A	A	A	A	A	off	B	B	B	B	B	off	off	C	C	C	C	C	off	off
2조	off	B	B	B	B	B	off	off	C	C	C	C	C	off	off	A	A	A	A	A
3조	B	off	off	C	C	C	C	C	off	off	A	A	A	A	A	off	B	B	B	B
4조	C	C	C	off	off	A	A	A	A	A	off	B	B	B	B	B	off	off	C	C

■ 4조3교대 (24일 주기형); 최소공배수 168일

구분	월	화	수	목	금	토	일	월	화	수	목	금	토	일	월	화	수	목	금	토	일	월	화	수
1조	A	A	A	A	A	A	off	off	B	B	B	B	B	B	off	off	C	C	C	C	C	C	off	off
2조	off	off	B	B	B	B	B	B	off	off	C	C	C	C	C	C	off	off	A	A	A	A	A	A
3조	B	B	off	off	C	C	C	C	C	C	off	off	A	A	A	A	A	A	off	off	B	B	B	B
4조	C	C	C	C	off	off	A	A	A	A	A	A	off	off	B	B	B	B	B	B	off	off	C	C

■ 4조3교대 (28일 주기형); 최소공배수 28일

구분	월	화	수	목	금	토	일	월	화	수	목	금	토	일	월	화	수	목	금	토	일	월	화	수	목	금	토	일
1조	A	A	A	A	A	A	A	off	off	B	B	B	B	B	B	B	off	off	C	C	C	C	C	C	C	off	off	off
2조	off	off	B	B	B	B	B	B	B	off	off	C	C	C	C	C	C	C	off	off	off	A	A	A	A	A	A	A
3조	B	B	off	off	C	C	C	C	C	C	C	off	off	off	A	A	A	A	A	A	A	off	off	B	B	B	B	B
4조	C	C	C	C	off	off	off	A	A	A	A	A	A	A	off	off	B	B	B	B	B	B	B	off	off	C	C	C

이때 주기가 짧을수록 근로시간대 변경(오전→오후→야간)을 자주 해야 되어 시차 변경의 어려움이 있게 되고, 주기가 길수록 동일한 근로시간대에서 오랫동안 근무한 후 휴무일을 거쳐 근로시간대를 변경하게 되므로 시차 변경의 어려움이 적어진다고 볼 수 있다. 즉 주기형이 길어질수록 연속근무일이 늘어나고, 연속 휴(무)일 및 휴무시간도 늘어나게 되는 것이다.

그런데 주기형이 다양하다고 해도 평균의 관점에서 보면 어차피 1/4은 오전근무, 1/4은 오후근무, 1/4은 야간근무를 하고 1/4은 휴무를 하는 것이기 때문에 평균 근로시간 및 평균 급여는 어떤 주기 형태를 선택하더라도 동일하다.

[그림 2-105] 4조 3교대 각 주기형태별 분석 (1)

[주기] Micro Cycle	근무일수				연속 근무 일	동일 근로시간 연속근무일 & 휴[무]일 패턴	근로시간대 변경 시 (예: 오전근무 out ~ 오후근무 in) 실질 휴무 시간	[역일] 고려 (Micro cycle과 7일) 최소 공배수	Macro Cycle	Macro Cycle 중 특정 요일 [예: 일요일]			
	오전 근무 (A)	오후 근무 (B)	야간 근무 (C)	휴 무						오전 근무 (A)	오후 근무 (B)	야간 근무 (C)	휴 무
4일	1	1	1	1	3	1/1/1/1	24/24/24/24=96	28일	4주	1	1	1	1
8일	2	2	2	2	6	2/2/2/2	24/24/24/48=120	56일	8주	2	2	2	2
12일	3	3	3	3	3	3/1/3/1/3/1	48/48/24=120	84일	12주	3	3	3	3
16일	4	4	4	4	4	4/1/4/1/4/2	48/48/48=144	112일	16주	4	4	4	4
20일	5	5	5	5	5	5/1/5/2/5/2	48/72/48=168	140일	20주	5	5	5	5
24일	6	6	6	6	6	6/2/6/2/6/2	72/72/48=192	168일	24주	6	6	6	6
28일	7	7	7	7	7	7/2/7/2/7/3	72/72/72=216	28일	4주	1	1	1	1

위의 표를 보면, 어떤 주기 형태를 활용하든 오전근무와 오후근무, 야간근로 및 휴(무)일이 해당 주기의 1/4씩을 차지하고 있음을 알 수 있다. 그리고 주기가 늘어날수록 동일 근로시간대에 연속으로 근무하는 날 수가 길어지는 것도 확인할 수 있다. 다만 4일 주기형과 8일 주기형은 주기 내 휴(무)일이 부족하므로 근로시간대가 변경될 때마다 휴무일을 부여할 수는 없다.

그리고 근로시간대가 총 3번 변경(오전→오후, 오후→야간, 야간→오전)이 되므로 변경될 때마다 부여되는 휴(무)일 일수가 주기별로 일정하지는 않다. 즉 12일 주기형과 24일 주기형은 주기 중 휴(무)일수가 3일 및 6일이어서 근로시간대가 변경될 때 마다 1일 및 2일씩 휴(무)일이 배정되지만, 나머지 주기형들은 근로시간대가 변경될 때 배정되는 휴(무)일수가 동일하지는 않다.

하지만 야간근로 후 휴(무)일의 경우 사실은 휴(무)일 아침에 퇴근하게 되는 것이어서 온전히 24시간을 휴무할 수는 없다. 이에 근로시간대가 변경될 때마다 실제로 휴무하는 길이를 일수로 비교하지 않고 시간으로 비교해 보면, 16일 주기형 및 28일 주기형은 각각 동일함을 알 수 있다. 즉 16일 주기형은 근로시간대 변경시마다 휴(무)일수는 1일(오전→오후), 1일(오후→야간), 2일(야간→오전)로 불규칙하지만 휴무하는 시간으로 보면 모두 48시간씩 부여되므로 동일하다는 것을 확인할 수 있다.[261] 마찬가지로 28일 주기형은 근로시간대 변경시마다 휴(무)일수는 2일(오전→오후), 2일(오후→야간), 3일(야간→오전)로 불규칙하지만 휴무하는 시간으로 보면 모두 72시간씩 부여되므로 동일하다는 것을 확인할 수 있다.

한편, 역일상 1주일 개념을 함께 고려하는 Macro cycle[262]은 해당 주기 일수와 7의 최소공배수를 구하여 산정이 된다. 이는 역일상 특정 요일이 균등하게 배정되는 주기를 의미하는데, 예컨대 16일 주기의 경우에는 112일(16과 7의 최소공배수), 16주(112일 / 7일)가 경과되어야만 모든 요일별로 동일한 근무 수가 배정이 된다. 즉 16주 동안 16번의 일요일이 있는데, 각각 4일씩의 일요일 오전근무, 일요일 오후근무, 일요일 야간근로 및 일요일 휴(무)일이 균등하게 돌아오게 되는 것이다.

4조 교대제는 역일상 요일의 개념이 가동되는 것이 아니지만, 일상생활에서는 요일의 개념이 가동되기 때문에 이러한 개념도 고려할 필요가 있다. 즉 누구나 일요일에 휴무일을 갖고 싶은 마음은 동일한데, 1달·2달 등 특정 기간만 놓고 보면 각 조별로 일요 휴무가 많은 조와 적은 조가 나오는 등 형평성 차이가 많이 발생되기 때문이다. 하지만 해당 주기와 7과의 최소공배수가 되는 Macro cycle을 기준으로 보면, 모든 조가 특정 요일별로 근무일 및 휴무일 수가 동일하게 배정되는 것이다.

---

261) 오전근무가 07시~15시, 오후근무가 15시~23시, 야간근로가 23시~07시인 경우에 교대휴무 총시간은 동일하다는 것을 알 수 있다. 즉 오전근무 마지막날 퇴근을 15시에 하면 당일 9시간(24시-15시)과 익일 휴무일에 24시간을 휴무한 후 오후근무 시업시각인 15시 전까지 15시간을 휴무하게 되므로 9시간+24시간+15시간 = 48시간이 된다. 오후근무에서 야간근무로 넘어갈 때와 야간근무에서 오전근무로 넘어갈 때도 마찬가지이다.

262) 특정 교대 주기가 월요일부터 시작할 경우, 다시 그 특정 교대 주기가 월요일부터 시작하게 되는 주기 사이클을 의미한다.

예컨대 28일 주기형은 7과의 최소공배수가 28일이므로 Micro cycle과 Macro cycle이 동일하며, 28일 중 특정 요일에 오전·오후·야간근로 및 휴(무)일이 1/4씩 균등하게 배정이 된다. 실제로 휴(무)일 패턴을 보면, 오전근무 후 월·화요일 휴무, 오후근무 후 수·목요일 휴무, 야간근무 후 금·토·일요일 휴무가 28일마다 반복됨을 알 수 있다.

그리고 각각의 주기형별로 주당 근로시간을 산정하면, 어떤 주기형을 선택하든 동일하게 주당 평균 42시간동안 근무함을 알 수 있다.[263) 264)] 이에 매주 2시간씩의 연장근로가 자동으로 발생되며, 주당 평균 14시간의 야간근로가 발생됨을 확인할 수 있다. 이를 월간 평균 근로시간으로 환산한 후, 연장근로에는 1.5배를 가산하고, 야간근로에는 추가 0.5배를 가산하게 되면, 월간 총 252시간분의 급여가 평균적으로 지급되어야 함을 알 수 있다. 4조3교대는 매주 근무일과 근로시간이 다르므로 반드시 탄력적 근로시간제를 적용하는 것이 바람직하고, 탄력적 근로시간제의 단위 기간은 Micro cycle 일수 또는 Macro cycle 일수로 설정하면 된다.

[그림 2-106] 4조 3교대 각 주기형태별 분석 (2)

[주기] Micro Cycle	주당 (평균)근로시간 [휴게 무시]				각 근로시간대별 근로시간 산출 Logic	주당 (평균)근로시간 [휴게 무시]				월간 (평균)근로시간 [휴게 무시]				월간 급여지급 시수 [휴게 무시]			
	오전근무 (A)	오후근무 (B)	야간근무 (C)	휴무		소정	주휴	연장	야간	소정	주휴	연장	야간	소정+주휴	연장근무 (×1.5)	야간가산 (×0.5)	[소계]
4일	14	14	14	42	4일:8시간=7일:X	40	8	2	14	174	35	9	61	209	13	30	252
8일	14	14	14	42	8일:16시간=7일:X	40	8	2	14	174	35	9	61	209	13	30	252
12일	14	14	14	42	12일:24시간=7일:X	40	8	2	14	174	35	9	61	209	13	30	252
16일	14	14	14	42	16일:32시간=7일:X	40	8	2	14	174	35	9	61	209	13	30	252
20일	14	14	14	42	20일:40시간=7일:X	40	8	2	14	174	35	9	61	209	13	30	252
24일	14	14	14	42	24일:48시간=7일:X	40	8	2	14	174	35	9	61	209	13	30	252
28일	14	14	14	42	28일:56시간=7일:X	40	8	2	14	174	35	9	61	209	13	30	252

263) 단, 휴게시간을 30분 공제하면 1일 7.5시간 근무가 되어 주당 근로시간이 줄어들겠지만, 조별 인수인계에 소요되는 시간 등을 감안하여 편의상 휴게시간을 무시하고 1일 8시간 근무를 기준으로 산정하였다.

264) 4일 주기형을 기준으로 보면, 오전·오후·야간근무는 4일 중 각각 8시간씩 근로시간이 배정되어 4일중 24시간(오전근무 8시간, 오후근무 8시간, 야간근무 8시간)을 근무하게 됨을 알 수 있다. 이를 7일로 환산해 보면, 4일:24시간 = 7일:x가 되어 24시간 × 7 / 4 = 42시간이 됨을 알 수 있다.

이에 3조 교대제와 4조 교대제의 근로시간 및 임금을 단순 비교해 보면, 아래와 같이 크게 차이가 나는 것을 알 수 있다. 즉 1주간 평균 근로시간은 3조 교대제가 56시간(1주 168시간 / 3조)이고, 4조 교대제가 42시간(1주 168시간 / 4조)이어서 주당 14시간이 단축됨을 알 수 있다. 그런데 단축되는 시간은 모두 150%가 적용되는 연장근로이고, 야간가산 50%가 적용되는 야간근로도 단축되므로 급여에 미치는 영향은 훨씬 크다고 할 수 있다.

[그림 2-107] 3조 교대제 및 4조 교대제 근로시간 및 임금 비교 (1)

조	직무당 인원 수	인원 증가율	근무일수 및 휴(무)일 수					주당 근로시간 [휴게 무시]				각 근로시간대별 근로시간 산출 Logic	주당 (평균)근로시간 [휴게 무시]			
			오전 근무 (A)	오후 근무 (B)	야간 근무 (C)	휴 무	[소계]	오전 근무 (A)	오후 근무 (B)	야간 근무 (C)	합 계		소 정	주 휴	연장 (휴일)	야 간
3조	3		1	1	1		3	18.7	18.7	18.7	56	3일:8시간=7일:X	40	8	16	19
4조	4	33.3%	1	1	1	1	4	14	14	14	42	4일:8시간=7일:X	40	8	2	14
										[차이]	14			[차이]	14	5

따라서 가산 시수까지 감안하여 월간 평균적으로 지급해야 할 시간수는 101시간분이나 감소하게 되고, 임금 감소율은 28.7%나 된다. 즉 임금보전 조치를 강구해 주지 않을 경우에는 임금이 28.7%나 하락된다는 것이다.[265)]

[그림 2-108] 3조 교대제 및 4조 교대제 근로시간 및 임금 비교 (2)

조	월간 (평균) 근로시간 [휴게 무시]				월간 총 임금 시수 [휴게 무시]				임금 감소율	직무당 전체 인건비 (인원수 × 월간 총 임금 시수 합계)	총 인건비 감소율
	소 정	주 휴	연장 (휴일)	야 간	소정 +주휴	연장 (휴일)근무 [×1.5]	야간 가산 [×0.5]	[합계]			
3조	174	35	70	81	209	104	41	353		1,060	
4조	174	35	9	61	209	13	30	252	-28.7%	1,008	-4.9%
		[차이]	61	20			[차이]	101			

반면에 회사의 직접 인건비 측면에서 보면 1개 조가 더 늘어 직원 수가 증가되더라

265) 임금항목 중에 시간에 비례하지 않는 정액 수당들(직책수당, 가족수당 등)이 있을 경우에는 임금감소율이 28.7% 보다는 줄어든다.

도 1개 직무당 전체 인건비는 감소됨을 알 수 있다. 즉 1개 직무에 대하여 3조를 운영할 때는 1,060시간분(인당 353시간분 × 3명)의 인건비가 지급되어야 하지만, 4조를 운영할 때는 1,008시간분(인당 252시간분 × 4명)의 인건비만 지급하면 된다. 이는 3명의 근로시간을 줄여 1명의 근로시간을 만들어 일자리를 창출할 경우, 3명으로부터 감소되는 근로시간은 모두 150%가 적용되는 연장근로인데 반해 새로 취업한 1명의 근무는 대부분 100%가 적용되는 소정근무이기 때문에 발생되는 현상이다. 하지만 직원을 신규 채용하게 되면 간접 인건비가 많이 발생되고, 임금보전이 일정 부분 더해진다면 실질적으로 총 인건비는 증가되는 것이 일반적이라고 할 수 있다.

② 연중무휴, 4조 2교대 근무형태

연중무휴 4조2교대의 경우에도 4의 배수로 교대 주기형이 다양하게 설정될 수 있다. 즉 4일, 8일, 12일, 16일, ... 주기형 등을 설정할 수 있는 것이다.

[그림 2-109] 4조 2교대 근무 스케줄 유형

■ 4일 주기형

구분	월	화	수	목
1조	전	off	후	off
2조	off	후	off	전
3조	후	off	전	off
4조	off	전	off	후

■ 12일 주기형

구분	월	화	수	목	금	토	일	월	화	수	목	금
1조	전	전	전	off	off	off	후	후	후	off	off	off
2조	off	off	off	후	후	후	off	off	off	전	전	전
3조	후	후	후	off	off	off	전	전	전	off	off	off
4조	off	off	off	전	전	전	off	off	off	후	후	후

■ 8일 주기형

구분	월	화	수	목	금	토	일	월
1조	전	전	off	off	후	후	off	off
2조	off	off	후	후	off	off	전	전
3조	후	후	off	off	전	전	off	off
4조	off	off	전	전	off	off	후	후

■ 16일 주기형

구분	월	화	수	목	금	토	일	월	화	수	목	금	토	일	월	화
1조	전	전	전	전	off	off	off	off	후	후	후	후	off	off	off	off
2조	off	off	off	off	후	후	후	후	off	off	off	off	전	전	전	전
3조	후	후	후	후	off	off	off	off	전	전	전	전	off	off	off	off
4조	off	off	off	off	전	전	전	전	off	off	off	off	후	후	후	후

이에 급여를 산정할 때에도 4조3교대와 마찬가지로 탄력적 근로시간제를 적용하여 평균 개념을 적용하고, 1주 평균 근로시간을 산정한 후, 1개월 평균 급여를 산출할 수 있다.

[그림 2-110] 4조 2교대 16일 주기형의 주차별 근무일 및 휴(무)일

구분	월	화	수	목	금	토	일	근무일 전반	근무일 후반	휴(무)일
1주차	전	전	전	전	off	off	off	4		3
2주차	off	후	후	후	후	off	off		4	3
3주차	off	off	전	전	전	전	off	4		3
4주차	off	off	off	후	후	후	후		4	3
5주차	off	off	off	off	전	전	전	3		4
6주차	전	off	off	off	off	후	후	1	2	4

특히 4조2교대는 1일 12시간(휴게는 무시)의 근무를 하면서도 중간에 휴(무)일이 많아 특정 주의 경우에는 근무일이 3~4일밖에 되지 않을 수도 있는데, 탄력적 근로시간제를 적용하지 않게 되면 1주 소정근로시간은 40시간 미만이 되고 1주 연장근로시간은 12시간을 초과하게 되므로 탄력적 근로시간제를 적용하는 것이 바람직하다.[266)]

이에 4조 2교대 근로시간 및 임금 시수를 산출해 보면 아래와 같다. 우선 해당 주기에 속한 전반 근무와 후반 근무시간을 산정한다. 4일 주기형의 경우 1일의 전반 근무와 1일의 후반 근무가 있기에 4일 동안 24시간(전반 12시간 + 후반 12시간)을 근무하게 되며, 후반 12시간 중에는 22시~06시 사이에 해당되는 야간근로시간이 8시간 포함되어 있다. 이를 1주 평균 근로시간으로 환산하기 위해 7/4을 곱하게 되면 1주일간 평균 42시간(24시간 × 7/4)의 근로시간이 산정되고, 야간근로시간이 평균 14시간(8시간 × 7/4) 포함된다. 이때 주당 평균 42시간을 근무하므로 탄력적 근로시간제를 적용한다면 40시간의 소정근무와 2시간의 연장근로로 분개되고, 주휴 8시간분도 급여로 지급되어야 한다. 여기에 4.345주를 곱하여 1개월 평

266) 탄력적 근로시간제를 적용하지 않는다면, 1일 12시간의 근무는 8시간의 소정근무와 4시간의 연장근로로 구성이 된다. 이에 3일 근무하는 주에는 주당 총 36시간(12시간 × 3일)을 근무하는데 이는 24시간(8시간 × 3일)의 소정근무와 12시간(4시간 × 3일)의 연장근로로 구성이 되고, 4일 근무하는 주에는 주당 48시간(12시간 × 4일)을 근무하는데 이는 32시간(8시간 × 4일)의 소정근무와 16시간(4시간 × 4일)의 연장근로로 구성이 된다. 따라서 소정근로시간을 주당 40시간으로 설정하기 위해서는 탄력적 근로시간제를 적용하여야 한다.

균 근로시간을 산정한 후, 연장근로에 대해서는 150%를 적용하고, 근로시간에 포함된 야간근로에 대해서는 추가 50%를 가산해 주면, 1개월에 평균 252시간분의 급여를 지급하면 된다.

이는 4조 3교대 근무와 동일한 임금 시수로 산정되는 것인데, 역일상 동일한 시간을 4조로 분배하여 근로시간이 배정되는 것은 4조 2교대와 4조 3교대가 동일하기 때문이다. 실제로는 휴게 시간[267] 및 교대 전·후 인수인계를 위해 전·후조와 중복되는 근로시간을 어떻게 설정하느냐에 따라 다소 달라질 수 있다.

[그림 2-111] 4조 2교대 근로시간 및 임금 시수

1cycle = 4일				
전반근로	후반 근로		근로 시간	야간 시간
근로시간	근로시간	야 간		
12	12	8	24	8

1주 7일 평균 근로시간 (1cycle × 7/4)					
근로 시간	야간 시간	소정 근로	연장 근로	야간 근로	주 휴
42	14	40	2	14	8

1개월 평균 근로시간 (1주 × 4.345)			
소정근로	주 휴	연장근로	야간근로
174	35	9	61

1개월 평균 시수			
소정+주휴	연장 근로 [×1.5]	야간 가산 [×0.5]	합 계
209	13	30	252

③ 변형 교대제 (3.5조 3교대 예시)

연중무휴 가동 사업장의 경우 근로시간 단축을 위하여 온전하게 교대제를 개편하려면, 3조 교대제를 4조 교대제로 변경해야 한다. 하지만 앞에서 본 바와 같이 3조를 4조로 변경할 경우 직원 입장에서는 큰 폭의 임금 하락을 감수하여야 하고, 회사 입장에서는 인원 증가(기존 3조 직원 수 대비 1/3 증가) 및 급여 보전으로 인해 큰 폭으로 인건비가 증가되기 마련이다. 이에 사업장 여건 별로 인원을 보다 적게 투입하고, 근로시간을 보다 적게 단축시키려는 방안을 강구하고 있다.

---

267) 4조 3교대의 경우 1일 8시간을 체류하게 되므로 휴게시간을 30분 설정하고 소정근로시간을 7.5시간으로 배정할 수 있지만, 4조 2교대의 경우 1일 12시간을 체류하게 되므로 휴게시간을 1시간 설정해야 한다.

이에 일부 인원을 Relief(추가 인원) 형식으로 투입[268]하거나, 조를 쪼개어 0.5조를 늘리는 변형 교대제에 대해 알아보도록 하겠다.

[그림 2-112] 3조 3교대 → 7조(3.5조) 3교대(변형교대제·Relief제)

(※ 휴게·주휴일 미 고려)

조	직무	월	화	수	목	금	토	일	근무일	휴 일	근로시간
1조	A	오전	오전	오전	오전	오전	오전	오전	7	0	56
1조	B	오전	오전	오전	오전	오전	오전	오전	7	0	56
2조	A	오후	오후	오후	오후	오후	오후	오후	7	0	56
2조	B	오후	오후	오후	오후	오후	오후	오후	7	0	56
3조	A	야간	야간	야간	야간	야간	야간	야간	7	0	56
3조	B	야간	야간	야간	야간	야간	야간	야간	7	0	56
인원 수		6	6	6	6	6	6	6	42	0	336

조	직무	월	화	수	목	금	토	일	근무일	휴 일	근로시간
1조	A or B		오전	오전	오전	오전	오전	오전	6	1	48
1조	A or B	오전		오전	오전	오전	오전	오전	6	1	48
2조	A or B	오후	오후		오후	오후	오후	오후	6	1	48
2조	A or B	오후	오후	오후		오후	오후	오후	6	1	48
3조	A or B	야간	야간	야간	야간		야간	야간	6	1	48
3조	A or B	야간	야간	야간	야간	야간		야간	6	1	48
Relief	A or B	오전	오전	오후	오후	야간	야간		6	1	48
인원 수		6	6	6	6	6	6	6	42	7	336

☞ 다기능화(1인이 2개의 직무 수행 가능 여부) 이슈

[▶ 대형마트 캐셔; 업무 동일하므로 활용 용이함, ▶ 장비 엔지니어; 2개 직무 차이로 활용이 쉽지 않음]

위의 그림은 3조 3교대 사업장의 경우 추가 인원(Relief)을 투입하여 3.5조 3교대(7조 3교대라고도 함)로 변경하는 것을 나타낸 것이다.

기존 3조 3교대의 경우 직무가 2개(A직무, B직무)여서 1개조에 2명이 필요하고, 3개조가 있다면 총 6명이 2개의 직무를 24시간 동안 수행하게 되며, 매일 6명의 인원이 투입된다. 이에 매일 8시간씩 근무한다면, 1주일간 휴일 없이 7일간 근무하고 주당 56시간(8시간 × 7일 = 1주 168시간 / 3조)의 근무를 하게 된다.

만약 4조 3교대로 변경하게 되면, 1개조 2명이 증가하게 되어 총 8명이 근무하

268) 주말에만 일하는 주말 근무조를 두거나, 평일에는 통상근무자를 교대근무에 추가 투입하여 오전 교대조 중 일부가 평일에 휴무를 하는 방식을 채택하는 경우도 있다.

게 되고, 주당 근로시간은 42시간(1주 168시간 / 4조)으로 감소하게 된다.

하지만 2명을 추가 투입하는 대신 1명만 추가 인원(Relief)으로 투입하여 0.5조를 만들게 되면 총 7명이 근무하게 되는 것이고, 매일 1명씩 돌아가면서 휴일을 갖게 될 수 있다. 이 경우 매일 근무하는 인원은 기존 3조 3교대와 같이 6명이 확보되며, 1주간 휴일이 1일 보장되어 1주간 근무일이 7일에서 6일로 줄어들게 되고, 주당 근로시간도 3조 3교대의 56시간보다는 줄어들지만 4조 3교대의 42시간보다는 많은 48시간(6일 × 8시간 = 1주 168시간 / 3.5조)이 배정된다.

따라서 회사 입장에서는 보다 적은 인원만을 투입하더라도 운영할 수가 있고, 직원들의 휴일이 증가하여 생산성 향상도 도모할 수 있게 된다. 직원들 역시 휴일이 발생되어 피로를 풀 수 있고, 상대적으로 근로시간이 적게 감소되어 급여 하락 폭 역시 줄일 수 있게 된다.

하지만 이와 같은 변형 교대제를 운영하기 위해서는 동시에 2명 이상이 투입되는 업무 단위(cluster)로 구성되어 있어야 하고,[269] 소위 다기능화가 가능해야 한다는 이슈가 발생된다. 즉 위의 경우에 신규 투입되는 직원뿐만 아니라 전 직원이 A직무와 B직무를 모두 수행할 수 있어야 한다. 왜냐하면 교대 편성표를 구성할 때 직원들이 어떤 날은 A직무를 수행하고, 어떤 날은 B직무를 수행하여야 되기 때문이다. 따라서 직무가 동일하거나, 상대적으로 타 직무 습득이 용이한 경우에 활용할 수 있고, 직무의 특성이 크게 다르거나 전문적이어서 동시에 2개 직무를 수행할 수 없다면 이러한 변형 교대제를 도입하기가 어려워짐을 유의해야 한다.

269) 사람을 0.5명 투입할 수는 없으므로 하나의 작업 단위에 2명 이상이 일하고 있어야 50%의 인력(2명×50%=1명)만 투입하는 것이 가능할 것이다.

Part Ⅲ.

최저임금, 통상임금, 평균임금의 적용 방안

1. 개요(3가지 법정 임금의 정의와 범위, 활용)
2. 최저임금의 범위와 요건
3. 임금구조 개편 등을 통한 최저임금 대응 방안
4. 통상임금의 요건 및 판단기준
5. 임금구조 개편 등을 통한 통상임금 대응 방안
6. 평균임금의 판단기준 및 산정 방식
7. 미사용 연차휴가수당 지급 방식
8. 퇴직급여 산정 방식

1. 개요(3가지 법정 임금의 정의와 범위, 활용)

국내 노동법에서는 법정 임금의 개념과 범위를 최저임금·통상임금·평균임금 등 3가지로 구분하여 보고 있다.

[그림 3-1] 3가지 법정 임금의 정의와 범위

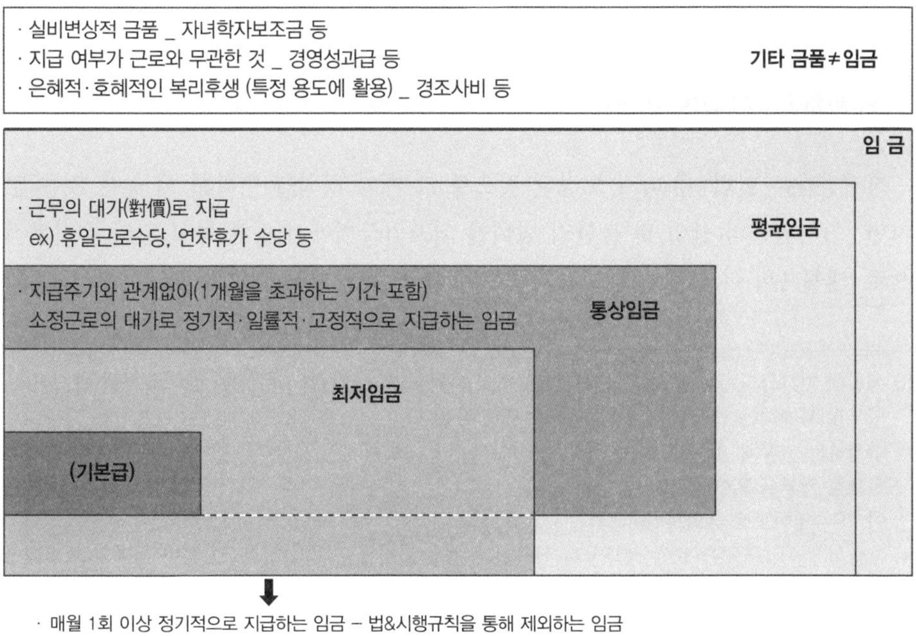

다만 임금 중에는 최저임금·통상임금·평균임금에 포함되지 않는 영역이 일부 발생되기도 하고,[1] 금전으로 지급되지만 근무의 대가라고 할 수 없어서 임금이 아닌 기타 금품 영역에 해당되는 항목도 있다.[2] 한편, 대부분의 기업들이 기본급이라는 임금항목을 두고 있고, 상여금이나 각종 수당 및 경조금 등을 지급하는데 있어

---

1) 예컨대 퇴직으로 인하여 비로소 지급하게 되는 미사용 연차수당의 경우 임금에는 해당되지만 최저임금·통상임금 뿐 아니라 평균임금에도 해당되지 않는다.

2) 임금의 정의 및 요건에 대해서는 Ⅰ. 2. 참조.

기본급을 기준으로 금액을 산정하는 경우가 많지만[3] 기본급은 노동법상 법정 용어가 아니다. 이에 기본급이라는 항목이 반드시 활용되어야 하는 것은 아니며, 실제로 일부 직종의 경우에는 기본급을 전혀 지급하지 않는 경우가 있지만 법적으로 문제되지 않는다.[4]

이번 장에서는 최저임금·통상임금·평균임금의 정의 및 요건, 범위에 대해서 개론적인 부분을 설명하고, 다음 장부터 각각의 세부적인 범위 및 특성을 설명하도록 한다.

(1) 최저임금의 요건 및 범위

최저임금은 헌법[5]에 따라 보장된 것으로 그 개념 정의를 명확히 해 놓은 것은 없지만, 최저임금의 산입 및 불산입 범위를 최저임금법에서 정해 놓고 있다.[6] 기본적으로 '매월 1회 이상 정기적으로 지급하는 임금'을 원칙적 산입범위로 하면서, 예외

---

3) 예컨대 기본급의 50%를 경조금으로 지급하고, 기본급의 600%를 상여금으로 지급하는 방식이다. 일부 회사에서는 연장·야간·휴일근로수당과 같은 법정 수당을 산정할 때에도 기본급을 기준으로 산정하는 경우가 있는데, 이는 틀린 방식이다. 이들 법정 수당은 통상임금을 기준으로 산정해야 하므로 기본급 외에 통상임금 항목이 있는 경우에는 기본급을 기준으로 산정하게 되면 과소 지급이 되는 것이므로 유의하여야 한다.

4) 후술하게 될 도급제근로자(성과급제근로자)의 경우에 기본급 없이 성과급으로만 급여가 책정되기도 한다.

5) 헌법 제32조 ① 모든 국민은 근로의 권리를 가진다. 국가는 사회적·경제적 방법으로 근로자의 고용의 증진과 적정임금의 보장에 노력하여야 하며, 법률이 정하는 바에 의하여 최저임금제를 시행하여야 한다.

6) 최저임금의 산입 범위 및 불산입 범위에 대해서 2018년 최저임금법 개정 전에는 시행규칙 별표1과 별표2를 통해 규정하였으나, 2018년 6월 최저임금법 개정 및 2018년 12월 최저임금법 시행규칙 개정으로 인하여 시행규칙 별표1과 별표2가 삭제되었다. 참고로 개정 전 시행규칙 [별표2] 최저임금에 산입하는 임금의 범위 중 공통요건으로는 1. 단체협약·취업규칙 또는 근로계약에 임금항목으로서 지급근거가 명시되어 있거나 관례에 따라 지급하는 임금 또는 수당일 것, 2. 미리 정해진 지급조건과 지급률에 따라 소정근로(도급제의 경우에는 총근로를 말한다)에 대하여 매월 1회 이상 정기적·일률적으로 지급하는 임금 또는 수당일 것이 명시되어 있었으나 이제는 법 개정으로 인하여 삭제되었다. 이와 관련하여 예전에는 매월 1회 이상 정기적 요건 외에 일률적 요건이 포함되어 있었으나, 이번 법 개정으로 인하여 일률적 요건은 삭제되고 매월 1회 이상 정기적 요건만 남게 되었다.

적으로 산입하지 않는 범위를 열거하고 있다.[7][8] 즉 임금의 지급 주기에 따라 1차 구분을 한 후, 임금의 성질에 따라 2차 구분을 한 것이다.

[그림 3-2] 최저임금 산입 범위 및 불산입 범위 구분

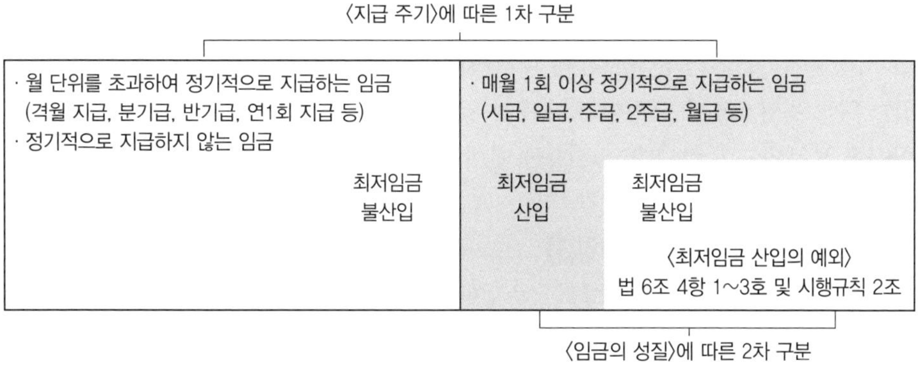

따라서 실제로 근로자에게 임금을 지급하는 〈지급주기〉를 기준으로 시급·일급·주급·2주급(2주마다 지급)·월급과 같이 매월 1회 이상 정기적으로 지급하는 임금항목은 최저임금에 산입되는 것이 원칙이고, 격월급(2개월에 1번 지급)·분기급·반기급·연 1회 지급하는 것과 같이 1개월을 초과하는 주기마다 지급하는 임금항목은 정기적으로 지급하거나 그 금액이 크더라도 최저임금에 산입되지 않는 것이다. 최근 많은 기업들이 연봉제를 채택하면서 일부 임금항목은 매월 정기적으로 지급하고, 상여금이나 인센티브 등은 분기나 반기 혹은 연 1회 지급하는 경우가 많은데, 이 경우에는 매월 지급하는 임금항목만 최저임금에 산입되는 것이다.

다만, 매월 1회 이상 정기적으로 지급하는 임금항목이라 하더라도 최저임금법 제6조 4항 1~3호 및 동법 시행규칙 제2조에 해당되는 임금항목은 최저임금 산입 범위에서 제외되므로 유의하여야 한다. 최저임금의 산입 및 불산입 범위와 관련된 상세한 내용은 바로 뒤 2장에서 기술하도록 한다.

---

7) 최저임금법 제6조(최저임금의 효력) 4항 및 최저임금법 시행규칙[고용노동부령] 제2조(최저임금의 범위).

8) 일반택시운송사업에서 운전업무에 종사하는 근로자의 최저임금 산입 범위는 최저임금법 시행령 제5조의3에서 별도로 정한다.

(2) 통상임금의 정의 및 범위

통상임금은 근로기준법 시행령 제6조 ①항에 규정되어 있다. 이에 2013년 대법원 전원합의체[9] 심리 중 사용자 측은 이 시행령 규정을 근거로 1개월을 초과하는 기간에 지급하는 임금은 통상임금에 포함되지 않는다고 주장했었다. 즉 근로기준법 시행령에서는 소정근로시간에 대하여 지급하는 임금의 기간 단위를 시간급, 일급, 주급, 월급으로만 규정했기 때문에 월을 초과하는 기간(분기, 년 등)에 지급하는 임금은 통상임금이 아니라고 주장한 것이었다.

> 근로기준법 시행령 제6조【통상임금】
> ① 법과 이 영에서 "통상임금"이란 근로자에게 정기적이고 일률적으로 소정(所定)근로 또는 총 근로에 대하여 지급하기로 정한 시간급 금액, 일급 금액, 주급 금액, 월급 금액 또는 도급 금액을 말한다.

그러나 대법원은 시행령(대통령령)과 고용노동부의 지침은 참고만 했을 뿐, 통상임금의 범위를 보다 넓히는 해석을 함으로써, 사실상 통상임금에 대한 정의를 새롭게 내렸다. 즉 정기적이라는 의미를 월 단위로 국한하지 않고, 1개월을 초과하는 기간에 대해서도 포함된다는 해석을 하였으며, 정기적·일률적 요건 외에도 고정적 요건이라는 것을 통상임금의 요건으로 추가한 것이다. 그 결과 통상임금의 범위가 최저임금의 범위보다 훨씬 커질 수 있게 된 것이다.

> 대법원 전원합의체 판결문 中 통상임금의 정의
> 통상임금은 근로자가 소정근로시간에 통상적으로 제공하는 근로인 소정근로(도급근로자의 경우에는 총 근로)의 대가로 지급하기로 약정한 금품으로서 정기적·일률적·고정적으로 지급되는 임금을 말하고, 그 임금이 '1임금산정기간' 내에 지급되는 것인지 여부는 판단기준이 아니다.

---

9) 대법 2013.12.18, 2012다89399 전원합의체 판결 및 대법 2013.12.18, 2012다94643 전원합의체 판결.

(3) 평균임금의 정의 및 범위

평균임금은 근로기준법 제2조 ①항 6호에 규정되어 있는데, 사실 해당 내용은 정의를 내린 것이라기보다는 산출하는 방식을 규정해 놓은 것이라 할 수 있다. 즉 특정 기간 동안의 임금의 총액을 그 기간 동안의 총일수로 나눈 금액을 말하는 것이므로 사실상 평균임금의 범위는 임금의 범위와 거의 동일하다고 할 수 있다. [※ 예외로 볼 수 있는 것(임금에는 해당되지만 평균임금 산정 범위에서는 제외되는 것)은 퇴직으로 인하여 비로소 지급하게 되는 미사용 연차휴가수당이나 퇴직금 등이 있을 수 있다.]

근로기준법 제2조【정 의】

① 이 법에서 사용하는 용어의 뜻은 다음과 같다.

6. "평균임금"이란 이를 산정하여야 할 사유가 발생한 날 이전 3개월 동안에 그 근로자에게 지급된 임금의 총액을 그 기간의 총일수로 나눈 금액을 말한다. 근로자가 취업한 후 3개월 미만인 경우도 이에 준한다.

따라서 평균임금에는 실적에 따라 매월 변동되는 연장근로수당과 같은 변동급도 포함이 되고, 근로자 개별 실적에 따라 차등 지급되는 인센티브 등도 포함될 수 있다.

(4) 3가지 법정 임금 범위에 있어서 관계

그러면 3가지 법정 임금의 범위에 있어서 서로 간의 관계가 어떠한지를 살펴보도록 하자.([그림 3-1] 참조)

우선 최저임금의 관점에서 보면, 2013년 통상임금 전원합의체 판결 이전에는 사실상 최저임금의 범위와 통상임금의 범위가 동일하다고 여겼었다. 근로기준법 및 개정전 최저임금법에서는 통상임금 및 최저임금의 범위에 대하여 정기적·일률적으로 소정근로에 대하여 지급하는 시급·일급·주급·월급 및 총근로에 대하여 지급하는 도급임금으로 보았었기 때문이다. 하지만 2013년 통상임금 전원합의체 판결 및 2018년 최저임금법 개정으로 인하여 이제는 최저임금의 범위와 통상임금의 범위가 일치하지 않는다고 볼 수 있다. 예컨대 1개월을 초과하여 지급하는 상여금의 경우에 고정성을 갖추고 있다면 통상임금에 해당되지만, 최저임금에는 포함될 수 없다. 반대로 매월 1회 이상 지급되는 상여금이나 복리후생적 수당 중에서 고정적으로 지급되지 않고 특정 성취조건에 따라 지급 여부가 달라져서 그 지급 여부나 지급 금액이 변동되는 경우에는 통상임금에는 해당되지 않을 수 있지만,[10] 결과적으로 지급만 된다면 최저임금에는 해당되는 것이다. 이에 이제는 최저임금의 범위와 통상임금의 범위가 달라질 수 있으므로 근로자의 시급을 산정할 때에도 최저임금 시급과 통상임금 시급을 따로 산정해 두어야 한다. 한편, 모든 최저임금은 평균임금에 해당될 수 있다고 볼 수 있으므로 일종의 부분집합 관계(최저임금 〈 평균임금)라고 할 수 있을 것이다.[11]

다음으로 통상임금의 관점에서 보면, 전술한 바와 같이 최저임금의 범위와 통상임금의 범위는 일치되지 않지만, 모든 통상임금은 평균임금에 해당된다고 볼 수 있

---

10) 최근 지급일 현재 재직자 조건을 두는 정기상여금이라 하더라도 통상임금에 해당될 수 있다는 판례가 나오고 있다. 그렇다고 해도 출근율에 따라 지급 여부가 변동되는 상여금이나 일률성·고정성 없이 지급되는 복리후생적 수당이 매월 지급된다면, 최저임금에는 포함되고 통상임금에는 포함되지 않으므로 최저임금의 범위와 통상임금의 범위가 완전히 같아질 수는 없다.

11) 복리후생적 수당 중에서 영업직 등에게 매월 실제 소요금액에 따라 실비변상 성격으로 지급하는 유류비나 통신비 같은 경우에는 판단이 애매해 질 수도 있다. 왜냐하면 임금은 근로의 대가를 말하며, 이에 실비변상적으로 비용을 처리해 주기 위해서거나 은혜적·호혜적으로 지급되는 금품은 임금에 포함되지 않으므로 평균임금에 해당될 수 없지만, 최저임금법 제6조 4항 3호에 따라 식비, 숙박비, 교통비 등 근로자의 생활 보조 또는 복리후생을 위한 성질의 '임금'은 최저임금에 해당될 수 있기 때문에 상호 간에 범위가 엇갈릴 수 있다고 볼 수도 있다. 하지만 최저임금이나 평균임금 모두 그 성질이 '임금'인 것을 전제로 하고 있으므로 복리후생적 수당의 성질에 따라 모두 포함되거나, 모두 제외되어 결과적으로 그 범위가 엇갈리지는 않을 것으로 판단된다. 그럼에도 대법원(사법부)은 전원합의체 판결 등을 통해서 사실상 임금이분설을 폐기했음에도 최저임금법(입법부)에서는 "생활 보조 또는 복리후생을 위한 성질"의 임금이라는 문구를 활용하여 다시금 임금이분설을 원용하는 것처럼 보이고 있어 향후 이에 대한 법원의 판단을 살펴볼 필요가 있다. 다만 필자의 생각으로는 유류비나 통신비의 경우에 실제 소요된 금액과 정확히 일치하는 금액을 실비변상적으로 지급해 줌으로써 특정 목적(유류, 통신)에만 활용될 수 있도록 한 것은 임금으로 볼 수 없어 최저임금과 평균임금에서 모두 제외되고, 정액으로 지급함으로써 실제 소요된 금액과는 정확히 일치하지 않아 특정 목적 외에도 활용될 수 있을 경우에는 임금으로 보아 최저임금과 평균임금 모두 포함된다고 판단된다.

으므로 일종의 부분집합 관계(통상임금 〈 평균임금)라고 할 수 있을 것이다.[12]

다음으로 평균임금의 관점에서 보면, 평균임금은 모든 최저임금과 모든 통상임금을 포괄하는 가장 큰 범위라 할 수 있다. 이에 평균임금의 범위는 임금의 범위와 거의 일치하지만, 몇몇 예외[13]가 있으므로 완전히 일치하지는 않는다. 그리고 임금에는 해당되지 않지만, 근로계약에 따라 지급의무가 발생되는 기타 금품들(경영성과급, 경조금, 자녀학비보조금 등)이 있는데, 이들 기타 금품은 당연히 최저임금·통상임금·평균임금에 포함되지 않는다. 다만, 근로기준법 제36조에 따라 사망 또는 퇴직할 경우에 청산해 주지 않을 경우에는 법 위반이 되므로 유의하여야 한다.

한편, 최저임금은 사후적·결과적으로 준수여부를 판단하는 개념이고, 평균임금도 결과적으로 지급되었거나 지급되었어야 할 임금을 산정하는 개념인데 비해, 통상임금은 사전 약정 내지는 지급 관행 여부에 따라 결정되는 개념이라고 할 수 있다.

(5) 통상임금과 평균임금의 특징 및 활용

최저임금은 결정된 금액 이상으로 지급되었는지 여부를 따지는 것이므로 그 자체로 의미가 있지만, 통상임금과 평균임금은 법정수당 등 다른 임금을 산정하는데 활용하기 위한 도구적 개념이라 할 수 있다.

그런데 통상임금은 사전에 정해진 임금이라 할 수 있고, 평균임금은 사후에 확정되는 임금이라 할 수 있다. 즉 통상임금은 실제 근로를 행하기에 앞서서 소정근로를 하게 된다면 얼마를 받게 되는지를 미리 알 수 있는 임금을 의미하고, 평균임금은 실제 근로를 행한 후에 결과적으로 총 근로에 대하여 받은 임금을 의미한다.

---

12) 반기 1회, 또는 연간 1회 정기적으로 지급되는 상여금이나 인센티브는 평균임금 산정일을 기준으로 최근 3개월간 지급받은 범위에 포함되지 않을 수 있다. 하지만, 고용노동부 행정해석(고용노동부예규 제96호, 2015.10.14)에 의하면 매월 지급되지 않는 상여금 등은 최근 1년간 지급받은 금액 전액을 그 기간 동안의 근로 개월수로 분할 계산(예컨대 3/12)하여 평균임금 산정기초에 산입하도록 했으므로 사실상 모든 통상임금은 다 평균임금에 해당되는 것이라 보여진다.

13) 퇴직금도 임금으로 보지만 평균임금에 들어갈 수 없다. 그리고 퇴직으로 인하여 비로소 지급받게 되는 미사용연차수당도 임금이지만 평균임금에 들어갈 수 없다. 또한, 근로기준법 제2조에 따라 평균임금의 계산에서 제외되는 임금들도 역시 임금이지만 평균임금에 포함되지 않는다.

통상임금은 대표적으로 연장·야간·휴일근로수당이나 미사용 연차휴가수당과 같은 법정 수당을 산정하는데 활용되며, 이에 원칙적으로 통상 시급을 산정한 후 몇 시간 분을 근로하였거나 몇 시간분에 해당되는 휴가를 사용하지 못하였는지를 곱하여 시간외근로수당과 미사용 연차휴가수당을 산정하게 된다.

평균임금은 퇴직금이나 산재보상금 산정에 활용되는데, 1일 평균임금을 구한 후 며칠 분을 지급해야 하는지를 곱하여 퇴직금 등을 산정하게 된다. 간혹 평균임금을 편의상 월 단위로 산출하는 회사가 있는데, 해당 기간의 역일 수에 따라 금액이 과소 또는 과다 산출될 수 있으므로 법 규정에 맞게 1일 단위 평균임금을 산정하여 활용하는 것이 바람직하다.

[그림 3-3] 통상임금 및 평균임금의 활용[14)]

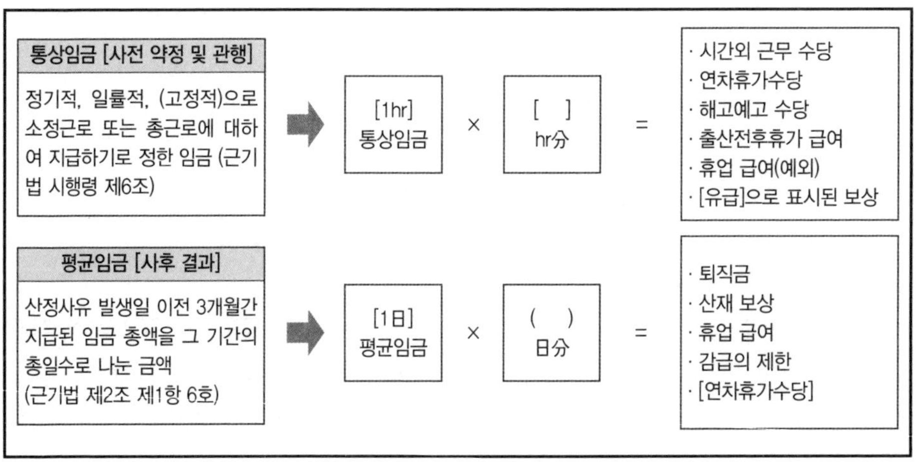

14) 통상임금은 사전 약정 또는 관행에 따라 "지급하기로 정한" 임금이며, 평균임금은 사후에 보니 결과적으로 "지급된" 임금이거나 '지급되었어야 할' 임금이라고 볼 수 있음.

2. 최저임금의 범위와 요건

아래 그림은 2007년부터 2025년까지의 최저임금 인상 추이를 그래프로 도식화한 것이다.

[그림 3-4] 최저임금 인상 추이

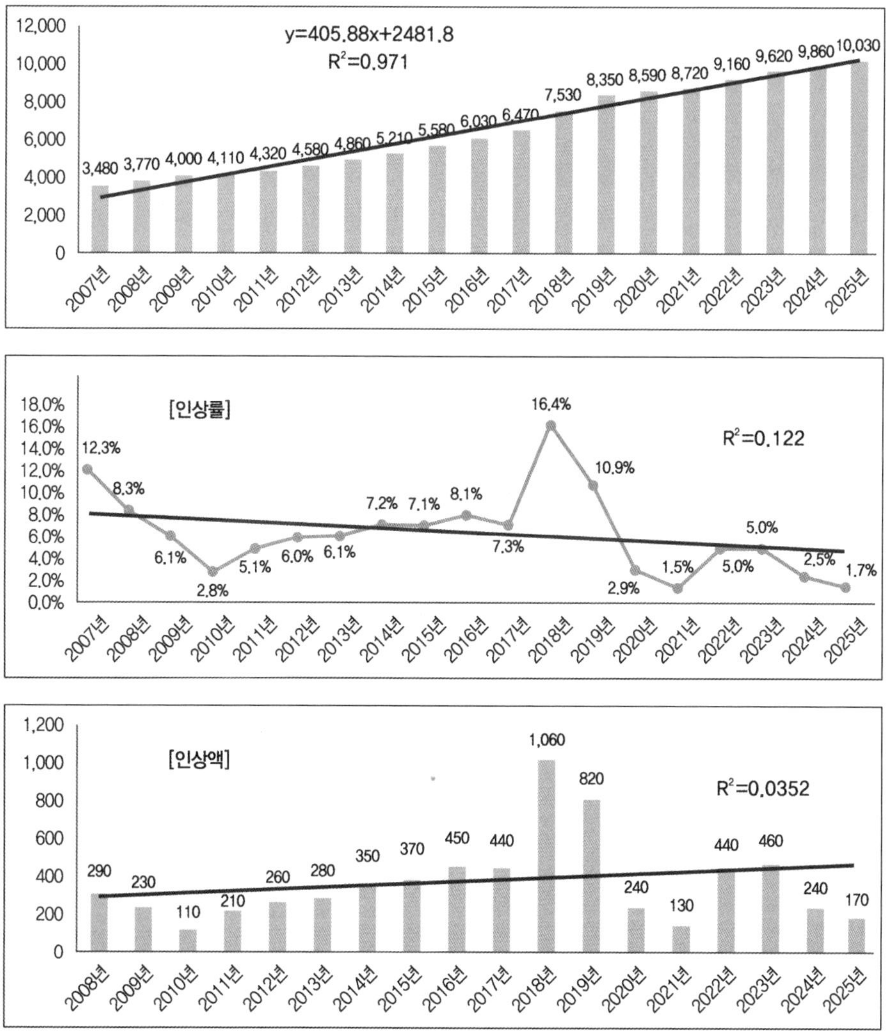

2007년에는 3,480원이었던 최저 시급은 2025년에는 10,030원이 되었다. 제일 위 그림에서 임금 정책선의 추세선 수식을 보면 y= 405.88x + 2,481.8로 계산되어 있는데, 이는 18년간 연평균 405.88원씩 최저임금이 인상되는 추세를 보이고 있다는 것이다.

두 번째 인상률 그래프 및 세 번째 인상액 그래프를 보면, 일정한 경향성은 발견되지 않고 어떤 해는 인상률(액)이 컸고, 어떤 해는 인상률(액)이 작았다는 것이 보인다. 실제로 R^2 값은 두 그래프 모두 0에 가까운데,[15] 이는 X축과 Y축간에 아무런 상관관계가 없다는 것을 의미한다. 즉 최저임금을 매년 최저임금 위원회에서 결정하다 보니 연도별로 어떠한 일관된 경향성 없이 정치적 논리나 협상에 따라 결정되었다는 것을 확인할 수 있다.

그럼에도 추이를 보면 2008년에서 2017년까지는 연도별 인상률이 2.8% ~ 8.3% 정도였고, 인상액은 110원 ~ 450원 정도였다. 그런데 2018년과 2019년에는 연도별 인상률이 16.4% 및 10.9%였고, 인상액은 1,060원 및 820원으로 매우 급격했었고, 이에 각 기업에서는 급격한 최저임금 인상으로 인해 직급/연차별 임금 정책선이 왜곡되는 등 혼란이 있었다. 그러다가 2020년에서 2025년에는 연도별 인상률이 1.5% ~ 5.0% 정도였고, 인상액은 130원 ~ 460원 정도를 보이고 있다.[16]

참고로 임금 데이터를 볼 때는 인상률과 인상액을 동시에 볼 필요가 있는데, 비슷한 인상률이라 하더라도 모수가 변하게 되면 인상액 차이가 커지기 때문이다. 최저임금의 경우에도 2011년 인상률(5.1%)과 2023년 인상률(5.0%)은 거의 비슷하지만, 모수가 2배 이상 커지면서 인상액 기준으로는 2011년 인상액(210원)과 2023년 인상액(460원) 간에 2배 이상 차이가 나고 있는 것을 확인할 수 있다.

한편, 노동계와 경영계는 최저임금에 포함되는 범위 및 시간수에 대해서도 첨예하게 대립하였고, 특히 법원과 고용노동부가 서로 다른 해석을 내놓으면서 큰 혼란

---

15) R^2와 관련된 개념은 Ⅳ장에서 후술하도록 한다.

16) 문재인 정부는 최저임금을 임기 내에 시급 10,000원까지 인상하겠다는 공약을 내걸었고, 실제로 당선 후 2년간 큰 폭으로 최저임금이 인상되었다. 하지만 이에 대한 경영계, 특히 소상공인들의 반발 및 부작용도 많았기에 임기 중 최저 시급 10,000원 공약을 공식적으로 폐기하였고, 실제 임기 후반에는 최저임금 인상률이 매우 낮아져서 노동계의 반발도 커졌었다.

이 우려되었다. 결국 2018년에 최저임금법과 그 하위 법령을 개정[17]함으로써, 최저임금의 범위 및 시간수[18]와 관련된 혼란은 어느 정도 해소되었지만, 비교적 중립적인 결과가 나오도록 개정이 되었기에 노사 모두 만족스럽지 못한 것이어서 여전히 노사간 갈등의 씨앗이 남아있는 상황이다.

이하에서는 우선 개정된 최저임금의 범위에 대해서 살펴보도록 하고, 여전히 남아있는 이슈들이 무엇인지에 대해서 알아보도록 하자.

(1) 2018년 최저임금법 개정에 따른 최저임금 산입 및 불산입 범위

2018년 최저임금법 및 시행규칙 개정으로 최저임금 산입 및 불산입 범위가 변경되었다. 개정된 내용은 아래와 같다.

최저임금법 제6조【최저임금의 효력】

④ 제1항과 제3항에 따른 임금에는 매월 1회 이상 정기적으로 지급하는 임금을 산입(算入)한다. 다만, 다음 각 호의 어느 하나에 해당하는 임금은 산입하지 아니한다.

1. 「근로기준법」 제2조제1항제8호에 따른 소정(所定)근로시간(이하 "소정근로시간"이라 한다) 또는 소정의 근로일에 대하여 지급하는 임금 외의 임금으로서 고용노동부령으로 정하는 임금

최저임금법 시행규칙 제2조【최저임금의 범위】

① 「최저임금법」(이하 "법"이라 한다) 제6조제4항제1호에서 "고용노동부령으로 정하는 임금"이란 다음 각 호의 어느 하나에 해당하는 것을 말한다.

1. 연장근로 또는 휴일근로에 대한 임금 및 연장·야간 또는 휴일 근로에 대한 가산임금
2. 「근로기준법」 제60조에 따른 연차 유급휴가의 미사용수당
3. 유급으로 처리되는 휴일(「근로기준법」 제55조제1항에 따른 유급휴일은 제외한다)에 대한 임금
4. 그 밖에 명칭에 관계없이 제1호부터 제3호까지의 규정에 준하는 것으로 인정되는 임금

---

17) 최저임금법 및 시행규칙 개정을 통해 최저임금 산입 및 불산입 범위가 개정되었고, 최저임금법 시행령 개정을 통해 최저임금 산정 시간수가 명확해졌다.

18) 최저임금 산정 시간수에 대해서는 Ⅱ. 3. (4) 참조.

2. 상여금, 그 밖에 이에 준하는 것으로서 고용노동부령으로 정하는 임금의 월 지급액중 해당 연도 시간급 최저임금액을 기준으로 산정된 월 환산액의 100분의 25에 해당하는 부분

> **최저임금법 시행규칙 제2조【최저임금의 범위】**
>
> ② 법 제6조제4항제2호에서 "고용노동부령으로 정하는 임금"이란 다음 각 호의 어느 하나에 해당하는 것을 말한다.
>
> 1. 1개월을 초과하는 기간에 걸친 해당 사유에 따라 산정하는 상여금, 장려가급(奬勵加給), 능률수당 또는 근속수당
> 2. 1개월을 초과하는 기간의 출근성적에 따라 지급하는 정근수당

3. 식비, 숙박비, 교통비 등 근로자의 생활 보조 또는 복리후생을 위한 성질의 임금으로서 다음 각 목의 어느 하나에 해당하는 것

가. 통화 이외의 것으로 지급하는 임금

나. 통화로 지급하는 임금의 월 지급액 중 해당 연도 시간급 최저임금액을 기준으로 산정된 월 환산액의 100분의 7에 해당하는 부분

[그림 3-2]를 통해 설명한 바와 같이 최저임금 산입 범위는 "매월 1회 이상 정기적으로 지급하는 임금"에서 최저임금법 제6조 4항의 1호 내지 3호에 해당되는 임금을 차감한 것이다. 그럼 최저임금에 불산입되는 3가지 경우를 하나씩 알아보도록 하자.

최저임금에 불산입되는 첫 번째 경우는 소정근로시간 또는 소정 근로일에 대하여 지급하는 임금 외의 임금으로서 고용노동부령(시행규칙) 제2조 1항 1호 내지 4호에서 규정하고 있는 4가지 임금항목들이다. 세부적으로 보면 1호 및 2호는 소정근로시간(법정근로시간인 1일 8시간 및 1주 40시간 한도[19]에서 근로자와 사용자 사이에 정한 근로시간)을 초과하는 연장·야간·휴일근로수당 및 미사용 연차휴가수당으로 이들 항목은 법 개정 전에도 최저임금에서 제외되는 임금항목이었다. 특이한 것은 제3호인데, 유급으로 처리되는 휴일에 대한 임금, 즉 근무여부와 상관없이 유급으로 휴일을 부여할 경우 지급하게 되는 유급휴일수당[20]은 최저임금에서 제외되도

19) 근로기준법 제2조 1항 8호에 따라 일반적인 근로자 외에 연소자와 유해·위험 업무 종사자는 법정 근로시간이 더 짧다.

20) 월급제의 경우 유급휴일수당은 별도로 지급되는 것이 아니라 기본급 등 통상임금에 포함되어 있

록 하였다. 그러면서도 「근로기준법」 제55조제1항에 따른 유급휴일의 대가, 즉 주휴수당은 불산입 범위에서 제외하도록 함으로써, 산입 범위에 포함시킨 것이다. 문맥상 이중 부정(산입하지 않는 범위에서 제외함)을 통해 주휴수당은 최저임금에 포함되도록 한 것이다. 이 때 「근로기준법」 제55조제1항에 따른 유급휴일, 즉 주휴일은 1주일에 1회 이상 부여하도록 하였으므로 1주일에 1일(예컨대 일요일)만 주휴일로 설정한 회사는 주당 1일분의 주휴수당이 최저임금에 산입되지만, 1주일에 2일(예컨대 토요일과 일요일)을 주휴일로 설정한 회사는 주당 2일분의 주휴수당이 최저임금에 산입되는 것이다.[21] 이 밖에 4호에서는 '그 밖에 준하는 것'이라는 포괄적인 규정을 두었다. 이와 같이 최저임금에 불산입되는 첫 번째 경우를 그림으로 표현하면 아래와 같다.

[그림 3-5] 매월 1회 이상 정기 지급 임금 中 최저임금 산입 범위 및 불산입 범위 (1)

▣ 매월 1회 이상 정기적으로 지급(시급, 일급, 주급, 2주급, 월급 등) 하는 임금 中

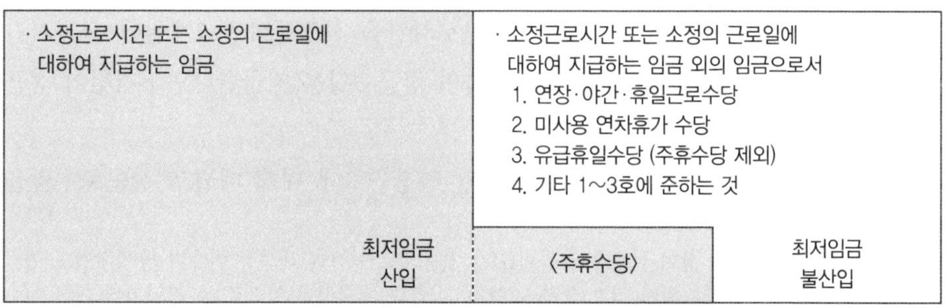

최저임금에 불산입되는 두 번째 경우는 『상여금, 그 밖에 이에 준하는 것으로서

는 것이다. 즉 209나 226 또는 243 시수 등을 활용할 경우 소정근로에 대한 대가인 약 174시간(1주 40시간 × 4.345주)을 초과하는 35시간(209시간 - 174시간)이나 52시간(226시간 - 174시간) 또는 69시간(243시간 - 174시간)분을 의미한다. 이에 대해서는 Ⅱ. 3. 참조.

21) 이에 토요일과 일요일을 모두 유급으로 처리하여 243 시수를 사용하는 회사의 경우에도 소위 토요일의 성격을 어떻게 규정화 했는냐에 따라 최저임금 산입 범위가 달라진다. 즉 토요일을 주휴일로 설정한 회사는 주 2일의 주휴수당이 모두 최저임금에 포함되고, 토요일을 주휴일이 아닌 약정 유급휴일이나 유급휴무일로 설정한 회사는 주 1일의 주휴수당만 최저임금에 포함되는 것이다. 이와 관련해서는 Ⅱ. 3. 참조.

고용노동부령으로 정하는 임금[22]의 월 지급액 중 해당 연도 시간급 최저임금액을 기준으로 산정된 월 환산액의 100분의 25에 해당하는 부분』이며, 이 때 고용노동부령으로 정하는 임금은 1개월을 초과하는 기간에 걸친 해당 사유에 따라 산정하는 상여금, 장려가급, 능률수당 또는 근속수당(1호)과 1개월을 초과하는 기간의 출근성적에 따라 지급하는 정근수당(2호)이다.

이 표현은 굉장히 복잡해서 이해하기가 쉽지 않은데, 우선 〈지급주기〉와 〈산정주기〉의 개념부터 이해할 필요가 있다. 〈지급주기〉는 말 그대로 사용자가 근로자에게 임금을 지급하는 주기를 의미한다. 즉 지급주기의 관점에서 임금을 매일 지급하면 일급, 1주일에 1회 지급하면 주급, 1개월에 1회 지급하면 월급이 되는 것이고, 분기마다 1회 지급하면 분기급이 되는 것이다. 최저임금은 지급주기의 관점에서 매월 1회이상 정기 지급되어야 하므로 일급이나 주급, 월급의 경우에만 최저임금에 포함될 수 있는 것이고, 1개월을 초과하는 주기(분기, 반기 등)에 걸쳐 지급하는 임금은 최저임금에 포함될 수 없다. 〈산정주기〉는 어떤 임금을 계산하기 위한 기간을 의미한다. 예컨대 1개월간 연장근로시간을 산정한다면 1개월이 산정기간이 되는 것이고, 6개월간 출근율을 산정하여 정근수당을 지급한다면 6개월이 정근수당의 산정주기가 되는 것이다.

그런데, 월급제 근로자에게 매월 발생된 연장근로에 대해 매월 연장근로수당을

---

22) 이 문구 해석에 있어 상여금 다음에 콤마(,)가 있음으로 인하여 해석상 이슈가 발생되기도 했었다. 이는 상여금을 열거적인 것으로 볼 것인지, 아니면 예시적인 것으로 볼 것인지에 대한 이슈였다. 즉 상여금을 열거적으로 봐야 한다는 관점에서는 상여금(A), 〈그 밖에 이에 준하는 것으로서 고용노동부령으로 정하는 임금(B)〉으로 문구를 해석함으로써, 상여금의 경우에는 고용노동부령과는 관계없이 무조건 100분의 25에 해당하는 부분은 최저임금에 포함되지 않는다고 해석하였다. 반면에 상여금을 예시적으로 봐야 한다는 관점에서는 "〈상여금, 그 밖에 이에 준하는 것〉으로서 고용노동부령으로 정하는 임금"으로 문구를 해석함으로써, 상여금 중에서도 고용노동부령으로 정하는 경우에만 100분의 25에 해당하는 부분까지는 최저임금에 포함되지 않는다고 해석하였다. 이에 해석에 따라 결과 값이 달라질 수도 있는 것이었다. 하지만, 상여금이라는 것은 임금 항목의 명칭에 불과한 것으로서 비슷한 성질의 임금을 어떤 회사에서는 상여금이라 부르지만 다른 이름으로 부르는 경우도 있다는 점과 고용노동부령 2조 2항 1호에서 다시 상여금이라는 명칭이 또 언급되었다는 점에서 예시적인 것으로 보아야 한다. 다만, 2024년부터는 일정 비율에 대한 상여금 일부 불산입 문구가 적용되지 않게 되었으므로 더 이상 이런 논쟁을 벌이는 것이 무의미하게 되었다.

지급하는 것처럼 지급주기와 산정주기가 일치하는 경우(산정주기=지급주기)도 있지만, 지급주기와 산정주기가 일치하지 않는 경우도 있다. 예컨대 일용직 근로자의 경우에 일당의 산정주기는 1일로 하되, 그 지급은 한 달에 1회 지급한다면 지급주기는 1달이 되는 것이다.(산정주기〈지급주기) 그리고 정기상여금의 경우 1년에 월 기본급의 600%를 분기별로 지급한다면, 지급주기는 분기(분기별로 150%씩 지급)가 되는 것이고, 산정주기는 1년(1년간 상여금 = 월 기본급 × 600%로 산정됨)이 되는 것이다.(산정주기〉지급주기)

[그림 3-6] 정기상여금의 경우 지급주기와 산정주기에 따른 최저임금 포함 여부

구 분	구분 기준		[예시]	최저임금 포함 여부	비 고
	지급주기	산정주기			
A	1개월 초과 (분기·반기별 1회 지급 등)	연 간	연간 기본급의 600%를 분기별로 분할하여 지급	불 포함	지급주기를 매월 지급하는 것으로 취업규칙을 변경하더라도 불이익변경 아님
B	매월 지급	연 간	연간 기본급의 600%를 매월 분할하여 지급	2023년까지는 〈최저임금의 OO% 초과분〉만 포함	2024년부터는 전액 포함
C		매 월	월간 기본급의 50%	〈전액〉 포함	법/시행규칙 개정 전부터 원래 전액 포함

따라서 정기상여금은 위와 같이 3가지 경우로 나누어서 최저임금 산입 여부를 판단해야 한다. 우선 〈지급주기〉가 1개월을 초과하는 [A]의 경우에는 애초에 최저임금에 포함될 수가 없다. 최저임금법 제6조 4항 본문(매월 1회 이상 정기적으로 지급하는 임금)에 부합되지 않기 때문이다. 다음으로 지급주기를 매월 지급하는 것으로 정한 경우에도 산정주기에 따라 최저임금 산입 여부가 달라지게 되었었다. 즉 〈지급주기〉는 매월이지만, 〈산정주기〉는 연간인 [B]의 경우에는 최저임금법 제6조 4항 2호 및 시행규칙 제2조 2항[23)]에 따라 '해당 연도 시간급 최저임금액을 기준으로 산정된 월 환산액의 100분의 25[24)]에 해당하는 부분'은 최저임금에 산입되지 않

23) 1호의 '1개월을 초과하는 기간에 걸친 해당 사유에 따라 산정'이라는 문구와 2호의 '1개월을 초과하는 기간의 출근성적에 따라'라는 문구가 바로 산정주기가 1개월을 초과한다는 것을 의미한다.

24) 해당 비율은 연도별로 점점 감액(100분의 20, 15, 10, 5)되다가 2024년부터는 전액 산입되는 것으로 변경되었다.

고, 이를 초과한 상여금만 최저임금에 산입되었었다. 예컨대 연간 상여금 600%를 월할 계산하여 매월 월할 상여금으로 분할해서 50%씩을 지급하는 경우를 의미한다. 마지막으로 〈지급주기〉와 〈산정주기〉가 모두 매월인 [C]의 경우에는 전액 최저임금에 들어간다.[25] 예컨대 월간 기본급의 50%를 매월 지급하는 경우를 의미한다. 그런데 예시를 든 [B]의 경우와 [C]의 경우는 사실상 동일한 금액이 매월 지급되는 것이다.[26] 그럼에도 고용노동부는 보도설명자료[27]를 통하여 매월 지급되는 상여금이라 하더라도 산정주기에 따라 그 결과가 달라진다고 공표하였었다.[28] 이와 같이 최저임금에 불산입되는 두 번째 경우를 그림으로 표현하면 아래와 같다.

[그림 3-7] 매월 1회 이상 정기 지급 임금 中 최저임금 산입 범위 및 불산입 범위(2)

· {매월 1회 이상 정기적으로 지급하면서} {산정주기가 1개월을 초과하는 사유에 따라 지급하는} 상여금, 장려가급, 능률수당, 근속수당, 정근수당 中 해당 연도 시간급 최저임금액을 기준으로 산정된 월 환산액의

최저임금 불산입	· 100분의 25에 해당하는 부분 (2024년부터는 전액 최저임금 산입)	· 100분의 25를 초과하는 부분	최저임금 산입
· 월 단위를 초과하여 지급하는 상여금, 장려가급, 능률수당, 근속수당, 정근수당 등	· {매월 1회 이상 정기적으로 지급하면서} {산정주기가 1개월 이내의 기간에 걸친 사유에 따라 지급하는} 상여금, 장려가급, 능률수당, 근속수당, 정근수당 등		

최저임금에 불산입되는 세 번째 경우는『식비, 숙박비, 교통비 등 근로자의 생활보조 또는 복리후생을 위한 성질의 임금』으로서 통화 이외의 것으로 지급하는 임금

25) 최저임금법 제6조 4항 2호 및 최저임금법 시행규칙 제2조 2항의 적용대상이 되지 않는 것이다.

26) 월 기본급이 100만원이라 가정할 때, [B]는 월 기본급의 600%인 600만원을 12개월로 분할하여 매월 50만원씩 지급한다는 것이고, [C]는 월 기본급의 50%인 50만원을 매월 지급한다는 것이므로 사실 동일한 것이다.

27) 배포일시: 2018.12.21(금), 담당부서: 고용노동부 근로기준정책과

28) 따라서 취업규칙 등 상여금 산정 기준을 연 600%가 아닌 월 50%로 개정할 경우에는 매월 지급되는 상여금의 100분의 25가 최저임금에서 제외되지 않고, 전액 최저임금에 포함된다. 다만, 이와 같이 산정주기를 변경하는 것은 최저임금법 제6조의2(최저임금 산입을 위한 취업규칙 변경절차의 특례)에 해당된다고 보기는 어려우므로 취업규칙 불이익 변경에 해당될지 여부는 불분명하다.

(최저임금법 제6조 4항 3호 가목)이나 통화로 지급하는 임금의 월 지급액 중 해당 연도 시간급 최저임금액을 기준으로 산정된 월 환산액의 100분의 7에 해당하는 부분(최저임금법 제6조 4항 3호 나목)[29]을 의미한다.

[그림 3-8] 매월 1회 이상 정기 지급 임금 中 최저임금 산입 범위 및 불산입 범위(3)

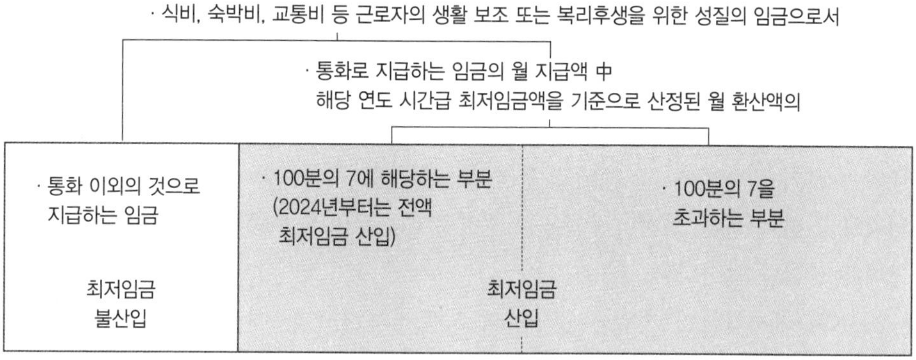

개정 전 최저임금법 시행규칙 별표에서는 생활 보조 또는 복리후생을 위한 금품[30]은 통화 여부를 불문하고 최저임금에 불산입되는 것으로 보았었는데, 이번 법 개정을 통하여 일부를 제외하고는 최저임금에 산입되는 것으로 변경한 것이다.

다만, 두 가지에 대해서는 최저임금에 산입되지 않는다고 보았는데, 그 중 첫 번째 것은 '통화 이외의 것으로 지급하는 임금'이다. 즉 현물로 제공되는 식사나 숙소, 통근버스 등을 제공하는 경우를 의미한다. 이들 항목은 설령 금전적인 가치가 얼마인지를 환가할 수 있다고 하더라도 통화로 지급된 것이 아니므로 최저임금에 산입될 수 없다. 그런데 여기서 통화의 범위가 어디까지 확대될 수 있는지가 이슈가 될 수 있다. 왜냐하면 최근 통상임금 관련 소송에서 복지포인트에 대하여 '통화로 지급되는 것과 다르지 않다'라고 판단한 사례[31]가 있었기 때문인데, 최근에는

29) 2024년부터는 전액 산입되므로 사실상 형해화된 조항이다.

30) 전술한 바와 같이 그동안 법원에서는 임금이분설을 폐기하고 모든 임금은 '근로의 대가'라는 입장이었고, 특히 2013년 통상임금 관련 전원합의체에서도 이러한 논리를 확인한 상황이었는데, 이번 최저임금법 개정을 통해 '생활보조 및 복리후생적' 성격의 임금이 존재함을 법령으로 명시함으로서 다소 모순된 상황이 되었다.

31) 서울고법 2016나2083847, 2017.4.19.

○○Pay, 상품권, 주유카드, 각종 포인트 등 통화와 큰 차이가 나지 않는 경우가 늘어나고 있어 혼란을 줄 우려가 있다. 하지만 복지포인트를 임금으로 인정하지 않은 최근 대법원 전원합의체 판결[32]로 인하여 통화는 사전적 의미 그대로 '유통 수단이나 지불 수단으로서 기능하는 화폐'[33]로 사용처에 아무런 제한이 없는 통용화폐인 지폐, 주화, 은행권, 은행에 이체된 현금 등으로 한정해야 할 것으로 보인다.

그리고 생활 보조 또는 복리후생을 위한 성질의 임금 중 최저임금에 산입되지 않는 두 번째 것은 '통화로 지급하는 임금의 월 지급액 중 해당 연도 시간급 최저임금액을 기준으로 산정된 월 환산액의 100분의 7에 해당하는 부분'이다. 즉 통화로 지급되는 것이기 때문에 그 성질상 최저임금에 산입되어야 함에도 불구하고, 정책적 의지로 인하여 월간 최저임금액을 기준으로 100분의 7에 해당하는 부분은 최저임금에 불산입한 것이다.

2018년 최저임금법 개정은 경영계와 노동계의 첨예한 대립을 감안하여 절충적인 방향으로 법 개정이 된 경향이 있는데, 그 중 하나가 상여금과 복리후생적 임금을 최저임금 산입범위에 포함하되, 일정 비율에 대해서는 포함시키지 않는다는 규정을 둔 것이다. 그리고 그 일정 비율은 매년 감소되어, 2024년부터는 매월 지급되는 상여금과 통화로 지급되는 복리후생적 임금 전액이 최저임금에 산입된다.[34]

여기서 불산입이 되는 일정 비율의 기준이 되는 금액은 '해당 연도 시간급 최저임금액을 기준으로 산정된 월 환산액'이다. 2019년의 경우에는 209시간을 기준[35]으

---

32) 대법 2016다48785, 2019.8.22.

33) 네이버 어학사전 참고.

34) 최저임금법 부칙〈법률 제15666호, 2018.6.12〉 제2조(최저임금의 효력에 관한 적용 특례).
① 제6조제4항제2호의 개정규정에도 불구하고 같은 호에서 규정하고 있는 "100분의 25"는 다음 각 호에 따른 비율로 한다.
1. 2020년은 100분의 20　2. 2021년은 100분의 15　3. 2022년은 100분의 10
4. 2023년은 100분의 5　5. 2024년부터는 100분의 0
② 제6조제4항제3호의 개정규정에도 불구하고 같은 호 나목에서 규정하고 있는 "100분의 7"은 다음 각 호에 따른 비율로 한다.
1. 2020년은 100분의 5　2. 2021년은 100분의 3　3. 2022년은 100분의 2
4. 2023년은 100분의 1　5. 2024년부터는 100분의 0

35) 소정근로시간이 1주 40시간이며, 주휴일은 주 1일만 있는 경우이다. 토요일을 약정 유급 휴[무]

로 최저임금액 월 환산액이 1,745,150원(2020년에는 1,795,310원)이었으며, 산정주기가 1개월을 초과하는 상여금은 그 금액의 25%인 436,288원(2020년에는 20%인 359,062원)을 초과하는 금액만 최저임금에 산입이 되었고, 복리후생적 임금은 7%인 122,161원(2020년에는 5%인 89,766원)을 초과하는 임금만 최저임금에 산입되었던 것이다. 따라서, 매월 지급되지만 산정주기가 1년인 회사에서 월간 상여금이 500,000원이 지급된다면, 그 금액 중 436,288원을 초과하는 63,712원(2020년에는 359,062원을 초과하는 140,938원)만 최저임금에 산입되었던 것이다. 그리고 2019년에 복리후생비로 식대만 10만원 지급되었던 경우에는 122,161원에 하회되므로 최저임금에 전액이 산입되지 않았었고(2020년에는 89,766원을 초과하는 10,234원이 최저임금에 산입), 식대와 통근수당을 합산하여 200,000원을 받는 경우에는 122,161원을 초과하는 77,839원(2020년에는 89,766원을 초과하는 110,234원)만 최저임금에 산입되었던 것이다.

이처럼 2019년에서 2023년까지는 정기상여금[36] 및 현금성 복리후생비에 대하여 최저임금에 불산입되는 비율이 최저임금법 부칙에 확정적으로 명시되어 있었기에 아래 표와 같이 일부 금액은 최저임금에 불산입 되었었다. 다만, 2024년부터는 이들 정기상여금 및 현금성 복리후생비도 전액 최저임금에 산입되므로 복잡성이 줄어들게 되었다.

[그림 3-9] 상여금 및 현금성 복리후생비 중 최저임금 불산입 금액에 대한 연도별 시뮬레이션

구 분	연 도	2019년	2020년	2021년	2022년	2023년	2024년
최저임금 불산입 비율	정기상여금	25%	20%	15%	10%	5%	0%
	현금성 복리후생비	7%	5%	3%	2%	1%	0%

최저임금 월 환산액 [209 기준]		1,745,150	1,795,310	1,822,480	1,914,440	2,010,580	2,060,740
최저임금 불산입 금액	정기상여금	436,288	359,062	273,372	191,444	100,529	–
	현금성 복리후생비	122,161	89,766	54,674	38,289	20,106	–

※ 시간급 최저임금을 월 환산하기 위한 시간수는 209를 기준으로 하였음.

일로 설정한 회사도 동일하게 적용된다. 다만, 소정근로시간이 그 보다 짧은 경우이거나, 주휴일을 주 2일로 설정한 경우에는 달리 산정된다.

36) 전술한 바와 같이 지급주기는 매월이고, 산정주기는 연간인 정기상여금에 한정된다.

(2) 최저임금 관련 이슈들

이와 같이 최저임금법이 복잡하게 개정되면서 몇몇 해석상 이슈들은 불명확함이 해소되었지만, 여전히 경영계와 노동계는 불만족한 상황이고, 몇 가지 이슈들이 여전히 남게 되었다.

우선 첫 번째 이슈는 최저임금에 산입되거나 불산입되는 범위 및 시간수와 관련된 사항이다. 이번 개정안으로 주휴수당 및 주휴시간은 최저임금을 산정할 때 모두 산입되고, 주휴수당 외의 유급휴일수당[37]과 주휴시간 외의 유급처리 시간은 최저임금을 산정할 때 모두 불산입된다. 이는 복잡성만 가중시켰을 뿐, 기존에 산정하던 방식과 사실상 차이가 없는 것이다. 즉 최저임금을 산정할 때, 사실상 209시간 기준으로 보게 되므로 언뜻 보면 최저시급에 209를 곱한 금액 이상으로만 지급하면 최저임금법 위반이 되지 않으므로 경영계의 부담이 줄어든 것처럼 보여진다. 하지만 임금시수가 226이나 240, 243인 회사의 경우에는 책정된 임금에서 토요일 유급휴일수당분을 차감한 금액이 최저임금을 넘겨야 하는 것이며, 만약 토요일 유급휴일수당을 지급하지 않을 경우에는 최저임금법 위반이 되지는 않지만 단협 위반이나 취업규칙 위반의 문제가 발생되므로 결과적으로 변화되는 것이 없어진다.[38) 39)]

또 다른 이슈는 정기상여금의 지급주기 및 산정주기 변경 이슈이다. 전술한 바와 같이 정기상여금의 경우 지급주기와 산정주기를 어떻게 설정했는지에 따라 최저임금 산입 및 불산입 효과가 달라지게 된다. 최저임금은 최소한의 의식주를 위해서 매월 필요한 최소한의 임금 수준이라고 봐야 하므로 매월 지급되는 것이 아니라 분기나 반기 단위로 지급되는 돈은 최저임금의 취지상 산입되기 어렵다고 보는 것이 합리적일 것이다. 다만, 이러한 취지와는 상관없이 회사의 임금 제도상 지급주기가 길게 설정된 경우도 많이 있으므로 이번 최저임금법 개정안에서는 제6조의2(최저임금 산입을 위한 취업규칙 변경절차의 특례)를 신설하여 정기상여금을 최저임금에 산

---

37) 토요일을 유급 약정휴[무]일로 정한 경우.

38) 경영계에서는 기존에 법원이 최저임금 산정 시에 분자가 되는 최저임금 범위에 주휴수당은 포함하고, 분모가 되는 주휴시간을 제외하도록 하여 결과적으로 최저임금 부담이 줄어드는 판결을한 경우가 일부 있었는데, 법 개정을 하여 이러한 효과가 없어졌다고 불만족하는 경우도 있었다.

39) 최저임금 산정 시간수에 따른 최저임금 계산 이슈는 Ⅱ. 3. 참조.

입시키기 위하여 임금 총액의 변동 없이 지급주기를 (격월, 분기별, 반기별, 연 1회 지급 등에서) 매월 지급하는 것으로 취업규칙을 변경하는 경우에는 불이익 변경이 아닌 것으로 보아 근로자 과반수 의견 청취만으로 개편이 가능하다는 특례 조항을 신설한 것이다. 다만, 이에 대해서는 노동계와 경영계가 모두 반발을 하였는데, 노동계 입장에서는 사실상 불이익 변경이므로 사업장 특성에 따라 동의 여부가 결정되어야 함에도 동의가 필요없다는 특별 조항을 신설한 것에 대해 납득할 수 없다는 입장이고, 경영계 입장에서는 노동조합이 있는 경우에는 취업규칙 외에 단체협약 개정이 필요한 것이므로 실효성이 없다고 보는 것이다. 게다가 지급주기 외에 산정주기를 변경하는 것이 불이익 변경에 해당되는지 여부에 대해서는 명확한 해석이 없는 것도 이슈가 되었다.[40)]

이러한 이슈들, 즉 토요일을 유급으로 설정하여 209가 아닌 226이나 243을 운영하는 것과 상여금 비중이 크고 지급주기와 산정주기가 월 단위를 초과하는 것은 대부분 노동조합이 있는 대기업에서 발생되고 있는 이슈들이다. 그러다 보니 막상 영세한 규모의 사업장에는 큰 영향이 없는 것이고, 상대적으로 임금 총액이 큰 유노조 대기업 위주로 영향이 큰 것도 문제가 되는 것이다. 즉 이들 대기업들은 토요일 유급 처리와 높은 상여금 비율로 인하여 정률로 큰 폭으로 인상되는 최저임금의 효과가 더 크게 나타나고 있는 것이다. 예컨대 최저임금이 10% 인상되면 사실상 기본급을 10% 인상시켜 주어야 하고, 이는 209시간분이 아닌 226시간분이나 243시간 분으로 설정된 회사의 경우에는 그 시간 차액분에 대해서도 10% 인상효과가 반영되고, 최저임금에 산입되지 못하는 상여금[41)]이 월 기본급의 800%라면 10% 인상효과가 고스란히 상여금에도 반영되기 때문이다.

---

40) 다만 2024년부터는 산정주기가 1개월을 초과하더라도 지급주기만 1개월 이내이면 전액 최저임금에 산입되므로 더 이상 이슈가 되진 않는다.

41) 지급주기가 1개월을 초과하는 경우이다. 만약 이들 상여금이 최저임금에는 산입되지 않지만, 통상임금에는 해당되는 경우라면 인건비 상승 효과가 더 크다고 볼 수 있다.

3. 임금구조 개편 등을 통한 최저임금 대응 방안

2018년과 2019년의 급격한 최저임금 인상 및 최저임금법 개정으로 인하여 기업들은 최저임금 이슈를 적극적으로 대응해야 되었던 상황이었으며, 근로시간 단축과 통상 임금 이슈까지 고려한 근본적 임금구조 개편이 필요하게 되었다.

최저임금 인상에 대응하기 위하여 기업들은 다음과 같은 4가지 방향으로의 접근을 고려할 수 있었다.

[그림 3-10] 최저임금 인상에 대한 대응방안

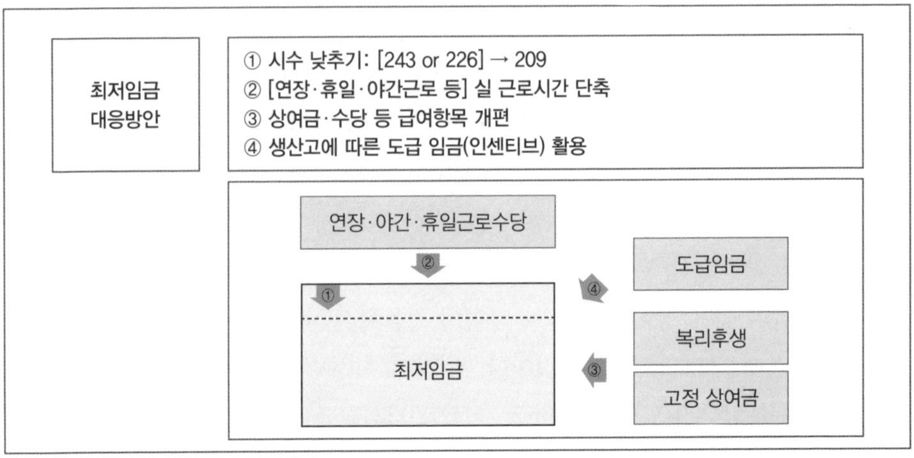

(1) 토요일 성격 변환을 통한 시수 개편

전술한 바(Part II 3.)와 같이 동일한 시간을 근무했음에도 토요일의 성격을 어떻게 규정했는지에 따라 지급해야 하는 임금이 달라진다. 즉 주 40시간의 법정근무를 하게 되면, 주 40시간 근무에 대한 대가 외에 1주일에 1일(8시간)에 대해서는 주휴수당을 지급해야 되는데, 이에 더하여 토요일도 유급처리를 해 줄 경우 실질적인 최저임금[42]을 그만큼 더 지급해야 되는 것이다. 즉 2024년 최저임금(시급 9,860원)

42) 2018년 최저임금법 개정으로 토요일이 약정 유급 휴(무)일일 경우에는 토요 유급수당을 감안하지 않고 소정근무 및 주휴수당으로만 최저임금법 위반 여부를 따지므로 형식적인 최저임금은

을 기준으로 아래와 같이 토요일을 무급으로 규정했을 경우에는 월급 2,060,740원 및 연봉 24,728,880원이면 2024년의 최저임금을 충족할 수 있음에도 토요일을 유급 처리하는 회사의 경우에는 최저임금 충족을 위하여 더 많은 금액이 소요되는 것이다.

[그림 3-11] 토요일 유·무급 여부에 따른 '실질적' 최저임금 차이 (2024년 기준)

구 분	주 간				월간 (×4.345주)	최저 시급	(형식적) 최저월급	(실질적) 최저월급	(실질적) 최저연봉
	1주 소정근로	유급주휴 (일요일)	유급처리 (토요일)	[소계]					
토요 무급	40	8		48	209	9,860	2,060,740	2,060,740	24,728,880
토요 4시간 유급 약정휴일	40	8	4	52	226	9,860	2,060,740	2,228,360	26,740,320
토요 8시간 유급 약정휴일	40	8	8	56	243	9,860	2,060,740	2,395,980	28,751,760

현행 근로기준법상 토요일은 무급으로 처리(토요일 근무여부와는 무관하게 토요일 휴무에 대하여 추가로 임금을 줄 필요는 없다는 의미)해도 무관하지만 그 동안 일부 기업들은 연장·야간·휴일근로수당을 적게 줄 목적으로 시간당 통상임금을 줄일 수 있도록 토요일을 유급으로 처리했던 것이 이제는 최저임금이 급격하게 인상되면서 어려움을 겪고 있는 것이다.

아래의 경우를 보면 동일한 연봉 2,640만원(월급 2,200,000원) 및 동일한 근로시간에도 불구하고 토요일을 무급으로 했는지, 몇 시간 분을 유급처리해 주었는지에 따라 시급이 달라짐을 확인할 수 있다. 예전과 같이 최저임금 수준이 낮았을 때에는 연장·야간·휴일근로수당을 낮추기 위한 방법으로 토요일을 유급화 함으로써 (통상)시급을 낮추는 전략이 유효했었다(※ 특히 월급제인 경우에는 동일한 월급을 주면서도 단순히 규정상 용어만 토요일을 유급으로 규정함으로써 시급을 낮출 수 있었던 것이다.).

209시간분만 지급해도 문제되지 않지만, 규정상 토요일을 유급으로 하였기에 토요 유급수당을 지급하지 않게 되면 단체협약이나 취업규칙 위반이 되므로 실질적인 최저임금은 226시간 혹은 243시간분을 지급해야 되는 것이다.

[그림 3-12] 토요일 유·무급 여부에 따른 시급 차이

구 분		연 봉	월급 (연봉÷12)	시급 (월급÷시수)	연장근로 시간	연장근로수당 (시급×시간×1.5)	비 고
토요일 성격	시 수						
토요 무급	209	26,400,000	2,200,000	10,526	10	157,895	
토요 4시간 유급	226	26,400,000	2,200,000	9,735	10	146,018	2024년 최저임금 미달
토요 8시간 유급	243	26,400,000	2,200,000	9,053	10	135,802	2023년, 2024년 최저임금 미달

※ 연봉은 통상임금 100%로 구성되어 있다고 전제

[그림 3-13] 인원 분포에 따른 시수 채택의 유·불리 판단

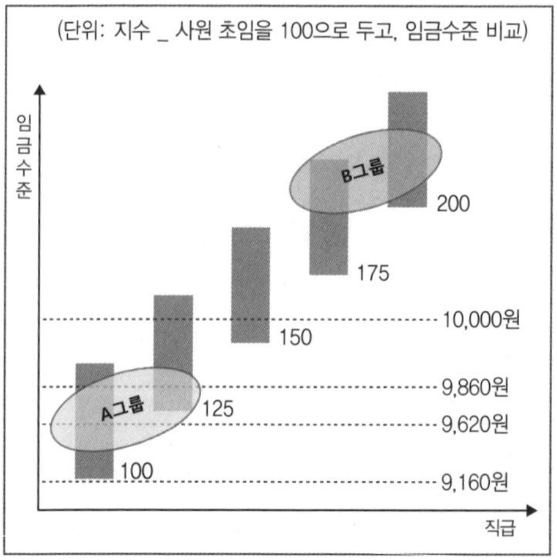

▶ (근로조건 설정이 동일한) 동일 직군 내에서는 서로 다른 '시수'를 쓰는 것 불가
→ 시수를 달리 쓴다는 것
: 토요일 유·무급을 달리 적용한다는 것

▶ 결국 현재 인력분포 및 향후 인력계획을 감안하여 '최저임금'이 우려되는 A그룹에 인력이 많을 경우에는 '209'로 조정하고, 과다한 'OT수당'이 우려되는 B그룹에 인력이 많을 경우에는 226, 243을 고수하도록 함

▶ 시수 활용의 근거를 명확히 할 필요가 있음. 규정상 토요일 성격(토요일을 4시간 or 8시간 유급 휴[무]일로 한다는 규정) 및 시수의 산정 근거가 불명확한 경우

ⅰ) 토요일 유급수당 미 지급 or 과소 지급 Risk
(ex1. 토요일을 유급휴일로 규정해 두고, 최저임금을 209시간분만 지급한 경우
ex2. 8시간 유급휴일 조항에 토요일을 포함 한 후, 최저임금을 226시간분만 지급한 경우)

ⅱ) OT수당 과소 지급 Risk [÷226의 근거 없음을 이유로 ÷209 명령: 통상시급 상승]

기업들은 직원들의 임금분포를 분석하여 시수 변경에 대한 유·불리를 따져 보아야 한다. 즉 직급별로 근로시간을 분석하여 연장·야간·휴일근로수당이 어느 계층에서 많이 나가고 있는지, 살펴보아야 한다. 예컨대 위의 그림에서 최저임금 대상이 되는 낮은 직급(A그룹) 인원 분포가 많을 경우에는 시간당 통상임금이 높아진다고 하더라도 토요일을 무급화하여 시수를 209로 변경하는 것이 유리할 것이고, 반대로 최저임금에 영향을 받지 않는 높은 직급(B그룹)의 연장·야간·휴일근로가 많은 경우에는 오히려 226이나 243 시수를 고수하는 것이 유리할 것이다.

(2) 실 근로시간 단축

다음으로 실 근로시간 단축을 통해 인건비 상승을 억제할 필요가 있다. 실 근로시간을 단축하는 방법으로는 ① PC오프제나 OT승인 제한 등 보다 엄격한 근태관리를 통해 시간외근로를 최소화 하는 방식, ② 유연근무제를 도입하여 연장근로로 인정되는 시간을 최소화하는 방식, ③ 교대제 등의 경우 교대형태 변경 및 추가 인력 투입으로 시간외근로를 최소화하는 방식, ④ 회사에 머무는 체류시간을 조정할 수 없다면 중간에 휴게시간을 늘려 근로시간을 최소화하는 방식 등이 있을 것이다.

지금까지는 새로운 인력을 채용하는 것 보다는 기존 인력에게 시간외근로를 시키는 것이 인건비 측면에서 더 유리하다고 보았었다. 이는 인력을 채용하였을 때 직접비용 뿐 아니라 간접비용도 많이 소요되기 때문이며, 일단 정규인력으로 채용한 후에는 고용 유연성을 확보하기 어렵기 때문이었다.

하지만 (a) 주52시간제 적용, (b) 최저임금 인상, (c) 통상임금 범위 확대 및 (d) 시수 조정 등이 동시에 적용되는 상황에서는 적정 수준의 인원 및 인건비 관리에 있어 미치는 효과를 면밀히 검토해 보아야 할 것이다. 예컨대 일요일 근무의 경우 일용직을 쓰게 된다면 근무분에 대해 100%만 지급하면 되고 근로시간 초과 이슈도 발생되지 않지만, 기존 인력에게 연장·휴일근로를 시킬 경우에는 그 수당도 250%(주휴수당 100% 포함)를 지급해야 될 뿐 아니라 근로시간 한도 초과라는 법 위반 소지도 발생될 수 있기 때문이다.

특히 시간외근로 1시간 단축은 임금의 측면에서는 1.5시간분이 절감되는 것이므로 시간외근로를 줄일 필요가 있을 것이다. 한편, 총 체류시간을 줄이지 못할 경우 휴게시간을 늘리는 방안은 신중하게 적용해야 할 것이다. 즉 휴게로 인정되지 못하고, 대기시간으로 인정될 경우에는 임금이 지급되어야 하므로 실제 근무 장소에서 이탈이 가능하여 사용자의 지휘·감독으로부터 완전히 벗어날 수 있는지를 엄격하게 따져 보아야 한다. 그렇지 않으면 2017년 8월에 나온 기아차 판례에서와 같이 휴게시간으로 인정받지 못하고, 대기시간 내지는 근로시간이 되어 임금 지급의무가 발생되므로 유의하여야 한다.[43]

---

43) 사례연구 Ⅱ-1. 참조.

(3) 고정 상여금 및 복리후생적 수당에 대한 개편 고려

[그림 3-14] 임금 구성항목(Pay Structure) 및 영향요인(Pay Contributor) 개편 방향

[As-Is] 의미 없는 상여금 운영, 복잡한 제 수당 난립 이유

- 임금(기본급) 인상률 억제 정책에 대한 부차적 수단으로 활용 (노사 공동의 Needs)
- 통상·평균임금 제외 및 상여금 지급 기준 (기본급의 ○○○% 등) 제외 목적
- 특정 사항에 대한 Merit·동기 부여 필요성
  → 대상자와 비대상자 간 차등 필요성
  [직책, 근속, 직무, 생산장려, 승무수당 등]
- 기업의 직원 생활보장(연공·복리후생) 논리
  – 가족수당, 김장수당, 명절 상여 등
- 직무급이 아닌 임금구조 형태

[To-Be] 임금체계 구조적 개편

- 상여금·수당 운영의 목적·필요성 재 정립
  – Pay Contributor(영향요인)에 대한 Review

전통적 연공 요인	근속	연령	학력	성별
	경력	지역	근로시간	
직무·성과주의 요인	직책(역할)		직무(직군)	
	실적	역량	성과	
생활보장 (복리후생) 요인	가족	명절	자기계발	
	김장	학자금	의료비	

- 급여체계 단순화 (수당 통폐합)
- 연공적 요인 축소 및 직무·성과 요인 강화
- 생활보장(복리후생) 요인에 대해서는 최저임금에 포함되도록 통화로 지급하거나, 반대로 실비변상(영수증 처리) 성격으로 완전히 전환하여 임금에서 제외토록 함

기업들이 최저임금 이슈와 관련하여 가장 먼저 생각할 수 있는 것이 최저임금에 해당되지 않는 정기상여금이나 복리후생 항목들을 최저임금에 산입되는 항목으로 전환하는 것이다. 물론 통상임금 이슈로 인하여 고정성을 제거하기 위해 상여금의 지급기준 변경(재직자 기준 또는 만근 기준 삽입)을 이미 실시한 회사의 경우 또 다시 상여금 제도를 개편하는 것이 부담될 수는 있지만, 최저임금법 특례로 인하여 근로자 과반수의 동의가 아닌 의견청취만으로 지급주기를 월 단위로 개편하는 것이 가능해졌고, 최근 재직자 한정 지급 기준을 둔 상여금의 경우에도 통상임금으로 인정될 여지가 있다는 해석이 계속 나오고 있으므로 근로시간 단축 시대에 발맞추어 임금체계를 전면적으로 개편하되, 특히 임금 영향요인(Pay Contributor) 측면에서 직원 동기부여 역할을 전혀 하지 못하고 있는 고정상여금은 폐지하거나 비중을 축소할 필요가 있다.

이에 상여 중에서도 명절상여와 같이 근무기간과 관계없이 특정 시점에 지급하는 『시점상여』는 존치시키더라도 통상임금으로 인정될 Risk가 높은 『기간상여』의 비

중은 낮추거나, 산정주기 및 지급주기를 月 단위로 변경하여야 할 것이다.[44] 그리고 생활보장 및 복리후생 성격의 금품에 대해서는 점진적으로 최저임금에 산입되도록 개정된 최저임금법을 고려하여 확실하게 통화로 지급하거나,[45] 반대로 실비변상(식권, 주유상품권 등) 성격으로 완전히 전환해서 임금에서 제외토록 해야 할 것이다.

그리고 이를 통해 확보한 재원은 반드시 기본급으로 전환할 것이 아니라 직무수당이나 직급수당과 같은 수당으로 전환하는 것을 고려해 보아야 한다. 왜냐하면 해당 수당들은 기본급과 같이 통상임금 및 최저임금에 모두 해당이 되지만, 기본급으로 재원을 이전할 경우 다시 상여금이나 경조금 등이 높아지는 연쇄작용 효과가 발생될 수 있고,[46] 연공적 성격의 기본급보다는 직무나 역할 기반의 임금으로 전환하는 것이 보다 합리적이기 때문이다.

한편, 아래 기아차 사례와 같이 일부 회사들은 상여금 지급 기준으로 {기본급 또는 통상임금 + 연장 및 휴일근로 ○○시간분}과 같이 규정한 회사들이 있다. 그러나 이때의 연장 및 휴일근로 ○○시간분은 실제 연장 및 휴일근로에 대한 대가가 아니라 단지 상여금 수준을 정하기 위한 기준에 불과한 것이므로 유의하여야 한다. 이에 상여금 전체를 없애기 어렵다면, 지급 기준에 있어 '연장 및 휴일근로 ○○시간분'과 같은 것을 부분적으로 폐지하고, 그 재원을 최저임금에 해당되는 급여항목으로 전환하는 것도 고려해 볼 수 있을 것이다.

【기아차 통상임금 판결(서울중앙지법 2011가합105381, 2017.8.31)】中

피고는, 이 사건 상여금 산정의 기초가 되는 '연장근로수당 30시간분' 또는 '특근수당'은 소정근로의 대가가 아니므로 이 사건 상여금 중 '연장근로수당 30시간분' 또는 '특근수당'은 통상임금에서 제외하여야 한다고 주장한다.

그러나 이 사건 상여금 중 '연장근로수당 30시간분' 또는 '특근수당'은 상근자에게 일할 계산하여 지급하는 이 사건 상여금을 산정하기 위한 기준일 뿐이므로 소정근로의 대가로서 통상임금에 해당한다.

---

44) 시점상여 및 기간상여에 대해서는 Ⅲ. 4. (3) 참조.

45) 이 경우 모든 직원들에게 지급하는 복리후생 수당은 통상임금 및 평균임금에 해당될 가능성이 높아진다.

46) 상여금이나 경조금 지급 기준을 기본급 대비 ○○○%로 정하는 경우가 이에 해당된다.

(4) 최저임금에 산입되는 생산고에 따른 도급 임금 활용

근로기준법과 최저임금법에는 '도급 근로자'라는 개념을 두면서 임금 책정 방법에 있어 '도급 금액으로 정한 임금', '도급제에 따라 계산된 임금', '생산고(生産高) 또는 업적에 따라 정한 임금'과 같은 표현을 사용하고 있다.

이 때, '도급 근로자'는 외주 도급업체 소속의 근로자를 의미하는 것이 아니라는 것을 유의할 필요가 있다.[47] 즉 근로계약방식은 일반근로자와 마찬가지로 직접 고용하여 근로계약을 체결하면서도 임금 산정 방식만 도급제에 따라 산정하는 것을 의미한다. 임금을 도급제에 따라 산정한다는 의미는 근로시간과는 관계없이 임금이 생산단위당 도급단가에 의하여 지급되는 경우를 의미하는 것이다.

예를 들어 「인형 1개를 만들면 500원을 지급한다.」라든가 「타일 부착 작업시 3.3㎡당 2,000원을 지급한다.」라든가 「개인 매출액의 10%를 지급한다.」와 같이 근로시간과는 관계없이 업적에 따라 정한 임금체계를 의미하며, 업적에 따라 당연히 금액 수준이 달라지는 변동급 형태라 할 수 있다.

도급근로자 형태	**근로기준법 제47조【도급 근로자】** 사용자는 도급이나 그 밖에 이에 준하는 제도로 사용하는 근로자 에게 근로시간에 따라 일정액의 임금을 보장하여야 한다.
도급 금액 통상임금 산정	**근로기준법 시행령 제6조【통상임금】** ① 법과 이 영에서 "통상임금"이란 근로자에게 정기적이고 일률적으로 소정(所定)근로 또는 총 근로에 대하여 지급하기로 정한 시간급 금액, 일급 금액, 주급 금액, 월급 금액 또는 도급 금액을 말한다. ② 제1항에 따른 통상임금을 시간급 금액으로 산정할 경우에는 다음 각 호의 방법에 따라 산정된 금액으로 한다. 6. 도급 금액으로 정한 임금은 그 임금 산정 기간에서 도급제에 따라 계산된 임금의 총액을 해당 임금 산정 기간(임금 마감일이 있는 경우에는 임금 마감 기간을 말한다)의 총 근로 시간 수로 나눈 금액

47) 근로기준법에서 외주 도급업체의 임금 보호는 근로기준법 제44조(도급 사업에 대한 임금 지급)를 통해 규정하고 있고, 최저임금법에서 외주 도급업체의 보호는 최저임금법 제6조 7항 내지 9항을 통해 규정하고 있다. 이들 조항은 외주 도급업체 근로자에게 임금을 지급하지 못한 경우 연대책임을 져야 한다는 것인데, 이 장에서 다루는 '도급 근로자'는 사용자가 직접 고용한 근로자를 의미하는 것이므로 보호 대상이 서로 다르다.

최저임금으로 인정되는 도급금액	**최저임금법 제5조【최저임금액】** ③ 임금이 통상적으로 도급제나 그 밖에 이와 비슷한 형태로 정하여져 있는 경우로서 제1항에 따라 최저임금액을 정하는 것이 적당하지 아니하다고 인정되면 대통령령으로 정하는 바에 따라 최저임금액 을 따로 정할 수 있다. **최저임금법 시행령 제4조【도급제 등의 경우 최저임금액 결정의 특례】** 법 제5조제3항에 따라 임금이 도급제나 그 밖에 이와 비슷한 형태로 정해진 경우에 근로시간을 파악하기 어렵거나 그 밖에 같은 조 제1항에 따라 최저임금액을 정하는 것이 적합하지 않다고 인정되면 해당 근로자의 생산고(生産高) 또는 업적의 일정단위에 의하여 최저임금액을 정한다. **최저임금법 시행령 제5조【최저임금의 적용을 위한 임금의 환산】** ② 생산고에 따른 임금지급제나 그 밖의 도급제로 정해진 임금은 그 임금 산정기간(임금 마감일이 있는 경우에는 임금 마감기간을 말한다. 이하 이 항에서 같다)의 임금 총액을 그 임금 산정기간 동안의 총근로시간 수로 나눈 금액을 시간에 대한 임금으로 한다.

【고용노동부 행정해석 사례】

의 미	【임금 32240-17712, 1990.12.22】 최저임금법 제5조제3항 및 같은 법 시행령 제4조에 의하여 규정된 임금이 도급제로 정하여져 있는 경우란 근로시간과는 관계없이 임금이 생산단위당 도급단가에 의하여 지급되는 경우를 의미함.
최저임금 해당성	【성과급의 최저임금 산입여부 등 관련 (근로기준과-5092, 2009.12.1)】 ○ 최저임금 적용을 위한 임금에 산입하는 임금의 범위에서 매월 '일정액'의 해석기준과 관련하여서는 매월 동일한 금액을 지급하는 경우만을 의미하는 것이 아니라 소정근로에 대하여 미리 정하여진 지급조건과 지급률에 따라 정하여진 금액을 지급하는 경우라고 해석하는 것이 타당함 ○ 귀 질의의 판매실적에 따라 매월 지급하는 성과급은 「최저임금법 시행령」 제5조제2항에서 정하고 있는 생산고에 따른 임금에 해당된다 할 것이므로 최저임금의 적용을 위한 임금에 산입될 수 있다고 사료됨.
근로자 신분	【근기01254-760, 1992.5.28】 도급제근로자도 근로기준법이 적용되므로 법정수당, 연월차, 퇴직금 등의 보호를 받는다. 도급계약의 형식을 취했다 하더라도 작업내용 및 수행과정이 사용자에 의하여 결정되고 근로시간 근무 장소에 구속받으며, 사용자가 제공한 시설과 기구를 이용하고 사용자의 지휘명령을 거부할 경우 제재가 따르는 등 사용종속성이 인정되는 상태 하에서 근로를 제공하고 그 대가로 임금을 지급받는 경우라면 도급계약서상의 반장급도 근로기준법상 근로자임.
영업사원 능률수당	**【영업사원의 판매실적에 따른 능률수당의 최저임금 산입여부 (임금 32240-4770, 1990.4.3)】** 외부사원에게 월간 판매실적(생산고)에 따라 산정 지급되는 능률 수당은 총근로시간으로 나누어 시간당 임금으로 환산한 뒤 기본급 등 월단위로 정하여진 임금을 소정근로시간으로 나누어 환산한 시간당 임금과 합산하여 시간급 최저임금 미달여부를 판단하여야 할 것

자동차 판매사원	**【성과급의 최저임금 산입여부 질의 (근로기준과-2139, 2009.6.26)】** ○ 자동차를 판매하는 "갑" 회사의 A 근로자는 매월 기본급과 차량판매에 따른 인센티브를 지급받고 있음 근로계약이나 취업규칙 등에 의해 개인별 근무성적, 업무성과 등을 토대로 일정한 지급률에 따라 지급하는 성과급의 경우에는 근로의 대가성이 인정되므로 임금으로 보아야 할 것으로 사료됨.
PC 판매 영업사원	**【기본급은 있고 판매실적에 따라 발생하는 성과급이 없는 경우 최저임금 위반여부 (임금정책과-801, 2005.2.26)】** [질 의] 월 기본급 50만원과 PC판매실적에 따라 발생하는 성과급을 합하여 월 급여가 책정되는 영업사원이 어떤 월에 PC판매실적이 발생하지 않아 기본급 50만원만 지급받는 경우 최저임금법 위반여부 [회 시] 판매실적에 따라 매월 금액이 달라지는 판매에 대한 성과급은 최저임금법시행령 제5조제2항에서 정하고 있는 생산고에 따른 임금에 해당된다 할 것이므로, 동법 제5조의2 및 동법 시행령 제5조제3항에 의거 당해 월 총 근로시간수로 나눈 금액과 월 기본급을 월 소정근로시간수로 나눈 금액을 합산하여 시간급 최저임금액과 비교하여 최저임금법 위반여부를 판단하여야 할 것임

따라서 법에 근거하여 운영되는 제도이므로 사용자가 직접 고용한 근로자 신분으로 각종 노동법을 그대로 적용하면서, 임금에 대한 부분만 근로시간에 비례하지 않는 도급임금제를 약정하여 활용하는 것은 얼마든지 가능하며, 도급임금은 최저임금에 포함될 수 있다. 그리고 도급에 따른 임금과 근로시간에 따른 임금을 병행하여 운영하는 것도 가능하다. 다만, 특정 월의 업적이 부족하여 도급임금이 적게 책정이 되어 최저임금에 미달한다면, 미달되는 금액은 보충하여 추가로 지급해 주어야 한다.

고용노동부의 최저임금제도 업무처리지침을 보면, 생산고에 따라 도급임금으로 지급되는 금원에 대해서는 시간급 임금으로 환산하여 시간급 최저임금과 비교하도록 하고 있다.

고용노동부 '최저임금제도 업무처리지침(임금근로시간정책팀-3848, 2006.12.20)' 中 도급근로자 관련 부분 발췌

Ⅱ. 최저임금 적용을 위한 임금의 산정

3. 통상임금과의 관계

최저임금은 그 성격상 사전적으로 확정되지 않은 임금도 포함될 수 있음에 비해, 통상임금은 연장근로수당 등의 계산의 기초가 되므로 사전 확정이 필요

Ⅳ. 최저임금 미달여부의 판단

1. 일반적인 판단방법

⑤ 생산고급제 기타 도급제의 경우는 시간급 임금으로 환산하여 시간급 최저임금과 비교

⑥ ①내지 ⑤의 임금이 2가지 이상의 방법으로 정하여진 경우에는 각각의 부분을 합산하여 비교

2. 시간급 임금으로의 환산

마. 생산고에 따른 임금지급제 기타 일정기간을 단위로 하여 정하여진 임금의 경우

○ 임금 산정기간(임금마감일이 있는 경우에는 임금마감기간)의 임금총액을 그 임금산정기간의 총 근로시간수로 나누어 환산

※ 총 근로시간은 유급 처리되는 시간이 제외되나, 임금총액에 유급 처리되는 시간에 대한 임금이 포함된 경우에는 그 시간을 반영

바. 2이상의 임금형태로 정해진 임금의 경우

○ 근로자가 받는 임금이 2 이상으로 되어 있는 경우에는 그 부분에 대하여 각각 해당 방법에 의하여 시간급 임금을 환산한 뒤 이를 합산하여 시간급 임금을 산정

≪산정례('07년 시간급 최저임금 기준)≫

[7] 회사에서 단체협약 등으로 근로자의 월 소정근로시간수는 209시간(174시간 + 유급주휴시간), 월 연장근로는 40시간을 하는 것으로 정한 후, 월 임금 700,000원(월 통상임금 500,000 + 연장근로 임금 및 가산수당 200,000원)을 지급하기로 하면서 이외에 생산고임금 500,000원을 추가 지급한 경우의 판단

- 월 임금의 시간당 임금 환산: 500,000원 ÷ 209시간 = 2,392원
- 생산고임금의 시간당 임금 환산: 500,000원 ÷ 214시간(174 + 40) = 2,336원

※ 위반여부 판단: 4,728(2,392 + 2,336) 〉 3,480원 (위반이 아님)

이때 도급금액을 시간급 임금으로 환산할 때에는 1개월 동안의 총 근로시간으로 나누어 환산하도록 하고 있으므로 주휴시간은 제외하되 연장근로시간은 포함한 총

시간수로 나누어 환산하면 된다.[48] (※ 주당 40시간의 소정근무와 월간 40시간의 연장근로를 한 위의 예시를 보면, 시간급으로 지급된 금원은 주휴시간은 포함하고 연장근로시간은 제외한 209[49]로 나누었지만, 도급으로 지급된 금원은 주휴시간은 제외하고 연장근로시간은 포함한 총 근로시간 214[50]로 나눈 것을 확인할 수 있다.)

따라서 직무 특성에 따라 실적이 개인별로 정량적으로 명확하게 측정이 되고, 이에 비례하여 성과급 형태로 임금을 지급할 수 있다면 해당 금원에 대해서는 매월 변동되는 임금이라 하더라도 최저임금 범위에 산입할 수 있다. 다만 주관적인 인사평가에 따라 실적이 변동되면 안 되고,[51] 철저히 개인별 업적으로 분리될 수 있어야 하며,[52] 개인별 지급 조건과 기준이 사전에 명확하게 고지되어 있어서 해당 근로자가 얼마 받게 될지 사전에 계산해 낼 수 있어야 한다. 즉 1개 만들면 10,000원을 지급하는 제품이 있을 경우, 특정 월에 특정 직원이 200개를 만들었다면, 당연히

---

48) 최저임금법 제5조(최저임금의 적용을 위한 임금의 환산) ② 생산고에 따른 임금지급제나 그 밖의 도급제로 정해진 임금은 그 임금 산정기간(임금 마감일이 있는 경우에는 임금 마감기간을 말한다. 이하 이 항에서 같다)의 임금 총액을 그 임금 산정기간 동안의 총근로시간 수로 나눈 금액을 시간에 대한 임금으로 한다.

49) 주당 (40시간 소정 근무 + 8시간 주휴) × 4.345주 = 월간 (174시간 소정 근무 + 35시간 주휴) = 월간 209

50) 주당 40시간 소정 근무 × 4.345주 = 월간 174시간 소정근무, 월간 174시간 소정근무 + 월간 40시간 연장근로 = 월간 214 [※ 연장근로시간은 실제 근무한 시간으로 나누면 되고 150%를 가산한 연장근로시수로 나누지는 않아도 됨].

51) 정성적 인사평가에 따라 S등급이면 얼마, A등급이면 얼마와 같은 방식은 도급 임금으로 인정될 수 없고, 개수나 면적, 매출액과 같이 산출물이 개인별로 명확히 측정될 수 있어야 한다. 다만, 개정 전 최저임금법 시행규칙 [별표2] 최저임금에 산입하는 임금의 범위에서는 공통요건 2번에서 "미리 정해진 지급조건과 지급률에 따라 소정근로(도급제는 총근로)에 대하여 매월 1회 이상 정기적·일률적으로 지급하는 임금"이라는 문구가 있었으나, 개정 후 시행규칙에서는 [별표2]가 삭제되었고, 개정법 제6조 ④항에서도 최저임금 산입 범위의 기본 원칙을 규정함에 있어 '미리 정해진 지급조건과 지급률'이라는 문구와 '일률적으로'라는 문구없이 "매월 1회 이상 정기적으로 지급하는 임금"이란 문구만 있으므로 정성적 평가가 가미되어 있더라도 결과적으로 지급만 된다면 최저임금에 포함될 수 있는 여지가 생겼다. 그러나 도급 임금제의 취지를 감안한다면, 정량평가를 통해 미리 정해진 지급조건과 지급률에 따라 예측이 가능해야 할 것이라 생각된다.

52) 자동차 조립과 같이 협업에 의해서 산출물이 나오는 경우에는 개별 업적을 명확히 분리할 수 없기 때문에 인정될 수 없고, 사전에 인센티브 지급 기준을 명시하였다고 하더라도 부서나 본부 등 조직실적이 반영되는 인센티브와 같이 특정 개인의 업적만을 명확히 분리할 수 없는 경우에도 최저임금에 산입될 수 없다고 생각된다.

2,000,000원이 지급되어야 하는 것이다.

이에 아래와 같이 생산한 제품 개수에 단가를 곱하여 도급임금을 산정하거나 개인별 매출액에 지급률을 곱하여 도급임금을 산정할 수 있다면 해당 금액은 최저임금 대상에 포함될 수 있다. 다만 도급금액이 최저임금보다 미달하는 달에는 보조금 등을 지급하여 최저임금을 보전해 주면 된다.

[그림 3-15] 도급임금 산정 사례
(연장근로 없이 주 40시간[총 근로시간 월 174시간] 근무 전제)[53]

■ 생산한 제품 개수에 단가를 곱하여 도급임금을 산정한 사례

구 분	단 가	개 수	도급 임금	2024년 최저임금 부합 여부 (주휴수당 포함)	보조금	월급 합계
1월	10,000	210	2,100,000	○		2,100,000
2월	10,000	180	1,800,000	×	260,740	2,060,740
3월	10,000	250	2,500,000	○		2,500,000

■ 개인별 매출액에 지급률을 곱하여 도급임금을 산정한 사례

구 분	개인별 매출액	인센티브 지급률	도급 임금 최저임금	2024년 최저임금 부합 여부 (주휴수당 포함)	보조금	월급 합계
1월	21,000,000	10%	2,100,000	○		2,100,000
2월	19,000,000	10%	1,900,000	×	160,740	2,060,740
3월	25,000,000	10%	2,500,000	○		2,500,000

53) 원래 도급임금 월급을 시급으로 환산할 때에는 유급 주휴시간을 제외한 '총근로시간' 으로 나누면 되기 때문에 [개정후 최저임금법 시행령 제5조(최저임금의 적용을 위한 임금의 환산) ②항 및 앞에 인용한 2006년 고용노동부 '최저임금제도 업무처리지침(임금근로시간정책팀-3848, 2006.12.20)' 중 도급근로자 부분 참고] 도급금액을 월간 총근로시간인 174로 나누게 되면, 예시로 든 2월의 경우에도 시급이 10,000원을 상회하기 때문에 그 자체로 2024년 최저시급 이상이 되어 최저임금 위반이 아닌 것으로 볼 수도 있다. 그러나 그 경우에는 주휴수당을 지급하지 않은 것으로 볼 수 있다. (도급제 근로자도 주휴일 조항이 적용되기 때문) 따라서 도급제 근로를 하더라도 1주 40시간 근로를 한다면 유급 주휴일이 적용되어야 하고, 이에 실질적인 최저월급은 주휴수당이 포함된 209시간분이 충족되어야 할 것이라고 생각된다.

4. 통상임금의 요건 및 판단기준

(1) 통상임금의 요건 및 판단기준

시간외근로수당이나 연차휴가수당 등을 계산하기 위하여 활용되는 통상임금의 요건과 판단기준은 2013년 대법원의 전원합의체 판결 이후에도 계속 이슈가 되고 있다.

대법원의 전원합의체 판결에서는 근로기준법 시행령에 있던 통상임금의 정의를 사실상 다시 내림으로서, 통상임금의 요건 및 판단기준을 제시하고 있다. 즉 아래와 같이 〈소정 근로의 대가〉로 지급되는 금품으로서, 〈정기적〉·〈일률적〉·〈고정적〉으로 지급되는 금품은 통상임금에 해당된다는 것[54]이다.

[그림 3-16] 통상임금 판단 기준(대법원 전원합의체 판결 기준)

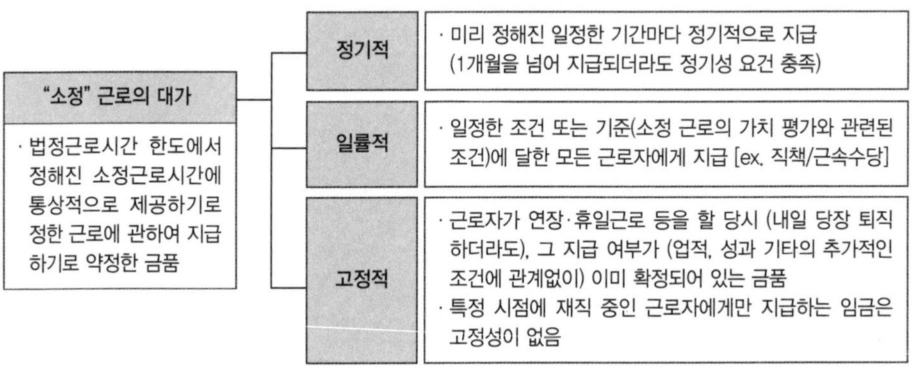

① 소정근로의 대가성

간혹 통상임금 여부를 판단할 때, 그 임금항목이 정기적·일률적·고정적으로 지급되는지만 검토하는 경우가 있는데, 그보다 앞서 우선 검토되어야 하는 요건은

54) 대법원 전원합의체 판결(대법 2012다89399, 2013.12.18)에서 통상임금은 근로자가 소정근로시간에 통상적으로 제공하는 근로인 소정근로(도급근로자의 경우에는 총 근로)의 대가로 지급하기로 약정한 금품으로서 정기적·일률적·고정적으로 지급되는 임금을 말한다고 정의하고 있다.

"소정 근로의 대가[55)]"로 지급되는 금원인지의 여부이다. 소정근로는 법정근로시간의 범위에서 근로자와 사용자 사이에 정한 근로시간[56)]을 말하므로 일반적으로는 주40시간 근로에 대한 대가를 의미한다. 따라서 소정근로의 대가라 할 수 없는 연장·야간·휴일근로수당 및 미사용 연차휴가수당 등은 통상임금이 될 수 없다. 이에 포괄임금제(고정OT제) 〈정액수당제〉와 같이 고정OT수당이 매월 동일한 금액으로 지급되는 경우, 얼핏 보면 정기적·일률적·고정적으로 지급되는 것처럼 보여 통상임금이 아닌가 하는 오해를 하는 경우가 있는데, 해당 금원이 시간외 근로에 대한 대가가 분명하다면 이는 소정근로의 대가가 아니므로 통상임금이 아닌 것이다.[57)]

② 정기성

〈정기적〉으로 지급되는지에 대해서는 그 지급 주기나 산정 주기가 1개월을 초과하더라도 분기·반기·년 등 역일상 일정한 기간을 주기로 하여 지급된다면 정기성 요건은 충족된다고 본다. 2013년 대법원 전원합의체 판결 전에는 임금의 매월 정기 지급불 지급 원칙과 고용노동부의 통상임금 산정지침 등을 이유로 1달을 초과하여 산정되고 지급하는 정기상여금은 통상임금이 아니라고 보았지만, 2013년 대법원 전원합의체 판결 이후에는 기간의 길고 짧음과 상관없이 정기적으로 지급이 되면 정기성 요건은 충족된다고 보는 것이다. 이에 시간당 통상임금을 계산할 때에도 2개월에 1회 격월로 지급하거나 또는 분기·반기·1년 단위로 지급되는 금원을 월할하여 산정한 후, 월간 소정 시수로 나누어 산정하게 되었다.

③ 일률성

〈일률적〉으로 지급되는지와 〈고정적〉으로 지급되는지 여부는 판단하기가 좀 더 어려운데, 두 가지 개념 모두 특정 조건이 붙게 되는지 여부가 이슈가 된다.[58)]

---

55) 도급임금은 소정근로의 대가가 아닌 총 근로의 대가로 지급되는 금원을 요건으로 한다.

56) 근로기준법 제2조 ①항 8호.

57) 대법 2020다224739, 2021.11.11. 고정시간외수당(고정 OT)은 소정근로에 대한 대가로 지급된 통상임금에 해당한다고 볼 수 없다.

58) 각각의 반대말을 생각하면 이해가 좀 더 용이할 수 있다. '일률적'인 것의 반대말은 '예외적'이라고 할 수 있을 것이다. 예컨대 직책수당의 경우 특정 직책을 갖고 있으면 모두 직책수당을 받게

[그림 3-17] 일률적 조건과 고정적 조건의 구분

	[의 미]	[예 시]
일률적 조건 (예외 X)	- "사전적"으로 확정된 조건 (주로 직책·자격·근속과 같은 특정 조건을 갖추면 당연히 지급됨) → 일률적 조건이 있더라도 통상임금 인정	· 직책수당, 직급수당, 직무수당, 자격수당 등 · 근속수당
고정적 조건 (변동 X)	- 성취(달성) 여부가 "사후적"으로 결정되는 조건 (주로 출근율과 같이 일정 기간이 경과된 후에야 달성 여부를 알 수 있는 것) → 성취 조건이 있다면 통상임금 부정	· 만근수당

우선 〈일률적〉 조건은 직무와 관련된 요건을 바탕으로 사전에 확정된 조건만 갖추면 예외없이 지급되는 것으로 전 사원에게 지급되는 것이 아니라 하더라도 통상임금으로 인정이 될 수 있다. 대표적인 것이 직책수당이나 직급수당, 직무수당, 자격수당, 벽지수당과 같이 직무와 관련된 조건이 붙은 경우에 지급하는 수당들은 통상임금이 된다.

즉 특정 직책을 갖고 있는 직원에게 지급하는 직책수당의 경우 그 직책을 부여받고 있는지 여부는 이미 사전에 확정적으로 알 수 있는 것이어서 당연히 지급받게 되는 것이다. 예컨대 팀장에게 매월 20만원의 팀장수당을 지급하는 회사라면, 특정 월에 20만원의 직책수당을 받게 된다는 것은 굳이 그 달의 말일까지 기다릴 필요 없이 사전에 확정이 되어 있는 것이다.[59] 이는 직급이나 직무, 자격, 근속연수에 따라 지급 여부 및 지급액수가 달라지는 경우에도 마찬가지이다.[60]

된다면 이는 일률적인 것이고, 특정 직책을 갖고 있어도 예외가 있어 직책수당을 받지 못하는 경우가 있다면 이는 일률적이지 않은 것이다. '고정적'인 것의 반대말은 '변동적'이라 할 수 있을 것이다. 특정 조건에 상관없이 동일한 결과가 나타나면 고정적인 것이고, 특정 조건에 따라 결과값이 변하면 고정적이지 않고 변동적인 것이라 할 수 있다.

59) 예시로 든 회사의 임금 기산기간이 매월 1일에서 말일까지라고 보았을 때, 3월에 직책수당을 지급받을지 여부는 3월말까지 근무를 해 보지 않더라도 3월 초에 이미 알고 있다는 것이다.

60) 물론 직책이나 직급, 직무, 자격, 근무지역 등은 영원한 것이 아니며, 특정 월 도중에 갑작스러운 퇴직이나 인사발령을 통해 변동될 수는 있다. 임금 기산기간 도중에 새롭게 직책을 맡을 수도 있고 면보직이 될 수도 있으며, 승진이 되거나 강등이 될 수도 있고, 자격을 새롭게 취득하거나 상실될 수도 있으며, 지사에서 본사로 갑자기 발령이 날 수도 있다. 하지만, 이러한 경우는 소위 고정성 여부를 판단하는 성취조건이 아니라 근무 조건이 도중에 변경된 것이므로 일할 계산을 하면 되는 것이다.(시급, 일급으로 환산할 경우 동일한 값이 나오게 된다.) 만약 월중에 면 보직되어 직

근속수당의 경우 예전 고용노동부 통상임금 산정지침에서는 근속이 변동되므로 통상임금이 아니라고 보았는데, 대법원 전원합의체 판결에서는 근속수당도 통상임금에 해당된다고 보았다. 특정 직원의 근속기간 역시 사전에 확정적으로 알 수 있는 정보이기 때문이며, 언제 근속년수가 증가되는지 여부도 사전에 알 수 있고, 근속년수가 감소되는 경우는 있을 수 없기 때문이다.

④ 고정성

고정성 요건은 어떠한 조건에 따라 지급 여부 및 지급 액수가 달라지지 않는다(=변동되지 않는다)는 것을 의미하며, 성취 여부가 불확정적인 성취조건이 붙어져 있어서 그 성취 여부를 확인하기 위해서는 사후적으로 결과를 따져 보아야 한다는 것이다. 가장 대표적인 사례라 할 수 있는 만근수당과 같이 출근율이라는 조건이 부가(附加)된 경우, 특정 월에 만근을 하였는지의 여부는 월말이 되어보아야 비로소 알 수 있는 것이다. 그럼에도 고정성이라는 개념은 여전히 모호하게 느껴진다. 이에 아래 예시를 통해 고정적으로 지급되는 경우와 고정적으로 지급되지 않는 경우를 비교해 보도록 하자.

[그림 3-18] 고정성 인정·부정 조건 예시

〈고정적으로 지급되는 경우〉

【매월 동일한 임금 지급】

구 분	[1]	[2]	[3]	[4]
근무 일수	7일	14일	16일	25일
상여금	30만원	30만원	30만원	30만원
일급	42,857원	21,429원	18,750원	12,000원
시급	5,357원	2,679원	2,344원	1,500원

【근무일수 연동(일할계산) case】

구 분	[1]	[2]	[3]	[4]
근무 일수	7일	14일	16일	25일
상여금	7만원	14만원	16만원	25만원
일급	1만원	1만원	1만원	1만원
시급	1,250원	1,250원	1,250원	1,250원

☞ (예시 기준) 월 30일, 상여금: 월 30만원 기준

〈고정적으로 지급되는 것이 아닌 경우〉

【성취조건 case】

① 15일 이상 출근 시, 100% 지급 조건

구 분	[1]	[2]	[3]	[4]
근무 일수	7일	14일	16일	25일
상여금	–	–	30만원	30만원
일급	0	0	18,750원	12,000원
시급	0	0	2,344원	1,500원

② ~10일 미만 0%, 11~20일 50%, 21일 이상 100%

구 분	[1]	[2]	[3]	[4]
근무 일수	7일	14일	16일	25일
상여금	–	15만원	15만원	30만원
일급	0	10,714원	9,375원	12,000원
시급	0	1,339원	1,172원	1,500원

책수당을 못 받게 될 가능성이 있으므로 직책수당을 받는 것이 확정되지 않는다고 한다면, 기본급 역시 갑작스러운 퇴직을 할 수도 있어 받을지 여부가 확정되지 않는다는 궤변에 이를 수 있다. 근무 중 갑자기 사망하여 퇴직한다면, 퇴직일 이후에는 모든 임금항목을 받을 수 없게 되는데, 이를 이유로 불확정적이라고 한다면 모든 임금항목은 통상임금이 될 수 없기 때문이다.

한 달에 30만원이 지급되는 상여금이 있고, 한 달은 30일이 있다고 가정해 볼 때, 고정적으로 지급되는 경우는 두 가지가 있다.

첫 번째는 한 달에 며칠을 근무하든지 간에 동일한 금액이 고정되어 지급되는 경우이다. 즉 한 달에 7일을 일해도 30만원이 지급되고, 한 달에 25일을 일해도 30만원이 지급되는 경우라면 그 달의 말일까지 지켜볼 것도 없이 30만원이 지급된다는 것을 사전에 확정적으로 알 수 있으므로 고정적으로 지급된다고 할 수 있다.

두 번째는 근무일수에 연동하여 일할 계산되는 경우이다. 즉 한 달에 7일을 일하면 7만원(30만원 × 7 / 30)이 지급되고, 25일을 일하면 25만원(30만원 × 25 / 30)이 지급되는 경우라면, 한 달간 받아가는 금액은 다르지만 일급은 1만원(시급은 1,250원)으로 고정되어 있다는 것을 알 수 있다.

이와 같이 근무일수와 상관없이 매월 동일한 금액을 지급받거나, 근무일수에는 연동되지만 일급이나 시급이 동일한 경우에는 고정적으로 지급된다고 볼 수 있다.

반면에 성취조건이 있어 지급 여부와 지급 금액이 사전에 확정되지 않는 경우에는 고정적으로 지급되는 것이 아니라 할 수 있다.

예컨대 출근일수에 따라 15일 이상 출근 시에는 100% 지급하지만, 15일 미만 출근 시에는 전혀 지급하지 않는 성취조건이 있다면, 특정 월의 14일까지는 해당 상여금을 전혀 지급받을 수가 없고 15일이 넘는 순간 해당 상여금을 전액 받을 수 있게 된다. 이 경우에는 근무일수에 따라 상여금 지급 여부도 달라지고, 근무일수에 따라 월 지급액 및 일급과 시급이 모두 달라진다.

다른 예로 10일 미만 근무하면 0%, 11일~20일 근무하면 50%, 21일 이상 근무하면 100%를 지급한다는 성취조건이 있는 경우에도 근무일수마다 지급 여부와 지급 금액도 달라지며, 일급과 시급도 결과적으로 달라진다.

이러한 경우에는 해당 월의 초일에는 해당 급여를 지급받을 수 있을지, 지급받게 된다면 얼마를 지급받을지를 확정적으로 알 수 없기 때문에 고정적으로 지급되는 경우가 아니라고 볼 수 있다.

대법원 전원합의체 판결 이후 지급일 현재 재직자에게만 지급하는 것은 고정성이 없어 통상임금이 아니고, 일할 계산하는 것은 고정적이어서 통상임금이라는 논리가 형성되어 왔다. 이에 많은 기업들은 상여금 등 특정 임금항목에 재직자 기준을 부가(附加)하여 통상임금에서 제외하려 했는데, 이에 대한 반론도 꾸준히 제기되고 있는 상황이며, 실제로 여러 하급심에서 재직자 기준이 부가된 상여금도 통상임금으로 인정하는 사례들이 계속 나오고 있다. 이 부분에 대해서는 뒤에서 자세히 다루도록 하겠다.

(2) 주요 임금항목별 통상임금 판단 사례

2013년 12월에 대법원 전원합의체 판결이 나온 이후 지금까지도 통상임금과 관련된 소송이 이어지면서 다양한 사례들이 나오고 있다. 이에 각각의 임금항목별로 주요 사례들을 살펴보도록 하겠다.

다만 임금항목의 명칭에 따라 획일적으로 판단할 것이 아니라 실제 지급되는 양태를 보고 판단해야 하므로 동일한 명칭의 임금항목이라 하더라도 통상임금 여부가 갈리는 경우가 있다는 것을 주의해야 한다.

또한, 아래 ①~⑤는 임금항목 명칭으로 구분하였으나, ⑥과 ⑦은 지급 형태나 조건으로 구분하였다. 즉 임금항목 명칭 뿐 아니라 지급형태나 조건까지 함께 고려되어야 하는 경우가 있다는 것이다. 예컨대 상여금의 경우, 상여금이면서 동시에 특정 시점 재직 시에만 지급되는 임금(③&⑥)인 경우도 있고, 상여금이면서 동시에 근무일수에 연동되는 임금(③&⑦)인 경우도 있다는 것이다. 이는 상여금 외에 다른 임금항목들도 ⑥ 특정 시점 재직 또는 ⑦ 근무일수 연동 등 지급조건을 고려해야 되며, 임금항목 명칭만으로 결정되는 것은 아니라는 의미이다.

① 기술수당 및 근속수당

기술수당이나 자격·면허수당 등은 해당 기술·자격·면허를 갖고 있으면 예외없이 일률적으로 지급되는 것인데, 사전에 확정적으로 기술·자격·면허가 있는지 여부를 알 수 있으므로 통상임금이라 할 수 있다.[61)]

61) 어떤 회사들은 해당 기술·자격·면허가 있더라도 실제 부여된 업무와 연관성이 있는 경우에만 수당을 지급하는 경우가 있다.(예컨대 대기업에 재직 중인 노무사 자격증 소지자의 경우 인사·노무팀 근무자만 자격수당을 지급하고, 순환보직 등으로 타 부서에서 다른 직무를 담당하는 경우에는 자격수당 미 지급) 그런데 그러한 예외 조항이 있더라도 부서·직무 역시 이미 사전에 확정

근속수당도 전술한 바와 같이 근속기간에 따라 지급 여부와 지급 금액이 달라지는데, 특정 직원의 근속기간은 사전에 확정적으로 알 수 있으므로 통상임금이라 할 수 있다.

[대법원 전원합의체 판단]

임금명목	임금의 특징	통상임금 해당여부
기술수당	– 기술이나 자격보유자에게 지급되는 수당 (자격수당, 면허수당 등)	통상임금 ○
근속수당	– 근속기간에 따라 지급여부나 지급액이 달라지는 임금	통상임금 ○

② 가족수당

가족수당은 실질적 가족수당인지, 명목만 가족수당인지에 따라 달라질 수 있다. 부양가족 수에 따라 달라지는 실질적 가족수당의 경우 가족의 수는 사전에 확정적으로 알 수가 있어서 일률적 조건은 충족되었지만, 근로와 무관한 가족 수에 따라 금액이 달라지므로 소정근로의 대가로 볼 수 없어 통상임금이 아니라고 볼 수 있다.[62)]

반면에 명칭만 가족수당일 뿐 실제로는 부양가족 수와 관계없이 모든 근로자에게 지급되는 가족수당은 통상임금으로 본다. 만약에 부양가족 수에 따라 달라진다고 하더라도 근로자 본인이 포함되어 누구나 기본적으로 일정 금액은 지급받는다면 누구에게나 지급되는 일정 금액은 통상임금으로 볼 수 있다.

[대법원 전원합의체 판단]

임금명목	임금의 특징	통상임금 해당여부
가족수당	– 부양가족 수에 따라 달라지는 가족수당	통상임금 × (근로와 무관한 조건)
	– 부양가족 수와 관계없이 모든 근로자에게 지급되는 가족수당 분	통상임금 ○ (명목만 가족수당)

적으로 부여된 것이므로 이러한 자격수당 역시 일률적으로 지급되는 것이라 볼 수 있으므로 통상임금에 해당된다.

62) 반면에 이러한 가족수당이 최저임금에는 산입될 수도 있다. 최저임금법 개정으로 '소정근로의 대가성'이 최저임금의 지급 요건으로 전제되지 않기 때문이다. 이에 현금성 복리후생이라 할 수 있는 가족수당은 최저임금에 산입될 수 있다.

③ 상여금

일차적으로 규정 등에 근거하여 정기적인 지급이 확정되어 있는 정기상여금은 통상임금에 해당되는 것이 원칙이고, 기업실적 등에 따라 사용자 재량으로 일시적·부정기적으로 지급되는 경영성과분배금(PS; Profit Sharing)이나 격려금 등은 사전에 지급 여부가 확정되지 않았기 때문에 고정성이 부정되어 통상임금으로 인정되지 않는다.[63)]

하지만 정기상여금이라 하더라도 ⑥ 특정 시점 재직 또는 ⑦ 근무일수 연동의 옵션(성취조건)이 부가(附加)되어 있는 경우에는 통상임금으로 인정되지 않을 수도 있다. 이는 ⑥ 및 ⑦에서 설명하도록 한다.

[대법원 전원합의체 판단]

임금명목	임금의 특징	통상임금 해당여부
상여금	– 정기적인 지급이 확정되어 있는 상여금(정기상여금)	통상임금 ○ (단, 성취조건이 있는 경우 ×)
	– 기업실적에 따라 일시적, 부정기적, 사용자 재량에 따른 상여금 (경영성과분배금, 격려금 등)	통상임금 × (사전 미확정, 고정성 인정 ×)

④ 성과급 (임금성이 인정되는 개별 성과급, 성과연봉 등)[64)]

성과에 따라 직원들에게 차등 지급되는 성과급의 경우, 근무실적을 평가하여 지급 여부나 지급액이 나중에 결정되는 것은 사전에 지급 여부 및 지급액이 확정되는 것이 아니므로 고정성이 없어서 통상임금이 아니라고 할 수 있다. 하지만 아무리 근무실적이 낮다고 하더라도 최소한도가 보장되는 성과급의 경우에는 그 최소한도만큼은 통상임금으로 인정된다. 평가결과를 사전에 알 수 없기 때문에 최종적으로

63) 통상임금 뿐 아니라 아예 임금(평균임금)으로 인정되지 않을 수 있다. 관련해서 경영성과급이 임금에 해당되는지 여부에 대한 소송이 많아졌고, 그 결과도 엇갈리고 있다.

64) 민간 기업의 개별 인센티브(PI)나 민간·공공기관의 개별 성과연봉을 의미한다. 민간기업의 경영성과급(Profit Sharing)은 임금 자체가 아닌 것으로 볼 수 있어 당연히 통상임금에도 해당되지 않는다. 간혹 하급심에서 경영성과급도 임금이라고 인정하는 경우도 있지만, 그럼에도 사전(연초)에 개별 지급률 등 지급조건이 명확하게 확정되어 있지 않는 한, 민간기업 경영성과급은 통상임금에는 해당되지 않는다고 볼 수 있다.

얼마를 받을지는 사전에 확정적으로 알 수 없지만, 최소한도만큼은 무슨 경우가 있더라도 받는다는 것이 사전에 확정되어 있기 때문이다. 예컨대 가장 낮은 D등급을 받더라도 기본급의 50%는 지급이 된다면, 해당 금액만큼은 어떤 평가등급을 받게 되든지 간에 확보가 되는 것이기 때문에 통상임금에 해당되는 것이다.

[대법원 전원합의체 판단]

임금명목	임금의 특징	통상임금 해당여부
성과급	– 근무실적을 평가하여 지급여부나 지급액이 결정되는 임금	통상임금 × (조건에 좌우됨, 고정성 인정 ×)
	– 최소한도가 보장되는 성과급	그 최소한도만큼만 통상임금 ○ (그 만큼은 일률적, 고정적 지급)

한편, 최소한도 뿐 아니라 전체 금액이 통상임금에 해당되는 경우도 있다.

대부분의 민간 기업들은 아래 Case1과 같이 전년도 근무실적을 평가하여 다음연도 1분기에 성과급을 지급한다. 예컨대 20X1년도 1월부터 12월까지 근무한 것에 대하여 직원 개인별로 S, A, B, C, D등급으로 평가한 후 평가결과에 따라 차등 성과급을 익년도인 20X2년도 1~3월경 지급하는 것이다. 이러한 경우는 원래 20X1년도 12월말에 지급해야 될 성과급이지만, 평가의 대상이 되는 기간이 12월말까지이고, 평가 및 급여 계산에 소요되는 기간이 1~2개월 걸리게 되어 지급만 이듬해인 20X2년에 하는 경우다. 이 경우에는 지급이 보장되는 최소한도가 있다면, 최소한도까지는 통상임금에 해당되지만, 최소한도로 보장되는 금액이 없다면, 전체가 통상임금에 해당되지 않는다.

그런데 일부 공공기관의 경우에는 1년 단위의 회계기간(1월~12월)으로 인건비를 관리하다 보니 해를 넘겨 성과급을 일시금으로 지급하기가 어렵고, 특히 성과연봉의 비율이 높은 경우에는 1년간 분할하여 지급하는 경우가 더러 있다. 따라서 아래 Case2와 같이 전년도인 20X1년도의 평가 결과를 바탕으로 당해 연도인 20X2년도에 1년간 지급해야 할 성과연봉을 연초에 확정해 놓은 후, 20X2년도에 1년간 매월 또는 분기별로 지급하는 경우가 있다. 이 경우에는 연장근로 등을 실시하게 될 20X2년도 특정 월에 보았을 때, 해당 월에 지급될 성과연봉 금액이 얼마인지가 사전에 확정되어 있다. 따라서 Case2와 같은 경우에는 성과연봉 전체 금액이 통상임금에 해당될 수 있다.

[그림 3-19] 전년도 근무실적에 따른 성과급의 통상임금 해당 여부

Case	내용	통상임금 여부	지급 시기
Case 1	전년도 근무실적에 대하여 전년도에 지급해야 할 것을 지급시기만 늦춘 경우	통상임금 X (단, 최소한도 보장 시에는 최소한도는 통상임금)	20X1년 평가 / 20X2년 1분기 지급 1월 / 12월 1월
Case 2	전년도 근무실적으로 다음 해 성과급의 지급여부 및 지급액을 정하는 경우	통상임금 ○ (성과연봉 전체가 통상임금)	20X1년 평가 / 20X2년 분할 지급 1월 / 12월 1월 / 12월

아래 판례를 보면, Case2와 같은 경우에 회사 측은 '업적연봉 총액이 전년도 근무성적에 따라 지급 여부와 지급액이 달라지기 때문에 통상임금에 해당하지 않는다.'고 주장하였지만, 실제 지급양상을 보면 연초에 정해진 업적연봉이 변동되지 않고 그 해에 고정되어 이를 12개월로 나누어 매월 지급한 것에 대해 재판부는 해당 업적연봉이 능력이나 근무성적에 따라 연초에 차등 결정되는 기본급과 다르지 않다고 보아 전체 금액을 통상임금으로 본 것이다.

업적연봉 전체가 통상임금에 해당되는 사례

○ 업적연봉이 기본급과 마찬가지로 당해 연도 근무성적과 상관없이 결정되고, 최초 입사자에게도 지급되며, 연초에 정해져 12개월로 나누어 지급될 뿐 액수가 고정되어 있다면 통상임금에 해당한다[서울고법 2010나20053, 2013.7.26].

- 업적연봉이 기본급과 마찬가지로 당해 연도의 근무성적과는 상관없이 모두 전년도의 근무성적(인사평가)에 따라 결정되고, 이렇게 연초에 정해진 업적연봉이 변동되지 않고 그 해에 고정되어 이를 12개월로 나누어 매월 지급되었고, 최초 입사자의 경우에도 업적연봉을 지급하였다면 이러한 업적연봉은 정기성-일률성-고정성을 모두 갖추었다고 할 것이므로 통상임금에 해당한다.

['업적연봉 총액이 전년도 근무성적에 따라 지급 여부와 지급액이 달라지기 때문에 통상임금에 해당하지 않는다'는 회사 측의 주장은 '기본급도 근로자의 능력이나 근무성적에 따라 차등 결정되기 때문에 통상임금에 해당하지 않는다'는 결과가 된다.]

르노삼성차 사례에서 부산지법은 PI(Productivity Incentive)에 대하여 판매량, 손익, 시장점유율[65] 등을 평가항목으로 하여 실적 기준을 설정한 후 실적 달성률에 따라 성과급을 차등 지급(규정상 실적에 따라 0~200%까지 변동 지급)하였다면 통상임금에 해당되지 않는다고 보았다. 이에 대해 근로자 측은 목표가 달성되지 않았을 때에도 지급된 적이 있으며, 사실상 매년 일정액을 지급해 왔으므로 통상임금에 해당된다고 주장하였지만, 재판부는 목표 미달성 시 지급한 것은 격려 차원의 경영상 결단이었고, 관련 규정 없이 관행상 매년 일정액을 지급해 왔다는 사정만으로 바로 통상임금에 해당된다고 할 수 없다고 보았었다.

[2014.10.10(2011가합27496) 부산지법 판례 _ 르노삼성차 사례]

〈구 분〉	〈판 단〉	{소정근로 대가성} 부정	{고정성} 부정
PI (Productivity Incentive)	부 정	·판매량, 손익, 시장점유율 등을 평가항목으로 하여 실적 기준을 설정한 후 반기 실적 달성률에 따라 성과급을 차등 지급 (실적에 따라 0%~200%까지 변동) → 목표 미 달성 시, 지급된 PI는 사원 노고 격려 & 교섭 타결 축하한 경영상 결단	·근로자가 연장·야간·휴일근로를 제공 하는 시점에서 그 지급조건이 성취될지 여부가 불확실 ·사실상 매년 일정액을 지급해 왔다는 사정만으로 바로 통상임금에 해당 된다고 할 수 없음

⑤ 복리후생적 금품

복리후생적 금품은 정기성·일률성·고정성 여부를 따지기에 앞서 과연 임금에 해당하는 것인지, 소정근로의 대가로 볼 수 있는 것인지에 대해 논란이 벌어지고 있다. 뒤에서 기술할 복지포인트나 식대와 같은 항목들이 여전히 이슈가 되고 있다.[66]

65) 해당 지표들은 회사 차원에서 결정되는 것이며, 개별 직원의 개별 소정근로(소정 근로시간) 투입과는 직접적인 연계성이 낮으므로 소정근로 대가성이 낮은 지표들이다. 즉 환율/전쟁 발발과 같은 외부 요인(경영환경) 및 경영전략·의사결정에 따라 크게 좌우될 수 있는 지표들이며, 협업을 통한 집단 소정근로를 투입했다고 하더라도 판매량·손익·시장 점유율 등이 낮아질 수 있으므로 소정근로 대가성이 부정되는 것이다. 예컨대 소정근로를 집단적으로 투입했다고 하더라도 적자가 나면 경영성과급을 받지 못하게 된다.

66) 2013년 대법원 전원합의체에서는 사실상 임금이원설을 폐기하는 입장이었으나, 2018년 최저임금법 개정안에서는 〈생활보조적·복리후생적 임금〉이라는 문구를 법령에 명시함으로서 임금의 성질을 〈근로에 대한 임금〉과 〈생활보조적·복리후생적 임금〉으로 다시 구분(임금이원설)했다고 볼 수 있다. 한편, 2019년 대법원 전원합의체에서는 복지포인트를 통화가 아니라는 이유 등으

르노삼성차 사례에서 부산지법은 중식보조대와 문화생활비에 대하여 모두 통상임금으로 인정하였다.

중식보조대의 경우 전액을 금전으로 지급하지 않고 식당에서 식사를 한 부분에 대해 공제를 하고 지급하였음에도 공제한 것만으로 실비변상적 차원에서 지급된 것으로 보기 어렵고 공제 후 남은 부분은 수령자가 처분할 수 있다는 점을 근거로 근로의 대가로 지급한 임금이며, 통상임금에 해당된다고 본 것이다.

문화생활비의 경우 결근 없이 출근한 자에게는 5만원을 지급하고, 결근이 있는 경우에는 근무일수에 따라 비례하여 지급하였으므로 통상임금에 해당된다고 본 것이다.

[2014.10.10(2011가합27496) 부산지법 판례 _ 르노삼성차 사례]

〈구 분〉	〈판 단〉	{판단 이유}
중식 보조대	인 정	·(식대공제 명목으로 식당에서 식사를 한 부분에 대해 공제한 것만으로 실비변상적 차원에서 지급된 것으로 보기 어렵고) 식대 공제 후 남은 부분은 그 수령자가 처분 할 수 있다는 점에 비추어 근로일수에 비례하여 근로에 대한 대가로 지급된 임금
문화 생활비	인 정	·결근 없이 출근한 자에게는 5만원, 결근이 있는 근로자의 경우 근로자의 실제 근무 일수가 15일 이상인지 여부를 불문하고 근로일수 1일에 약 1,610원 정도의 비율에 따라 지급

기아차 통상임금 소송에서는 식당이 없는 일부 사업장에 한정하여 지급되었던 중식대에 대하여 1심과 2심이 다른 결론을 냈다. 1심[67]에서는 구내식당이 없는 곳에서 근무하는 직원에 한정하여 중식대가 지급된다는 것은 사전에 확정적으로 알 수 있는 일률적 조건에 해당되므로 통상임금에 해당된다고 보았었다. 그러나 아래 2심(서울고법)에서는『일률적 조건이라 함은 '작업 내용이나 기술, 경력 등과 같이 소정근로의 가치평가와 관련된 조건'이어야하는데, '구내식당 설치 여부'는 이와 같은 소정근로의 가치평가와 관련된 조건에 해당하지 않으므로, 소정근로대가성 및 일률성을 인정할 수 없어』서 통상임금이 아니라는 것이다.[68]

로 임금이 아닌 것으로 보았으므로 복리후생적 금품과 관련된 혼란은 여전히 계속될 것으로 보인다. 아무래도 통화불/직접불/전액불/정기불과 같은 임금지불의 성질이 임금 및 통상임금 인정 여부에 영향을 끼칠 것으로 보인다.

67) 서울중앙지법 2011가합105381, 2017.8.31.

68) 기아차 통상임금 소송 관련하여 대법원에서는 중식대 관련 사항을 상고이유에 포함하지 않

> 서울고법 2017나28858·28865·28872·28889, 2019.2.22.
> 같은 근로자가 같은 내용의 근로를 제공한다고 전제할 경우, 구내식당 설치 여부가 해당 근로자의 근로가치에 대한 평가를 좌우하는 근로조건에 해당한다고는 볼 수 없는 점에서, 중식대의 소정근로대가성을 인정할 수 없다. '일정한 조건 또는 기준에 달한 모든 근로자'에게 지급되는 임금에 대해서도 통상임금의 징표인 일률성을 인정할 수 있다. 그러나 여기서 말하는 '조건 또는 기준'은 '작업 내용이나 기술, 경력 등과 같이 소정근로의 가치평가와 관련된 조건'이어야하는데, '구내식당 설치 여부'는 이와 같은 소정근로의 가치평가와 관련된 조건에 해당하지 않으므로, 일률성도 인정할 수 없다.

이와 같은 이유로 2심은 중식대를 통상임금이 아닌 것으로 보았다. 다만, 위의 중식대와 같은 경우에는 개정된 최저임금법에 따르면 최저임금에는 해당될 수 있을 것으로 보여진다. 생활보조적·복리후생적 임금이기 때문이다. 이에 대해 실비변상적 금품이므로 아예 임금이 아닌 것으로 보아야 하지 않느냐는 반론이 있을 수도 있다. 실제로 기아차 통상임금 2심에서는 영업사원들에게 지급했던「일비는 영업직 근로자의 통신비·교통비 등 영업활동에 실제 소요되는 비용을 보전하기 위해 지급된 실비변상적인 수당에 불과할 뿐 임금으로 볼 수 없다」고 판단했기 때문이다. 이처럼 복리후생비의 통상임금 여부, 임금 여부는 여전히 논란에 휩싸여 있다.

⑥ 특정 시점 재직 시에만 지급되는 금품

대법원은 특정 시점 재직 시에만 지급되는 금품은 통상임금이 아니라고 보았다. 즉 초과근로를 제공하는 시점에서 보았을 때, 그 근로자가 그 특정 시점에 재직하고 있을지 여부는 불확실하며, 그 특정 시점이 도래하기 전에 퇴직하면 당해 임금을 전혀 지급받지 못하므로 고정성이 없다는 이유 때문이었다. 다만, 특정 시점이 되기 전 퇴직하는 경우 근무일수에 비례하여 일할 계산하여 지급되는 금품은 고정성이 있어 통상임금에 해당된다고 보았다.

않으므로 서울고법 판결이 그대로 확정되었다.(대법 2019다14110·14127·14134·14141, 2020.08.20.)

[대법원 전원합의체 판단]

임금명목	임금의 특징	통상임금 해당여부
특정 시점 재직 시에만 지급되는 금품	– 특정 시점에 재직 중인 근로자만 지급받는 금품 (명절귀향비나 휴가비의 경우 그러한 경우가 많음)	통상임금 × (근로의 대가 ×, 고정성 ×)
	– 특정 시점이 되기 전 퇴직 시에는 근무일수 비례하여 지급되는 금품	통상임금 ○ (근무일수 비례하여 지급되는 한도에서는 고정성 ○)

이와 같이 "특정 시점 재직 시에만 지급되는 금품"은 고정성 여부를 판단하는 조건에 해당된다고 볼 수 있다. 이에 앞서 살펴본 ①~⑤까지의 임금항목 뿐 아니라 어떤 임금항목이든지 간에 이러한 조건이 붙을 수 있는 것이다.

이에 많은 기업들은 단체협약이나 급여규정 등을 보면서 상여금 등을 비롯한 임금항목에 "재직자 한정 지급 조건"이 붙어 있는지, 아니면 일할계산 조항이 있는지를 보고 희비를 달리하는 경우가 많았었다. 또한 "재직자 한정 지급 조건"만 붙어 있다면 무조건 통상임금에서 배제될 수 있다는 기대 하에 취업규칙 개정을 통하여 상여금을 비롯한 많은 임금항목에 조건을 붙이고, 통상임금 이슈가 해소되었다고 믿는 경우도 많이 발생되었다. 그러나 이에 대한 비판도 거세지면서 논란이 많아졌는데, 대표적으로 기본급에도 "재직자 한정 지급 조건"이 붙으면 통상임금에서 배제되는 것이냐고 비판하는 것이었다.

특히 최근 하급심에서는 "재직자 한정 지급 조건"이 붙은 정기상여금에 대해서도 통상임금으로 인정하는 사례들이 있는데, 이에 대해서는 뒤에서 자세히 다루도록 하겠다.

어쨌든 명절상여금/명절귀향비나 하계휴가비, 생일자 지원금 등은 일정 기간의 근무 수행 여부와 상관없이 특정 시점에 재직 중인 근로자에게만 지급하기로 한 경우가 대부분이어서 이들 금품들은 통상임금으로 인정되지 않는다고 보아야 할 것이다.

⑦ 근무일수에 연동되는 임금

대법원은 근무일수에 연동되는 임금은 그 지급 형태에 따라 통상임금에 해당될 수도 있고, 해당되지 않을 수도 있다고 보았다.

일당이 미리 고정되어 있는 경우에는 실제 근무일수에 따라 월간 지급총액은 달라지지만 근무일수에 따라 비례하여 지급되므로 통상임금에 해당된다고 보았다.

반면에 1개월 중 특정일수 이상을 근무해야 지급되는 경우에는 근로제공 이외에 일정 근무일수를 충족해야 한다는 추가 조건 달성이 필요하고, 그 조건은 초과근로 제공 시점에서는 달성 여부를 알 수 없는 불확실한 조건이므로 고정성이 부정되어 통상임금에 해당되지 않는다고 보았다.

[대법원 전원합의체 판단]

임금명목	임금의 특징	통상임금 해당여부
근무일수 연동 임금	– 출근일 당 5천원씩 "비례하여" 지급하는 출근수당 (실제 근무일수에 따라 지급액이 달라지지만 매 근무일에 근로를 제공하기만 하면 일정액(일당)지급이 확정되어 있음	통상임금 ○
	– 월 15일 이상 근무해야만 지급하는 개근수당 (근로제공 이외에 일정 근무일수를 충족해야 한다는 추가 조건 달성이 필요하고, 초과근로 제공 시점에서 확정할 수 없는 불확실한 조건에 해당)	통상임금 × (고정성 부정)

이와 같이 "근무일수에 연동되는 임금" 역시 고정성 여부를 판단하는 조건에 해당된다고 볼 수 있다. 이에 앞서 살펴본 ①~⑤까지의 임금항목 뿐 아니라 어떤 임금항목이든지 간에 이러한 조건이 붙을 수 있는 것이다.

이에 현대자동차 상여금 사건의 경우에는 동일한 회사임에도 내부적으로 통합 전 출신 회사에 따라 달리 적용된 상여금 지급 기준에 따라 통상임금으로 인정된 상여금도 있고, 통상임금으로 인정되지 않은 상여금도 있었다.

[2015.1.16(2013가합508519) 서울중앙지법, 2015.11.27(2015나2009033) 서울고법 판례(현대차 사건, 정기상여금 판단)]

구 분	지급기준	판 단
인 정	– 현대자동차서비스: 연 750% 상여 지급, 근무일수에 따라 일할지급	– 일정 기간 미만 근무자는 지급을 배제한다는 지급 제외 규정이 존재하지 않고, 상여금을 일할 지급해 온 관행 성립 – 고정성 인정
부 정	– ○○정공: 연 750% 상여 지급, 상여금 세칙상 지급제외자규정 통해 기준 기간동안 15일미만 근무한 자 지급 제외 – 기준기간 퇴사자에게는 일할계산	– 일정간격으로 계속 지급, 일정기준·조건 달성한 모든 근로자에게 지급되어 일률성, 정기성은 충족 – 지급제외자규정에 따라 소정근로 제공 외 일정근무일수 충족이라는 추가적, 불확실한 조건 성취해야 지급되므로 고정성 X – '일정근무일수 충족요건' 부가하면서 '재직자 요건'은 부가하지 않기로 한 특수한 상여금 제도를 설정한 것

즉 동일하게 연 750%의 상여금을 지급해 왔지만, 근무일수에 따라 일할 지급해 왔던 부문에 대해서는 고정성이 인정되므로 통상임금으로 인정을 하였고, 상여금 세칙상 지급제외자 규정을 통해 기준 기간 동안 15일 미만 근무한 자에게는 지급을 제외했던 부문에 대해서는 소정근로 제공 외에 일정근무일수 충족이라는 추가적이고 불확실한 조건이 성취되어야 지급되므로 고정성이 없어 통상임금이 아니라고 본 것이다.

앞서 설명한 고정성 사례와 같이 일할 계산하여 지급한 경우에는 지급된 총액은 달라지더라도 일급과 시급은 동일한 금액으로 고정되어 있으므로 고정성이 있는 것이고, 일정 근무일수 충족요건이 있는 경우에는 기간별로 일급과 시급이 매번 달라지기 때문에 고정성이 없는 것이라 할 수 있다.[69)]

한편, 2017년에 서울중앙지법은 기아자동차 영업일비와 관련하여 1일 일비가 12,000원으로 일정했음에도 불구하고 통상임금으로 인정되지 않는다고 판단하였다.[70)] 이에 대해 서울중앙지법에서는 직무교육이나 출장 등으로 영업활동을 수행하지 아니한 날에는 일비를 지급하지 않은 것을 이유로 '영업활동수행'이라는 추가적인 조건이 성취되어야 지급되는 임금으로서 고정성이 없기 때문에 통상임금이 아니라고 보았던 것이다.

[기아차 통상임금 판결(서울중앙지법 2011가합105381, 2017.8.31)]

(영업) 일 비	영업직 근로자들에게 1일 12,000원의 일비를 지급한 사실은 당사자 사이에 다툼이 없으나, 영업직 직원들이 직무교육이나 출장 등으로 영업활동을 수행하지 아니한 날에는 일비가 지급되지 아니한 사실이 인정된다. 위 인정사실에 의하면, 일비는 영업활동수행이라는 추가적인 조건이 성취되어야 지급되는 임금으로서 고정성이 없다.

☞ [사전적 결정] "영업직 사원"이라면 (예외 없이) 모두 지급 _ '일률성' 조건은 있음

☞ [사후적 결정] "영업활동수행" 이라는 추가적 Option이 충족되어야만 지급 _ '고정성' 조건 미 충족

---

69) 15일 이상 출근 조건이 붙은 경우에는 1일~14일 출근까지는 전혀 지급되지 않으므로 일급이 0원이라 할 수 있고, 15일 이상 출근을 한 경우에도 출근 일수에 따라 일급이 달라지므로 고정성이 없다고 볼 수 있다. 예컨대 1달에 30일이 있고 15일 이상 만근 시 1달에 30만원을 지급한다고 가정한다면, 1일~14일까지는 지급액이 0원이어서 일급이 0원이다. 그런데 15일 이상 근무했다고 하더라도 근무일수에 따라 일급이 달라지는데, 15일 근무 시 30만원을 지급받았다면 일급이 2만원이지만, 20일 근무 시에도 30만원을 받게 되어 일급이 1만5천원으로 오히려 감소되고, 30일 근무 시에도 30만원을 받게 되어 일급이 1만원으로 감소되는 상황이 발생되므로 고정적으로 지급되지 않는다고 볼 수 있다.

70) 2심에서도 동일하게 통상임금이 아니며, 실비변상적 금원이므로 임금 자체가 아니라 보았다.

그렇다면 기아차 영업일비의 사례는 앞서 대법원 전원합의체가 매 근무일마다 일정액을 지급하기로 한 임금은 고정성이 있어 통상임금으로 본다는 것과 무슨 차이가 있어 통상임금이 아니라고 본 것일까?

대법원 전원합의체가 사례로 든 근무일수에 따라 지급하는 출근수당의 경우에는 특별한 조건이 부가되지 않고, 소정근로일수에 출근만 하면 지급이 되었으므로 해당 월에 얼마를 받게 될 것인지 월초에 예측할 수가 있었다.[71] 또한, 일급이나 시급을 구하기 위하여 월간 지급받은 금액을 소정근무일로 나눠 보면, 일급이나 시급이 어떤 경우든 동일하게 고정되어 있음을 알 수 있다. 이에 소정근로의 대가이면서 고정성이 있으므로 통상임금이라 할 수 있는 것이다.

반면에 기아차의 영업일비의 경우에는 소정근로일이라 해서 모두 지급되는 것이 아니라 영업활동을 수행하는 날에만 지급되므로 월초에는 해당 월에 정확히 얼마를 받을 수 있을지 예측하기가 어렵다.[72] 또한, 일급이나 시급을 구하기 위하여 월간 지급받은 금액을 소정근무일로 나눠 보면, 일급이나 시급이 고정되지 않고, 매번 달라진다는 것을 알 수 있다. 이에 소정근로일수에 비례하지 않으므로 소정근로의 대가라 보기 어렵고, 고정성이 없으므로 통상임금이라 할 수 없는 것이다. 즉 특정 월에 연장근로수당을 계산하기 위해서는 연장근로시간 × 1.5 × 통상시급을 곱하여 산정해야 하는데, 시급이 고정되지 않고 매번 변경이 된다면 연장근로수당을 산정할 수가 없게 되는 것이다. 이에 고정성이 없는 영업일비는 통상임금이 될 수 없는 것이다.

---

71) 예컨대 출근수당이 1일 1만원인 경우 '내가 이번 달에 10일 출근하면 10만원을, 20일 출근하면 20만원을 받을 수 있겠구나' 라는 것을 월초에 이미 확정적으로 알고 있는 것이다.

72) 소정 근무일 중 직무교육·출장이 며칠이나 있을지, 이에 따라 영업활동을 며칠이나 수행할 수 있을지를 사전에 확정적으로 알 수 없다.

[그림 3-20] 소정근로대가성 및 고정성 인정·부정 조건 예시

〈소정근로의 대가(O), 고정성(O)〉

【소정근로일 1일당 고정적 일당 지급】

구 분	[1]	[2]	[3]
소정 근무일수 [A]	5일	10일	20일
지급 일당 [B]	5,000원	5,000원	5,000원
월 합계 [C]=[A]×[B]	25,000원	50,000원	100,000원
(환산)일급 [D]=[C]/[A]	5,000원	5,000원	5,000원
(환산)시급 [E]=[D]/8	625원	625원	625원

〈소정근로의 대가(X), 고정성(X)〉

【성취조건 case _ 소정근로일 中 영업활동 수행 시에만 지급】

구 분	[1]	[2]	[3]	[4]
소정 근무일수 [A]	10일	10일	20일	20일
영업활동 수행일 [B]	4일	7일	11일	15일
지급 일당 [C]	12,000원	12,000원	12,000원	12,000원
월 합계 [D]=[B]×[C]	48,000원	84,000원	132,000원	180,000원
(환산)일급 [E]=[D]/[A]	4,800원	8,400원	6,600원	9,000원
(환산)시급 [F]=[E]/8	600원	1,050원	825원	1,125원

(3) 통상임금 관련 주요 이슈들

대법원 전원합의체 판결을 통하여 통상임금의 정의 및 요건, 판단기준 등이 구체화 되었고, 대법원 전원합의체 판결 이후 수많은 판결이 이어지면서 대부분의 임금 항목에 대해서는 통상임금에 해당되는지 여부가 어느 정도 정리가 되고 있는 상황이다. 복지포인트의 통상임금 여부에 대해서도 하급심마다 판단이 달라 이슈가 되다가 2019년 대법원 전원합의체 판결[73]로 임금 및 통상임금이 아닌 것으로 귀결이 되었다. 다만 정기상여금은 여전히 이슈가 계속되고 있는데, 하급심 중에는 정기상여금에 재직자 한정지급 기준이 부가(附加)되어 있는 경우에도 통상임금으로 인정한 사례가 계속 나오고 있어 논란이 지속되고 있는 상황이다.

① 복지포인트가 통상임금인지 여부

복지포인트가 통상임금인지 여부에 대해서 하급심의 판단이 엇갈리다가 2019년 대법원 전원합의체 판결로 인하여 복지포인트는 임금이 아니며, 이에 복지포인트

73) 대법 2016다48785, 2019.8.22.

의 통상임금 해당성은 살펴볼 필요도 없다고 사실상 최종 결론이 났다.[74] 이는 판결 대상이 되는 복지포인트의 성격과 지급기준이 회사마다 다른 것도 원인이 되겠지만, 보다 근본적인 이유는 금전이 아닌 포인트가 임금에 해당될 수 있는지가 이슈가 되었던 것이다.

[복지포인트의 (통상)임금 해당 여부: 2019년 대법원 판결로 임금성 부정]

(통상) 임금 부정 의견	〈대구고법, 대구도시철도공사 상대로 낸 임금 청구소송〉 ① 근로기준법상 임금은 '통화'로 근로자에게 지급해야 한다고 규정돼 있는 점, ② 미용관련 의료행위나 유가증권 구매, 사행성 지출 등에는 사용이 금지돼 있는 점, ③ 잔여 포인트를 다음 연도로 이월할 수 없는 점을 볼 때 임금으로 보기 어렵다. 〈서울고법 2015나2016215, 2016.1.15〉 복지포인트는 정해진 기간 내 사용을 원칙으로 하고, 미사용 포인트를 금전으로 청구하거나 다음 연도로 이월해 사용할 수 없다. 임금은 근로자에게 금전 결제가 된 경우에만 지급됐다고 볼 수 있고, 관념적 수치인 포인트만으로 임금을 확정적으로 취득한 것이라고 볼 수 없다. 포인트 사용 용도는 사용자가 허락한 범위로 제한하고 있으므로 이는 근로기준법 제43조의 임금의 통화, 전액, 직접, 월1회 이상 정기지급의 원칙에도 반한다. 〈대법 (2016다48785, 2019.8.22) 전원합의체 판결〉 1) 선택적 복지제도의 근거 법령에 비추어 복지포인트를 임금으로 볼 수 없다. 2) 선택적 복지제도의 연혁과 그 도입 경위에 비추어도 복지포인트를 임금이라고 하기 어렵다. – 종래 임금성을 가진 복지수당 위주에서 벗어나 비임금성 기업복지제도로서의 실질을 갖추기 위해 그 형식과 내용을 변화시킨 것 3) 아래와 같은 사정들을 종합해 보더라도 복지포인트를 근로제공의 대가라고 볼 수 없다. 가) 선택적 복지제도의 취지와 도입 경위의 특수성으로 인해 복지포인트는 여행, 건강관리, 문화생활, 자기계발 등으로 사용 용도가 제한되어 있고, 통상적으로 1년 내 사용하지 않으면 이월되지 않고 소멸하게 되며, 양도 가능성도 없다. 나) 통상적으로 복지포인트는 근로자의 근로제공과 무관하게 매년 초에 일괄하여 배정된다. 복지포인트를 배정하는 행위는 사용자가 최종 부담할 의무가 있음을 확인하는 사용자의 사실행위에 불과하므로 복지포인트의 배정 자체를 금품의 '지급'으로 평가할 수 없다. 다) 선택적 복지제도를 도입한 개별 사업장에서 복지포인트에 대하여는 단체협약이나 취업규칙 등에서 '보수'나 '임금'으로 명시하지 않고 있는 경우가 대부분이다.

74) 하지만 만장일치 의견이 아니었으며, 복지포인트가 임금 및 통상임금에 해당된다는 반대의견도 있었다.

<table>
<tr>
<td>(통상)
임금
인정
의견</td>
<td>
〈국민건강보험공단 사건 (서울고법 2016나2083847, 2017.4.19)〉
□ 복지포인트의 구성
○ 기본(근로자의 날·생일·어버이 날 기념품비 포함) + 근속 + 가족 포인트
기본 복지포인트는 용도에 제한이 있지만, 근로자는 적어도 사용 범위 내에서 자유롭게 사용할 수 있고, 피고는 목적 범위 내의 사용에 대하여 간섭하거나 정산을 거절할 수 없다. 즉 원고들과 같은 근로자가 생활을 형성하고 유지한다는 측면에서, 기본 복지포인트는 실질적으로 해당 금액이 통화로 지급되는 것과 다르지 않다. 결국, 피고의 기본 복지포인트 부여에 따라 그에 상응하는 재산적 이익의 처분권이 근로자에게 이전되었고, 복지포인트의 사후 정산 절차는 구체적인 사용 방법에 불과하다고 보아야 한다. 또한, 사용되지 않은 기본 복지포인트가 이월되지 않은 채 소멸한다 하더라도, 이는 자율적인 판단에 따른 처분 또는 포기에 불과하다.

〈대법 전원합의체 판결 中 반대 의견〉
1) 계속적·정기적으로 배정되고, 배정에 관하여 단체협약이나 취업규칙 등에 근거하여 사용자에게 의무가 지워져 있는 복지포인트는 근로의 대가로 지급되는 금품이라고 보아야 한다.
– 근로제공과 무관하게 개별 근로자의 특수하고 우연한 사정에 의해 부여되는 것이라고 평가할 수 없다.
– 가족수당, 주택수당 등도 근로시간에 직접 또는 비례적으로 대응하지 않는다는 의미에서 근로제공과의 밀접도가 약하기는 하지만 근로자가 근로를 제공한 것에 대하여 그 대가로서 지급되는 것이다.
2) 복지포인트의 배정은 사용자의 근로자에 대한 금품 지급으로 평가할 수 있다.
3) 선택적 복지제도의 근거 법령만을 들어 복지포인트의 임금성을 부정할 수 없다.
4) 선택적 복지제도 도입 경과와 현재의 운용 실태에 비추어도 복지포인트의 임금성을 부정할 수 없다.
5) 복지포인트를 임금으로 인정하더라도 근로기준법상 임금 관련 체계나 임금 지급 원칙에 반하지 않고, 사용자의 형사처벌과 관련하여 부당한 결과가 생긴다거나, 근로기준법 적용에 중대한 흠결이 발생한다고 단정할 수도 없다.
6) 복지포인트의 임금성 및 통상임금성을 인정하는 것은 임금체계의 개선과 노동현장의 법적 안정성이라는 거시적이고 미래지향적인 관점에서 보더라도 바람직하다.
</td>
</tr>
</table>

(통상)임금이 아니라고 부정하는 관점은 1) 통화로 지급되는 것이 아니라 관념적 수치인 포인트로 지급이 된다는 점, 2) 사행성 지출 등 특정 용도에 사용이 금지되어 있다는 점, 3) 포인트가 사전에 부여되었다고 하더라도 금전 결제가 된 경우에만 실비변상적으로 확정적으로 지급되었다고 볼 수 있으므로 포인트 배정 자체를 금품의 지급으로 평가할 수 없다는 점, 4) 정해진 기간 내에만 사용할 수 있어서 잔여 포인트를 다음 연도로 이월할 수 없다는 점을 들어 임금의 통화불·전액불·직접불·월 1회 이상 정기불 원칙에 위배되므로 임금이 아니라고 보고 있으며, 5) 그 외에도 복지포인트의 연혁과 도입 경위 및 근거 법령인 근로복지기본법을 비추어 보았을 때 임금으로 볼 수 없고, 개별 사업장의 규정에도 복지포인트를 보수나 임금으로 명시

하지 않으므로 임금이 아니며, 이에 당연히 통상임금도 아니라는 것이다.

반면에 (통상)임금에 해당된다고 긍정하는 관점은 1) 용도에 제한이 있지만, 사용 범위 내에서는 자유롭게 사용할 수 있고, 목적 범위 내 사용에 대해서는 간섭하거나 정산을 거절할 수 없다는 점에서 통화로 지급되는 것과 다르지 않다는 점, 2) 포인트 부여에 따라 재산적 이익의 처분권이 근로자에게 이미 이전되었고, 사후 정산 절차는 구체적인 사용 방법에 불과하다는 점, 3) 미사용 포인트가 이월되지 않은 채 소멸한다 하더라도 이는 처분권을 이전받은 근로자의 자율적인 판단에 따른 처분 또는 포기에 불과하다는 점, 4) 단협 및 취업규칙 등에 근거하여 사용자에게 계속적·정기적으로 지급 의무가 지워지고 이를 은혜적이라거나 개별 근로자의 특수하고 우연한 사정에 의해 부여되는 것이라고 평가할 수 없다는 점 등을 들어 임금에 해당된다고 보고 있으며, 별도의 성취조건 없이 년 1회 정기적으로 지급되므로 통상임금에도 해당된다고 보고 있다.

결국 2019년 대법원 전원합의체 판결로 인하여 복지포인트는 임금 및 통상임금이 아닌 것으로 결론이 났지만, 그만큼 복리후생 및 생활보장 성격으로 지급되는 각종 금원들은 임금 및 통상임금 여부를 판단하기 어렵다는 것을 보여주었다.

② 재직자 지급 한정 조건만 부가된 정기상여금이 통상임금인지의 여부

대법원 전원합의체가 "특정 시점 재직 시에만 지급되는 금품"은 고정성이 없어 통상임금이 아니라고 하자 획일적 판단을 하는 경우가 많아졌다. 즉 어떤 임금항목이든지 간에 퇴직 시 일할계산하여 지급해 주는 것은 통상임금에 해당되고, 지급 시점 현재 재직자 지급 조건이 붙어 일할계산을 해 주지 않는 것은 통상임금에 해당되지 않는다고 본 것이다. 이에 기업들은 급여규정을 서둘러 개정하여 정기상여금 뿐 아니라 매월 지급되는 임금항목들(예컨대 직책수당, 직무수당 등)에도 재직자 지급 조건을 붙인 후 통상임금 문제를 해결했다고 하는 경우도 발생하였다.

하지만 대법원 전원합의체 판결[75]을 보면, 재직자 지급 한정 조건이 부가(附加)됨으로써 고정성이 없어 통상임금이 아니라고 본 항목들은 김장보너스, 설·추석

75) 대법 2013.12.18, 2012다94643.

상여금, 하기휴가비, 선물비, 생일자 지원금과 같이 특정 근무기간에 연동되는 것이 아니라 특정 시점에 이벤트(김장철, 명절, 생일, 하기휴가 등)가 있는 복리후생적 항목들이었다. 이에 상여금이라는 동일한 임금 명칭을 갖고 있었음에도 2달마다 정기적으로 지급되는 상여금은 지급 여부가 확정되어 있고 상여금 지급 시점에 퇴직하더라도 근무일수에 비례하여 근무일수 만큼을 지급하기 때문에 통상임금이라 보았지만, 명절상여금은 퇴직하면 전혀 지급받지 못하기 때문에 초과근로를 제공하는 시점에서 보았을 때 그 근로자가 명절날 재직하고 있을지 여부가 불확실하므로 통상임금이 아니라고 본 것이다. 즉 특정기간마다 일정하게 지급되는 정기상여금은 통상임금에 해당되고, 특정 시점에만 지급되는 명절상여금은 통상임금이 아니라고 본 것이다.

이후 나온 하급심 판례[76]를 보더라도 「재직요건이 임금의 지급 조건이 되어 소정근로의 대가성과 임금의 고정성이 결여되었다고 평가하기 위해서는 그러한 임금이 기왕에 근로를 제공했던 사람이라도 특정 시점에 재직하지 않는 사람에게는 지급하지 아니하는 반면, 그 특정 시점에 재직하는 사람에게는 기왕의 근로 제공 내용을 묻지 아니하고 모두 이를 지급하는 형태여야 하는바, 여기에는 주로 명절수당,[77] 휴가수당과 같이 특정 시점에 특별한 목적의 필요에 대응하여 지급되는 복리후생적 성격이 강한 수당들이 해당된다고 봄이 상당하다.」라고 하여 재직요건이 임금 지급 조건이 되어 소정근로의 대가성과 임금의 고정성이 결여되었다고 보려면 기왕의 근로 제공 내용을 묻지 않고 특정 시점에 특정 목적에 대응하여 지급되는 복리후생적 성격이 강한 수당들이 해당된다고 보았다. 즉 모든 임금항목에 대해 '재직자 지급 조건'만 붙어 있다고 하여 무조건 통상임금이 아니라고 기계적으로 해석한 것이 아니라 특정 시점과 연계된 복리후생적 임금 항목들에 대해서 적용되

76) 부산지법 2014.10.10, 2011가합27496.

77) 예컨대 설명절과 추석명절 사이에 퇴직한 경우에는 추석명절을 얼마 남겨두지 않고 퇴사하였다고 하더라도 설명절부터 추석명절 사이의 근무기간에 비례하여 추석상여금을 일할계산하여 지급하는 사례는 거의 없을 것이다. 반면에 추석명절 얼마 전에 입사하더라도 추석명절에 재직하였기에 추석상여금이 지급되는 사례는 많을 것이다. 즉 설명절과 추석명절 사이의 소정근로기간에 대한 근로의 대가성이 없는 것이다.

는 것이 타당하다고 제한적으로 본 것이었다.

한편, 하급심 중에는 2달에 한 번이나 분기 또는 반기별로 지급하는 정기상여금에 대해서도 재직자 지급 기준이 부가(附加)되어 있고 일할계산하지 않았다고 하더라도 통상임금에 해당된다고 본 판례들이 계속 나오고 있어 향후 대법원에서 이를 어떻게 판단할지 귀추가 주목되고 있다.

대표적인 것이 아래 울산지법 판례와 뒤에 있는 서울고법 판례들이다.[78)]

울산지법 2012가합4882, 2014.11.19

⑤ 상여금 지급대상자를 지급일 현재 재직 중인 자로 규정하였다고 하더라도 이러한 지급 기준은 당시 상여금 '전액'은 당기말일 현재 재직 중인 자에 대하여 지급한다는 의미로 해석되고 이와 달리 당기 지급 기간인 6개월 동안 계속 근무한 자에 한하여 지급하며 중도퇴직자에 대하여는 이미 근무한 기간에 해당하는 것도 지급하지 않는다는 취지까지 규정한 것이라고 보기 어렵다고(대법 1981.11.24, 81다카174 참조)할 것인 바, 근로자가 각 상여금 지급기일 전에 퇴직한 경우에도 특단의 정함이 없는 한 이미 근무한 월수에 해당하는 상여금은 근로의 대가로서 청구할 수 있다고 보는 것이 타당하다.

⑥ 기말수당을 3월, 6월, 9월, 12월에 지급하였다면 이는 3개월 동안 누적된 근로의 대가를 3개월에 한 번씩 나누어 지급하는 것으로 봄이 상당하다고 할 것인바, 유노동유임금, 무노동무임금의 원칙상 근로의 대가로서 중도퇴직자에게도 당연히 근무기간에 상응하는 금액이 지급되어야 함이 상당하다고할 것인데(정근수당 및 체력단련비도 이와 마찬가지임), 이처럼 사용자가 중도퇴직자에 대한 상여금 일할 지급의무를 부담하고 있음에도 불구하고 이를 일할 지급하지 않았다면 이는 근로기준법상의 임금지급의무를 위반한 것으로 해석할 여지가 있음에도 불구하고, 이와 같은 근로기준법위반행위가 있었다는 사정을 들어 오히려 상여금을 통상임금에서 배제하는 것은 부당하다.

⑦ 다른 사정의 고려 없이 일률적으로 특정 시점에 재직 중인 자에게만 지급된 급여는 고정성이 결여된 것으로서 통상임금에 해당하지 아니하고, 다만 일할 계산하여 지급해온 사정이 있다면 이는 고정성이 인정되어 통상임금에 해당한다고 본다면, 중도퇴직자에 대하여 이러한 수당 등을 일할 계산하여 지급해온 기업은 성실하게 급여를 지급해온 사정으로 인

---

78) 서울고법은 세아베스틸 사건(서울고법 2017나2025282, 2018.12.18.), 금융감독원 사건(서울고법 2019나2037630, 2022.05.04.) 등에서도 동일한 판단을 내리고 있다. 세아베스틸 사건은 현재 대법원 전원합의체 (사건번호 2019다204876)에 회부되어 있고, 금융감독원 사건은 회사측 상고에 대하여 대법원이 심리불속행기각(대법 2022다252578·252592 등, 2022.11.10.)을 함으로서 확정되었다.

> 하여 오히려 높은 통상임금을 부담하게 될 것이고, 일할 계산하여 지급되어야 할 임금 및 수당을 중도퇴직자에 대하여 지급하지 않은 기업은 당연히 지급되어야 할 임금 및 수당을 지급하지 않은 사정으로 인하여 이러한 수당의 고정성이 부정되고 그에 따라 낮은 통상임금을 부담하게 될 것인바, 불성실하게 임금을 지급하여 온 기업과 달리 성실히 임금을 지급하여 온 기업들의 재정적 부담이 더 높아지게 되는 불합리한 결과가 발생할 수 있다.

울산지법은 정기상여금의 산정 기간 도중에 퇴사한 경우라 하더라도 기왕의 근로에 대해서는 청구할 수 있다고 본 예전 대법원 판결(대법원 1981.11.24, 81다카174)을 주목하였다.

> **정기상여금은 특약이 없는 한 지급기간 만료 전에 퇴사한 자에게도 근로월수에 해당하는 액을 지급하여야 한다(대법 81다카137, 1982.4.13).**
>
> (중략) 일정비율의 금액이 상여금으로 정기적으로 지급되어 왔다면 이는 그 명칭 여하를 불문하고 모두 정기일 지급임금의 성격을 띤 것으로 볼 것이므로 특별히 다른 정함이 없는 한 상여금 지급기간 만료 전에 퇴직한 근로자에 대하여도 이미 근무한 월수에 해당하는 상여금이 지급되어야할 것이고(대법 1981.11.24, 81다카174 참조), 비록 피고 회사 사장이 매기마다 상여금 지급대상자를 각 지급기간의 말일 즉 6월말일 또는 12월말일 현재 재직중인 자로 정하여 그 지급기준을 시달하여 왔다 할지라도 이러한 지급기준이 곧 상여금지급기간의 중간에 퇴직한 자에 대한 그 근무기간에 해당하는 상여금의 지급을 배제하는 특별한 규정이라고 볼 수는 없다 할 것이다.
>
> 따라서 원심이 상여금 지급기일 전에 퇴직한 원고에 대하여 원고가 퇴직한 때가 속하는 반기분(6월분)의 상여금 중 이미 근무한 월수에 해당하는 금액이 상여금으로 지급되어야 한다고 한 판단은 정당하다.

즉 특정기간 동안의 근로의 대가는 지급일 현재 재직해야만 약정된 금액 '전액'을 지급한다는 것이고, 특정 기간을 채우지 않고 퇴직함으로써 지급일 현재 재직하지 않는 경우에는 '전액'을 지급할 의무는 발생되지 않지만, 근무기간까지의 금액은 지급할 의무가 발생되는 것으로 해석되어야 한다는 것이다. 이에 6개월마다 지급되는 정기상여금이 있을 경우 4달만 근무한 후 퇴사한다면, 재직자에 한해 지급한다는 규정이 있더라도 이미 근무한 4달에 대해서는 정기상여금의 4/6 만큼은 지급되어야 한다는 것이다. 정기상여금의 경우 오히려 일할계산을 안 해준 것이 문제가 되는 것이므로 일할계산하여 지급해 주라는 것이었다.

여기에 더해 울산지법은 〈일할계산을 하도록 하는 회사〉와 〈재직자에게만 지급을 한정하는 회사〉 간의 형평성 문제로 인한 불합리성 이슈도 제기하고 있다. 즉 일할계산하여 지급하는 회사는 예전 대법원 판결의 취지에 따라 성실하게 대가를 지급한 회사이고, 재직자에 한정하여 지급한 회사는 오히려 임금을 체불하여 근로기준법을 위반한 것으로 볼 수 있는데도 결과적으로 통상임금 부담이 반대가 되는 것은 불합리하다고 본 것이다.

[그림 3-21] 정기상여금 관련 울산지법 판단 논리

【울산지법 판단; "기간상여"의 일할계산 지급 Vs. 재직자 한정 지급】

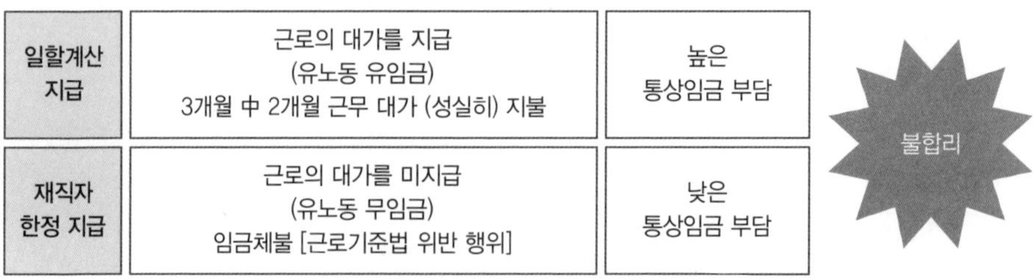

2018년 이후[79] 나오고 있는 서울고법 판결들도 같은 결론을 내고 있다. 즉 정기상여금의 지급기간이 수개월 단위인 경우에는 근로의 대가를 수개월간 누적하여 후불하는 것이므로 근무한 기간에 대해서는 당연히 임금이 지급되어야 하는 것이므로 오히려 재직자 한정지급 조건은 무효이고,[80] 규정에 따라 상여금이 확정적·

79) 서울고법 2017나2025282, 2018.12.18., 서울고법 2016나2087702, 2019.5.14., 서울고법 2016나2032917, 2020.12.02.서울고법 2019나2037630, 2022.05.04.등

80) 서울고법 2016나2032917, 2020.12.02. 판례에서는 재직자 조건은 유효하지만, 그럼에도 고정적이어서 통상임금에 해당된다고 보았다. 『재직자조건에 따르면 중도 퇴직하는 근로자는 그 시기에 따라 후불 임금을 일부 지급받지 못하는 불이익을 입는 경우가 생길 수도 있고, 선불 임금을 반환하지 않는 이익을 얻는 경우가 생길 수도 있는바, 이익 또는 불이익이 되는 금액이 이 사건 상여금의 연간 지급금액에 비하면 소액이라고 할 수 있다. 그렇다면 이 사건 재직자조건은 근로자 또는 사용자에게 일방적으로 불리하거나 유리하다고 단정할 수도 없고, 원칙적으로 근로자가 자신에게 유리하거나 불리한 퇴직 시기를 선택할 수 있으며, 불리한 시기에 퇴직하더라도 그 불이익이 크다고 하기는 어려운바, 근로자가 중도 퇴직하는 경우에 계산상의 편의를 위해 미지급 또는 초과지급 상여금을 정산하지 않기로 한 것으로서 합리적인 이유가 있어, 유효하다고 보

정기적으로 발생하는 것으로 성취조건이라 볼 수 없으므로 고정성이 인정되어 통상임금에 해당된다는 것이다.

서울고법 2017나2025282, 2018.12.18.

2. 정기상여금과 관련한 임금 청구에 대한 판단

나. 정기상여금에 부가된 재직자조건의 유효성 여부

고정급 형태의 정기상여금에 부가된 재직자조건은 지급일 전에 퇴직하는 근로자에 대하여 이미 제공한 근로에 상응하는 부분까지도 지급하지 아니한다는 취지로 해석되는 한 무효라고 봄이 타당하다.

1) 고정적 금액이 계속적·정기적으로 지급되는 형태의 정기상여금은 임금, 즉 근로의 대가에 해당하고, 그 지급기간이 수개월 단위인 경우에도 이는 근로의 대가를 수개월간 누적하여 후불하는 것에 불과하다.

그러므로 정기상여금의 지급일 이전에 퇴직하는 근로자도 퇴직 전에 자신이 실제로 제공한 근로에 상응하는 정기상여금에 대하여는 근로의 대가로서 당연히 그 지급을 청구할 수 있어야 한다(대법 1981.11.24, 81다카174 참조).

2) 임금에 대하여 조건이 부가될 수 있으나, 정기상여금에 부가된 재직자조건은 예컨대 성과급에서의 성과조건과는 다르다. 성과급에서의 성과조건은 성과급이라는 급여를 '발생' 시키는 조건이지만, 정기상여금에 부가된 재직자조건은 정기상여금의 '지급'에 관한 조건에 불과하기 때문이다.

즉 성과급은 일정한 성과라는 조건의 성취 여부에 따라 급여를 청구할 수 있는 권리가 발생할 수도 발생하지 아니할 수도 있는 것으로서, 성과급에서의 성과조건은 성과급 약정의

는 것이 타당하다. (중략) '고정적(固定的)'이라는 것의 사전적인 의미도 '일정한 상태로 있어 움직이지 않는 것'을 의미하고, 그것의 반의어는 '유동적(流動的)', 즉 '고정되지 않고 이리저리 옮겨 다니는 것'을 의미하므로, 고정적 임금은 소정근로의 대가로서 지급 여부나 지급액이 사전에 확정되어 유동적이지 아니한 임금을 의미한다고 할 수 있다. 이 사건 상여금은 소정근로를 제공하면 추가적인 조건의 충족 여부와 관계없이 당연히 지급될 것이 예정된 임금이므로, 지급 여부나 지급액이 사전에 확정된 고정적인 임금이라고 보는 것이 타당하다. 그 이유는 다음과 같다. ① 이 사건 상여금은 중도 퇴직을 하지 않고 임금산정기간인 1년의 소정근로를 제공할 경우에 월 기본급의 800%로 지급액이 확정되어 있으므로, 1년의 소정근로를 제공하는 것 외에 추가적인 조건의 성취 여부와 관계없이 당연히 지급하는 고정적인 임금에 해당한다. ② 이 사건 상여금은 재직자조건이 부가되어 있으나, 1년의 소정 근로를 제공하지 못하고 중도에 퇴직할 경우에 일할 계산하여 정산하든 다른 방법으로 정산하든 이 사건 상여금의 고정적인 성질이 달라지는 것은 아니다.』

본래 내용의 일부를 이루는 것이다. 그에 비하여 '지급일 당시 재직하는 근로자에 한하여 지급한다'거나 '지급일 이전 퇴직자에게는 지급하지 아니 한다'는 조건은 정기상여금 약정의 기본적 내용을 구성하는 것이 아니고 정기상여금 그 자체와는 구분되는 외부적인 조건일 뿐이다.

실제로 고정급 형태의 정기상여금의 경우 지급액이 사전에 확정되어 정기적으로 지급되는 것이고, 그 발생을 위하여 별도의 조건이 요구되지 않는다. (중략) 따라서 성과조건을 성취할 때까지는 임금채권이 발생하지 아니하는 성과급과 달리 고정급 형태의 정기상여금의 경우 그날의 근로를 제공하면 그에 대한 대가로서 그날 몫의 정기상여금에 대한 임금채권이 발생하고, 다만 실제 지급일만 약정된 지급기간에 따라 수일 또는 수개월 뒤로 늦추어지는 것이다.

(중략) 따라서 사용자가 정기상여금에 일방적으로 재직자조건을 부가하여 지급일 전에 퇴직하는 근로자에 대하여 이미 제공한 근로에 상응하는 부분까지도 지급하지 아니하는 것은 기발생 임금에 대한 일방적인 부지급을 선언하는 것으로서 그 유효성을 인정할 수 없다. 나아가 유효한 취업규칙이나 개별적 근로계약 등에 재직자조건이 규정된 경우에도 이미 제공한 근로에 상응하는 부분을 지급하지 아니하는 범위에서는 근로제공의 대가로 지급받아야 할 임금을 사전에 포기하게 하는 것으로서 무효이다(대법 2015.12.23, 2013다209039 참조). (중략)

3) 근로자와 사용자는 원칙적으로 자유롭게 임금의 지급조건을 정할 수 있음에도, 기본급에 재직자조건을 부가하여 이미 제공한 근로에 상응하는 기본급 부분도 지급하지 아니하는 것을 유효하다고 보는 견해는 상정하기 어렵다. (중략)

그런데 고정급 형태의 정기상여금도 일정한 금액이 계속적·정기적으로 지급되어 근로자의 생활유지를 위한 안정적인 수단이 된다는 점에서 기본급과 다를 바가 없다. 특히 이 사건의 경우 (중략) 월 단위로 계산한 정기상여금과 기본급을 비교하면 월할 정기상여금이 월 기본급의 80% 내외에 이르는바, 근로자의 생활유지를 위한 주된 원천이 된다는 측면에서 정기상여금이 근로자에 대하여 가지는 의미는 기본급과 다를 수가 없다. (중략) 고정적 금액이 계속적·정기적으로 지급되는 형태의 정기상여금은 더 이상 본래 의미의 '상여'로서의 성질을 가지고 있지 아니하며, 오히려 근로자의 입장에서는 기본급과 마찬가지로 근로를 제공하기만 하면 그에 대한 기본적이고 확정적인 대가로서 당연히 수령을 기대하는 임금에 해당한다고 볼 수 있다.

이와 같이 정기상여금이 기본급에 준하는 임금으로서의 실질을 가진다고 보는 이상, 재직자조건의 유효성을 판단함에 있어서도 기본급과 정기상여금을 달리 취급하여야 할 합리적인 이유를 찾을 수 없다. 따라서 기본급에 재직자조건을 부가하는 것을 허용할 수 없는 것과 마찬가지로, 적어도 고정급 형태의 정기상여금에 재직자조건을 부가하여 이미 제공한 근로에 상응하는 부분까지도 지급하지 아니하는 것은 그 유효성을 인정할 수 없다.

4) 정기상여금에 재직자조건을 부가하는 목적 내지 필요성으로 일반적으로 주장되는 것은 근로자의 계속근로를 장려한다는 것이다. 그러나 정기상여금에 재직자조건을 부가하여 이미 근로를 제공한 부분에 대하여도 정기상여금을 지급하지 아니하는 것은, 예컨대 장기근속자에게 추가적인 수당을 지급함으로써 계속근로를 장려하는 것과는 본질적인 차이가 있다.

즉 장기근속자에게 추가적인 수당을 지급하는 경우 장기근속자가 아닌 근로자는 장기근속자와의 관계에서 상대적으로 이를 지급받지 못하는 결과로 되는 것임에 비하여, 정기상여금에 부가한 재직자조건을 이유로 이미 근로를 제공한 부분에 대한 정기상여금도 지급하지 아니하는 경우 그 근로자는 위 2) 항에서 살핀 바와 같이 그날그날의 근로제공에 의하여 그 몫에 해당하는 정기상여금이 이미 발생하였음에도 이를 지급 받지 못하는 직접적인 불이익을 입게 되는 것이다.

(중략) 이미 발생한 후불임금인 정기상여금의 부지급이라는 경제적 구속을 통하여 근로자의 계속근로를 확보하는 것은, 계속근로의 확보라는 목적을 달성하기 위한 정당하고 합리적인 수단이 될 수 없을 뿐만 아니라, 근로자의 자유의사에 어긋나는 근로를 강요하지 못하도록 한 근로기준법 제7조 및 임금보호를 위한 각종 관계 법령의 취지에도 반하는 것이다. (이하 생략)

한편 대법원 전원합의체 판결 이후 일부 하급심들은 상여금에 대하여 '기간 상여'와 '시점 상여'로 분리하여 판단하는 경향을 보이고 있다. 즉 동일한 정기상여금이라 하더라도 2개월 단위로 짝수 월 혹은 홀수 월에 지급하거나, 분기 또는 반기마다 지급하는 '기간 상여'는 특정 기간(2개월, 3개월, 6개월)의 근무의 대가로 볼 수 있으므로 소정근로의 대가에 해당된다고 볼 수 있지만, 명절이나 하기휴가 및 연말과 같이 특정 시점에 지급하는 '시점 상여'는 격려의 성격이 강하고 소정근로 기간과 비례하여 지급한 것으로 판단하기 어렵다는 것이다.

[그림 3-22] 정기상여금 유형에 따른 통상임금 해당성 판단

【"기간상여"와 "시점상여"에 대한 통상임금 여부 판단 (재직자 한정 지급 조건 부가(附加)시)】

	소정근로의 대가 해당성	정기성	일률성	고정성
기간 상여	○ (2/3/6개월 근무의 대가)	○	○	○ (임금체불 이슈)
시점 상여 (명절, 하기휴가)	× (격려의 성격, 소정근무 연관 어려움)	○	○	× (지급일에 재직 여부 불투명)

예컨대 '기간 상여'의 경우 상여금 산정 대상이 되는 기간 중에 퇴직하였을 경우 일할 계산하기가 용이한데 반해, '시점 상여'의 경우에는 일할 계산하기도 쉽지 않다. 만약 6월에 퇴사하는 직원이 있다고 할 경우 그 해 설날부터 추석까지의 날짜수를 따져서 그 중 며칠 동안 근무한 것인지 따지는 것은 합리적이지 않다고 볼 수 있다. 게다가 3월에 입사한 직원이나 8월에 입사한 직원이나 동일하게 추석 상여금을 지급받는다면 특정 소정근무기간과 상관없이 지급되는 것이라고 볼 수 있을 것이다.

한편 부산지법[81]의 경우에는 정기상여금 지급률이 기본급의 600%여서 2개월마다 지급된 '기간상여'에 대하여 만약 2개월 간격이 아닌 1개월 간격으로 지급되었음을 가정할 때 1개월 기본급의 약 50%에 이르러 전체 급여에서 큰 비중을 차지하고 있으므로 근로의 대가성이 없는 금품이라거나 우발적·일시적 급여로 보기 어렵다고 보기도 하였다.[82]

그리고 임금의 고정성 측면에서 보았을 때도 '기간 상여'의 경우에는 재직자 지급기준이 부가되었다 하더라도 오히려 임금체불 이슈가 발생될 수 있다고 보아 기계적으로 고정성이 없다고 보기 어려우며, '시점 상여'의 경우에는 명절 등 지급일 현재 재직하고 있을지 여부는 그 이전에는 불투명[83]하기 때문에 고정성이 없어 통상임금이 아니라고 볼 수 있다는 것이다.

하지만 아직까지 이러한 논의는 일부 하급심에서만 나올 뿐이고, 대법원에서는 '기간 상여'와 '시점 상여'를 구체적으로 분리하여 판단하지 않고 있다. 예컨대 하급심[84]은 2, 4, 6, 8, 10, 12월, 설, 추석에 100%씩 합계 연 800%의 상여금을 지급한 사건에 대하여 「지급일 현재 재직하지 않은 직원들에게는 상여금을 지급하지 아니하는 등 지급일에 근로자가 재직할 것을 요건으로 두고 있음에도 소정근로에 대한 대가성과 고정성이 인정된다는 이유로 통상임금에 포함된다.」고 판단한 것에 대

81) 부산지법 2014.10.10, 2011가합27496.

82) 2018년 서울고법의 사례에서도 월 단위로 보았을 때, 기본급의 80%에 달하는 큰 금액이었던 것을 주목하였다.

83) 극단적으로 명절 전에 갑자기 사망할 경우, 해당 명절 상여금을 지급할 의무는 발생되지 않는다.

84) 서울남부지방법원 2017.4.27, 2016나60674.

하여 대법원[85]은「이 사건 상여금은 지급기준일에 재직 중인 근로자에게 지급하는 임금으로서 소정근로에 대한 대가의 성질을 가지는 것이라고 보기 어려울 뿐 아니라 고정성이 결여되었다고 볼 수 있으므로 통상임금에 포함된다고 할 수 없다.」고 보아 원심법원에 파기 환송한 사례가 있다.

한편, 기아차 통상임금 소송에서 법원[86]은 '상여금은 년 750%를 지급하되, 2, 4, 6, 8, 10, 12월말에 각 100%, 설날, 추석, 하기휴가 시에 각 50%를 지급한다'라고 정해져 있는 기아차 정기상여금 사례에 대하여 기간상여와 시점상여를 구분하지 않고 모두 통상임금에 해당된다고 보았었다.

기업들은 이와 같이 연간 정기상여금 총 지급률을 정하고, '기간상여' 및 '시점상여'로 구분하는 경우가 많은데, 법원은 이를 구분하지 아니하고 전체 정기상여금이 통상임금에 해당한다거나 해당하지 않는다는 식으로 획일적으로 판단하는 경향이 보인다. 이에 법원마다 엇갈리고 있는 재직자 지급 기준이 부가(附加)된 정기상여금의 통상임금 판결에 있어서 이를 무효로 본 서울고법의 판결들 이후에 대법원이 어떠한 결론을 낼지 귀추가 주목된다.

참고로 2017년에 이용득 의원이 대표 발의했다가 폐기된 근로기준법 개정 법률안[87]에서도 설, 추석 명절을 위한 상여금은 통상임금에서 제외하자는 내용이 나오는데, 이 역시 위와 같이 특정 시점에 지급하는 '시점 상여'는 통상임금이 아니라고 보는 시각이 반영된 것이라고 생각된다.

---

85) 대법 2017.9.26, 2017다232020.

86) 서울중앙지법 2011가합105381, 2017.8.31; 서울고법 2017나28858 등, 2019.2.22. 대법원(대법 2019다14110·14127·14134·14141, 2020.08.20.)에서는 이를 다루지 않아 확정되었다.

87) 의안번호 5573, 발의연월일: 2017.2.10.
근로기준법 제2조①
7. "통상임금"이란 그 명칭에 관계없이 사용자가 근로자에 대하여 지급하기로 정한 임금으로서, 정기적, 일률적으로 지급하기로 정한 임금은 모두 통상임금에 해당한다. 다만, 다음 각 목의 경우는 대통령령이 정하는 범위 내에서 통상임금에서 제외한다.
가. 설, 추석 명절을 위한 상여금
나. 근로자의 건강 또는 안전을 위한 보험료
다. 근로자의 업적 또는 성과에 따라 나중에 지급여부와 지급액이 확정되는 임금
라. 경영성과에 따라 지급되는 금품

(4) 약정수당 및 약정통상임금

통상임금 소송과 관련하여 '약정 통상임금'이라는 개념이 나오고 있어 그 의미가 무엇인지를 살펴볼 필요가 있다.

우선 통상임금은 법정 수당인 연장·야간·휴일근로수당이나 미사용 연차유급휴가수당 등을 계산하는데 활용이 되는 것이다. 즉 연장근로 5시간을 했다면, 시간당 통상임금에 5시간을 곱한 후 150%를 곱하여 산정하는 것이다. 이에 통상임금 소송 등을 통해 통상임금이 올라가게 되면, 당연히 통상임금을 활용하여 계산을 하는 법정 수당도 올라가게 되고, 이는 평균임금도 올라가게 만들어 퇴직금 및 사회 보험료 등 직·간접 인건비를 올라가게 만든다.

[그림 3-23] 약정수당 및 약정통상임금

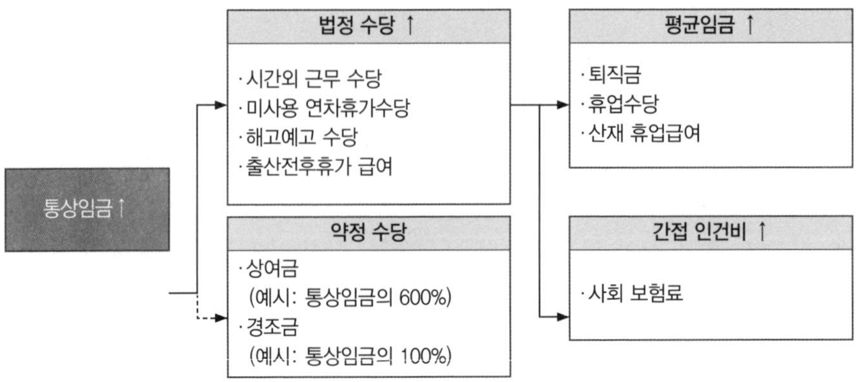

한편 우리나라 기업들은 법정 수당 외에도 상여금이나 직책수당, 근속수당과 같은 임의적인 약정 수당을 운영하는 경우가 많으며, 경조금과 같은 금전적 복리후생을 지급하는 경우도 많다. 즉 이들 약정 수당은 법적으로 반드시 지급해야 할 의무는 없지만, 노사 간의 단체협약이나 회사의 취업규칙을 통해 지급의무가 생긴 것이다. 그런데 이들 약정수당을 지급하는 기준을 설정할 때, 기본급이나 통상임금을 활용하는 경우도 있다. 예컨대 정기상여금이나 경조금 지급 기준을 '기본급의 100%'나 '통상임금의 600%'와 같이 정하는 것이다.

이에 통상임금 소송을 통해 통상임금에 포함되는 임금항목들이 많아져서 통상임금이 올라가게 된 경우 원고가 되는 노동조합이나 근로자들은 시간외근로수당과 같은 법정 수당을 재산정하여 추가로 지급하라고 청구하면서, 동시에 통상임금을 지급 기준으로 하는 상여금과 같은 약정 수당에 대해서도 그동안 과소 지급된 것이므로 인상된 통상임금을 반영하여 그 차액을 지급하라고 청구하는 경우가 있다.

하지만 법원[88]은 이에 대해서「정기상여금 산정의 기초가 되는 이 사건 기준임금은 비록 그 명칭이 '통상임금'이지만 이는 노사 간의 합의에 의한 약정 통상임금으로서 근로기준법상 통상임금과는 명백히 구별되는 개념이므로, 정기상여금을 근로기준법상 통상임금의 범위에 포함시킨다고 하더라도 그 액수가 무한대로 증가되는 순환오류의 문제는 발생하지 않는다.」고 하여 통상임금이 늘어나더라도 약정 수당까지 차액을 추가로 지급해야 하는 것은 아니라고 보았다. 즉 정기상여금은 애초에 법적으로 지급해야 하는 것은 아니므로 그 지급기준을 자유롭게 정할 수 있는 것[89]인데, 그 지급기준을 통상임금으로 정하고 통상임금에 해당되는 임금항목 범위를 노사가 약정했다면 통상임금의 범위가 소송으로 인해 달라졌다 하더라도 기존의 노사 간 약정[90]은 유효하다고 본 것이다.

(※ 한편, 순환오류의 문제란 정기상여금이 소송을 통해 통상임금에 새롭게 해당되고, 지급기준인 통상임금의 범위도 소송에 의해 달라지는 것이라고 가정한다면 발생될 수 있는 오류를 의미한다. 즉 정기상여금이 통상임금에 포함되어 통상임금 인상 → 통상임금을 지급기준으로 하는 정기상여금도 인상 → 인상된 정기상여금에 따라 통상임금이 다시 인상 → 다시 인상된 통상임금에 따라 정기상여금이 다시 인상되는 것이 되풀이될 수도 있다는 것이다. 하지만 약정 통상임금이라는 개념이 정립되면서 법정 통상임금이 인상된다고 하더라도 약정 통상임금을 기준으로 산정되는 정기상여금 금액이 인상되는 것은 아니라는 결론이 나게 되어 순환오류는 발생되지 않는다는 것이다.[91])

---

88) 서울고판 2012.11.23, 2012나23773 등.

89) 예컨대 통상임금의 100%가 아니라 기본급의 100%로 정해도 되고, 아예 정액으로 100만원으로 정할 수도 있다.

90) 상여금을 지급하겠다는 약정, 상여금은 통상임금을 기준으로 지급하겠다는 약정, 통상임금에 포함되는 임금항목을 정한 약정 등이 모두 포함될 것이다.

91) 만약 고정OT수당이 통상임금에 해당된다면, 이 역시 순환오류가 될 것이다. 즉 고정OT수당의 산정 기준이 되는 통상임금이 커지면, 고정OT수당도 커지고, 다시 통상임금이 커져서, 또 다시

기아차 사건을 판단한 서울중앙지법[92] 역시 '법정 통상임금'이라는 개념과 '약정 통상임금'이라는 용어를 명확하게 구분하여 표현하였다.

기아자동차 통상임금 판결 (서울중앙지법 2017.8.31, 2011가합105381)

[중략] 근로기준법상 아무런 기준을 정한 바 없는 상여금을 산정함에 있어 노사 간의 합의에 따라 근로기준법상의 개념이나 범위와 다른 통상임금을 그러한 상여금을 산정하기 위한 수단으로 삼고 성질상 근로기준법상 통상임금에 산입되어야 하는 각종 수당을 상여금 산정을 위한 위 통상임금에서 제외하기로 합의하였다고 하더라도 위와 같은 합의는 유효하다 (대법 2007.11.29, 2006다81523 참조).

위와 같은 법리에 비추어 보면, 임금규정에서 상여금을 산정하기 위한 기준으로 삼은 (약정)통상임금과 근로기준법에서 정하고 있는 (법정)통상임금은 그 개념과 범위가 다른 것으로서, 상여금 산정의 기초가 되는 (약정)통상임금에 일급제 근로자들에게 지급되는 통상수당을 포함시키기로 합의한 이상 일급제 근로자들에게 지급되는 통상수당이 (법정)통상임금에 해당하는지에 관계없이 그와 같은 합의는 유효하다고 할 것이다. [중략]

생리휴가와 관련하여 근로기준법 제73조는 사용자는 여성 근로자가 청구하면 월 1일의 생리휴가를 주어야 한다고 규정하고 있을 뿐이어서 유급휴가라고 보기 어렵고, 공상휴직, 신상휴직, 형사휴직, 상병휴직, 병가에 대한 보상수당은 근로기준법상 아무런 기준을 정한 바 없는 약정수당이다.

따라서 유급휴가가 아닌 생리휴가와 약정수당인 공상휴직, 신상휴직, 형사휴직, 상병휴직, 병가에 대한 보상수당을 지급함에 있어서는 근로기준법상 법정수당을 지급하도록 한 취지가 몰각될 우려가 없으므로, 피고의 단체협약 및 임금규정을 통해 근로기준법상 통상임금에 해당하는 이 사건 상여금이 반영되지 않은 약정통상시급을 그 산정의 기초로 삼았다고 하더라도 유효하다고 보아야 하므로, 나머지 원고들의 이 부분 청구는 이유 없다.

즉 상여금을 산정하기 위한 기준으로 삼은 (약정)통상임금과 근로기준법에서 정하고 있는 (법정)통상임금은 그 개념과 범위가 다른 것이라고 본 것이다. 근로기준법은 강행규정이므로 시간외근로수당과 같은 법정수당을 산정할 때에는 통상임금의 범위를 임의로 정할 수 없는 것이지만, 애초에 법적 지급의무가 없어 근로기준법상 아무런 지급 기준을 정한 바 없는 약정수당의 경우에는 근로기준법상 취지가

고정OT수당이 커지게 되는 것이다. 하지만, 고정OT수당은 소정근로의 대가가 아니어서 통상임금이 되지 않으므로 순환오류의 문제가 발생되지 않는다.

92) 서울중앙지법 2017.8.31, 2011가합105381.

몰각될 우려가 없으므로 법적 기준과는 다른 약정 통상시급을 그 산정의 기초로 삼았다고 하더라도 유효하다고 본 것이다.

(5) (통상임금 산정 시) 법정 미달 조건과 유리 조건 경합 시, 판단 기준

통상임금 소송에서 또 하나의 이슈가 된 것은 통상임금을 산정하거나 법정 수당을 산정할 때, 여러 요소가 결합되어 산정을 하게 되는데, 이 요소 중 어떤 항목은 법보다 불리하고 어떤 항목은 법보다 유리하다면 어떻게 산정해야 되는지의 문제이다.

아래 그림과 같이 노동법상 임금은 보통 2~3가지 요소들이 복합적으로 결합되어 산정을 하도록 되어 있다.

[그림 3-24] 노동법상 임금 산정을 위한 결합 요소

구분		[A]		[B]				[C]
시간당 통상임금	=	통상임금 임금범위 [A]	÷	월 통상임금 산정 시간 수 [B]				
연장 근로수당	=	시간당 통상임금 [A]	×	연장 근로시간 [B]			×	가산 지급률 [C]
미사용 연차 휴가수당	=	1일 통상임금 [A]	×	미사용 연차 휴가 수 [B]			×	가산 지급률 [C]
퇴직금	=	1일 평균임금 [A]	×	재직 년수 [B]	×	30일분	×	가산 지급률 [C]

예컨대 시간당 통상임금은 1개월간 지급 받는 통상임금을 월 통상임금 산정 시간 수(시수)로 나누어 산정한다. 연장근로수당은 시간당 통상임금에 연장 근로시간을 곱한 후 가산 지급률 150%를 곱하여 산정한다. 그런데 때로는 법보다 유리하게 지급하기 위하여 결합되는 요소를 늘리는 경우도 있다. 미사용 연차휴가수당은 1일 통상임금에 미사용 연차휴가 개수를 곱하여 산정하는데, 일부 회사들은 단체협약 등을 통해 150%의 지급률을 더 곱해주어 법적 기준보다 유리하게 산정해 주는

경우도 있다. 퇴직금 누진제의 경우도 마찬가지인데, 1일 평균임금에 재직년수 및 30일분을 곱한 후 누진 지급률을 곱하여 산정해 주는 것이다.

그런데 최근 통상임금 소송사례를 보면, 두 가지 이상의 요소가 결합되어 시간당 통상임금을 구하거나 연장근로수당을 산정하게 되는데, 일부 요소는 법보다 불리하고 일부 요소는 법보다 유리한 경우가 있다.

2017년 기아차 통상임금 소송[93]을 보면, 시간당 통상임금을 새로이 산정하는데 있어 통상임금의 범위는 법적 기준보다 미달되었고, 월 통상임금을 시간당 통상임금으로 나누기 위해 사용하는 시수는 법정 기준보다 유리했던 상황이었다. 이에 대해 원고인 노동조합에서는 통상임금의 범위는 법정 기준이 준수되도록 당연히 확대 적용되어야 한다고 주장하면서도, 월 통상임금 산정을 위한 시수는 노사 약정을 통해 노동조합이 획득한 기득권이므로 법정 기준보다 유리한 시수를 그대로 인정해 달라고 주장한 것이었다.

하지만 법원은 「시간당 통상임금을 산정함에 있어 통상임금의 범위는 근로기준법에서 정한 바에 의하고 산정 기준이 되는 소정근로시간에 관하여는 노사 간의 합의에 따른다면, 이는 하나의 조건에 포함된 여러 가지 요소의 개별적인 비교를 허용하는 것이 되어 근로기준법의 법률해석에 반하고 서로 다른 각 규정에서 근로자에게 유리한 것만을 취사선택할 수는 없는 것이어서 허용되지 아니할 뿐만 아니라, 시간당 통상임금 산정의 각 요소를 분리하여 근로기준법 위배 여부를 판단할 것이 아니라 근로기준법에 따라 산정한 시간당 통상임금 금액과 노사합의에 따라 산정한 시간당 통상임금 금액을 비교하는 것이 타당하다.」고 보았다.

[그림 3-25] 임금 산정 요소의 유·불리 혼재 시, 판단 방식 (1)

[예시]

구 분		통상임금 범위(A)	월 통상임금 산정 시간 수(B)
〈가〉	기존 실태	법정 기준 미달	법정 기준 보다 유리(노조 기득권)
〈나〉	노조 주장	법정 기준이 준수되도록 확대	법정 기준 보다 유리한 기득권 인정
〈다〉	법원 판단	법정 기준이 준수되도록 확대	법정 기준이 준수되도록 조정

즉 시간당 통상임금은 통상임금의 범위(A)를 통상임금 산정 시간 수(B)로 나누어 산정

93) 서울중앙지법 2017.8.31, 2011가합105381.

해야 하는데, 하나의 조건에 포함된 여러 요소를 개별적으로 판단하여 취사선택할 수는 없으므로 기존 통상임금 산정 방식〈가〉과 각 요소들을 모두 법적 기준으로 환원하여 통상임금을 산정한 방식〈다〉을 비교하여 과소 지급 여부를 판단해야 한다고 본 것이다.

이와 같이 해당 판결은 하나의 조건에 포함된 여러 요소들 중 하나의 요소는 법정 기준 대비 미달하고, 다른 하나의 요소는 법정 기준 대비 유리한 경우에 각각의 것을 개별 판단해서는 안 되고, 종합적으로 판단해야 한다고 본 것이다. 즉 노사 간 약정을 통해 하나의 요소를 법정 기준보다 유리하게 하는 것은 얼마든지 인정될 수 있지만, 통상임금 소송은 기존에 지급한 시간외근로수당 등이 법정 기준에 미달하였는지 여부를 따지는 것이므로 비교의 잣대를 확정할 때에는 이를 구성하는 세부 요소들을 모두 법정 기준으로 환원하여야 한다는 것이다.[94]

[그림 3-26] 임금 산정 요소의 유·불리 혼재 시, 판단 방식 (2)

▣ 최근 기아차 통상임금 판결 中 [법정 기준 대비 유·불리 혼재 시, 종합 판단 Vs. 개별 판단] 관련 사항

구 분	내 용	법적 기준 미달	법적 기준 초과	판 단
시 수	(과소 통상임금 범위) ÷ (유리한 시수)	통상임금 범위 축소 (→ 확대)	240, 226 (→ 법정 243)	종합 판단
가산율 우대	(과소 통상임금 범위) × (유리한 가산율)	통상임금 범위 축소 (→ 확대)	200%, 21시~ 야간 (→ 법정 150%, 22시~ 야간)	종합 판단
연차휴가 개수	(과소 통상임금 범위) × (유리한 휴가수)	통상임금 범위 축소 (→ 확대)	가산휴가 1년에 1개 (→ 가산휴가 2년에 1개)	종합 판단
법정·약정 휴가(수당)	- 연차휴가(수당): 과소 통상임금 범위 - 월차휴가(수당): 법은 폐지, 약정 잔존	연차: 통상임금 범위 축소 (→ 확대)	월차 잔존 [약정상 별개 권리 인정]	개별 판단

해당 판결에서는 시간당 통상임금을 구하는 것 외에도 야간근로수당을 산정하거나 연차휴가수당을 산정할 때에도 산정에 필요한 두 가지 요소가 법정 기준보다 유리한 것과 불리한 것으로 혼재되어 있었다. 즉 통상임금의 범위는 과소 산정되어 법적 기준에 미달되었지만, 다른 요인들은 법정 기준보다 유리했던 것[95]이었다. 이

94) 기아차 고법 판결(서울고법 2017나28858 등, 2019.2.22)에서도 '취사선택금지 원칙' 또는 '최소기준 원칙'에 의하여 근로기준법에서 정한 바에 따라 판단해야 한다고 하였다.

95) 예컨대 야간가산수당의 경우 법정 기준은 22시~익일 06시에 해당할 때 추가 50%가 적용되지만, 기아차의 경우 21시~익일 06시 근무에 대해 추가 100%를 적용하였다. 연차휴가의 경우에

에 대해 법원은 비교의 잣대는 모두 법정 기준으로 환원한 후 부족한 금액이 발생되었는지 여부를 종합 판단토록 하였다.

한편, 해당 판례는 관리자에게 지급하였던 정액 특근수당의 경우에는 과소 지급 여부를 판단할 수 없다고 보았다. 아래 그림과 같이 기존에 지급했던 약정 시간외 근로수당은 포괄임금제 정액수당 형태였다. 이에 원고인 노동조합에서는 과소 책정된 통상임금[A]에 30%[B]를 곱하여 산정한 약정 시간외 근로수당에 대하여 통상임금이 과소 책정[A]되었으므로 증액된 통상임금 범위에 따라 차액을 추가 지급해 달라고 청구하였던 것이었다. 하지만 법원은 비교 잣대인 법정 시간외 근로수당과 비교하여 시간외 근로수당이 적게 지급되었는지 여부를 판단해야 하는데, 이 금액을 확정할 수 없으므로 판단할 수 없다고 보아 이 부분에 대한 청구를 기각하였다. 왜냐하면 비교 잣대가 되는 법정 시간외 근로수당은 법정 통상임금[C]에 실제 수행한 연장근로시간[D]을 곱한 후, 가산지급률인 1.5[E]를 곱하여 산정해야 되는데, 실제 수행한 연장근로시간[D]이 어떻게 되는지를 알 수 없기 때문에 법정 시간외 근로수당을 확정지을 수 없다는 것이 그 이유였다.

[그림 3-27] 임금 산정 요소의 유·불리 혼재 시, 판단 방식 (3)

[기존 지급] 약정 시간외 근로수당		[비교 잣대] 법정 시간외 근로수당
(과소 통상임금) [A] × 30% [B]	< , = , > 비교 불가	(법정 통상임금) [C] × 실 연장근로 [D] × 1.5 [E]

☞ 단순히 통상임금 범위가 축소되었다고, 과소 지급으로 보지는 않음!

한편, 해당 판례는 연차수당 및 월차수당에 대해서는 하나의 조건이 아닌 별개의 조건으로 보아 종합 판단이 아닌 개별 판단을 하도록 하였다. 즉 기아차의 경우에는 연차휴가 외에 별도의 월차휴가 제도를 여전히 운영하고 있었는데, 두 개 모두 휴가인 것은 같지만 연차휴가와 월차휴가는 별도의 제도라고 본 것이다. 이에 연차휴가

도 근속년수에 따라 연차휴가가 증가되는 가산연차의 경우 법정 기준은 2년에 1개가 증가되지만, 기아차의 경우 1년에 1개가 증가되는 것으로 근로자에게 유리하게 약정되었다.

의 경우 통상임금의 범위가 과소 책정되어 추가로 지급해야 할 수당이 있다고 본 반면에, 월차휴가의 경우에는 앞서 설명한 약정수당의 경우처럼 근로기준법상 부여되어야 하는 것이 아니므로 기존에 범위가 과소 책정되었던 통상임금 범위를 약정 통상임금 범위로 보아 추가로 지급해야 할 수당은 없다고 개별 판단한 것이었다.

(6) 신의칙 판단 기준

대법원 전원합의체는 통상임금 판결을 내리면서, 신의칙 원칙을 적용하여 추가임금 청구가 허용되지 않는 경우가 있다고 하여 큰 논란이 되었고, 이에 그 이후의 소송들에 있어서도 신의칙 여부에 대한 논란이 지속되었다.

2013.12.18. 통상임금에 관한 대법원 전원합의체 판결 선고와 함께 대법원이 배포한 보도자료를 보면, 신의성실의 원칙이란「법률관계 당사자는 상대방의 이익을 배려하여야 하고, 형평에 어긋나거나 신뢰를 저버리는 내용 또는 방법으로 권리행사를 해서는 아니 된다는 근대사법의 대원칙으로서, 모든 법 영역에 적용될 여지가 있는 추상적인 일반규범」이라고 하면서 근로관계에 관한 강행법규 위반 사안에서 신의칙을 이유로 근로자 측의 강행법규 위반 무효주장을 배척한 사례가 있다고 하였다.[96]

이에 신의칙이 적용되어 추가임금 청구가 허용되지 않는 경우, 즉 통상임금 관련 소송 시 신의칙 적용의 요건을 아래와 같은 3가지로 제시하고 있다.

〈신의칙 적용의 요건 (통상임금 관련 대법원 보도자료[2013.12.18] 中 발췌)〉

- ㅁ 정기상여금에만 적용 가능(그 밖의 임금은 신의칙 적용 여지없음)
- ㅁ 노사가 정기상여금이 통상임금에 해당하지 않는다고 신뢰한 상태에서 이를 통상임금에서 제외하는 합의를 하고 이를 토대로 임금인상 등 임금조건을 정하였을 것
- ㅁ 근로자가 합의의 무효를 주장하며 추가임금을 청구할 경우, 그로 인해 예측하지 못한 새로운 재정적 부담을 떠안을 기업에게 중대한 경영상 어려움을 초래하거나 기업의 존립이 위태롭게 될 수 있다는 사정이 있을 것

이와 관련하여 소송 시 주요 다툼이 벌어지는 것은 '중대한 경영상 어려움을 초래하거나 기업의 존립이 위태롭게 될 수 있다는 사정'이 있는지의 여부라 할 수 있

96) 대법원 보도자료(2013.12.18) p.18.

다. 이에 2013년 대법원 전원합의체 판결 이후 계속되었던 통상임금 소송에서 신의칙(중대한 경영상 어려움)을 적용한 사례가 있었는데, 주로 수천억 이상의 누적 순손실이 발생했거나 조선업과 같이 강력한 구조조정을 진행하는 민간 기업들에 대해 제한적으로 인정하였었다.

이에 2017년 기아차 판결에서도 재정상태가 나쁘지 않고, 경영성과급을 매년 지급해 왔다는 것 등을 이유로 신의칙을 인정하지 않았다. 강행법규의 예외를 둔 것이니만큼 신의칙은 매우 제한적으로만 인정하겠다는 의도로 보인다.

기아자동차 통상임금 판결(서울중앙지법 2011가합105381, 2017.8.31) 요약

[중략] 피고가 이 사건 청구로 말미암아 원고들에게 상여금을 반영한 통상임금을 기초로 한 미지급 법정수당을 지급하게 됨으로써, 예측하지 못한 새로운 재정적 부담을 지게 되어 재정 및 경영상태의 악화를 겪을 수는 있다고 보인다.

그러나

① 피고의 2008년부터의 재정상태 등이 나쁘지 아니하고,

② 근로자들에게 매년 지급한 경영성과급의 합계액이 이 사건 청구금액을 훨씬 초과하며,

③ 피고가 최근의 사드 보복 등으로 인한 영업이익 감소 등에 대한 명확한 증거를 제출하지 않고 있고,

④ 전기차 등 향후 투자의 적정규모를 판단하기 어려울 뿐만 아니라,

⑤ 원고들은 근로기준법에 의하여 인정된 권리를 행사하는 것이고 피고는 원고들의 과거 과외근로로 생산한 이득은 이미 향유하고 있으며,

⑥ 원고들이 마땅히 지급받았어야 할 임금을 후에 추가 지급되어야 한다는 점에만 주목하여 '기업 존립'에 위협이 된다고 생각하는 것은 적절하지 아니하며,

⑦ 원고들이 회사의 '중대한 경영상의 어려움' 또는 '기업 존립의 위태'라는 결과발생을 방관하지 않고 향후 노사협의를 통하여 분할 상환 등의 발전적 해결방안을 찾을 수 있는 점

등을 고려하면,

피고가 앞서 본 바와 같은 부담이나 악화를 겪는다 하더라도, 그러한 부담이나 악화의 정도가 피고가 감당할 수 없을 만큼의 기업의 '중대한 경영상 어려움'을 초래하거나 '기업의 존립을 위태롭게' 할 것이라 단정하기 어렵고, 위와 같은 부담이나 악화만으로 근로기준법의 강행규정성에도 불구하고 신의칙을 우선하여 적용하는 것을 수긍할 만한 특별한 사정이 있다고 보기 부족하다.

한편 국가가 운영하는 공공기관의 경우에는 중대한 경영상 어려움이나 기업의 존립이 위태롭다는 것을 인정받기 어려울 것이므로 상대적으로 신의칙이 적용될 여지가 없다고 할 것이다.

5. 임금구조 개편 등을 통한 통상임금 대응 방안

(1) 최저임금으로 인정되는 급여항목으로 배정

기업 입장에서 볼 때 통상임금으로는 인정되지만, 최저임금으로는 인정되지 않는 것이 가장 부담스러운 상황이라고 할 수 있다. 매월 지급되지 않는 정기상여금이 대표적이다.

따라서 노사합의를 통해 정기상여금을 기본급이나 직무수당 등과 같이 최저임금에 해당되는 임금항목으로 전환하거나 개정 최저임금법 제6조의2(최저임금 산입을 위한 취업규칙 변경절차의 특례)를 활용하여 정기상여금의 지급 주기를 매월 단위로 변경할 필요가 있다. 이 때 주의할 점은 기본급이 늘어나게 되면 연동되어 늘어나는 임금항목이 있는지를 살펴볼 필요가 있으며, 기본급에 연동되는 임금항목이 있다면 직무수당과 같이 최저임금에 포함되는 수당을 신설하여 전환하는 것도 고려해 볼 수 있을 것이다.

(2) 복리후생 항목의 경우 실비변상적 성격으로 전환

매월 일정한 금액이 지급되는 식대와 차량유지비, 통근수당, 통신비와 같은 항목들은 비록 명칭은 복리후생 성격이라 하더라도 통상임금에 해당될 가능성이 높다고 할 수 있다. 사실상 통화로 지급받는데다가 그 처분권이 해당 근로자에게 넘어가게 되어 특정 복리후생 용도로 사용하지 않고 자유롭게 다른 용도로 사용할 수 있기 때문이다. 따라서 매월 실적에 따라 변동되도록 하고, 영수증 처리를 통해 해당 용도로만 활용하였다는 증빙을 남겨두어 통상임금성은 물론이고 임금 해당 요인을 제거할 필요가 있다. 다만, 개정 최저임금법으로 인하여 생활 보조 또는 복리후생을 위한 성질로서 통화로 지급되는 임금은 최저임금에 산입되므로 최저임금 및 통상임금의 범위와 수준을 고려하여 개별 회사에 적합한 방식으로 운영하여야 될 것이다.

참고로 복리후생 등 명목으로 일정 금액을 통화로 지급할 때에는 실비변상화를 위해 아래 고용노동부 행정해석을 고려하여 금액 외의 단위(휘발유 리터 등)를 활용하거나, 월간 지급 한도(통신비 지원 한도 ○만원)를 설정할 것을 고려해 볼 수도 있을 것이다.

식대, 통신비, 자가운행보조비 등의 통상임금 해당 여부
(고용노동부 근로기준정책과-655, 2015-03-05)

○ **식대**

- 식대가 근로자 전원에게 매월 일정액인 월 10만원이 지급되는 경우라면
- 이는 소정근로의 대가로서 정기적·일률적·고정적으로 지급되는 것으로 보이므로 다른 추가적인 조건이 없다면 통상임금에 해당될 것임.

○ **직위별 차량 보조수당**

- '일률성'이란 '모든 근로자'에게 지급되는 것뿐만 아니라 '일정한 조건 또는 기준에 달한 모든 근로자'에게 지급되는 것도 포함됨.
- 과장 이상 직원에게 매월 일정액(부장 · 차장 20만원, 과장 10만원)의 차량 보조수당이 지급되는 경우라면,
- 일정한 조건 또는 기준에 달한 모든 근로자에게 지급되어 일률성이 인정되므로 다른 추가적인 조건이 없다면 통상임금에 해당될 것임.

○ **통신비·자가운행보조비**

- 근로의 제공과 직접적 관련 없이 직무수행에 소요되는 비용을 변상하기 위하여 지급되는 실비변상적 금원 등은 근로의 대상으로서 지급되는 임금에 포함되지 않음.
- 통신비가 일정 금액의 한도(외근, 감사, 광고, 총무/교육직등:7만원, 그 외:3만원) 내에서 실비 지원하는 경우라면 실비변상적 금품으로서 근로의 대가인 임금으로 보기 어려우며 임금을 전제로 하는 통상임금에도 해당되지 않을 것임.
- 자가운행보조비 또한 직급별로 일정 한도(팀장:70리터, 대리:120리터) 내에서 실비 지원하는 경우라면 통신비와 동일하게 볼 수 있음.

(3) 고정성 요인 제거

많은 기업들이 통상임금성을 낮추기 위하여 주목한 것이 바로 고정성이다. 이에 임금항목별 지급 기준에 '지급일 현재 재직자 기준'을 기재함으로서 고정성이 없으니 통상임금이 아니라고 보는 경우가 많이 있다. 하지만 전술한 바와 같이 재직자 지급 기준을 두어 고정성이 없다고 할 수 있는 것은 주로 특정 시점에 혜택을 주기 위한 복리후생적 성격의 급여항목에 국한되는 것이 원칙일 것이며, 특정 근무 기간에 대해 소정근로의 대가로 지급되는 성격이 짙은 항목들은 단순히 '재직자 기준'만 부가되었다고 하여 통상임금이 아니라고 보기에는 무리가 있다고 할 수 있다.

예컨대 매월 지급하는 직책수당이나 자격수당의 경우에는 해당 직책이나 자격을 바탕으로 업무를 수행하기 때문에 지급하는 것이고, 특별한 사정이 없다면 매월 고정적으로 지급받는 수당이라 할 수 있는데, 단지 월말 재직자 기준을 두었다고 하여 고정성이 탈락되어 통상임금이 아니라고 할 수 있을지는 의문이다.

따라서 특정 임금항목을 왜 지급하려 하는지, 어떤 임금영향요인(Pay Contributor)을 장려할 필요가 있는지에 대한 근본적 원칙과 보상전략을 바탕으로 급여체계를 재설계할 필요가 있다. 이에 정기상여금과 같이 동기부여 요인이 낮은 항목의 경우에는 실적이나 성과와 연계하여 변동성을 부여할 필요가 있다. 예컨대 임금의 명칭도 만근장려금과 같이 근무일수에 연동하여 며칠 이상 근무했을 때만 보상적 성격으로 지급한다거나 특정 조건 달성 시 지급되는 인센티브 형태로 변경하는 것을 고려해 볼 수 있을 것이다. 다만, 고정급 형태로 지급되어 왔던 임금항목을 변동급 형태로 전환하는 것은 근로조건 불이익 변경이라 할 수 있으므로 추가적인 보상 조치를 추가로 제시하여 집단적 동의를 받는 것이 바람직할 것이다.

(4) 시간외근로수당 재원으로 전용

최근 근로시간에 비례한 임금 원칙을 엄격하게 적용하려는 추세가 강해지고 있다. 따라서 평소 장시간 근로를 많이 실시함에도 포괄임금제(고정OT제)를 적법하지 않게 운영하고 있다면, 정기상여금과 같은 특정 금원을 시간외근로수당 재원으로 활용하는 것도 고려해 볼 필요가 있다. 특히 고정OT제(정액수당제)를 운영하는 경우 실제 발생되는 시간외근로시간보다 적은 시간외근로시간에 대해서만 약정하거나 개인별 통상임금 대비 과소 책정된 금액을 바탕으로 시간외근로수당을 산정한 경우에는 노사 합의를 통해 임금항목을 개편하여 시간외 근로에 대한 대가를 충분하게 설정해 놓을 필요가 있다. 특히 근로시간 단축으로 인한 유연근무제 개편을 감안하여 법적으로 허용되는 한도만큼 고정 시간외 근로수당을 책정하는 것도 고려해 볼 수 있을 것이다.[97]

---

97) 고정OT수당은 소정근로의 대가가 아니므로 통상임금에 해당되지 않는다는 대법원 판결(대법 2020다224739, 2021.11.11.)이 나온 바 있다. 다만, 2021년 대법원 판결과 달리 최근 고정OT

6. 평균임금의 판단기준 및 산정 방식

(1) 평균임금 판단 기준

근로기준법 제2조(정의)에서 "평균임금"이란 「이를 산정하여야 할 사유가 발생한 날 이전 3개월 동안[98]에 그 근로자에게 지급된 임금의 총액을 그 기간의 총일수로 나눈 금액을 말한다. 근로자가 취업한 후 3개월 미만인 경우도 이에 준한다.[99]」라고 규정하고 있다. 즉 평균임금에 대한 정의를 내렸다기보다는 임금을 평균하여 산정하는 방식을 규정하고 있다고 할 수 있다. 이에 평균임금의 범위는 사실상 임금의 범위와 거의 일치한다고 볼 수 있고,[100] 평균임금은 평균적으로 지급된 임금을 의미한다고 볼 수 있다.

따라서 임금이 아닌 기타 금품들, 즉 자녀학자보조금과 같이 특정 용도로만 쓰이는 실비변상적인 금품이나 경영성과급과 같이 지급 여부가 근로와 무관한 금품[101], 경조

수당도 통상임금에 해당한다는 하급심 판결(수원지법 2021가합17689, 2024.07.24.)이 나오면서 혼란이 가중될 우려가 있다. 관련하여 고정OT수당이 소정근로에 대한 대가인 통상임금에 해당된다면, 당연히 고정OT제 자체도 무효로 보아 시간외수당 미지급 문제로도 이어지게 될 우려가 있다. (※ 만약 고정OT수당이 시간외근로의 대가임을 인정함에도 통상임금이라고 한다면, 이는 그 자체로 궤변이 되며, Ⅲ 4 (4) 본문 및 주석 91에서 언급했던 순환참조 오류의 문제에 휩싸이게 된다. 실제로 판례를 보면, 해당 사안은 2021년 대법원 판례 사례와는 달리 회사가 우월적 지위를 바탕으로 명칭만 고정OT수당이라고 했을 뿐 고정OT수당의 산정 및 계산 근거가 명확하지 않기에 연장근무의 대가로 볼 수 없다고 판시를 하였다. 이에 하급심이 2021년 대법원 판례를 부정한 것은 아니었다.)

98) 흔히 기업에서는 마지막 근무일이 퇴직일인 것으로 오인하지만 법률상 퇴직일(= 산정 사유 발생일)은 마지막 근무한 다음날(= 직원이 아닌 첫 날)을 의미한다. 다만 초일 불산입의 원칙에 따라 법률상 퇴직일은 제외되기에 그 전날인 마지막 근무일(= 정상적인 급여가 마지막으로 지급되는 날)로부터 역산하여 3개월 기간으로 산정하면 된다.

99) 근로기준법 제2조 ① 6.

100) 평균임금 산정 기간 이후에 지급되는 '퇴직으로 인하여 비로소 지급하게 되는 미사용 연차수당'과 '퇴직급여'는 임금이지만, 평균임금에는 해당되지 않는다.

101) 일부 하급심(서울중앙지법 2019가합538253, 2021.04.15., 서울중앙지법 2019가합542535, 2021.06.17.)에서는 경영성과급도 집단적 근로인 협업의 대가이므로 임금에 포함된다고 보았다. 그러나 경영성과는 협업 외에도 환율과 같은 외부 요인, 경영자의 의사결정 사항, 회계처리 방법(투자에 따른 감가상각년수를 몇 년으로 할 것인지 등)에 따라 결정되며, 특히 직원들이 협업을 하더라도 경영 손실이 나는 경우도 많으므로 경영성과급은 개별 근로와 직접적인 연

사비와 같이 은혜적·호혜적으로 지급되는 복리후생 항목은 평균임금의 대상이 되지 않는다고 할 수 있다.

(2) 평균임금 산정 방식

평균임금은 기본적으로 산정 사유일 이전 3개월 동안에 지급된 임금의 총액을 그 기간의 총일수로 나누어 산정하게 된다. 즉 1일 평균임금을 구하는 것이다.

[그림 3-28] 평균임금 산정 Logic (1)

기본 Logic ① (1일 평균임금)	$\frac{\text{3개월간 임금}}{\text{3개월간 총 일수}}$ = 1일 평균임금

3개월간 총일수는 산정사유일이 언제인지에 따라 대부분 89일에서 92일 사이에서 정해진다. 역일상 2월이 포함되어 있으면 89일[102)]이 되기도 하고, 어떤 기간은 92일[103)]이 되기도 한다.

그런데, 실무에서는 일 단위 평균임금을 산정하지 않고, 편의상 3개월간 임금을 3으로만 나누어 월 단위 평균임금을 산정하는 경우가 간혹 있다. 하지만 법에서는 명확하게 일 단위로 산정하게끔 규정이 되어 있으므로 월 단위로 산정하게 되면 법정 기준과는 다르게 산정될 수 있다. 예컨대 특정 기간의 역일상 총일수(분모)가 91일이나 92일인 경우에는 월 단위로 산정한 평균임금이 더 많아서 법정 기준보다 과다 지급이 될 수 있고, 특정 기간의 역일상 총일수(분모)가 89일인 경우에는 월 단위로 산정한 평균임금이 더 적어서 법정 기준보다 과소 지급이 될 수 있으므로 유의하여야 한다.

계성이 낮아 임금이 아니라고 생각된다. [경영성과급의 임금성 부정 판례 : 수원지법 2020나55510, 2021.02.04. 등)

102) 산정 사유일이 5월 1일이어서 2월 1일부터 4월 30일까지를 산정하게 되면, 28일(2월) + 31일(3월) + 30일(4월) = 89일이 되고, 산정 사유일이 5월 16일이어서 2월 16일부터 5월 15일까지를 산정하게 되면, 13(2월) + 31일(3월) + 30일(4월) + 15일(5월) = 89일이 된다.

103) 산정 사유일이 9월 1일이어서 6월 1일부터 8월 31일까지를 산정하게 되면, 30일(6월) + 31일(7월) + 31일(8월) = 92일이 된다.

[그림 3-29] 3개월간 총일수 차이에 따른 1일 평균임금 차이

3개월간 임금 총액	구 분	3개월간 총 일수 차이			
		89일	90일	91일	92일
10,000,000	1일 평균임금	112,360	111,111	109,890	108,696

근로기준법 시행령[104]에서는 평균임금의 계산에서 제외되는 기간과 임금을 규정하고 있다. 즉 산정 사유일 이전 평균임금 산정기간 중에 시행령에서 명시한 기간이 포함되어 있다면, 그 기간에 지급받은 임금과 그 기간 모두를 계산 시 제외해야 하는 것이다.

예컨대 평균임금 산정 대상 기간인 3개월 중 1개월 동안 업무 외 상병휴직을 사용자의 승인을 받아 사용했었다면 분자에서는 휴직기간동안 지급받은 임금[105]을 제외하고, 분모에서는 휴직기간 총일수를 제외한 후, 2개월간의 임금을 2개월간 총일수로 나누어 1일 평균임금을 산정해야 하는 것이다.

---

104) 근로기준법 시행령 제2조(평균임금의 계산에서 제외되는 기간과 임금)

① 「근로기준법」(이하 "법"이라 한다) 제2조 제1항 제6호에 따른 평균임금 산정기간 중에 다음 각 호의 어느 하나에 해당하는 기간이 있는 경우에는 그 기간과 그 기간 중에 지급된 임금은 평균임금 산정기준이 되는 기간과 임금의 총액에서 각각 뺀다.

1. 근로계약을 체결하고 수습 중에 있는 근로자가 수습을 시작한 날부터 3개월 이내의 기간
2. 법 제46조에 따른 사용자의 귀책사유로 휴업한 기간
3. 법 제74조에 따른 출산전후휴가 기간
4. 법 제78조에 따라 업무상 부상 또는 질병으로 요양하기 위하여 휴업한 기간
5. 「남녀고용평등과 일·가정 양립 지원에 관한 법률」 제19조에 따른 육아휴직 기간
6. 「노동조합 및 노동관계조정법」 제2조제6호에 따른 쟁의행위기간
7. 「병역법」, 「예비군법」 또는 「민방위기본법」에 따른 의무를 이행하기 위하여 휴직하거나 근로하지 못한 기간. 다만, 그 기간 중 임금을 지급받은 경우에는 그러하지 아니하다.
8. 업무 외 부상이나 질병, 그 밖의 사유로 사용자의 승인을 받아 휴업한 기간

105) 무급휴직이어서 해당 기간 동안 지급받은 임금이 없다면, 당연히 제외할 임금은 없다.

[그림 3-30] 평균임금 산정 Logic (2)

Logic ②	$\frac{\text{3개월간 임금} - \text{1개월간 임금}}{\text{3개월간 총 일수} - \text{1개월간 총 일수}} = \frac{\text{2개월간 임금}}{\text{2개월간 총 일수}} = \text{1일 평균임금}$

만약 3월부터 5월까지가 평균임금 산정 대상 기간인데, 4월에 업무 외 휴직을 사용하였고, 휴직 기간 동안에는 임금의 50%를 받았다고 가정을 했을 경우, 아래와 같이 휴직기간에 받은 임금과 일수를 분자와 분모에서 각각 제외한 후, 남아 있는 2개월간의 임금을 2개월간의 총일수로 나누어 1일 평균임금을 산정하게 된다.

[그림 3-31] 평균임금 산정에서 제외되는 기간·임금이 있을 경우

구 분	3월	~~4월~~	5월	2개월간
임 금	3,000,000	~~1,500,000~~	3,000,000	6,000,000
역일상 일수	31	~~30~~	31	62
			1일 평균임금	96,774.2

그런데 임금 중에는 정기상여금과 같이 매월 지급하지 않고 1년간 몇 차례로 분할하여 지급하는 경우가 있다. 이에 고용노동부는 예규를 통해 〈평균임금 산정상의 상여금 취급 요령〉을 정하고 있다. 그 내용은 평균임금을 산정하여야 할 사유가 발생한 때 이전 12개월 중에 지급받은 상여금 전액을 그 기간 동안의 근로 개월 수로 분할 계산하여 평균임금 산정기초에 산입하라는 것이다.[106]

106) 미사용 연차휴가 수당도 마찬가지로 산입한다. 즉 20X4년 1월에 미사용 연차휴가 수당을 지급받았고, 평균임금 산정 사유일이 20X4년 7월 1일이라면 이전 1년간인 20X3년 7월 1일부터 20X4년 6월 30일 사이에 지급받았던 20X4년 1월의 미사용 연차휴가 수당의 3/12을 평균임금 산정 사유일(20X4.07.01) 이전 3개월간 지급받은 임금에 포함해 주어야 한다. 다만, 20X4년 1월에 발생된 연차휴가에 대해 퇴직으로 인해 비로소 수당으로 지급받게 되는 경우, 그 미사용 연차휴가수당은 평균임금 산정기간에 이미 지급받았던 수당이 아니라 퇴직일 이후에 받게되는 수당이므로 이는 평균임금 산정 시 제외된다.

평균임금 산정상의 상여금 취급요령 〈고용노동부예규 제96호, 2015.10.14.〉

상여금을 평균임금 산정기초에 산입할지에 관하여 아래와 같은 기준에 따라 처리하기 바람.

1. 상여금이 단체협약, 취업규칙, 그 밖에 근로계약에 미리 지급되는 조건 등이 명시되어 있거나 관례로 계속 지급하여온 사실이 인정되는 경우 그 상여금의 지급이 법적인 의무로서 구속력을 가지게 되어 이 때에는 근로제공의 대가로 인정되는 것이므로 이는 임금으로 취급하여야 할 것임. 그러므로 지급되는 상여금은 지급횟수(예를 들어 연 1회 또는 4회 등)를 불문하고 평균임금 산정기초에 산입함.
2. 상여금은 근로자가 지급받았을 당해 임금지급기만의 임금으로 취급하여 일시에 전액을 평균임금 산정기초에 산입할 것이 아니고 평균임금을 산정하여야 할 사유가 발생한 때 이전 12개월 중에 지급받은 상여금 전액을 그 기간 동안의 근로 개월 수로 분할 계산하여 평균임금 산정기초에 산입함.
3. 근로자가 근로를 제공한 기간이 1년 미만인 경우에는 그 기간 동안 지급받은 상여금 전액을 해당 근로 개월 수로 분할 계산하여 평균임금 산정기초에 산입함.

이에 해당 기간 동안 제외 기간이 없다면 12개월간 상여금을 3/12으로 분할하여 3개월분 상여금을 산정한 후, 다시 3개월간 총일수로 나누어 1일 평균임금을 산정하면 된다.

[그림 3-32] 평균임금 산정 Logic (3)

Logic ③

$$\frac{\text{3개월간 임금}}{\text{3개월간 총 일수}} + \frac{\cancel{12}\text{개월간 상여금} \times \frac{3}{\cancel{12}}}{\text{3개월간 총 일수}} = \frac{\cancel{3}\text{개월간 임금}}{\cancel{3}\text{개월간 총 일수}} + \frac{\cancel{3}\text{개월 분 상여금}}{\cancel{3}\text{개월간 총 일수}}$$

사례연구 Ⅲ-1 육아휴직을 6개월 사용 한 다음 복직하여 2개월간 근무 후 퇴사한 직원의 평균임금 산정은?

[예시]

- 5월 1일부터 10월 31일까지 6개월간 육아휴직을 다녀온 후 복직하여 12월 31일까지 2개월간 근무 후 퇴사함
- 해당년도의 월급은 3,000,000원이었고, 짝수 달마다 월급의 100%인 3,000,000원을 상여금으로 지급하였음 (※ 월할 상여금을 산정하면 1,500,000원이 된다.)

[산정원칙]

- 상여금은 산정 사유일 이전 12개월 중에 지급받은 상여금 전액을 그 기간 동안의 근로 개월 수로 분할 계산하여 평균임금 산정기초에 산입함
- 육아휴직 기간은 평균임금 산정 금액 및 기간에서 모두 제외함

[산정방법]

[그림 3-33] 평균임금 산정 Logic (4)

Logic ④

$$\frac{\text{3개월간 임금} - \text{1개월간 임금}}{\text{3개월간 총 일수} - \text{1개월간 총 일수}} + \frac{\text{12개월} - \text{6개월 간 상여금} \times \frac{\text{3개월} - \text{1개월}}{\text{12개월} - \text{6개월}}}{\text{3개월간 총 일수} - \text{1개월간 총 일수}}$$

$$\frac{\text{2개월간 임금}}{\text{2개월간 총 일수}} + \frac{\text{2개월 분 상여금}}{\text{2개월간 총 일수}} = \frac{\text{6,000,000원}}{\text{61일}} + \frac{\text{3,000,000원}}{\text{61일}} = \text{147,541원}$$

우선 월급과 상여금을 나누어 산정해 보도록 하자.

1) 월급을 3,000,000원 지급받았던 해당 직원이 육아휴직을 사용하지 않았다면, 3개월간의 월급 9,000,000원(3개월 × 월급 3,000,000원)을 3개월간 총일수로 나누었을 것이다.
하지만 산정사유일 이전 3개월 기간(10.1~12.31) 안에 육아휴직 기간 1개월(10.1~10.31)이 걸쳐져 있었으므로 분자와 분모에서 육아휴직 1개월 동안 지급받은 임금과 총일수를 각각 빼야 한다. 그러므로 10월에 회사로부터 별도의 임금을 받았는지 여부와 상관없이 11월과 12월에 지급받은 월급 2개월 치인 6,000,000원(2개월 × 월급 3,000,000원)을 2개월간 총 일수인 61일로 나누어야 한다.

[※ 간혹 1개월이 부족하니, 육아휴직 후 2개월(11.1~12.31)과 육아휴직 전 1개월(4.1~4.30)의 월급을 합산한 후, 3개월간 총일수로 나누어도 되지 않느냐는 질문을 하는 경우가 있는데, 쪼개어 산정할 수 있다는 근거는 없다. 이에 근로기준법 시행령과 고용노동부 지침에 근거하여 평균임금의 대상에서 제외되는 임금과 기간을 각각 제외한 후 남아 있는 임금과 기간으로만 산정하는 것이 맞는 계산법이다. 다만, 육아휴직 후 근무일자가 극단적으로 짧은 경우(예컨대 복직 후 3일 근무 후 퇴사)에는 그렇게 계산하는 것이 곤란할 수도 있는데, 그 경우에도 3일간의 평균임금과 통상임금을 비교하여 평균임금<통상임금이면 그 통상임금을 평균임금으로 해야 할 것이다. (근로기준법 제2조 ②항 적용)]

2) 상여는 짝수 달마다 월급의 100%씩 지급받으므로 연간 상여 지급률은 600%인 셈이다. 만약 육아휴직이 없었다면, 12개월간 지급받은 상여금 18,000,000원(6회 × 1회 상여 3,000,000원)을 3/12으로 환산한 3개월분 상여금 4,500,000원을 3개월간의 총일수로

나누어야 한다. 그렇다면 대략 1개월분 상여금은 1,500,000원 정도가 될 것이다(※ 2달에 3,000,000원의 상여금을 받으니, 월할 상여금은 1,500,000원이 되는 것과 비교할 때, 금액이 비슷할 것이다.).

하지만 해당 직원은 산정사유일로부터 12개월 기간(1.1~12.31) 안에 육아휴직 기간 6개월(5.1~10.31)이 걸쳐져 있었으므로 분자와 분모에서 6개월 동안 지급받은 임금과 총일수를 각각 빼야 한다(12개월 − 6개월 = 6개월). 그런데 여기서 주의할 점은 "그 기간 동안의 근로 개월 수로 분할 계산"하기 위해서는 6개월간 상여금 × 3/6이 아니라 6개월간 상여금 × 2/6을 해야 한다는 점이다. 왜냐하면 이 경우에는 2개월간 지급받은 상여금으로 환산해야 되기 때문이다(월급도 2개월간 지급받은 월급으로 환산되어 있는 상태이다.).

따라서, 6개월간 지급받은 상여금 9,000,000원(2월, 4월, 12월 3회 × 3,000,000원)을 2/6한 금액 3,000,000원이 2개월분 상여금이 되는 것이다. [※ 월할 상여금 1,500,000원]

3) 이에 2개월분 임금 6,000,000원과 2개월분 상여금 3,000,000원을 더한 9,000,000원을 2개월간 총일수로 나누어 1일 평균임금 147,541원으로 산정하면 되는 것이다. [※ 육아휴직이 없었을 경우에는 3개월분 임금 9,000,000원과 3개월분 상여금 4,500,000원(1,800만원 × 3/12)을 합산한 1,350만원을 3개월간 역일수로 나누면 거의 비슷한 값이 나온다.]

만약 육아휴직을 1년 다녀온 후 곧바로 퇴직할 경우에는 평균임금을 어떻게 산정해야 할까? 이에 대해 고용노동부는 평균임금 산정 특례 고시를 통해 '평균임금의 계산에서 제외되는 기간이 3개월 이상인 경우'에는 제외되는 기간의 최초일을 평균임금의 산정사유가 발생한 날로 보아 평균임금을 산정하라고 한다.

평균임금산정 특례 고시 [시행 2015.10.14] [고용노동부고시 제2015-77호]

제1조【평균임금의 계산에서 제외되는 기간이 3개월 이상인 경우】
① 「근로기준법 시행령」(이하 "영"이라 한다) 제2조제1항에 따라 평균임금의 계산에서 제외되는 기간이 3개월 이상인 경우 제외되는 기간의 최초일을 평균임금의 산정사유가 발생한 날로 보아 평균임금을 산정한다.

즉 2018.7.1부터 2019.6.30까지 육아휴직을 사용한 후 복직하지 않고, 곧바로 퇴사하였다면 평균임금의 계산에서 제외되는 기간의 최초일인 2018.7.1을 평균임금의 산정 사유일로 보고, 그 이전 3개월인 2018.4.1~2018.6.30 기간[107] 동안 받

107) '이전'은 당일을 포함하는 개념이지만, 초일불산입 원칙에 따라 평균임금 산정 사유일인

은 임금을 그 기간의 총일수로 나누어 평균임금을 산정하면 된다. 다만, 주의할 점은 육아휴직 기간은 평균임금 산정 기간에서는 제외되지만 퇴직금 산정의 대상이 되는 근속기간에는 포함해 주어야 한다는 것이다.

한편, 일용직이나 영업사원 등 임금 변동이 큰 경우에 평균임금을 어떻게 산정해야 되는지에 대해서는 논란이 계속 발생되고 있다. 예컨대 사실상 계속 근로하는 일용직의 경우 월별 근로일수 차이로 인하여 월별 수령 금액이 변동되는 경우가 많고,[108] 영업사원의 경우에 의도적으로 평균임금 산정 대상 기간에 인센티브를 많이 받을 수 있도록 판매 귀속 기간을 조절하는 경우도 있으며, 계절적 사업의 경우에 월 급여의 변동폭이 큰 경우도 있고, 연장·야간·휴일근로수당과 같은 법정 수당 역시 의도적으로 조절하는 경우도 있다. 하지만 대부분의 경우에는 불합리성을 고려하더라도 현행법상 평균임금 산정 방식과 다른 방식을 임의로 달리 적용하는 것은 인정되지 않는 경우가 많다.[109] 다만 최근에는 통상적인 생활임금을 사실대로 반영할 수 있는 합리적이고 타당한 다른 방법으로 평균임금을 산정하여야 한다는 판례[110]도 나왔으므로 개별 상황별로 다르게 판단할 여지가 있겠지만, 여전히 그 기준이 모호하므로 고용노동부 질의회시 등을 통해 판단을 받아 보아야 할 것이다.[111]

2018.7.1은 제외되고, 그전 3개월의 기간으로 산정한다.

108) 근로기준법 시행령 제3조에서는 일용근로자의 평균임금은 고용노동부장관이 사업이나 직업에 따라 정하는 금액으로 한다고 규정되어 있지만, 고용노동부가 별도로 산정한 기준이 없어 개별 사안별로 판단해야 된다.

109) 임금68207-314, 2003.4.24; 근기1455-33186, 1982.12.10; 근기01254-7594, 1987.5.12; 서울행법 98구19789, 1999.7.1; 퇴직연금복지과-2405, 2015.7.21. 고용노동부는 계절적 사업으로 월급여가 일정치 않다 하더라도 평균임금 산정 시 사유발생 이전 1년 동안을 적용기준으로 정할 수는 없다(근기 1455-33186, 1982. 12.10)고 하며, 3개월간 임금이 특별한 사유로 통상의 경우보다 현저하게 적거나 많은 경우 이를 평균임금 산정기초로 삼는다면 근로자의 생활임금을 기초로 퇴직금 등을 보장하려는 근로기준법의 취지에 어긋난다고 볼 수 있으나, 현행법상 이를 규제할 수 있는 명시적인 규정이 없다(임금68207-314, 2003.4.24)는 입장이다.

110) 대법 2014다87496, 2015.6.11.

111) 고용노동부는 판례보다는 내부 고시·지침·행정해석에 따라 판단하므로 현실적으로 "다른 방법으로 평균임금을 산정"하려면 소송을 거쳐야 할 것으로 보인다. 다만, 선제적으로 "다른 방법으로 평균임금을 산정"하여 법 기준인 최근 3개월간 평균임금 대비 감액하여 적용한다면, 형사 기소되는 리스크가 있으므로 유의하여야 한다.

사례연구 Ⅲ-2 평균임금이 통상임금보다 적은 경우

근로기준법 제2조 제1항 제6호에서는 평균임금의 정의가 나와 있고, 제2조 제2항에서는 평균임금이 통상임금보다 적으면 그 통상임금을 평균임금으로 한다는 특칙이 있다.

> **근로기준법 제2조(정의)** ① 이 법에서 사용하는 용어의 뜻은 다음과 같다.
> 6. "평균임금"이란 이를 산정하여야 할 사유가 발생한 날 이전 3개월 동안에 그 근로자에게 지급된 임금의 총액을 그 기간의 총일수로 나눈 금액을 말한다. 근로자가 취업한 후 3개월 미만인 경우도 이에 준한다.
> ② 제1항제6호에 따라 산출된 금액이 그 근로자의 통상임금보다 적으면 그 통상임금액을 평균임금으로 한다.

일반적으로는 평균임금 〉 통상임금인 경우가 대부분이다. 왜냐하면 시간외수당 등은 평균임금에는 포함되지만 통상임금에는 제외되기 때문이다. 하지만 결근, 파업 등으로 인해 정상적인 근무를 하지 않은 경우에는 평균임금 〈 통상임금인 경우가 있고, 이때는 통상임금을 평균임금으로 하여 근로자에 대한 불이익을 최소화하려는 법 조항으로 볼 수 있다.

그런데 정상적인 근무를 하는 경우에도 평균임금 〈 통상임금인 경우가 있다. 월 급여를 구성하는 임금항목이 기본급 등 통상임금으로만 구성되어 있거나 통상임금의 비율이 매우 높으면서, 주5일 근무에 주1일은 무급 휴(무)일인 경우에는 평균임금 〈 통상임금이 된다.

아래 예시를 보자. 소정근로시간은 주 40시간(1일 8시간 × 주 5일 근무)이고, 토요일은 무급휴무일이어서 통상임금을 산정하기 위한 월 시간수는 209인 경우이다. 평균임금 산정 사유일로부터 이전 3개월간의 역일 수는 90일이며, 월 급여는 209만원인데 기본급으로만 구성되어 있다고 상정해 보자.

[그림 3-34] 평균임금 및 통상임금 비교[Ⅰ] (단위:원)

평균임금				1년 퇴직금
월 급여	3개월간 임금	3개월간 역일 수	[1일] 평균임금	30일분
2,090,000	6,270,000	90일	69,667	2,090,000

〈

통상임금				1년 퇴직금
월 급여	통상시급 산정 시수	통상임금 [시급]	통상임금 [일급]	30일분
2,090,000	209	10,000	80,000	2,400,000

그림 왼쪽은 평균임금을 구한 후 1년간 근무하고 퇴직한 근로자의 퇴직금을 구한 것이다. 1일 평균임금은 69,667원으로 산정되었고, 1년간 퇴직금은 1일 평균임금 × 1년에 30일분이니 2,090,000원이 나왔다. 즉 1개월분 월 급여에 해당하는 금액이 퇴직금으로 산정된 것이다. 그런데 그림 오른쪽을 보면, 통상 시급이 10,000원으로 산정되고, 통상 일급은 80,000원으로 산정된다. 일급을 기준으로 볼 때, 평균임금 〈 통상임금이 된 것이다. 그 결과 퇴직금은 2,400,000원으로 산정되며, 1개월분 급여보다 더 많은 금액이 퇴직금으로 산정되는 것이다.

이러한 현상이 나오는 이유는 [1일] 평균임금을 산정할 때에는 유급인 날과 무급인 날을 불문하고 3개월간의 총일수(역일 기준)로 나누게 되는데, [1일] 통상임금을 산정할 때에는 무급인 날은 제외하고 유급인 날로만 나누기 때문이다. 즉 평균임금의 단위 기간인 "일급"으로 환산하기 위하여 월급인 통상임금을 시급 및 일급으로 나눌 때에는 근로기준법 시행령 제6조에 따라 '소정근로시간과 소정근로시간 외에 유급으로 처리되는 시간을 합산한 시간'으로 나누다 보니, 무급인 토요일은 제외되는 것이다. 결과적으로 평균임금을 산정하기 위해 나누는 모수 값(총 일수)이 통상임금을 산정하기 위해 나누는 모수 값(유급 일수)보다 크니 나타나는 현상이다.

어찌 보면 상당히 불합리한 이런 현상은 근로기준법 개정에 따라 근로시간은 단축되었음에도 평균임금 산정 방식은 개정되지 않았기 때문에 나온 것이라 볼 수 있다. 즉 법정 근로시간이 단축되기 전에는 주6일 근무제였고, 이에 당연히 토요일이 유급이었다. (2004년 이전에는 토요일에 4시간 근무하던 주 44시간 근무제였고, 1988년 이전에는 토요일에 8시간 근무하던 주 48시간 근무제였다.) 그 당시엔 어차피 모든 역일이 유급이었으므로 결근·파업 등 정상적인 근무를 하지 않은 경우 외에는 지금과 같이 평균임금이 통상임금보다 적은 경우가 나오기 어려웠다. 그러나 지금은 대부분의 기업이 토요일을 무급 처리함에 따라 상기와 같이 평균임금이 통상임금보다 적은 불합리한 현상이 나타나는 것이다.

참고로 위와 같은 현상은 1주간의 소정근무일이 더 짧은 단시간근로자의 경우에 더 두드러지게 나타난다. 아래 예시를 통해 다소 극단적인 상황을 상정해 보았다. 1일 소정근로시간은 7시간이고, 1주 소정근로일은 2일이어서, 1주 소정근로시간이 주 14시간인 경우이다. 주 15시간 미만의 초단시간 근로자이므로 유급주휴일이 발생하지 않아 주휴수당은 없다. (※ 물론 주 15시간 미만의 초단시간 근로자는 퇴직금 지급의무도 없지만, 예시를 단순화하기 위하여 퇴직금은 일반 근로자와 동일한 기준[1년에 30일분]으로 산정하였다. 설령 소정근로시간을 주 15시간 이상으로 설정하여 유급주휴일 및 주휴수당을 설정한다고 하더라도 결과가 크게 달라지진 않는다.) 해당 직원은 시급이 1만원이어서 주급은 14만원이고, 월급(주급×4.345주)으로 608,300원을 고정급으로 받게 된다고 상정해 보자.

[그림 3-35] 평균임금 및 통상임금 비교[II] (단위:원)

평균임금				1년 퇴직금
월 급여	3개월간 임금	3개월간 역일 수	[1일] 평균임금	30일분
608,300	1,824,900	90일	20,277	608,300

<

통상임금				1년 퇴직금
통상임금 [시급]	통상임금 [일급]	통상임금 [주급]	통상임금 [월급]	30일분
10,000	70,000	140,000	608,300	2,100,000

이 경우에는 1일 통상임금이 1일 평균임금보다 훨씬 커지게 되고, 1일 통상임금을 기준으로 산정한 1년 퇴직금은 3개월분 임금을 초과한다.

고용노동부에서는 행정해석(근로개선정책과-4026, 2012.08.06.)을 통해 『월 고정급을 기준으로 산정한 평균임금이 일급 통상임금보다 적다면 일급 통상임금을 평균임금으로 보아 퇴직금을 산정하여야 한다』는 원칙론적인 해석을 하고 있다.

결국 근로기준법 제2조 제2항의 원래 취지(평균임금 산정 사유일 직전에 결근 등 정상적인 근무를 하지 않은 기간이 있는 경우에도 재직 기간 중의 평균적인 임금이 최소한 통상임금 수준으로라도 보장되도록 할 필요가 있음)와 근로자퇴직급여보장법의 원래 취지(1년에 1개월분[=30일분]의 임금을 최소한의 퇴직금으로 보장하려는 취지)가 반영될 수 있도록 입법부에서 법 개정을 하거나, 사법부에서 합리적인 판단 기준을 제시해 줄 필요가 있다고 생각된다.

7. 미사용 연차휴가수당 지급 방식

직원들은 연차휴가와 관련하여 아래와 같은 3가지의 청구권을 갖게 된다.

[그림 3-36] 연차휴가 관련 직원들에게 부여되는 3가지 청구권

구분	내용
연차 유급휴가 청구권	○ 사용자는 근로자가 전년도에 8할 이상 출근한 경우에는 15일의 연차유급휴가를 부여하여야 함 (근로기준법 제60조제1항). - 근로자는 전년도의 출근율에 따라 연차유급휴가청구권이 발생함
연차 유급휴가 수당 청구권	○ 연차유급휴가수당청구권은 재직근로자가 전년도 근로 대가로 발생한 연차유급휴가를 사용할 경우 그 기간에 대하여 사용자에게 수당 지급을 요청할 수 있는 권리이며, 이와 같이 지급되는 연차유급휴가수당은 임금에 해당함 (근로기준법 제60조제5항).
연차 유급휴가 미사용수당 청구권	○ 연차유급휴가미사용수당 청구권은 근로자가 전전년도의 근로의 대가로 발생한 연차유급휴가를 전년도에 사용하지 아니하고 근로를 제공한 경우 그 미사용 연차유급휴가일수에 해당하는 연차유급휴가미사용수당을 사용자에 대하여 청구할 수 있는 권리로서 연차유급휴가청구권이 소멸된 시점에 발생 - 또한, 퇴직 등 근로관계가 종료되는 근로자가 이로 인해 사용하지 못하는 미사용 연차휴가 일수에 해당하는 수당을 사용자에 대하여 청구할 수 있는 권리임. ○ 다만 사용자가 근로기준법에 따른 연차유급휴가 사용촉진을 한 경우 연차유급휴가미사용수당 청구권이 소멸됨 (근로기준법 제61조)

고용노동부 지침[112]에 따르면, 법정 기준에 따라 일정 기간 근무를 하게 되면[113][114] 휴가를 사용할 수 있는 〈휴가 청구권〉, 근로를 제공하지 않았음에도 무노동무임

112) 연차유급휴가청구권·수당·미사용수당과 관련된 지침 (임금근로시간정책팀-3295, 2007.11.5)

113) 1년간 80% 이상 출근 시 기본연차 15개가 부여된다. 이 때 유의하여야 할 점은 "1년간" 재직이 전제되어야 한다는 점이다. 예컨대 1년 364일(1.99년)을 근무하고 퇴사할 경우에 1년을 초과한 364일(0.99년)에 대해서는 "1년간 재직 요건"을 채우지 못하였기에 휴가가 발생되지 않는다는 것이다. 즉 소수점 아래의 재직 기간(ex 0.9년)에 대해서는 (비록 1년 365일의 기간 중 80% 이상 회사에서 일했음에도 전제조건인 1년간 재직 요건을 채우지 못했기에) '버림'이 적용된다. 결국 1년간 재직이라는 〈전제 조건〉을 충족한 경우에 비로소 80% 이상 출근했는지 여부에 대한 〈성립 조건〉을 따지게 되는 것이다.

114) 1년 미만 또는 1년간 80% 미만 출근 시에는 1년이 아닌 '1개월' 동안의 근무 성적을 바탕으로 만근 시 1개가 발생된다. 또한, 산재·출산전후휴가·육아휴직 기간에는 실제 근무를 하지 않았더라도 근무한 것으로 간주하여 연차휴가가 발생된다.

금 원칙이 적용되지 않고 유급으로 휴가를 갈 수 있는 〈연차유급휴가 수당 청구권〉,[115] 그리고 연차휴가 발생 후 사용 가능 기간인 1년[116]이 지났거나 퇴직으로 인하여 휴가 청구권이 소멸될 경우 이를 수당으로 대신 받을 수 있는 〈연차휴급휴가 미사용수당 청구권〉이 부여된다.

이 중에 특히 이슈가 되는 것은 마지막 〈연차유급휴가 미사용수당(미사용 연차휴가수당)〉과 관련된 것이다. 미사용 연차휴가수당은 근로기준법에 명시된 것이 아니라 판례와 고용노동부 행정해석을 통해 정립된 것인데,[117] 미사용 연차휴가수당을 지급하지 않은 것에 대해 고용노동부 근로감독이나 직원 진정 등을 통하여 문제가 되는 경우가 많다.

최근에는 연차휴가 사용 촉진제를 시행하여 소멸되었다고 여긴 연차휴가에 대하여 적법한 촉진으로 인정하지 않거나,[118] 입사일 기준과 회계기준의 산정 방식 차

115) 연차휴가를 사용한다고 해서 휴가비 명목으로 추가 수당을 지급하는 개념이 아니다. (일당으로 임금이 계산되는 일용직 등에게는 연차휴가 사용 시 일당을 추가로 지급해 주어야겠지만) 연봉제를 포함한 월급제 근로자에게는 임금을 공제하지 않고 정상 월급을 지급함으로써 연차휴가 수당을 월급에 포함하여 지급한 것이 된다[무급 생리휴가 사용 시, 임금공제하는 것과 비교].

116) 2020년 근로기준법 제60조 ⑦항 개정으로 인하여 1년 미만자에게 발생하는 월 1개씩의 휴가는 휴가 발생 후 1년이 아니라 입사 후 최초 1년의 근로가 끝날 때까지의 기간 동안 사용할 수 있다. 예컨대 입사 후 6개월 후에 발생된 휴가 1개는 6개월간 사용 가능하다.

117) 휴가 발생 직후에 퇴사를 하여 연차휴가를 사용할 기간이 없었다고 하더라도 수당을 지급해야 한다는 것이 법원의 판단이었고, 고용노동부도 지침을 통해 이를 수용하였다. 다만, 휴가 발생 요건은 충족되어야 한다. 기존에 고용노동부(2018년 설명자료)는 1년 계약직 근로자(정규직도 마찬가지임)가 1년(365일)간 근무 후 퇴직했을 때에도 1년간 80% 이상 출근 시 발생되는 15개의 휴가가 부여되어야 하므로 퇴직 후에 미사용 수당을 지급해야 한다는 입장이었지만, 법원(대법 2021다227100, 2021.10.14.)은 해당 휴가는 1년간 근로를 마친 다음날(366일째) 발생하므로 1년간만 근무한 후 퇴직한 근로자의 경우 (366일째에는 재직하지 않고 있으므로) 15개의 휴가가 발생되지 않아서 수당 지급의무가 없다고 보았으며, 이후 고용노동부도 이를 수용하였다. [※ 이러한 법리는 계약직 뿐 아니라 정규직도 마찬가지로 적용되며, 최초 1년뿐 아니라 매년 기산일로부터 1년이 되는 날 퇴직하는 경우에도 해당된다.]

118) 촉진일에 출근한 경우 노무수령거부를 명확히 하지 않은 채 연차휴가를 소멸시키는 것은 인정되지 않고(근로기준과-351, 2010.03.22.), 1년간 재직하지 않았음에도 미리 15개를 부여해 주는 소위 '선 연차'에 대해서도 촉진이 불가하다는 것(임금근로시간정책팀-511, 2005.11.22)이 고용노동부의 방침이다. 이때 휴가 자체를 실질적으로 가도록 촉진·촉구하여 결과적으로 휴가를 모두 사용·소진했다면 문제되지 않는다. 연차 촉진제를 오용·남용하여 법적으로 유효하지 않은 촉진을 임의

이로 인하여 발생된 미사용 휴가[119]에 대하여 미사용 연차휴가수당을 지급하도록 하는 경우도 많으므로 특히 유의할 필요가 있다. 연차휴가를 모두 사용하지 못하였을 경우에는 적법한 연차촉진이 이루어지지 않는 한, 미사용 연차휴가에 대해 수당을 지급해 주어야 한다. 특히 퇴사 시에 사용하지 못하고 남아있는 연차휴가에 대해서는 근로기준법에 따른 연차촉진이 불가능하므로 반드시 금전으로 보상해 주어야 한다.

그렇다면 미사용 연차휴가수당은 어떻게 산정해야 하며, 평균임금에는 어떻게 산입을 해주어야 할까? 고용노동부는 이에 대한 처리방법을 지침을 통해 명확히 제시하고 있다. 우선 미사용수당을 언제 지급해야 되며, 그 지급범위가 어떻게 되는지 알아보도록 하자.

연차유급휴가청구권·수당·미사용수당과 관련된 지침 (임금근로시간정책팀-3295, 2007.11.5) 中 발췌

② 연차유급휴가(미사용)수당 지급시기 및 지급범위

- ㅇ 근로자가 전전년도 근로의 대가로 발생한 연차유급휴가를 전년도에 사용하지 아니하고 근로를 제공한 경우
  - 연차유급휴가청구권이 소멸된 다음날에 연차유급휴가미사용수당 청구권이 발생
  - 이 경우 전년도에 사용하지 않고 근로를 제공한 연차유급휴가일수에 대하여 취업규칙이나 그 밖의 정하는 바에 의하여 통상임금 또는 평균임금을 지급하여야 함.
- ㅇ 연차유급휴가미사용수당은 취업규칙 등으로 연차유급휴가청구권이 소멸된 날 이후 첫 임금 지급일에 지급하는 것으로 규정하여도 근로기준법 위반으로 볼 수 없음.
- ㅇ 퇴직근로자의 경우 퇴직 전년도(예: 2005년도) 출근율에 의하여 퇴직연도(예: 2006년)에 발생한 연차유급휴가청구권이 근로관계가 종료됨에 따라 발생하며
  - 이 경우 사용자는 퇴직연도의 휴가사용가능일수에 상관없이 미사용한 연차휴가일수에 대하여 퇴직일로부터 14일 이내에 취업규칙이나 그 밖의 정하는 바에 의한 통상임금 또는 평균임금을 지급하여야 함

로 한 후 사용하지 않고 남아 있는 연차휴가를 소멸시키는 것이 문제되는 것이다.

119) 회계연도 기준으로 연차를 운영할 경우 입사일 기준과는 차이가 발생될 수밖에 없으며, 법정 기준은 입사일 기준이므로 최종 퇴사 시 [회계연도 기준 연차 개수 〈입사일 기준 연차 개수]이면, 과소 부여된 휴가에 대하여 수당으로 지급해 주어야 한다(임금근로시간정책팀-489, 2008.2.28).

아래 그림을 예로 들어 보면, 2024년도에서 보았을 때 전전년도인 2022년도에 1년(1.1~12.31)간 [A기간] 80퍼센트 이상 근무한 대가로 전년도인 2023년도 1.1.에 15개의 연차휴가가 발생하여 2023년도 1년(1.1~12.31)간 [B기간] 사용할 수가 있었다. 그런데, 해당 기간[B기간]에 연차휴가 촉진제를 적용하지 않고 연차휴가를 모두 소진하지 않았다면, 그 연차휴가청구권은 2023년도 12.31.부로 소멸이 되고, 소멸된 다음날인 2024년도 1.1에 연차유급휴가미사용수당 청구권으로 전환되며, 2024년도 1월에 금전 보상해 주어야 한다.〈금전보상①〉 참고로 임금청구권의 소멸 시효는 3년이므로 2027년 1월까지 수당을 청구할 수 있다.

[그림 3-37] 미사용 연차휴가수당 청구권 발생 시기 (1)

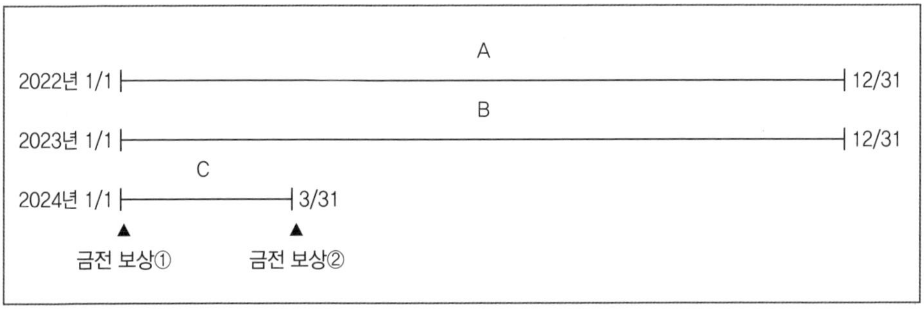

이와 동시에 2024년도 1.1.부로 연차휴가가 발생되는데, 전년도인 2023년도 1년(1.1.~12.31)간 [B기간] 80퍼센트 이상 근무한 대가로 연차휴가 15개가 또 생성되는 것이고, 2024년에 1년간 사용할 수 있게 된다. 그런데 해당 직원이 2024년도 3.31.에 퇴사를 하게 되면, 연차휴가를 온전하게 사용할 수 있는 1년이 확보되지 않아 연차휴가 촉진제는 적용될 수 없으며, 2024년 3개월(1.1.~3.31) [C기간] 동안 연차휴가를 사용한 후 남아있는 휴가에 대해서는 퇴직 후 14일 이내에 금전으로 청산해 주어야 한다.〈금전보상②〉 즉 2024년 1월에 보상해 주어야 하는 미사용 연차수당은 2022년에 근무한 대가로 2023년에 휴가로 사용하다가 남은 휴가를 보상해 주는 것이고, 2024년 4월에 보상해 주어야 하는 미사용 연차수당은 2023년에 근무한 대가로 2024년에 발생 된 휴가 중 퇴직으로 인하여 남은 휴가를 보상해 주는 것이다.

이때 미사용수당은 연차휴가를 마지막으로 사용할 수 있었던 달의 통상임금 또는 평균임금을 기준으로 산정해 주면 된다. 즉 위 그림에서 [A기간] 근속으로 인하여 [B기간]에 사용할 수 있었던 휴가는 [B기간]의 마지막 달인 2023년 12월 통상임금(또는 수당 청구권이 발생된 산정사유일 2024.1.1 이전 3개월간 평균임금)을 기준으로 보상해 주면 되고, [B기간] 근속으로 인하여 [C기간]에 사용할 수 있었던 휴가는 퇴직 전 [C기간]의 마지막 달인 2024년 3월 통상임금(또는 수당 청구권이 발생된 퇴직일=산정사유일 2024.4.1 이전 3개월간 평균임금)을 기준으로 보상해 주면 된다.

한편 2018년 근로기준법 개정으로 2017년 5월 30일 이후에 입사하여 1년간 근무하게 되면 연차휴가가 최대 11개 더 늘어나게 되었다. 이에 2017년 5월 30일 이후에 중도 입사하여 회계기간으로 연차휴가를 적용받는 경우에는 미사용휴가에 대한 금전보상을 어떻게 해주어야 하는지도 알아볼 필요가 있다.

[그림 3-38] 미사용 연차휴가수당 청구권 발생 시기 (2)

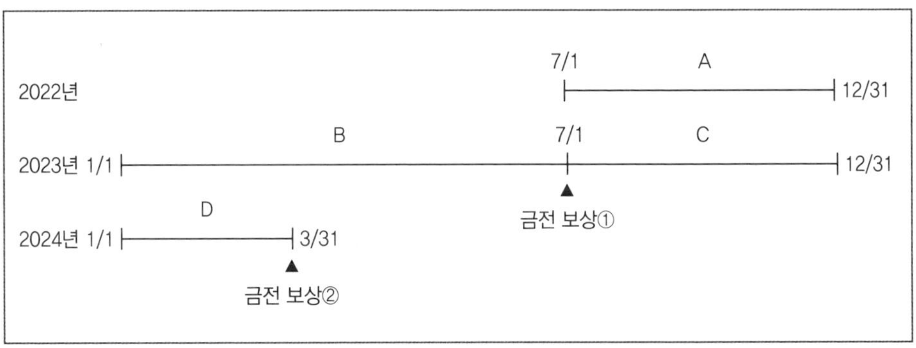

우선 2022년 7월 1일 입사자의 경우 입사1년차인 2022년7월부터 12월까지는 만근을 전제로 매월 1개씩의 휴가가 발생되어 6개의 휴가가 발생된다. 그런데 이와 같이 1년 미만자에 대하여 1개월에 1개씩 발생된 휴가는 입사일로부터 1년간 휴가사용을 보장해 주어야 한다. 예컨대 1개월(2022.11.1.~11.30)동안 근무하게 되면 2022.12.1.에 1개의 연차휴가가 발생되고, 그 휴가는 입사 후 1년이 되는 날(2023년 6월 30일)까지 7개월간(2022.12.1.~2023.6.30)사용이 보장되어야 하며, 미사용시에는 휴가 사용 가능 기간이 끝난 다음달인 2023년 7월(입사 후 1년이 되는 달)에 보상해 주어야 하는 것이다.

한편 많은 회사들은 연차휴가를 회계연도 기준으로 관리하고 있고, 이에 입사 1년차에 중도 입사를 하는 경우에는 입사 다음 연도인 입사 2년차 1월 1일자로 전년도 근무기간에 비례하여 연차를 월할 계산하여 부여해 왔다.(예컨대 7월 1일 입사자의 경우 15개 × 6개월/12개월 = 7.5개 부여)[120] 그런데 1년 미만자에게 11개의 연차휴가를 추가로 부여하게 되면서 더 복잡해졌다. 이에 1년에 15개 발생하는 연차휴가는 기존 방식대로 부여하되 1년 11개에 대해서는 입사일 기준으로 부여하는 회사도 있고, 11개까지 감안하여 월할 부여해 주는 회사도 있고, 선연차를 부여하는 회사도 있는 등 회사마다 다양한 방식으로 운영하고 있다.

이에 대해 고용노동부[121]는 아래와 같이 근로기준법 제60조 제2항에 따라 발생되는 1년 미만자 휴가는 입사일 기준으로 관리하고,[122] 제1항에 따라 1년에 15개 발생되는 휴가는 기존처럼 입사 첫해 근무기간에 비례하여 입사 2년차 때 월할 부여하는 방식을 예시로 제시하였다. [※ 이 경우 먼저 발생된 연차휴가부터 먼저 사용한 것으로 할 수 있으므로 선입선출에 따라 1년 미만 근속기간에 발생된 11개의 휴가부터 사용한 것으로 처리하면 된다.[123]]

---

120) 일부 회사들은 입사하자마자 입사일부터 연말까지의 기간에 대하여 선연차를 미리 부여하는 경우도 있다. 즉 2022년 7월 1일에 입사했을 경우 곧바로 7.5개를 부여하고, 입사 2년차 1월 1일에 15개의 선연차를 부여하는 방식을 택하는 경우도 있다.

121) 고용노동부, 1년 미만 근로자 등에 대한 연차휴가 보장 확대 관련 개정 근로기준법 설명자료, (2018.5.)

122) 만약 1년 미만자에게 발생되는 11개의 연차휴가에 대해서 근로기준법 제61조 제2항에 따른 방식으로 촉진을 하려면 (1년에 15개 발생되는 연차휴가는 회계연도로 관리한다 하더라도) 불가피하게 입사일 기준으로 관리해야 할 것이다.

123) 그런데 실무적으로 기업에서는 1년 미만자에게 발생되는 11개의 휴가와 1년에 15개씩 발생되는 휴가를 시스템적으로 분리하여 관리하기는 어려울 것이고, 통합하여 운영하는 경우가 대부분일 것이다. 그럼에도 1년 미만자에게 부여되는 11개 휴가의 사용기간은 입사 후 1년까지이고, 회계연도 연초에 발생되는 휴가의 사용기간은 연말까지 1년이므로 1년 미만 11개 휴가가 먼저 사용된 것으로 간주하면 될 것이다.

[그림 3-39] 고용노동부의 회계연도 연차휴가 부여 방식(예시)

〈2017.7.1에 입사한 노동자의 회계연도(1.1.~12.31.) 기준 연차휴가 산정 예시〉

발생시점 / 산정기준	17.8	17.9	17.10	17.11	17.12	18.1	18.2	18.3	18.4	18.5	18.6	18.7
제60조제1항						7.5일						
제60조제2항	1일	1일	1일	1일	1일	1일	1일	1일	1일	1일	1일	
누계	1일	2일	3일	4일	5일	13.5일						18.5일

다만, 이는 예시일 뿐이며, 법적으로는 최종 퇴직 시 법정 기준인 입사일 기준과 비교하여 과소 부여가 되지만 않으면 되므로 회사에 따라 다양한 회계연도 방식을 운영해도 무방하다.

참고로 연차휴가를 운영함에 있어서 〈입사일 기준 방식〉과 〈회계연도 기준 방식〉은 일치하기 어렵고, 특정 시점에서 보면 입사일을 기준으로 유·불리가 엇갈릴 수밖에 없다. 〈회계연도 기준 방식〉을 어떤 방식으로 운영하는지에 따라 다르긴 하지만, 입사 후 몇 년이 지나더라도 입사일 전에는 보통 〈회계연도 기준 방식〉이 더 유리하고, 입사일 후에는 〈입사일 기준 방식〉이 더 유리한 것이 일반적이다. 이에 퇴직일이 언제인지에 따라 유·불리가 달라진다. 예컨대 〈회계연도 기준 방식〉에 따라 매년 1월 1일에 연차휴가가 부여되는 회사에서 아래 그림과 같이 2022년 7월 1일 입사자가 2024년에 퇴직을 한다면, 6월 30일 이전에 퇴직할 경우에는 법정 기준 대비 과다부여가 되고, 7월 1일 이후 퇴직할 경우에는 법정 기준 대비 과소부여가 된다.[124] 이에 과소 부여가 된 경우에는 당연히 과소 부여된 만큼 추가로 휴가를 더 부여해 주어야 하고, 과다 부여된 경우에는 급여에서 차감 정산할 수도 있다.[125]

---

124) 선연차를 부여하는 경우에는 항상 과다 부여가 되기도 한다. 다만, 이 경우에도 입사년도 입사일과 비교했을 때, 퇴직일이 언제인지에 따라 법정 기준 대비 과다 부여되는 개수가 차이가 많이 날 수 있다.

125) 다만, 차감 정산하기 위해서는 취업규칙에 근거 규정이 있어야 하고, 근거 규정이 없는 경우에는 취업규칙 불이익 변경 절차를 거쳐야만 차감 정산을 할 수 있음에 유의해야 한다.(임금근로시간정책팀-489, 2008.02.28.)

[그림 3-40] 회계연도 및 입사일 기준 비교[Ⅰ] (근속 1.9년 : 회계 〉 입사일)

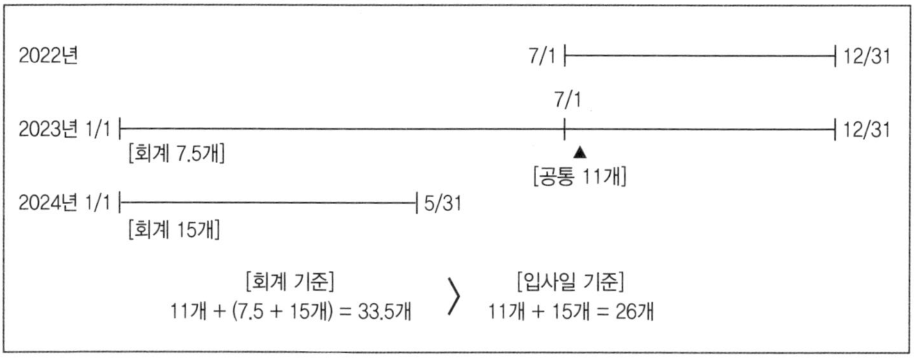

[그림 3-41] 회계연도 및 입사일 기준 비교[Ⅱ] (근속 2.1년 : 회계 〈 입사일)

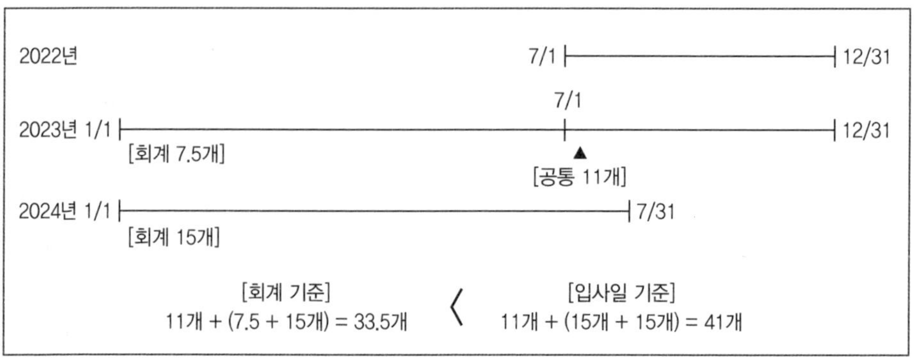

한편, 퇴직금을 계산하기 위하여 평균임금을 산정할 때, 미사용 연차휴가수당은 어떻게 반영해야 할까?

▣ 연차유급휴가청구권·수당·미사용수당과 관련된 지침 (임금근로시간정책팀-3295, 2007.11.5)
– 미사용 연차휴가수당의 퇴직금 산정을 위한 평균임금 포함 여부

퇴직하기 전 "이미" 발생한 연차유급휴가미사용수당	○ 퇴직 전전년도 출근율에 의하여 퇴직 전년도에 발생한 연차유급휴가 중 – 미사용하고 근로한 일수에 대한 연차유급휴가미사용수당액의 3/12을 『퇴직금 산정을 위한 평균임금 산정 기준임금』에 포함
퇴직으로 인해 "비로소" 지급사유가 발생한 연차유급미사용수당	○ 퇴직 전년도 출근율에 의하여 퇴직년도에 발생한 연차유급휴가를 미사용하고 퇴직함으로써 비로소 지급사유가 발생한 연차유급휴가미사용수당은 – 평균임금의 정의상 산정사유 발생일 이전에 그 근로자에 대하여 지급된 임금이 아니므로 『퇴직금 산정을 위한 평균임금 산정 기준임금』 에 포함되지 아니함

☞ 퇴직연금 DC에는 퇴직으로 인해 "비로소" 지급사유가 발생한 연차유급휴가 미사용수당도 부담금 산정 시 포함해야 함!

고용노동부는 지침을 통해 퇴직하기 전 1년간 "이미" 발생한 연차유급휴가미사용수당은 3/12을 평균임금 산정 기준임금에 포함하라고 설명하고 있다. 즉 위의 경우([그림 3-37] 및 [그림 3-38])에 2024.3.31까지 근무하고 퇴사하였다면, 이전 1년간의 기간인 2023.4.1~2024.3.31 사이에 이미 지급이 되었거나 지급이 되었어야 했던 미사용 연차휴가수당을 평균임금에 포함하라는 것이다. 이에 2024년 1월[그림 3-37] 및 2023년 7월[그림3-38]에 지급해야 했던〈금전보상①〉이 평균임금에 포함되어야 한다.

반면에 퇴직으로 인해 "비로소" 지급사유가 발생한 연차유급 미사용수당은 평균임금에 포함되지 않는다고 한다. 즉 위 사례에서 퇴직일 이후 14일 이내에 지급되어야 할 〈금전보상②〉는 평균임금 산정 기간인 이전 1년(2023.4.1~2024.3.31) 동안 지급된 임금이 아니기 때문이다.

따라서, 퇴직을 하게 될 경우 잔여 연차휴가에 대해 미사용 수당〈금전보상②〉을 별도로 지급해야 하지만, 이 미사용 수당은 평균임금에는 산입되지 않고, 퇴직 이전 1년간 지급되었던 미사용 수당 〈금전보상①〉만 평균임금에 산입해 주면 되는 것이다.

다만, 퇴직금 제도나 퇴직연금DB형의 경우에는 평균임금을 기준으로 퇴직급여를 지급하기 때문에 전술한 바와 같이 〈금전보상①〉만 반영해 주면 되지만, 퇴직연금DC형의 경우에는 '평균임금'이 아닌 "임금"을 기준으로 퇴직급여를 지급하기

때문에 〈금전보상①〉뿐만 아니라 〈금전보상②〉에 대해서도 1/12 상당액을 퇴직급여로 지급해 주어야 한다는 것을 유의하여야 한다.

사례연구 III-3 미사용 연차휴가수당 및 평균임금 산정 사례

[사례]

- 2021년 7.1에 입사하여 2024년 9.30.까지 근무하고 퇴사함
- 직원은 재직기간동안 연차휴가를 한 번도 사용한 적이 없었고, 회사는 미사용 연차휴가에 대해 수당을 지급한 적도 없으며, 연차 촉진제를 운영한 적도 없음.

[산정 전제]

- 연차휴가는 회계기준으로 운영하되, 퇴사 시 입사일 기준으로 정산함
- 통상임금은 매년 月 10만원씩 인상되었음

[휴가 산정]

[그림 3-42] 연차휴가 적용 시, 회계 기준과 입사일 기준 간 차이

회계 기준 [48.5개] < 입사일 기준 [57개] (임금인상은 1/1부, 미사용연차수당 지급일은 1/25 가정)

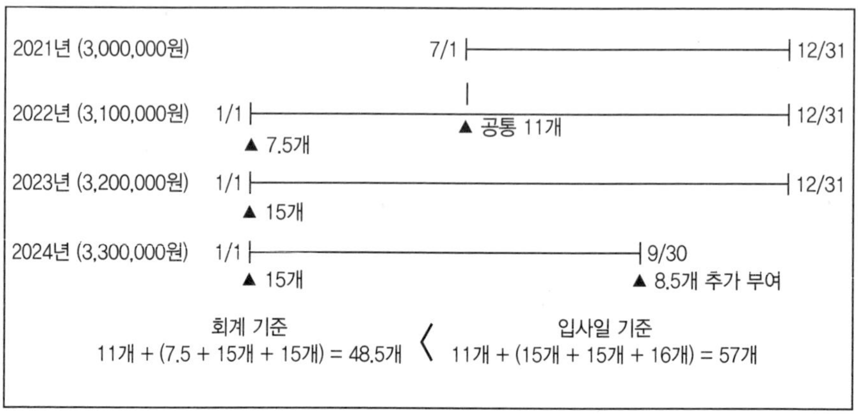

- 1년 미만자 휴가는 2021년 8월부터 2022년 6월까지 매월 1개씩 부여되어 총 11개가 부여되었음
- 회계기준에 따라 2022년 1.1에는 전년도 근무기간을 일할 계산하여 7.5개를 부여함(15개 × 6개월/12개월)
- 2023년 1.1 및 2024년 1.1에는 전년도 근무에 대해 각 15개씩 부여함

- 2024년 9.30 퇴사에 따라 입사일 기준으로 부여되었어야 할 연차휴가 57개(만 3년 3개월 근무, 11개 + 15개 + 15개 + 16개)와 지금까지 회계기준으로 부여되었던 연차휴가 48.5개(11개 + 7.5개 + 15개 + 15개)의 차이 8.5개(57개 – 48.5개)를 퇴사와 동시에 추가로 생성함

[연차휴가 미사용 수당 및 평균임금 반영]

- 각 년도 1.1에 생성된 연차휴가는 1년간 사용할 수 있고, 1년간 사용하지 못하고 남은 휴가는 소멸되어 금전으로 보상하게 됨
- 보상의 기준은 연차휴가를 사용할 수 있었던 년도의 마지막 달 통상임금이므로 2022년도에 사용할 수 있었던 1년 미만 11개의 휴가 및 7.5개의 휴가는 2022년도의 통상임금으로 산정하고, 2023년도에 사용할 수 있었던 15개의 휴가는 2023년도 통상임금으로 산정하며, 2024년도에 사용할 수 있었던 휴가 15개와 퇴직으로 인해 추가로 부여된 8.5개를 합한 23.5개의 휴가는 2024년도의 통상임금으로 산정하면 됨

[그림 3-43] 미사용 연차휴가수당의 평균임금 적용

미사용 수당
(4년간 휴가사용 실적 없음 가정)

년도	월급 통상임금	시간급 통상임금	1일분 연차수당	미사용 휴가	수당 지급월	미사용 연차수당
2021	3,000,000	14,354.1	114,833			–
2022	3,100,000	14,832.5	118,660	11	2022. 7	1,305,263
2022	3,100,000	14,832.5	118,660	7.5	2023. 1	889,952
2023	3,200,000	15,311.0	122,488	15	2024. 1	1,837,321
2024	3,300,000	15,789.5	126,316	23.5	2024. 10	2,968,421
[합계]				57		7,000,957

평균임금 반영

직전 1년간 미사용 연차수당	최근 3개월간 평균임금 (3/12)	최근 3개월간 총 일수	1일 평균임금
1,837,321	459,330.1	92	4,992.7

- 평균임금에 포함되어야 할 미사용 연차휴가수당은 퇴직일 전 1년간 지급받았거나 지급되었어야 할 수당이 들어가면 되므로 2023년도 10.1~2024년도 9.30 사이의 기간 중 2024년 1월에 지급되었어야 할 2023년도 미사용 휴가 15개에 대한 대가인 1,837,321원임.
- 이에 상여금과 같이 12개월간 지급받은 연차수당 중 3/12이 산입되면 되므로 459,330.1원(1,837,321원 × 3/12)이 3개월분 연차휴가수당이 되며, 3개월간 총일수인 92일로 나누게 되어, 1일 평균임금 4,992.7원이 평균임금에 가산된다.
- 그리고 지금까지 발생되었던 미사용 연차휴가수당을 전혀 지급하지 않았었고, 소멸시효(3년)가 적용되는 수당은 없으므로 퇴직 시에는 미사용 연차휴가수당 총 7,000,957원을 별도로 지급해 주어야 한다.

8. 퇴직급여 산정 방식

1년 이상 재직한 후 퇴직하는 직원에게 지급하는 퇴직급여는 퇴직금 제도와 퇴직연금 제도로 구분되고, 퇴직연금은 확정급여형(DB형)과 확정기여형(DC형)으로 구분된다. 아직까지 퇴직연금 제도로의 전환이 강제된 것은 아니므로 퇴직연금을 운영하지 않는 회사는 퇴직금 제도가 운영된다.[126] 퇴직금은 퇴직급여충당금 형태로 사내에 유보해 두어야 하지만, 노동법에서는 사내 유보 여부는 관리의 대상이 되지 않고 실제로 지급되었는지 여부만 따지게 된다. 반면에 퇴직연금은 사외 금융기관에 적립을 하게 되어 사업주가 그 재원을 활용할 수가 없으며, 퇴직연금의 운영에 대하여 노동법에서 여러 제약을 두고 있다.

[그림 3-44] 퇴직급여의 종류 및 산정 방식

퇴직급여 종류	퇴직금 제도		계속근로년수 × 30일분 이상의 평균임금
	퇴직연금 제도 (미 도입 벌칙 없음)	확정급여형 (DB형)	[적립금] × 운용 결과 = 확정 급여 〈☞ 퇴직금 제도와 유사〉
		확정기여형 (DC형)	[확정 부담금] × 운용 결과 = (변동) 퇴직급여 〈☞ 퇴직금 중간정산 제도와 유사〉

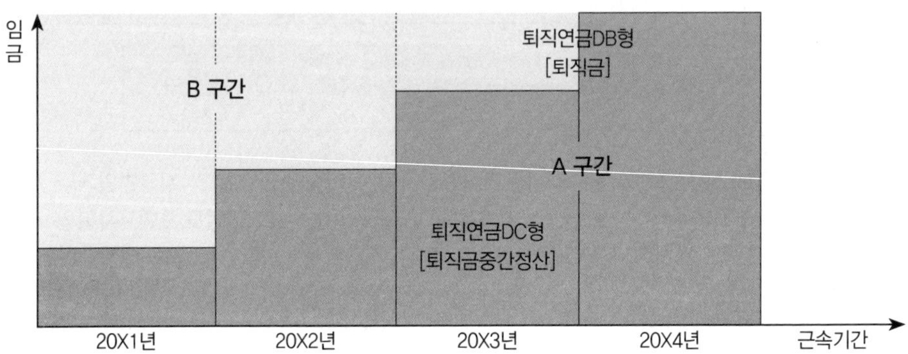

126) 근로자퇴직급여보장법 제5조(새로 성립된 사업의 퇴직급여제도)에서는 2012년 7월 이후 새로 성립된 사업의 사용자는 근로자대표의 의견을 들어 사업의 성립 후 1년 이내에 확정급여형퇴직연금제도나 확정기여형퇴직연금제도를 설정해야 한다고 규정되었지만, 벌칙 조항이 없어 강행규정이 아니기에 퇴직금 제도를 운영해도 무방하며, 퇴직연금 제도가 여전히 강제되지는 않는다.

퇴직금은 [1일 평균임금 × 계속근로년수 1년당 30일분]으로 계산한다. 계속근로년수는 1년을 초과한 기간에 대해서도 일할하여 산정해 준다. 즉 입사 후 500일을 근무한 후 퇴사하는 경우에는 [1일 평균임금 × 500일 / 365일 × 30일분]으로 산정해 주는 것이다. 간혹 퇴직금 누진제를 적용하여 ×1배수가 아닌 ×1.1배수, ×1.2배수 등을 지급해 주는 경우도 있다.

퇴직연금 확정급여형(DB형)은 근로자에게 지급되는 금액이 사실상 퇴직금 제도와 동일하다. 다만, 기업은 법에서 정한 한도로 사외 금융기관에 적립금을 납부해 두어야 하고, 그 운용 실적에 따라 적립금은 변동이 된다. 하지만, 최종적으로 직원이 퇴사할 때 지급되어야 하는 금액은 퇴직금과 동일하게 [1일 평균임금 × 계속근로년수 1년당 30일분]으로 계산하여 지급해 주게 된다.

퇴직금이나 퇴직연금 확정급여형(DB형)은 모두 평균임금을 기준으로 산정하게 되므로 퇴직 직전 임금수준이 반영되어 그 금액이 산정된다. 대부분의 경우에는 매년 임금이 인상되므로 퇴직 당시의 높은 임금수준에 전체 재직기간을 곱하여 금액이 산정된다. 즉 위 그림에서 매년 임금수준을 반영한 [A구간]뿐만 아니라 임금 수준이 낮았던 [B구간]에 대해서도 퇴직 직전 평균임금이 반영되어 산정되는 것이다. 이에 최저임금 인상 등 임금인상의 수혜를 크게 받는 직원의 경우에는 금융회사의 운용 수익률이 매우 높지 않는 한, 일반적으로 퇴직금이나 퇴직연금 확정급여형(DB형)의 금액이 더 클 가능성이 높다. 다만, 임금피크제나 근로시간 단축 등으로 평균임금이 낮아질 우려가 있을 때에는 퇴직금 중간정산 제도[127]를 활용하거나 퇴직연금 확정기여형(DC형)으로 전환할 필요가 있다.[128]

---

127) 근로자퇴직급여보장법(법 제8조제2항 및 시행령 제3조)에서는 예외적 사유가 있을 경우에만 퇴직금 중간정산이 가능하도록 하고 있는데, 임금피크제나 근로시간 단축으로 인해 임금이 감소되는 경우(시행령 제3조 6호, 6의2호, 6의3호)에는 퇴직금 중간정산이 가능하도록 하였다.

128) 사용자는 아래 법률에 따라 조치 의무를 취해야 하며, 이를 위반할 경우 500만원 이하의 벌금(동법 제46조 3호)에 처해질 수 있다.

근로자퇴직급여 보장법 제32조【사용자의 책무】

⑤ 확정급여형퇴직연금제도 또는 퇴직금제도를 설정한 사용자는 다음 각 호의 어느 하나에 해당하는 사유가 있는 경우 근로자에게 퇴직급여가 감소할 수 있음을 미리 알리고 근로자대표와의 협의를 통하여 확정기여형퇴직연금제도나 중소기업퇴직연금기금제도로의 변경, 퇴직급여 산정기준의 개선 등 근로자의 퇴직급여 감소를 예방하기 위하여 필요한 조치를 하여야 한다.

1. 사용자가 단체협약 및 취업규칙 등을 통하여 일정한 연령, 근속시점 또는 임금액을 기준으로

한편, 퇴직금 제도를 운영하는 경우에는 법령이 허용하는 경우에 한하여 퇴직금 중간정산이 허용될 수 있다.[129] 즉 퇴직금 중간정산은 법령이 허용하는 경우에만 예외적으로 적용되어야 하므로 근로자가 신청한다고 하더라도 법령에서 허용하는 사유 없이 매년 퇴직금을 정산하는 것은 허용되지 않는다. 또한, 퇴직금 중간정산은 임의 규정[130]이므로 사용자는 신청을 받을 경우라 하더라도 반드시 정산을 해주어야 하는 것은 아니다. 퇴직금 중간정산을 해 주는 경우에는 퇴직금 산정에 한해서는 정산시점부터 계속근로기간을 새로 계산할 수 있으며,[131] 이후에는 1년 미만 근무 후 퇴직한다고 하더라도 퇴직금을 지급해 주어야 한다.[132] 참고로 퇴직금 중간정산 이후에 임금이 소급 인상되는 경우가 있는데, 소급된 임금으로 퇴직금 차액을 재산정하여 지급해 줄 의무는 없다.[133]

퇴직연금 확정기여형(DC형)은 근로자에게 지급되는 금액이 사실상 매년 퇴직금 중간정산을 하는 것과 동일하다. 즉 매년 지급되는 임금의 1/12 상당이 퇴직연금으로 사외 금융기관에 유보되는 것이고, 회사는 매년 그 금액을 부담금으로 납입해야 하는 것이다.[134] 그러면 금융기관은 적립된 금액을 운용하게 되고, 운용 수익률에 따라 직원은 더 많이 받을 수도 있고 적게 받을 수도 있는 것이다. 결과적으로 퇴직연금 확정기여형(DC형)은 위 그림에서 [A구간]에 해당되는 금액만 납입되는 것이

근로자의 임금을 조정하고 근로자의 정년을 연장하거나 보장하는 제도를 시행하려는 경우
2. 사용자가 근로자와 합의하여 소정근로시간을 1일 1시간 이상 또는 1주 5시간 이상 단축함으로써 단축된 소정근로시간에 따라 근로자가 3개월 이상 계속 근로하기로 한 경우
3. 법률 제15513호 근로기준법 일부개정법률시행[→ 2018년 주52시간 근무제 시행]에 따라 근로시간이 단축되어 근로자의 임금이 감소하는 경우
4. 그 밖에 임금이 감소되는 경우로서 고용노동부령으로 정하는 경우 [→ 실제로는 없음!]

129) 근로자퇴직급여보장법(법 제8조제2항 및 시행령 제3조)

130) 「사용자는 (중략) 퇴직금을 미리 정산하여 지급할 수 있다.」와 같이 규정되어 있으므로 퇴직금 중간정산 신청을 받는다고 하더라도 거절하여 지급하지 않을 수 있다.

131) 근속연수에 따른 연차 가산휴가 산정 등에 있어서는 퇴직금 중간정산과 상관없이 최초 입사일부터 기산하여 계속근로기간을 산정하여야 한다.

132) 예컨대 근속 2년 만에 퇴직금 중간정산을 한 후, 6개월 만에 퇴사하는 경우에도 6개월에 대한 퇴직금은 지급해 주어야 한다.

133) 임금복지과-931, 2010.5.14. 중간정산으로 퇴직금을 지급하였다면 이에 대한 법률효과는 이미 완성된 것이므로 평균임금을 다시 산정하여 차액을 지급할 의무는 없다는 것이다. 이는 중간정산뿐 아니라 실제로 퇴직을 하여 퇴직금을 받은 후 임금이 소급되는 경우도 마찬가지이다.

134) 지급 주기는 금융기관과의 약정에 의하여 월납, 분기납, 반기납, 연납 등으로 정할 수 있다.

며, 운용 수익에 따라 [B구간]에 상응하는 금액을 사외에서 확보해야 되는 것이다.

한편, 퇴직급여 산정 시 계속근로기간 인정 여부와 관련된 이슈가 발생될 수 있다. 즉 휴직하는 경우, 일용직으로 간헐적으로 1년 이상 계속 근로한 경우, 1주 15시간 미만의 초단시간 근로가 일부 포함된 경우, 퇴직 후 재입사를 하는 경우와 같이 근로관계 단절이 있는 경우, 위탁업체 변경으로 소속이 변경된 경우 등인데 계속근로기간 인정 여부는 사실관계에 따라 달라지므로 유의하여야 한다.

사례연구 Ⅲ-4 미사용 연차휴가수당, 평균임금 및 퇴직급여 산정 사례

[사례]

- 2023년 7.1에 입사하여 3개월간(7.1~9.30) 수습 기간을 거침. (수습기간에는 월 급여의 80% 적용)
- 2018년 12.31까지 근무한 다음 2024.1.1~2024.6.30까지 육아휴직을 사용한 후, 복직을 하지 않고 2024.7 .1자로 퇴직하였음.
- 정상 근무기간 동안의 월 급여는 300만원(전액 통상임금)이었으며, 그 외 급여는 없었음.
- 1일 8시간 및 1주 40시간을 소정근무로 정하였고, 토요일은 무급휴무일로 정하였으며, 이에 통상임금 산정을 위한 시간수는 209임.
- 2018.7.1~2018.12.31까지는 만근을 하였으며, 연차휴가를 전혀 사용하지 않았음.

[미사용 연차휴가수당 산정]

- 근로기준법 제60조제2항에 따라 1년 미만인 근로자에게는 1개월 개근 시 1일의 유급휴가를 주어야 하고, 근로기준법 제60조제6항제3호에 따라 육아휴직 기간은 출근한 것으로 보아야 하므로 11개의 연차휴가가 발생됨.
- 근로기준법 제60조제1항에 따라 1년간 80퍼센트 이상 출근한 근로자에게는 15일의 유급휴가를 주어야 하고 육아휴직 기간은 출근한 것으로 보지만, 판례(대법 2021다227100, 2021.10.14.) 및 변경된 고용노동부 행정해석에 따라 해당 휴가는 1년간 근로를 마친 다음날(366일째) 발생하므로 15개의 연차휴가는 발생되지 않음.
- 이에 근로기준법 제60조제2항에 따라 발생된 11개의 휴가에 대하여만 미사용 연차휴가수당을 지급해 주면 됨.
- 1일 통상임금은 300만원÷209=14,354원이고, 미사용 연차휴가 1개에 대한 수당은 14,354원×8시간=114,833원이며, 미사용 연차휴가 11개에 대한 수당은 114,833원×11개=1,263,158원임.

[평균임금 산정]

- 최초 평균임금 산정 사유일은 퇴직일인 2024.7.1이나, 산정 사유일로부터 이전 3개월

기간 모두가 평균임금 계산에서 제외되는 기간일 경우에는 평균임금산정 특례 고시(고용노동부고시 제2015-77호, 2015.10.14) 제1조제1항에 따라 제외되는 기간의 최초일을 평균임금 산정사유가 발생한 날로 보아야 하므로 이 사례에서는 육아휴직을 최초로 개시한 2024.1.1을 평균임금 산정 사유일로 보아 이전 3개월(초일 불산입)간인 2023.10.1~12.31에 지급받은 임금을 기준으로 평균임금을 산정해야 함.

[※ 만약 연간 400%의 상여금이 있고, 매 분기 말(3, 6, 9, 12월)에 각 100%씩 지급되는 구조였다면, 2023년 9월은 수습기간이라 제외되고 2024년 3월 및 6월은 육아휴직이라 제외되었을 것이므로 2024년 12월에 지급받은 100%(3,000,000원)만 평균임금 산정 대상 기간에 지급받은 상여금으로 계산하면 됨.]

- 미사용 연차휴가수당은 퇴직으로 인하여 "비로소" 지급되는 금액이므로 평균임금에는 포함되지 않음.
- 이에 평균임금은 3개월간 지급받은 총 임금 900만원을 3개월간의 총 일수인 92일로 나눈 97,826원임.

[계속근로기간 산정]

- 육아휴직 기간 및 수습기간은 '평균임금' 산정 시에는 제외되어야 하는 기간이지만, 퇴직급여를 산정하기 위한 '계속근로기간'에는 포함되어야 함. 특히 휴직기간을 계속근로기간으로 인정해야 하는지, 취업규칙 등으로 배제할 수 있는지 여부에 대해서는 판례와 행정해석의 입장이 달라 명확하지 않지만, 육아휴직의 경우에는 남녀고용평등과 일·가정 양립 지원에 관한 법률 제19조제4항 단서에 따라 근속기간에 포함되어야 하는 것이 명확함. 따라서, 계속근로기간은 365일임.(2018.7.1~2019.6.30)

[퇴직급여 산정]

- 평균임금 × 계속근로기간 1년당 30일분으로 계산해야 하므로 97,826원 × 365일/365일 × 30일 = 2,934,783원임
- 만약 퇴직연금 확정기여형(DC형)을 적용하게 될 경우에는 평균임금이 아닌 1년간 지급받은 임금 총액의 1/12을 기준으로 산정하게 됨. 수습기간이나 육아휴직기간 등의 경우에는 근기법 시행령 제2조제1항의 원리를 도입하여 그 기간동안 지급받은 금액과 그 기간을 각각 뺀 후 전체 기간에 대하여 부담금을 산정(퇴직급여보장팀-1090, 2007.3.15, 근로복지과-1689, 2013.5.15 등)하게 되므로 정상적으로 급여를 받은 3개월간의 임금 총액 9백만원을 1/3 (분모는 12개월-육아휴직 6개월-수습기간 3개월로 산정)로 나눈 3,000,000원을 부담금으로 산정해야 되며, 아울러 미사용 연차휴가수당의 1/12인 105,263원도 부담금에 포함되어야 함.(부담금 합계 3,105,263원) 휴업기간 중 지급된 임금 및 기간을 제외할 때에는 휴업 기간의 월 단위 임금에 한하여 제외하는 것이므로 연 1회 휴가비 등으로 지급받은 임금은 12분의 1로 부담금을 산정하면 됨.(근로복지과-616, 2013.2.18)

Part Ⅳ.

HR 효율성 관점에서 임금체계의 진단 및 개선

1. 임금체계 개요

(1) 어떤 임금체계를 선택할 것인가?

기업들은 저마다 다양한 방식으로 임금체계를 운영하고 있다. 임금체계를 분류하는 기준과 정의도 다양하다. 임금을 차등 설정하는 기준을 무엇으로 하느냐에 따라 연공급과 직능급, 역할급, 직무급, 성과급 등으로 나눌 수 있고, 호봉이나 단계가 설정된 임금 테이블이 있는지 아니면 상·하한 금액만 설정한 Pay Band를 두는지에 따라 호봉제나 연봉제로 나눌 수도 있다.

[그림 4-1] 단일호봉제부터 성과연봉제까지 임금체계 스펙트럼

<table>
<tr><th>구 분</th><th>(단일 직급) 완전 호봉제</th><th>(직급 별) 호봉제</th><th>(형식적) 연봉제</th><th>성과연봉제</th></tr>
<tr><td rowspan="2">기본
연봉
구성
방식</td><td>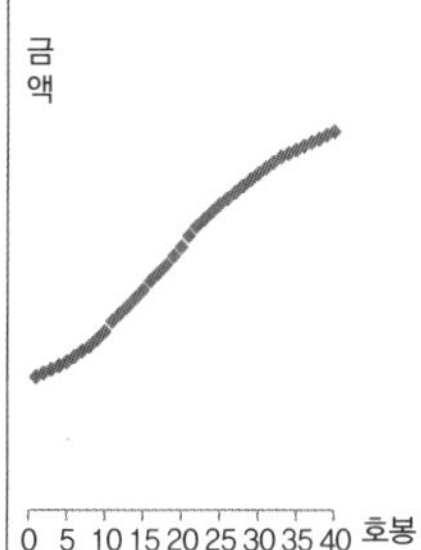
</td><td><table>
<tr><th>직급 \ 호봉</th><th colspan="5">일반직</th></tr>
<tr><th></th><th>1급</th><th>2급</th><th>3급</th><th>4급</th><th>5급</th></tr>
<tr><td>1호봉</td><td>47,665</td><td>42,181</td><td>36,679</td><td>31,350</td><td>26,568</td></tr>
<tr><td>2호봉</td><td>48,332</td><td>42,772</td><td>37,193</td><td>31,789</td><td>26,939</td></tr>
<tr><td>3호봉</td><td>49,009</td><td>43,371</td><td>37,714</td><td>32,234</td><td>27,317</td></tr>
<tr><td>4호봉</td><td>49,695</td><td>43,978</td><td>38,242</td><td>32,685</td><td>27,669</td></tr>
<tr><td>5호봉</td><td>50,391</td><td>44,593</td><td>38,777</td><td>33,143</td><td>28,087</td></tr>
<tr><td>6호봉</td><td>51,096</td><td>45,218</td><td>39,320</td><td>33,607</td><td>28,480</td></tr>
<tr><td>7호봉</td><td>51,812</td><td>45,851</td><td>39,870</td><td>34,077</td><td>28,879</td></tr>
<tr><td>8호봉</td><td>52,537</td><td>46,493</td><td>40,428</td><td>34,554</td><td>29,283</td></tr>
<tr><td>9호봉</td><td>53,272</td><td>47,143</td><td>40,994</td><td>35,038</td><td>29,698</td></tr>
<tr><td>10호봉</td><td>54,017</td><td>47,802</td><td>41,567</td><td>35,527</td><td>30,108</td></tr>
<tr><td>11호봉</td><td>54,771</td><td>48,470</td><td>42,148</td><td>36,024</td><td>30,529</td></tr>
<tr><td>12호봉</td><td>55,536</td><td>49,147</td><td>42,736</td><td>36,527</td><td>30,955</td></tr>
<tr><td>13호봉</td><td>56,311</td><td>49,832</td><td>43,332</td><td>37,036</td><td>31,387</td></tr>
<tr><td>14호봉</td><td>57,096</td><td>50,527</td><td>43,936</td><td>37,552</td><td>31,824</td></tr>
</table></td><td>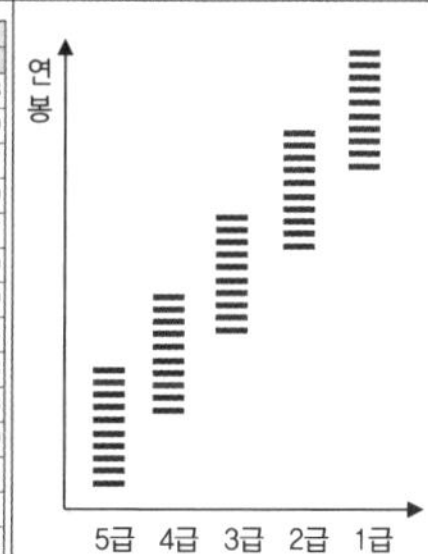
</td><td>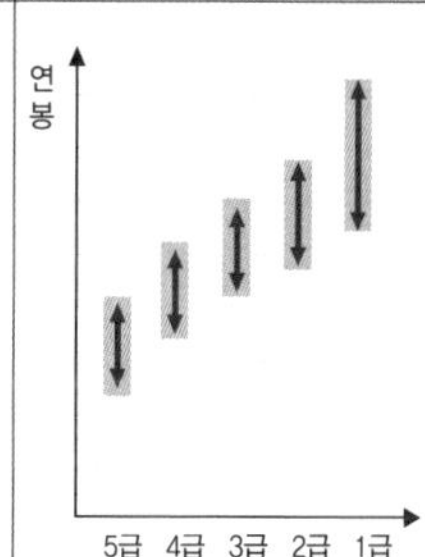
</td></tr>
<tr><td>·단일 호봉 Table 운영</td><td>·직급별 호봉 Table 운영</td><td>·직급별 연봉 Table 운영</td><td>· Pay Band 운영</td></tr>
<tr><td>기본
연봉
인상
방식</td><td>·승호에 따른 자동 인상</td><td>·승호(호봉상승) 및 승진 시 인상
– 승진 누락 시, 인상률 최소화</td><td>·연차 상승 및 승진 시 인상
– 승진 누락 시, 인상률 최소화</td><td>·평가에 따른 차등 인상률 적용
·승진 시, 가급률(액) 적용</td></tr>
</table>

하지만 실제로는 어느 한 가지만 획일적으로 운영하기 보다는 여러 체계를 혼합하여 개별 회사별로 고유한 제도를 운영하는 경우가 많다. 즉 연공에 기반을 둔 호봉제를 운영하더라도 직급 구분 없이 단일 호봉제를 운영하는 회사가 있는가 하면, 직능이나 역할에 따라 직급을 구분한 후 직급별 호봉제를 운영하는 회사도 많이 있다. 그리고 연봉제를 운영하더라도 실제로는 호봉제에 가까운 연봉테이블을 적용하는 형식적 연봉제를 운영하는 경우도 있고, Pay Band를 운영하며 개별 연봉협상

에 따라 자유로이 연봉을 결정하는 회사도 있다. 그리고 같은 회사라도 직군이나 직급별로 임금체계를 따로 운영하는 경우도 있으며, 기본급은 연공급 성격을 갖더라도 별도의 직무·역할급 성격의 수당들을 운영하면서 성과급 비율을 높이 가져가는 경우도 있다. 그리고 연공급 성격의 호봉제를 운영하더라도 그 세부적인 기준을 설정함에 있어 얼마든지 성과주의 요소를 도입할 수도 있는 것이다.

따라서 임금체계는 절대적으로 옳은 하나의 체계가 있는 것이 아니며, 기존 임금체계의 문제점을 진단·분석한 후, 기업 특성을 고려하여 수립한 보상 전략에 따라 개선 방향을 수립하고, 여러 체계를 적절히 믹스하여 운영하는 것도 충분히 고려할 수 있는 것이다.

예컨대 최근 주목받고 있는 직무급의 경우 한국적 정서에는 적용하기 힘들다고 하는 것이 일반적이다. 왜 우리나라에서는 직무급 전환이 어렵다는 것일까?

많은 사람들이 직무급은 직무평가가 전제되어야 하는데 직무평가를 수행하기 위한 기준과 평가 방식이 없다는 것과 우리나라에서는 직무 자체에 대한 평가 보다는 자꾸 그 일을 하는 사람에 대한 평가를 하려는 성향이 있기 때문에 도입이 어렵다고 하고 있다.

하지만 그 보다 더 중요한 것은 우리나라에서는 아직까지 직급 및 호칭과 같은 신분을 중요하게 여기는 것 때문에 승진을 하여 직급이 올라가고 임금이 올라가더라도 그 것이 반드시 직무 변동과는 상관이 없다는 것이 큰 이유라고 할 수 있다. 즉 상위 직급에 결원이 있는지의 여부를 감안하여 4급에서 3급, 대리에서 과장으로 승진 여부를 결정하지만, 승진하더라도 직무나 역할 변경이 반드시 수반되지 않는 경향이 있다. 이로 인해 직급이 다르더라도 비슷한 업무를 하는 경우도 적지 않아 직무평가를 통한 직무등급 구분을 하기 어려운 것이다.

직무급을 제대로 운영하려면 현 상태에서 직무평가를 하여 직무등급을 차등하는 방식으로 단순히 임금체계만 개편해서 되는 것이 아니라 직급체계 및 채용·승진·이동발령과 같은 인사제도가 함께 전반적으로 개편이 되어야 한다.

직무급은 원칙적으로 대내외적인 Job Posting(일자리 공시)이 전제되어야 한다. 만약 아래 그림에서 A직무를 담당하되 매니저 역할을 수행하는 A3 직위가 공석이라고 가정해 보자. 이 경우 A3 직무에 대해서 Job Posting을 실시하되, 우선 사내에 지원자를 받아야 한다. Job Posting을 할 때에는 직무명세를 통하여 해당 업무가 어떤 과업을 수행하는지, 직무 수행에 필요한 자격과 역량은 무엇인지, 임금 수준이 얼마인지를 알 수 있어야 한다. 이 경우 같은 A직무를 수행하지만 역할이 낮았던 A2나 다른 직무를 수행하고 있던 C2가 지원을 할 수 있다. 그리고 사내 공모를 통해 A2나 C2가 합격하여 A3 직위로 가게 되면, 그 것을 승진했다라고 할 수 있는 것이다. 즉 직무급 체계에서는 B직무와 같이 매번 동일한 직무를 수행하는 한 승진이라는 것이 따라오지 않는 것이고, 유사한 직무이지만 역할이 낮은 A2 직위에 있는 직원이 승진에 대한 욕심 없이 계속 동일한 수준의 일을 한다면 임금 인상이 되지 않고 계속 A2에 머무르게 되는 것이 직무급이라 할 수 있다. 그리고 사내에서 적임자를 찾지 못하는 경우에는 사외에 Job Posting을 하여 경력 채용을 하게 되는 것이다.

[그림 4-2] 직무급 운영 개념

(a) 직무에 따른 임금 책정(사람 미 고려) _ 직무분석 〉 직무평가 〉 직무명세
(b) 승진(임금 인상)의 의미: 상위 직무로의 이동 전제 [Job Posting 개념]

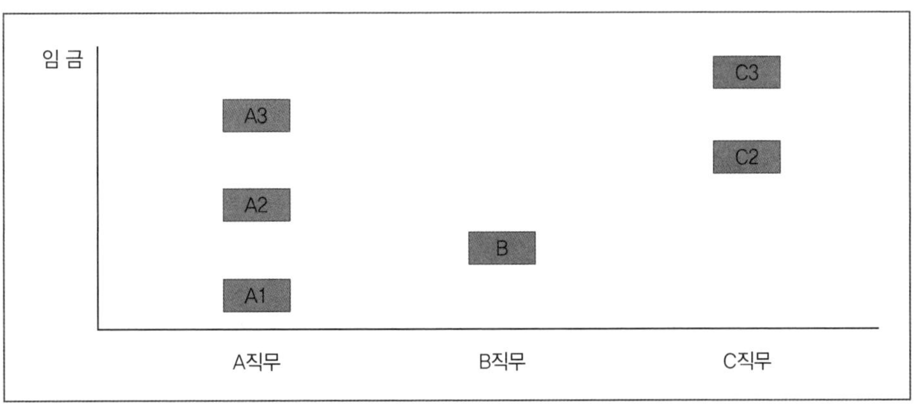

이에 직무와 상관없이 직급체계 및 승진제도를 운영하는 우리나라에서는 직무급으로 전환하기 힘든 것이다. 이와 같이 임금체계는 임금 하나만 따로 볼 수 있는 것이 아니라 전반적인 인사제도와 함께 연계하여 결정하고 운영해야 하는 것이다.

(2) 4P 임금전략

임금체계를 진단·분석한 후 임금전략을 수립할 때, 임금 4P분석을 하여 임금 4P 전략을 수립하는 것이 효과적이다. 임금 4P는 임금수준(Pay Level), 임금구조(Pay Structure), 임금영향요인(Pay Contributor), 임금 비율(Pay Mix)을 의미한다.

[그림 4-3] 4P 임금 분석 방법론 예시

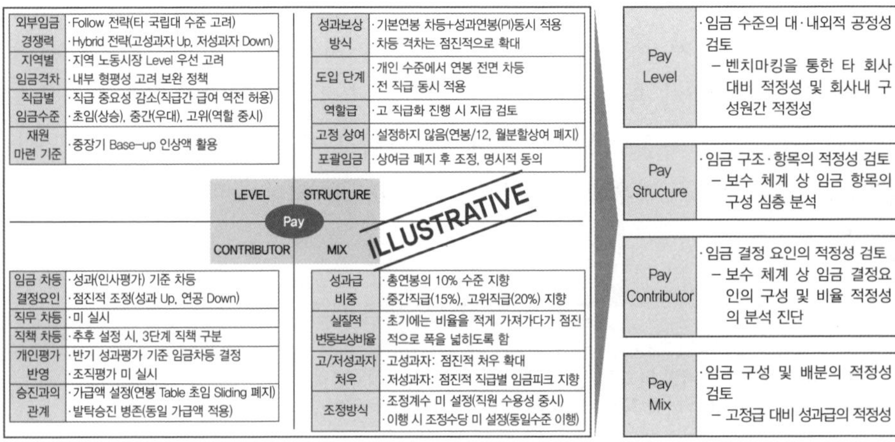

① 임금수준(Pay Level)

임금수준(Pay Level)에 대한 분석 및 전략은 대외적 관점과 대내적 관점이 함께 고려되어야 한다. 즉 대외적으로 경쟁사 대비 임금수준을 어느 정도로 책정할 것인가도 중요하지만, 대내적으로 직군 간·직급 간·근속년수별로 어느 정도의 임금 격차를 주어야 균형(balance) 및 공정성이 확보될 수 있는지를 고려하여야 한다.

대부분의 회사에서 임금 수준은 인비로 취급하고 있기 때문에 대외적 임금수준을 분석하는 것은 쉬운 작업이 아니다. 최근 기업별 임금수준 데이터를 공유하는 회사나 인터넷 사이트가 있지만, 구체적인 정보를 알기는 어렵다. 특히 기업마다 인력구조나 직급체계가 다르고, 고정급과 변동급의 비율도 다르기 때문에 특정 회사와 기준을 동일하게 두고 비교한다는 것은 무척 어려운 일이다.

하지만 주요 상장 기업들은 금융감독원 전자공시시스템[1]에 올린 사업보고서[2]를 통해 직원 수, 평균 근속연수, 연간급여 총액, 1인 평균 급여액을 공시하므로 대략적인 수준은 가늠해 볼 수 있다.

[그림 4-4] DART에 공시된 ○○사 사업보고서 중 직원 정보(예시)

(단위: 명, 년, 백만원)

사업부문	성 별	직원수					평균 근속 연수	연간 급여 총 액	1인평균 급여액	비 고
		기간의 정함이 없는 근로자		기간제 근로자		합 계				
		전 체	(단시간 근로자)	전 체	(단시간 근로자)					
관리사무직	남	90	-	10	-	100	3.7	4,080	41	-
관리사무직	여	58	-	20	-	78	3.7	2,099	27	-
연구개발직	남	231	-	7	-	238	4.2	9,168	39	-
연구개발직	여	292	-	15	-	307	2.8	9,256	30	-
생산직	남	346	-	126	-	472	4.9	13,915	29	-
생산직	여	176	-	67	-	243	5.5	6,058	25	-
합 계		1,193	-	245	-	1,438	4.3	44,576	31	-

또한 공공기관의 경우에는 공공기관 경영정보 공개시스템[3]을 통해 신입사원 초임이나 직원 평균보수를 공시하고 있으므로 아래 그림과 같이 타 기관과의 비교·분석도 가능하다.

1) http://dart.fss.or.kr
2) 표준화된 사업보고서(연간, 반기, 분기) 목차상 Ⅷ. 임원 및 직원 등에 관한 사항에서 찾을 수 있음
3) http://www.alio.go.kr

[그림 4-5] 대외 임금수준 비교·분석 (예시 [1] 공공기관 알리오 자료 참조)

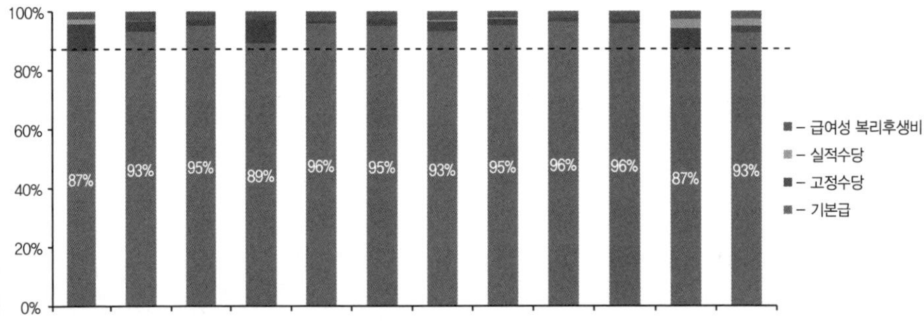

(단위: 천원, 명, 년)

1인당 평균 보수액	75,539	56,165	69,843	71,645	77,947	74,495	80,545	77,022	75,114	73,199	66,601	74,397
– 기본급	65,481	52,339	66,421	63,917	74,774	70,813	75,119	73,328	72,447	70,152	58,175	68,907
– 고정수당	6,862	1,966	1,375	5,547	737	1,644	2,648	1,714	861	1,001	4,555	1,715
– 실적수당	1,264	81	0	13	13	0	339	188	0	0	2,065	1,784
– 급여성 복리후생비	1,932	1,779	2,047	2,168	2,423	2,038	2,439	1,792	1,806	2,046	1,806	1,991
상시 종업원수	587	738	785	365	1,938	436	1,351	392	398	408	300	446
평균근속연수	10.64	15.21	12.37	15.29	17.13	16.4	16.45	16.82	17.2	19.95	12.57	14.3

[그림 4-6] 대외 임금수준 비교·분석 (예시 [2])

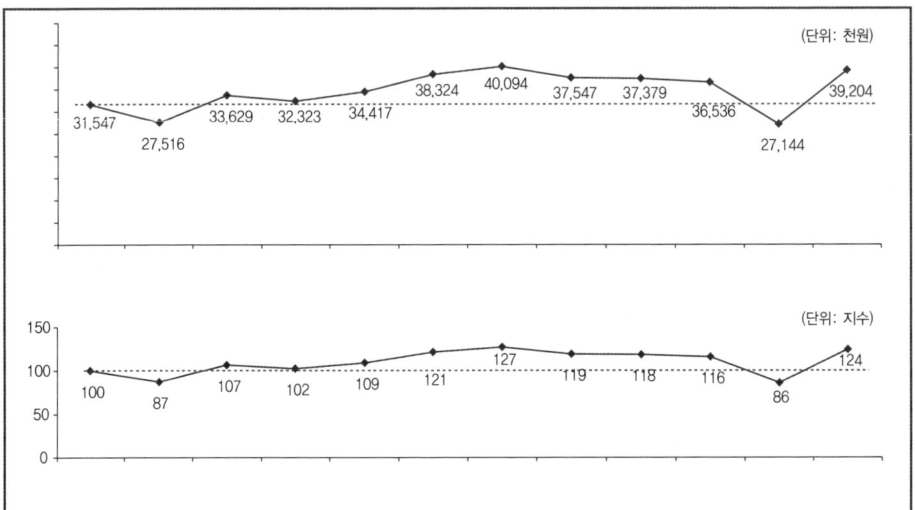

다만 주의할 점은 평균으로 되어 있는 자료를 볼 때 왜곡이 되어 있을 수도 있다는 것이다. 즉 평균 근속년수나 평균 보수만으로는 그 회사의 세부적인 자료를 알기 어렵다. 가끔씩 언론에서 발표되는 평균 임금의 수준도 비판적으로 볼 필요가 있는데, 예컨대 A회사는 평균 임금수준이 8천만원이고, B회사는 평균 임금수준이 7천만원이라 하더라도 A회사의 평균 근속연수가 20년인데 반해 B회사의 평균 근속연수가 5년이라면, 단순하게 A회사의 임금 수준이 높다고 볼 수는 없을 것이다. 그리고 어떤 회사는 신입사원을 공채로 채용하여 퇴직률이 낮은데 반해, 어떤 회사는 경력사원 위주로 뽑고 퇴직률이 높다면 평균 근속연수 역시 왜곡이 있을 수 있다는 것을 유의해야 할 것이다.

대내적인 임금수준은 주로 같은 회사 내에서도 속인적 요소나 직무 요소에 따라 임금 격차의 균형이 적정한지를 분석할 때 고려할 사항이다. 즉 직군별·직급별·학력별·근속연수별 임금수준 격차가 적정한지, 직급별·근속연수별 임금 곡선을 어떻게 설계할지 등에 활용할 수 있다.

[그림 4-7] 대내 직급별 임금수준 비교·분석 (예시)

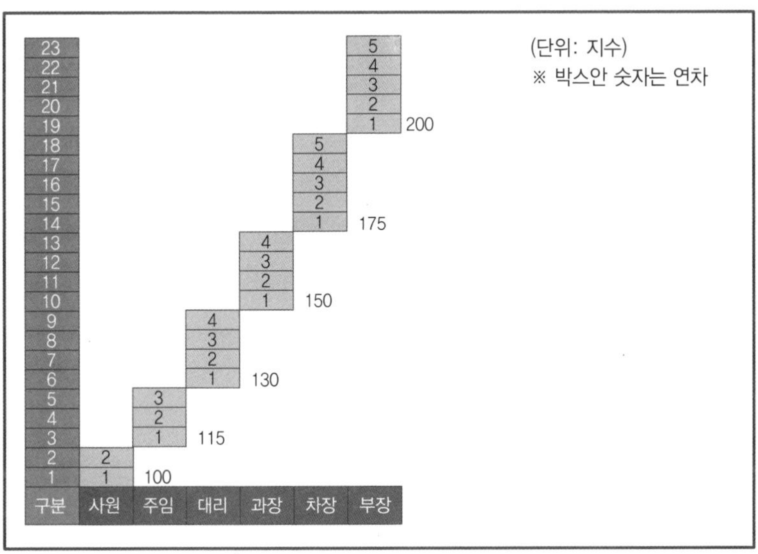

대내적 임금수준 분석은 위 그림과 같이 대졸 사원 초임을 100으로 놓고, 지수 비교를 할 경우 유용하게 분석할 수 있다. 우리나라 기업들은 대체로 사원 초임을 100으로 할 때, 부장 초임을 200으로 놓고, 과장 초임은 그 중간인 150으로, 대리 초임은 사원과 과장 중간인 125 정도로, 차장 초임은 과장과 부장 초임 중간인 175 정도로 설정하여 운영하는 경향이 있다. 물론 기업마다 그 차이는 매우 크기 때문에 절대적인 수치라고 할 수는 없다. 또한, 사원 초임과 비교하여 상위 직급의 초임 지수가 크다면, 상위 직급의 임금 수준이 높은 것일 수도 있지만, 반대로 사원 초임이 낮은 것일 수도 있으므로 이를 감안하여 임금수준을 조정해야 한다. 한편, 최근 최저임금의 급격한 상승으로 중상위 직급의 임금수준은 상대적으로 적게 올라가는데, 하위 직급의 임금수준은 급격하게 올라가서 직급별 임금지수의 전체적인 균형이 깨지는 경우도 많이 있어 면밀한 분석 및 전략 수립이 필요하다.

② 임금구조(Pay Structure) 및 임금영향요인(Pay Contributor)

임금구조(Pay Structure)는 임금항목이 어떻게 구성되어 있는지에 대한 것이다. 보통 연공적 성격의 호봉제를 운영하는 회사들은 여러 가지 수당이나 상여금 등 임금항목이 많아 임금구조가 복잡한 경향이 있고, 최근 임금체계를 연봉제로 개편한 기업들은 임금구조를 단순하게 가져가는 경향이 있다.

최근에는 노동법과 관련된 이슈들이 많으므로 임금항목별로 최저임금, 통상임금, 평균임금에 해당되는지 여부를 면밀히 검토하고, 지급 대상자와 지급기준 및 지급주기를 살펴볼 필요가 있다.

임금영향요인(Pay Contributor)은 특정 임금항목의 지급 기준에 영향을 미치는 요인이 무엇인가에 대한 것으로 왜 누구에게는 지급하고, 누구에게는 지급하지 않으며, 그 격차는 어떤 기준에 의한 것인지와 관련된 것이다.

즉 직책수당은 직무의 성격을 영향요인으로 하는 임금항목이고, 당연히 직책이 있어야 지급되고 직책이 없으면 지급되지 않는 것이며, 직책이 높을수록 수당이 높은 것은 당연한 것이다.

[그림 4-8] 임금구조 및 임금영향요인 분석 (예시)

	최저 임금	통상 임금	평균 임금	지급대상 인원 수	지급 기준	지급 주기	월급비율	Pay Contributor
기본급	○	○	○	165	개별 책정, 주40시간 分	매월	61%	직급·연공
직책·자격수당	○	○	○	54	20, 30, 50, 70만원	매월	2.5%	직무
공항·현장수당	○	○	○	41	10만원	매월	0.7%	직무
영업수당	○	○	○	1	10만원	매월	0.0%	직무
소장수당	○	○	○	6	10만원	매월	0.1%	직무
장기근속수당	○	○	○	94	3~10만원	매월	1%	연공
(월할)상여금	○	△	○	106	년 400% (월 33.3%)	매월	11.1%	직급·연공
통근수당	△	○	○	110+12	20, 22, 25, 27, 30만원	매월	3.7% + α	직급, 복리후생
중식수당	△	○	○	165	10만원 이상 다양함	매월	4%	복리후생
휴대전화보조금	△	○	○	21	10, 15, 20만원	매월		직급, 복리후생
주택비보조금	△	○	○	4	20만원 (파주 4/5)	매월		직급, 복리후생
기타수당	×	△	△	10	10만원 (178,335) (283,885)	년 1회	0.0%	
복지포인트	×	×	×	( )		매월	( )	직급, 복리후생
시간외수당	×	×	○	150		매월	13.5%	법정(정률)
자녀양육비	△	×	○	48	6, 12, 18만원	매월	0.8%	
연차휴가수당	×	×	○	기본급+제수당(1. 직책, 자격수당 2. 공항, 현장수당 3. 영업수당 4. 장기근속수당		년 1회	( )	법정(정률)
특별상여	×	×	△	( )	개별 평가 차등 보상	년 1회	( )	성과

따라서 임금영향요인이 연령이나 근속연수와 같은 연공인지, 직무인지, 성과인지, 그 밖의 다른 속인적 요인(가족 수, 성별 등)인지를 면밀히 분석할 필요가 있다. 그리고 현재의 임금영향요인에 있어 연공적 성격의 비율이 높다면, 그 비율을 낮추고 직무나 성과를 영향요인으로 하는 임금항목 비율을 높일 필요가 있다. 다만, 절대적으로 '연공급은 안 좋다'나 '직무급으로 가야한다'거나, '역할급이 맞다'와 같은 획일적 전략보다는 기업 특성과 보상 전략에 따라 적절한 비율로 혼합(Mix)하여 설정하는 것이 바람직하다. 예컨대 직능요인 40%에 연공요인 30%와 직무요인 20%에 성과요인 10% 정도로 운영하기 위해 임금항목을 개편할 수도 있을 것이다.

[그림 4-9] 임금항목 개편 (예시)

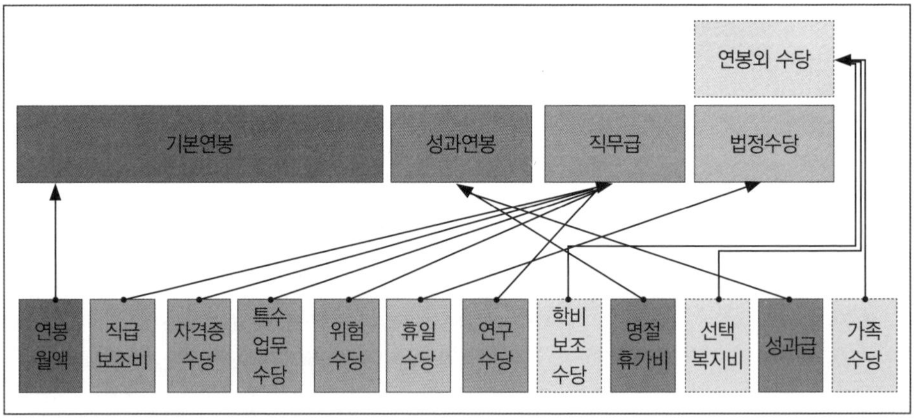

③ 임금비율(Pay Mix)

임금비율(Pay Mix)은 전체 임금을 100으로 보았을 때, 고정급과 변동급의 비율을 몇 대 몇으로 구성할 것인가, 직능·연공·직무·성과요인을 몇 %의 비율로 구성할 것인가 등을 결정하는 것이다. 예컨대 지금은 폐기된 기획재정부의 공공기관 성과연봉제 지침의 경우 공공기관의 유형과 직급에 따라 기본연봉과 성과연봉의 비율을 70:30 또는 80:20으로 구성하라는 것이 Pay Mix라 할 수 있다.

일반적으로 역할과 책임 및 재량이 낮아 성과에 따른 차등을 크게 하기 어려운 사원급의 경우에는 임금이 안정적으로 보장되는 고정급의 비율을 높이고, 중간 및 고위직급의 경우에는 역할 및 성과 차이가 많이 나므로 고정급 대비 변동급(성과급) 비율을 높이는 방향으로 임금체계를 설계하는 경우가 많다.

[그림 4-10] 직급별 임금비율[Pay Mix] (예시)

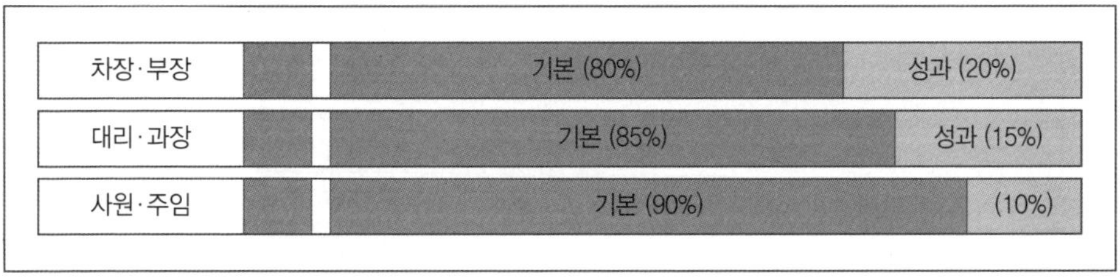

그리고 연공급, 직능급, 직무급, 성과급과 같이 획일적으로 임금을 구성하기보다는 임금영향요인을 적절히 배분하되, 연공에 연계된 임금항목의 비율을 낮추고 직무·역할·성과에 연계된 임금항목의 비율을 점차 높여가는 것이 바람직할 것이다.

한편 변동급의 경우 변동성의 크기에 따라 명목 비율과 실질 비율을 구분하여 볼 필요가 있다. 예컨대 전체 급여 중 변동급의 명목상 비율은 높다고 하더라도 최고등급자와 최저 등급자 간 급여 차이가 적다면 실질적 비율은 낮다고 할 수 있다. 즉 성과에 따른 변동급 비율이 20%라고 하더라도 최고 등급과 최저 등급 간 차이를 중간 등급 기준으로 ±10%로 운영할 수도 있고, 성과에 따른 변동급 비율이 5%라고 하더라도 최고 등급과 최저 등급 간 차이를 중간 등급 기준으로 ±50%로 운영할 수도 있는 것이다.[4] 참고로 기획재정부의 성과연봉제 지침에서는 최고등급자와 최저등급자간 차이를 중간 등급 기준으로 ±33.3% 차이가 나도록 하여 최고등급자 성과연봉이 최저등급자 성과연봉의 2배가 되도록 권고했었다.[5]

이와 같이 명목 비율보다 실질 비율이 더 중요한 것은 평가나 승진전형 항목의 배점을 설정할 때도 마찬가지이다. 즉 최하등급을 받을 경우에도 받게 되는 기본점수를 얼마로 설정할 것이고, 등급별 배점 구간을 얼마나 좁게 설정할 것인지 넓게 설정할 것인지에 따라 영향이 크게 달라질 수 있기 때문이다.

---

4) 예컨대 급여가 1,000만원이고 평가등급이 5단계(S, A, B, C, D)라고 한다면, 첫 번째의 경우는 변동 성과급 비율이 20%이므로 200만원이 B등급에 해당하는 표준 성과급이 될 것이다. 고성과자와 저성과자 간 변동 폭이 B등급 대비 ±10%이므로 S등급은 220만원을 받게 되고 D등급은 180만원을 받게 된다. 이에 최고등급자와 최저등급자간 급여 차이는 40만원이고, 최저등급자 대비 최고등급자는 1.22배 더 받게 되는 것이다. 두 번째 경우는 변동 성과급 비율이 5%이므로 50만원이 B등급에 해당하는 표준 성과급이 될 것이고, 고성과자와 저성과자 간 변동 폭이 B등급 대비 ±50%이므로 S등급은 75만원을 받게 되고 D등급은 25만원을 받게 된다. 이에 최고등급자와 최저등급자간 급여 차이는 50만원이고, 최저등급자 대비 최고등급자는 3배 더 받게 되는 것이다. 따라서 변동급의 경우 명목 차등 비율 보다는 실질 차등 비율이 더 중요하다고 할 수 있다.

5) 표준 성과연봉(B등급) 대비 S등급은 133.3%를 지급받고, D등급은 66.7%를 지급받는 구조였다.

[그림 4-11] 승진전형 항목별 실질 가중치 분석 (예시 [1])

구 분	명목 비율	(기본 점수)	(항목별 최고 점수 분포)	[최고-최저] 편차 (변별 점수)	실질 비율
인사평정	70%	42	69.3	27.3	49%
근 속	10%	0	10	10	18%
포 상	10%	0	8	8	15%
시 험	10%	0	10	10	18%
			[합 계]	55.3	

예컨대 위의 사례는 승진전형항목을 4가지로 두고 있는데, 명목 비율을 보면 인사평정이 70%이고 나머지 3개 항목이 각 10%씩이지만, 인사평정의 경우 최하등급을 받더라도 기본점수를 얻게 되어 있으므로 실질적인 차이는 0점~70점까지 70점 차이가 날 수 있는 것이 아니라 42점~69.3점까지 27.3점 차이가 나고 있음을 알 수 있다. 이에 실질 비율이 49%로 떨어지고, 나머지 3개 항목의 실질 비율은 15~18%까지 높아짐을 알 수 있다.[6)]

아래 그림 역시 어떤 회사의 승진전형 항목별 실질 가중치를 분석한 자료이다. 이 회사의 명목 비율은 근무평정이 40%, 다면평가가 50%, 인사위원 평가가 10%로 구성되어 다면평가의 비율이 매우 높은 것처럼 보였다. 하지만 실제 점수 분포를 보니, 하한 값과 상한 값의 차이가 근무평정의 경우 18점이 났고, 다면평가는 6점이 났으며, 인사위원 평가는 8점이 났다는 것을 알 수 있었다. 이에 다면평가는 명목 배점이 50점이었지만 실질 배점은 19점에 불과하여 변별력이 낮았고, 인사위원 평가는 명목 배점이 10점이었지만 실질 배점은 25점이 되어 오히려 변별력이 더 높았다는 것을 알 수 있었다.[7)]

6) 실질 비율은 모든 항목들의 편차 합을 각 항목의 편차로 나누어 산정하였다. 즉 4개 항목을 모두 최하점을 받은 직원은 42점을 받게 되고, 모든 항목을 최고 점수로 받았다면 97.3점(69.3 + 10 + 8 + 10)을 받게 되어 그 차이는 55.3점이 된다. 이에 각 항목의 편차를 모든 항목들의 편차 합으로 나누어 산정하였다.

7) 3개 항목의 변별점수 편차를 합산한 후 (18점 + 6점 + 8점 = 32점), 각 항목의 편차 점수를 나누었다. 즉 다면평가의 경우 6점 / 32점 = 19%와 같이 산정하였다.

[그림 4-12] 승진전형 항목별 실질 가중치 분석 (예시 [2])

전형항목	가중치	변별점수[편차]	실질가중치	구분	분포현황																						
근무평정	40	18	56%	인원수	2	2	4	2	2	4	3	4	4	1	4	4	3	3			1	2					
				환산점수	~18	~19	~20	~21	~22	~23	~24	~25	~26	~27	~28	~29	~30	~31	~32	~33	~34	~35	~36	~37	~38	~39	~40
다면평가	50	6	19%	인원수																	2	2	7	15	15	4	
				환산점수																	~44	~45	~46	~47	~48	~49	~50
인사위원	10	8	25%	인원수																2	4	4	6	1	9	7	12
				환산점수																3	4	5	6	7	8	9	10

근무평정(40%)		다면평가(50%)		인사위원평가(10%)	
평균	25.05	평균	46.52	평균	7.56
표준편차	4.52	표준편차	1.19	표준편차	2.24

상한값	34.60	상한값	48.88	상한값	10
3분위 값	28.44	3분위 값	47.25	3분위 값	10
중간 값	24.84	중간 값	46.62	중간 값	8
1분위 값	21.36	1분위 값	46.02	1분위 값	6
하한값	17.38	하한값	43.16	하한값	3

따라서, Pay Mix를 구성하거나, 평가 및 승진전형 항목별 배점을 Mix할 때에는 명목 비율 뿐 아니라 실질 비율을 주의 깊게 설정해야 할 것이다.

(3) 인건비 분석

임금체계 진단·분석을 할 때, 해당 회사의 인건비 분석을 할 필요가 있다. 이에 손익계산서상 매출액이나 영업이익, 인건비와 같은 거시 지표 자료를 분석하고, 이를 인원수로 나누어 인당 매출액이나 인당 영업이익 등을 분석하여 회사의 지급여력 등을 판단할 수 있다.

인건비 분석을 위해서는 기본적인 재무제표를 이해할 수 있어야 하는데, 특히 손익계산서 및 재무제표 주석을 볼 필요가 있다. 손익계산서는 1년 동안의 매출액에서 비용을 차감한 이익·손실 등의 정보가 나와 있다. 손익계산서는 제조업과 건설업, 유통업 등 업종별로 기재항목이 다소 차이가 나는데, 제조업을 예로 들면 매출액(Ⅰ)에서 매출원가(Ⅱ)를 차감하면 매출총이익(Ⅲ = Ⅰ - Ⅱ)이 나오고, 매출총이익

(Ⅲ)에서 판매비와관리비(Ⅳ)를 차감하면 영업이익(Ⅴ = Ⅲ - Ⅳ)이 나오며, 영업이익(Ⅴ)에서 영업외수익(Ⅵ)을 더하고 영업외비용(Ⅶ)을 차감하면 법인세비용차감전순이익(Ⅷ = Ⅴ + Ⅵ - Ⅶ)이 나오고, 여기에 법인세비용(Ⅸ)을 차감하면 당기순이익(Ⅹ = Ⅷ - Ⅸ)이 나온다.

[그림 4-13] 손익계산서 분석 (예시)

구분	과 목	제 ○○ 기	
	Ⅰ. 매출액		45,466,141,118
	Ⅱ. 매출원가		36,844,701,729
Ⅰ - Ⅱ	Ⅲ. 매출총이익		8,621,439,389
	Ⅳ. 판매비와관리비		5,640,811,735
	급여(주석24)	1,884,699,746	
	퇴직급여(주석24)	172,903,500	
	복리후생비(주석24)	428,723,217	
	⋮		
Ⅲ - Ⅳ	Ⅴ. 영업이익		2,980,627,654
	Ⅵ. 영업외수익		510,936,335
	Ⅶ. 영업외비용		2,884,785,999
Ⅴ + Ⅵ - Ⅶ	Ⅷ. 법인세비용차감전순이익(손실)		606,777,990
	Ⅸ. 법인세비용(이익)(주석20)		109,435,000
Ⅷ - Ⅸ	Ⅹ. 당기순이익		497,342,990

위의 표는 어느 중소 제조업의 손익계산서를 요약한 표이다. 참고로 이 회사는 직원 수가 약 200명인 회사이다. 그런데 손익계산서를 보면 급여와 퇴직급여 및 복리후생비 계정은 Ⅳ. 〈판매비와관리비〉에 속해있는 것을 볼 수 있는데, 해당 기간의 급여가 약 18.9억으로 기재되어 있는 것을 볼 수 있다. 그런데 해당 기업의 직원 수가 200명이면, 인당 1년간 평균급여가 1천만원도 되지 않는다는 계산이 나온다. 이는 손익계산서상 판매비와관리비에 있는 급여 계정은 판매직과 관리직의 급여만 포함되었기 때문이다. 이에 직접 제조·생산에 참여하는 직원들의 급여는 Ⅱ. 매출원가에 포함되어 손익계산서만 보아서는 정확한 인건비를 확인할 수가 없다. 따라서 제조원가명세서를 확인해 보거나 재무제표 주석에 들어가서 부가가치

계산에 필요한 정보에 나와 있는 급여를 확인해야 한다.[8)]

부가가치 계산에 필요한 정보에는 급여, 퇴직급여, 복리후생비, 감가상각비 등이 나와 있고, 제조원가 등에 포함된 급여와 판매비와관리비에 포함된 급여의 합계가 해당 회사의 전체 급여라고 볼 수 있다. 전체 급여가 약 90억이므로 200명 직원의 평균급여는 약 4,500만원임을 알 수 있다. 이 중 급여와 퇴직급여, 복리후생비를 인건비 항목으로 보아 인건비 분석을 할 수 있다.

[그림 4-14] DART에 공시된 ○○사 부가가치 자료 (예시)

(단위: 원)

구 분	판매비와 관리비	제조원가 등	합 계
급 여	1,884,700,000	7,131,954,000	9,016,654,000
퇴직급여	172,904,000	611,047,000	783,951,000
복리후생비	428,723,000	1,504,581,000	1,933,304,000
감가상각비	657,087,000	2,950,494,000	3,607,581,000
임차료	20,437,000	70,000	20,507,000
세금과공과	167,782,000	132,289,000	300,071,000
계	3,331,633,000	12,330,435,000	15,662,068,000

아래 그림은 어느 회사의 인건비 분석 사례인데, 매출액과 총 인건비, 총 급여, 영업이익 및 당기순이익의 재무정보와 인원수를 바탕으로 여러 분석을 해 본 것이다. 인원수가 있으므로 인당 매출액, 인당 평균급여, 인당 평균인건비, 인당 영업이익, 인당 당기순이익 등을 구할 수 있다. 이에 전년도 실적과 비교하여 인당 매출액 증감률이나 인당 영업이익 증감률 등도 구할 수 있고, 이러한 자료를 바탕으로 임금인상률이나 경영성과급 등을 정할 때 활용할 수 있게 된다.

그리고 총 인건비를 매출액으로 나누어 매출액 대비 인건비율도 산정할 수 있다. 많은 회사들이 인건비율을 몇 % 이내로 관리해야 하는지를 민감하게 보는 경향이 있는데, 몇 %의 인건비율이 적정한지는 업종의 특성에 따라 다르기에 절대적인 기준이 있는 것은 아니다.

---

8) 사업보고서(반기보고서, 분기보고서) 형태로 공시하는 회사는 재무제표 주석에 〈비용의 성격별 분류〉를 통해 종업원급여를 포괄하여 기재하고 있다.

[그림 4-15] 인건비 분석 (예시)

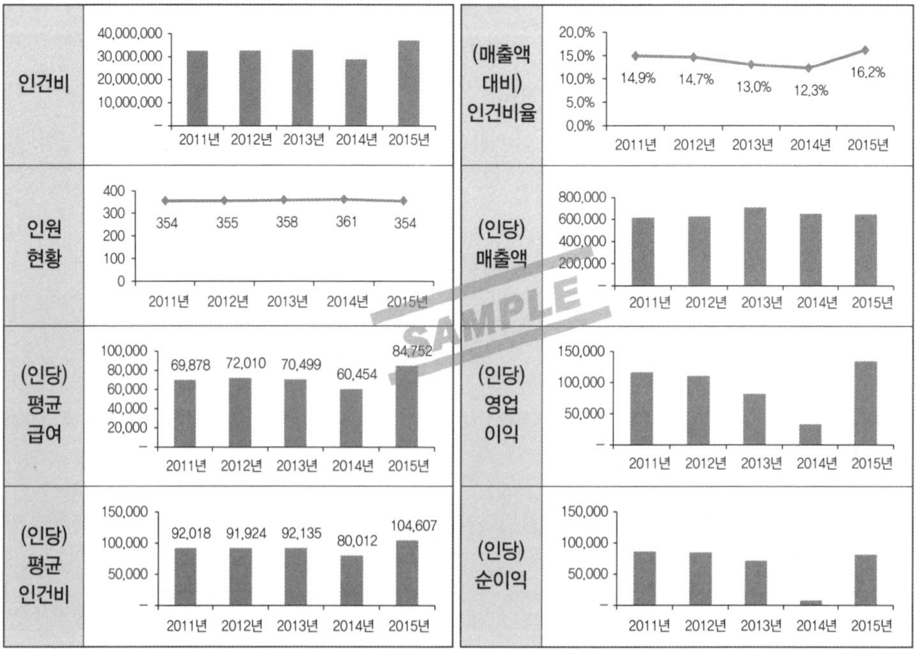

따라서 이러한 거시 지표들은 해당 회사 특정 년도의 절대적 수치만을 가지고 판단을 하기는 어렵고, 몇 년간의 실적 자료를 바탕으로 추세분석을 하거나, 동종 업종의 경쟁사 자료를 바탕으로 비교분석을 함으로써, 시사점을 얻을 수 있게 된다.

한편 회계자료의 특성상 특정 년도의 지표에는 왜곡이 있을 수 있다. 예컨대 사옥을 처분하면서 영업외수익이 발생한다거나, 통상임금 소송을 통해 거액이 지급되어야 하는 우발채무가 발생될 수도 있다. 따라서 임금체계를 진단·분석하거나, 임금인상률이나 경영성과급 지급 여부를 결정할 시에는 이러한 점들을 감안하여야 한다.

참고로 최근에는 인적자본과 관련된 부가가치 지표들을 구하여 임금과 관련된 의사결정에 활용하는 사례가 늘어나고 있다. 즉 인적 자본 수익성 지표,[9] 인적 자

9) HCRF; Human Capital Revenue Factor.

본 비용 지표,[10] 인적 자본 경제적 부가가치 지표,[11] 인적 자본 부가가치 지표,[12] 인적 자본 투자 수익률 지표,[13] 인적 자본 시장 가치 지표[14] 등 다양한 지표를 활용하고 있다. 물론 이들 지표들 역시 대부분 재무제표상 손익계산서를 바탕으로 구하는 지표들이므로 회계상 손익계산서가 가지고 있는 왜곡의 우려들이 그대로 남아 있게 되어, 절대적인 지표로 활용하기에는 무리가 있다. 그럼에도 연도별 추세분석 및 경쟁사분석을 통하여 경영자가 보기에 참고할 수 있는 유익한 인건비 분석 자료로 활용할 여지가 있다.

[그림 4-16] 인적자본 부가가치 지표 및 인적 자본 투자 수익률 지표

인적 자본 부가가치 지표 (HCVA; Human Capital Value Added)	인적 자본 투자 수익률 지표 (HCROI; Human Capital Return on Investment)
· 인적자원에 투자하기 전 종업원 1명당 기업에 벌어들인 부가 가치 · (수익-(비용-인건비)) / 종업원 수 = (영업이익+인건비) / 종업원 수 - 부가가치를 인건비와 이익으로 배분하는 문제 - HCVA가 커지면, 인센티브 지급 여력이 커질 수 있음	· 종업원에 투자된 금액 단위당 부가 가치 · HCVA에 활용된 부가가치 / 인건비(급여+복리후생) - 인당 인건비 1원당 몇 배수의 영업이익을 창출했는지 판단 ※ 부가가치: 법인세차감전 순이익 + 인건비 + 금융비용 + 임차료 + 조세공과 + 감가상각비

필자는 기업 컨설팅을 할 때, HCVA(인적자본 부가가치 지표)와 HCROI(인적자본 투자 수익률 지표)를 단순화하여 분석하고 있다.

우선 간단한 사례를 보자. 5명이 동업하여 동네 제과점을 운영하는데, 1개월 동안 매출액이 1억이고 비용은 8천만원이어서 영업이익은 2천만원이 났다고 가정해 보자. 그리고 비용에는 재료비와 임대료, 인건비가 들어가 있는데, 재료비는 3천만원, 임대료는 2천만원, 인건비는 3천만원이 비용으로 사용되었다고 가정하자. 이 때, 인건비는 동업한 5명이 가져간 인건비라고 가정해 보자.[15] 이 경우 남아 있는

10) HCCF; Human Capital Cost Factor.

11) HEVA; Human Economic Value Added.

12) HCVA; Human Capital Value Added.

13) HCROI; Human Capital Return on Investment.

14) HCMV; Human Capital Market Value.

15) 여기에서의 인건비는 고용주와 피고용인을 구분하지 않고, 일하는 모든 사람들에게 지급되는 것

영업이익은 다음 달에 활용하기 위하여 유보금[16]으로 넘길 수도 있고, 동업한 5명이 경영성과급으로 배당받아 갈 수도 있을 것이다.

[그림 4-17] 매출·비용·영업이익 단순화 모형 (예시)

I		매출			100,000,000
II		비용			80,000,000
	II①		재료비	30,000,000	
	II②		임대료 등	20,000,000	
	II③		인건비	30,000,000	
III		영업이익			20,000,000

인적자본 부가가치 지표들은 인적자본이 얼마나 효과적으로 사용되었는지를 도출하기 위한 지표이다. 이에 이들 지표들을 활용하여 연도별 비교 또는 타 회사와의 비교를 통해 인건비가 방만하게 쓰이고 있는지, 아니면 성과급을 줄 여력이 있는지를 판단하는데 참고할 수 있다.

먼저 인적자본 부가가치(HCVA) 지표는 비용 중 인건비를 제외한 금액을 종업원 수로 나누어 구하게 된다. 즉 (매출 – (비용 – 인건비)) ÷ 종업원 수로 구할 수 있으며, 이는 달리 표현하면 (영업이익 + 인건비) ÷ 종업원 수로 표현할 수 있다. 위의 예시를 HCVA 관점으로 바꿔서 표현해 보도록 하자.

[그림 4-18] 인적자본 부가가치(HCVA) 관점 분석

I		매출			100,000,000
ii – ii③		(인건비 차감) 비용			50,000,000
	II①		재료비	30,000,000	
	II②		임대료 등	20,000,000	
II③+III		매출 – (비용 – 인건비) = 인건비 + 영업이익			50,000,000
	II③		인건비	30,000,000	(60%)
	III		영업이익	20,000,000	(40%)

즉 인건비를 비용으로 보지 않을 경우, 매출 1억에서 인건비를 차감한 비용 5천

으로 가정한다.

16) 재무제표를 보면, 손익계산서상 당기순이익은 자본변동표상 이익잉여금이 되어 자본을 늘려주며, 이에 재무상태표상 미처분이익잉여금을 늘려 자본총계를 늘리게 된다.

만원[17]을 빼면 5천만원이 나온다. 잔액 5천만원은 인건비와 영업이익을 합한 것이기도 하다. 따라서 매출에서 회사의 경영활동 중 발생되는 모든 비용을 차감하되, 인건비는 차감하지 않고 두게 된다. 만약 노사관계를 감안하지 않고 완벽한 종업원지주제라고 한다면, 인건비 외 다른 비용들을 차감하고 남은 금액 중 얼마를 인건비로 분배하여 가져갈 것이고, 얼마를 남겨둘 것인지를 결정해야 할 것이다. 위의 제과점 사례를 보면, 인건비를 제외한 비용을 차감하여 남은 5천만원의 금액 중 인건비로 60%를 가져가고, 40%를 영업이익으로 유보시킨 것으로 볼 수 있다.[18] 즉 노동분배와 자본분배의 비율로 나타낼 수 있는 것이다. 따라서 전년도 대비 추세분석을 하고, 경쟁사 대비 비교 분석을 하여 상대적으로 노동분배율이 낮을 경우에는 임금인상이나 성과급 지급 여력이 생기게 되는 것이고, 상대적으로 노동분배율이 높을 경우에는 인건비를 통제해야 될 필요성이 있는 것이다. 다만 전술한 바와 같이 회계의 특성상 얼마든지 왜곡이 있을 수 있으므로 유의하여 참고자료로만 활용해야 할 것이다.

그리고 인적자본 투자 수익률 지표(HCROI)는 인건비에 1원을 투자할 때, 얼마의 영업이익이 창출되는지 그 수익률을 산정하는 것이다. 회사에서는 어느 한 요소에 투자를 할 때, 투자한 것 대비 성과가 얼마나 나오는지를 따져보고 싶어 한다. 즉 ROI(Return on Investment)라 하여, 기계 하나를 사면 얼마나 수익이 나는지, 교육을 시키면 얼마나 수익이 나는지, 사람 한 명을 더 채용하면 얼마나 수익이 나는지를 구하는 것이다.

이에 위의 지표들을 인건비 1원당 얼마의 영업이익이 창출되는가로 치환해 볼 수 있는 것이다. 즉 위 제과점 사례에서 인건비에 3천만원 투자했을 때, 2천만원의 영업이익이 창출되었으므로 66.7%가 HCROI라 할 수 있는 것이다. 즉 인건비로 100원을 투자했더니 66.7원의 영업이익이 창출되었다고 볼 수 있는 것이다. 하지

17) 재료비 3천만원과 임대료 2천만원을 합한 5천만원임.

18) 동업한 종업원이 5명인 것으로 예시를 들었으므로 인당 HCVA는 1천만원(5천만원÷5명)이고, 인당 600만원(3천만원÷5명)씩을 본인들 인건비로 가져가고, 인당 400만원(2천만원÷5명)씩을 영업이익으로 제과점에 유보시켜 둔 것이다. 이와 같이 전 직원을 동업자처럼 가정하게 되는 것이다.

만 HCROI 역시 전년 대비 추세분석 및 타사 대비 비교분석을 통해 참고자료로만 활용할 수 있고, 회계 특성상 특이사항들로 인한 왜곡을 유의하여야 할 것이다.

아래 사례를 보면, 20X1년 대비 20X2년과 20X3년으로 갈수록 인당 수입(매출액)이 커지고, 수입(매출액) 대비 인건비율은 낮아진 것을 볼 수 있다. 그리고 20X1년에는 HCVA 관점에서 98.2%를 인건비로 가져가고 1.8%만 유보금으로 남겼으나, 20X3년에는 93%만 인건비로 가져가고 7%를 유보금으로 남겼다는 것을 볼 수 있다. 이로 인해 HCROI 역시 1.8%에서 7.6%로 높아졌다는 것을 알 수 있다. 즉 인건비로 100원을 투자했을 때, 20X1년에는 1.8원의 영업이익을 창출했다면, 20X3년에는 7.6원의 영업이익을 창출했다는 것을 알 수 있다.

[그림 4-19] 인적자본 부가가치(HCVA) 및 투자수익률(HCROI) 추세 분석 사례

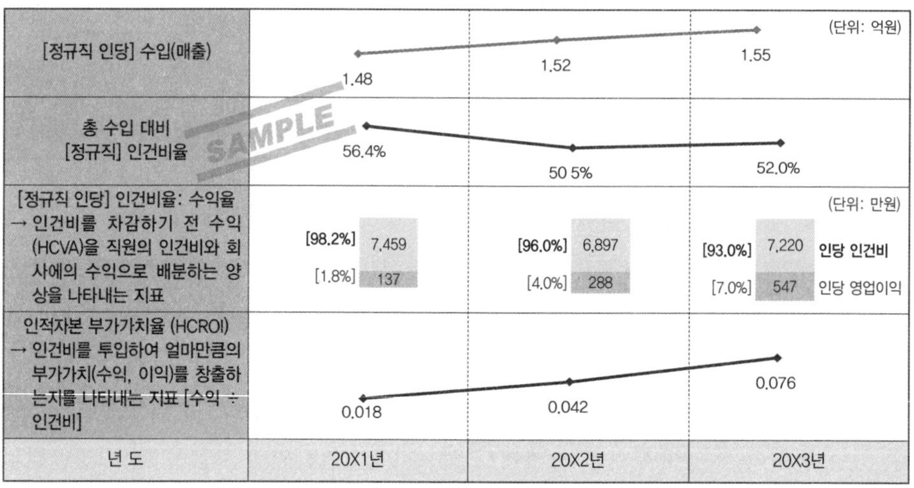

인적자본 부가가치 지표를 활용하면 아래 사례와 같이 동종업계를 영위하는 타사와의 비교를 통해 우리 회사의 인건비 투자 효율을 알 수 있다. 아래를 보면 B사와 C사의 인적자본 부가가치율(HCROI)이 더 높다는 것을 알 수 있고, HCVA 관점에서도 상대적으로 인건비: 수익의 비율이 약 80:20임을 알 수 있다. 다만 이는 여러 관점으로 해석이 가능한데, 상대적으로 인력을 덜 쓰거나 임금이 낮아서 인건비를 적게 썼기 때문일 수도 있고, 상대적으로 생산성이 높고 경영을 잘 했기 때문일 수도 있다. 다만 동종업계라고 하더라도 사업 포트폴리오가 조금씩 다르고, 회계기준도 다르기 때문[19]에 직접적인 비교는 어렵다는 것은 감안해야 할 것이다.

[그림 4-20] 인적자본 부가가치(HCVA) 및 투자수익률(HCROI) 경쟁사 분석 사례

회 사	A사	B사	C사	D사
[정규직 인당] 수입(매출) (단위: 억원)	1.62	1.62	1.52	3.30
총 수입 대비 [정규직] 인건비율	47.7%	42.6%	53.5%	27.3%
[정규직 인당] 인건비율: 수익율 HCVA 관점 (단위: 만원) 인당 인건비	[86.3%] 7,736	[79.3%] 6,909	[79.4%] 8,166	[84.2%] 8,990
[정규직 인당] 인건비율: 수익율 HCVA 관점 (단위: 만원) 인당 영업이익	[13.7%] 1,233	[20.7%] 1,802	[20.6%] 2,121	[15.8%] 1,687
인적자본 부가가치율 (HCROI)	0.159	0.261	0.260	0.188

한편 같은 회사 내에도 사업본부별 부서별로 수익, 비용, 인건비를 산출할 수 있다면, 부서별 HCROI도 산출할 수가 있다. 만약 사업본부 또는 부서별로 영위하는 사업이 달라서 부서별 수익, 부서별 비용,[20] 부서별 인건비가 나오고, 부서원 수를 특정할 수 있다면 부서별 지표도 비교할 수 있는 것이다.

아래 사례는 부서별로 인적자본 투자수익률(HCROI)을 산출하고, HCROI가 가장 높은 부서부터 가장 낮은 부서 순으로 나열한 것이다. 즉 HCROI가 가장 높았던 부서는 인당 인건비 대비 인당 영업이익이 6.5배로 높았으며, 인건비 대 수익의 비율이 13.3%:86.7%이므로 굉장히 수익성이 높은 부서라고 할 수 있다. 반면에 HCROI가 낮은 부서들은 인당 인건비 대비 인당 영업이익이 100% 미만으로 낮게 산출되고 있음을 볼 수 있다.

---

19) 예컨대 어느 회사는 감가상각기간을 3년으로 하고, 어느 회사는 감가상각기간을 5년으로 한다면 다른 요인이 아니라 단순히 회계 기준에 따라 각종 지표들이 달라진다.

20) 다만 사업부서가 아닌 관리부서의 비용과 인건비는 별도로 보거나, 각 사업부서가 일정 비율씩 포함하도록 해야 할 것이다.

[그림 4-21] 인적자본 부가가치(HCVA) 및 투자수익률(HCROI) 부서별 분석 사례

20XX년 부서별 HCROI(인적부가가치) 분석 <사업부서>

(단위: 만원)

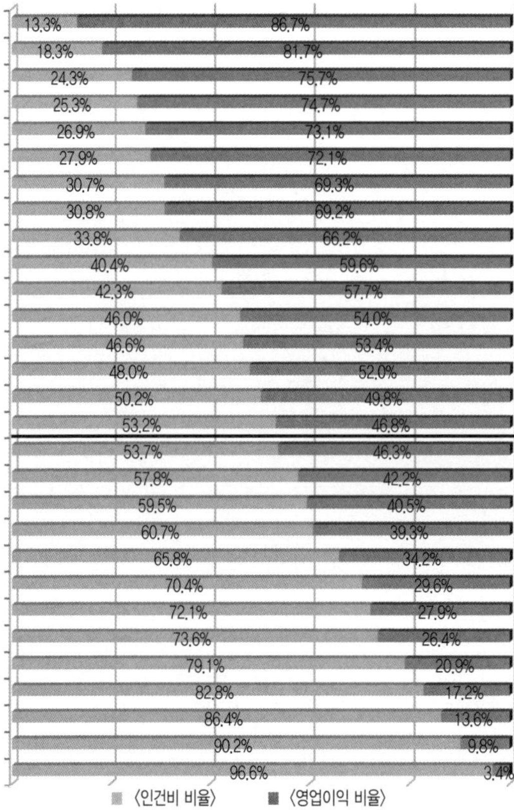

조직	인원수	인당 인건비	인당 영업이익	HCROI
	15	4,055	26,388	6.5
	11	5,542	24,682	4.5
	13	5,244	16,365	3.1
	11	5,565	16,438	3.0
	14	4,833	13,167	2.7
	7	4,804	12,420	2.6
	6	4,644	10,494	2.3
	10	5,451	12,258	2.2
	12	5,400	10,566	2.0
	9	5,342	7,877	1.5
	12	6,185	8,445	1.4
	10	5,753	6,758	1.2
	10	4,939	5,658	1.1
	8	7,082	7,685	1.1
	16	6,816	6,761	1.0
	11	5,842	5,134	0.9
	12	5,712	4,918	0.9
	15	8,227	6,009	0.7
	10	6,653	4,531	0.7
	7	5,739	3,714	0.6
	11	5,100	2,647	0.5
	5	7,034	2,954	0.4
	9	5,130	1,985	0.4
	5	7,233	2,595	0.4
	8	6,475	1,715	0.3
	7	6,006	1,245	0.2
	16	7,089	1,117	0.2
	5	8,076	879	0.1
	10	5,881	209	0.0

⬆ Good

Bad ⬇

다만 이와 같은 분석을 할 때는 획일적인 판단을 하면 안 된다는 것을 유의해야 한다. 왜냐하면 어떤 부서는 사업의 대외 여건[21]이 좋아서 큰 수익을 내는 경우가 있을 수 있고, 어떤 부서는 지금 당장은 수익이 나지 않지만 미래를 위하여 투자하는 경우도 있을 수 있기 때문이다.

결국 인적자본 부가가치 관련 지표들은 회계기준에 따른 왜곡 가능성, 대외 환경에 따른 왜곡 가능성, 타사와 비교할 때 사업 및 회계상 차이로 인한 정확한 비

21) 예컨대 반도체 가격이 높게 형성되는 경우도 있고, 낮게 형성되는 경우도 있다.

교 불가능 등의 이슈가 있기 때문에 절대적으로 신뢰할 수 있는 지표는 아닐 수 있다. 그럼에도 임금수준(Pay Level)의 적정성, 임금인상률 결정, 경영성과급(Profit Sharing) 지급 여부·지급 재원·분배 기준을 구할 때 참조할 수 있는 자료로 충분히 활용될 가치가 있다고 할 수 있다.

2. 임금테이블 분석 및 호봉제(형식적 연봉제) 운영

호봉제든 연봉제든 임금의 가장 기본이 되는 임금항목인 기본급 또는 기본연봉을 어떻게 설정하여 운영하는지가 중요하다고 할 것이다. 국내 기업들이 가장 많이 활용하는 것은 임금 테이블을 운영하는 방식과 Pay Band를 운영하는 방식이라 할 수 있다. Pay Band 운영방식이 임금의 하한선과 상한선만 정해 두고[22] 구간 내에 어떤 연봉수준이든 책정할 수 있도록 한 반면에, 임금 테이블 방식은 사전에 정해진 임금표에 따라 정해진 값만 책정될 수 있는 방식이다.

[그림 4-22] 임금 Table 운영 방식과 Pay Band 운영 방식 비교

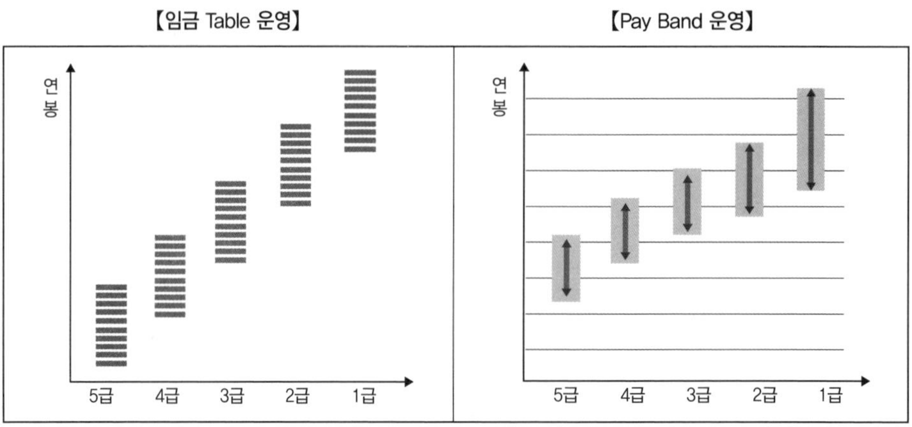

일반적으로는 호봉제에서 호봉테이블을 운영하는 경우가 대부분이지만, 연봉제를 표방하는 회사 중에서도 전 직급 또는 특정 직급에 대해서는 연봉테이블을 두고 정해진 임금을 획일적으로 지급하는 경우가 여전히 많이 있다.[23] 즉 사원 3년차라면 연봉이 모두 동일한 수준으로 책정되는 것이다.

그리고 Pay Band를 운영하더라도 업무 편의상 표준 연봉 테이블을 만들어 두는 것이 효과적인 경우도 있다. 즉 경력 입사자가 입사했을 때, 연봉협상 기준으로 참

22) 일부 회사는 Pay Band를 운영하면서 하한을 두지 않거나 상한을 두지 않는 경우도 있다.
23) 연봉제의 의미가 명확하지 않다 보니, 연봉제가 반드시 Pay Band를 전제로 하는 것은 아니다.

고하거나, Pay Band가 왜곡되어 운영되고 있지 않은지 비교 잣대로 활용하는 목적으로 표준 연봉 테이블을 만들어 두는 것은 여전히 유용할 수 있다.

(1) 임금테이블 구조 분석

임금테이블을 설계하거나, 기존 임금테이블을 분석할 때에는 ① 직급별 초임, ② 직급 내 호봉(등급) 수 및 상한액, ③ 호봉(등급) 간 임금 간격(Pitch), ④ 직급 간 중첩률 및 승진 시 호봉 재 획정(임금 인상) 방식 등을 고려하여야 한다.

[그림 4-23] 임금 Table 구조 (예시)

① 직급별 초임 결정

직급 간 차이: 7급→6급 20%, 6급→5급 18%, 5급→4급 16%, 4급→3급 13%, 3급→2급 12%, 2급→1급 11%

구 분	7급	6급	5급	4급	3급	2급	1급
1등급	22,000,000	26,400,000	31,152,000	36,136,320	40,834,042 ⓐ	45,734,127	50,764,881
2등급	22,308,000	26,769,600	31,588,128	36,642,228	41,405,718	46,374,404	51,475,589
3등급	22,620,312	27,144,374	32,030,362	37,155,220	41,985,398	47,023,646	52,196,247
4등급	22,936,996	27,524,396	32,478,787	37,675,393	42,573,194	47,681,977	52,926,995
5등급	23,258,114	27,909,737	32,933,490	38,202,848	43,169,219	48,349,525	53,667,972
6등급	23,583,728	28,300,474	33,394,559	38,737,688	43,773,588	49,026,418	54,419,324
7등급	23,913,900	28,696,680	33,862,083	39,280,016	44,386,418	49,712,788	55,181,195
8등급	24,248,695	29,098,434	34,336,152	39,829,936	45,007,828	50,408,767	55,953,731
9등급	24,585,752	29,502,902	34,813,424	40,383,572	45,633,436	51,109,449	56,731,488
10등급	24,925,035	29,910,042	35,293,849	40,940,865	46,263,178	51,814,759	57,514,383
11등급	25,266,508	30,319,810	35,777,375	41,501,755	46,896,983	52,524,621	58,302,330
12등급	25,610,132	30,732,159	36,263,948	42,066,179	47,534,782	53,238,956	59,095,241
13등급	25,955,869	31,147,043	36,753,511	42,634,073	48,176,502	53,957,682	59,893,027
14등급	26,303,678	31,564,413	37,246,008	43,205,369	48,822,067	54,680,715	60,695,594
15등급	26,653,517	31,984,220	37,741,380	43,780,001	49,471,401	55,407,969	61,502,845
16등급	27,005,343	32,406,412	38,239,566	44,357,897	50,124,423 ⓑ	56,139,354	62,314,683
17등급	27,359,113	32,830,936	38,740,504	44,938,985	50,781,053	56,874,779	63,131,005
18등급	27,714,782	33,257,738	39,244,131	45,523,192	51,441,207	57,614,152	63,951,708
19등급	28,072,302	33,686,763	39,750,380	46,110,441	52,104,798	58,357,374	64,776,685
20등급	28,431,628	34,117,953	40,259,185	46,700,655	52,771,740	59,104,348	65,605,827

등급간 Step/up 1.4% (1~8등급)

등급간 Step/up 0.01% 씩 차감 (13~16등급)

② 등급 수 및 상한선 (중첩률) 결정

③ 등급(호봉)간 승급 Pitch 설정

④ 승진 시 호봉 재확정 방식 결정

ⓐ **승진 시, 상위 직급 초임으로 이동 원칙 (조기 승진일수록 인상률 ↑)**

ⓑ 승진 전 연봉이 상위 직급 초임 보다 높을 경우에는 Sliding 이동

① 직급별 초임 결정

우리나라에서는 주로 대졸 초임을 기초로 하여, 학력별로 임금을 차등하는 경향이 많이 있다. 그리고 직급에 따라 직급별 초임을 결정하게 된다. 직급별 초임은 직급 수와 직급별 표준체류년수에 따라 달라지는 경향이 있으며, 직급간 임금 중첩 정도에도 영향을 미치는 경우가 있다. 당연히 직급수가 적을수록 직급별 초임 간 임금격차가 커지는 경향이 나타나며, 직급별 체류년수와 직급간 임금 중첩도 직급별 초임에 영향을 미치게 된다. 공공기관의 경우 직급별 정원이 정해져 있어 승진에 오랜 기간이 소요되는 경우가 있어서 이를 반영하여 1급 초임이 6급 최고 호봉(등급)의 임금보다 낮게 설정되어 있는 경우도 있는데, 이는 바람직하지 않다고 할 수 있다.

[그림 4-24] 직급 수에 따른 직급별 초임 격차 차이 (예시)

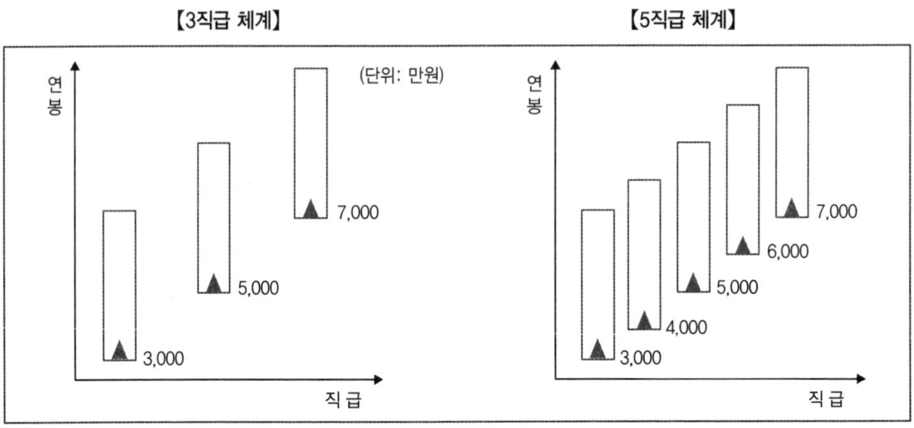

② 직급 내 호봉(등급) 수 결정

직급 내 호봉(등급) 수를 결정하는 주요 요인으로는 ㉠ 직급 수, ㉡ 직급 내 표준체류년수, ㉢ 연간 승급 단계 수, ㉣ 직급 간 임금 중첩 정도, ㉤ 호봉(등급) 간 임금 간격(호봉 Pitch) 설정 방식 등이 있으며, 이들 요인들은 상호간에 유기적으로 연관이 된다.[24]

24) 직급별 호봉수가 동일한 경우도 있지만, 다른 경우도 있다. 예컨대 전 직급 동일하게 25호봉씩

[그림 4-25] 직급별 체류년수 및 중첩률에 따른 초임 설정 (예시)

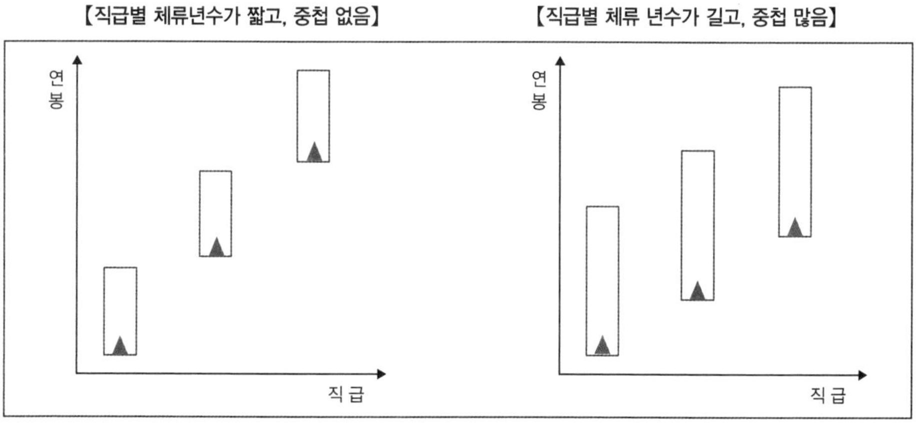

㉠ 직급 수	㉡ 직급 내 표준체류년수	㉢ 연간 승급 단계 수	㉣ 직급 간 임금 중첩 정도	직급 내 호봉 수
많을수록	짧을수록	적을수록	중첩이 작을수록	적음
적을수록	길수록	많을수록	중첩이 클수록	많음

일반적으로 ㉠ 직급 수가 적으면 ㉡ 직급 내 표준 체류년수가 길어지고, 승진 누락으로 인한 적체자도 많아지므로 직급 내 호봉(등급) 수가 많아질 필요가 있고, 반대로 ㉠ 직급 수가 많으면 ㉡ 직급 내 표준 체류년수가 짧아지고, 승진 누락자도 적어지므로 직급 내 호봉(등급) 수가 많을 필요가 없다.

㉢ 연간 승급 단계 수는 1년에 1호봉(등급) 승급을 원칙으로 할 것인지, 1년에 2호봉(등급) 승급을 원칙으로 할 것인지의 문제이다. 일반적인 호봉제의 경우에는 1년에 1호봉(등급)씩 승급하도록 하는 경우가 많으나, 1년에 2호봉(등급) 승급을 하는 경우도 있다.

즉 아래 그림과 같이 1년 승급 시 10만원이 인상된다고 가정할 경우, 호봉 간 임금 간격을 10만원으로 하여 1호봉을 승급시킬 수도 있지만, 호봉 간 임금 간격을 분할하여 5만원으로 한 후 2호봉씩 승급시키는 것도 가능하다는 것이다.

있는 회사도 있지만, 3급은 20호봉까지 두고 5급은 30호봉까지 두는 회사도 있다.

[그림 4-26] 1년 2호봉 기본 승급 방식 (예시)

1) 현행 40호봉의 Table을 2분할하여 80호봉의 Table로 전환

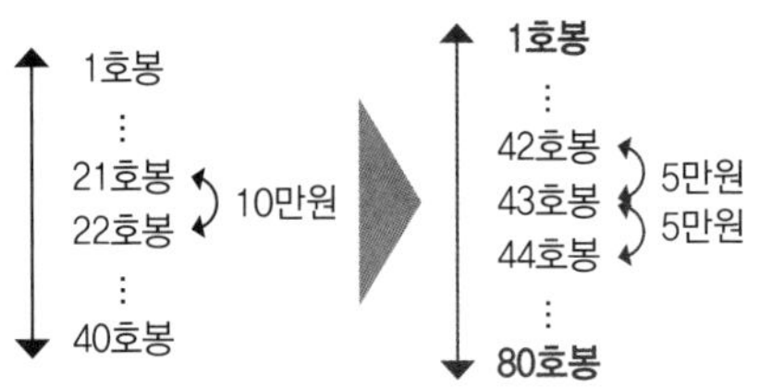

2) 1년간 2호봉 상승을 정상 승급으로 설정 후 평가 등 결과에 따라 특별, 정상, 미달 등 차등 승급함 (※특별승급 대상자 추천제 병행 가능)

비율	승급
10%	3호봉 특별 승급
85%	2호봉 정상 승급
5%	1호봉 미달 승급

1년에 2호봉씩 승급시킬 경우에는 평가에 따라 우수한 직원에게는 + 1호봉을 더 해주고, 성과가 낮은 직원에게는 -1호봉을 하는 방식으로 성과에 따른 차등 보상을 할 수 있다는 장점이 있다. 또한 중도 입사자나 휴직자의 경우 1년에 1호봉씩 승급하게 되면 기산기간에 따라 며칠 차이로 승급이 되거나 안 되어 1년 차이가 나는 등 형평성 문제가 심화될 수 있으나, 1년에 2호봉 승급을 하게 될 경우에는 형평성 문제가 다소 완화될 수 있게 된다. 예컨대 1년 중 6개월간 휴직을 사용했다면, 1년에 1호봉 승급을 하는 회사의 경우에는 승급 대상자로 넣을지 넣지 않을지에 대한 선택을 하여야 되겠지만, 1년에 2호봉 승급을 하는 회사의 경우에는 1호봉만 승급시키면 되기 때문에 유연성이 더 커진다고 볼 수 있다.

따라서 1년에 2호봉 승급을 원칙으로 하는 회사는 1년에 1호봉 승급하는 회사에 비해 호봉 수가 더 많이 필요해진다.

㉣ 직급 간 임금 중첩 정도 역시 직급 내 호봉(등급) 수 설정에 영향을 미친다. 이는 승진 시 호봉 재 획정 방식과도 연관이 있는 것인데, 중첩이 없거나 약한 구조에서는 보통 승진 시에 상위 직급의 초임 호봉으로 이행하게 되나, 중첩이 많은 구조에서는 상위 직급 초임 수준이 낮은 경우가 많으므로 보통 수평 이동 후 추가 호봉을 부여해 주는 경우가 많다. 이에 초임으로 이행하는 경우에는 호봉 수가 많을 필요가 없지만, 초임이 아닌 호봉으로 이동한 경우에는 그 만큼 호봉 수가 더 많이 필요하게 된다.

[그림 4-27] 직급 간 임금 중첩 정도 (예시)

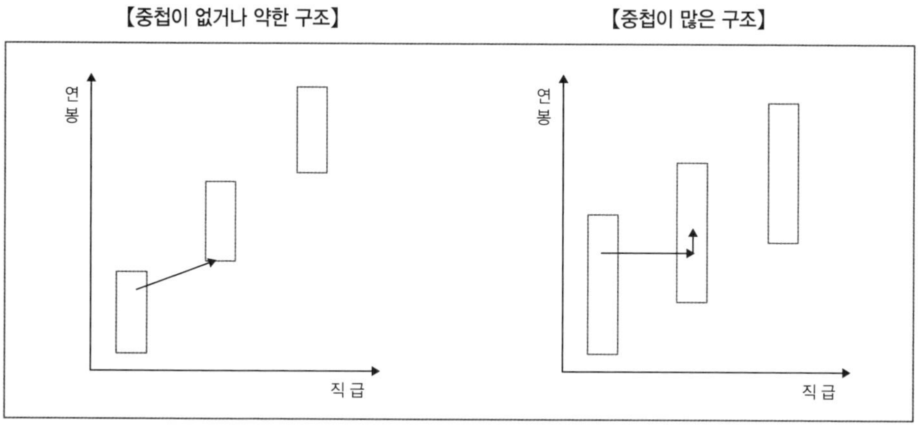

[그림 4-28] 중첩률 차이 (예시)

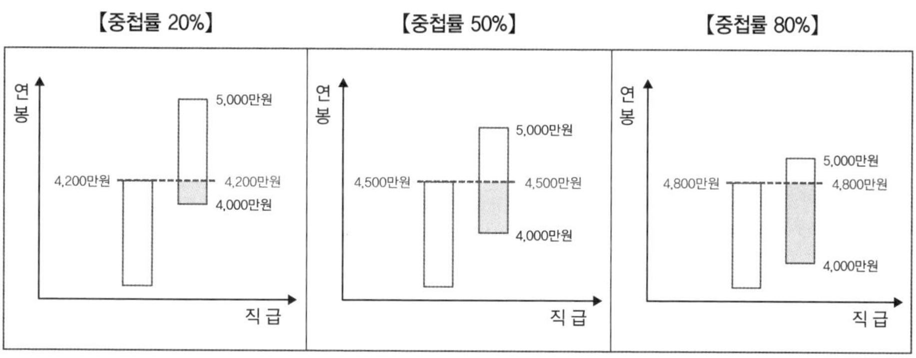

㉣ 호봉(등급) 간 임금 간격(호봉 Pitch) 설정 방식 및 승진누락자에 대한 호봉 책정 방식에 따라서도 호봉 수가 달라질 수 있다. 즉 호봉 간 임금간격을 크게 하되 최고 호봉에 올라갔을 경우에도 더 이상의 호봉을 만들지 않고 승진할 때 까지 최고 호봉에서 머무르게 하는 경우에는 호봉 수를 적게 설정하게 되고, 호봉 간 임금간격을 작게 하여 승진이 누락되더라도 계속 호봉 승급을 하게 할 경우에는 호봉 수를 많이 설정하게 된다.

[그림 4-29] 호봉 간 임금 간격 차이 (예시)

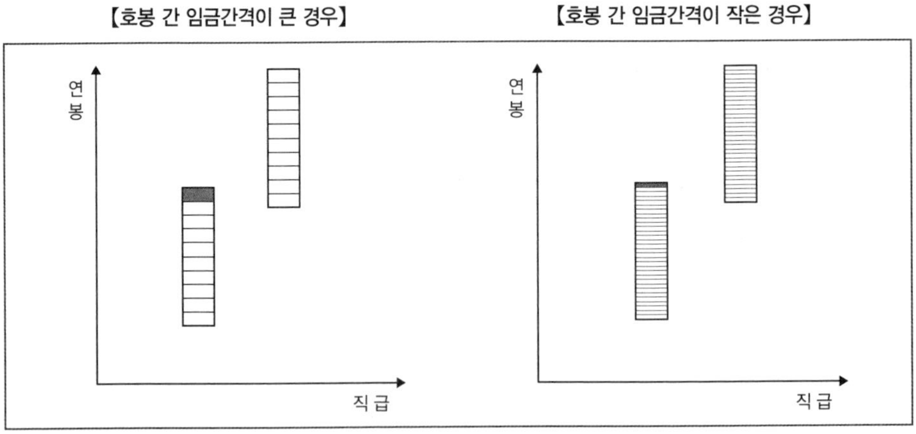

③ 호봉(등급) 간 임금 간격(Pitch)

호봉(등급) 간 임금 간격(Pitch)을 설계하는 방식은 우선 ㉠ 정액 방식으로 할 것인지, 정률 방식으로 할 것인지를 정해야 하고, ㉡ 직급 내 승급에 있어 임금정책선을 점증형으로 할 것인지, 점감형으로 할 것인지, 점증 후 동결 방식으로 할 것인지 등을 정해야 한다.

기본적으로 직급 내 승급을 할 때, 인상되는 금액을 Step/up 금액이라 하고, 전 호봉 대비 임금이 인상되는 비율을 Step/up 율이라고 한다.

아래 사례를 통해 임금 간격(Pitch)을 정액 방식으로 설정하는 경우와 정률 방식으로 설정하는 경우에 Step/up 금액과 Step/up 율이 어떻게 정해지게 되는지 살펴보도록 하자.

먼저 정액 방식으로 인상되는 사례이다. 매 호봉마다 정액으로 2만원씩 인상되는 구조로 설계되었다. 이에 호봉 승급에 따른 인상액(Step/up 인상액) 임금 정책선은 수평으로 그려진다. 반면에 호봉 승급에 따른 인상률(Step/up 인상률)은 점점 하락하는 점감형의 임금정책선으로 그려짐을 알 수 있다. 호봉이 올라갈수록 모수가 되는 임금 금액은 커지는데 동일한 인상액이 설정되어 있으므로 인상률이 점차 낮아지는 것은 당연한 것이라 할 수 있다.

[그림 4-30] 호봉 간 임금 Pitch, 정액 방식 (예시)

호봉(등급)	금 액	임금 차이(Pitch) [Step/up 금액]	임금 인상률 [Step/up 율]
1	1,000,000		
2	1,020,000	20,000	2.00%
3	1,040,000	20,000	1.96%
4	1,060,000	20,000	1.92%
5	1,080,000	20,000	1.89%
6	1,100,000	20,000	1.85%
7	1,120,000	20,000	1.82%
8	1,140,000	20,000	1.79%
9	1,160,000	20,000	1.75%
10	1,180,000	20,000	1.72%

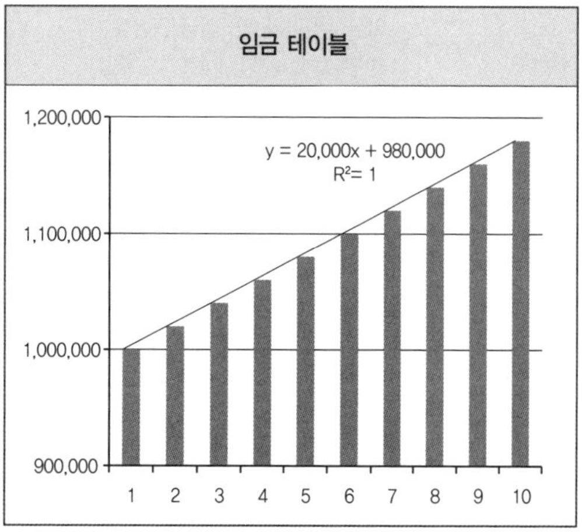

[그림 4-31] 호봉 간 임금 Pitch, 정액 방식의 Step/up 인상 (예시)

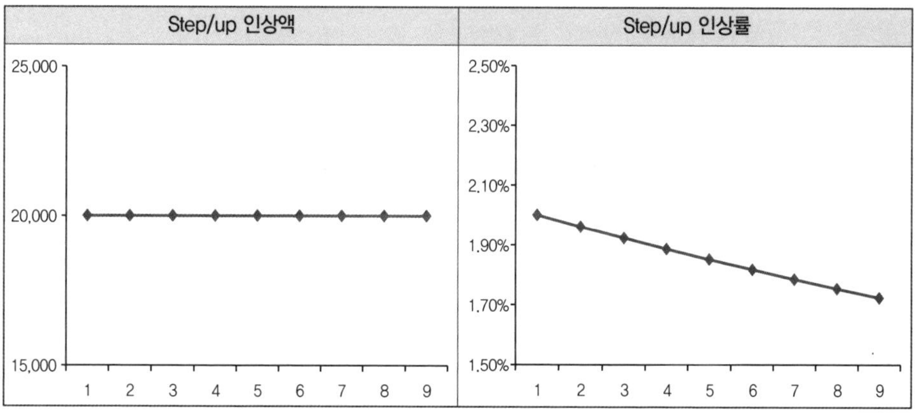

다음으로 정률 방식으로 인상되는 사례이다. 매 호봉마다 정률로 2%씩 인상되는 구조로 설계되었다. 이에 호봉 승급에 따른 인상액(Step/up 인상액) 임금 정책선은 우상향 점증형으로 그려진다. 호봉이 올라갈수록 모수가 되는 금액은 커지는데 동일한 인상률을 곱하여 인상액이 산정되므로 인상액 정책선이 점차 높아지는 것은 당연한 것이라 할 수 있다. 반면에 호봉 승급에 따른 인상률(Step/up 인상률) 임금정책선은 수평으로 그려진다.

[그림 4-32] 호봉 간 임금 Pitch, 정률 방식 (예시)

호봉 (등급)	금 액	임금 차이(Pitch) [Step/up 금액]	임금 인상률 [Step/up 율]
1	1,000,000		
2	1,020,000	20,000	2.00%
3	1,040,400	20,400	2.00%
4	1,061,208	20,808	2.00%
5	1,082,432	21,224	2.00%
6	1,104,081	21,649	2.00%
7	1,126,162	22,082	2.00%
8	1,148,686	22,523	2.00%
9	1,171,659	22,974	2.00%
10	1,195,093	23,433	2.00%

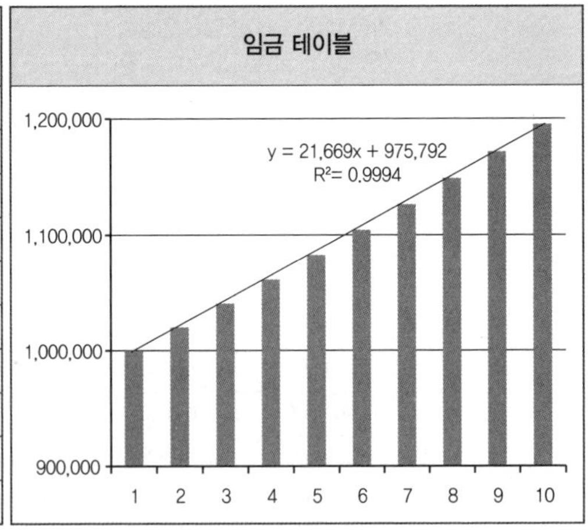

[그림 4-33] 호봉 간 임금 Pitch, 정률 방식의 Step/up 인상 (예시)

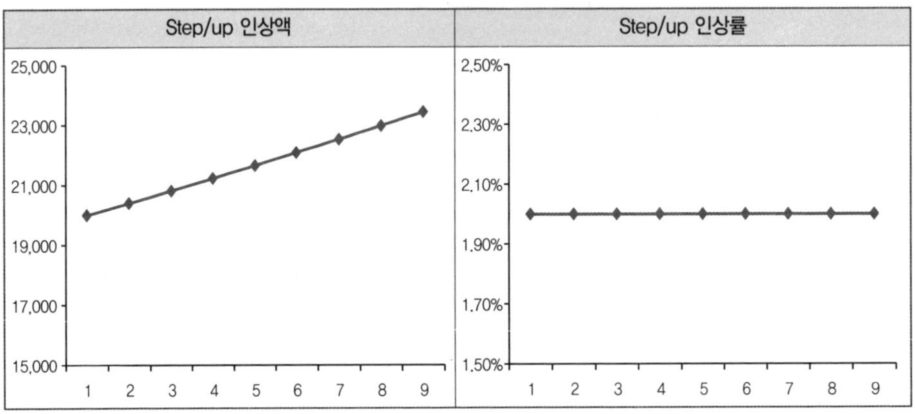

정액 방식과 정률 방식 중 어느 것이 더 옳은 것이라 할 수는 없지만, 상대적으로 정률 방식은 호봉이 늘어날수록 임금 인상액이 더 커지므로 보다 연공에 따른 임금 형태라 할 수 있고, 정액 방식은 호봉이 늘어날수록 임금 인상률이 낮아지므로 자연스러운 직급 내 임금피크제 형태가 됨을 알 수 있다.

한편, 정액 방식이든 정률 방식이든 간에 동일한 인상액 또는 인상률을 설정하지 않고, 점증 방식이나 점감 방식 또는 호봉 구간 별로 점증 후 점감 방식으로 설계하는 것이 가능하며, 특히 진급 누락자에 대해서는 승급을 하더라도 더 이상 급여가 오르지 않도록 호봉을 설계하는 것도 가능하다.

아래 사례는 정액 방식으로 호봉표를 설계하면서, 점증형·점감형·점증 후 점감형·직급 내 임금피크제(한계호봉제) 형태 등 다양한 임금 정책선을 구현한 것이다. 각 회사의 특성에 따라 선택하도록 하되, 고 직급 및 고 연령에 따른 연공주의의 폐해를 줄이기 위해서는 승진에 소요되는 표준 체류년수 까지는 안정적으로 호봉 상승액이 지급되도록 하되, 표준 체류년수를 넘어 승진에 누락되었다고 보이는 시점부터는 점감형 및 직급 내 임금피크제(한계호봉제)를 설정하는 것이 바람직할 것이다.

[그림 4-34] 임금 Table에 반영한 다양한 임금 곡선 유형 (예시)

【점증형】

호봉(등급)	금 액	임금 차이(Pitch) [Step/up 금액]	임금 인상률 [Step/up 율]
1	1,000,000		
2	1,020,000	20,000	2.00%
3	1,040,500	20,500	2.01%
4	1,061,500	21,000	2.02%
5	1,083,000	21,500	2.03%
6	1,105,000	22,000	2.03%
7	1,127,500	22,500	2.04%
8	1,150,500	23,000	2.04%
9	1,174,000	23,500	2.04%
10	1,198,000	24,000	2.04%

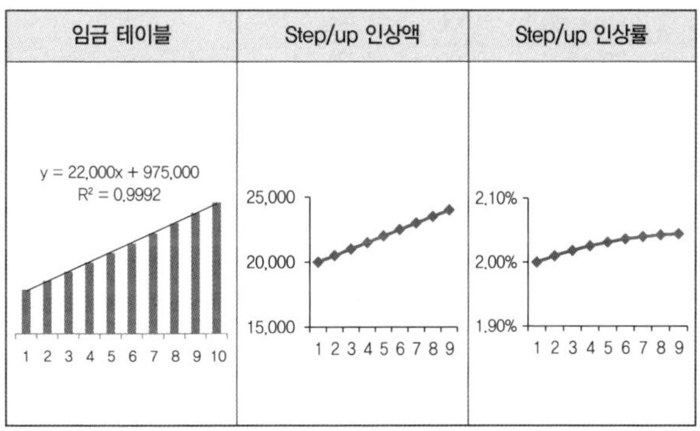

【점감형】

호봉(등급)	금 액	임금 차이(Pitch) [Step/up 금액]	임금 인상률 [Step/up 율]
1	1,000,000		
2	1,020,000	20,000	2.00%
3	1,039,000	19,000	1.86%
4	1,057,000	18,000	1.73%
5	1,074,000	17,000	1.61%
6	1,090,000	16,000	1.49%
7	1,105,000	15,000	1.38%
8	1,119,000	14,000	1.27%
9	1,132,000	13,000	1.16%
10	1,144,000	12,000	1.06%

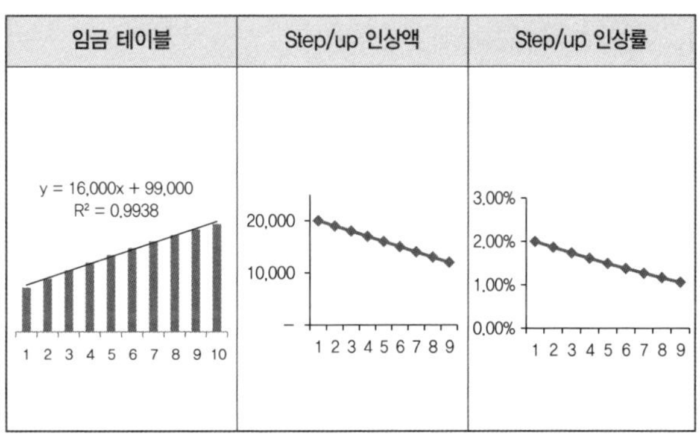

【점증 후 점감형】

호봉(등급)	금 액	임금 차이(Pitch) [Step/up 금액]	임금 인상률 [Step/up 율]
1	1,000,000		
2	1,020,000	20,000	2.00%
3	1,041,000	21,000	2.06%
4	1,063,000	22,000	2.11%
5	1,085,000	22,000	2.07%
6	1,107,000	22,000	2.03%
7	1,128,000	21,000	1.90%
8	1,148,000	20,000	1.77%
9	1,167,000	19,000	1.66%
10	1,185,000	18,000	1.54%

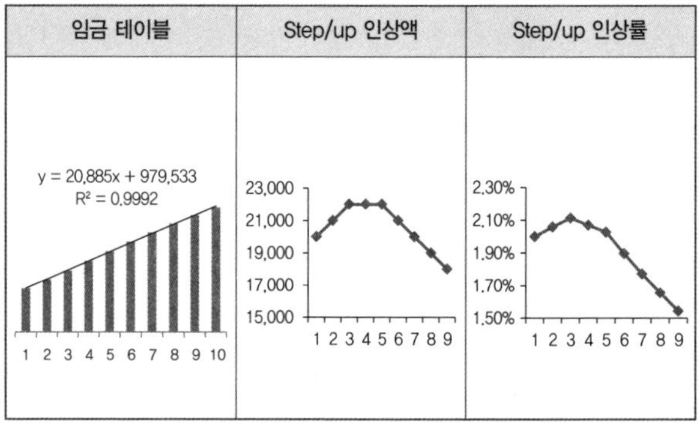

【직급 내 임금피크제(한계호봉제)】

호봉(등급)	금 액	임금 차이(Pitch) [Step/up 금액]	임금 인상률 [Step/up 율]
1	1,000,000		
2	1,020,000	20,000	2.00%
3	1,039,000	19,000	1.86%
4	1,057,000	18,000	1.73%
5	1,074,000	17,000	1.61%
6	1,090,000	16,000	1.49%
7	1,105,000	15,000	1.38%
8	1,115,000	10,000	0.90%
9	1,120,000	5,000	0.45%
10	1,120,000	–	0.00%

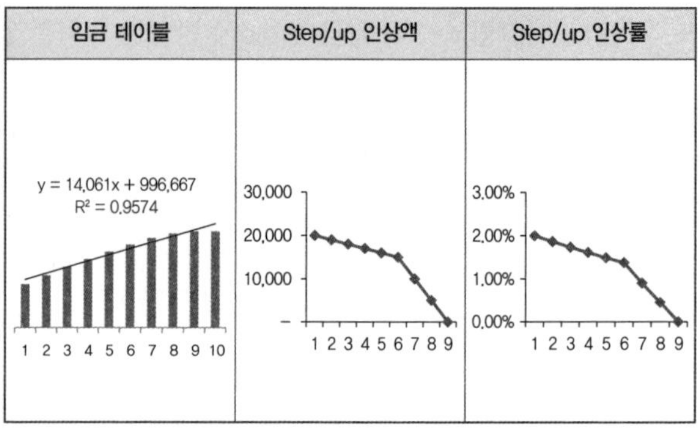

[그림 4-35] 직급별 한계호봉제 적용

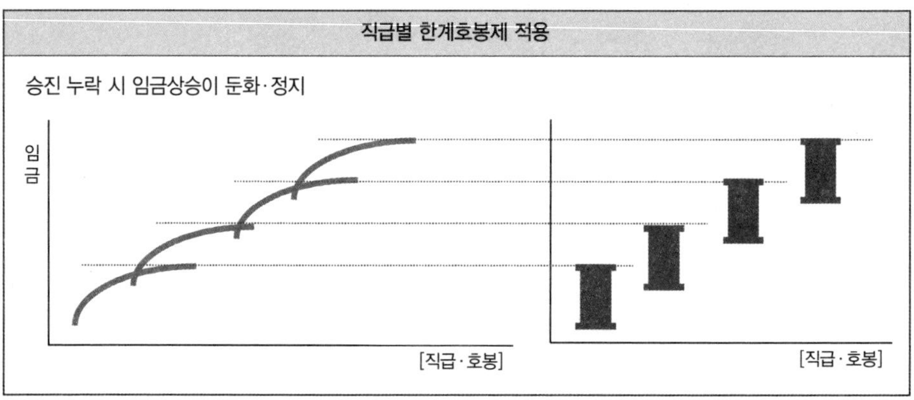

즉 위와 같이 직급별 한계호봉제를 적용하게 되면, 승진 누락자의 경우 계속 임금이 상승하여 인건비 부담이 되는 것을 억제할 수 있게 된다. 또한 중첩 정도가 적어지게 되므로 하위 직급자의 임금이 상위 직급자의 임금보다 높아지는 역전 현상도 방지할 수 있게 된다.

④ 승진 시 호봉 재 획정(임금 인상) 방식

승진 시 호봉 재 획정(임금인상) 방식은 직급별 임금구간 범위(Pay Range)의 중첩 정도와 밀접한 관련이 있다.

[그림 4-36] 직급별 임금구간 중첩 여부에 따른 유형

구분	직급간 중복형 임금구조	직급간 간격형 임금구조
개요	직급간 임금구간이 겹치는 부분이 있음 → 하위 직급자가 상위 직급자보다 높은 급여 가능	직급간 임금구간이 겹치는 부분이 없음 → 상위 직급자의 기본급은 하위 직급자보다 항상 높음
임금 체계	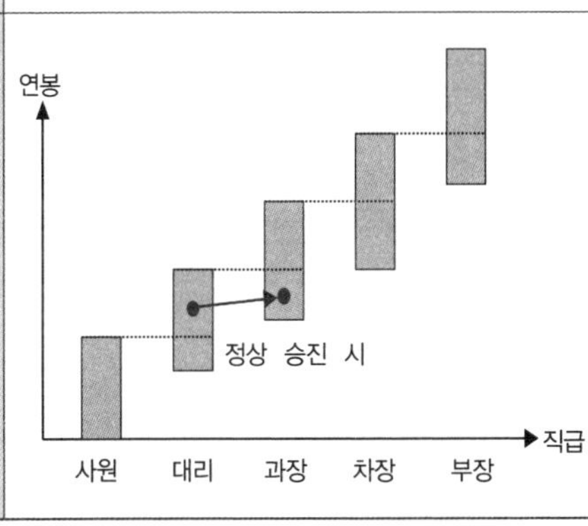	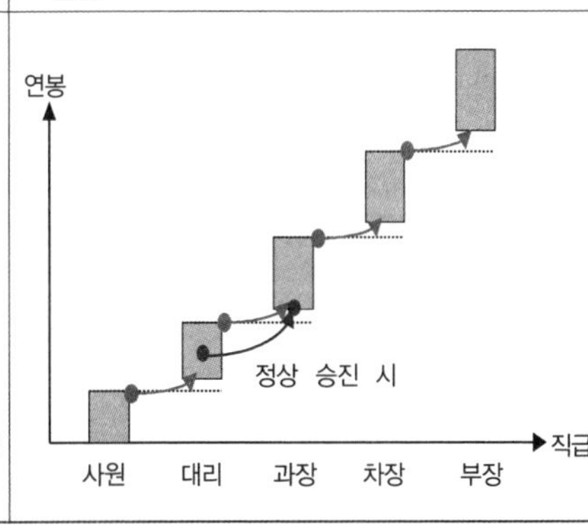

중첩이 전혀 되지 않은 간격형 임금구조이거나 중첩 정도가 약하면 상위 직급의 초임 호봉으로 이행하는 방식을 채택하게 되고, 중첩 정도가 강하면 현재 임금 수준과 유사한 상위 직급의 호봉으로 슬라이딩 이행한 후 추가 승급을 받는 방식을 채택하게 된다.

아래 그림은 직급 간 중첩률에 따라 승진 시 호봉 재 획정을 하는 사례들을 나타낸 것이다. 예컨대 각 직급별 호봉간 임금 차이(pitch)는 정액 10만원으로 설정되어 있고, 6급 5호봉(1,000,000원)에서 5급으로 승진을 하며, 승진 시 임금은 500,000

원을 인상시켜 줄 계획이라고 가정해 보자. 이때 승진 직급인 5급은 Case 1,2,3,4와 같이 각각 초임과 중첩률이 다르게 설정될 수 있다.

[4-37] 중첩률에 따른 승진 호봉 재획정 사례

임금기준

6급

호봉	금액
10	1,500,000
9	1,400,000
8	1,300,000
7	1,200,000
6	1,100,000
5	1,000,000
4	900,000
3	800,000
2	700,000
1	600,000

[case 1] 5급

호봉	금액
10	1,700,000
9	1,600,000
8	1,500,000
7	1,400,000
6	1,300,000
5	1,200,000
4	1,100,000
3	1,000,000
2	900,000
1	800,000

[case 2] 5급

호봉	금액
10	2,000,000
9	1,900,000
8	1,800,000
7	1,700,000
6	1,600,000
5	1,500,000
4	1,400,000
3	1,300,000
2	1,200,000
1	1,100,000

[case 3] 5급

호봉	금액
10	2,200,000
9	2,100,000
8	2,000,000
7	1,900,000
6	1,800,000
5	1,700,000
4	1,600,000
3	1,500,000
2	1,400,000
1	1,300,000

[case 4] 5급

호봉	금액
10	2,400,000
9	2,300,000
8	2,200,000
7	2,100,000
6	2,000,000
5	1,900,000
4	1,800,000
3	1,700,000
2	1,600,000
1	1,500,000

호봉기준

6급		5급		5급		5급		5급	
호봉	금액	호봉	금액	호봉	금액	호봉	금액	호봉	금액
10	1,500,000	10	1,700,000	10	2,000,000	10	2,200,000	10	2,400,000
9	1,400,000	9	1,600,000	9	1,900,000	9	2,100,000	9	2,300,000
8	1,300,000	8	1,500,000	8	1,800,000	8	2,000,000	8	2,200,000
7	1,200,000	7	1,400,000	7	1,700,000	7	1,900,000	7	2,100,000
6	1,100,000	6	1,300,000	6	1,600,000	6	1,800,000	6	2,000,000
5	1,000,000	5	1,200,000	5	1,500,000	5	1,700,000	5	1,900,000
4	900,000	4	1,100,000	4	1,400,000	4	1,600,000	4	1,800,000
3	800,000	3	1,000,000	3	1,300,000	3	1,500,000	3	1,700,000
2	700,000	2	900,000	2	1,200,000	2	1,400,000	2	1,600,000
1	600,000	1	800,000	1	1,100,000	1	1,300,000	1	1,500,000

구분	case 1	case 2	case 3	case 4
초임간 임금차이	200,000	500,000	700,000	900,000
직급간 임금 중첩율	77.8%	44.4%	22.2%	0.0%
승진 후 재확정 호봉	8호봉	5호봉	3호봉	1호봉
승진 전후 호봉 비교	+3호봉	–	-2호봉	-4호봉
승진년도 Step/Up	9호봉	6호봉	4호봉	2호봉

[Case 1]의 경우 직급 간 초임 차이는 200,000원[25]이며, 임금 구간 중첩률은 77.8%[26]로 나타나고 있다. 이러한 호봉 구조에서 승진 인상액 500,000원을 보장해 주려면 5급 승진 후 8호봉(+3호봉)으로 재획정 해 주어야 하고, 승진 연도에 정기 승급(Step/up)을 별도로 해 주는 경우에는 5급 9호봉이 되는 것이다.

[Case 2]의 경우 직급 간 초임 차이는 500,000원이며, 임금 구간 중첩률은 44.4%로 나타나고 있다. 이러한 호봉 구조에서 승진 인상액 500,000원을 보장해 주려면 5급 승진 후에도 호봉 변화 없이 기존 5호봉이 유지되며[27], 승진 연도에 정기 승급(Step/up)을 별도로 해 주는 경우에는 5급 6호봉이 되는 것이다.

[Case 3]의 경우 직급 간 초임 차이는 700,000원이며, 임금 구간 중첩률은 22.2%로 나타나고 있다. 이러한 호봉 구조에서 승진 인상액 500,000원을 보장해 주려면 5급 승진 후 3호봉(−2호봉)으로 재획정 해 주어야 하고, 승진 연도에 정기 승급(Step/up)을 별도로 해 주는 경우에는 5급 4호봉이 되는 것이다.

[Case 4]의 경우 직급 간 초임 차이는 900,000원이며, 임금 구간 중첩률은 0%로 나타나고 있다. 이러한 호봉 구조에서 승진 인상액 500,000원을 보장해 주려면 5급 승진 후 1호봉(−4호봉)으로 재획정 해 주어야 하고, 승진 연도에 정기 승급(Step/up)을 별도로 해 주는 경우에는 5급 2호봉이 되는 것이다.

이처럼 승진 시 호봉을 재 획정 하는 방식은 직급 간 임금 중첩률이 어떻게 설정되어 있는지가 큰 영향을 미치게 되는 것이다. 즉 임금 중첩률에 따라 승진 후 호봉이 1호봉으로 리셋되기도 하고, 승진 전 호봉에 비해 감소되거나 증가된 호봉으로 재 획정되기도 하며, 승진 전 호봉이 그대로 유지되기도 하는 것이다. 또한 직급 간 임금 중첩률 구조 및 재 획정 기준에 따라 승진 시 임금 인상액(율)이 달라지게 되는 것이다.

---

25) 5급 초임 800,000원 − 6급 초임 600,000원 = 200,000원

26) (6급 상한 10호봉 1,500,000원 − 5급 하한 1호봉 800,000원) ÷ (5급 상한 10호봉 1,700,000원 − 5급 하한 1호봉 800,000원) = 700,000원 ÷ 900,000원 = 77.8%
즉, 상위 직급인 5급의 임금 구간 범위 900,000원(상한 1,700,000원 − 하한 800,000원) 중 6급과 중첩되는 임금 구간 범위가 얼마나 되는지를 나타낸 것이다.

27) 직급급 테이블과 호봉급 테이블을 분리 운영하는 경우에도 마찬가지다. 즉 승진하여 직급급이 인상되더라도 기존 호봉 및 호봉급은 그대로 유지되는 것이다.

한편, 중첩형 임금구조를 운영하는 경우에는 아래와 같이 먼저 승진한 직원 보다 늦게 승진한 직원이 더 많은 금액을 받게 되거나, 동일한 호봉으로 이행하여 상대적으로 역전현상이 나게 되어 형평성 문제가 제기되는 경우가 있다. 즉 중첩이 많이 되어 있어 상위 직급의 초임으로 가지 않고 기존과 비슷한 임금이 책정되어 있는 상위 직급의 호봉으로 가게 되고, 하위 직급의 경우에도 승진 누락자에 대하여 승급액이 감소되지 않는 경우에는 누락자가 승진할 때 기존 승진자의 임금 수준을 따라 잡게 되어 일찍 승진한 직원의 이점이 사라지게 된다.

[그림 4-38] 직급별 임금구간 중첩 여부에 따른 승진 효과 비교

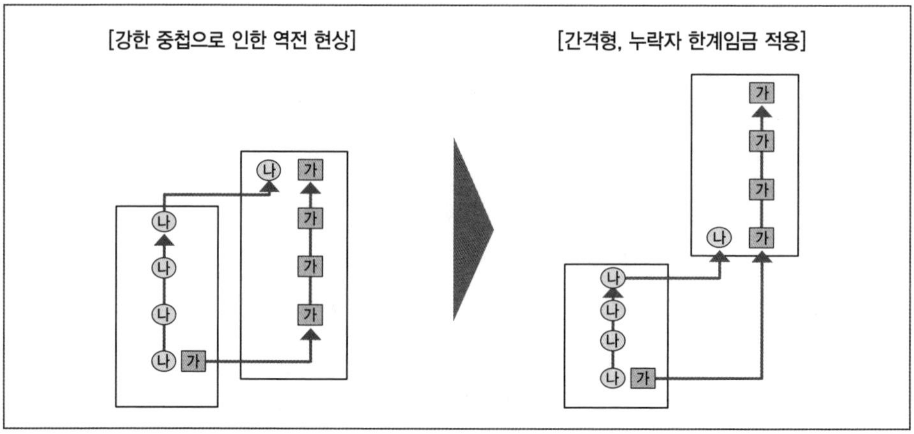

따라서, 가급적 중첩이 큰 중첩형 임금구조 보다는 간격형 임금구조를 운영하거나 중첩 구간을 작게 설정할 필요가 있고, 승진이 누락된 직원의 자연 승급분은 점차 줄어들게 만들 필요가 있으며, 불가피하게 상위 직급의 비슷한 임금으로 수평 이동(슬라이딩)을 하게 될 경우에는 승진 후 +α호봉 부여에 있어 차등 적용을 함으로써, 조기에 승진한 직원을 우대하고, 역전현상에 따른 상대적 박탈감을 없앨 수 있다.

[그림 4-39] 임금 Table 운영 시, 조기 승진자 우대 방식

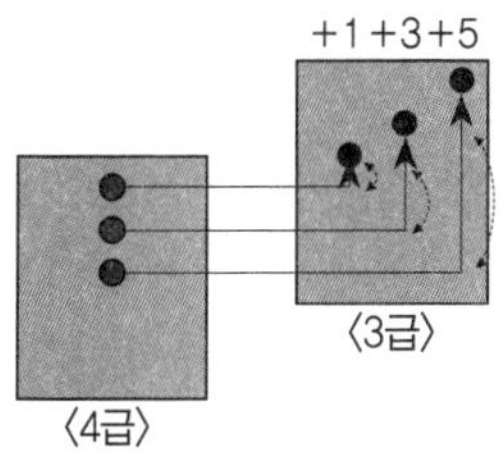

1년 진급 누락	Sliding + 1호봉
정상 진급	Sliding + 3호봉
1년 조기 진급	Sliding + 5호봉

☞ 승진을 조기에 할 수록 +α 호봉을 크게 부여

⑤ 직급별 임금테이블 구조 도식화

엑셀을 활용하여 직급별 임금테이블을 그래프로 도식화해 보면, 진단·분석하기에 수월해지고, 시사점도 보다 더 잘 도출이 될 수 있다.

[그림 4-40] 직급별 임금 Table 구조 도식화 (예시)

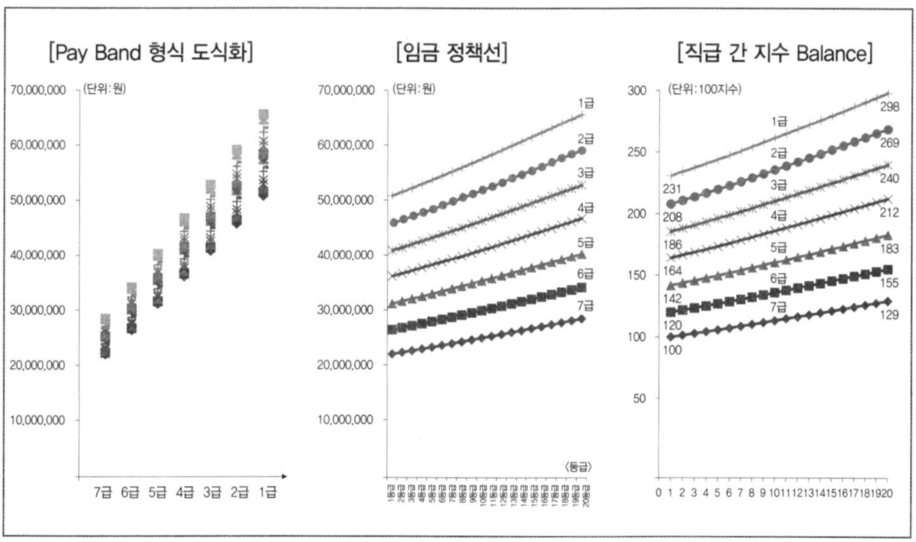

즉 동일한 임금테이블을 분석하더라도 [Pay Band] 형식으로 도식화 할 수도 있

고, [임금 정책선] 형식으로 도식화 할 수도 있다. 그리고 동일한 [임금 정책선] 형식의 도식화라 하더라도 금액을 기준으로 비교해 볼 수도 있고, 하위직급 초임을 100으로 하여 나머지 직급의 초임과 최고 호봉의 임금을 지수로 표현하여 직급 간 임금의 적합성에 대해서도 비교·분석해 볼 수 있다.

또한 직급 내 호봉간 임금 간격(Pitch)이 얼마인지를 차감해 내어 그래프를 그리면, 직급 별 승급액(Step/up 인상액) 및 직급 별 승급률(Step/up 인상률)도 구하여 분석해 볼 수 있다. 이를 통해 직급 내 임금 정책선이 점증형인지, 점감형인지, 어느 구간에서 임금 변곡점이 나타나는지를 명확하게 볼 수 있다.

[그림 4-41] 직급별 임금 Table 상 호봉 Pitch 임금곡선 및 Step/up (예시)

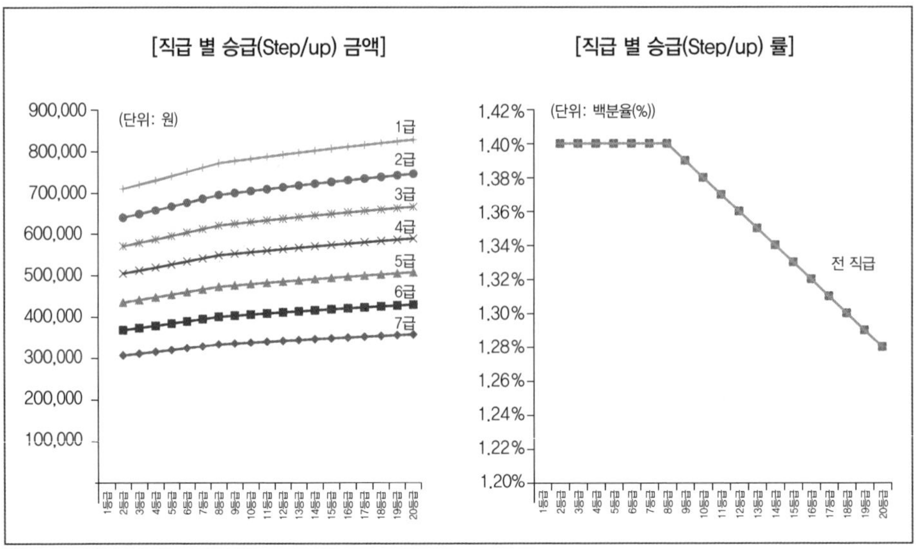

위의 사례를 보면, 각 직급별 승급 금액(Step/up 금액)은 다르지만, 승급률(Step/up 율)은 전 직급이 동일한 것을 알 수 있고, 정률 방식으로 테이블이 구성되어 있는데 8등급까지는 동일한 승급률을 갖다가 8등급에 변곡점이 나타나 그 이후부터는 점감형의 임금 정책선으로 만들어져 있다는 것을 알 수 있다.

그리고 [임금 정책선] 그래프로부터 각 직급간 임금 격차가 어떻게 구성되었는지도 분석해 볼 수 있다. 즉 상위 직급의 각 등급과 하위 직급의 각 등급을 차감한 금액(직급 Merit 금액)과 격차 비율(직급 Merit 율)을 구해봄으로써 연봉테이블의 전반적인 균형 여부 및 특이사항을 분석해 볼 수 있다. 이를 통해 경력직이 입사하였을 때, 최초 직급과 호봉을 어떻게 책정해 주는 것이 좋을지, 승진 시 어떠한 임금 정책선을 타게 되는지도 확인할 수 있다.

[그림 4-42] 직급별 임금 Table 상 직급 간 연봉 격차 그래프 (예시)

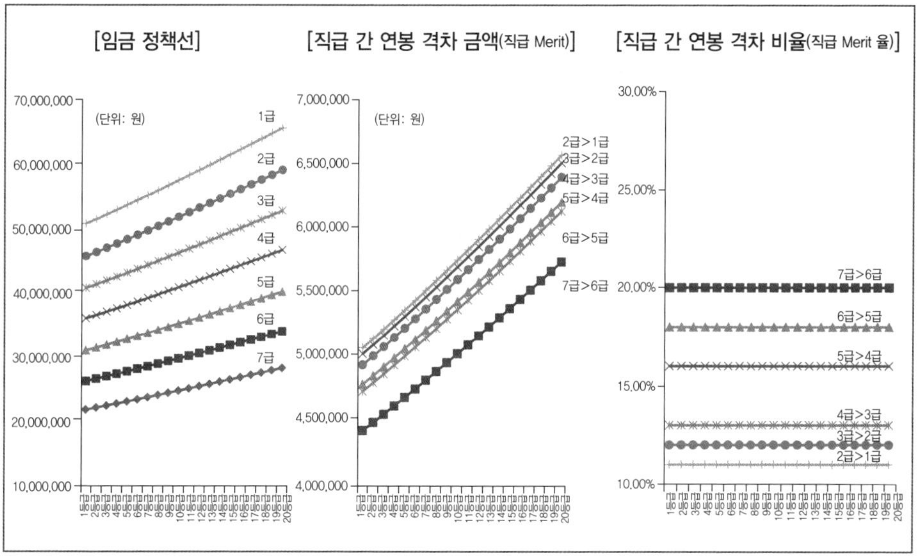

⑥ 기타 임금테이블 구조

지금까지는 임금테이블을 운영하는 회사들이 가장 많이 사용하는 직급별 임금테이블의 사례를 설명하였다. 그런데 일부 회사들은 다소 특이한 임금테이블 구조를 운영하는 경우도 있다.

[그림 4-43] 직급급 테이블과 호봉급 테이블의 분리 운영 사례

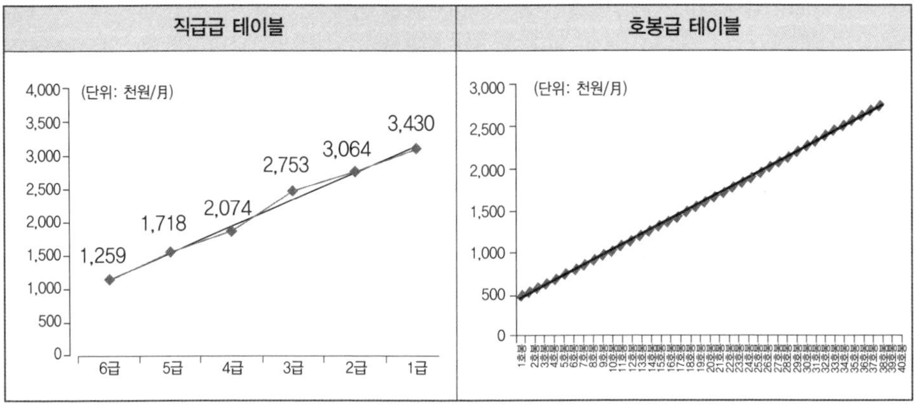

예컨대 위와 같이 직급급 테이블과 호봉급 테이블을 별도로 두고 직급급과 호봉급을 합하여 기본급으로 지급하는 경우이다.[28] 실질적인 효과는 위에서 설명한 직급별 테이블과 거의 동일하지만, 직급급은 승진 시에만 오르고 호봉급은 승진 여부와 상관없이 1년에 1호봉씩 올라가게 되어 있다. 이에 직급급은 직원의 능력과 책임 역할에 따라 변경되므로 직능급 성격을 갖게 되고, 호봉급은 순전히 연공급의 형태를 띠게 되는 것이다. 이에 하위직급이면서 호봉이 높은 경우도 나올 수 있고, 경력사원의 경우에는 상위직급이면서 호봉이 낮은 경우도 나올 수 있게 된다.

아래의 사례는 여러 직급을 운영하면서도 임금테이블은 단일 테이블로 운영하는 사례이다. 즉 단일 테이블의 등급 중 구간 별로 각 직급의 표준 구간을 설정해 놓은 것이다.

28) 기본급을 3개로 구성하여 합산하는 경우도 있다. 즉 직급급 테이블+직무급 테이블+호봉급 테이블 3개로 구성하여 3가지 임금이 합산된 것을 기본급으로 정하는 경우도 있다.

[그림 4-44] 단일 임금 Table 운영 시, 승진 운영 사례

등급	연봉
5	38,135,000
6	39,353,000
7	40,610,000
8	41,907,000
9	43,245,000
10	44,627,000
11	46,053,000
12	47,524,000
13	48,948,000
14	50,416,000
15	51,927,000

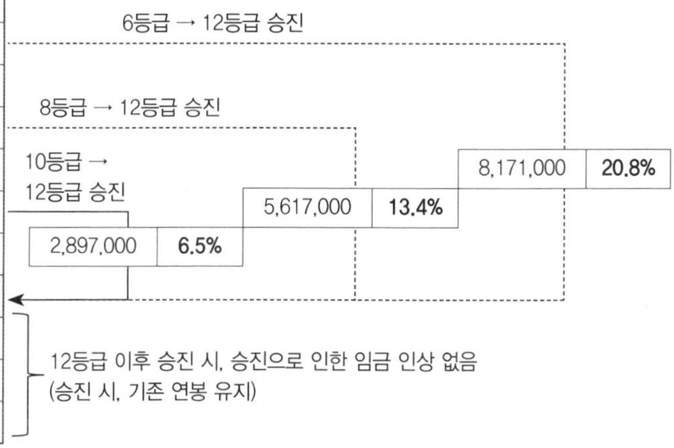

예컨대 대리 직급은 5등급에서 11등급이 표준 구간이고, 과장 직급은 12등급에서 18등급이 표준 구간인 것으로 설정할 수가 있다. 만약 대리에서 과장으로 승진하는 경우에는 어느 등급에서 승진하느냐에 따라 승진에 따른 임금 인상 메리트가 달라진다. 만약 6등급인 대리 직원이 승진한 경우에는 과장 초임 등급인 12등급으로 올라가게 되어 많은 임금인상을 기대할 수 있게 된다. 그리고 8등급에서 승진하는 경우에도 12등급으로 가고, 10등급에서 승진하는 경우에도 12등급으로 가게 되므로 승진이 늦을수록 승진으로 인한 임금 인상 메리트가 낮아지게 된다. 만약 대리에서 승진이 계속 누락이 되는 경우에는 대리 직급을 유지한 채 12등급 이상으로 계속 올라가게 되고, 그 이후에 승진을 하더라도 추가적인 등급 상승은 없이 동일한 등급이 유지되는 것이다. 즉 14등급인 대리가 승진한 경우 직급은 과장으로 올라가지만 임금 등급은 14등급에 그대로 머무르게 되어 임금인상 효과는 없게 되는 것이다. 일종의 직급별 한계임금제 라고 볼 수 있으며, 조기 승진자를 우대하고 승진 누락자가 승진할 때 기존 승진자의 급여를 역전하는 현상을 방지하는 장치라고 볼 수 있다.

(2) 임금 테이블 운영 방식(최초 호봉 책정 및 임금인상 방식)

① 신입·경력직원 최초 호봉 획정

호봉테이블이 구성되어 있다면, 신입 및 경력사원이 들어왔을 때 호봉을 책정해 주어야 하고, 매년 임금인상 시 새로운 호봉을 책정해 주어야 한다.

신입사원이 입사했을 경우에는 사원 직급의 초임 호봉으로 획정해 주면 되지만, 경력 사원의 경우에는 직급 및 호봉을 획정해 주어야 한다. 이에 각 직급별로 채용 시 학력 및 경력 기준을 두게 되고, 해당 직급으로 채용을 하게 된다. 그리고 표준 경력년수를 초과하는 경우에는 추가 호봉을 부여하게 된다. 이 때 기존 직원이 승진하여 획정되는 호봉과 경력사원이 처음에 부여받는 호봉 간 합리성이 있어야 한다. 그렇지 않고 기존 사원들이 승진하여 부여받은 호봉이 경력사원보다 불리하게 될 경우에는 기존 직원들의 불만이 가중되고, 반대로 기존직원들에 비해 경력사원이 불리하게 책정되는 경우에도 문제가 된다. 특히 경력직의 경우 향후 승진 시기까지 고려를 해 줄 필요가 있다. 예컨대 아래 그림과 같이 경력사원을 우대하기 위하여 상위 직급을 부여했을 경우, 오히려 승진으로 인한 임금 인상 메리트를 부여받을 기회를 잃어버려 이후 승진하는 직원들에게 급여가 역전되는 현상도 발생될 수 있기 때문이다. 이는 임금테이블을 운영하지 않고, 연봉제 Pay Band를 운영하는 경우에도 발생될 수 있는 문제이다.

[그림 4-45] 급여 역전 현상 사례

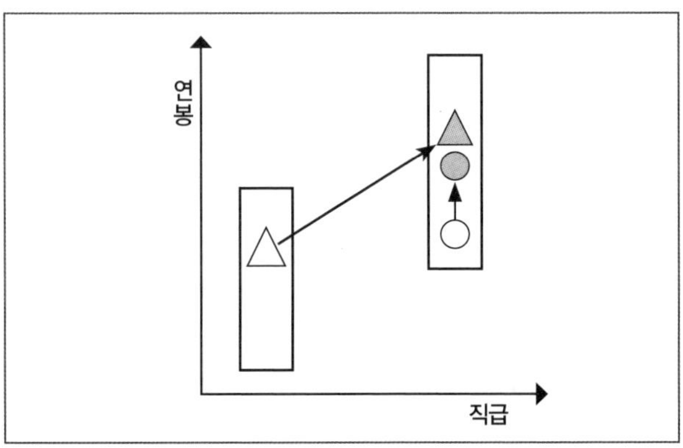

신입사원의 초임 획정 시에도 유의해야 할 사항들이 있다. 먼저 기산기간에 따라 임금 차이가 벌어지거나 임금 차이가 나지 않는 경우가 있다. 예컨대 1년에 1호봉씩 매년 3월에 승급을 해주는 회사의 경우에는 기산기간에 따라 승급 대상이 될 수도 있고, 되지 않을 수도 있을 것이다. 즉 전년도 7월 31일 이전 입사자들에게 3월에 승급을 해 주는 경우에는 전년도 7월 입사자와 8월 입사자간 1호봉 차이가 발생될 것이며, 8월 입사자는 1개월 차이로 인하여 입사한 다음 다음해에 승급이 되어 불만을 갖게 될 수 있다. 따라서 1년에 2호봉씩 승급하도록 구조를 만든 후, 기산기간을 1년이 아닌 6개월로 짧게 설정한다면 불합리함이 보다 완화될 수 있다.[29] 한편 일부 회사들은 군 경력에 대한 가산을 해 주는 경우가 있는데, 이 경우에는 남녀 간의 차별이 되지 않도록 유의해야 할 것이다. 즉 성별에 따른 우대가 아니라 군필 여부에 따른 우대이므로 남성중에도 미필이 있다면 우대 대상이 되면 안 되고, 여성 중에도 군필이 있다면 우대를 해주어야 할 것이다.[30]

② 매년 정기 임금인상 (Base up 및 Step up)

임금테이블을 운영하는 경우에는 매년 임금 인상 시 2가지 인상을 함께 고려하는 것이 일반적이다. 즉 현재의 직급 및 호봉 수준에서 임금 인상률을 적용하는 임금인상(Base/up)과 승급으로 인해 호봉 등급이 올라가 임금 인상이 되는 승급인상(Step/up)이 합쳐지는 것이다. 물론 이 두 가지가 반드시 함께 인상되어야 하는 것은 아니며, 임금인상(Base/up)은 동결시키고 승급인상(Step/up)만 실시하는 연도가 있을 수 있고, 임금인상(Base/up)은 되지만 휴직 등으로 인해 승급이 정지되는 경우도 있을 수 있다.

29) 이에 매년 승급 기산 주기를 반기(년2회), 분기(년4회), 월별(년12회)로 운영하는 경우도 있다. 예컨대 월별과 같이 기산주기를 짧게 할 경우(예컨대 5월 입사자는 익년 5월에 승급하고, 11월 입사자는 익년 11월에 승급)에는 형평성 이슈는 완화될 수 있겠지만, 운영이 번잡해질 것이다.

30) 남녀 간의 성별을 이유로 임금을 차등하는 것은 남녀고용평등법에 따라 금지된다.

[그림 4-46] Base up 및 Step up 이미지(예시)

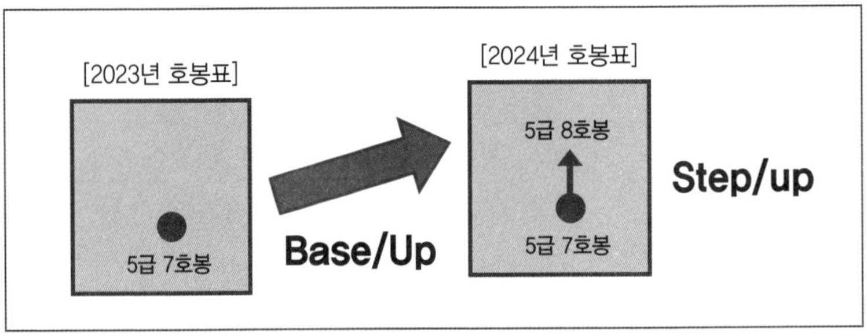

임금인상(Base/up)은 임금테이블 자체를 전체적으로 인상시키는 것이다. 즉 Base/up 임금인상률을 3%로 책정하였다면 임금테이블의 각 직급 및 각 호봉에 대하여 일괄적으로 3%를 인상시킨 새로운 임금테이블을 만드는 것이다. 물론 전 직급에 대하여 반드시 동일한 인상률을 적용해야 하는 것은 아니며, 직급별로 인상률을 달리 책정할 수 있다. 또한, 노사 간 협의로 동일 직급 내에서도 호봉 구간별로 인상률을 달리 책정할 수 있으며, 인상 방식도 정률 인상이 아닌 정액 인상을 할 수도 있고, 정률과 정액을 혼합하여 인상시킬 수도 있다. 그리고 승급인상(Step/up)은 승급 기준에 따라 전년도 호봉에서 1호봉 혹은 2호봉 이상을 올린 금액을 적용받게 되는 것이다. 이에 전체적인 임금 인상률은 Base/up 인상과 Step/up 인상을 함께 고려해야 한다.

[그림 4-47] 임금 Table 운영 시, Base up 및 Step up 적용 사례

[인상 전 Table]

등급	사 원	대 리
1	1,000,000	1,300,000
2	**1,020,000**	1,320,000
3	1,040,000	1,340,000
4	1,060,000	1,360,000
5	1,080,000	1,380,000
6	1,100,000	1,400,000
7	1,120,000	1,420,000
8	1,140,000	1,440,000
9	1,160,000	1,460,000
10	1,180,000	1,480,000

[Base/up: 3% 적용]

등급	사 원	대 리
1	1,030,000	1,339,000
2	**1,050,600**	1,359,600
3	1,071,200	1,380,200
4	1,091,800	1,400,800
5	1,112,400	1,421,400
6	1,133,000	1,442,000
7	1,153,600	1,462,600
8	1,174,200	1,483,200
9	1,194,800	1,503,800
10	1,215,400	1,524,400

[Step/up: 2→3등급]

등급	사 원	대 리
1	1,030,000	1,339,000
2	1,050,600	1,359,600
3	**1,071,200**	1,380,200
4	1,091,800	1,400,800
5	1,112,400	1,421,400
6	1,133,000	1,442,000
7	1,153,600	1,462,600
8	1,174,200	1,483,200
9	1,194,800	1,503,800
10	1,215,400	1,524,400

[Base/up + Step/up 인상률]

등급	사 원	대 리
1		
2	5.06%	4.58%
3	**5.02%**	4.56%
4	4.98%	4.54%
5	4.94%	4.51%
6	4.91%	4.49%
7	4.87%	4.47%
8	4.84%	4.45%
9	4.81%	4.43%
10	4.78%	4.41%

Base/up 임금 인상의 경우 일반적으로 정률 인상을 하게 되면, 호봉 등급이 높을수록 모수가 더 크므로 인상액이 더 많아지기 마련이다. 반대로 정액 인상을 하게 되면 인상액은 동일하지만, 높은 호봉 등급의 경우 모수가 더 크므로 인상률은 더 적어지게 되어 상박하후[31] 효과가 발생된다.

[그림 4-48] 임금 Table 운영 시, 정률 인상과 정액 인상 방식 비교

정률 인상

[인상 전 Table]			[인상 후 Table]			[인상액]			[인상률]		
등급	사원	대리	등급	사원	대리	등급	사원	대리	등급	사원	대리
1	1,000,000	1,300,000	1	1,030,000	1,339,000	1	30,000	39,000	1	**3.0%**	**3.0%**
2	1,020,000	1,320,000	2	1,050,600	1,359,600	2	30,600	39,600	2	**3.0%**	**3.0%**
3	1,040,000	1,340,000	3	1,071,200	1,380,200	3	31,200	40,200	3	**3.0%**	**3.0%**
4	1,060,000	1,360,000	4	1,091,800	1,400,800	4	31,800	40,800	4	**3.0%**	**3.0%**
5	1,080,000	1,380,000	5	1,112,400	1,421,400	5	32,400	41,400	5	**3.0%**	**3.0%**

정액 인상

등급	사원	대리	등급	사원	대리	등급	사원	대리	등급	사원	대리
1	1,000,000	1,300,000	1	1,030,000	1,330,000	1	**30,000**	**30,000**	1	3.0%	2.3%
2	1,020,000	1,320,000	2	1,050,000	1,350,000	2	**30,000**	**30,000**	2	2.9%	2.3%
3	1,040,000	1,340,000	3	1,070,000	1,370,000	3	**30,000**	**30,000**	3	2.9%	2.2%
4	1,060,000	1,360,000	4	1,090,000	1,390,000	4	**30,000**	**30,000**	4	2.8%	2.2%
5	1,080,000	1,380,000	5	1,110,000	1,410,000	5	**30,000**	**30,000**	5	2.8%	2.2%

③ 승진 시 임금 인상 방식 (상위 직급 호봉 재 획정)

승진 시 상위 직급의 어느 호봉으로 획정을 할 것인가는 직급 간 임금 중첩 정도에 따라 달라지는데, 약한 중첩이 되어 있는 경우에는 아래 그림과 같이 승진 전 하위 직급의 임금 수준이 상위 직급의 초임보다 낮다면 상위 직급 초임으로 이행하고, 승진 전 하위 직급의 임금 수준이 상위 직급의 초임보다 높을 경우에는 승진 직급에서 직전 임금 대비 높은 임금이 있는 등급으로 이동하거나, 추가로 + α 등급을 더해주는 방식으로 이동을 한다.

반면에 각 직급별로 호봉수가 많고 중첩이 많이 된 경우에는 승진 시에 동일한 등급으로 수평 이동을 하도록 설계한 경우도 있다. 즉 5급 10호봉에서 4급 10호봉

31) 상위 직급이나 호봉은 인상을 박하게 하고, 하위 직급이나 호봉은 인상을 후하게 한다는 의미.

으로 승진 이동한 후, 승급을 추가 적용하여 4급 11호봉으로 이동할 수도 있다.

한편, 승진 시기와 승급(Step up) 시기 및 정기 임금인상(Base up) 시기를 동시에 운영하는 경우도 있지만, 각각 다른 기산 시점을 두고 운영하는 경우도 있다. 예컨대 승진발령은 3월에 하고, 정기 승급인상(Step/up)은 5월에 하고, 정기 임금인상(Base/up)은 노사 간 임단협에 따라 8월에 인상률을 결정하되 1월부터 소급 적용하는 경우도 있다. 따라서 정기 임금인상(Base up) 인상률을 결정할 때에는 승진·승급 전 임금을 기준으로 인상률을 적용하는 것인지, 승진·승급 후 임금을 기준으로 인상률을 적용하는 것인지에 대해서도 주의를 기울일 필요가 있다. 승진이 승급보다 선행될 경우에는 승진 후 0등급을 만들어 임시로 이동한 후, 승급 시 1등급이 되는 방식으로 운영할 수도 있다.

[그림 4-49] 정상 승진 시, 임금 커브 유형 (예시)

구 분	7급	6급	5급	4급	3급	2급	1급
1등급	22,000,000	26,400,000	31,152,000	36,136,320	40,834,042	45,734,127	50,764,881
2등급	22,308,000	26,769,600	31,588,128	36,642,228	41,405,718	46,374,404	51,475,589
3등급	22,620,312	27,144,374	32,030,362	37,155,220	41,985,398	47,023,646	52,196,247
4등급	22,936,996	27,524,396	32,478,787	37,675,393	42,573,194	47,681,977	52,926,995
5등급	23,258,114	27,909,737	32,933,490	38,202,848	43,169,219	48,349,525	53,667,972
6등급	23,583,728	28,300,474	33,394,559	38,737,688	43,773,588	49,026,418	54,419,324
7등급	23,918,900	28,696,680	33,862,083	39,280,016	44,386,418	49,712,788	55,181,195
8등급	24,248,695	29,098,434	34,336,152	39,829,936	45,007,828	50,408,767	55,953,731
9등급	24,585,752	29,502,902	34,813,424	40,383,572	45,633,436	51,109,449	56,731,488
10등급	24,925,035	29,910,042	35,293,849	40,940,865	46,263,178	51,814,759	57,514,383
11등급	25,266,508	30,319,810	35,777,375	41,501,755	46,896,983	52,524,621	58,302,330
12등급	25,610,132	30,732,159	36,263,948	42,066,179	47,534,782	53,238,956	59,095,241
13등급	25,955,869	31,147,043	36,753,511	42,634,073	48,176,502	53,957,682	59,893,027
14등급	26,303,678	31,564,413	37,246,008	43,205,369	48,822,067	54,680,715	60,695,594
15등급	26,653,517	31,984,220	37,741,380	43,780,001	49,471,401	55,407,969	61,502,845
16등급	27,005,343	32,406,412	38,239,566	44,357,897	50,124,423	56,139,354	62,314,683
17등급	27,359,113	32,830,936	38,740,504	44,938,985	50,781,053	56,874,779	63,131,005
18등급	27,714,782	33,257,738	39,244,131	45,523,192	51,441,207	57,614,152	63,951,708
19등급	28,072,302	33,686,763	39,750,380	46,110,441	52,104,798	58,357,374	64,776,685
20등급	28,431,628	34,117,953	40,259,185	46,700,655	52,771,740	59,104,348	65,605,827

(3) 호봉표 사례 분석[1] 공무원 호봉표 10년간(2015년~2024년) 구조 변화[32)]

실제로 공무원에게 적용되고 있는 호봉표를 바탕으로 호봉표 구조를 분석해 보고, 최근 10년간 어떠한 구조적 변화가 있었는지를 분석해 보았다. 공무원 호봉표는 매년 1월부터 Base/up 임금 인상률이 적용된 호봉표가 적용되기에 호봉 테이블의 구조 변화를 파악하기에 적합하다.

① 호봉표 기본 구조 분석

일반 공무원은 1급부터 9급까지의 직급으로 구성되어 있으며, 각 직급별 호봉 수가 다르게 설정되어 있다. 6급의 경우 32호봉으로 가장 많고, 1급의 경우 23호봉으로 가장 적다. 다만, 2015년이나 2024년이나 직급별 호봉 수 변화는 없었다.

[그림 4-50] 공무원 호봉표 비교 (2015년 vs 2024년)

2015년 공무원 호봉표

(단위:원)

직급 / 호봉	1급	2급	3급	4급	5급	6급	7급	8급	9급
1	3,513,000	3,162,600	2,853,200	2,445,400	2,185,400	1,802,800	1,617,800	1,442,500	1,282,800
2	3,636,100	3,279,900	2,958,800	2,545,300	2,273,700	1,886,600	1,691,600	1,512,500	1,348,600
3	3,762,400	3,398,700	3,067,500	2,646,800	2,365,300	1,973,200	1,769,700	1,586,400	1,418,300
4	3,891,500	3,518,900	3,177,000	2,750,600	2,460,500	2,061,700	1,851,800	1,661,700	1,492,200
5	4,023,700	3,640,400	3,288,300	2,855,900	2,558,300	2,152,600	1,936,800	1,740,200	1,566,700
6	4,157,500	3,762,300	3,400,700	2,962,200	2,658,100	2,246,200	2,024,000	1,820,500	1,642,900
7	4,293,400	3,885,700	3,514,300	3,069,400	2,759,500	2,340,000	2,111,800	1,901,300	1,715,900
8	4,430,500	4,009,100	3,628,300	3,177,300	2,862,000	2,434,100	2,199,900	1,978,500	1,786,300
9	4,569,200	4,133,200	3,743,300	3,285,400	2,964,900	2,528,500	2,283,800	2,052,500	1,853,700
10	4,709,000	4,257,300	3,858,200	3,393,400	3,068,600	2,617,100	2,364,000	2,122,300	1,918,400
11	4,848,500	4,381,900	3,973,200	3,502,400	3,165,200	2,701,100	2,439,600	2,190,000	1,980,300
12	4,992,500	4,510,700	4,092,600	3,604,900	3,258,500	2,783,800	2,513,700	2,256,200	2,041,600
13	5,137,400	4,640,500	4,203,500	3,701,000	3,347,200	2,861,500	2,584,200	2,319,800	2,100,500
14	5,282,800	4,757,800	4,306,300	3,790,500	3,429,900	2,935,000	2,651,700	2,380,500	2,157,600
15	5,409,800	4,866,100	4,401,100	3,874,800	3,507,900	3,005,600	2,716,000	2,438,800	2,212,300
16	5,522,400	4,965,400	4,489,600	3,954,200	3,581,400	3,071,700	2,777,000	2,495,000	2,265,200
17	5,622,400	5,056,800	4,571,800	4,028,000	3,650,500	3,134,800	2,835,500	2,547,600	2,316,900
18	5,711,600	5,140,000	4,648,200	4,097,000	3,715,800	3,194,600	2,891,400	2,598,700	2,365,100
19	5,791,300	5,217,200	4,718,900	4,161,400	3,777,300	3,251,100	2,943,900	2,647,600	2,412,400
20	5,862,800	5,287,600	4,785,000	4,221,600	3,834,800	3,304,400	2,994,100	2,694,300	2,457,400
21	5,928,600	5,351,800	4,846,200	4,277,900	3,889,000	3,355,700	3,042,000	2,738,900	2,500,000
22	5,987,300	5,410,900	4,902,900	4,330,700	3,939,900	3,403,800	3,087,100	2,781,700	2,540,900
23	6,036,800	5,464,900	4,955,400	4,380,200	3,988,000	3,449,000	3,130,800	2,822,400	2,579,800
24		5,509,000	5,004,200	4,426,700	4,032,900	3,492,200	3,172,300	2,861,700	2,617,200
25		5,551,200	5,044,500	4,469,500	4,075,300	3,533,200	3,211,500	2,898,900	2,652,800
26			5,082,700	4,505,600	4,115,300	3,571,900	3,249,100	2,935,200	2,685,000

32) 2015년에서 2024년까지 공무원보수규정 [별표3] 일반직 봉급표를 연도별로 분석한 것이다.

호봉＼직급	1급	2급	3급	4급	5급	6급	7급	8급	9급
27			5,118,400	4,539,100	4,148,500	3,608,700	3,281,000	2,965,300	2,712,800
28				4,570,900	4,180,400	3,639,500	3,310,700	2,994,400	2,739,600
29					4,209,700	3,668,400	3,339,500	3,021,800	2,765,400
30					4,238,100	3,696,900	3,366,700	3,048,500	2,790,400
31						3,723,200	3,392,600	3,074,300	2,815,000
32						3,748,200			

…

2024년 공무원 호봉표

(단위: 원)

호봉＼직급	1급	2급	3급	4급	5급	6급	7급	8급	9급
1	4,367,600	3,931,900	3,547,400	3,040,400	2,717,000	2,241,500	2,050,600	1,913,400	1,877,000
2	4,520,700	4,077,800	3,678,600	3,164,500	2,826,700	2,345,700	2,125,400	1,963,000	1,897,100
3	4,677,700	4,225,600	3,813,800	3,290,700	2,940,800	2,453,200	2,209,000	2,019,800	1,925,200
4	4,838,200	4,374,800	3,949,900	3,419,800	3,059,200	2,563,100	2,302,400	2,084,300	1,961,600
5	5,002,600	4,526,100	4,088,300	3,550,700	3,180,800	2,676,300	2,408,100	2,163,600	2,006,700
6	5,169,000	4,677,600	4,228,000	3,682,900	3,304,800	2,792,600	2,516,400	2,263,400	2,061,100
7	5,337,900	4,831,100	4,369,400	3,816,200	3,430,700	2,909,300	2,625,300	2,363,500	2,133,300
8	5,508,100	4,984,400	4,511,100	3,950,200	3,558,200	3,026,300	2,735,100	2,459,900	2,220,800
9	5,680,900	5,138,700	4,654,000	4,084,700	3,686,100	3,143,700	2,839,500	2,551,700	2,304,500
10	5,854,600	5,292,900	4,796,800	4,219,000	3,814,900	3,253,800	2,939,100	2,638,700	2,385,100
11	6,027,900	5,447,900	4,939,900	4,354,500	3,935,300	3,358,200	3,033,100	2,722,800	2,461,800
12	6,207,100	5,608,200	5,088,200	4,482,000	4,051,400	3,461,000	3,125,400	2,805,000	2,538,300
13	6,387,300	5,769,400	5,226,000	4,601,200	4,161,600	3,557,700	3,213,100	2,884,000	2,611,500
14	6,568,000	5,915,400	5,354,000	4,712,500	4,264,300	3,649,000	3,296,800	2,959,600	2,682,600
15	6,725,800	6,050,000	5,471,900	4,817,300	4,361,400	3,736,800	3,376,900	3,032,100	2,750,600
16	6,866,100	6,173,300	5,581,800	4,916,200	4,452,700	3,819,000	3,452,500	3,102,200	2,816,300
17	6,990,400	6,286,800	5,684,000	5,008,000	4,538,600	3,897,500	3,525,200	3,167,600	2,880,600
18	7,101,100	6,390,600	5,779,000	5,093,700	4,619,700	3,971,700	3,594,700	3,230,900	2,940,300
19	7,200,200	6,486,500	5,866,800	5,173,800	4,696,100	4,042,100	3,660,200	3,291,800	2,999,200
20	7,289,100	6,573,900	5,949,100	5,248,600	4,767,800	4,108,300	3,722,500	3,349,800	3,055,200
21	7,371,000	6,653,900	6,025,300	5,318,500	4,835,100	4,172,000	3,782,000	3,405,200	3,108,200
22	7,443,900	6,727,300	6,095,800	5,384,100	4,898,400	4,231,900	3,838,100	3,458,400	3,158,900
23	7,505,600	6,794,400	6,160,900	5,445,700	4,958,200	4,288,100	3,892,500	3,509,000	3,207,400
24		6,849,300	6,221,800	5,503,800	5,014,000	4,341,700	3,944,000	3,557,900	3,253,900
25		6,901,700	6,271,600	5,556,800	5,066,800	4,392,600	3,992,800	3,604,300	3,298,200
26			6,319,300	5,601,800	5,116,500	4,440,800	4,039,700	3,649,200	3,338,300
27			6,363,500	5,643,200	5,157,800	4,486,500	4,079,200	3,686,700	3,372,800
28				5,682,900	5,197,400	4,524,900	4,116,100	3,722,800	3,406,000
29					5,233,800	4,560,700	4,151,800	3,757,000	3,438,100
30					5,269,100	4,596,200	4,185,900	3,790,000	3,469,200
31						4,629,000	4,217,900	3,822,100	3,499,900
32						4,660,000			

2015년과 2024년의 공무원 호봉표를 아래와 같이 호봉을 가로축으로 하고 임금 수준을 세로축으로 하는 꺽은선 그래프로 표현해 보았다. 당연히 각 직급별로 호봉이 올라갈수록 임금이 올라가는 우상향 임금정책선으로 나타나고 있다. 다만, 직선 형태가 아니라 어느 정도 호봉이 올라가면 기울기가 낮아지는 형태를 보이고 있다. 이는 각 직급별로 호봉이 오르면서 임금이 올라가지만, 일정 호봉부터는 상대

적으로 덜 올라가는 체감형 그래프라는 것을 알 수 있다. 그리고 10년간 모든 직급과 호봉에서 임금이 올라갔지만, 상대적으로 직급이 높을수록, 그리고 호봉이 높을수록 더 오른 것으로 보여지고 있다. 다만, 예외적으로 9급 1~5호봉의 모양이 달라졌음을 알 수 있다.

[그림 4-51] 2015년 vs 2024년 공무원 호봉표 구조 비교 (꺾은선 그래프)

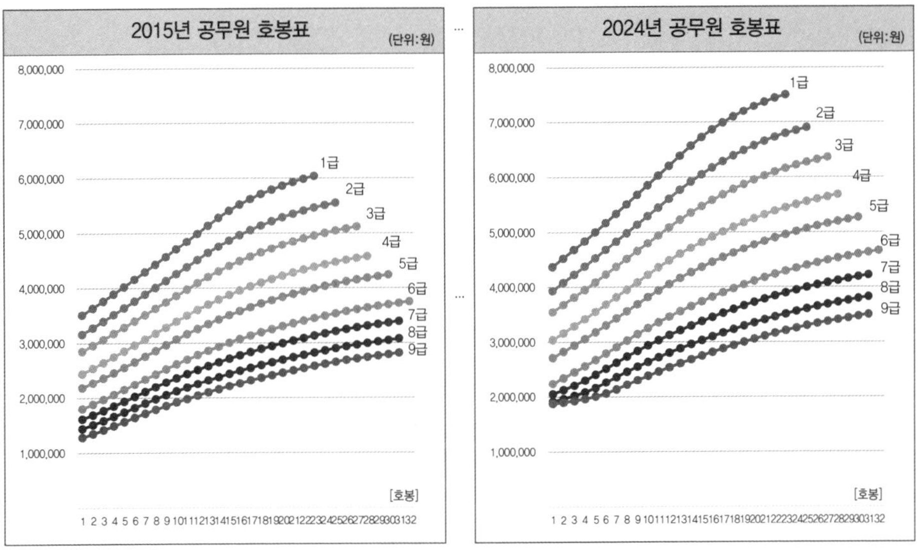

직급별로 호봉 승급에 따른 임금정책선을 분석하기 위해서는 엑셀 그래프 기능 중 추세선을 그리고, 추세선 수식을 차트에 표시하기 기능을 누르면 자동으로 수식(방정식)이 도출된다.[33] 예컨대 2015년 1급의 경우 추세선 수식은 y=121,748x + 3,457,310으로 나오는데, y는 임금값이고 121,748은 그래프의 기울기이며 x는 호봉이고 3,457,310은 절편이다. 즉 (실제는 없지만) 0호봉이라면(= x가 0이라면) 임금이 3,457,310원(= y축 절편)이고,[34] 호봉이 올라갈수록(= x인자가 1씩 올라

---

33) 그래프에서 각 직급별로 데이터(예컨대 1급 데이터 중 아무 호봉이나 데이터 값을 클릭하면 됨)를 오른쪽 클릭한 후 〈추세선 추가〉를 누르고, 추세선 서식에서 〈수식을 차트에 표시〉를 누르면 자동으로 수식이 표시된다.

34) 임금정책선에서 x가 0인 경우는 사실상 없기 때문에 y축 절편은 사실상 의미가 없고, 중요하지

갈수록) 임금이 121,748원(= 기울기)씩 증가하는 추세가 있는 임금정책선이라는 것을 의미한다. 다만, 이 때 주의해야 할 것은 '추세'를 나타내는 것이므로 아래 수식이 각 데이터값과 정확히 일치하는 것은 아니다.[35] 즉 2015년에 1급 1호봉의 임금이 3,579,058원(y=121,748원*1+3,457,310원)인 것은 아니다.[36]

[그림 4-52] 임금정책선 설명

$$\underline{y} = \underline{121,748}\ \underline{x} + \underline{3,457,310}$$

임금값 기울기 호봉 y축 절편

그럼에도 추세선 수식의 기울기[37]는 그 임금정책선의 강도를 나타내는 것이므로 매우 중요한 시사점을 주게 된다. 즉 공무원 호봉표의 경우에 호봉이 올라갈수록 임금이 오르게 되어 있고(= 기울기가 양수이고), 특히 직급이 높을수록 기울기가 크다(= 호봉이 높아질수록 임금이 크게 오른다)는 것에서 공무원 호봉표는 상당히 연공성이 큰 임금구조인 것을 알 수 있는 것이다.

그리고 후술하겠지만, 10년간 매년 정률 인상을 하다 보니, 10년 후 2024년 호봉표의 추세선(임금정책선)상 기울기는 더 커졌다는 것을 알 수 있다. (※ 만약 10년간 매년 모든 직급 및 모든 호봉에 대해 동일한 금액으로 정액 인상을 했다면, 기울기는 동일하고 절편만 커졌을 것임)

않다.

35) 추세선 수식과 실제 데이터값이 정확히 일치하려면 R^2가 정확히 1이어야 하는데, 대부분의 추세선(임금정책선)은 1이 아닌 경우가 많기 때문이다.

36) 실제 2015년 1급 1호봉의 임금은 3,513,000원이다.

37) 호봉제에서 특정 직급 추세선(임금정책선)의 기울기는 그 직급의 평균 Step/up 금액과 거의 일치한다.

[그림 4-53] 추세선(임금정책선) 및 수식[기울기, 절편]

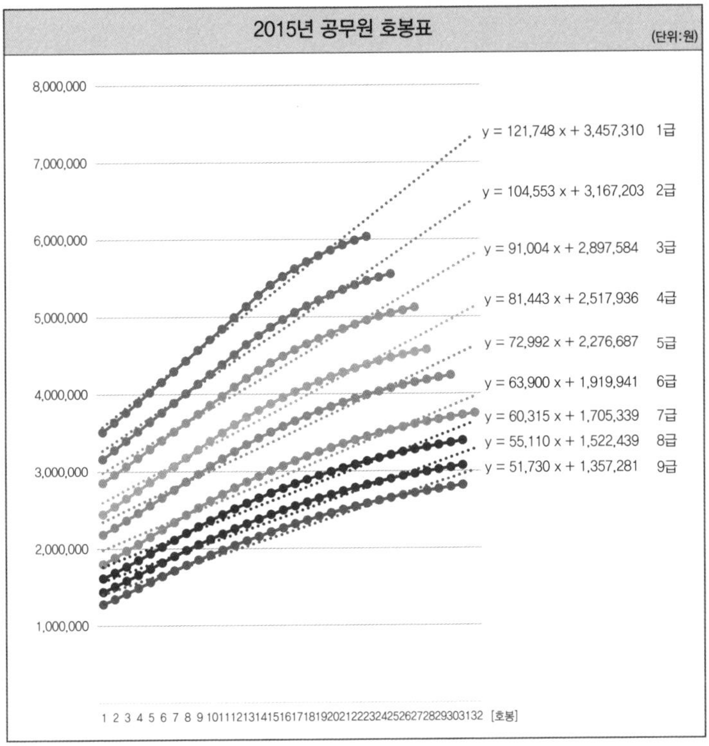

[그림 4-54] 추세선(임금정책선) 및 수식[기울기, 절편]

구분	2015년 호봉표	2024년 호봉표
1급	y=121,748x+3,457,310	y=151,372x+4,298,358
2급	y=104,553x+3,167,203	y=129,992x+3,937,685
3급	y=91,004x+2,897,584	y=113,142x+3,602,545
4급	y=81,443x+2,517,936	y=101,254x+3,130,527
5급	y=72,992x+2,276,687	y=90,750x+2,830,548
6급	y=63,900x+1,919,941	y=79,442x+2,387,062
7급	y=60,315x+1,705,339	y=74,578x+2,129,046
8급	y=55,110x+1,522,439	y=66,988x+1,925,930
9급	y=51,730x+1,357,281	y=59,666x+1,789,199

사례연구 Ⅳ-1 임금정책선 수식의 이해

임금정책선의 수식이 어떤 의미를 지니는지를 간단한 모형을 통해 알아보도록 하자. 임금정책선은 호봉제 뿐만 아니라 연봉제 Pay Band나 임금분포에서도 활용될 수 있는 것이지만, 특히 호봉제에서는 호봉 승급에 따른 자연승급분 Step/up 금액 및 Step/up 율을 좀 더 가시적으로 볼 수 있게 해 준다.

아래와 같이 1호봉(1,000,000원)부터 10호봉(1,900,000원)까지 있고, 호봉별로 10만원(Step/up 금액 10만원)씩 차이가 나는 경우{A}를 상정해 보자. 해당 임금정책선 수식은 y=100,000x + 900,000원으로 나온다. 이는 1호봉씩 승급될 때마다 100,000원씩 임금이 오르는 임금정책을 갖고 있는 호봉표라는 것을 의미한다. (※ 절편값은 0호봉일 때의 값이므로 실질적 의미는 크지 않다.)

[그림 4-55] 호봉표 샘플

구분 \ 호봉		1	2	3	4	5	6	7	8	9	10
{A}	현재	1,000,000	1,100,000	1,200,000	1,300,000	1,400,000	1,500,000	1,600,000	1,700,000	1,800,000	1,900,000
{B}	10만원 인상×5회	1,500,000	1,600,000	1,700,000	1,800,000	1,900,000	2,000,000	2,100,000	2,200,000	2,300,000	2,400,000
{C}	10% 인상 ×5회	1,610,510	1,771,561	1,932,612	2,093,663	2,254,714	2,415,765	2,576,816	2,737,867	2,898,918	3,059,969

[그림 4-56] 임금정책선 및 수식

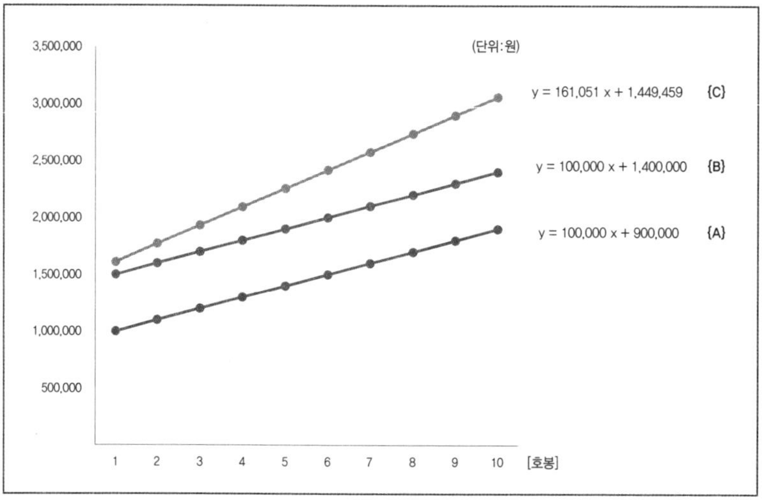

이 경우에 5년간 모든 직급/호봉에 대하여 정액 인상 및 정률 인상 2가지 방법으로 임금인상(Base/up)을 해 보았다. 즉 {B}의 경우는 매년 10만원씩 정액 인상을 한 것이고, {C}의 경우는 매년 10%씩 정률 인상을 한 것이다. (※ 현실에서는 정액 인상과 정률 인상을 혼합할 수도 있다.)

매년 10만원씩 정액 인상{B}을 한 것을 임금정책선 수식으로 표현해 보면, y=100,000x + 1,400,000원으로 {A}와 비교할 때, 기울기는 동일하고 y절편 값만 50만원 오른 1,400,000원이 되었다는 것을 알 수 있다. 즉 {A} 임금정책선에 비해 기울기는 동일하게 수직 상향 이동하였다는 것을 알 수 있다. 이처럼 정액 인상을 한 경우에는 Step/up 금액이 동일하고(= 기울기가 동일함), 대신 모수가 50만원씩 커졌으므로 Step/up 율은 낮아졌다는 것을 확인할 수 있다.(= 결과적으로 상박하후가 되어 연공성이 약화되었음)

반면에 매년 10%씩 정률 인상{C}을 한 것을 임금정책선 수식으로 표현해 보면, y=161,051x + 1,449,459원으로 {A}와 비교할 때, 기울기도 커졌고 y절편값도 올랐다는 것을 알 수 있다. 즉 {A} 임금정책선에 비해 기울기가 더 가팔라졌다는 것을 알 수 있다.(= Step/up을 임의적으로 조작하지 않았음에도 복리효과가 발생되면서, 호봉이 높을수록 임금이 더 높아지는 상후하박이 되었고, 연공성이 더욱 강해졌다는 것을 알 수 있다.) 이처럼 정률 인상을 한 경우에는 Step/up 금액은 커지고, Step/up 율은 동일하게 유지된다(= 기울기가 동일함)는 것을 확인할 수 있다.

[그림 4-57] Step/up 금액 및 Step/up 율(%) 변화

[Step/Up 금액]		1→2	2→3	3→4	4→5	5→6	6→7	7→8	8→9	9→10
{A}	현재	100,000	100,000	100,000	100,000	100,000	100,000	100,000	100,000	100,000
{B}	10만원 인상×5회	100,000	100,000	100,000	100,000	100,000	100,000	100,000	100,000	100,000
{C}	10% 인상×5회	161,051	161,051	161,051	161,051	161,051	161,051	161,051	161,051	161,051

[Step/Up 율]		1→2	2→3	3→4	4→5	5→6	6→7	7→8	8→9	9→10
{A}	현재	10.0%	9.1%	8.3%	7.7%	7.1%	6.7%	6.3%	5.9%	5.6%
{B}	10만원 인상×5회	6.7%	6.3%	5.9%	5.6%	5.3%	5.0%	4.8%	4.5%	4.3%
{C}	10% 인상×5회	10.0%	9.1%	8.3%	7.7%	7.1%	6.7%	6.3%	5.9%	5.6%

다음으로 2015년과 2024년의 공무원 호봉표를 아래와 같이 분산형 그래프 및 Pay Band 그래프로 표현해 보았다.

호봉을 X축으로 표현한 꺾은선 그래프와 달리 분산형 그래프와 Pay Band 그래프는 직급을 X축으로 표현한 것이 다르다. 분산형 그래프와 Pay Band 그래프는 상대적으로 직급별 상/하한이 잘 드러나고, 직급간 중첩률도 잘 드러나 보인다. (※ 반면에 꺾은선 그래프는 직급간 승진 Merit가 좀 더 잘 드러난다. 직급별 임금정책선 사이의 간격이 직급간 승진 Merit이기 때문이다.)

다만, 분산형 그래프의 경우 호봉표를 표현하기에 유리하고, 각 호봉별로 획정된 금액이 분절되기에 선이 아닌 점으로 표현된다. 만약 호봉제를 연봉제로 전환할 경우에는 분산형 그래프의 하한 및 상한을 그대로 연봉제 Pay Band 상하한으로 이행하는 것이 자연스럽다. (※ 물론 실제 직원들의 임금 분포 분석을 통해 불필요한 임금구간(Pay Zone)을 없애고 중첩률을 고려하여 보다 적합한 Pay Band로 설정할 필요가 있다.)

[그림 4-58] 2015년 vs 2024년 공무원 호봉표 구조 비교 (분산형 그래프)

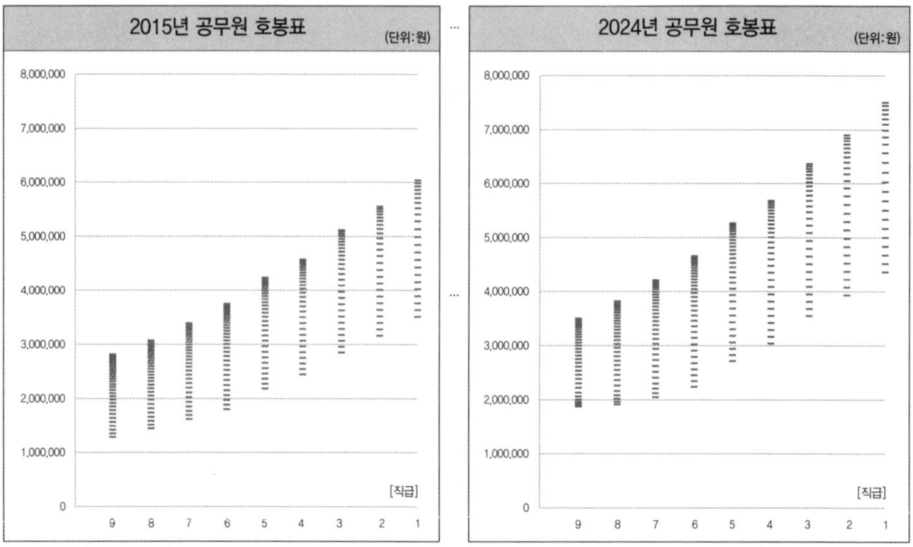

상기 분산형 그래프를 보면, 각 직급별로 아랫 부분은 간격이 넓지만 윗 부분으로 갈수록 간격이 좁아지고 있다는 것을 확인할 수 있다. 이는 꺾은선 그래프에서 호봉이 커질수록 변곡점을 지나며 기울기가 완만해지는 것과 일맥상통한 것으로 Step/up 금액 및 Step/up 율이 고호봉으로 갈수록 낮아지는 것을 표현해 준다. 다만, 2024년 그래프를 보면, 9급 아래 부분도 비교적 촘촘하다는 것을 알 수 있는데, 이는 꺾은선 그래프에서도 9급 그래프만 하위 호봉의 기울기가 완만하고, 8급 그래프와 거의 맞닿아 있는 것과 일맥상통한 것이다. 이러한 현상이 나타난 이유에 대해서는 후술하도록 하겠다.

아래 그림은 동일한 분산형 그래프에 대하여 최저 직급의 상/하한 및 최고 직급의 상/하한을 기준으로 사다리꼴 그림을 겹치고 지수 비교를 한 것이다. 즉 공무원의 경우 가장 하위 직급인 9급 1호봉을 [100]으로 봤을 때, 9급 최고 호봉의 지수, 1급 최고 및 최저 호봉의 지수를 나타내 본 것이며, 2015년과 2024년을 비교해 본 것이다.

[그림 4-59] 2015년 vs 2024년 공무원 호봉표 구조 비교 (지수 비교)

(단위 : 원)

구분	9급		1급	
	초호봉(1)	말호봉(31)	초호봉(1)	말호봉(23)
2015년	1,282,800	2,815,000	3,513,000	6,036,800
2024년	1,877,000	3,499,900	4,367,600	7,505,600
인상액	594,200	684,900	854,600	1,468,800

(단위 : 지수)

구분	9급		1급	
	초호봉(1)	말호봉(31)	초호봉(1)	말호봉(23)
2015년 9급 초임 기준	100	219	274	471
2024년 9급 초임 기준	100	186	233	400

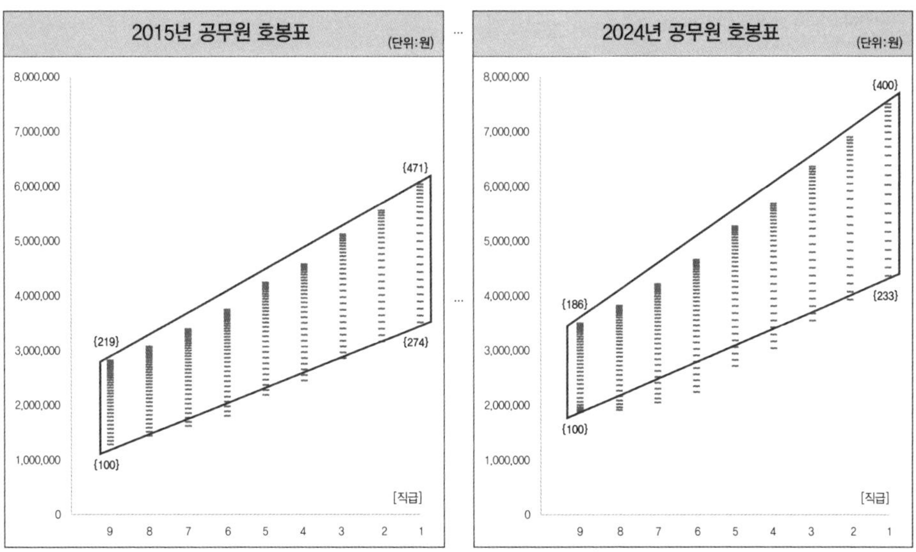

지수를 보면 2015년의 경우에는 9급 초임 대비 9급 말호봉의 임금이 2.19배이고, 1급 1호봉의 임금이 2.74배이며, 1급 말호봉의 임금이 4.71배라는 것을 알 수 있다. 2024년의 경우에는 9급 초임 대비 9급 말호봉의 임금이 1.86배이고, 1급 1호봉의 임금이 2.33배이며, 1급 말호봉의 임금이 4.00배라는 것을 알 수 있다.

언뜻 보면 연공성이 완화된 것처럼 보이나, 이는 두 가지 측면에서 다소 왜곡되어 보이는 측면이 있다.

첫 번째는 지수 비교 역시 "비율"에 대한 비교이기 때문에 실제 인상액과는 차이가 있기 때문이다. 2015년 대비 2024년을 비교해 볼 때, 9급 초임과 1급 말임 간 임금 차이는 4.71배에서 4.00배로 좁혀졌지만, 인상액을 보면 9급 초임이 594,200원이 인상되는 동안 1급 말임은 1,468,800원이 인상되었기 때문이다.

두 번째는 2024년의 경우 9급 1호봉 값만 비정상적으로 높아져서 (= 소위 9급 하위 호봉값만 들어올려서) 지수를 구하기 위한 모수(분모)가 커졌기에 지수가 낮아진 것이라 할 수 있기 때문이다. 이는 위 분포형 그래프에서 2024년 9급 하위 호봉의 간격이 유난히 좁은 것과 꺾은선 그래프에서 9급 하위 호봉의 기울기가 낮고 8급 그래프와 거의 맞닿아 있는 것과 일맥상통한 것이다.

다음으로 Pay Band 그래프를 그려서 분석해 보았다.[38]

38) Pay Band 그래프는 엑셀 주식형 그래프를 활용하면 좋다.

[그림 4-60] 2015년 vs 2024년 공무원 호봉표 구조 비교 (Pay Band 그래프)

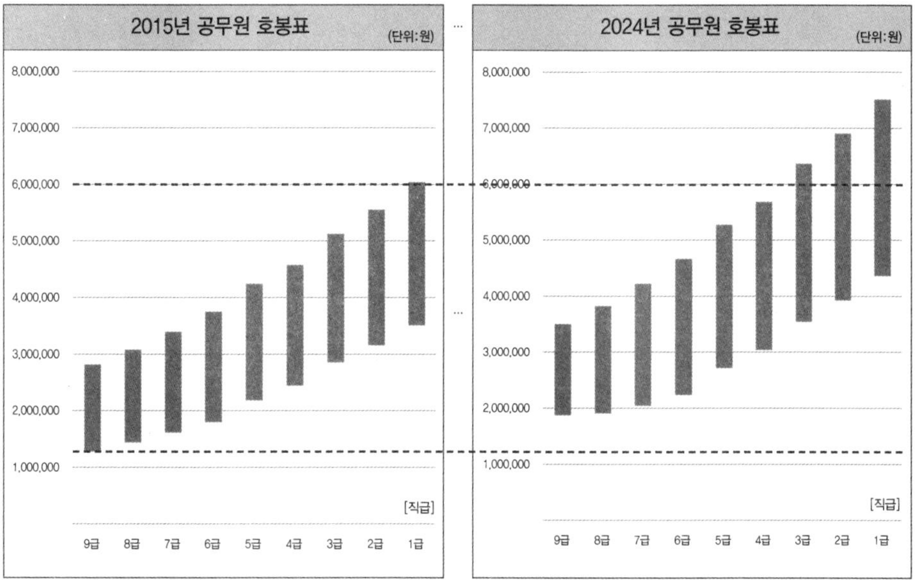

Pay Band 그래프는 호봉제든 연봉제든 직급별 Pay Band 상/하한이나 임금 범위(Pay Range), 중첩률 등을 표현할 때 유용한 그래프라고 할 수 있고, 서로 다른 임금체계인 호봉제와 연봉제의 임금수준을 비교하는 것도 가능하다.

이때 직급별 Pay Band 상/하한이나 임금 범위(Pay Range), 중첩률 등을 수치로 산정한 후 비교 분석하면 더 효과적으로 분석해 볼 수 있다.

[그림 4-61] 2015년 vs 2024년 공무원 호봉표 구조 비교 (Pay Band 수치)

■ 2015년 호봉표 구조 분석

구분	1급	2급	3급	4급	5급	6급	7급	8급	9급	평균
호봉수	23	25	27	28	30	32	31	31	31	
최저	3,513,000	3,162,600	2,853,200	2,445,400	2,185,400	1,802,800	1,617,800	1,442,500	1,282,800	
최고	6,036,800	5,551,200	5,118,400	4,570,900	4,238,100	3,748,200	3,392,600	3,074,300	2,815,000	
Range	2,523,800	2,388,600	2,265,200	2,125,500	2,052,700	1,945,400	1,774,800	1,631,800	1,532,200	2,026,667
중간값	4,774,900	4,356,900	3,985,800	3,508,150	3,211,750	2,775,500	2,505,200	2,258,400	2,048,900	
최고/최저	1.72	1.76	1.79	1.87	1.94	2.08	2.10	2.13	2.19	1.95
±율(%)	26.4%	27.4%	28.4%	30.3%	32.0%	35.0%	35.4%	36.1%	37.4%	32.1%
Range /(호봉수-1)	114,718	99,525	87,123	78,722	70,783	62,755	59,160	54,393	51,073	75,361
중첩율	80.8%	78.8%	71.4%	76.7%	65.7%	72.4%	72.2%	74.2%		74.0%
하한 차이	350,400	309,400	407,800	260,000	382,600	185,000	175,300	159,700		278,775
상한 차이	485,600	432,800	547,500	332,800	489,900	355,600	318,300	259,300		402,725

■ 2024년 호봉표 구조 분석

구분	1급	2급	3급	4급	5급	6급	7급	8급	9급	평균
호봉수	23	25	27	28	30	32	31	31	31	
최저	4,367,600	3,931,900	3,547,400	3,040,400	2,717,000	2,241,500	2,050,600	1,913,400	1,877,000	
최고	7,505,600	6,901,700	6,363,500	5,682,900	5,269,100	4,660,000	4,217,900	3,822,100	3,499,900	
Range	3,138,000	2,969,800	2,816,100	2,642,500	2,552,100	2,418,500	2,167,300	1,908,700	1,622,900	2,470,656
중간값	5,936,600	5,416,800	4,955,450	4,361,650	3,993,050	3,450,750	3,134,250	2,867,750	2,688,450	
최고/최저	1.72	1.76	1.79	1.87	1.94	2.08	2.06	2.00	1.86	1.90
±율(%)	26.4%	27.4%	28.4%	30.3%	32.0%	35.0%	34.6%	33.3%	30.2%	30.8%
Range /(호봉수-1)	142,636	123,742	108,312	97,870	88,003	78,016	72,243	63,623	54,097	92,060
중첩율	80.8%	78.8%	71.4%	76.7%	65.7%	72.4%	71.7%	72.6%		73.7%
하한 차이	435,700	384,500	507,000	323,400	475,500	190,900	137,200	36,400		311,325
상한 차이	603,900	538,200	680,600	413,800	609,100	442,100	395,800	322,200		500,713

■ 2015년 호봉표 vs 2024년 호봉표 차이 분석

구분	1급	2급	3급	4급	5급	6급	7급	8급	9급	평균
호봉수	0	0	0	0	0	0	0	0	0	
최저	854,600	769,300	694,200	595,000	531,600	438,700	432,800	470,900	594,200	
최고	1,468,800	1,350,500	1,245,100	1,112,000	1,031,000	911,800	825,300	747,800	684,900	
Range	614,200	581,200	550,900	517,000	499,400	473,100	392,500	276,900	90,700	443,989
중간값	1,161,700	1,059,900	969,650	853,500	781,300	675,250	629,050	609,350	639,550	
최고/최저	0.00	0.00	0.00	0.00	0.00	0.00	−0.04	−0.13	−0.33	−0.06
±율(%)	0.0%	0.0%	0.0%	0.0%	0.0%	0.0%	−0.8%	−2.8%	−7.2%	−1.2%
Range /(호봉수−1)	27,918	24,217	21,188	19,148	17,221	15,261	13,083	9,230	3,023	16,699
중첩율	0.0%	0.0%	0.0%	0.0%	0.0%	0.0%	−0.5%	−1.6%		−0.3%
하한 차이	85,300	75,100	99,200	63,400	92,900	5,900	−38,100	−123,300		32,550
상한 차이	118,300	105,400	133,100	81,000	119,200	86,500	77,500	62,900		97,988

우선 직급별 호봉수는 직급마다 다르지만(1급은 23호봉까지 있고, 6급은 32호봉까지 있음), 2015년과 2024년의 직급별 호봉수는 동일함을 알 수 있다.

임금 Range는 각 직급별 임금 구간 범위를 의미한다. 즉 각 직급별 최고 호봉의 임금값에서 최저 호봉인 1호봉의 임금값을 차감한 것이다. 2015년을 기준으로 볼 때, 공무원 호봉표는 직급이 높을수록 임금 Range가 크고, 직급이 낮을수록 임금 Range가 낮은 것을 확인할 수 있다. (※ 1급의 임금 Range는 2,523,800원이고, 9급의 임금 Range는 1,532,200원이며, 전체 평균은 2,026,667원이다.) 공무원 호봉표의 경우 각 직급별 호봉수가 다름에도 직급별 임금 Range는 상위 직급일수록 높게(1급 〉 2급 〉 3급 〉 4급 〉 5급 〉 6급 〉 7급 〉 8급 〉 9급) 설정되어 있다.[39)]

이는 2024년 호봉표도 마찬가지인데, 구조적으로 큰 변화가 없었다는 것을 의미한다. 다만, 2015년 대비 2024년의 Pay Range를 살펴보면, 모든 직급에서 Pay Range가 커졌고, 특히 상위 직급일수록 Pay Range가 커졌다는 것을 확인할 수 있다.(※ 1급은

---

39) 상위 직급일수록 Pay Range가 큰 것이 이상적이라고 볼 수 있다. 왜냐하면 하위 직급일수록 역량/성과/업무 범위/직무 가치의 차이가 크지 않으므로 임금 차이도 크지 않는 것이 일반적이고, 상위 직급일수록 역량/성과/업무 범위/직무 가치의 차이가 크므로 임금 차이도 크게 설정하는 것이 일반적이다. 다만, 실제로는 호봉제든 연봉제든 회사마다 다른 경우가 많다. 즉 중간 직급의 Pay Range가 상위 직급의 Pay Range 보다 오히려 더 큰 경우도 있고, 모든 직급의 Pay Range가 같은 경우도 있다.

614,200원이 커졌고, 9급은 90,700원만 커졌으며, 전체 평균은 443,989원 커졌다.) 이는 매년 임금인상을 할 때, 정률 인상을 함에 따라 동일한 인상률을 적용했다고 하더라도 최고 호봉의 임금값과 상위 직급의 임금값이 더 크게 올라갔기 때문이다. 이는 사례연구 Ⅳ-1에서 정률 인상을 하게 되면 임금정책선 수식의 기울기가 더 커지는 것과 일맥상통한 것이며, 결국 정률 인상을 하게 되면 상후하박이 된다는 것을 확인할 수 있는 것이다. 위의 꺾은선 그래프나 분포형 그래프를 보더라도 2015년에 비해 2024년의 임금 Range가 더 커졌음이 확연하게 드러난다.

다만, 정률 인상에 따른 상후하박 현상에도 불구하고 2015년 대비 2024년의 임금 Range 인상 폭을 보면 1~6급 대비 7~9급, 특히 9급의 임금 Range 인상 폭이 적다는 것을 확인할 수 있다. 이는 최근 최저임금의 급격한 인상[40] 및 공무원 기피 현상이 심화됨에 따라 7~9급, 특히 9급의 경우에 하위 호봉(1~5호봉) 중심으로 임금을 더 인상시켜 들어 올렸기 때문이다. 이는 위의 꺾은선 그래프와 분포형 그래프를 통해서도 확인할 수 있었으며, 후술하게 될 Base/up 임금인상이나 Step/up 그래프에서도 확인할 수 있다.

다음으로 [최고/최저]값은 각 직급별로 최고 호봉의 임금값을 최저 호봉인 1호봉의 임금값으로 나눈 수치이다. 2015년 호봉표를 기준으로 보면, 임금 Range와는 반대로 상위 직급일수록 그 값이 작고, 하위 직급일수록 그 값이 큰 것을 확인할 수 있다.[41](※ 1급은 1.72배이고, 9급은 2.19배이며, 전체 평균은 1.95배이다. 1급 〈 2급 〈 3급 〈 4급 〈 5급 〈 6급 〈 7급 〈 8급 〈 9급) 이는 [최고/최저]값[42]은 나누는 개념이라서 모수(분모)가 되는 최저값이 상위 직급일수록 크기 때문에 나오는 현상이다.[43]

다만 특이한 현상은 2024년 호봉표의 경우 1~6급까지는 [최고/최저]값이 동일하게

---

40) 공무원에게는 최저임금법이 적용되지 않고, 공무원보수규정이 적용되기 때문에 엄밀히 말해서 최저임금 인상과 관련이 없다. 이에 9급 하위 호봉의 경우 최저임금보다 낮은 임금값이 설정되어 있는 것이다. 따라서 노동법을 적용받는 일반 회사가 공무원 호봉표를 잘못 활용하게 되면 최저임금 위반이 되니 유의하여야 한다.

41) 이러한 현상 역시 회사별로 설정된 호봉표의 구조에 따라 다 다르게 나올 수 있다.

42) [지수값]과 마찬가지이다. 지수값 역시 특정 임금을 최저 직급 최저 호봉으로 나누는 개념이다 보니, 모수(분모)가 되는 최저 직급 최저 호봉의 임금 값이 커지면, 오히려 지수값이 줄어드는 것과 비슷한 것이다.

43) 상위 직급일수록 Pay Range가 크지만, 이를 상쇄하고 남을 정도로 상위 직급으로 갈수록 모수(분모)가 되는 직급별 최저값이 크게 설정되어 있다.

유지(1급 1.72배 ~ 6급 2.08배)되고 있지만, 7~9급의 경우 [최고/최저]값이 줄어들었고(7급 2.06배 ~ 9급 1.86배), 그 결과 전체 평균도 1.90배로 줄어들었다는 것이다. 그러면서 2024년의 경우 1급에서 6급까지는 [최고/최저]값이 커지다가, 하위 직급으로 갈수록 [최고/최저]값이 줄어드는 현상이 나타나고 있다. 이러한 현상이 발생된 이유는 1급~6급까지는 10년간 모든 호봉의 임금값에 대해 동일한 정률 Base/up 임금 인상을 했기 때문이며, 7급~9급은 호봉별로 다른 Base/up 임금 인상을 하되 하위 호봉의 인상률을 더 크게 하여, 결과적으로 하위 호봉의 임금 값이 들어 올려졌기 때문이다. 이러한 현상은 앞의 그래프들에서도 일관되게 나타나고 있으며, 후술할 데이터와 그래프에서도 계속 나타나고 있다.

다음으로 [±율(%)]은 임금 Range가 중간값 대비 상/하한으로 몇 %씩 벌어져 있는지를 나타내는 개념으로 [(최고값-중간값)/중간값][44]으로 구해진다. 중간값 대비 [±율(%)]은 [최고/최저]값과 사실상 유사한 개념이라 경향성이 정확히 일치하고, 표현만 다른 것으로 이해하면 된다. 2015년 호봉표를 기준으로 보면, [최고/최저]값과 동일하게 상위 직급일수록 그 값이 작고, 하위 직급일수록 그 값이 큰 것을 확인할 수 있다.(※ 1급은 26.4%이고, 9급은 37.4%이며, 전체 평균은 32.1%이다.)[45]

2024년 호봉표의 중간값 대비 [±율(%)]은 [최고/최저]값의 경향과 동일하게 1~6급까지는 [±율(%)]이 동일하게 유지(1급 26.4% ~ 6급 35.0%)되고 있지만, 7~9급의 경우 [±율(%)]이 줄어들었고(7급 34.6% ~ 9급 30.2%), 그 결과 전체 평균도 30.8%로 줄어들었다는 것이다. 그러면서 2024년의 경우 [최고/최저]값의 경향과 동일하게 1급에서 6급까지는 [±율(%)]이 커지다가, 하위 직급으로 갈수록 [±율(%)]이 줄어드는 현상이 나타나고 있다. 이 역시 7급~9급의 Base/up 임금인상률을 호봉별로 일부 다르게 적용했기 때문에 나타나는 결과이다.

---

44) 임금 Range의 1/2을 중간값으로 나누어도 동일한 값이 나온다.

45) 참고로 기획재정부의 성과연봉제 권고안[2016년]에 따르면, 국내 기업의 Pay Band별 중간값 대비 [±율(%)]은 20~30% 정도로 설정되어 있다고 기재되어 있다. 다만, 필자의 경험으로는 직급 수와 임금 수준에 따라 다르지만, ±율(%)이 20%를 넘을 경우 너무 중첩되는 구간이 많아 직급간 임금 역전 현상이 많이 발생된다고 생각되며, ±율(%)이 20% 미만인 것이 바람직하다고 보고 있다.

Range/(호봉수−1)은 호봉 승급 시 평균적으로 얼마나 임금이 오르는지를 나타내는 개념으로 사실상 직급별 평균 Step/up 금액과 같으며, 직급별 임금정책선의 기울기와 거의 유사한 경향을 나타낸다. 이에 2015년 호봉표를 기준으로 보면, [임금 Range]와 유사하게 상위 직급일수록 그 값이 크고, 하위 직급일수록 그 값이 작은 것을 확인할 수 있다.(※ 1급은 114,718원이고, 9급은 51,073원이며, 전체 평균은 75,361원이다.)

2024년 호봉표의 Range/(호봉수−1)은 임금 Range와 유사하게 2015년과 비교했을 때 전체적으로 커졌으며(= Step/up 금액이 커졌으며), 하위 직급에 비해 상위 직급의 값이 더 커졌다(= 상위 직급일수록 Step/up 금액이 더 커졌다). 즉 2015년 대비 2024년에는 1급의 Range/(호봉수−1)값이 27,918원 커졌고, 9급의 Range/(호봉수−1)값이 3,023원 커졌으며, 전체 평균은 16,699원이 커졌다.

다음으로 직급간 중첩률을 보면, 2015년의 경우 평균 중첩률이 74.0%로 나오고 있다. 다만, 직급별 중첩률에 있어서는 고직급일수록 더 중첩되어 있거나 저직급일수록 더 중첩되어 있거나 하는 경향은 발견되지 않는다. 2024년에는 평균 중첩률이 73.7%로 나오고 있다. 이 역시 1급에서 6급간에는 중첩률 차이가 없으나(= 동일한 Base/up 임금인상률이 적용되어 호봉표 구조가 동일했으나), 7급~9급에서는 중첩률이 다소 낮아졌는데, 여기서도 7급~9급의 경우 Base/up 임금인상률을 다소 달리 적용하여 호봉표 구조가 다소 변하였다는 것을 나타내고 있는 것이다.

다음으로 직급간 [하한 차이][46]를 보면, 2015년의 경우 평균 278,775원이 나오고 있다. 그러나 직급간 일정한 패턴을 보이진 않고 있는데, 다만 9급 하한과 8급 하한의 차이는 159,700원이며, 6급 하한과 5급 하한의 차이는 382,600원이며, 4급 하한과 3급 하한의 차이는 407,800원으로 나오고 있다. 이는 승진 시 임금이 얼마나 오르는지에 대한 승진 Merit 개념이 있다는 의미이며, 상대적으로 9급에서 8급으로 승진할 때의 승진 Merit는 낮은 편이지만, 6급에서 5급으로 승진할 때의 승진 Merit는 큰 편이고, 4급에서 3급으로 승진할 때의 승진 Merit가 가장 크다는 것을 의미한다.[47] 이는 해당 호봉

46) 9급 1호봉과 8급 1호봉 차이, 2급 1호봉과 1급 1호봉 차이 등이다.

47) 공무원 호봉표의 경우 승진 시 −1호봉으로 재획정을 하기 때문에 해당 금액이 정확한 승진 인상액은 아니다. 그러나, 호봉표 구조적으로 어떤 직급으로 승진할 때 승진 Merit가 적고, 어떤 직급으로 승진할 때 승진 Merit가 큰지는 알 수 있는 것이다.

표가 6급 → 5급 승진 시와 4급 → 3급 승진 시 승진 Merit가 큰 구조라는 의미이며, 이는 꺾은선 그래프에서 각 직급 간 임금정책선의 간격에서도 확인할 수 있다. 즉 각 직급 간 임금정책선의 간격이 좁으면 승진 Merit가 적은 것이며, 간격이 넓으면 승진 Merit가 큰 것이다.

2015년의 직급간 [하한 차이]와 2024년의 직급간 [하한 차이]를 보면, 역시 1~6급의 경우에는 직급간 [하한 차이] 금액이 커졌는데, 7~8급 및 8~9급간 [하한 차이]는 오히려 금액이 줄어들었음을 알 수 있다. 이 역시 7~9급의 경우에는 호봉표에, 특히 1호봉을 비롯한 하위 호봉에 약간의 구조적 변화가 있었음을 알 수 있게 해 주는 부분이다. 이처럼 호봉표 및 Pay Band의 각종 분석 수치들과 그래프들은 유기적으로 연계되어 있음을 알 수 있다.

마지막으로 직급간 [상한 차이]를 보면, 2015년의 경우 평균 402,725원이 나오고 있으며, [하한 차이]와 마찬가지로 직급간 일정한 패턴을 보이진 않고 있다. 그러나 역시 9급 → 8급은 그 금액이 적고, 6급 → 5급 및 4급 → 3급은 그 금액이 큰 구조로 되어 있다. 이와 같이 [하한 차이]와 [상한 차이]가 직급별로 유사하다는 것은 임금정책선이 비교적 수직 상향 이동되었다는 것을 의미한다. 실제로 꺾은선 그래프를 보면, 직급간 임금정책선들이 서로 겹치거나 관통하지 않고, 비교적 평행선을 그리고 있다는 것을 알 수 있다.

다만, 2024년의 직급간 [상한 차이]를 보면, 2015년과는 달리 모든 직급에서 금액 차이가 커졌다는 것을 알 수 있다. 즉 7~9급의 경우라 하더라도 상위 호봉에서는 구조적 변화가 발생되지 않았고, 하위 호봉 구간에서만 구조적 변화가 일부 발생되었다는 것을 의미한다. 이는 후술하게 될 Base/up 임금 인상 부분에서 확실하게 확인할 수 있다.

② 10년간 호봉표 Base/up 임금 인상 분석

공무원 호봉표가 2015년 대비 2024년에 각 직급/호봉별로 얼마나 인상되었는지를 확인해 보도록 하자.

10년간 Base/up 임금인상이 얼마나 되었는지는 인상액 기준으로도 볼 수 있고, 인상률 기준으로도 볼 수 있다.

[그림 4-62] 직급/호봉별 2015년 대비 2024년 임금 인상액

호봉 \ 직급	1급	2급	3급	4급	5급	6급	7급	8급	9급
1	854,600	769,300	694,200	595,000	531,600	438,700	432,800	470,900	594,200
2	884,600	797,900	719,800	619,200	553,000	459,100	433,800	450,500	548,500
3	915,300	826,900	746,300	643,900	575,500	480,000	439,300	433,400	506,900
4	946,700	855,900	772,900	669,200	598,700	501,400	450,600	422,600	469,400
5	978,900	885,700	800,000	694,800	622,500	523,700	471,300	423,400	440,000
6	1,011,500	915,300	827,300	720,700	646,700	546,400	492,400	442,900	418,200
7	1,044,500	945,400	855,100	746,800	671,200	569,300	513,500	462,200	417,400
8	1,077,600	975,300	882,800	772,900	696,200	592,200	535,200	481,400	434,500
9	1,111,700	1,005,500	910,700	799,300	721,200	615,200	555,700	499,200	450,800
10	1,145,600	1,035,600	938,600	825,600	746,300	636,700	575,100	516,400	466,700
11	1,179,400	1,066,000	966,700	852,100	770,100	657,100	593,500	532,800	481,500
12	1,214,600	1,097,500	995,600	877,100	792,900	677,200	611,700	548,800	496,700
13	1,249,900	1,128,900	1,022,500	900,200	814,400	696,200	628,900	564,200	511,000
14	1,285,200	1,157,600	1,047,700	922,000	834,400	714,000	645,100	579,100	525,000
15	1,316,000	1,183,900	1,070,800	942,500	853,500	731,200	660,900	593,300	538,300
16	1,343,700	1,207,900	1,092,200	962,000	871,300	747,300	675,500	607,200	551,100
17	1,368,000	1,230,000	1,112,200	980,000	888,100	762,700	689,700	620,000	563,700
18	1,389,500	1,250,600	1,130,800	996,700	903,900	777,100	703,300	632,200	575,200
19	1,408,900	1,269,300	1,147,900	1,012,400	918,800	791,000	716,300	644,200	586,800
20	1,426,300	1,286,300	1,164,100	1,027,000	933,000	803,900	728,400	655,500	597,800
21	1,442,400	1,302,100	1,179,100	1,040,600	946,100	816,300	740,000	666,300	608,200
22	1,456,600	1,316,400	1,192,900	1,053,400	958,500	828,100	751,000	676,700	618,000
23	1,468,800	1,329,500	1,205,500	1,065,500	970,200	839,100	761,700	686,600	627,600
24		1,340,300	1,217,600	1,077,100	981,100	849,500	771,700	696,200	636,700
25		1,350,500	1,227,100	1,087,300	991,500	859,400	781,300	705,400	645,400
26			1,236,600	1,096,200	1,001,200	868,900	790,600	714,000	653,300
27			1,245,100	1,104,100	1,009,300	877,800	798,200	721,400	660,000
28				1,112,000	1,017,000	885,400	805,400	728,400	666,400
29					1,024,100	892,300	812,300	735,200	672,700
30					1,031,000	899,300	819,200	741,500	678,800
31						905,800	825,300	747,800	684,900
32						911,800			
평균	1,196,535	1,101,184	1,014,893	899,843	829,110	723,566	651,926	593,539	558,894

우선 인상액 기준으로 보면, 직급이 높을수록 인상액이 컸고, 동일 직급이라 하더라도 호봉이 높을수록 인상액이 컸다는 것을 알 수 있다. 즉 10년간 상후하박 인상이 되었던 것이다. 직급별 평균 인상액을 보면, 1급이 1,196,535원이 올랐고, 9급은 558,894원이 올랐으며, 인상액은 1급 〉 2급 〉 3급 〉 4급 〉 5급 〉 6급 〉 7급 〉 8급 〉 9급 순으로 고 직급 일수록 컸다는 것을 알 수 있다. 다음으로 동일한 직급을 보면, 호봉이 높을수록 인상액이 커서 상당히 연공적 성향이 짙었다는 것을 알 수 있다. 즉 1급에

서 7급까지는 인상액 역전 구간이 전혀 없이 호봉이 오를수록 인상액이 컸다. 가장 호봉수가 많은 6급을 예로 보면 6급 1호봉 인상액은 438,700원인데, 6급 말호봉인 32호봉의 인상액은 911,800원이었다. 다만, 8급과 9급의 경우에는 하위 호봉의 경우에 오히려 호봉이 낮을수록 인상액이 크고, 호봉이 높아질수록 인상액이 낮아졌으나, 이후부터는 1~7급과 동일하게 호봉이 높아질수록 인상액이 커졌음을 확인할 수 있다.

이를 꺾은선 그래프로 표현하면 아래와 같다. 대부분의 직급/호봉에서 직급이 높을수록, 호봉이 높을수록 인상액이 커지는 것을 확인할 수 있으며, 다만 8급 및 9급에서는 하위 호봉에서는 우하향한 후 다시 우상향하는 특이한 모양을 보이고 있다는 것을 확인할 수 있다.

[그림 4-63] 10년간 (2015년 대비 2024년) 임금 인상액 그래프

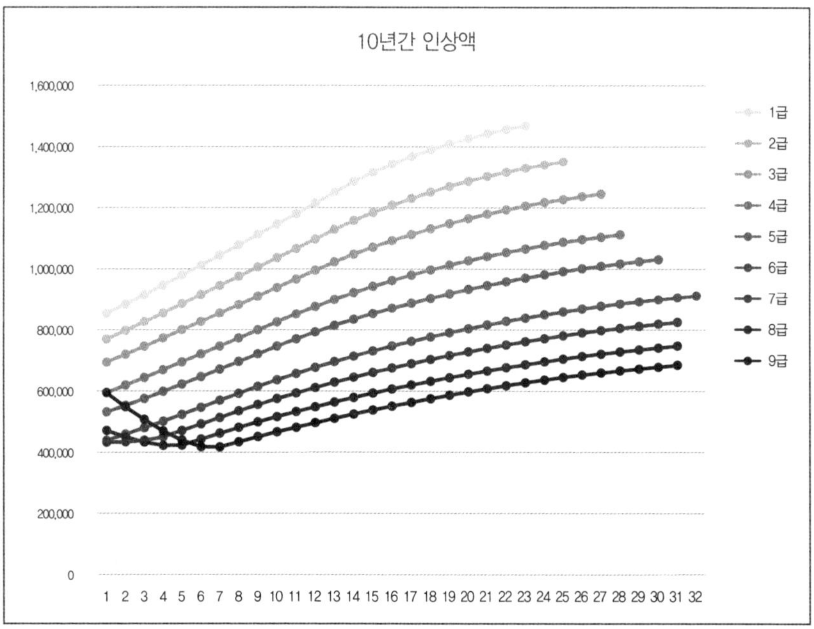

다음으로 10년간 각 직급/호봉별 Base/up 임금 인상률을 보면, 1급~6급의 경우에는 모든 호봉에서 임금 인상률이 24.3%로 동일했으며, 7급~9급의 경우에도 하위 호봉을 제외하고는 모든 호봉에서 임금 인상률이 24.3%로 동일했다는 것을 확인할 수 있다.

[그림 4-64] 직급/호봉별 2015년 대비 2024년 임금 인상률

호봉＼직급	1급	2급	3급	4급	5급	6급	7급	8급	9급
1	24.3%	24.3%	24.3%	24.3%	24.3%	24.3%	26.8%	32.6%	46.3%
2	24.3%	24.3%	24.3%	24.3%	24.3%	24.3%	25.6%	29.8%	40.7%
3	24.3%	24.3%	24.3%	24.3%	24.3%	24.3%	24.8%	27.3%	35.7%
4	24.3%	24.3%	24.3%	24.3%	24.3%	24.3%	24.3%	25.4%	31.5%
5	24.3%	24.3%	24.3%	24.3%	24.3%	24.3%	24.3%	24.3%	28.1%
6	24.3%	24.3%	24.3%	24.3%	24.3%	24.3%	24.3%	24.3%	25.5%
7	24.3%	24.3%	24.3%	24.3%	24.3%	24.3%	24.3%	24.3%	24.3%
8	24.3%	24.3%	24.3%	24.3%	24.3%	24.3%	24.3%	24.3%	24.3%
9	24.3%	24.3%	24.3%	24.3%	24.3%	24.3%	24.3%	24.3%	24.3%
10	24.3%	24.3%	24.3%	24.3%	24.3%	24.3%	24.3%	24.3%	24.3%
11	24.3%	24.3%	24.3%	24.3%	24.3%	24.3%	24.3%	24.3%	24.3%
12	24.3%	24.3%	24.3%	24.3%	24.3%	24.3%	24.3%	24.3%	24.3%
13	24.3%	24.3%	24.3%	24.3%	24.3%	24.3%	24.3%	24.3%	24.3%
14	24.3%	24.3%	24.3%	24.3%	24.3%	24.3%	24.3%	24.3%	24.3%
15	24.3%	24.3%	24.3%	24.3%	24.3%	24.3%	24.3%	24.3%	24.3%
16	24.3%	24.3%	24.3%	24.3%	24.3%	24.3%	24.3%	24.3%	24.3%
17	24.3%	24.3%	24.3%	24.3%	24.3%	24.3%	24.3%	24.3%	24.3%
18	24.3%	24.3%	24.3%	24.3%	24.3%	24.3%	24.3%	24.3%	24.3%
19	24.3%	24.3%	24.3%	24.3%	24.3%	24.3%	24.3%	24.3%	24.3%
20	24.3%	24.3%	24.3%	24.3%	24.3%	24.3%	24.3%	24.3%	24.3%
21	24.3%	24.3%	24.3%	24.3%	24.3%	24.3%	24.3%	24.3%	24.3%
22	24.3%	24.3%	24.3%	24.3%	24.3%	24.3%	24.3%	24.3%	24.3%
23	24.3%	24.3%	24.3%	24.3%	24.3%	24.3%	24.3%	24.3%	24.3%
24		24.3%	24.3%	24.3%	24.3%	24.3%	24.3%	24.3%	24.3%
25		24.3%	24.3%	24.3%	24.3%	24.3%	24.3%	24.3%	24.3%
26			24.3%	24.3%	24.3%	24.3%	24.3%	24.3%	24.3%
27			24.3%	24.3%	24.3%	24.3%	24.3%	24.3%	24.3%
28				24.3%	24.3%	24.3%	24.3%	24.3%	24.3%
29					24.3%	24.3%	24.3%	24.3%	24.3%
30					24.3%	24.3%	24.3%	24.3%	24.3%
31						24.3%	24.3%	24.3%	24.3%
32						24.3%			
평균	24.3%	24.3%	24.3%	24.3%	24.3%	24.3%	24.5%	24.9%	26.3%

이는 아래 꺽은선 그래프에서 더 확연하게 드러나는데, 1~6급은 모든 호봉의 10년간 인상률이 24.3%로 수평이지만, 7~9급은 초반 하향 후 24.3%로 수렴되어 말호봉까지 수평이 되는 구조였다는 것을 확인할 수 있다. 이는 전술한 바와 같이 최저임금 인상 및 신규 공무원 기피 현상으로 말미암아 하위 직급의 초반 호봉값만

더 많이 올린 것에서 비롯된 결과이다.

[그림 4-65] 10년간 (2015년 대비 2024년) 임금 인상률 그래프

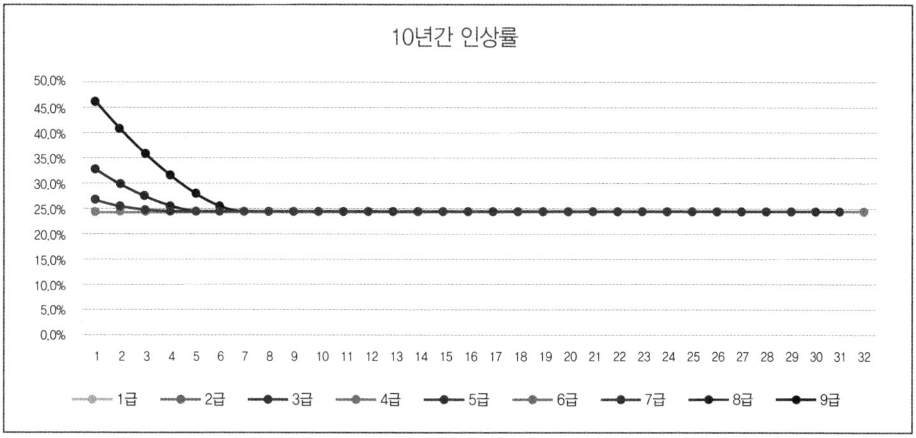

구체적으로 연도별로 보면, 2016년에 9급 1~5호봉의 인상률을 더 크게 했고, 2018년에는 9급 1호봉만 인상률을 더 크게 했으며, 2019년에는 9급 1~4호봉의 인상률을 더 크게 하는 등 9급 1~5호봉의 인상률을 더 크게 높였다.[48)]

그러다가 2023년에는 8급 1~2호봉 및 9급 1~5호봉의 인상률을 더 크게 하였고, 2024년에는 7급 1~3호봉, 8급 1~4호봉, 9급 1~6호봉까지 인상률을 더 크게 하였다. 이는 9급 하위 호봉의 임금을 계속 더 올리다 보니, 결국 8급과 7급 임금에 가까워져서 역전이 되는 것을 막기 위한 고육지책이라 볼 수 있다. 이처럼 최저임금 인상, 신규 공무원 기피 현상 등의 여파에 따라 하위 직급의 하위 호봉의 임금만 추가로 인상시켜 줄 뿐, 총인건비 예산 문제로 말미암아 근본적인 해결이 어려운 상황이기 때문에 점점 호봉테이블 구조가 왜곡이 되고 있는 것을 확인할 수 있는 것이다.[49)]

---

48) 소위 임금을 더 들어 올렸다라고 표현하기도 한다.

49) 이러한 현상은 2018년 및 2019년의 급격한 최저임금 인상 시에 노동법을 적용받는 일반 회사들에서 많이 발생되었던 현상이며, 이 때 왜곡된 구조가 아직까지 계속 이어지는 경우도 많다.

[그림 4-66] 연도별 임금 인상률

〈2015년 대비 2016년 임금 인상률〉

호봓＼직급	1급	2급	3급	4급	5급	6급	7급	8급	9급
1	3.4%	3.4%	3.4%	3.4%	3.4%	3.4%	3.4%	3.4%	5.0%
2	3.4%	3.4%	3.4%	3.4%	3.4%	3.4%	3.4%	3.4%	4.5%
3	3.4%	3.4%	3.4%	3.4%	3.4%	3.4%	3.4%	3.4%	4.1%
4	3.4%	3.4%	3.4%	3.4%	3.4%	3.4%	3.4%	3.4%	3.7%
5	3.4%	3.4%	3.4%	3.4%	3.4%	3.4%	3.4%	3.4%	3.6%
6	3.4%	3.4%	3.4%	3.4%	3.4%	3.4%	3.4%	3.4%	3.4%
7	3.4%	3.4%	3.4%	3.4%	3.4%	3.4%	3.4%	3.4%	3.4%
8	3.4%	3.4%	3.4%	3.4%	3.4%	3.4%	3.4%	3.4%	3.4%

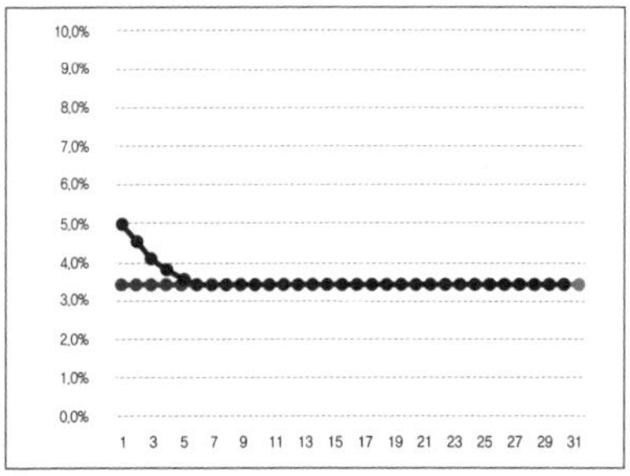

〈2017년 대비 2018년 임금 인상률〉

호봉＼직급	1급	2급	3급	4급	5급	6급	7급	8급	9급
1	3.0%	3.0%	3.0%	3.0%	3.0%	3.0%	3.0%	3.0%	3.8%
2	3.0%	3.0%	3.0%	3.0%	3.0%	3.0%	3.0%	3.0%	3.0%
3	3.0%	3.0%	3.0%	3.0%	3.0%	3.0%	3.0%	3.0%	3.0%
4	3.0%	3.0%	3.0%	3.0%	3.0%	3.0%	3.0%	3.0%	3.0%
5	3.0%	3.0%	3.0%	3.0%	3.0%	3.0%	3.0%	3.0%	3.0%
6	3.0%	3.0%	3.0%	3.0%	3.0%	3.0%	3.0%	3.0%	3.0%
7	3.0%	3.0%	3.0%	3.0%	3.0%	3.0%	3.0%	3.0%	3.0%
8	3.0%	3.0%	3.0%	3.0%	3.0%	3.0%	3.0%	3.0%	3.0%

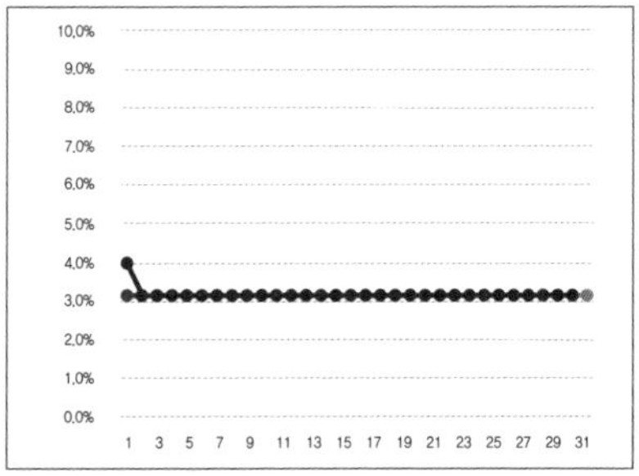

〈2018년 대비 2019년 임금 인상률〉

호봉＼직급	1급	2급	3급	4급	5급	6급	7급	8급	9급
1	2.0%	2.0%	2.0%	2.0%	2.0%	2.0%	2.0%	2.0%	9.9%
2	2.0%	2.0%	2.0%	2.0%	2.0%	2.0%	2.0%	2.0%	7.3%
3	2.0%	2.0%	2.0%	2.0%	2.0%	2.0%	2.0%	2.0%	4.8%
4	2.0%	2.0%	2.0%	2.0%	2.0%	2.0%	2.0%	2.0%	3.0%
5	2.0%	2.0%	2.0%	2.0%	2.0%	2.0%	2.0%	2.0%	2.0%
6	2.0%	2.0%	2.0%	2.0%	2.0%	2.0%	2.0%	2.0%	2.0%
7	2.0%	2.0%	2.0%	2.0%	2.0%	2.0%	2.0%	2.0%	2.0%
8	2.0%	2.0%	2.0%	2.0%	2.0%	2.0%	2.0%	2.0%	2.0%

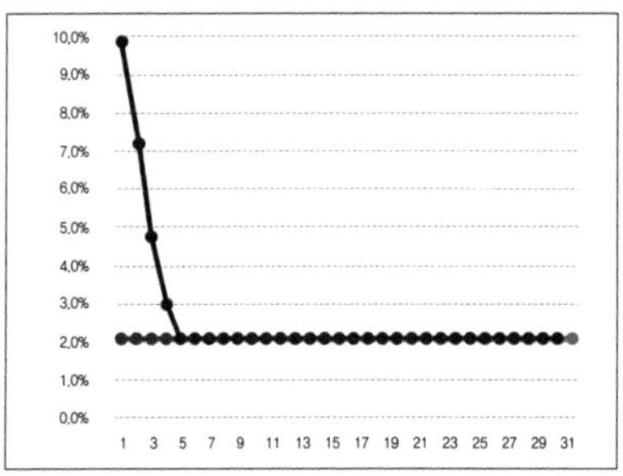

〈2022년 대비 2023년 임금 인상률〉

호봉＼직급	1급	2급	3급	4급	5급	6급	7급	8급	9급
1	1.7%	1.7%	1.7%	1.7%	1.7%	1.7%	1.7%	4.9%	5.0%
2	1.7%	1.7%	1.7%	1.7%	1.7%	1.7%	1.7%	3.3%	4.7%
3	1.7%	1.7%	1.7%	1.7%	1.7%	1.7%	1.7%	1.7%	4.2%
4	1.7%	1.7%	1.7%	1.7%	1.7%	1.7%	1.7%	1.7%	3.5%
5	1.7%	1.7%	1.7%	1.7%	1.7%	1.7%	1.7%	1.7%	2.7%
6	1.7%	1.7%	1.7%	1.7%	1.7%	1.7%	1.7%	1.7%	1.7%
7	1.7%	1.7%	1.7%	1.7%	1.7%	1.7%	1.7%	1.7%	1.7%
8	1.7%	1.7%	1.7%	1.7%	1.7%	1.7%	1.7%	1.7%	1.7%

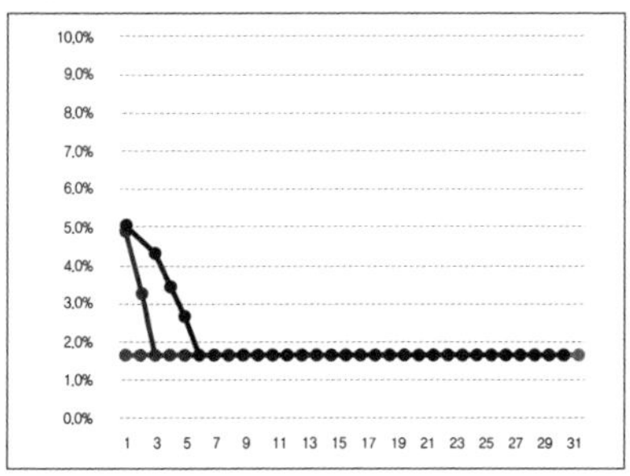

〈2023년 대비 2024년 임금 인상률〉

직급 / 호봉	1급	2급	3급	4급	5급	6급	7급	8급	9급
1	2.5%	2.5%	2.5%	2.5%	2.5%	2.5%	4.5%	5.0%	6.0%
2	2.5%	2.5%	2.5%	2.5%	2.5%	2.5%	3.6%	5.3%	6.0%
3	2.5%	2.5%	2.5%	2.5%	2.5%	2.5%	2.9%	5.0%	5.7%
4	2.5%	2.5%	2.5%	2.5%	2.5%	2.5%	2.5%	3.4%	5.1%
5	2.5%	2.5%	2.5%	2.5%	2.5%	2.5%	2.5%	2.5%	4.4%
6	2.5%	2.5%	2.5%	2.5%	2.5%	2.5%	2.5%	2.5%	3.4%
7	2.5%	2.5%	2.5%	2.5%	2.5%	2.5%	2.5%	2.5%	2.5%
8	2.5%	2.5%	2.5%	2.5%	2.5%	2.5%	2.5%	2.5%	2.5%
9	2.5%	2.5%	2.5%	2.5%	2.5%	2.5%	2.5%	2.5%	2.5%
10	2.5%	2.5%	2.5%	2.5%	2.5%	2.5%	2.5%	2.5%	2.5%

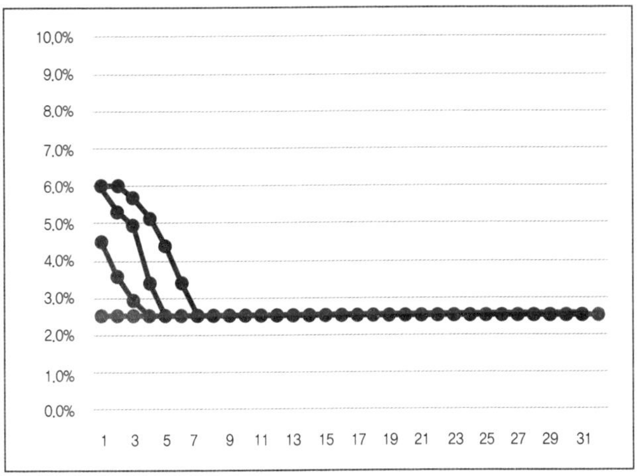

결론적으로 공무원 호봉표의 경우에는 10년간 정률 인상을 하여 Base/up 임금 인상액 기준으로는 직급/호봉이 높을수록 임금 인상액이 큰 상후하박 현상이 지속되었고, 다만 7~9급 하위 직급의 하위 호봉의 경우에만 추가로 임금을 들어 올려서 결과적으로 7~9급의 호봉 테이블 임금구조에 약간의 구조적 변화가 있었다는 것을 알 수 있다. 그리고 그렇게 누적된 결과들이 〈[그림4-51] 2024년 꺾은선 그래프〉에서 7~9급 하위 호봉들의 임금정책선이 위로 들어 올려져서 상위 직급 임금정책선과의 간격이 많이 좁혀진 것으로 표현된 것이다.

③ 호봉표 자연승급분 Step/up 금액 및 Step/up 율 변화 분석

임금 테이블에서 정해진 바에 따라 매년 1호봉[등급]씩 호봉이 승급(승호)되어 임금이 오르는 것을 자연승급분 Step/up 이라 한다.

아래는 2015년의 공무원 호봉표를 바탕으로 각 직급에서 1호봉씩 승급(승호)할 때, 임금이 인상되는 금액을 나타낸 것이다.

[그림 4-67] 2015년 Step/up 금액 및 그래프

2015년 자연승급(Step/up) 금액 (단위:원)

승급호봉 \ 직급	1급	2급	3급	4급	5급	6급	7급	8급	9급
1									
2	123,100	117,300	105,600	99,900	88,300	83,800	73,800	70,000	65,800
3	126,300	118,800	108,700	101,500	91,600	86,600	78,100	73,900	69,700
4	129,100	120,200	109,500	103,800	95,200	88,500	82,100	75,300	73,900
5	132,200	121,500	111,300	105,300	97,800	90,900	85,000	78,500	74,500
6	133,800	121,900	112,400	106,300	99,800	93,600	87,200	80,300	76,200
7	135,900	123,400	113,600	107,200	101,400	93,800	87,800	80,800	73,000
8	137,100	123,400	114,000	107,900	102,500	94,100	88,100	77,200	70,400
9	138,700	124,100	115,000	108,100	102,900	94,400	83,900	74,000	67,400
10	139,800	124,100	114,900	108,000	103,700	88,600	80,200	69,800	64,700
11	139,500	124,600	115,000	109,000	96,600	84,000	75,600	67,700	61,900
12	144,000	128,800	119,400	102,500	93,300	82,700	74,100	66,200	61,300
13	144,900	129,800	110,900	96,100	88,700	77,700	70,500	63,600	58,900
14	145,400	117,300	102,800	89,500	82,700	73,500	67,500	60,700	57,100
15	127,000	108,300	94,800	84,300	78,000	70,600	64,300	58,300	54,700
16	112,600	99,300	88,500	79,400	73,500	66,100	61,000	56,200	52,900
17	100,000	91,400	82,200	73,800	69,100	63,100	58,500	52,600	51,700
18	89,200	83,200	76,400	69,000	65,300	59,800	55,900	51,100	48,200
19	79,700	77,200	70,700	64,400	61,500	56,500	52,500	48,900	47,300
20	71,500	70,400	66,100	60,200	57,500	53,300	50,200	46,700	45,000
21	65,800	64,200	61,200	56,300	54,200	51,300	47,900	44,600	42,600
22	58,700	59,100	56,700	52,800	50,900	48,100	45,100	42,800	40,900
23	49,500	54,000	52,500	49,500	48,100	45,200	43,700	40,700	38,900
24		44,100	48,800	46,500	44,900	43,200	41,500	39,300	37,400
25		42,200	40,300	42,800	42,400	41,000	39,200	37,200	35,600
26			38,200	36,100	40,000	38,700	37,600	36,300	32,200
27			35,700	33,500	33,200	36,800	31,900	30,100	27,800
28				31,800	31,900	30,800	29,700	29,100	26,800
29					29,300	28,900	28,800	27,400	25,800
30					28,400	28,500	27,200	26,700	25,000
31						26,300	25,900	25,800	24,600
32						25,000			
평균	114,718	99,525	87,123	78,722	70,783	62,755	59,160	54,393	51,073
	73,253								

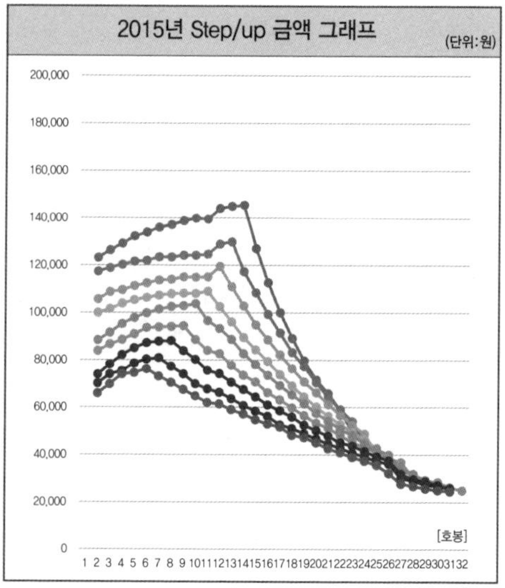

우선 Step/up 금액을 보면, 직급별 평균 Step/up 금액은 고 직급일수록 많고, 저 직급일수록 적다는 것을 알 수 있다. 즉 1급의 평균 Step/up 금액은 114,718원이고, 9급의 Step/up 금액은 51,073원이며, 전체 평균 Step/up 금액은 73,253원임을 알 수 있다. (※ 직급별 평균 Step/up 금액은 역전된 구간이 없이 1급 〉 2급 〉 3급 〉 4급 〉 5급 〉 6급 〉 7급 〉 8급 〉 9급이며, 상후하박 구조임을 알 수 있다.) 그리고 직급별 Step/up 금액은 전술한 직급별 임금정책선의 기울기와 유사한 경향을 보인다는 것을 확인할 수 있다.[50)]

50) 정확히 일치하지는 않는다. 이는 임금정책선의 기울기(0000x)는 '추세'를 바탕으로 산정된 값이

다음으로 직급 내 Step/up 금액을 보면, 전 직급 동일하게 하위 호봉 때에는 Step/up 승급액이 점점 많아지다가 어느 순간부터는 Step/up 승급액이 점점 적어진다는 것을 확인할 수 있다. 예컨대 6급의 경우를 보면, 2호봉으로 승급할 때는 승급 금액이 83,800원이고, 점점 많아져서 9호봉으로 승급할 때는 승급 금액이 94,400원으로 피크를 찍은 후, 이후 승급 시부터는 승급 금액이 점점 적어지다가 32호봉으로 승급할 때는 승급 금액이 25,000원까지 적어지는 것을 확인할 수 있다.

이러한 특성은 그래프로 보면 확연히 드러나는데, 모든 직급에서 초반에는 승급액이 많아지다가 어느 전환점에 이르러서 피크를 찍은 후 일제히 적어지는 것을 확인할 수 있다. 이에 공무원 호봉표의 Step/up 승급액 그래프는 〈약한 점증 후 점감형 그래프〉임을 알 수 있다.

또한 그래프를 보면, 직급별로 Step/up 승급 금액의 전환점(피크점)이 다름을 알 수 있다. 즉 9급은 6호봉 승급 시가 피크이고, 8급은 7호봉 승급 시가 피크이며, 직급이 오를수록 전환점(피크점)이 조금씩 올라가서, 1급은 14호봉 승급 시가 피크인 것이다.

애초에 이 호봉표를 만든 제작자의 취지는 각 직급 내에서는 승진 누락되지 않고 정상적인 근무를 하는 구간에서는 호봉 승급 시 Step/up 금액을 점점 높이다가 각 직급별로 적정 승진 시점이 지나게 되면 Step/up 금액을 점점 낮추다가 각 직급 후반 호봉에서는 승진을 하지 못한 채 승급만 할 경우에는 Step/up 금액을 매우 낮춤으로서, 결과적으로 노력하여 조기에 승진할 수 있도록 승진에 대한 동기 부여를 하고, 승진을 하지 못하는 저성과자에게는 일정 부분 불이익을 주려는 의도를 바탕으로 이러한 호봉표를 설계했을 것이다.

다음으로 Step/up 율을 확인해 보도록 하자. Step/up 율은 호봉이 승급되었을 때 기존 임금에 비해 몇 %의 임금 인상 효과가 있었는지를 나타내는 것이다. 아래는 2015년의 공무원 호봉표를 바탕으로 각 직급에서 1호봉씩 승급(승호)할 때, 임금이 인상되는 Step/up 율을 나타낸 것이다.

고, 상기 표에서의 평균은 '개별 데이터'들을 산술 평균한 것이기 때문이다.

[그림 4-68] 2015년 Step/up 율(%) 및 그래프

2015년 자연승급(Step/up) 율 (단위:%)

승급호봉 \ 직급	1급	2급	3급	4급	5급	6급	7급	8급	9급
1									
2	3.5%	3.7%	3.7%	4.1%	4.0%	4.6%	4.6%	4.9%	5.1%
3	3.5%	3.6%	3.7%	4.0%	4.0%	4.6%	4.6%	4.9%	5.2%
4	3.4%	3.5%	3.6%	3.9%	4.0%	4.5%	4.6%	4.7%	5.2%
5	3.4%	3.5%	3.5%	3.8%	4.0%	4.4%	4.6%	4.7%	5.0%
6	3.3%	3.3%	3.4%	3.7%	3.9%	4.3%	4.5%	4.6%	4.9%
7	3.3%	3.3%	3.3%	3.6%	3.8%	4.2%	4.3%	4.4%	4.4%
8	3.2%	3.2%	3.2%	3.5%	3.7%	4.0%	4.2%	4.1%	4.1%
9	3.1%	3.1%	3.2%	3.4%	3.6%	3.9%	3.8%	3.7%	3.8%
10	3.1%	3.0%	3.1%	3.3%	3.5%	3.5%	3.5%	3.4%	3.5%
11	3.0%	2.9%	3.0%	3.2%	3.1%	3.2%	3.2%	3.2%	3.2%
12	3.0%	2.9%	3.0%	2.9%	2.9%	3.1%	3.0%	3.0%	3.1%
13	2.9%	2.9%	2.7%	2.7%	2.7%	2.8%	2.8%	2.8%	2.9%
14	2.8%	2.5%	2.4%	2.4%	2.5%	2.6%	2.6%	2.6%	2.7%
15	2.4%	2.3%	2.2%	2.2%	2.3%	2.4%	2.4%	2.4%	2.5%
16	2.1%	2.0%	2.0%	2.0%	2.1%	2.2%	2.2%	2.3%	2.4%
17	1.8%	1.8%	1.8%	1.9%	1.9%	2.1%	2.1%	2.1%	2.3%
18	1.6%	1.6%	1.7%	1.7%	1.8%	1.9%	2.0%	2.0%	2.1%
19	1.4%	1.5%	1.5%	1.6%	1.7%	1.8%	1.8%	1.9%	2.0%
20	1.2%	1.3%	1.4%	1.4%	1.5%	1.6%	1.7%	1.8%	1.9%
21	1.1%	1.2%	1.3%	1.3%	1.4%	1.6%	1.6%	1.7%	1.7%
22	1.0%	1.1%	1.2%	1.2%	1.3%	1.4%	1.5%	1.6%	1.6%
23	0.8%	1.0%	1.1%	1.1%	1.2%	1.3%	1.4%	1.5%	1.5%
24		0.8%	1.0%	1.1%	1.1%	1.3%	1.3%	1.4%	1.4%
25		0.8%	0.8%	1.0%	1.1%	1.2%	1.2%	1.3%	1.4%
26			0.8%	0.8%	1.0%	1.1%	1.2%	1.3%	1.2%
27			0.7%	0.7%	0.8%	1.0%	1.0%	1.0%	1.0%
28				0.7%	0.8%	0.9%	0.9%	1.0%	1.0%
29					0.7%	0.8%	0.9%	0.9%	0.9%
30					0.7%	0.8%	0.8%	0.9%	0.9%
31						0.7%	0.8%	0.8%	0.9%
32						0.7%			
평균	2.5%	2.4%	2.3%	2.4%	2.3%	2.4%	2.5%	2.6%	2.7%
평균(전체)	2.4%								

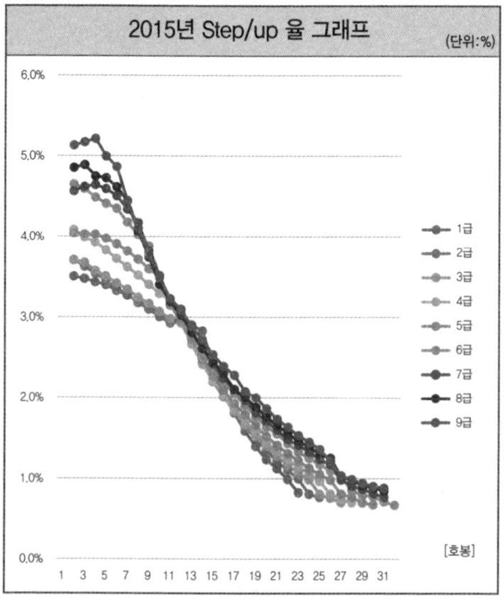

각 직급별 평균 Step/up 율은 2.3%~2.7%로 형성되어 있으며, 전체 평균 Step/up 율은 2.4%로 나오고 있다. 다만, 직급별 평균 Step/up 율의 경향이 뚜렷하지는 않은데, 9급에서 5급까지는 평균 Step/up 율이 점점 낮아지고 있지만[9급(2.7%) 〉 8급(2.6%) 〉 7급(2.5%) 〉 6급(2.4%) 〉 5급(2.3%)], 다시 4급부터는 2.3%~2.5%로 일정한 경향이 나타나고 있진 않다. 그러나 직급별 Step/up 율 분포를 보면, 1~3급은 0.7%~3.7%대이고, 4~8급은 0.7%~4.0%대이며, 9급은 0.9%~5.1%로 하위 직급일수록 대체적으로 Step/up 율이 다소 높은 경향이 있다.[51)]

다음으로 각 직급 내 호봉별 Step/up 율을 보면, 상박하후 현상이 두드러지게 나타나고 있다. 하위 호봉일수록 Step/up 율이 높고, 상위 호봉일수록 Step/up 율이 낮게 나오고 있다. 이는 그래프로 보면 더욱 명확하게 확인할 수 있다. 사실상 모든 직급에서 거의 전체 구간이 우하향 하는 그래프를 보이고 있는 것이다. 다만, 직급/호봉별로 Step/up 율이 동일하게 겹치는 부분이 많기에 그래프도 겹치거나 관통되는 부분이 나타나고 있다.

51) 동일한 호봉이라도 직급이 낮으면 Step/up 율이 높고, 직급이 높으면 Step/up 율이 낮게 나온다.

이처럼 Step/up 율에 있어 상박하후 현상이 나타나는 것은 어찌보면 당연한 것인데, Step/up 율을 구하는 공식이 [Step/up 인상액 ÷ 승급 전 호봉 임금]이기 때문이다. 즉 호봉이 높을수록, 직급이 높을수록 모수(분모)가 되는 '승급 전 호봉 임금'이 크기 때문이다.

호봉표상 평균 Step/up 율과 실제로 호봉제를 적용받는 직원들의 평균 Step/up 율은 다를 수밖에 없다. 호봉표상 평균 Step/up 율은 모든 직급/호봉의 Step/up 율 값을 단순히 산술 평균한 것이기에 실제 특정 회사의 직원 분포와는 당연히 차이가 있기 때문이다. 실제로 2015년 공무원 호봉표상 평균 Step/up 율은 2.4%이지만, 실제로 호봉표를 적용받는 직원들의 평균 Step/up 율이 2.4%가 나오려면, 모든 직급/호봉에 동일한 인원이 분포해야 된다. 즉 9급 1호봉부터 31호봉까지 호봉별로 각 1명씩 분포하고, 다른 직급에서도 1호봉부터 말호봉까지 각 1명씩 분포해야 호봉표상 평균 Step/up 율과 실제 평균 Step/up 율이 일치하는 것이다. 다만, 당연하게도 공무원 집단도 그렇고, 모든 회사들은 호봉표상 모든 직급/호봉에 직원들이 분포되어 있지 않고, 분포되어 있는 직급/호봉마다 인원 수도 모두 다르기에 실제 평균 Step/up 율은 호봉표상 평균 Step/up 율과 다를 수밖에 없다.

이에 인력구조 상 낮은 호봉 직원들이 많이 분포하고 있는 회사의 실제 평균 Step/up 율은 높게 나오게 되고(위 공무원 호봉표를 쓰더라도 3%대 평균 Step/up 율이 나올 수 있음), 높은 호봉 직원들이 많이 분포하고 있는 회사의 실제 평균 Step/up 율은 낮게 나오게 된다(위 공무원 호봉표를 쓰더라도 1%대 평균 Step/up 율이 나올 수 있음).

지금까지 Step/up 금액 구조 및 Step/up 율 구조를 데이터와 그래프로 확인해 보았다. 그런데 이런 구조적인 부분은 호봉제를 계속 유지하는 한 잘 변경되지 않고, 의도적으로 변경하는 것에도 한계가 있다. 즉 매년 동일한 Base/up 임금 인상률을 적용하게 되면, Step/up 금액은 전체적으로 많아질 뿐 그 경향이 변하지 않고, Step/up 율(%)은 동일하게 유지되는 등 근본적인 구조는 동일하게 유지된다. 아래는 3년 단위로 Step/up 금액 그래프 및 Step/up 율 그래프를 표현해 본 것인데, 변화의 모습을 보도록 하자.

우선 Step/up 금액 그래프의 모습은 구조적으로 큰 변화는 없음을 알 수 있다. 즉 직급별로 〈약한 점증 후 점감형 그래프〉 형태를 유지하고 있다. 다만, 10년간의 임금인상으로 인해 점차 그 금액이 커지는 것을 확인할 수 있다. 예컨대 Base/up 인상을 3%할 경우에는 Step/up 금액도 연동하여 3%가 올라가기 때문이다. 한 가지 특이한 점은 7~9급의 경우 하위 호봉에서 급격한 점증 경향을 보이고 있다는 점이다. 이는 앞에서 확인했듯이 최근 10년간 7~9급 하위 호봉에 대해 추가로 Base/up 임금인상을 시켰기 때문에 나타나는 현상이다. 즉 7~9급 하위 호봉의 경우 임금인상을 더 시켜주다 보니, 호봉간 임금 간격이 줄어들게 되었고, 그 결과 호봉 승급 시 Step/up 임금 인상액이 줄어들게 된 것이다.

[그림 4-69] 연도별 Step/up 금액 그래프 추이

(단위: 원)

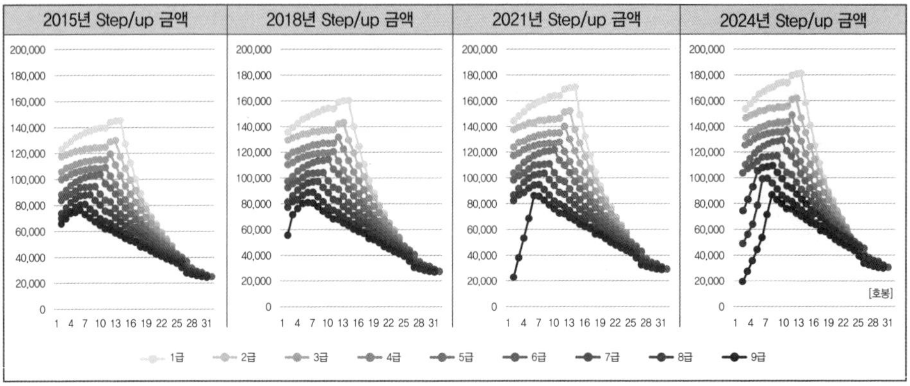

다음으로 Step/up 율(%) 그래프의 모습을 보면, 역시 구조적으로 큰 변화는 없음을 알 수 있다. 즉 대부분의 직급에서 우하향 하는 경향은 그대로 유지되고 있음을 알 수 있다. 그러나 역시 7~9급 하위 호봉의 경우에는 매우 낮은 Step/up 인상률에서 시작하여 가파르게 오르다가 다시 점감하는 모습을 보이고 있다. 이 역시 7~9급 하위 호봉에 대해 추가로 Base/up 임금 인상액을 적용했기 때문이다. 실제로 2024년 Step/up 금액 및 Step/up 율 데이터를 보면, 7~9급 하위 호봉의 Step/up 금액 및 Step/up 율이 낮게 시작하여 점점 커지다가 다시 작아짐을 확인할 수 있다.

[그림 4-70] 연도별 Step/up 율(%) 그래프 추이

(단위:%)

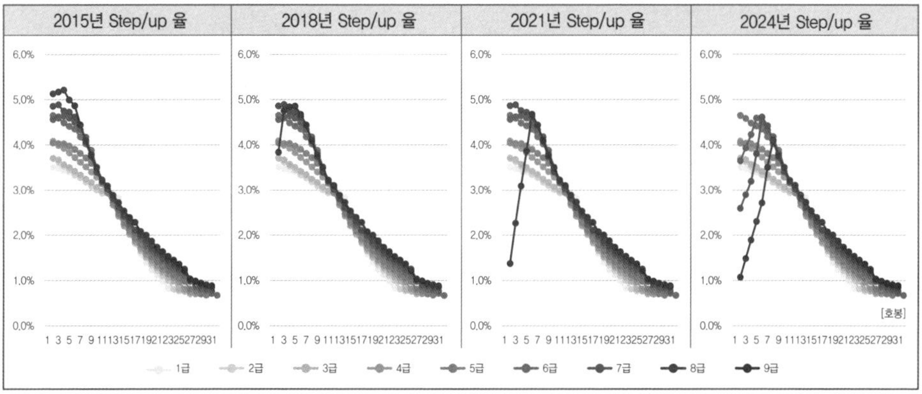

[그림 4-71] 2024년 Step/up 금액 및 Step/up 율(%)

2024년 Step/up 금액 (단위:원)

승급 호봉 \ 직급	1급	2급	3급	4급	5급	6급	7급	8급	9급
1									
2	153,100	145,900	131,200	124,100	109,700	104,200	74,800	49,600	20,100
3	157,000	147,800	135,200	126,200	114,100	107,500	83,600	56,800	28,100
4	160,500	149,200	136,100	129,100	118,400	109,900	93,400	64,500	36,400
5	164,400	151,300	138,400	130,900	121,600	113,200	105,700	79,300	45,100
6	166,400	151,500	139,700	132,200	124,000	116,300	108,300	99,800	54,400
7	168,900	153,500	141,400	133,300	125,900	116,700	108,900	100,100	72,200
8	170,200	153,300	141,700	134,000	127,500	117,000	109,800	96,400	87,500
9	172,800	154,300	142,900	134,500	127,900	117,400	104,400	91,800	83,700
10	173,700	154,200	142,800	134,300	128,800	110,100	99,600	87,000	80,600
11	173,300	155,000	143,100	135,500	120,400	104,400	94,000	84,100	76,700
12	179,200	160,300	148,300	127,500	116,100	102,800	92,300	82,200	76,500
13	180,200	161,200	137,800	119,200	110,200	96,700	87,700	79,000	73,200
14	180,700	146,000	128,000	111,300	102,700	91,300	83,700	75,600	71,100
15	157,800	134,600	117,900	104,800	97,100	87,800	80,100	72,500	68,000
16	140,300	123,300	109,900	98,900	91,300	82,200	75,600	70,100	65,700
17	124,300	113,500	102,200	91,800	85,900	78,500	72,700	65,400	64,300
18	110,700	103,800	95,000	85,700	81,100	74,200	69,500	63,300	59,700
19	99,100	95,900	87,800	80,100	76,400	70,400	65,500	60,900	58,900
20	88,900	87,400	82,300	74,800	71,700	66,200	62,300	58,000	56,000
21	81,900	80,000	76,200	69,900	67,300	63,700	59,500	55,400	53,000
22	72,900	73,400	70,500	65,600	63,300	59,900	56,100	53,200	50,700
23	61,700	67,100	65,100	61,600	59,800	56,200	54,400	50,600	48,500
24		54,900	60,900	58,100	55,800	53,600	51,500	48,900	46,500
25		52,400	49,800	53,000	52,800	50,900	48,800	46,400	44,300

2024년 Step/up 금액

(단위:원)

승급 호봉 \ 직급	1급	2급	3급	4급	5급	6급	7급	8급	9급
26			47,700	45,000	49,700	48,200	46,900	44,900	40,100
27			44,200	41,400	41,300	45,700	39,500	37,500	34,500
28				39,700	39,600	38,400	36,900	36,100	33,200
29					36,400	35,800	35,700	34,200	32,100
30					35,300	35,500	34,100	33,000	31,100
31						32,800	32,000	32,100	30,700
32						31,000			
평균	142,636	123,742	108,312	97,870	88,003	78,016	72,243	63,623	54,097
					89,301				

2024년 Step/up 율

(단위:%)

승급 호봉 \ 직급	1급	2급	3급	4급	5급	6급	7급	8급	9급
1									
2	3.5%	3.7%	3.7%	4.1%	4.0%	4.6%	3.6%	2.6%	1.1%
3	3.5%	3.6%	3.7%	4.0%	4.0%	4.6%	3.9%	2.9%	1.5%
4	3.4%	3.5%	3.6%	3.9%	4.0%	4.5%	4.2%	3.2%	1.9%
5	3.4%	3.5%	3.5%	3.8%	4.0%	4.4%	4.6%	3.8%	2.3%
6	3.3%	3.3%	3.4%	3.7%	3.9%	4.3%	4.5%	4.6%	2.7%
7	3.3%	3.3%	3.3%	3.6%	3.8%	4.2%	4.3%	4.4%	3.5%
8	3.2%	3.2%	3.2%	3.5%	3.7%	4.0%	4.2%	4.1%	4.1%
9	3.1%	3.1%	3.2%	3.4%	3.6%	3.9%	3.8%	3.7%	3.8%
10	3.1%	3.0%	3.1%	3.3%	3.5%	3.5%	3.5%	3.4%	3.5%
11	3.0%	2.9%	3.0%	3.2%	3.2%	3.2%	3.2%	3.2%	3.2%
12	3.0%	2.9%	3.0%	2.9%	3.0%	3.1%	3.0%	3.0%	3.1%
13	2.9%	2.9%	2.7%	2.7%	2.7%	2.8%	2.8%	2.8%	2.9%
14	2.8%	2.5%	2.4%	2.4%	2.5%	2.6%	2.6%	2.6%	2.7%
15	2.4%	2.3%	2.2%	2.2%	2.3%	2.4%	2.4%	2.4%	2.5%
16	2.1%	2.0%	2.0%	2.1%	2.1%	2.2%	2.2%	2.3%	2.4%
17	1.8%	1.8%	1.8%	1.9%	1.9%	2.1%	2.1%	2.1%	2.3%
18	1.6%	1.7%	1.7%	1.7%	1.8%	1.9%	2.0%	2.0%	2.1%
19	1.4%	1.5%	1.5%	1.6%	1.7%	1.8%	1.8%	1.9%	2.0%
20	1.2%	1.3%	1.4%	1.4%	1.5%	1.6%	1.7%	1.8%	1.9%
21	1.1%	1.2%	1.3%	1.3%	1.4%	1.6%	1.6%	1.7%	1.7%
22	1.0%	1.1%	1.2%	1.2%	1.3%	1.4%	1.5%	1.6%	1.6%
23	0.8%	1.0%	1.1%	1.1%	1.2%	1.3%	1.4%	1.5%	1.5%
24		0.8%	1.0%	1.1%	1.1%	1.2%	1.3%	1.4%	1.4%
25		0.8%	0.8%	1.0%	1.1%	1.2%	1.2%	1.3%	1.4%
26			0.8%	0.8%	1.0%	1.1%	1.2%	1.2%	1.2%
27			0.7%	0.7%	0.8%	1.0%	1.0%	1.0%	1.0%
28				0.7%	0.8%	0.9%	0.9%	1.0%	1.0%
29					0.7%	0.8%	0.9%	0.9%	0.9%
30					0.7%	0.8%	0.8%	0.9%	0.9%
31						0.7%	0.8%	0.8%	0.9%
32						0.7%			

2024년 Step/up 율									
									(단위:%)
평균	2.5%	2.4%	2.3%	2.4%	2.3%	2.4%	2.4%	2.3%	2.1%
	2.3%								

이처럼 호봉제에서의 각종 데이터 개념들은 유기적으로 연결되어 있기에 특정 직급/호봉에 내린 차별화된 조치들이 그래프로 나타나게 된다.

④ 호봉표 승진 Merit 변화 분석

다음으로 승진 시 각 직급별로 임금이 얼마나 인상되는지 승진 Merit를 분석해 보도록 하자. 2015년 호봉표를 바탕으로 승진 Merit 금액 그래프와 승진 Merit 율(%) 그래프를 만들어 보았다. 우선 승진 Merit 금액 그래프의 각 값은 꺾은선 그래프의 직급간 간격을 의미한다. 예컨대 꺾은선 그래프에서 6급 10호봉값(2,617,100원)과 5급 10호봉값(3,068,600원) 간의 간격은 451,500원인데, 그 값이 승진 Merit 금액인 것이며, 이를 모두 구현한 것이 승진 Merit 금액 그래프인 것이다. 또한, 6급 10호봉에서 5급 10호봉으로 승진하여 임금이 451,500원 오르게 되면, 임금이 17.3%가 오르게 되는 것인데, 그 값이 승진 Merit 율(%)인 것이며, 이를 모두 구현한 것이 승진 Merit 율(%) 그래프인 것이다.[52)]

---

52) 다만, 실제로는 승진 시 같은 호봉으로 재획정되는 것이 아니고, 호봉표마다 달리 설정된 기준에 따라 다른 호봉으로 재획정되는 경우가 많다. 공무원 일반직의 경우 승진 시 -1호봉이 되므로 상기 예시의 경우 실제로는 6급 10호봉(2,617,100원)에서 5급 9호봉(2,964,900원)으로 재획정되어 실제 승진 Merit 금액은 347,800원이고, 실제 승진 Merit 율(%)은 13.3%가 나온다. 물론 승진한 해에도 정기 승급을 하게 되므로 승급 후에는 5급 10호봉이 되는 것이다. 본 장에서는 호봉표의 구조를 설명하는 것이므로 편의상 동일한 호봉이 유지되는 것으로 전제하여 분석하도록 하며, 다음 장에서 공무원 직군별 재획정 로직에 따른 실제 승진 Merit를 살펴보도록 할 것이다.

[그림 4-72] 2015년 승진 Merit 금액 그래프 및 승진 Merit 율(%) 그래프

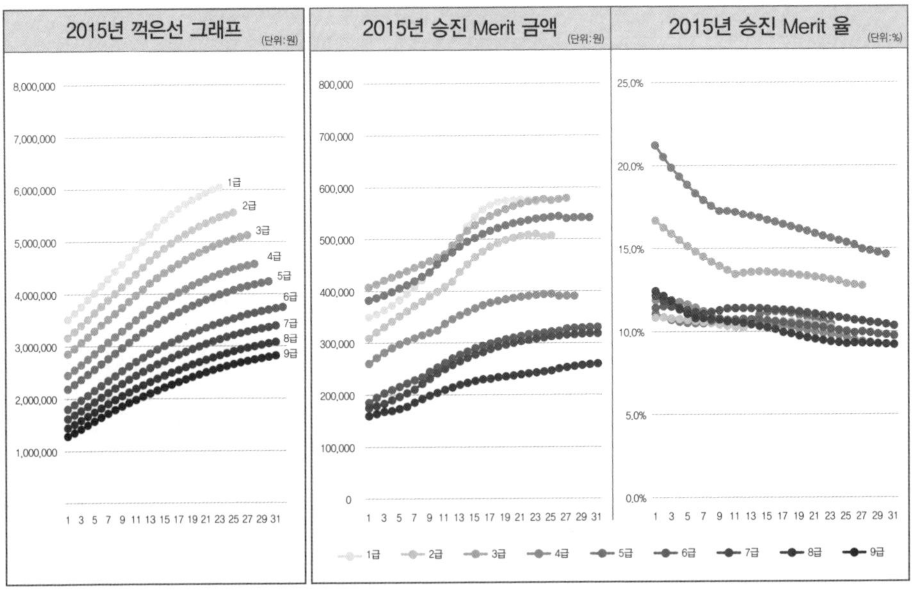

호봉표 금액을 구현한 꺾은선 그래프를 보면, 하위 호봉에서는 직급 간 간격이 좁고, 상위 호봉으로 갈수록 직급 간 간격이 커지는 것을 볼 수 있는데, 그러한 경향이 승진 Merit 금액 그래프에서 그대로 구현되고 있다. 즉 승진 Merit 금액 그래프를 보면 모든 직급에서 우상향하고 있는 모습을 볼 수 있다. 이는 매년 Base/up 정률 인상을 하다 보니 하위 호봉 임금값보다 상위 호봉 임금값들이 더 많이 인상을 하게 되어 점점 직급간 간격이 벌어지고 있는 것에서 기인하는 효과로 보인다. 즉 상후하박이 되고 있다 보니, 승진 Merit 율(%)은 동일하더라도 승진 Merit 금액은 점점 커지기 때문이다.

반면에 승진 Merit 율(%) 그래프를 보면, 모든 직급에서 우하향하고 있는 모습을 볼 수 있는데, 이는 역시 인상률을 구하기 위한 모수(분모)값이 고호봉일수록 크기 때문에 발생되는 현상이라고 보면 된다.

[그림 4-73] 2015년 승진 Merit 금액 및 승진 Merit 율(%)

2015년 승진 Merit 금액

(단위: 원)

호봉 \ 승진 직급	1급	2급	3급	4급	5급	6급	7급	8급
1	350,400	309,400	407,800	260,000	382,600	185,000	175,300	159,700
2	356,200	321,100	413,500	271,600	387,100	195,000	179,100	163,900
3	363,700	331,200	420,700	281,500	392,100	203,500	183,300	168,100
4	372,600	341,900	426,400	290,100	398,800	209,900	190,100	169,500
5	383,300	352,100	432,400	297,600	405,700	215,800	196,600	173,500
6	395,200	361,600	438,500	304,100	411,900	222,200	203,500	177,600
7	407,700	371,400	444,900	309,900	419,500	228,200	210,500	185,400
8	421,400	380,800	451,000	315,300	427,900	234,200	221,400	192,200
9	436,000	389,900	457,900	320,500	436,400	244,700	231,300	198,800
10	451,700	399,100	464,800	324,800	451,500	253,100	241,700	203,900
11	466,600	408,700	470,800	337,200	464,100	261,500	249,600	209,700
12	481,800	418,100	487,700	346,400	474,700	270,100	257,500	214,600
13	496,900	437,000	502,500	353,800	485,700	277,300	264,400	219,300
14	525,000	451,500	515,800	360,600	494,900	283,300	271,200	222,900
15	543,700	465,000	526,300	366,900	502,300	289,600	277,200	226,500
16	557,000	475,800	535,400	372,800	509,700	294,700	282,000	229,800
17	565,600	485,000	543,800	377,500	515,700	299,300	287,900	230,700
18	571,600	491,800	551,200	381,200	521,200	303,200	292,700	233,600
19	574,100	498,300	557,500	384,100	526,200	307,200	296,300	235,200
20	575,200	502,600	563,400	386,800	530,400	310,300	299,800	236,900
21	576,800	505,600	568,300	388,900	533,300	313,700	303,100	238,900
22	576,400	508,000	572,200	390,800	536,100	316,700	305,400	240,800
23	571,900	509,500	575,200	392,200	539,000	318,200	308,400	242,600
24		504,800	577,500	393,800	540,700	319,900	310,600	244,500
25		506,700	575,000	394,200	542,100	321,700	312,600	246,100
26			577,100	390,300	543,400	322,800	313,900	250,200
27			579,300	390,600	539,800	327,700	315,700	252,500
28				390,500	540,900	328,800	316,300	254,800
29					541,300	328,900	317,700	256,400
30					541,200	330,200	318,200	258,100
31						330,600	318,300	259,300
32								
평균	479,165	429,076	505,070	349,071	484,540	278,945	266,181	219,226
	368,981							

2015년 승진 Merit 율

(단위: %)

호봉 \ 승진 직급	1급	2급	3급	4급	5급	6급	7급	8급
1	11.1%	10.8%	16.7%	11.9%	21.2%	11.4%	12.2%	12.4%
2	10.9%	10.9%	16.2%	11.9%	20.5%	11.5%	11.8%	12.2%
3	10.7%	10.8%	15.9%	11.9%	19.9%	11.5%	11.6%	11.9%
4	10.6%	10.8%	15.5%	11.8%	19.3%	11.3%	11.4%	11.4%

2015년 승진 Merit 율

(단위:%)

호봉 \ 승진 직급	1급	2급	3급	4급	5급	6급	7급	8급
5	10.5%	10.7%	15.1%	11.6%	18.8%	11.1%	11.3%	11.1%
6	10.5%	10.6%	14.8%	11.4%	18.3%	11.0%	11.2%	10.8%
7	10.5%	10.6%	14.5%	11.2%	17.9%	10.8%	11.1%	10.8%
8	10.5%	10.5%	14.2%	11.0%	17.6%	10.6%	11.2%	10.8%
9	10.5%	10.4%	13.9%	10.8%	17.3%	10.7%	11.3%	10.7%
10	10.6%	10.3%	13.7%	10.6%	17.3%	10.7%	11.4%	10.6%
11	10.6%	10.3%	13.4%	10.7%	17.2%	10.7%	11.4%	10.6%
12	10.7%	10.2%	13.5%	10.6%	17.1%	10.7%	11.4%	10.5%
13	10.7%	10.4%	13.6%	10.6%	17.0%	10.7%	11.4%	10.4%
14	11.0%	10.5%	13.6%	10.5%	16.9%	10.7%	11.4%	10.3%
15	11.2%	10.6%	13.6%	10.5%	16.7%	10.7%	11.4%	10.2%
16	11.2%	10.6%	13.5%	10.4%	16.6%	10.6%	11.3%	10.1%
17	11.2%	10.6%	13.5%	10.3%	16.5%	10.6%	11.3%	10.0%
18	11.1%	10.6%	13.5%	10.3%	16.3%	10.5%	11.3%	9.9%
19	11.0%	10.6%	13.4%	10.2%	16.2%	10.4%	11.2%	9.7%
20	10.9%	10.5%	13.3%	10.1%	16.1%	10.4%	11.1%	9.6%
21	10.8%	10.4%	13.3%	10.0%	15.9%	10.3%	11.1%	9.6%
22	10.7%	10.4%	13.2%	9.9%	15.8%	10.3%	11.0%	9.5%
23	10.5%	10.3%	13.1%	9.8%	15.6%	10.2%	10.9%	9.4%
24		10.1%	13.0%	9.8%	15.5%	10.1%	10.9%	9.3%
25		10.0%	12.9%	9.7%	15.3%	10.0%	10.8%	9.3%
26			12.8%	9.5%	15.2%	9.9%	10.7%	9.3%
27			12.8%	9.4%	15.0%	10.0%	10.6%	9.3%
28				9.3%	14.9%	9.9%	10.6%	9.3%
29					14.8%	9.8%	10.5%	9.3%
30					14.6%	9.8%	10.4%	9.2%
31						9.7%	10.4%	9.2%
32								

평균	10.78%	10.50%	13.95%	10.56%	16.90%	10.54%	11.14%	10.22%
	11.9%							

한편, 승진 Merit 금액 및 승진 Merit 율(%)은 각 직급별로 동일하지 않고, 직급별로 차이가 나고 있다. 2015년 공무원 호봉표의 경우에는 5급 승진 시 승진 Merit 율(%)이 평균 16.90%로 가장 높고, 그 다음으로 3급 승진 시 승진 Merit 율(%)이 평균 13.95%로 높으며, 다른 직급 승진 시에는 거의 비슷하게 평균 10.22% ~ 11.14%의 승진 Merit 율(%)을 보이고 있다. 이는 상기 승진 Merit 율(%) 그래프를 보면, 확연하게 드러나고 있다. 즉 5급 인상 시 승진 Merit 율(%)이 월등하게 높고, 그 다음으로 3급 인상 시 승진 Merit 율(%)이 높으며, 다른 직급의 경우에는 거의 비슷하게 뭉쳐져 있음을 확인할 수 있다.

이런 구조적인 특성은 인위적 조정[53]을 하지 않는 한 장기간 계속될 수밖에 없다. 실제로 3년 간격으로 승진 Merit 금액 그래프 및 승진 Merit 율(%) 그래프를 그려서 확인해 보도록 하자.

[그림 4-74] 연도별 승진 Merit 금액 그래프 추이

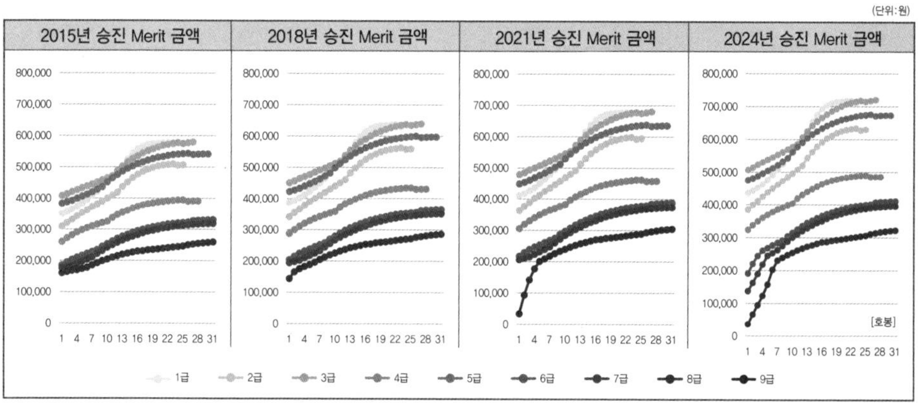

승진 Merit 금액 그래프 추세를 보면, 직급 간 순위가 역전되진 않고 그대로 유지되고 있으며, 전체적인 모양도 크게 달라지진 않았다. 다만, 10년간 승진 Merit 금액이 전체적으로 커졌는데, 이는 매년 Base/up 정률 인상을 하여 각 직급/호봉별로 임금값이 커지다 보니, 승진 Merit 금액 역시 커진 것이다. 또한 여기서도 7~9급 하위 호봉의 임금을 더 인상시킨 효과가 드러나고 있다. 2024년 그래프를 보면, 8급/7급/6급 승진 시 하위 호봉의 경우 승진 Merit 금액이 확 떨어져서 시작했다가 급격하게 올라간 후 원래와 비슷하게 우상향하는 경향을 볼 수 있는데, 이는 7~9급 하위 호봉의 임금을 들어 올려 상위 직급과의 임금 간격이 줄어든 것에서 영향이 나타나는 것이다.

53) 예컨대 5급 승진 시 승진 Merit 율(%)이 높으므로 6급의 호봉값을 전체적으로 추가 상향을 하게 되면(= 꺾은선 그래프에서 6급 각 호봉값을 수직으로 들어 올리면) 5급 승진 시 승진 Merit 율(%)이 낮아지게 되고, 7급에서 6급 승진 시 승진 Merit 율(%)은 높아지게 된다.

[그림 4-75] 연도별 승진 Merit 율(%) 그래프 추이

(단위:%)

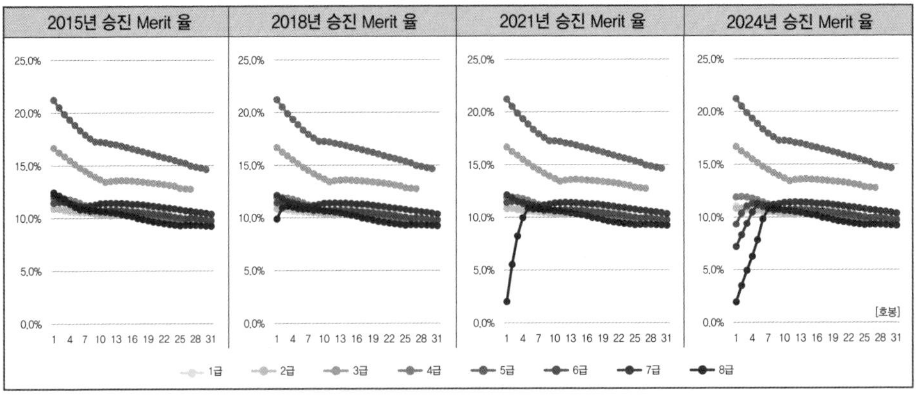

다음으로 승진 Merit 율(%) 그래프 추세를 보면, 역시 직급 간 순위가 역전되지 않고 그대로 유지되고 있으며, 전체적인 모양도 크게 달라지진 않았다. 또한, 매년 Base/up 정률 인상을 하다 보니 직급 간 승진 Merit 율(%)도 크게 변하지 않았다.[54)]

다만, 여기서도 8급/7급/6급 승진 시 하위 호봉의 경우 승진 Merit 율(%)이 확 떨어져서 시작했다가 급격하게 올라간 후 원래와 비슷하게 우하향하는 경향을 볼 수 있는데, 마찬가지로 7~9급 하위 호봉의 임금을 들어 올려 상위 직급과의 임금 간격이 줄어든 것에서 영향이 나타나는 것이다.[55)]

⑤ 공무원 직군별 재획정 기준 및 실질 승진 Merit 분석

앞에서 필자는 승진 후 승진 Merit 인상액이 비슷하더라도 상위 직급과의 임금 중첩률에 따라 승진 후 호봉 재획정 기준이 달라질 수 있다(+호봉, 호봉 유지, -호봉 등)고 기술했었다. 공무원의 경우 여러 직군들(일반직, 전문경력관 등, 연구직, 지도직

---

54) 앞에서 Step/up 금액은 커지지만, Step/up 율(%)은 거의 그대로 유지되는 것과 같은 이치이다.

55) 다만, 실제로 해당 구간의 승진 Merit가 활용될 가능성이 크진 않다. 하위 호봉일 때 승진하는 경우는 별로 없기 때문이다. 그럼에도 9급의 경우에는 2024년에 6호봉까지 추가로 임금을 들어 올렸기에 9급에서 8급으로 승진할 때에는 해당 구간이 일부 활용될 수 있을텐데, 예전에 비해 8급 승진 시 승진 Merit가 낮아지게 될 것이다. 예컨대 9급 5호봉에서 8급 4호봉으로 승진하는 경우에는 예전에 비해 승진 Merit가 낮아졌을 것이다.

등등)이 있고, 직군별로 호봉표가 달리 설정되어 있다.[56] 그리고 공무원 보수규정 별표28에서는 각 직군별로 승진 시 호봉 재획정표가 규정되어 있다.

[그림 4-76] 공무원 직군별, 승진 시 호봉 재획정 기준 (공무원 보수규정 [별표 28] 각색)

일반직 등			전문 경력관 등						연구직			지도직		
전 직급			다군 → 나군			나군 → 가군			연구사 → 연구관			지도사 → 지도관		
승진 전 호봉	승진 후 호봉	비교	승진 전 호봉	승진 후 호봉	비교	승진 전 호봉	승진 후 호봉	비교	승진 전 호봉	승진 후 호봉	비교	승진 전 호봉	승진 후 호봉	비교
1	1	0	1	1	0	1	1	0	1	1	0	1	1	0
2	1	−1	2	1	−1	2	1	−1	2	1	−1	2	1	−1
3	2	−1	3	1	−2	3	1	−2	3	2	−1	3	1	−2
4	3	−1	4	1	−3	4	1	−3	4	3	−1	4	2	−2
5	4	−1	5	2	−3	5	2	−3	5	4	−1	5	3	−2
6	5	−1	6	3	−3	6	3	−3	6	5	−1	6	3	−3
7	6	−1	7	4	−3	7	4	−3	7	6	−1	7	4	−3
8	7	−1	8	5	−3	8	5	−3	8	6	−2	8	5	−3
9	8	−1	9	5	−4	9	6	−3	9	7	−2	9	5	−4
10	9	−1	10	6	−4	10	7	−3	10	7	−3	10	6	−4
11	10	−1	11	7	−4	11	7	−4	11	8	−3	11	6	−5
12	11	−1	12	8	−4	12	8	−4	12	8	−4	12	7	−5
13	12	−1	13	8	−5	13	8	−5	13	9	−4	13	7	−6
14	13	−1	14	9	−5	14	9	−5	14	9	−5	14	8	−6
15	14	−1	15	10	−5	15	10	−5	15	10	−5	15	9	−6
16	15	−1	16	10	−6	16	10	−6	16	10	−6	16	9	−7
17	16	−1	17	11	−6	17	11	−6	17	11	−6	17	10	−7
18	17	−1	18	12	−6	18	12	−6	18	11	−7	18	10	−8
19	18	−1	19	12	−7	19	13	−6	19	12	−7	19	11	−8
20	19	−1	20	13	−7	20	14	−6	20	12	−8	20	11	−9
21	20	−1	21	14	−7	21	15	−6	21	13	−8	21	12	−9
22	21	−1	22	15	−7	22	16	−6	22	13	−9	22	12	−10
23	22	−1	23	16	−7	23	16	−7	23	14	−9	23	13	−10
24	23	−1	24	17	−7	24	17	−7	24	14	−10	24	13	−11
25	24	−1	25	17	−8	25	18	−7	25	15	−10	25	14	−11
26	25	−1	26	18	−8	26	19	−7	26	15	−11	26	14	−12
27	26	−1	27	19	−8	27	19	−8	27	16	−11	27	15	−12
28	27	−1	28	20	−8	28	20	−8	28	16	−12	28	15	−13
29	28	−1	29	21	−8	29	21	−8	29	17	−12	29	16	−13
30	29	−1	30	22	−8	30	22	−8	30	17	−13	30	16	−14
31	30	−1	31	23	−8	31	23	−8	31	18	−13	31	17	−14
32	31	−1	32	24	−8	32	24	−8	32	18	−14	32	17	−15
			33	25	−8	33	25	−8	33	19	−14	33	18	−15
			34	25	−9	34	25	−9	34	19	−15	34	18	−16
			35	26	−9	35	26	−9	35	20	−15	35	19	−16
			36	27	−9	36	27	−9	36	20	−16	36	19	−17
			37	28	−9	37	28	−9						
			38	29	−9	38	29	−9						

56) 공무원 보수규정 [별표3]에서는 일반직 공무원, [별표3의2]에서는 전문경력관 등, [별표5]에서는 연구직, [별표6]에서는 지도직의 봉급표(호봉표)가 매년 개정되어 공표된다.

상기 표를 보면, [일반직]은 승진 후 호봉이 −1호봉으로 재획정된다.[57] 그런데 [전문경력관]의 경우에는 승진 전 호봉이 1~4호봉인 경우에는 모두 승진 후 호봉이 1호봉으로 재획정되고, 중간중간에도 승진 전 호봉이 다름에도 승진 후 호봉은 동일하게 재획정되는 경우가 있다. 예컨대 전문경력관 15호봉과 16호봉은 모두 승진 후엔 10호봉으로 책정된다. 즉 승진 전에는 호봉에 차이가 났었으나 승진 후에는 호봉이 동일해 지는 경우도 발생한다.

또한, 호봉이 올라감에 따라 승진 후 재획정 호봉에 있어 음수 값이 커지고 있다. 예컨대 승진 전 2호봉인 경우에는 승진 후 −1호봉이 된 1호봉으로 재획정되지만, 승진 전 38호봉인 경우에는 승진 후 −9호봉이 된 29호봉으로 재획정된다. 이러한 경향은 [연구직]과 [지도직]의 경우에 더 심해지는데, 이들 직군의 경우에도 중간중간에 승진 전 호봉이 다름에도 승진 후 호봉은 동일하게 재획정되는 경우가 있고, 승진 전 호봉이 36호봉인 경우에는 −16호봉 및 −17호봉으로 재획정되기도 한다.

그렇다면, 재획정 시 마이너스 호봉 수가 큰 [전문경력관], [연구직], [지도직]은 재획정 시 −1호봉밖에 안 떨어지는 [일반직]에 비해 승진 Merit가 낮을까? 결론을 얘기하자면 그렇지 않다. 이는 역시 각 직군별로 상위 직급과의 임금 중첩률이 어떻게 설계되어 있는지에 따라 다른 것이다.

[그림 4-77] 공무원 직군별 호봉표 분포 (분산형 그래프)

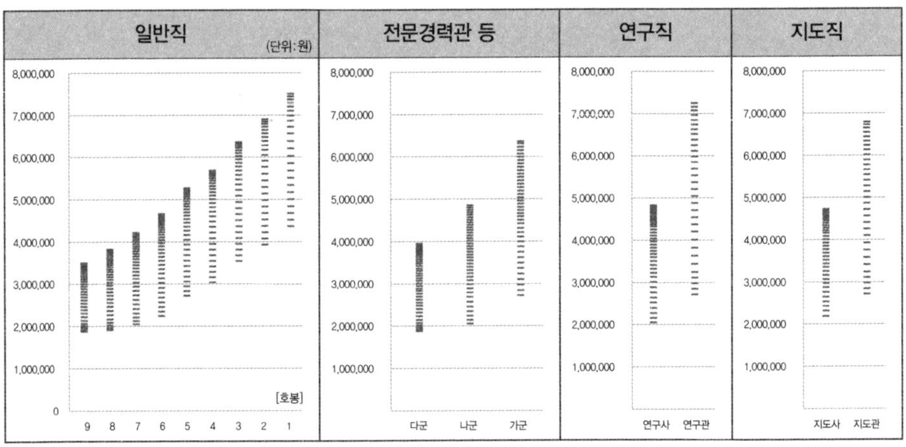

57) 1호봉에서 승진하면, 승진 후에도 1호봉이 되기는 한다. 그러나 실제 사례는 거의 없을 것이다.

위의 그림은 각 직군별 호봉테이블을 분산형 그래프로 표시한 것이다. 육안으로 보더라도 일반직에 비해 중첩률[58]이 크지 않음을 알 수 있다. [일반직]의 경우 중첩률이 80% 전후인데, [전문경력관]의 중첩률은 58% 및 68%이고, [연구직]은 및 [지도직]의 중첩률은 40% 후반대였다. 이에 [일반직]이 아닌 다른 직군들의 경우 승진 후 호봉 재획정 시 음수값이 큼에도 실제 승진 Merit는 [일반직]에 비해 낮지 않게 설정되어 있는 것이다.

[그림 4-78] 공무원 직군별 초임 차이, 중첩률, 승진 Merit[59]

구분 \ 직군, 승진 직급	일반직								전문 경력관 등		연구직	지도직
	1급	2급	3급	4급	5급	6급	7급	8급	가군	나군	연구관	지도관
초임 차이 (1호봉간 차이)	435,700	384,500	507,000	323,400	475,500	190,900	137,200	36,400	666,400	173,600	666,400	803,600
중첩률 (승진직급 기준)	81%	82%	76%	84%	76%	82%	82%	83%	58%	68%	47%	49%
승진 Merit 인상액	626,300	537,400	618,200	406,000	587,800	319,600	310,400	236,600	560,000	176,700	573,500	481,800
승진 Merit 인상률	9.5%	9.0%	11.8%	8.5%	14.3%	8.6%	9.3%	7.7%	14.9%	5.8%	14.4%	12.8%

실제로 같은 잣대로 비교하기 위해 모든 직군 및 직급에서 승진 전 호봉이 20호봉인 경우 승진 후 승진 Merit 인상액 및 인상률을 구하여 정리해 보았다.[60] 그 결과 −1호봉이 된 [일반직]은 직급별로 승진 Merit 인상액이 236,600원 ~ 626,300원이었고, 승진 Merit 인상률은 7.7% ~ 14.3%였다. 그리고 −7호봉이 된 [전문경력관 나군]은 승진 Merit 인상액이 176,700원에 승진 Merit 인상률은 5.8%에 불과했지만, −6호봉이 된

58) 어떤 직급을 기준으로 하느냐에 따라 중첩률을 구하는 방식도 2가지로 구할 수 있다. 즉 상위 직급 임금 범위(Pay Range)를 기준으로 할 때는 {(하위 직급 상한 − 상위 직급 하한) ÷ 상위 직급 임금 범위}로 구하게 되고, 하위 직급 임금 범위를 기준으로 할 때는 {(하위 직급 상한 − 상위 직급 하한) ÷ 하위 직급 임금 범위}로 구하게 된다. 여기서는 승진 후 직급인 〈상위 직급 임금 범위〉를 기준으로 중첩률을 구했다.

59) 승진 Merit는 모든 직군 및 직급 동일하게 승진 전 호봉이 20호봉일 때를 기준으로 하였다.

60) 승진 후 호봉은 일반직 각 직급은 19호봉, 전문경력관 나군은 13호봉, 가군은 14호봉, 연구직은 12호봉, 지도직은 11호봉이다.

[전문경력관 가군]은 승진 Merit 인상액이 560,000원에 승진 Merit 인상률은 14.9%였다. 또한 -8호봉이 된 [연구직 연구관]은 승진 Merit 인상액이 573,500원에 승진 Merit 인상률은 14.4%였고, -9호봉이 된 [지도직 지도관]은 승진 Merit 인상액이 481,800원에 승진 Merit 인상률은 12.8%였다. 결국 승진 시 재획정되는 호봉이 양수 값인지 음수 값인지, 또는 음수 값이 적은지 많은지보다는 직급별 초임과 임금 범위(Pay Range), 중첩률 등 호봉테이블의 구조가 어떻게 설정되어 있는지가 더 중요한 것이라고 할 수 있다.

(4) 호봉표 사례 분석[2] 동종 업종인 회사들의 다양한 호봉테이블 사례[61]

기업들이 실제로 활용하고 있는 다양한 호봉표 구조들을 살펴보도록 하자. 아래 A공사부터 F공사의 사례들은 동종 업종[62]이면서 호봉제를 적용하고 있는 6개 기업들을 비교한 것이다.

[그림 4-79] 동종 업종 6개 공사 호봉표 구조 비교 (꺾은선 그래프)

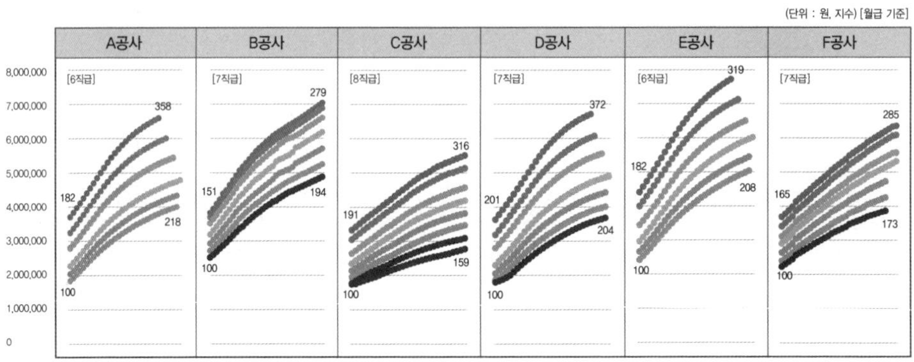

※ 임금 지수는 각 공사 최하위 직급 1호봉을 기준(100)으로 한 수치임.

	A공사	B공사	C공사	D공사	E공사	F공사
[최고 직급 말호봉]	6,593,800	7,083,000	5,511,550	6,707,288	7,714,900	6,348,690
[최저 직급 1호봉]	1,840,090	2,538,000	1,744,430	1,801,678	2,417,800	2,229,680
[차이]	4,753,710	4,545,000	3,767,120	4,905,610	5,297,100	4,119,010

61) 여기서 활용된 호봉테이블들은 지방공기업 정보공개 사이트인 '클린아이'에 나와 있는 각 공사들의 임금보수규정에 공시된 실제 호봉표들을 분석한 것이다. 지방공기업의 경우 광역 지자체별로 유사한 기능과 역할을 수행하는 공사들이 약 15개 정도 있는데, 이 중에서 같은 업종이면서 호봉제를 운영하고 있는 공사들을 표본으로 한 것이다.

62) 전국 광역단체별로 운영 중인 지방공기업 실제 사례이다. 예컨대 충남OO공사, 부산OO공사 등이며, 사업의 내용이나 인력 특성이 거의 유사한 동종 업종 공사들이다.

우선 꺾은선 그래프(가로축은 호봉, 세로축은 임금, 선들은 각 직급)로 비교해 보았다. 아무리 동종 업종이라고 하더라도 회사가 다르다 보니 직급 수에서 6직급, 7직급, 8직급으로 차이가 나고 있다. 그리고 상대적으로 C공사의 임금수준이 낮고, E공사의 임금수준이 높아 보인다. 다만, 기본급 비율이 다를 수 있으므로 반드시 C공사보다 E공사의 총액 임금이 높다고 단정할 수는 없다. 예컨대 C공사의 경우 기본급 비율이 낮고 정기상여금 비율이 높은 반면에 E공사는 기본급 비율이 매우 높다면 오히려 C공사의 총액 임금수준이 더 높을 수도 있기 때문이다. 또한, 호봉표 구조와 달리 실제 재직하고 있는 직원들의 임금 분포가 어떤지도 고려해 봐야 한다.

각 공사의 직급 간 임금수준 차이를 비교하기 위하여 [지수 비교] 및 [최고 직급 말호봉 - 최저 직급 1호봉간 금액 차이]를 비교해 보기로 하자. 먼저 [지수 비교]는 각 공사별로 최저 직급의 1호봉을 지수 100으로 기준 금액을 설정하고, 최저 직급의 말호봉과 최고 직급 1호봉 및 최고 직급 말호봉의 금액을 지수로 설정하는 것이다. 그 결과 최저 직급의 1호봉 대비 최고 직급 말호봉의 지수가 가장 적게 차이나는 곳은 B공사(2.79배)이며, 가장 크게 차이나는 곳은 D공사(3.72배)였다. 그러나 [최고 직급 말호봉 - 최저 직급 1호봉간 금액 차이]를 비교해 보면, 그 차이가 가장 적은 곳은 C공사(3,767,120원)였고, 가장 큰 곳은 E공사(5,297,100원)였다.

여기서 [지수 비교] 및 [최고 직급 말호봉 - 최저 직급 1호봉간 금액 차이]가 다른 이유는 [지수 비교]를 할 때 기준(모수, 분모)이 되는 최저 직급 1호봉의 절대적인 임금 크기가 다르기 때문이다. 즉 [최고 직급 말호봉 - 최저 직급 1호봉간 금액 차이]가 가장 적었던 C공사의 경우 최저 직급 1호봉의 임금이 1,744,430원으로 적었기 때문에 최저 직급의 1호봉 대비 최고 직급 말호봉의 지수가 B공사보다 다소 큰 3.16배가 나온 것이며, [최고 직급 말호봉 - 최저 직급 1호봉간 금액 차이]가 가장 컸던 E공사의 경우 최저 직급 1호봉의 임금이 2,417,800원으로 컸기 때문에 최저 직급의 1호봉 대비 최고 직급 말호봉의 지수가 D공사보다 훨씬 작은 3.19배 밖에 안 나온 것이다. 이처럼 타 사와의 임금 비교를 할 때에는 절대적인 금액 비교와 상대적인 비율 비교를 함께 해보는 것이 좋다.

직급 간 임금 차이를 보면, 상대적으로 A공사·D공사·E공사의 경우 직급 간 간격이 넓은 편이어서 승진 시 임금인상 Merit가 클 것으로 보이고, B공사·C공사 ·F

공사의 경우 직급 간 간격이 좁은 편이어서 승진 시 임금인상 Merit가 낮을 것으로 보인다.[63]

다음으로 동일한 회사들(A공사~F공사)의 호봉표에 따른 임금수준 및 임금구조의 특성을 Pay Band 형태의 그래프(가로축은 직급, 세로축은 임금, 막대그래프는 직급별 상하한간 임금 범위)로 비교해 보도록 하자.

[그림 4-80] 동종 업종 6개 공사 호봉표 구조 비교 (Pay Band 그래프)

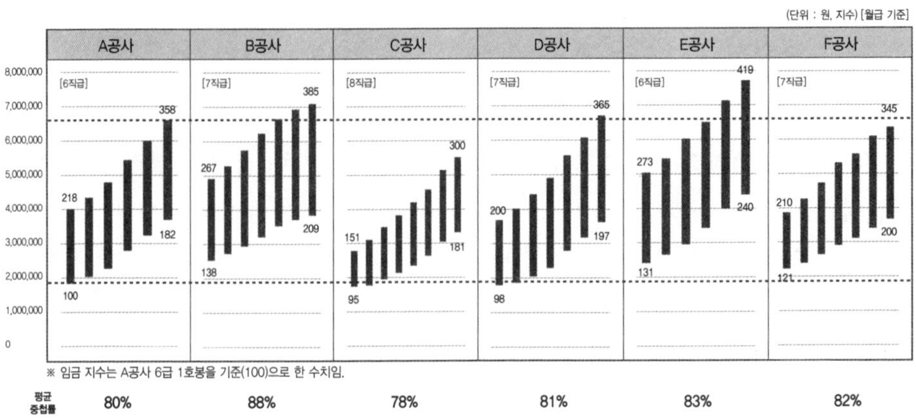

직급별 임금 범위(Pay Range)를 보면, 상대적으로 C공사는 그 폭이 좁고(= 각 직급별 1호봉부터 말호봉까지 임금 차이가 적고), B공사와 E공사는 그 폭이 넓다(= 각 직급별 1호봉부터 말호봉까지 임금 차이가 크다).[64] B공사·C공사·D공사·F공사의 경우 상위 직급으로 갈수록 임금 범위 폭이 점점 넓어지는 경향이 있고, A공사·E공사의 경우 각 직급별 임금 범위 폭이 거의 유사해 보인다.[65]

---

63) 아무래도 직급 수가 6~7개로 적은 경우에 직급 간 간격이 넓고, 직급 수가 7~8개로 많은 경우에 직급 간 간격이 좁다. 즉 직급 수는 승진 Merit에 밀접한 영향을 주게 된다. 이에 간혹 직급 간 간격이 넓은 경우에는 그 사이에 직급을 하나 더 만들어서 끼워 넣는 것을 고려하기도 한다.

64) 만약 직급별 호봉 수가 동일하다면, C공사의 경우 호봉 승급(Step/up) 시 승급 금액이 작고, B공사와 E공사는 호봉 승급(Step/up) 시 승급 금액이 클 것이다.

65) A공사·E공사의 경우 각 직급별 호봉 수가 같다면, 상위 직급으로 갈수록 호봉 승급(Step/up)

만약 A공사를 기준으로 다른 회사 호봉표의 구조적인 임금수준을 비교해 보고 싶다면, 절대적인 임금수준을 바탕으로 비교해 볼 수도 있고, A공사 최저 직급의 1호봉을 기준(지수 100)으로 상대 비교해 볼 수도 있다. 우선 회사별 임금수준을 절대적인 임금수준을 바탕으로 비교해 보면, A공사를 기준으로 보았을 때 E공사 및 B공사의 임금수준이 높아 보이고, C공사의 임금수준이 낮아 보인다. 다음으로 지수 비교를 해 보면, A공사 최저 직급의 초임 대비 C공사 및 D공사 최저 직급의 초임은 낮은 편(95% 및 98%)이고, A공사 최저 직급의 초임 대비 A공사 최고 직급 말임은 3.58배 수준인데 비해 E공사 최고 직급 말임은 4.19배 수준임을 알 수 있다. 구조적인 임금수준은 A공사와 D공사가 대체로 유사해 보인다는 것도 알 수 있다.

직급이 올라갈수록 임금이 높아지는 임금정책선 기울기를 보면, C공사와 F공사의 기울기가 낮아 보인다.(= 실제로 앞서 꺾은선 그래프에서 최고 직급 말호봉 - 최저 직급 1호봉 차이도 C공사와 F공사가 적게 났다.)[66]

한편, 직급별 평균 중첩률[67]을 보면 공공기관의 특성[68]이 반영되어 직급 간 중첩률이 80% 내외로 두텁게 설정되어 있다는 것을 확인할 수 있다. C공사의 평균 중첩률이 78%로 그나마 적은데, 이는 직급별 임금 범위(Pay Range) 폭이 좁기 때문인 것으로 볼 수 있다. 반면에 B공사의 중첩률은 88%로 매우 큰데 이는 직급별 임금 범위 폭이 넓기 때문이며, 이로 인해 B공사는 최하위 직급의 말호봉 값이 최고 직급의 1호봉 값보다 커서 모든 직급이 중첩되어 있는 특성을 보이고 있다.

아래 그림은 A공사를 기준으로 구조적 임금수준이 낮은 C공사와 임금수준이 높은 E공사를 지수로 비교해 본 그림이다. A공사와 비교했을 때, C공사는 직급 수도 많고 초임/말임 등 전체적 임금수준이 A공사 대비 낮고, E공사는 직급 수는 동일하지만 초임/말임 등 전체적 임금수준이 A공사 대비 높음을 알 수 있다.

시 승급률(%)이 현저하게 작아질 것이다. 각 직급별 임금 Range와 호봉 수가 같은데 상위 호봉으로 갈수록 모수(분모)가 되는 임금 크기가 커지기 때문이다.

66) 상대적으로 C공사와 F공사는 승진 시 임금 Merit가 낮을 것으로 보인다.

67) 모든 직급의 중첩률, 즉 1~2급간 중첩률부터 6~7급간 중첩률까지 각 직급별 중첩률들을 단순 평균한 수치이다.

68) 직급별 정원(T/O)이 정해져 있어 상위 직급으로의 승진이 어려움에 따라 승진 누락이 되더라도 임금이 계속 올라갈 수 있도록 임금 범위(Pay Range)가 넓고, 중첩률이 큰 특성

[그림 4-81] (3개 공사 호봉표) 구조적 임금수준 지수 비교

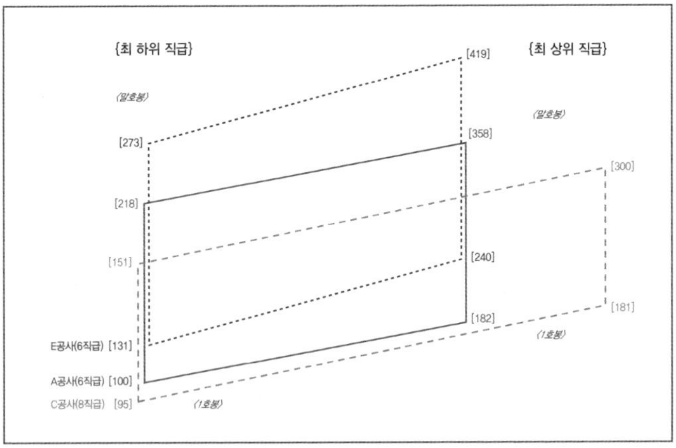

호봉제를 운영하는 회사들이다 보니, 당연히 호봉 승급에 따른 Step/up 금액 및 율(%)이 산출된다.

아래 그림은 6개 공사의 Step/up 금액 그래프를 비교해 본 것이다.

[그림 4-82] 동종 업종 6개 공사 호봉표 구조 비교 (Step/up 금액 그래프)

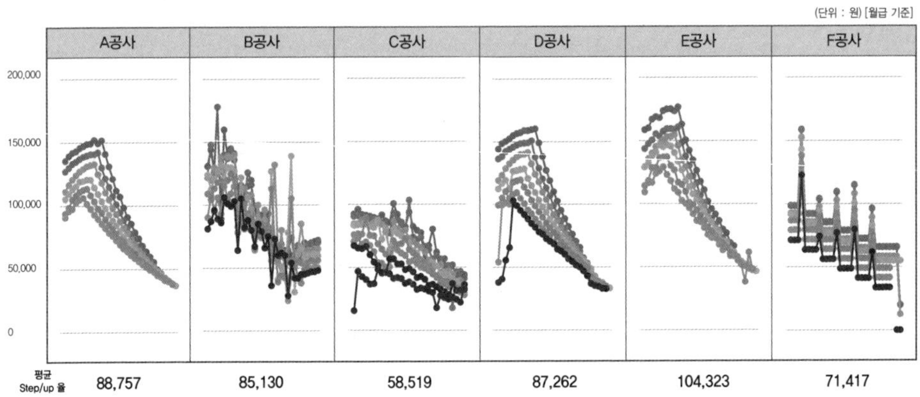

전반적으로 우하향 하는 모습은 유사하지만, 구조들이 모두 제각각임을 알 수 있다. 그나마 A공사·D공사·E공사는 약한 점증 후 점감형의 형태가 유사하다. 다만,

D공사의 경우에는 앞에서 본 2024년 공무원 Step/up 금액 그래프와 유사하게 하위 직급의 하위 호봉 그래프가 매우 낮게 책정된 후 급격하게 올라가다가 다시 점감되는 형태임을 알 수 있는데, D공사의 경우에도 최근 최저임금의 급격한 인상에 대응하느라 공무원 호봉표와 유사하게 하위 직급의 하위 호봉 금액만 들어 올렸음을 추정해 볼 수 있다.

F공사의 경우 전반적으로는 우하향하지만 5호봉마다 한 번씩 Step/up 금액이 커지도록 설계되었다는 것을 알 수 있고, B공사의 경우 F공사와 비슷하기는 하나 매우 불규칙하게 설정되었다는 것을 알 수 있다.

그리고 임금수준이 대체로 낮은 C공사의 경우에는 평균 Step/up 금액[69]도 낮으며(58,519원), 그래프의 기울기도 완만하게 보인다. 또한 임금수준이 높은 E공사의 경우 평균 Step/up 금액도 높게(104,323원) 설정되어 있으며, 구조적으로 임금수준이 유사해 보였던 A공사와 D공사는 평균 Step/up 금액도 큰 차이가 나지 않았다.

다음으로 6개 공사의 Step/up 율(%) 그래프를 비교해 보았다.

[그림 4-83] 동종 업종 6개 공사 호봉표 구조 비교 (Step/up 율[%] 그래프)

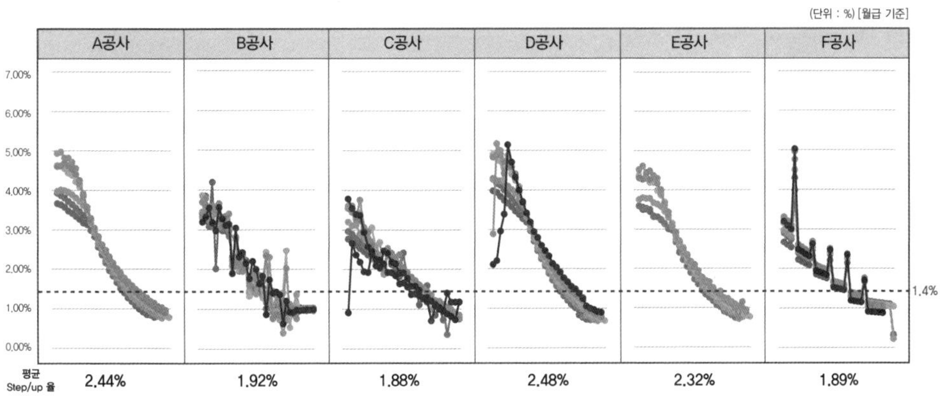

전체적으로 모두 우하향하는 그래프[70]로 설정되며, 역시 A공사·D공사·E공사의

69) 모든 직급과 모든 호봉의 Step/up 금액을 단순 평균한 것이다. 예컨대 1급 1호봉~2호봉의 Step/up 금액부터 최하위 직급 30호봉~31호봉까지의 모든 Step/up 금액을 단순 평균한 것이다.

70) 호봉이 높아질수록 모수(분모)가 커지기 때문에 호봉표를 채택하는 거의 대부분의 회사가 공통

모습이 비슷하다. 그리고 C공사·D공사는 하위 직급의 하위 호봉 Step/up 율이 매우 낮게 설정되었다가 급격히 올라간 후 다시 우하향하고 있는데, 역시 최저임금 영향으로 인해 하위 직급의 하위 호봉 임금만 들어올렸기 때문에 나타나는 현상이다. F공사의 경우 Step/up 금액 그래프와 유사하게 5호봉마다 한 번씩 올라가는 규칙적 패턴을 보이고 있고, B공사는 불규칙한 구조로 설정되어 있다.

그리고 평균 Step/up 율(%)[71]을 보면, 1.88%에서 2.48%까지로 나타나고 있다. 다만, 이때 평균 Step/up 율(%)은 모든 직급의 모든 호봉에 각 1명 또는 동일한 인원이 골고루 분포되어 있을 때 나올 수 있는 이론적 수치이므로 실제로는 직원들이 어느 구간에 많이 분포되어 있는지에 따라 그 수치가 달리 나올 수밖에 없다.

그런데 최근 호봉제를 운영하는 지방공기업이나 지방 출자·출연기관의 경우에는 Step/up 율(%)을 1.4% 이내로 운영하도록 권고하고 있는데, 사실상 이를 지키는 것은 매우 어려운 상황이다. 왜냐하면 대부분의 회사에서는 위와 같은 구조의 Step/up 율(%) 그래프 구조로 설정되어 있는데, 이러한 구조는 단순한 어떤 조치로 변경되는 것이 아니기 때문이다. 상기 그래프를 보면, 공통적으로 초반에서 중반 이후까지는 Step/up 율(%)이 1.4%를 훨씬 상회하다가 후반 호봉에 가서야 비로소 Step/up 율(%)이 1.4%를 하회하도록 되어 있다. 따라서 만약 직원들이 전반적으로 후반 호봉에 분포되어 있다면, Step/up 율(%)을1.4% 이내로 맞출 수 있겠지만, 최근 신입사원을 많이 채용하는 등 직원들이 전반적으로 초중반 호봉에 분포되어 있다면, 구조적으로 Step/up 율(%)이 1.4%를 넘을 수밖에 없게 된다. 따라서 호봉을 1/2로 분할하는 등의 조치를 취해야만 1.4%를 하회할 수 있으며, 아니면 연봉제로 전환해야 할 것이다.

적으로 보이는 구조이다.

71) 역시 모든 직급과 모든 호봉의 Step/up 율(%)을 단순 평균한 것이다. 예컨대 1급 1호봉~2호봉의 Step/up 율(%)부터 최하위 직급 30호봉~31호봉까지의 모든 Step/up 율(%)을 단순 평균한 것이다.

3. Pay Band 분석 및 연봉제 운영

(1) 연봉제의 스펙트럼과 연봉제에 대한 오해 해소

IMF 이후 많은 기업들이 기존의 호봉제를 연봉제로 전환하였고, 2000년 이후 설립된 회사들은 대부분 설립할 때부터 연봉제를 도입한 경우가 많다. 그런데 막상 연봉제라는 개념에 대한 명확한 정의가 없다 보니 장님 코끼리 만지듯 저마다 다른 의미로 연봉제를 이해하는 경우도 많고, 연봉제에 대한 오해로 인하여 아직까지도 연봉제로의 전환을 반대하는 회사나 직종도 있으며, 연봉제의 부작용으로 인해 호봉제로 회귀하는 경우도 있다.

실제로 연봉제를 운영하는 회사들을 보면 다양한 요소들이 조합되어 다양한 스펙트럼으로 구성되는 경향이 있다. 이에 몇 가지 요소들에 대해 기술해 보도록 한다. 다만, 여러 요소들의 조합이다 보니, 어떤 것이 절대적으로 맞고 틀린 것이 아니며, 일부 요소들이 포함될 수도 있고 제외될 수도 있으므로 일부 요소들이 제외되었다고 하여 연봉제가 아니라고 부정될 수는 없는 것이라고 생각되며, 연봉제의 다양한 스펙트럼 중 하나라고 볼 수도 있을 것이다.[72]

① 연봉제라고 지칭하게 되는 여러 요소들, 또는 오해들

a) 임금수준을 책정하는 기간 단위가 월에서 년으로 변경

이전에는 임금수준을 정하거나 얘기할 때, 월급 500만원이라고 하였는데, 연봉제에서는 연봉 6,000만원이라고 한다. 하지만 노동법 관점에서는 매월 1회 정기불 지급의 원칙이 있기 때문에 어차피 매월 지급하려면 월 단위로 다시 환산해야 한다. 연봉제라고 하여 1년에 1번만 지급할 수는 없는 것이다.

b) 호봉(임금)테이블 폐지, Pay Band 전환

어쩌면 이 부분이 호봉제의 반대말로서 실질적 연봉제를 표현하는 가장 중요한 요소라고 볼 수도 있겠다. 그러나 연봉제로 전환했다고 하면서 실제로는 호봉테이

---

72) 형식적 연봉제와 실질적 연봉제라는 표현을 사용하기도 한다.

블과 유사한 연봉테이블을 운영하면서 직급/년차 별로 동일한 기본연봉이 책정되는 경우도 있고, 직급별 Pay Band 상하한을 설정하지 않는 경우도 있다.

c) 연봉협상, 연봉계약 체결

호봉표와 같은 기준이 없으니, 개인별로 차기 년도 연봉을 협상하고, 연봉계약을 맺는 경우가 있다. 그러나 인원 규모가 큰 회사에서는 연봉협상을 하기 힘들어 정해진 기준에 따르는 경우가 많고, 법적으로 반드시 연봉계약서를 체결해야 하는 것도 아니다. 변경되는 연봉(임금)을 통지만 해주어도 무방하다. 한편, 연봉계약을 체결하면 계약직이 되는 것 아니냐고 오해하는 경우도 간혹 있었다. 그러나 근로(고용)계약과 연봉계약은 엄연히 다른 의미이고, 연봉계약을 1년 단위로 체결한다고 하여 근로(고용)계약이 1년 단위가 되는 것은 아니다. 연봉계약은 1년 단위이지만, 근로(고용)계약 기간은 정년까지 무기계약인 경우가 대부분이다.

d) Step/up 개념이 없고, Base/up 개념만 있음

임금테이블이 없다 보니, 연차 상승에 따른 호봉 승급 개념이 없어지므로 Step/up이 없이 Base/up 연봉 인상액/인상률 개념만 남게 된다. 그러다 보니 간혹 연봉제로 전환하면 Step/up이 없어지므로 손해 아니냐는 오해를 하는 경우가 있는데, 연봉제의 인상액/인상률은 호봉제의 Base/up + Step/up을 합친 개념으로 보면 된다. 만약 특정 연도의 총인건비 인상률이 3.4%라면, 호봉제는 예컨대 Base/up 2.0% + Step/up 1.4% = 3.4%가 되는 개념이고, 연봉제는 단순하게 3.4% 인상률이 적용되는 것이라고 보면 된다. 다만, 회사 상황이 좋지 않아 임금인상을 하지 않고 동결하는 경우 연봉제는 정말 동결이 되지만, 호봉제는 Base/up은 동결되더라도 Step/up까지 동결시킬 수는 없으므로 최소한 Step/up 인상은 적용되는 차이는 발생한다.

e) 고정OT제(포괄임금제)로의 전환 여부

간혹 연봉제로 전환하면, 연봉에 법정수당인 OT수당(연장/야간/휴일근로수당)이 포함되어 있으므로 OT수당을 별도로 받지 못하여 불이익을 받게 된다고 오해하는 경우가 있다. 그러나 호봉제/연봉제 여부와 고정OT제(포괄임금제) 시행 여부는 별개의 개념이다. 연봉제를 운영하면서도 실제 발생한 연장/야간/휴일근로 시간 수에 따라 실OT수당을 매월 변동하여 지급하는 경우도 있고, 호봉제를 운영하면서도 매월 동일한 OT수당을 고정적으로 임금에 포함하여 지급하는 고정OT제를 운영할 수도 있기 때문이다.

f) 성과연봉 분할 여부

연봉제로 전환하게 되면 고정급으로 보장되던 임금을 기본연봉과 성과연봉(PI ; Personal Incentive)으로 분할해야 되고, 성과연봉은 zero-sum 방식(누군가 더 받게 되면, 누군가는 덜 받아야만 되는 방식)에 따라 차등 지급되므로 결과적으로 총 임금이 감소되어야 하는 불이익이 있다고 오해하는 경우가 있다. 특히 기획재정부가 2016년에 공공기관에 대하여 성과연봉제 권고안을 내면서 실제로 그러한 방식으로 전환하도록 하여 많은 공공기관들에서 노사간 분쟁이 발생되기도 했었다. 그러나 이는 연봉제를 운영하는 하나의 방법일 뿐이며, 고정급을 반드시 분할해서 성과연봉이라는 임금항목을 반드시 만들어야 하는 것은 아니다. 성과연봉을 운영하지 않는 회사도 많으며, 성과연봉을 운영하더라도 하위 직급은 운영하지 않는 등 직군/직급별로 다르게 운영할 수도 있다.

g) 인상률 차등 적용

연봉제를 운영하는 많은 회사들은 개인별 평가 결과 등에 따라 임금 인상률을 차등 적용하고 있다. 하지만 인상률 차등이 필수는 아니기에 연봉제를 운영하면서도 동일한 임금 인상률을 적용하는 경우도 있고, 하위 직급은 차등 인상률을 적용하지 않고 동일한 임금 인상률을 적용하는 등 직군/직급별로 다르게 운영할 수도 있다. 또한 일정한 로직(평가등급별 인상률 차등 기준)을 규정화하여 운영하는 경우도 있고, 개별 협상을 통해 결정하는 경우도 있으며, 사용자가 임의로 개별 인상률을 차등하여 적용하는 경우도 있다. 간혹 일정한 본부/부서별로 총 인건비를 할당해 주면서, 그 본부/부서별 인원이나 인건비를 어떻게 활용할지에 대한 권한을 본부장/부서장에게 맡김으로써, 본부장/부서장이 소속 조직원의 개별 인상률 및 연봉을 결정하는 경우도 있다.

한편, 일정한 로직에 따라 차등 인상률을 적용할 경우 최하 평가등급을 받게 되면 기본연봉이 삭감되는 소위 마이너스 인상률을 적용하는 것도 직원 과반수의 동의를 받는다면 불가능한 것은 아니겠으나, 동의를 받지 못하거나 자칫 잘못 운영할 경우에는 임금 전액불 원칙 위반이 될 수도 있으니 감액형 연봉제는 도입에 신중하여야 한다.

h) 승진 가산액/가산율 적용

호봉제의 경우에는 승진 후 상위 직급의 1호봉으로 이행하거나, 직급 간 임금이 중첩되어 있을 경우에는 ±○호봉으로 재획정하는 방식으로 미리 정해진 기준에 따라 슬라이딩하여 이행하는 방식을 채택하지만, 임금테이블이 없는 연봉제에서는 보통 승진 가산액이나 승진 가산율을 설정하여 운영하는 경우가 많다. 또한 같은 회사에서도 직급별로 승진 가산액이나 승진 가산율을 달리 운영하는 경우도 있고, 최근 직급 통합으로 인해 직급 단순화를 하는 회사의 경우에는 승진의 개념이 없거나(보직 임면으로 역할 변화만 있는 경우) 승진하더라도 인상액/인상률을 적용하지 않는 경우도 있다.

i) 경력직 입사 시 임금 책정 기준 모호

호봉제의 경우에는 먼저 경력 산정을 통해 직급 및 호봉을 획정함으로서 임금을 결정하지만, 연봉제는 경력 산정을 통해 직급을 획정하더라도 호봉이 없기 때문에 연봉을 임의로 책정하는 경우가 많다. 이에 기존 회사의 연봉 수준을 감안하여 연봉이 책정되다 보니 유사한 직무와 경력을 갖고 있었다 하더라도 소위 입사 시 연봉협상을 잘했는지 여부에 따라 연봉이 달라지는 경우도 있고, 기존 재직자가 승진하여 책정된 연봉 수준보다 경력자의 연봉 수준이 더 높아지는 역전 현상이 발생하여 기존 재직자들과의 형평성 이슈가 커지는 경우도 있다. 이에 공공기관 등 연봉제를 운영하는 일부 회사들은 신규 입사자용 표준 연봉테이블을 별도로 만들어 운영하는 경우도 있고, 해당 직급에 요구되는 경력년수 대비 추가 경력에 대하여 별도의 경력 가산액을 더하여 연봉을 결정하는 경우도 있다.

j) 임금항목 단순화

일반적으로 호봉제를 운영하는 경우 정기상여금이나 복잡한 임금항목들을 두었던 경우가 많은데, 일반적으로 연봉제로 전환하면서 복잡한 임금항목을 통폐합하여 기본연봉으로 일원화하는 경우가 많다. 그러나 이 역시 필수적인 부분은 아니어서 연봉제를 운영하면서도 정기상여금을 두면서 그 비율이 높은 경우도 있고, 복잡

한 임금항목들을 그대로 두는 경우도 있다.[73]

② 소결

결국 연봉제라는 개념은 그 세부 사항들이 획일적으로 결정되는 것이 아니라 회사별, 직군별 특성에 따라 상기 요소들의 일부를 조합하여 결정하게 되는 것이다. 또한 연봉제를 통해 임금 차등을 한다고 하더라도 직군별/직급별로 그 강도를 달리 운영할 수도 있고, 유예기간을 두거나 점진적으로 차등 정도를 강화할 수도 있다.

간혹 연봉제 도입을 반대하는 논리 중 하나는 '우리 회사는 평가가 공정하지 않기 때문에 연봉제를 도입할 수 없다. 평가만 공정하다면 연봉제를 도입하겠다'고 하는 경우가 있다. 그러나 이는 역으로 임금을 차등하지 않으므로 구성원들의 평가에 대한 관심도가 떨어져 평가가 공정해지지 않는 현상도 감안해야 하는 것이다. 즉 평가는 그 특성상 완벽한 객관성, 공정성 확보가 거의 불가능하기 때문에 역으로 점진적인 보상 차등 예정을 제도화해 두어야만 구성원들의 평가에 대한 관심도가 높아져 점진적으로 객관성, 공정성이 예전에 비해 높아질 수 있는 것이다.

여하튼 연봉제를 구성하는 요소들은 상당히 많고, 그 스펙트럼도 다양하므로 호봉제에서 연봉제로 전환하려는 기업은 급진적인 제도 개편보다는 점진적으로 재원을 확보해 가면서 일부 요소들만 채택하거나 일부 직군/직급만 도입하는 등 중장기적 시각을 바탕으로 점진적인 제도 개편을 하는 것도 고려해 볼 필요가 있는 것이다.

(2) Pay Band 구조 분석 및 설계

임금테이블을 운영하는 형식적 연봉제가 아니라 실질적인 연봉제가 운영이 되는 경우에는 Pay Band를 운영하면서 해당 임금 구간 내에는 자유로운 연봉 책정이 되도록 운영하게 된다. 즉 개인별 연봉협상에 따라 연봉을 결정하든 아니면 기본연봉 차

73) 필자가 컨설팅했던 모 공공기관의 경우에는 표면적으로 보면 기본연봉과 성과연봉으로 단순한 임금항목이 운영되었으나, 실제로는 호봉제 하의 복잡한 각종 수당들을 이중으로 관리하는 경우도 있었다. 이에 각종 수당들이 변경되면(예컨대 근속수당이 있었던 경우 근속년수가 1년 늘어 근속수당이 늘어나게 되면) 이를 반영하여 다시 기본연봉을 조정하는 사례도 있었다.

등 인상률 기준을 운영하든 간에 Pay Band내에서 자유롭게 임금을 결정하게 된다.

[그림 4-84] 모 부처 기타 공공기관들의 규정상 실제 Pay Band 모음

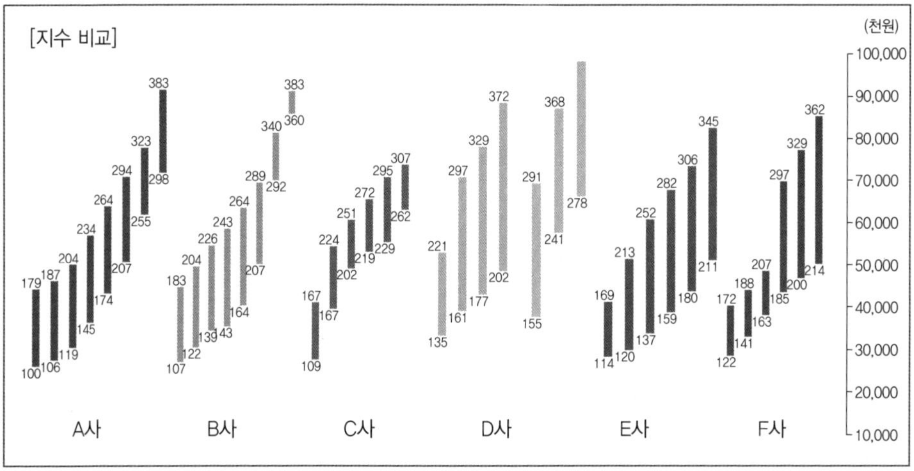

Pay Band를 구성할 때에는 ① Band의 수를 몇 개로 운영할 것인지, ② Band 상하한 폭을 얼마의 금액으로 설정할 것인지, ③ Band간 중첩 구간을 얼마나 설정할 것인지 등을 고려하여야 한다.

① Band 수 설정

Pay Band 수는 직급 수를 기준으로 운영하는 것이 일반적이지만, 직급과는 다른 역할등급이나 직무등급을 기준으로 운영하는 것도 가능하다. 그리고 직급 수를 기준으로 운영하더라도 최근에는 직급 수를 축소하면서 단순화하는 경우가 많아 Band 수를 줄이고 1개 Band의 상하한 폭을 넓히는 Broad Banding System을 운영하는 경우도 많아지고 있다. 또한, 직급 호칭과 연봉 등급을 분리하여 운영하면서, 직급 호칭은 올려주더라도 연봉 등급은 올리지 않는 경우도 있다. 예컨대 직급 호칭 수는 5개이지만, 연봉등급은 4개만 운영하는 경우도 있는데, 직급 호칭은 체류년수가 경과되면 과장에서 차장 및 부장으로 올려주더라도 연봉등급은 과장과 차장 및 부장을 동일한 Senior 등급으로 두어 Pay Band를 상향시키지 않고, 리더 역할을 맡게 될 때 비로소 Band를 상향시키는 식이다. 이와 같이 Band 수를 정할 때 직급과 역할 단계와 일치시킬 수도 있지만, 직급 수와 Band 수를 반드시 일치시키지 않을 수도 있는 것이다. 다만 제도의 안정성을 위해서는 가급적 직급 수와 Band 수를 일치시키는 것이 바람직하다.

[그림 4-85] Pay Band와 직급 및 직책·역할과의 관계

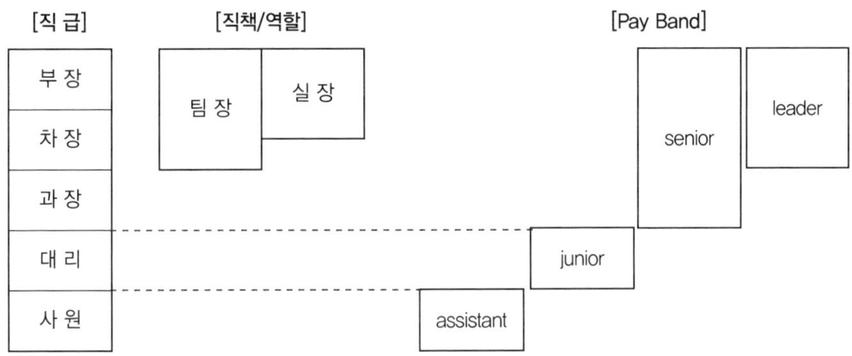

※ 직급 호칭은 올려주더라도 Band 상승은 시켜주지 않을 수도 있음
통합 Band가 적용되는 과장→차장의 경우에는 원래부터 Band가 동일하여 Band 인상여지가 없지만, 대리→과장의 경우에도 호칭은 상승시켜 주더라도 Band 인상을 누락시켜 연봉 등급(Pay Band)이 junior → senior로 가지 않고, junior에 머무르게 할 수도 있음

한편, 기존의 Pay Band를 통합하여 축소하거나, 분리하여 늘릴 경우에는 기존 직원들과의 형평성 이슈 및 왜곡 현상을 감안하여야 한다. 즉 기존의 2개 Pay Band를 1개로 통합할 경우에는 승진으로 인한 임금인상의 기회가 줄어들게 되므로 기존에 승진하였던 직원들에 비해 상대적으로 불이익을 받을 수 있다. 예컨대 기존에는 6개 직급이었다가 특정 직급을 통합하거나 직급별 체류년수를 조정하여 5개 직급으로 만들 경우에는 승진 횟수가 줄어들게 되어 이미 승진하였던 직원들에 비해 상대적으로 미래에 기대할 수 있는 임금인상 금액이 줄어들 수 있다. 반면에 Pay Band를 분리하는 경우에는 의도적으로 분리 후 상위 Band로 이행하는 계층의 임금을 들어 올려서 Band간 임금 격차를 두는 것을 고려할 필요가 있다. 그렇지 않으면 분리 후 하위 Band로 이행한 직원들이 승진을 하여 상위 Band로 이행한 계층의 임금

을 역전시킬 수도 있으므로 주의하여야 한다.

[그림 4-86] Band 통합 효과

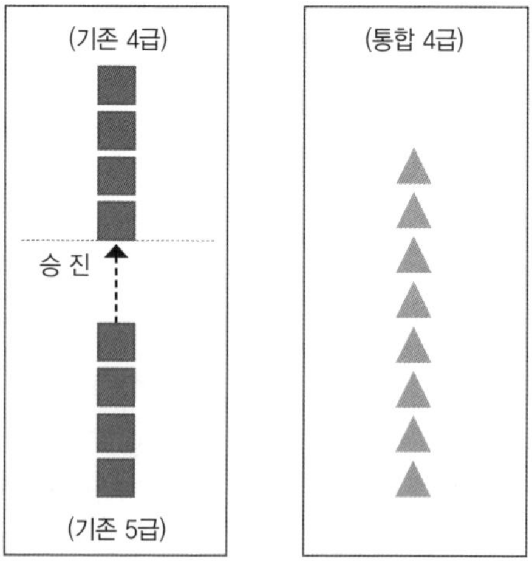

② Pay Band 상하한 폭 설정

Pay Band를 운영하게 되면, 일반적으로 Band의 하한 금액과 상한 금액을 설정하게 된다. 다만, 하한(직급별 초임)만 두고 상한은 설정하지 않는 경우도 있고, 하한 없이 상한만 두거나 상·하한을 모두 두지 않는 경우도 있다.

Pay Band의 상·하한선은 회사를 처음 설립한 경우가 아니라면 보통 기존의 임금 테이블 상·하한을 그대로 활용하거나 현재 재직 중인 직급별 직원들의 임금 분포를 감안하여 설정하기도 한다. 이 때 Pay Band의 상하한 폭을 좁게 설정한 경우에는 Band 상한 및 하한을 이탈한 구간에 임금이 분포되는 직원이 발생되는 경우도 있다. 이 경우 점진적으로 Band 구간에 수렴하도록 임금 인상률을 차등 설정하는 것을 고려할 수도 있다.[74)]

---

74) 다음과 같이 연봉제 규정 부칙을 통해 상하한선을 이탈했을 경우 수렴하도록 규정한 경우도 있다.『이 지침에 의한 직군별 연봉표를 적용함에 있어 시행일 현재 연봉이 해당직위 연봉구간을 상향 이탈한 경우 상한선으로 하향 조정하고, 하향 이탈한 경우 하한선으로 상향 조정한다. 단, 하향 이탈한 금액이 하한선과 차이가 커서 일시에 상향조정하기 어려운 경우에는 2년간에 걸쳐 단계적으로 인상 조정할 수 있다.』이 경우 상한선을 이탈한 경우 하향 조정을 하기 위해 기본연

[그림 4-87] 기본연봉 Pay Band 설계

(기획재정부 성과연봉제 권고안 [2016]에서 발췌)

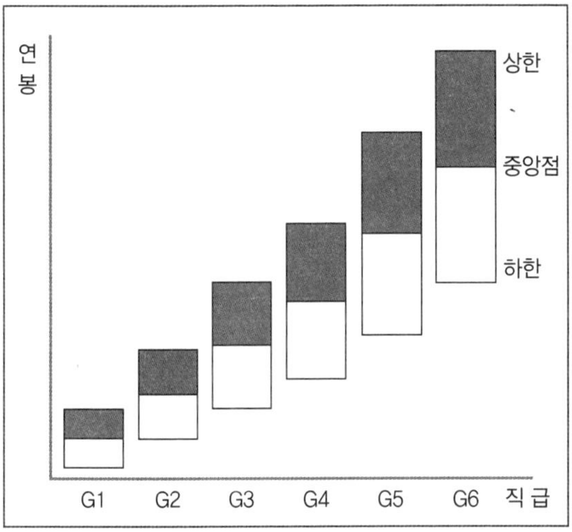

[그림 4-88] Band 이탈 구간 관리

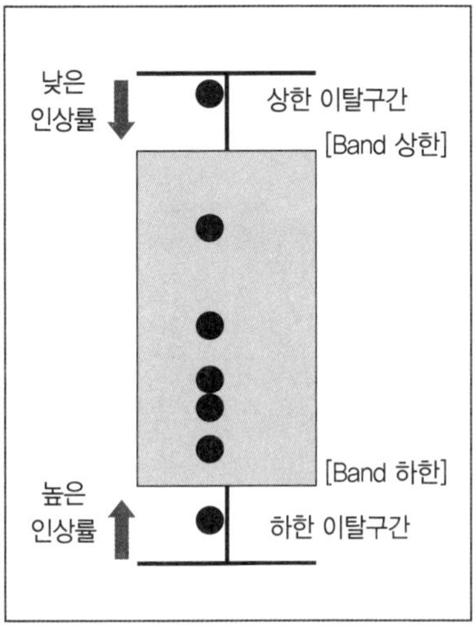

일반적으로 Band의 폭은 하위 직급은 낮게 설정하고, 상위 직급으로 가면서 넓게 설정하는 것이 바람직하다. 그 이유는 하위 직급은 상대적으로 성과와 역량의 차이가 크지 않아 임금을 차등할 요인이 적다는 것과 직급별 승진율을 높게 운영하거나 자동 승진을 하는 경우가 많기 때문이며, 반대로 상위 직급은 같은 직급 내 성과와 역량의 차이가 커서 임금을 차등할 요인이 많다는 것과 직급별 승진율을 낮게 운영하여 직급 내 체류 기간이 길어지기 때문이다. 또한 우리나라에서는 Pay Band의 폭을 중간 값 대비 ± 10~30%로 설정하는 경우가 많은데, 상위 직급으로 갈수록 임금이 커지므로 자연스럽게 그 범위도 넓어지게 된다.[75]

한편 Pay Band의 상하한 폭을 결정하는 것은 Band간 중첩 정도를 넓게 할 것인지, 좁게 할 것 인지와도 연관이 있다.

봉은 감액하고, 별도의 보전수당을 지급하거나 일시금으로 보상하는 것을 고려할 수 있다.

75) 예를 들어 전 직급에 대하여 중간 값 대비 ±20%로 밴드의 상·하한 구간을 설정한다면, 하위 직급 Pay Band 중간 값이 3,000만원일 때 그 범위는 2,400만원~3,600만원이 되어 구간 폭이 1,200만원인데 비해서, 상위 직급 Pay Band의 중간 값이 8,000만원일 때 그 범위는 6,400만원~9,600만원이 되어 구간 폭이 3,200만원이 된다.

③ Band간 중첩 구간 설정

그렇다면 중첩 구간을 어느 정도로 설정하는 것이 바람직할까? 이는 Band 수를 몇 개로 운영할 것인지, Band가 기본연봉 Band인지 총 연봉 Band인지에 따라 다르며, Band 별 상하한 폭과도 연계가 되는 문제이다.

사례연구 IV-2 직급 수와 임금수준이 중첩률에 미치는 영향

직급 수와 임금수준이 중첩률에 미치는 영향에 대해 알아보도록 하자. 이를 위해 직급별 임금 Range가 200만원으로 일정한 4가지 사례를 비교해 보도록 하겠다.

먼저 최고 임금값이 600만원으로 동일하지만, 직급 수가 8개인 경우와 4개인 경우를 비교해 보도록 하자. 4직급 체계의 임금값은 8직급의 1급/3급/5급/7급 임금값을 활용하였다.

[그림 4-89] 8직급 Pay Band 예시 (최고값 600만원)

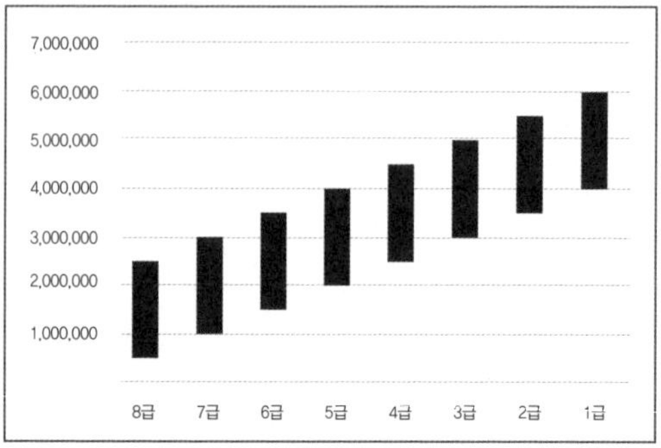

구분	1급	2급	3급	4급	5급	6급	7급	8급	평균
최저	4,000,000	3,500,000	3,000,000	2,500,000	2,000,000	1,500,000	1,000,000	500,000	
최고	6,000,000	5,500,000	5,000,000	4,500,000	4,000,000	3,500,000	3,000,000	2,500,000	
Range	2,000,000	2,000,000	2,000,000	2,000,000	2,000,000	2,000,000	2,000,000	2,000,000	
중간값	5,000,000	4,500,000	4,000,000	3,500,000	3,000,000	2,500,000	2,000,000	1,500,000	
최고/최저	1.50	1.57	1.67	1.80	2.00	2.33	3.00	5.00	2.36
±율(%)	20.0%	22.2%	25.0%	28.6%	33.3%	40.0%	50.0%	66.7%	35.7%
중첩율	75.0%	75.0%	75.0%	75.0%	75.0%	75.0%	75.0%		75.0%
하한 차이	500,000	500,000	500,000	500,000	500,000	500,000	500,000		
상한 차이	500,000	500,000	500,000	500,000	500,000	500,000	500,000		

최고값이 600만원이면서 8직급으로 구성된 Pay Band는 아무래도 중첩률이 75%로 크게 설정될 수밖에는 없다. 이에 직급간 임금 역전현상이 빈번하게 발생될 가능성이 높다. 반면에 최고값이 600만원이면서 4직급으로 구성된 Pay Band는 중첩률이 50%로 낮아지게 되며, 8직급 대비 상대적으로 임금 역전현상이 덜 발생될 가능성이 높다.

[그림 4-90] 4직급 Pay Band 예시 (최고값 600만원)

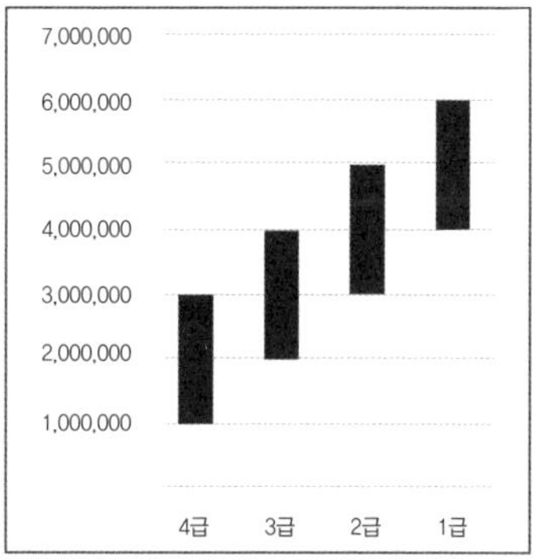

구분	1급	2급	3급	4급	평균
최저	4,000,000	3,000,000	2,000,000	1,000,000	
최고	6,000,000	5,000,000	4,000,000	3,000,000	
Range	2,000,000	2,000,000	2,000,000	2,000,000	
중간값	5,000,000	4,000,000	3,000,000	2,000,000	
최고/최저	1.50	1.67	2.00	3.00	2.04
±율(%)	20.0%	25.0%	33.3%	50.0%	32.1%
중첩율	50.0%	50.0%	50.0%		50.0%
하한 차이	1,000,000	1,000,000	1,000,000		
상한 차이	1,000,000	1,000,000	1,000,000		

이번에는 최고값이 1,200만원으로 2배이면서 8직급으로 구성된 Pay Band를 보도록 하자. 최고값이 600만원인 8직급 체계 대비, 직급 수가 동일하고 직급별 임금 Range가 200만원으로 동일하다 하더라도 직급간 [하한 차이] 및 [상한 차이]가 2배로 커지다 보니, 아무래도 전체 상/하한값이 더 퍼지게 되어 중첩률이 낮아짐을 확인할 수 있다.

최고값이 1,200만원이면서 4직급으로 구성된 Pay Band를 보면 아예 중첩률이 0이 되는 간격형 Pay Band를 만들 수도 있다.

이와 같이 Pay Band 구조 설정은 직급 수와 임금수준에 따라 달라질 수 있으며, 특히 중첩률이 달라지게 되어 직급간 임금 역전 현상 허용 정도가 달라지고, 승진 Merit 크기가 달라지게 된다.

[그림 4-91] 8직급 Pay Band 예시 (최고값 1,200만원)

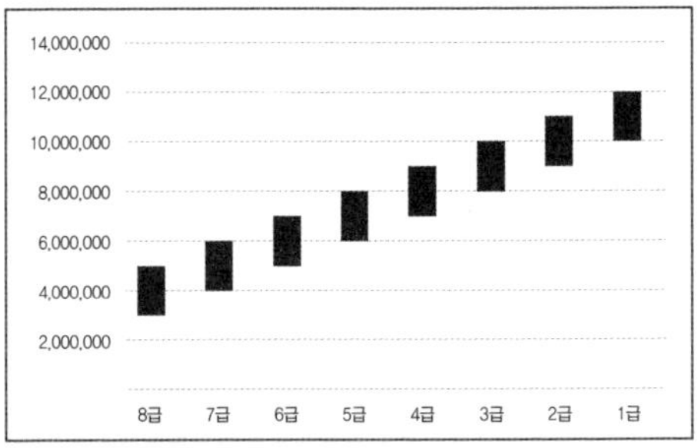

구분	1급	2급	3급	4급	5급	6급	7급	8급	평균
최저	10,000,000	9,000,000	8,000,000	7,000,000	6,000,000	5,000,000	4,000,000	3,000,000	
최고	12,000,000	11,000,000	10,000,000	9,000,000	8,000,000	7,000,000	6,000,000	5,000,000	
Range	2,000,000	2,000,000	2,000,000	2,000,000	2,000,000	2,000,000	2,000,000	2,000,000	
중간값	11,000,000	10,000,000	9,000,000	8,000,000	7,000,000	6,000,000	5,000,000	4,000,000	
최고/최저	1.20	1.22	1.25	1.29	1.33	1.40	1.50	1.67	1.36
±율(%)	9.1%	10.0%	11.1%	12.5%	14.3%	16.7%	20.0%	25.0%	14.8%
중첩율	50.0%	50.0%	50.0%	50.0%	50.0%	50.0%	50.0%		50.0%
하한 차이	1,000,000	1,000,000	1,000,000	1,000,000	1,000,000	1,000,000	1,000,000		
상한 차이	1,000,000	1,000,000	1,000,000	1,000,000	1,000,000	1,000,000	1,000,000		

[그림 4-92] 4직급 Pay Band 예시 (최고값 1,200만원)

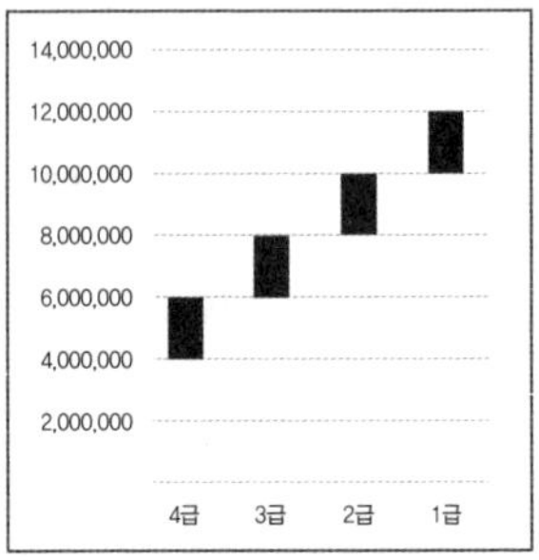

구분	1급	2급	3급	4급	평균
최저	10,000,000	8,000,000	6,000,000	4,000,000	
최고	12,000,000	10,000,000	8,000,000	6,000,000	
Range	2,000,000	2,000,000	2,000,000	2,000,000	
중간값	11,000,000	9,000,000	7,000,000	5,000,000	
최고/최저	1.20	1.25	1.33	1.50	1.32
±율(%)	9.1%	11.1%	14.3%	20.0%	13.6%
중첩율	0.0%	0.0%	0.0%		0.0%
하한 차이	2,000,000	2,000,000	2,000,000		
상한 차이	2,000,000	2,000,000	2,000,000		

최근에는 Broadband를 통해 Band의 수를 줄이고, 중첩률을 크게 운영하는 기업들이 많아지고 있다. 하지만 중첩률을 크게 가져가는 것에는 장점과 함께 단점이 있으므로 각 회사의 승진 정책, 인센티브 비율, 인사 정책, 조직문화 등을 고려하여 결정하여야 한다.

[그림 4-93] 직급 간 역전 현상

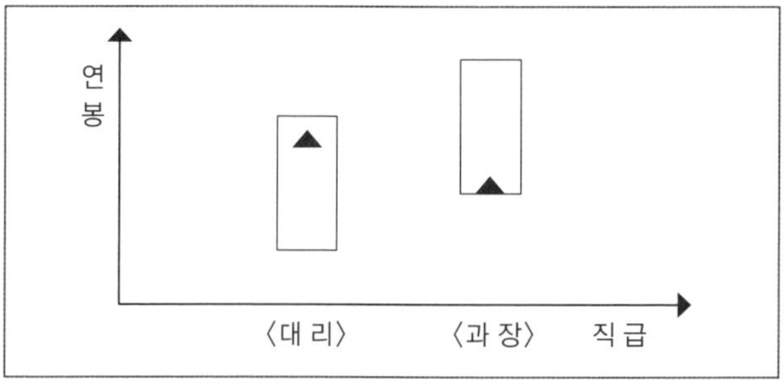

위의 그림을 보면, 대리의 연봉이 과장의 연봉보다 높은 직급 간 임금 역전 현상이 발생했다는 것을 알 수 있다. 그런데 이 현상은 최소 두 가지 상황의 가능성이 있다. 하나는 성과와 역량이 뛰어난 대리가 성과와 역량이 낮은 과장보다 연봉을 높게 받은 것으로 성과주의를 지향하는 회사에서는 긍정적인 모습이라고 할 수 있다.

그런데 다른 하나는 성과와 역량이 낮은 대리가 승진이 계속 누락되었음에도 불구하고 성과와 역량이 높아 일찍 승진한 과장보다 연봉을 높게 받고 있는 상황이다. 실제로 여러 회사를 컨설팅하다 보면 첫 번째 상황 못지않게 두 번째 상황이 많이 발생되고 있는 것을 볼 수 있다. 그리고 이 상황을 바라보는 관점도 노사의 입장 및 개인의 가치관에 따라 엇갈리는 경우도 많이 있다. 즉 어떤 사람은 '승진율이 제한되어 있는 상황에서 승진이 안 되는 것도 억울하니 연봉이라도 높아져야 하는 것이다.'라는 관점도 있는가 하면, 어떤 사람은 '승진이 누락되었음에도 불구하고 계속 임금이 높아지도록 운영하는 바람에 임금 역전 현상이 발생되었다.'[76]라는

76) 특히 평가의 오류 중 승진예정자 관대화 및 승진자 가혹화 오류로 인하여 문제가 심화되는 경우도 많이 발생된다. 즉 승진에 누락된 직원에 대해서는 높은 평가등급을 부여하여 직급 내 임금인상이 커지는 현상이 발생되고, 이미 승진한 직원에 대해서는 낮은 평가등급을 부여하여 직급 내 임금인상이 작아지는 현상이 발생되는 경우가 있는데, 그 동안 승진에서 누락되었던 직원이 승진하게 되면 그 전에 이미 승진했던 직원의 연봉을 추월해 버리는 역전현상이 벌어지는 경우도 있다.

관점도 있는 것이다. 따라서 이 문제는 직급 내 임금인상 로직과 승진 정책과 같은 인사제도와도 연계하여 운영하여야 하는 것이다.

한편, 위의 그림에서 또 하나 고려해야 할 점은 Pay Band가 기본연봉만의 Pay Band인지, 아니면 성과연봉이 합쳐진 총 연봉 Pay Band인지 여부이다. 물론 대부분의 회사들은 Pay Band를 기본연봉 Pay Band로 운영하고 있다. 하지만 임금 정책과 관련하여 회사의 임금 분포를 분석하고 운영할 때에는 기본연봉의 Pay Band 뿐 아니라 총 연봉 Pay Band 관점도 함께 감안하여야 한다. 즉 회사가 공식적으로 운영하는 Pay Band는 기본연봉 Pay Band를 운영하더라도 임금 정책을 수립하고 설계·운영하는 측면에서는 성과연봉까지 감안한 총 연봉 Pay Band 관점도 고려해야 한다는 것이다.

이에 연봉을 구성할 때, 기본연봉 뿐 아니라 성과연봉도 설정을 하고, 동일한 기본연봉을 받는 직원이라 하더라도 성과연봉 차이에 따라 총 연봉이 달라지도록 운영하는 것이다. 필자의 경우에는 아래 그림과 같이 기본연봉 Pay Band는 가급적 중첩을 최소화하고 성과가 뛰어난 직원에게는 성과연봉이 많이 지급되도록 함으로써, 결과적으로 총 연봉은 성과가 우수한 직원이 많이 받을 수 있도록 하고, 기본연봉은 하위 직급의 승진 누락자가 상위 직급의 승진자를 역전하지는 못하도록 설계하는 것을 선호하는 편이다. 만약 역량이 뛰어난 직원이 있다면 승진을 시켜주어 기본연봉 자체가 오르도록 설정하는 것이 바람직할 것이다.

[그림 4-94] 기본연봉 및 총 연봉 Pay Band

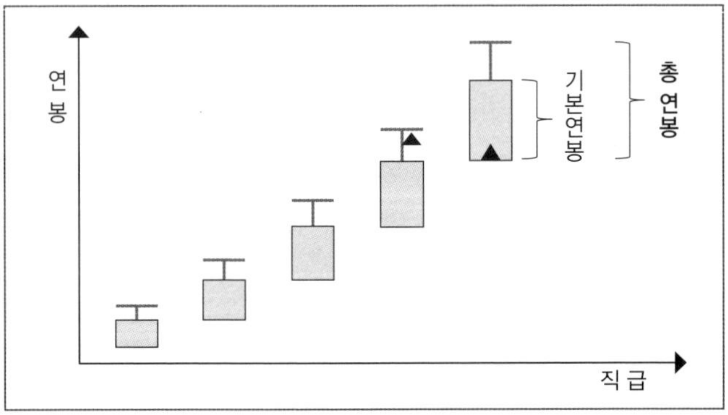

사례연구 Ⅳ-3 연봉제 운영 회사의 Pay Band 사례

아래 Pay Band들은 전 직원 연봉제를 운영하고 있는 OO광역시 산하 지방 공공기관(출자·출연기관)들이 실제로 활용하고 있는 Pay Band들을 도식화 한 것이다. (※ 연봉이 아닌 월급으로 환산한 것임)

[그림 4-95] ○○광역시 산하 출자·출연기관 연봉제 Pay Band (단위:원, 월간)

A사

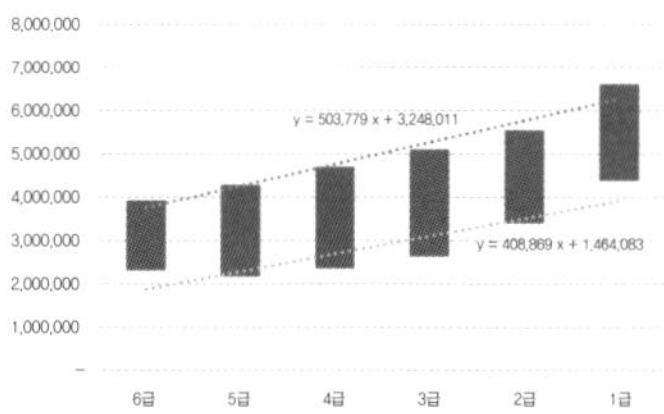

	6급	5급	4급	3급	2급	1급
min	2,332,250	2,189,833	2,376,500	2,650,500	3,420,583	4,401,083
mid	3,121,208	3,227,375	3,528,875	3,867,083	4,475,708	5,498,833
max	3,910,167	4,264,917	4,681,250	5,083,667	5,530,833	6,596,583
range	1,577,917	2,075,083	2,304,750	2,433,167	2,110,250	2,195,500
하한 대비	1.68	1.95	1.97	1.92	1.62	1.50
±율(%)	25.3%	32.1%	32.7%	31.5%	23.6%	20.0%
중첩률	109.0%	91.0%	88.1%	68.4%	53.5%	
상한 차이	351,750	416,333	402,417	447,167	1,065,750	
하한 차이	142,417	186,667	274,000	770,083	980,500	

B사

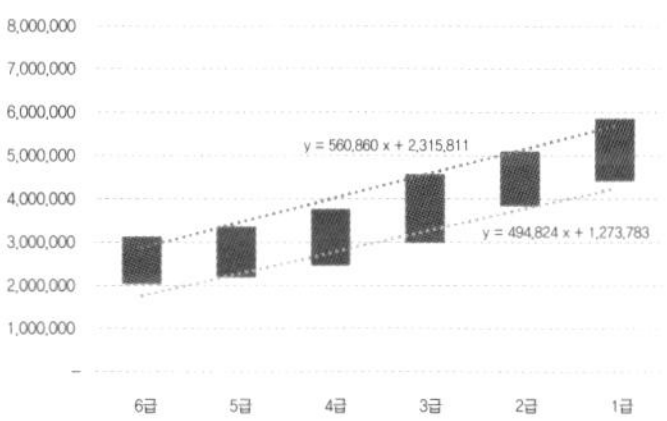

	6급	5급	4급	3급	2급	1급
min	2,056,667	2,210,000	2,476,750	3,009,000	3,854,000	4,427,583
mid	2,584,417	2,777,083	3,112,292	3,781,125	4,466,875	5,131,667
max	3,112,167	3,344,167	3,747,833	4,553,250	5,079,750	5,835,750
range	1,055,500	1,134,167	1,271,083	1,544,250	1,225,750	1,408,167
하한 대비	1.51	1.51	1.51	1.51	1.32	1.32
±율(%)	20.4%	20.4%	20.4%	20.4%	13.7%	13.7%
중첩률	85.5%	76.5%	58.1%	45.3%	53.2%	
상한 차이	232,000	403,667	805,417	526,500	756,000	
하한 차이	153,333	266,750	532,250	845,000	573,583	

C사

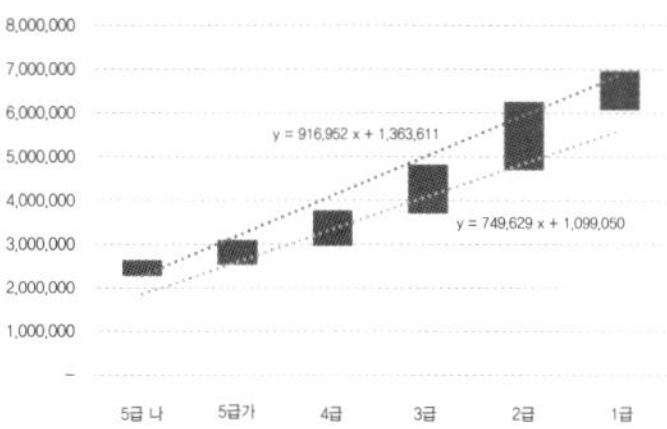

	5급 나	5급 가	4급	3급	2급	1급
min	2,287,750	2,549,167	2,977,333	3,721,167	4,713,000	6,088,083
mid	2,456,667	2,813,625	3,366,875	4,261,292	5,474,083	6,514,542
max	2,625,583	3,078,083	3,756,417	4,801,417	6,235,167	6,941,000
range	337,833	528,917	779,083	1,080,250	1,522,167	852,917
하한 대비	1.15	1.21	1.26	1.29	1.32	1.14
±율(%)	6.9%	9.4%	11.6%	12.7%	13.9%	6.5%
중첩률	22.6%	19.0%	4.5%	8.2%	9.7%	
상한 차이	452,500	678,333	1,045,000	1,433,750	705,833	
하한 차이	261,417	428,167	743,833	991,833	1,375,083	

D사

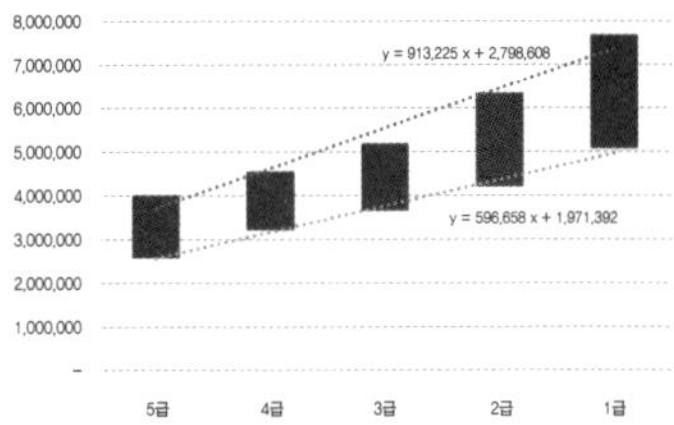

	5급	4급	3급	2급	1급
min	2,595,167	3,235,583	3,672,167	4,215,333	5,088,583
mid	3,294,583	3,885,750	4,421,250	5,270,750	6,376,792
max	3,994,000	4,535,917	5,170,333	6,326,167	7,665,000
range	1,398,833	1,300,333	1,498,167	2,110,833	2,576,417
하한 대비	1.54	1.40	1.41	1.50	1.51
±율(%)	21.2%	16.7%	16.9%	20.0%	20.2%
중첩률	54.2%	66.4%	63.7%	58.6%	
상한 차이	541,917	634,417	1,155,833	1,338,833	
하한 차이	640,417	436,583	543,167	873,250	

직급 수는 D사만 5개이고, 다른 회사들은 6개이며, 직급별로 Pay Band 상 · 하한이 설정되어 있다. 상대적으로 A사의 각 직급 Pay Band 임금 범위(Pay Range)[상한값–하한값]가 가장 넓고, 하한값 대비 상한값의 비율[상한값÷하한값]도 가장 크고, 중간값 대비 ±율(%) [Pay Range÷2÷중간값] 역시 가장 크며, 직급 간 임금 중첩률[(하위직급 상한값–상위직급 하한값)÷하위직급 Pay Range][77] 또한 가장 크다. 반면에 C사의 임금 범위가 가장 좁고, 하한값 대비 상한값의 비율도 가장 작고, 중간값 대비 ±율(%) 역시 가장 작으며, 직급 간 중첩률 또한 가장 작다. 이와 같이 Pay Band를 분석해 보면, 각 직급 Pay Band 임금 범위(Pay Range), 하한값 대비 상한값의 비율, 중간값 대비 ±율(%), 직급 간 중첩률은 상호 간에 밀접한 관련이 있다.

참고로 A사의 경우 5급의 하한이 6급의 하한보다 낮은 것은 매우 이례적이며, 중간 직급인 3급 및 4급의 임금 범위가 오히려 넓고, 1급 및 2급의 임금 범위가 상대적으로 좁은데, 아마도 1급 및 2급은 T/O가 제한된 보직자 직급이어서, 승진 적체가 많을 수 있는 3급 및 4급의 임금 범위를 넓게 한 것으로 보인다. B사의 경우에는 6급에서 4급까지의 임금 정책선 기울기는 완만하다가 3급, 2급, 1급으로 올라갈수록 임금 정책선 기울기가 커지는 경향이 있다. C사의 경우에는 직급 간 임금 중첩이 거의 되지 않기에 직급 간 임금 역전 현상이 거의 발생되지 않을 것으로 보이며, 특이하게 5급 직급이 [5급나]와 [5급가]로 구분되어 있는 것은 최초 입사 시 학력에 따라 직급 차이를 두었을 가능성이 있어 보인다. D사의 경우에는 직급이 높아질수록 임금 범위가 커지는데, 다만 5급의 임금 범위가 4급의 임금 범위보다 조금 넓은 것이 특이해 보인다.

77) 중첩률은 하위 직급의 Pay Range 중 상위 직급과 겹친 중첩률을 구할 수도 있고, 상위 직급의 Pay Range 중 하위 직급과 겹친 중첩률을 구할 수도 있는데, 여기서는 하위 직급의 Pay Range 중 상위 직급과 겹친 중첩률을 구한 수치를 기재하였다.

(3) 임금 인상(정기인상) logic 분석

Pay Band의 경우에도 주기적으로 상·하한 금액을 인상시켜 주어야 한다. 즉 임금 테이블을 운영할 때, 테이블 자체를 인상시켜 주는 Base/up과 마찬가지 개념으로 상·하한 금액을 인상시켜 주는 것이다.

[그림 4-96] Pay Band 운영 시, 정액 인상 및 정률 인상 방식 (예시)

(단위 : 만원)

구 분	[인상 전] 하 한	[인상 전] 상 한	[인상 전] 범위 폭	[정액 인상(100만원)] 하 한	[정액 인상(100만원)] 상 한	[정액 인상(100만원)] 범위 폭	[정률 인상(3%)] 하 한	[정률 인상(3%)] 상 한	[정률 인상(3%)] 범위 폭
G1	3,000	4,000	1,000	3,100	4,100	1,000	3,099	4,132	1,033
G2	4,000	5,200	1,200	4,100	5,300	1,200	4,132	5,372	1,240
G3	5,000	6,400	1,400	5,100	6,500	1,400	5,165	6,611	1,446
G4	6,000	7,600	1,600	6,100	7,700	1,600	6,198	7,851	1,653
G5	7,000	8,800	1,800	7,100	8,900	1,800	7,231	9,090	1,859
G6	8,000	10,000	2,000	8,100	10,100	2,000	8,264	10,330	2,066

Pay Band 상·하한 인상 방식은 임금테이블 인상 방식과 마찬가지로 정액 인상 방식과 정률 인상 방식으로 나눠볼 수 있다. 일반적으로는 정액 인상 방식을 활용하였을 경우 Band 상하한 범위 폭이 유지되면서 상박하후 정책이 활용될 수 있고, 정률 방식을 활용하였을 경우에는 Band 상하한 범위 폭이 커지고 상후하박 방식으로 운영이 된다. 물론 모든 직급의 Band에 대해 동일한 인상 방식 및 인상액[률]을 적용할 필요는 없으며, 직급별로 인상액[률]을 차등 적용할 수도 있다. 다만, 임금테이블의 경우에는 임금 동결이 되지 않는 한 보통 매년 Base/up 인상을 해주게 되지만, Pay Band의 경우에는 Band 내 임금분포에 있어 여유가 있다면 반드시 매년 상·하한 금액을 인상시킬 필요는 없으며, 경우에 따라서는 상한은 그대로 두고 하한만 올리거나 반대로 하는 것도 가능하다.

다음으로 개별 직원의 매년 임금 인상 방식을 어떻게 설정할 것인지에 대해 살펴보도록 하자. 일반적으로 임금 테이블을 운영하는 경우에는 임금테이블 자체를 인상시키는 Base/up과 근속에 따라 1호봉(등급)이 승급되어 임금이 인상되는 Step/up을 더하여 임금인상률(액)이 결정된다. 이에 동일한 직급과 호봉을 갖고 있는 직원들이라면 계속 임금이 동일하게 책정된다.

반면에 Pay Band를 운영하게 되면 Base/up 및 Step/up과 같은 개념이 없어지고, 개별적으로 임금인상이 결정된다. 이에 같은 직급의 동기라 하더라도 성과와 역량에 따라 연봉 수준이 달라진다. 일반적으로 인원수가 적거나 2000년 이후에 설립된 IT기업의 경우에는 개별 연봉협상을 통해 자유롭게 연봉을 결정하는 경향이 있고, 인원수가 많거나 역사가 오래된 기업 또는 공공기관의 경우에는 평가등급에 따른 차등 인상률을 로직에 따라 운영하는 경향이 있다.

로직에 따라 차등 인상률을 적용하는 경우에도 고려할 사항들이 있다. 즉 전 직급에 대하여 차등 인상률을 적용할 것인지 아니면 특정 직급 이상에 대하여만 차등 인상률을 적용할 것인지가 고려되어야 하고, 동일 직급이라 하더라도 단일 인상률을 적용할 것인지 아니면 밴드 내 구간 설정을 하여 구간별로 차등 인상률을 적용할 것인지가 고려되어야 한다.

예컨대 기획재정부가 공공기관에 대하여 권고하였던 2016년 성과연봉제 권고안을 보면, 하위 직급에 대해서는 차등 인상률을 적용하지 않고 단일 인상률을 적용하는 것을 허용하고, 중상위 직급에 대해서만 평가에 따른 차등 인상률을 적용하도록 하였다.[78)]

[그림 4-97] 평가등급에 따른 기본연봉 차등 조정 방식(예시)

평가등급		S	A	B	C	D
인원비율		10%	20%	40%	20%	10%
인상률	1급	α+2.0%	α+1.0%	α	α−1.0%	α−2.0%
	2급	α+1.5%	α+0.75%	α	α−0.75%	α−1.5%
	3급	α+1.0%	α+0.5%	α	α−0.5%	α−1.0%
	하 위	α	α	α	α	α

* α는 기준인상률

한편, 동일한 직급이어서 동일한 Pay Band를 적용받는 경우에도 Band내에 구간을 설정한 후, 구간에 따라 차등 인상률을 적용하는 방식을 운영하는 회사도 있다.

78) 예컨대 5급까지 있는 기관의 경우, 1~3급은 기본연봉 차등 인상률을 적용하고 성과연봉도 차등 지급하도록 하였고, 4급은 기본연봉 차등 인상률은 적용하지 않도록 하되 성과연봉은 차등 지급하도록 하였으며, 5급은 기본연봉 차등 인상률도 적용하지 않고 성과연봉도 별도로 설정하지 않는 방식으로 운영하는 것이 가능하도록 권고하였었다.

[그림 4-98] Pay Band 구간 내 차등 인상률 적용 방식 (예시)

급여구간(Salary Zone)

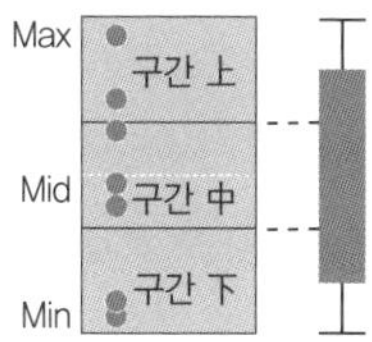

- 동일 직급(Grade)의 Salary Range를 3등분하여 상·중·하 급여구간(Salary Zone)을 설정
- 동일 직급 내 사원들의 임금 분포

평가 연동 기본연봉 인상률 차등 (예시)

평가등급 / 급여구간

구분	S	A	B	C	D
상 Level	X+1%	X	X-1%	X-2%	X-3%
중 Level	X+2%	X+1%	X	X-1%	X-2%
하 Level	X+3%	X+2%	X+1%	X	X-1%

구분	S	A	B	C	D
상 Level	4%	**3%**	2%	1%	0%
중 Level	5%	4%	**3%**	2%	1%
하 Level	6%	5%	4%	**3%**	2%

【OO사 운영 사례】

기본연봉 임금구간별 차등인상률 (단위: 원, %)

구 분		기본연봉구간	차등인상률
교원	1구간	29,603,000 ~ 44,231,000	0.30%
	2구간	44,230001 ~ 51,696,000	
	3구간	51,696,001 ~ 63,868,000	- 0.30%
일반직 1, 2급	1구간	42,725,000 ~ 51,621,000	0.20%
	2구간	51,621,000 ~ 55,298,000	
	3구간	55,298,001 ~ 67,061,000	- 0.20%
일반직 3급	1구간	35,637,000 ~ 40,131,000	0.30%
	2구간	40,131,001 ~ 46,411,000	
	3구간	46,411,001 ~ 55,629,000	- 0.3%
일반직 4, 5급	1구간	23,835,000 ~ 27,434,000	0.40%
	2구간	27,434,001 ~ 39,351,000	
	3구간	39,351,001 ~ 50,016,000	- 0.4%
일반직 6, 7급	1구간	21,624,000 ~ 24,441,000	0.40%
	2구간	24,441,001 ~ 35,034,000	
	3구간	35,034,001 ~ 43,849,000	- 0.40%

즉 같은 Band를 적용받고 있다 하더라도 Band 내 Salary Zone의 구간을 나누어 상위 구간은 상대적으로 낮은 임금 인상률을 적용하고 하위 구간은 상대적으로 높은 임금 인상률을 적용하는 것이다. 이는 정률 인상으로 인한 상후하박 현상을 완화하기 위한 목적도 있고, Band 내 임금분포를 Band 구간으로 수렴하기 위한 목적이 있다고 할 수 있다.

또한 인사정책에 있어서 직원들에게 주는 메시지 측면도 있다. 동일 직급이라 하더라도 상위 Salary Zone의 경우에는 동일 직급의 다른 직원들에 비해 연봉을 많이 받고 있으므로 기대수준도 높다는 것을 전제한다. 즉 해당 직급 직원들간 상대평가를 한다면, 당연히 상위 Salary Zone에 위치한 직원들에 대해서는 인사평가 "A"등급을 받는 것이 일반적으로 기대되는 수준이라는 것이다. 반면에 하위 Salary Zone에 위치한 직원들은 해당 직급으로 승진한지 얼마 되지 않았으므로 상대평가에 있어 인사평가 "C"등급을 받는 것이 일반적으로 기대되는 수준이라는 것이다. 따라서 "A"등급을 기대하며 높은 연봉을 지급한 직원이 C~D등급을 받았다면 임금 인상률에 있어 상대적으로 불이익을 주고, "C"등급을 기대하며 낮은 연봉을 지급한 직원이 S~A등급을 받았다면 임금 인상률에 있어 상대적으로 Merit를 더 주자는 취지인 것이다.

다만, 이 제도를 운영하는 것은 연봉체계 운영을 복잡하게 할 수 있고, 구간을 운영하는 경우 발생되는 이슈인 경계선에 따른 왜곡 문제[79]가 Salary Zone을 나눌 때에도 동일하게 나타나므로 도입을 신중히 결정할 필요가 있다.

(4) 임금 인상(승진인상) logic 분석

임금 테이블을 적용받는 경우에는 직급 간 임금의 중첩 여부에 따라 승진 시에 상위 직급 초임(1호봉)으로 갈 수도 있고, 비슷한 임금수준의 상위 직급 호봉을 찾아 슬라이딩하여 이동할 수도 있고, 동일한 호봉으로 이동할 수도 있다고 설명하였었다.

Pay Band를 운영하는 경우에는 호봉 슬라이딩 개념은 적용되지 않고, 승진 인상률 또는 승진인상액을 부가해 주거나, Band간 중첩이 되지 않거나 중첩률이 낮을 경우에는 상위 직급의 Band 하한선으로 이동할 수도 있다.

따라서 승진 인상 방식을 결정하기 위해서는 직급별 Pay Band의 중첩률을 어느 정도로 설정할 것인가와 승진으로 인한 임금 인상 Merit를 얼마나 부여할 것인가를 고려하여야 한다.

[그림 4-99] Band 중복 정도 및 승진 Merit에 따른 효과 비교

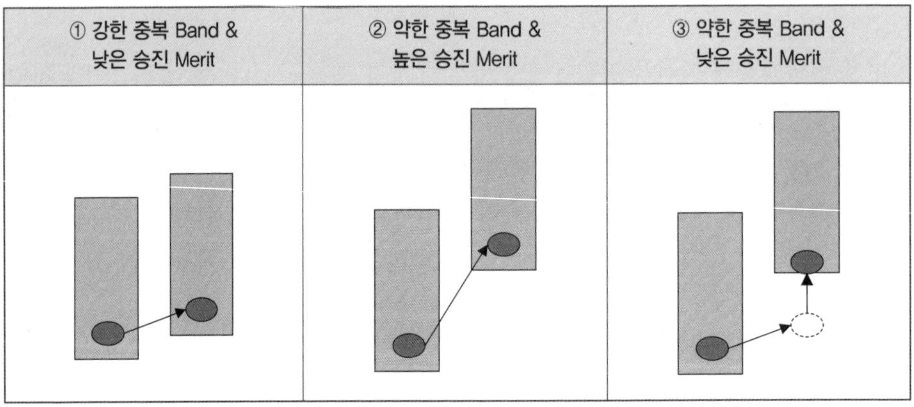

79) 예컨대 Band의 구간이 3,600만원~4,800만원인 경우에 Salary Zone을 3개로 나누어 3,600만원~3,999만원을 1구간으로 4,000만원~4,399만원을 2구간으로 4,400만원~4,800만원을 3구간으로 할 경우에 연봉이 4,399만원인 직원과 4,400만원인 직원은 연봉 1만원 차이로 인상률이 다르게 적용되어 역전 현상이 발생될 수도 있다.

위의 그림과 같이 Band의 중첩 정도와 승진으로 인한 임금인상 Merit 정도에 따라 3가지 Case로 나누어 볼 수 있을 것이다. 첫 번째 Case는 Band간 중복이 심하고 승진 Merit도 낮은 경우인데, 이 경우에는 승진을 하더라도 임금 인상 효과가 크지 않아 승진을 통한 동기 부여가 어렵게 된다. 두 번째 Case는 Band간 중복이 약하고 승진 Merit가 큰 경우인데, 이 경우에는 동기 부여 효과는 높지만 하위 직급에서 승진이 누락되어 Band 내 임금 위치가 높을 경우에는 승진 후 Band 내 임금 위치 역시 높아져서 먼저 승진한 직원에 비해 역전효과가 발생될 수도 있고 상위 직급 Band 상한선을 초과할 우려도 발생된다. 이 경우에는 승진 Merit를 낮춰줄 필요가 있다. 세 번째 Case는 Band간 중복은 약하지만 승진 Merit가 작은 경우인데, 이 경우에는 상위 직급 하한선으로 이동하기 위하여 추가 인상률 α가 적용되는 경우가 발생되어 추가 인상률을 적용받은 직원과 적용받지 못한 직원 간에 형평성 이슈가 발생될 수 있다.

따라서 이와 같은 특성을 감안하여 Pay Band 구조 및 직원들의 임금 분포를 분석하여 적정 승진 Merit를 설정해야 할 것이다.

[그림 4-100] 승진 시, 정률 인상 방식 및 정액 인상 방식 (사례)

■ 승진 시, 정률 인상 방식 (단위 : 만원)

Grade / 근속 / 승진인상률	G1				G2				G3				G4				G5				[합계]	[평균]
	1년	2년	3년	4년	5년	6년	7년	8년	9년	10년	11년	12년	13년	14년	15년	16년	17년	18년	19년	20년		
5%	3,000	3,090	3,183	3,278	3,545	3,652	3,761	3,874	3,190	4,316	4,445	4,578	4,951	5,100	5,253	5,411	5,852	6,027	6,208	6,394	90,108	4,505
10%	3,000	3,090	3,183	3,278	3,714	3,826	3,940	3,059	4,598	4,736	4,878	5,025	5,693	5,864	6,040	6,221	7,048	7,260	7,478	7,702	100,633	5,032
15%	3,000	3,090	3,183	3,278	3,883	3,999	4,119	4,243	4,026	5,177	5,332	5,492	5,505	6,700	6,901	7,108	8,420	8,673	8,933	9,201	112,264	5,613

■ 승진 시, 정액 인상 방식

Grade / 근속 / 승진인상액	G1				G2				G3				G4				G5				[합계]	[평균]
	1년	2년	3년	4년	5년	6년	7년	8년	9년	10년	11년	12년	13년	14년	15년	16년	17년	18년	19년	20년		
200	3,000	3,090	3,183	3,278	3,577	3,684	3,794	3,908	4,225	4,352	4,483	4,617	4,956	5,104	5,258	5,415	5,778	5,951	6,130	6,313	90,096	4,505
500	3,000	3,090	3,183	3,278	3,877	3,993	4,113	4,236	4,863	5,009	5,159	5,314	5,973	6,153	6,337	6,527	7,223	7,440	7,663	7,893	104,324	5,216
800	3,000	3,090	3,183	3,278	4,177	4,302	4,431	4,564	5,501	5,666	5,836	6,011	6,991	7,201	7,417	7,639	8,669	8,929	9,196	9,472	118,551	5,928

※ 가정(1): 매년 3% 정기 임금인상 (승진 년도에도 승진 인상률과 별도로 정기 인상 반영)

가정(2): 5직급 × 직급별 체류 년수 4년 (승진 누락없음)

승진으로 인한 임금인상 Merit를 부여할 때에는 정률 인상 방식(가급률)을 적용할 것인지, 정액 인상 방식(가급액)을 적용할 것인지를 선택하여야 한다. 일반적으로 정률 인상 방식은 상후하박이 적용되고, 정액 인상 방식은 상박하후가 적용된다고 볼 수 있으므로 이를 감안하여 결정하여야 할 것이다.

다음으로는 승진으로 인한 임금 인상 Merit를 어느 정도로 부여하여야 적정한지를 검토해야 한다. 적정 인상률 또는 인상액을 결정하기 위해서는 우선 Band 수를 고려하여야 한다. Band의 수가 많을수록 승진 Merit를 적용받을 기회가 많아지기 때문에 승진 Merit를 낮게 설정할 필요가 있으며, Band의 수가 적을수록 승진 Merit를 적용받을 기회가 적어지기 때문에 승진 Merit를 크게 설정할 필요가 있다. 그리고 승진 Merit를 책정할 때에는 전 직급에 대하여 동일한 가급률 또는 가급액을 설정해야 하는 것은 아니고, 직급별로 가급률 또는 가급액 수준을 달리 책정하는 것도 얼마든지 가능하다.

사례연구 IV-4 **연봉제 운영 회사의 승진 가산액(율) 사례**

아래 승진 가산액(율) 표들은 전 직원 연봉제를 운영하고 있는 공공기관들이 실제로 활용하고 있는 사례들이다.

[그림 4-101] 연봉제 운영 공공기관 승진 가산액 (사례)

A사

(연액, 단위: 천원)

구 분	승진가급
2급(갑) → 1급	5,100
2급(을) → 2급(갑)	5,028
3급 → 2급(을)	4,944
4급 → 3급	4,272
5급 → 3급	4,668
5급 → 4급	864
6급 → 5급	864
7-1급 → 6급	456

B사

(단위: 천원)

구 분	가산액
2급 → 1급 승진 시	7,536
3급 → 2급 승진 시	7,769
4급 → 3급 승진 시	3,220
5급 → 4급 승진 시	4,092
6급 → 5급 승진 시	2,998
실무직 2등급 → 실무직 1등급	3,853
실무직 3등급 → 실무직 2등급	2,634

C사

(단위: 천원)

구 분	숨진가산액
1급(갑)	1,100
1급(을)	2,600
2급	3,200

D사

(단위: 천원)

구 분	승진 가급액
2급 → 1급	6,536
3급 → 2급	8,556

[그림 4-102] 연봉제 운영 공공기관 승진 가산율 (사례)

E사

구 분		승진 가산율
일반직	1급(을) → 1급(갑)	기본 연봉 × 7.5%
	2급 → 1급(을)	기본 연봉 × 10%
	3급 → 2급	기본 연봉 × 6.5%
	4급(갑) → 3급	기본 연봉 × 10%
	4급(을) → 4급(갑)	기본 연봉 × 5%
	5급(갑) → 4급(을)	기본 연봉 × 5%
	5급(을) → 5급(갑)	기본 연봉 × 5%
	6급(갑) → 5급(을)	기본 연봉 × 5%
	6급(을) → 6급(갑)	기본 연봉 × 5%

F사

구 분	기준급 가감율
2급에서 1급으로 승진 시	6.151%
3급에서 2급으로 승진 시	-1.401%
4급에서 3급으로 승진 시	-4.440%
5급에서 4급으로 승진 시	2.501%
6급에서 5급으로 승진 시	8.539%
7급에서 6급으로 승진 시	28.607%

G사

구 분	승진 가산급율
2급 → 1급	10%
4급 → 3급	10%
5급 → 3급	15%
5급 → 4급	22%
6급 → 5급	9%
7급 → 6급	10%

H사

기본급 승진가산율 기준표

(단위: %)

구 분	승진 가산율	비 고
2급 → 1급	9.0%	
4급 → 3급	9.0%	
5급 → 3급	5.4%	
5급 → 4급	11.4%	
6급 → 5급	12.0%	
7급 → 6급	8.5%	

상기와 같이 승진 가산액을 운영하는 회사도 있고, 승진 가산율을 운영하는 회사도 있는데, 특이한 점은 가산액 및 가산율이 직급별로 다르다는 것이다. 이는 동기 부여를 위하여 특정 직급으로 승진할 때 승진 Merit를 더 크게 설계했을 수도 있겠지만, 호봉제에서 연봉제

로 전환한 경우에는 기존 호봉제 테이블의 각 직급간 임금 정책선 간격(승진 Merit)을 그대로 반영했기 때문이었을 수도 있다.

한편 F사의 경우에는 특이하게 3급 승진 시에 기준급이 -4.44%가 적용되고, 2급 승진 시에는 기준급이 -1.401%가 적용되는 등 오히려 승진하게 되면 기준급이 감소하는 로직으로 설정되어 있다. 이는 아마도 4급까지는 없던 성과연봉을 3급 이상부터는 설정하면서 총 연봉 중 일부 재원을 성과연봉으로 활용하기 위해서 발생되는 현상일 것으로 추정된다. 즉 3급 및 2급 승진 시 총 연봉은 당연히 인상되지만, 4급까지는 성과연봉 없이 기본연봉 100%로 총 연봉이 구성되다가 3급은 기본연봉:성과연봉 비율을 예컨대 90%:10%로 운영하고, 2급은 예컨대 80%:20%로 운영하기 위하여 기본연봉 재원 중 일부를 성과연봉으로 끌어쓰기 위해서 발생되는 것으로 추정된다.

승진 가급률 또는 가급액은 직급별로 ○% 또는 ○○○만원과 같이 직급별 승진 가산율(액)표를 정하여 운영할 수도 있지만, 아래와 같은 로직을 통해 운영할 수도 있다.

[그림 4-103] logic을 통한 승진 후 기본연봉 결정 방식

$$\text{승진 후 기본연봉} = \frac{\text{승진 전 기본연봉}}{\text{승진 전 직급의 기본연봉 하한액}} \times \text{승진 후 직급의 기본연봉 하한액}$$

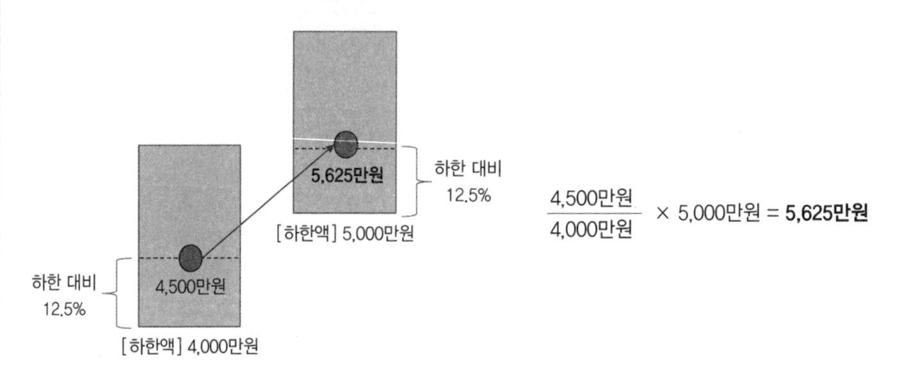

즉 승진 전 직급의 Band 내 임금의 위치를 승진 후 직급의 Band 내 임금 위치로 이동시키는 방식으로 별도의 직급별 승진 가산율(액)표를 운영하지 않더라도 승진

후 연봉을 책정하는 방식이라 할 수 있다. 다만 Band별 임금 범위 Range가 일관되지 않거나 Band 중첩률 등 전반적인 Pay Band 설정이 왜곡되어 있거나 승진이 누락되어 Band 내 임금 위치가 상당히 높은 경우에는 승진 후 연봉 설정이 불합리하게 책정될 수도 있으므로 유의하여야 한다.

이 밖에도 Pay Band를 운영할 때 승진 인상 Merit를 적용하는 과정에서 발생하는 각종 불합리함을 보정하는 기법들을 고려해 볼 수 있다. 주로 승진 전 직급에서 오랫동안 승진이 누락되어 Band의 상단에 위치한 직원이 승진하였을 경우 과도하게 높은 연봉이 책정되는 것을 방지하기 위한 것인데, 몇몇 공공기관들이 활용하고 있는 기법들을 아래에 소개하도록 한다.

[그림 4-104] 승진 Merit 적용과정에서 발생되는 불합리성 보정 방식

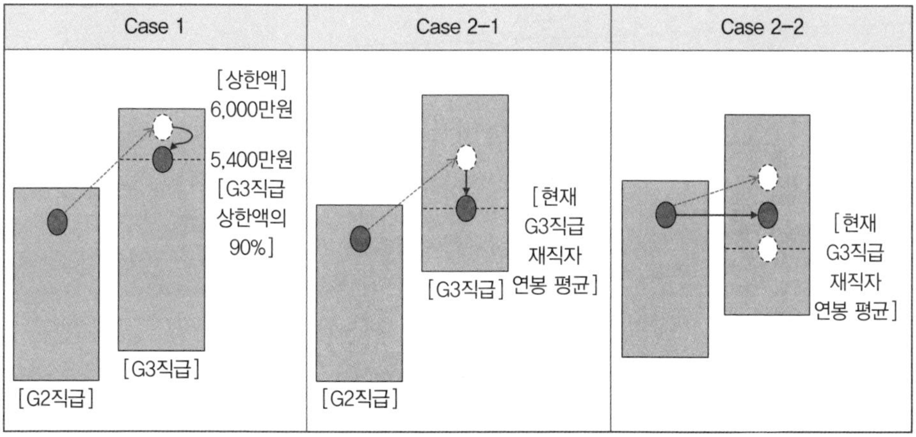

Case 1의 경우는 정해진 승진 인상률을 적용받았을 경우 승진 후 직급의 상한액 근처로 연봉을 책정 받게 되는 경우이다. 이 경우는 승진 전 직급의 Band 상한 근처까지 연봉이 도달된 후 높은 승진 Merit가 적용된 경우이다. 동일한 인상률이 적용되더라도 이미 기존 연봉의 모수가 커진 상태에서 정률 인상을 받다 보니 더 큰 승진 Merit가 적용되기 마련이다. 이에 '승진 시 연봉은 상위 직급 상한액의 90% 금액을 초과할 수 없다'와 같은 제약을 둠으로써 인위적으로 조정을 하여 Band 관리를 하는 경우이다.

Case 2-1의 경우는 정해진 승진 인상률을 적용받았을 때 상위 직급 재직자 연봉 평균을 상회하였을 경우에 상위 직급 재직자 평균 수준으로 인위적으로 조정을 하는 경우이다. 이 때 만약 상위 직급 재직자 평균 수준의 연봉이 해당 승진자의 기존 연봉 수준보다 낮을 경우에는 Case 2-2와 같이 승진하더라도 기존 연봉 수준을 그대로 동결하여 조정하는 경우이다. 그러나 Case2와 같이 운영할 때에는 상위직급 재직자 수가 몇 명 되지 않아 평균 연봉이 왜곡되어 있을 수 있으므로 활용 여부를 신중히 결정하여야 한다.

[그림 4-105] Band 내 연봉위치에 따라 승진 인상률을 차등 적용하는 사례

Case 3-1

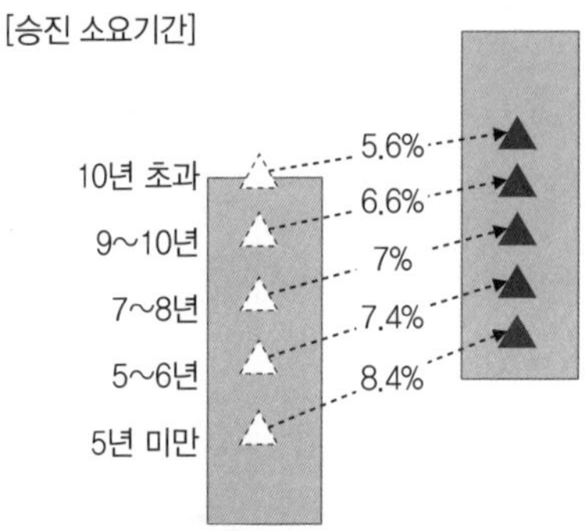

승진 소요 기간	승진 시, 인상률
10년 초과	5.6%
9~10년	6.6%
7~8년	7%
5~6년	7.4%
5년 미만	8.4%

Case 3-2

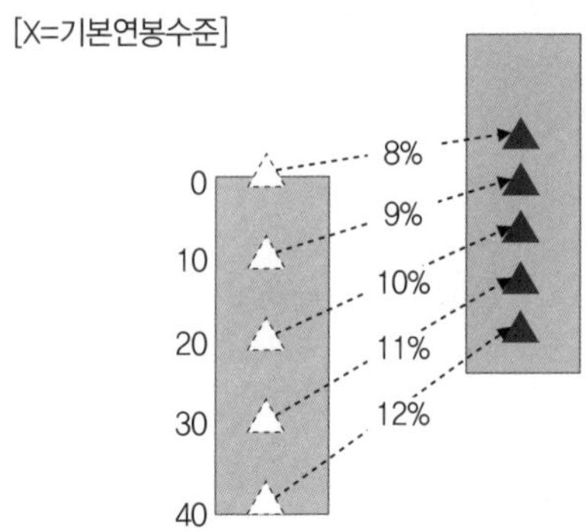

승진 가산급률(%) = 8 + 0.1 × X

X = 승진 전 직급 내 해당직원 기본연봉 수준
(최대수준 X=0, 최저수준 X=40)

Case 3-1과 Case 3-2의 경우는 승진 소요 기간이나 전 직급에서의 Band 내 연봉 위치에 따라 승진 인상률을 차등 적용하는 경우이다.

Case 3-1은 전 직급에서의 체류 년수, 즉 승진에 소요된 기간을 감안하여 구간별로 승진 인상률을 차등 적용한 것이다. 일반적으로 직급 내 체류기간이 늘어날수록 연봉 수준도 오르다보니 정률 방식으로 승진 가산율을 적용하게 되면 승진을 늦게 하는 직원의 승진 Merit가 커지는 모순이 발생된다. 이에 승진 소요기간 구간 별로 승진 가산율을 차등 적용함으로써 승진 소요기간이 오래 걸릴수록 승진 인상률이 낮아지도록 설정하는 것이다. Case 3-2는 승진 소요 기간 대신에 승진 전 직급 Band 내 연봉 위치에 따라 승진 인상률을 차등 적용하는 것이다. Case 3-1은 구간별로 인상률을 차등 적용하였기 때문에 구간의 경계선에 닿을 경우에는 다소 형평성 문제가 발생[80]될 수 있지만, Case 3-2는 형평성 문제가 발생되지 않는다는 장점이 있다.

한편 임금테이블 방식을 운영하다가 Pay Band로 전환한 경우에는 기존 임금테이블 방식 때 승진 Merit 수준이 어떠했는지를 고려해야 하고, 직급 수가 축소되었거나 증가되었는지도 고려해야 한다. 왜냐하면 직급 및 임금체계를 개편했을 때는 제도 개편 전후로 임금에 영향을 미치는 차이가 크기 때문이다. 이에 제도 개편 전후로 재직기간 동안 총 기대임금이 얼마나 차이가 나는지를 분석해 볼 필요가 있다. 이를 위해 기존 제도를 적용받았던 직원들은 과거의 임금을 현재 임금 수준으로 할증하고, 변경된 제도를 앞으로 적용받을 직원들은 미래 기대 임금을 현재 임금 수준으로 할인하여 생애 연봉을 비교·분석해 볼 필요가 있다.[81]

(5) 경력직 연봉 획정

Pay Band를 운영하는 경우에는 경력직이 입사했을 때, 연봉을 어떻게 책정해야 할지에 대한 기준이 없어 고민하게 되는 경우가 많다. 임금 테이블을 운영하는 경우에는 채용 시 직급별 자격요건에서 경력 년수를 설정한 후, 해당 직원이 입사하게 되면 초과 경력을 산정하여 해당 직급별 초임 호봉에 가산 호봉(등급)을 적용하는 방식으로 운영한 회사들이 많았다. 하지만 Pay Band를 운영하는 경우에는 기준을 명확히 설정하기가 어렵고, 최근 경력 입사자들에 대한 인재 확보 경쟁이 심화

80) 예컨대 승진일이 고정되어 있지 않은 경우에는 승진 소요 기간이 4.9년인 경우와 5년인 경우가 발생될 수 있는데, 4.9년인 경우에는 8.4%의 인상률을 적용받지만 5년인 경우에는 7.4%의 인상률을 적용받게 된다.

81) 비교 사례는 같은 장 5. 참조.

되면서 연봉을 과다하게 책정해 주는 경우가 많아 오래 근무한 기존 직원들이 오히려 손해를 보는 경우도 빈번하게 발생하고 있다. 그 결과 검증되지 않은 인력에 대해 과도한 연봉을 책정하여 어려움을 겪는 경우도 발생되고 있다.

Pay Band를 운영하면서 경력사원의 연봉을 책정하는 방식으로는 (1) 자유롭게 연봉협상을 하여 연봉을 정하는 방식, (2) 경력사원 연봉 획정에 활용하기 위한 직급 및 직급연차별 표준 연봉 테이블을 운영하는 방식, (3) 해당 직급 Band 하한액을 적용하는 방식, (4) 해당 직급 Band 하한액을 기준으로 하되, 경력환산기준에 따라 일정한 공식을 적용하여 가산액을 부여한 연봉을 책정하는 방식 등이 있다. 이 중 (2) 및 (4)에 대해서 사례를 소개하도록 한다.

먼저 표준 연봉 테이블을 운영하는 경우이다. 호봉제를 폐지하고 연봉제를 운영함으로써 Pay Band를 적용하더라도 인사 부서에서는 표준 연봉 테이블을 운영할 필요가 있다. 이는 경력사원이 입사하였을 때 연봉 획정의 기준을 삼기 위한 목적도 있고, 연봉제의 적용 기법들을 과도하게 운영할 경우에 발생될 수 있는 여러 가지 왜곡 현상들이 나타나는지와 기존 호봉제에 비해 상대적으로 혜택을 받거나 불이익을 받고 있는 경우가 있는지를 모니터링하기 위한 목적이 있기 때문이다.

[그림 4-106] 표준 임금 Table 운영 시, 기존 직원 연봉 분포와 차이 나는 경우

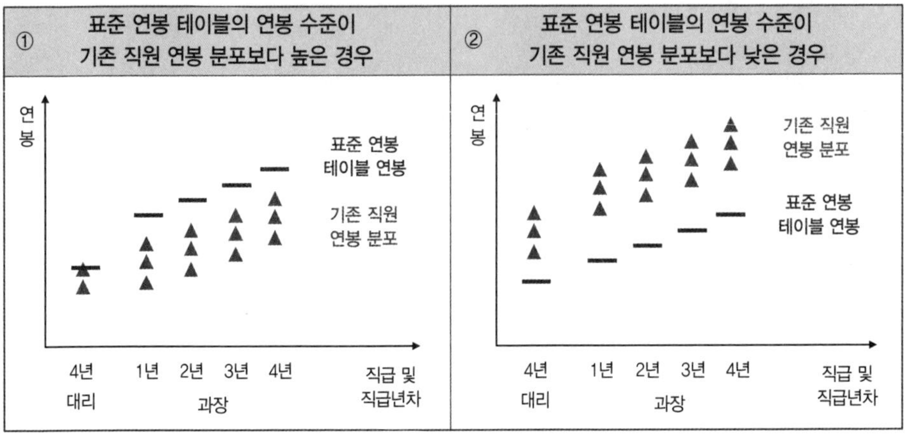

그런데 기존 직원들은 Pay Band가 운영되면서 임금 수준이 다양하게 분포되지만, 표준 연봉 테이블은 직급 및 직급 년차에 따라 단일 값이 획일적으로 정해져 있다 보니 괴리가 있는 경우가 발생될 수도 있다.

위 그림의 ①번 사례의 경우는 기존 직원들의 연봉 분포보다 표준 연봉 테이블상 연봉 수준이 높은 경우이다. 이는 Pay Band를 적용받는 직원들의 승진 Merit가 낮을 때 발생될 수 있는데, 예컨대 대리에서 과장으로 승진할 때 승진 가급률(액)이 낮게 설정되어 있고 반면에 표준 연봉테이블은 좋은 경력사원을 채용하기 위하여 높게 설정되어 있을 때 나타나는 문제이다. 이러한 경우에는 우수한 경력 사원을 채용하기에는 유리하지만 기존 직원들의 사기 저하가 초래되는 것이 이슈가 될 수 있다. 따라서 표준 연봉 테이블을 낮추고 사이닝 보너스(Signing Bonus)를 지급하는 방식으로 경력사원을 채용하거나, 기존 직원들의 승진 Merit를 높여주고 리텐션 보너스(Retention Bonus)를 지급하여 이직을 억제하고 동기부여해 주는 조치를 고려하여야 할 것이다.[82)]

위 그림 ②번 사례의 경우는 반대로 기존 직원들의 연봉 분포가 표준연봉테이블상 연봉 수준보다 높은 경우이다. 이는 기존 직원들의 승진 가급률(액)은 크게 운영하면서도 표준연봉테이블을 업데이트하지 않는 경우에 발생될 수 있다. 이러한 경우에는 해당 회사에 계속 재직하면서 승진을 해 왔던 직원들에게는 유리하지만, 박사 학위를 받고 오는 등 우수한 경력을 갖고 입사한 경력직이 초반에 실망하게 되는 것이 이슈가 될 수 있다. 특히 경력직이 입사할 때는 직급 및 연봉 등의 처우 협의를 하고 입사를 하는데, 만약 높은 직급을 선호하여 상위 직급의 1년차로 입사할 경우에는 승진 기회가 줄어들어 승진을 통한 임금 인상 Merit를 덜 받게 될 수 있게 되며, 이 때 하위 직급의 말년차로 재직하고 있거나 입사한 직원이 승진하게 되면

---

82) 사이닝보너스(Signing Bonus)는 경력사원을 채용할 때, 이직을 유인하기 위하여 지급하는 것으로써, 이직으로 인한 기회비용의 대가 및 연봉 차이를 보완해 주기 위하여 근무를 시작하기 전에 일시금 형태로 지급하는 보너스를 의미하며, 리텐션보너스(Retention Bonus)는 재직자에 대하여 타사에 이직하지 말고 계속 재직해 줄 것을 유인하기 위하여 향후 근무를 시작하기 전에 일시금 형태로 지급하는 보너스를 의미한다. 사이닝보너스와 리텐션보너스는 근무를 하기 이전에 지급하는 것이기 때문에 임금으로 보기 어려우며, 향후 재직을 조건으로 지급하기 때문에 의무재직기간을 설정하게 된다.

연봉이 역전되는 문제가 발생되기도 한다.

따라서, 기존 직원들의 직급 및 직급 년차별 연봉 분포를 감안하여 적정한 수준의 표준연봉테이블을 운영할 필요가 있으며, 경력직을 채용할 때에는 향후 승진 조건도 함께 고려하여 처우 협의를 해야 할 것이다.

다음으로 해당 직급 Band 하한액을 기준으로 하되, 경력환산기준에 따라 일정한 공식을 적용하여 가산액을 부여한 연봉을 책정하는 방식을 운영할 수 있다. 특히 자유롭게 연봉을 협의할 수 있는 일반 회사와 달리 공공기관의 경우에는 특정 직급을 조건으로 채용하게 되면, 그 직급의 Band 하한선 대비 높은 연봉을 책정해 주고 싶어도 기준이 없어 높은 연봉을 책정해 주기 어려운 경우가 발생된다.

이 경우에는 아래와 같이 직급별로 요구되는 경력년수를 기준으로 하여, 최소 자격년수에 해당하여 입사하는 경력직에게는 Band 하한액을 적용하여 주되, 최소 자격년수를 초과하여 입사하는 경력직에게는 초과하는 경력 년수마다 경력가산액(율)을 부여해 주어 연봉을 책정하는 방식을 적용할 수 있다.

[그림 4-107] 경력 가산액 부여 사례

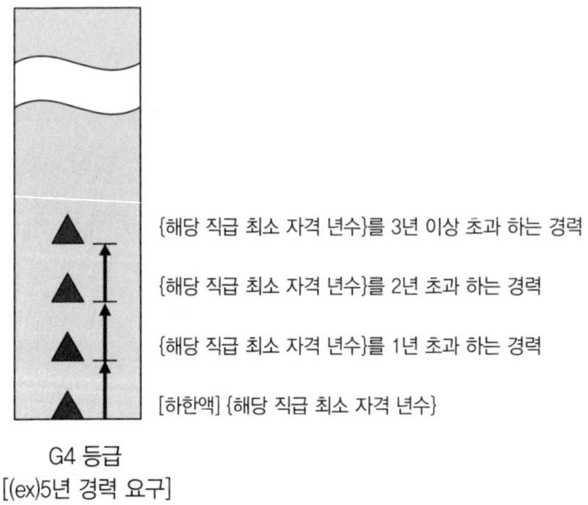

구 분	경력 1년당 가산액 (예시)
2급	600,000원
3급	550,000원
4급	500,000원
5급	450,000원
6급	400,000원

이때, 가산금은 특정 금액을 정액 방식으로 부여할 수도 있고, 특정 지급률을 정률 방식으로 가산하여 부여할 수도 있다. 그리고 경력 가산금은 무한대로 적용하기

보다는 최대 3년까지만 적용하는 것으로 제한하는 것도 가능하고, 1년 단위로 가산해 주지 않고 2~3년 단위로 구간을 두어 가산해 주는 것도 가능하다. 아래 로직은 실제로 몇몇 공공기관들이 활용하고 있는 기준표이다.

[그림 4-108] 경력 가산 부여 방식

구분	경력연수			
Case 1	3년 이하	3년 초과		
	하한액	하한액 + [경력가산액 × (경력연수 - 3년)]		
Case 2	직급별 하한액×(1+기본인상률)^{경력연수}			
Case 3	3년 미만	3년 이상 5년 미만	5년 이상 7년 미만	7년 이상
	하한액	하한액 + [기준액 × 1]	하한액 + [기준액×2]	하한액 + [기준액 × 3]

Case1의 경우에는 직급별 기준 경력연수 대비 초과 경력연수가 3년 이하인 경우에는 경력가산액을 부여하지 않고 해당 직급 Pay Band 하한값이 연봉으로 부여되며, 3년을 초과할 경우에 경력가산액이 부여되는 방식이다. 예컨대 5년이 초과되면, 경력가산액 × 2에 해당되는 금액을 연봉 하한액에 더해 주는 것이다.

Case2의 경우에는 초과 경력연수만큼 기본인상률을 더 곱해주는 방식이다. 예컨대 기본 임금인상률이 5%이고, 초과 경력연수가 3년이라면, 하한액에 5% 인상을 3번 해 준 값을 연봉으로 책정해 주는 방식이다.

Case3의 경우에는 초과 경력연수를 4개의 구간으로 구분하여 경력가산 기준액을 곱해주는 방식이다. 즉 초과 경력연수가 3년 미만일 경우에는 하한액이 동일하게 적용되지만, 초과 경력연수가 3년 ~ 5년 미만이면 기준액 1번을, 초과 경력연수가 5년 ~ 7년 미만이면 기준액 2번을, 초과 경력연수가 7년 이상이면 기준액 3번을 곱하여 하한액에 가산해 주는 방식이다.

4. 인센티브(성과연봉) 제도 운영

(1) 인센티브 종류

예전에는 근속수당, 자격수당, 가족수당 등 이미 갖추고 있는 속인적 요인들에 대하여 각종 수당들을 많이 지급해 왔으나, 최근에는 각종 성과에 대한 보상을 위하여 인센티브를 지급하는 경우가 많아졌다.

인센티브의 종류는 매우 다양한데, 주로 영업직에게 영업의 대가로 매월 지급하는 영업 인센티브, 사무직에게 반년 또는 1년간의 성과를 평가하여 미리 설정된 인센티브 재원을 차등 지급하는 개인별 성과 인센티브(PI; Performance Incentive, Productivity Incentive, Personal Incentive),[83)] 회사의 경영성과가 좋았을 때 이윤을 분배하는 경영성과급(PS; Profit Sharing)[84)] 등이 있다.

최근에는 단기간의 성과 평가 및 보상이 가져오는 폐해[85)]를 방지하고 회사에의 소속감 고취와 장기근속을 장려하기 위하여 장기 인센티브(LTI; Long Term Incentive)를 지급하거나, 주식 평가 차액에 대하여 현금으로 인센티브를 지급하는 주가 연동형 인센티브(SAR; Stock Appreciation Rights)[86)]나 RSU(Restricted Stock Unit)[87)] 등을 활용하는 경우도 있다.

---

83) 2016년에 기획재정부가 권고했던 공공기관 성과연봉제는 개인이 받게 되는 연봉 중 일부를 성과연봉 재원으로 설정한 후, 1년간 평가 결과에 따라 성과연봉을 차등하여 지급하는 제도였음.

84) 경영성과급을 직원들에게 일률적으로 지급(동일한 금액 또는 동일한 지급률)하는 경우도 있지만, 조직 및 개인의 성과에 따라 차등 지급하는 경우도 많이 있다.

85) 중장기적으로 회사에 필요한 성과 보다는 퇴직을 염두에 두고 단기적으로 개인의 성과가 부각되는 업무를 한 후 인센티브만 받고 곧바로 퇴직하는 경우 등이 발생되고 있다.

86) 주식이 실제로 양도되는 스톡옵션과 달리 SAR은 주식은 부여되지 않은 채 부여받은 시점의 주가와 약정된 특정 시점의 주가간 차액을 현금으로 보상해 주는 것이다. 스톡옵션에 비해 경영권 방어에 유리하며, 주로 C-Level급 경영진에게 부여되는데, 경영진으로 하여금 경영을 잘하여 회사 가치를 높여 주가에 반영되도록 유인할 수 있는 동기부여 방식으로 활용될 수 있다.

87) 특정 기간에 기업이 내건 목표를 달성하면 주식을 지급하는 성과보상체계. 임직원에게 회사 주식을 특정 가격에 살 수 있는 권리를 주는 스톡옵션과 달리 RSU는 회사가 제시한 조건을 충족한 경우 무상으로 주식을 지급하는 방식[매일경제 용어 사전에서 인용]

[그림 4-109] 장기 인센티브 설정 방식 (예시)

지급년도 / 평가년도	20X2년 초	20X3년 초	20X4년 초	20X5년 초	[지급률 합계]
20X1년	50%	30%	20%		100%
20X2년		50%	30%	20%	100%
20X3년			50%	30%	80%
[지급률 합계]	50%	80%	100%	50%	

※ 지급일 현재 재직 시에만 지급 조건

장기 인센티브(Long Term Incentive)는 특정 년도의 성과에 대하여 일시금으로 지급하는 것이 아니라 장기간 재직할 때 모두 지급되는 형태를 의미한다. 예컨대 위의 그림과 같이 20X1년도의 성과의 대가는 20X2년 초에 일시금으로 지급되는 것이 아니라 100% 지급액 중 50%만 20X2년 초에 지급하되, 나머지 30%는 20X3년 초에 지급하고, 나머지 20%는 20X4년 초에 지급하는 식으로 운영하게 된다.

(2) 성과연봉(개인별 성과 인센티브) 재원 마련 및 운영

① 성과연봉 재원 확보 방안

최근 지나친 개인별 성과주의 평가·보상이 미치는 악영향에 대해 이슈가 제기되면서 상대평가를 절대평가로 변경하고, 보상을 위한 평가보다는 코칭·육성을 위한 평가로 전환하는 사례가 많아지고 있으며, 개별 인센티브를 조직 인센티브로 변경하는 사례도 많아지고 있다.

평가에 대한 논쟁이야 어느 시대, 어느 조직에나 존재하는 것이고, 금전 보상과 비금전 보상의 효과도 논란이 많은 것이 사실이지만, 여전히 많은 회사들은 개인에 대한 성과평가를 바탕으로 개별 보상을 차등하려는 경향이 많은 상황이다.

그리고 연봉제를 운영하면서 임금을 차등 지급하는 방식으로 가장 많이 활용되고 있는 것은 〈기본연봉 차등 인상률 적용 방식〉, 〈성과연봉 차등 지급 방식〉, 〈집단성과급 차등 지급 방식〉 등이라 할 수 있다.

이와 관련하여 기본연봉 차등 인상률 적용과 성과연봉 차등 지급 방식을 병행할 것인지를 고려하여야 한다. 두 가지 모두 적용하는 것은 자칫 과도한 성과주의 운영이 될 수도 있기 때문이다. 한편 기본연봉 인상률 차등과 성과연봉 차등 지급을 하지 않고, 집단성과급 차등 지급만 운영하는 것은 바람직하지 않다고 생각된다. 집단성과급 지급 여부는 특정 개인의 성과보다는 조직(회사) 성과에 따라 결정되는 것인데, 우연한 사정으로 집단성과급이 나올 때는 상대적으로 평가가 좋지 않았다가 집단성과급이 나오지 않을 때는 평가가 좋다면 제대로 된 보상이 될 수 없고, 동기 부여 효과가 떨어지기 때문이다. 따라서 경영성과급과는 별도로 회사 성과와 상관없이 개인의 노력에 따라 차등 보상이 될 수 있는 성과연봉 재원을 설정한 후 매년 차등 지급하는 것이 바람직할 것이다.

[그림 4-110] 연봉제 운영 시, 성과에 따른 급여 차등 방식

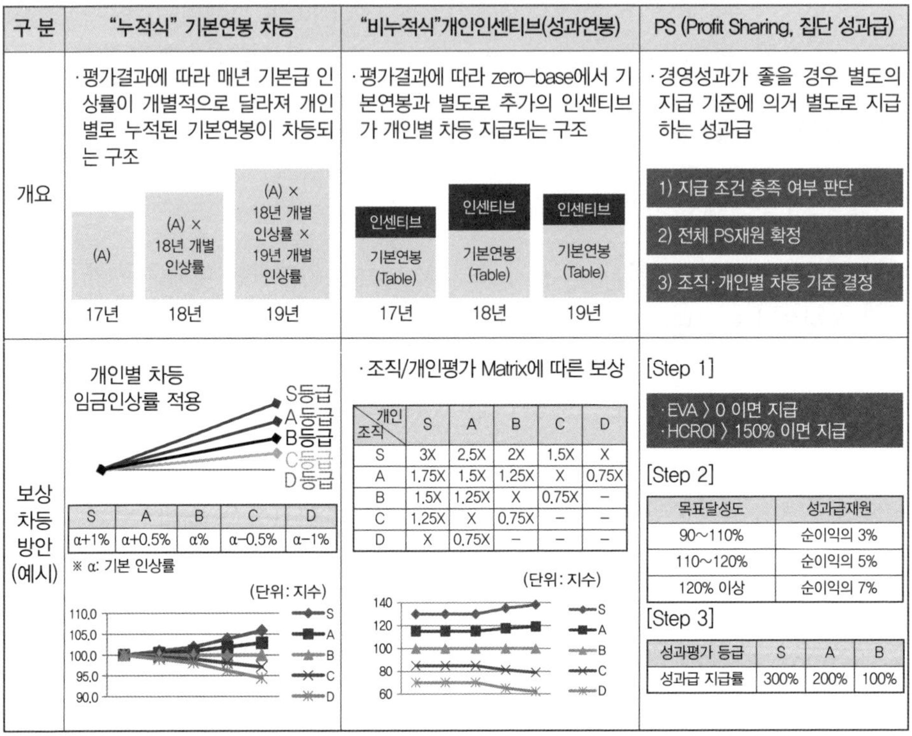

성과연봉을 지급하지 않던 회사가 성과연봉을 지급하려면 그 재원이 마련되어야 한다. 이를 위해서는 회사가 별도의 재원을 마련하거나, 매년 정기 임금인상 재원 중 일부를 활용하거나, 기존 임금항목 중 일부를 성과연봉 재원으로 전환해야 한다. 그런데 기존에 고정적으로 지급되어 오던 임금항목을 성과연봉 재원으로 활용하는 경우에는 직원들의 거부감을 불러일으킬 수 있다. 아무래도 성과연봉은 제로섬(Zero-Sum) 방식으로 운영되기 때문에 기존에 비해 더 많이 받는 직원도 생기지만, 기존 대비 덜 지급받는 직원도 생기기 때문이다.[88)]

따라서 가급적 회사가 별도 재원을 출연하거나, 향후 임금 인상 재원 중 일부를 점진적으로 성과연봉 재원으로 전환하는 방식을 채택하여야 할 것이다. 특히 성과연봉 총 재원의 크기가 절대적으로 중요한 것이 아니라 실질적인 차등 효과가 중요한 것임을 유의하여야 한다. 총 연봉 대비 성과연봉의 비율이 높다고 하더라도 실질적인 차등 폭이 적다면 효과가 미미할 것이며, 총 연봉 대비 성과연봉의 비율이 낮다고 하더라도 실질적인 차등 폭이 크다면 효과가 클 것이기 때문이다. 예컨대 표준 성과연봉 재원이 1,000만원이라 하더라도 최고 등급과 최저 등급의 차등 정도가 ±1%에 불과하다면 최고 등급이 1,010만원을 받게 되고 최저 등급이 990만원을 받게 되기 때문에 효과가 미미할 것이다. 반면에 표준 성과연봉 재원이 100만원에 불과할 경우라 하더라도 최고 등급과 최저 등급의 차등 정도가 ±100%라면 최고 등급이 200만원을 받게 되고 최저 등급은 0원이 되어 효과가 매우 크다고 할 수 있다.

88) 2016년 기획재정부의 성과연봉제 권고안의 경우 기존에 고정급으로 확보되어 지급받던 임금항목들을 무리하게 성과연봉 재원으로 활용하도록 함으로써 노동조합 등의 반발을 일으켰다. 이에 취업규칙 불이익 변경 사항임에도 불구하고 직원 과반수 동의 없이 시행함으로써 이슈가 되었고, 결국 권고안이 폐기된 바 있다.

[그림 4-111] 점진적 성과연봉 재원 마련 방식

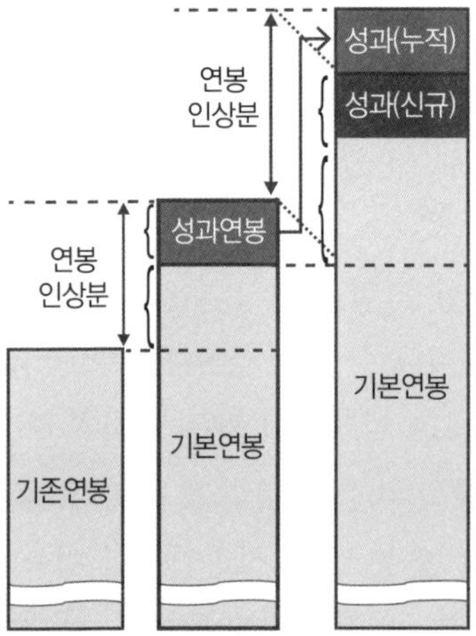

(단위: 만원)

년도	인상액	표준 성과연봉 배분률	기본연봉	표준 성과연봉 (누적)	표준 총 연봉
20X1	161	**30%**	3,333	48	3,381
	기본(98.6%) / 1.4%				
20X2	169	**30%**	3,451	99	3,550
	기본(97.2%) / (2.8%)				
20X3	178	**30%**	3,575	152	3,727
	기본(95.9%) / 성과(4.1%)				
20X4	186	**50%**	3,668	246	3,914
	기본(93.7%) / 성과(6.3%)				
20X5	196	**50%**	3,766	343	4,109
	기본(91.6%) / 성과(8.4%)				

따라서 성과연봉 재원의 크기가 반드시 중요한 것은 아니기 때문에 위의 그림과 같이 도입 초기에는 재원을 조금만 설정한 후 점진적으로 재원을 늘려 나가는 것을 고려할 필요가 있다. 특히 성과에 따른 차등을 하지 않던 회사의 경우에는 평가제도 역시 신뢰도와 타당도가 낮은 상태일 것이기 때문에 평가제도의 개선을 통해 직원 수용성을 강화시킬 시간 확보도 필요할 것이다. 한편, 성과연봉 재원을 설정할 경우에는 총 연봉 대비 성과연봉의 비중을 하위 직급은 낮게 설정하고, 직급이 높아질수록 높게 설정하는 것이 일반적이다. 상위 직급으로 갈수록 성과에 따른 책임이 커지고 성과 차이가 많이 나기 때문이다.

[그림 4-112] 직급 별 성과연봉 배정 비율

한편, 이와 같이 직급별로 성과연봉 비율을 차등 설정할 경우에는 승진 시에 늘어나는 성과연봉의 비율만큼 임금이 인상될 수 있는 재원이 있는지를 고려하여야 한다. 즉 승진을 했을 경우 기본연봉의 비율은 낮아지고 성과연봉의 비율은 높아지는데, 승진 Merit를 충분히 설정하지 않을 경우에는 고정적으로 지급이 확보되어 있는 기본연봉 중 일부를 빼내어 성과연봉 재원으로 전환시켜줘야 하기 때문에 직원들의 반발을 살 우려가 있기 때문이다. 따라서 직급별로 성과연봉 비율을 달리 할 경우에는 승진으로 인한 임금 인상분이 성과연봉 재원으로 활용되도록 하고, 가급적 기본연봉은 감소되지 않도록 해야 할 것이다.

[그림 4-113] 승진 시 성과연봉 비율 상향 사례

(단위: 만원, %)

구 분	기본연봉	성과연봉	합 계
대 리	460	80	540
주 임	450	50	500

구 분	기본연봉	성과연봉
대 리	85%	15%
주 임	90%	10%

그리고 기본연봉에 대하여 차등 인상률을 적용할 경우에는 기본연봉에 연동되는 표준 성과연봉 역시 차등 설정되기 때문에 너무 과도하게 차등이 되지 않도록 고려하여야 한다.[89]

② 성과연봉 차등 지급 방안

표준 성과연봉 재원을 설정한 후에는 평가에 따른 차등 지급률을 정해야 한다. 이 때 개인평가 결과만 반영할 것인지, 조직평가 결과와 개인평가 결과를 함께 반영하여 매트릭스 형태의 지급 기준을 설정할 것인지를 정하여야 한다.

---

89) 만약 기본연봉이 변경되는 경우에도 표준 성과연봉 재원이 동일하다면 성과연봉을 비누적 방식으로 운영할 수 있겠지만, 예컨대 기본연봉의 10%를 표준 성과연봉으로 책정하는 경우에는 기본연봉이 달라지면 표준 성과연봉 금액도 달라질 것이다. 즉 기본연봉에 차등 인상률이 적용되어 기본연봉 자체가 달라진다면 기본연봉을 많이 받는 직원은 표준 성과연봉도 많이 설정될 것이고, 기본연봉을 적게 받는 직원은 표준 성과연봉도 적게 설정될 것이기 때문이다.

[그림 4-114] 성과연봉 지급률 설정 사례

개인평가에 따른 차등 지급률 (예시)

평가등급	S등급	A등급	B등급	C등급	D등급
지급률	133.3%	116.7%	100%	83.3%	66.7%

※ 최고-최저 등급간 2배 차이가 나는 사례

조직평가 및 개인평가를 함께 반영한 지급률 (예시)

조직＼개인	S	A	B	C	D
S	3X	2.5X	2X	1.5X	X
A	1.75X	1.5X	1.25X	X	0.75X
B	1.5X	1.25X	X	0.75X	-
C	1.25X	X	0.75X	-	-
D	X	0.75X	-	-	-

※ X는 표준 지급률

한편, 평가 등급 중 중간 등급이라 할 수 있는 B등급을 받았을 때 지급받는 성과연봉을 표준 성과연봉이라 했을 때, 사전에 직원들에게 설정되는 표준 성과연봉의 합계와 사후적으로 직원들에게 실제로 지급되는 성과연봉의 합계는 차이가 나는 것이 대부분이다. 이는 크게 3가지 경우 때문이라 할 수 있는데, 직원들의 연봉수준이 다른 경우와 평가등급 배분이 정규 분포가 되지 않는 경우와 의도적으로 지급률을 Zero-Sum이 되지 않게 설정하는 경우 등이 있다.

우선 직원들의 연봉 수준이 다른 경우인데, 예컨대 연봉이 높은 직원들이 S·A등급에 몰리고 연봉이 낮은 직원들이 C·D등급에 몰리게 되면 표준 성과연봉의 합계 [α]보다 실제 지급된 성과연봉의 합계 [β]가 더 커지게 되어 애초에 설정된 재원을 초과하게 된다.[$\alpha<\beta$]

다음으로 상대평가를 하여 평가등급 강제할당 배분을 한다 하더라도 그 비율이 정규분포가 되지 않는 경우가 발생된다. 예컨대 S등급(10%), A등급(20%), B등급(40%), C등급(20%), D등급(10%)과 같이 정규분포로 상대평가를 한다고 하더라도 평가대상이 되는 인원수가 정확히 10명이 되는 것은 아니기 때문에 결과적으로 정규분포가 되기는 어렵다. 게다가 회사 중에는 의도적으로 정규분포가 아닌 비대칭 형태로 평가등급을 상대 배분하는 경우도 있다. 즉 직원들에 대한 동기 부여 측면에서 C·D등급 비율은 줄이고, S·A등급 비율은 높여서 운영하는 경우이다.[90]

---

90) 예컨대 S등급(10%), A등급(20%), B등급(50%), C등급(15%), D등급(5%)와 같이 비대칭 배분을 함으로써, 처음부터 Zero-Sum이 되지 않도록 설정하는 경우이다.

마지막은 지급률을 의도적으로 비대칭 설정하는 경우이다. 예를 들어 정확히 Zero-Sum 형태로 운영하기 위해서는 S등급(200%), A등급(150%), B등급(100%), C등급(50%), D등급(0%)과 같이 동일한 ±지급률을 대칭으로 설정하여야 되는데, S·A등급을 우대하기 위하여 S등급(300%), A등급(200%), B등급(100%), C등급(50%), D등급(0%)와 같이 지급률을 비대칭으로 설정하는 경우도 있다.[91)]

이와 같이 애초에 설정한 표준 성과연봉의 합으로 설정된 재원 [α]보다 실제 지급된 성과연봉의 합계 [β]가 더 커지는 경우가 발생될 수 있고, 반대로 실제 지급된 성과연봉의 합계가 더 작아지는 경우도 발생될 수 있다. 기업에 따라서는 애초 예상한 재원보다 크거나 작게 나가는 실제 재원을 그대로 집행하는 경우도 있지만, 표준 성과연봉의 합계 재원[α]과 실제 집행되는 성과연봉의 합계 재원[β]을 일치시키고자 하는 기업도 있을 것이다.[α = β] 이를 위해서 조정계수를 설정하여 그 금액을 조정할 수 있다.

아래 그림은 10명이 있는 조직에 개인별 표준 성과연봉이 100만원으로 동일한 경우를 예시로 든 것이다. 그런데 경영진이 평가등급의 배분을 정규분포로 하지 않고, 비대칭으로 설정하여 S·A등급 인원수를 늘리고, C·D등급 인원수를 줄인 경우이다. 평가등급을 정규 분포로 하지 않다 보니, 총 재원이 1,000만원이 아닌 1,098만원이 되어 애초 재원에 비해 98만원이 초과되는 상황이 되었다. 이 때, 총 재원을 1,000만원으로 맞추기 위한 조정계수(1,000 ÷ 1,098 = 0.9107)를 구하였고, "조정 전 개인별 성과연봉[a]"에 "조정계수[b]"를 모든 직원에게 적용하여 "조정 후 개인별 성과연봉[c=a×b]"을 도출하여 총 재원을 맞추는 방식이다. 다만, 조정계수를 설정할 경우에는 직원들이 오해할 수 있으므로 그 산정기준과 이유에 대해서 사전에 충분히 설명해 주어야 할 것이다.

---

91) B등급을 기준으로 ±50%(A등급 및 C등급) 및 ±100%(S등급 및 D등급)와 같이 대칭 설정을 하지 않고, B등급을 기준으로 S등급은 +200%를 적용하지만 D등급은 −100%만 적용하고, A등급은 +100%를 적용하지만 C등급은 −50%만 적용하는 방식으로 비대칭 설정하는 경우이다.

[그림 4-115] 조정계수 적용을 통한 성과연봉 총 재원 유지 방식

【인원 수 정규분포】
(총 재원: 1,000)

평가등급	지급률	개인별 [표준] 성과연봉	인원수	총지급액
S	133%	133	1	133
A	116%	116	2	232
B	100%	100	4	400
C	84%	84	2	168
D	67%	67	1	67
[합계]			10	1,000

재원	개인	100
	전체	1,000

【인원 수 비 대칭】
(총 재원: 1,098)

평가등급	지급률	개인별 [표준] 성과연봉	인원수	총지급액
S	133%	133	2	266
A	116%	116	3	348
B	100%	100	4	400
C	84%	84	1	84
D	67%			–
[합계]			10	1,098

조정계수	0.9107

【조정계수 반영】
(총 재원: 1,000)

평가등급	지급률	조정계수(B)	[조정 후] 개인별 성과연봉 (C=A×B)	인원수	총지급액
S	133%	0.9107	121	2	242
A	116%	0.9107	106	3	317
B	100%	0.9107	91	4	364
C	84%	0.9107	77	1	77
D	67%				–
[합계]				10	1,000

(단위: 만원)

5. 임금 분포 분석 및 연봉제 운영 합리화

(1) 임금분포 경향성 분석

임금 테이블을 운영하지 않고 Pay Band를 운영함으로써 직원들의 임금 수준이 다양하게 분포되어 있다면, 실제로 지급되고 있는 기본연봉 및 총 연봉의 분포를 분석하여, 임금체계가 잘 운영되고 있는지를 진단하고 불합리 요인에 대해서는 개선방안을 도출할 필요가 있다.[92]

임금 분포의 경향성을 분석하기 위해서는 엑셀 프로그램 등을 활용하여 데이터를 정리한 후 여러 요인들을 독립변수로 하여 임금과의 상관관계를 파악할 수 있도록 그래프를 그려볼 필요가 있다. 엑셀 프로그램에서는 그래프에 표시된 개별 데이터들의 추세가 어떠한지를 알 수 있도록 추세선을 그릴 수 있는 기능이 있으며, 해당 추세선의 수식 및 R-제곱 값도 자동으로 구할 수 있다.[93]

분석 사례를 설명하기에 앞서서 우선 추세선과 R-제곱 값에 대해서 알아보도록 하자.

아래 그림은 연령과 체중과의 관계를 예시로 하여 추세선과 R-제곱 값을 알기 쉽게 설명한 것이다. 연령을 독립변수(x축)로 하고, 체중을 종속변수(y축)로 하였을 때, 엑셀을 활용하여 각각의 데이터들을 그래프로 그린 후 추세선과 R-제곱 값을 나타낼 수 있다. 추세선은 수학시간에 배웠던 방정식을 생각하면 된다.

---

92) 임금 테이블을 운영하는 회사의 경우에도 일반적으로는 임금 테이블의 모든 구간들이 전부 활용되고 있지는 않으므로(예컨대 하위직급 30~40호봉은 테이블은 존재하더라도 실제 그 구간에 위치한 직원이 없는 경우도 많다.) 기본급에 대한 분포 분석을 할 필요가 있고, 각종 수당 및 상여금을 포함한 총 연봉은 개인별로 수준이 제각각인 경우가 많으므로 분포 분석을 할 필요가 있다.

93) 엑셀 프로그램을 활용하여 그래프(세로막대형, 가로막대형, 꺾은선형, 분산형 등)를 그린 후, 데이터 값에 오른쪽 클릭을 하게 되면, 〈추세선 추가〉 기능이 나온다. 〈추세선 추가〉를 클릭하면, 추세선 옵션에 들어가 '수식을 차트에 표시' 및 'R-제곱 값을 차트에 표시' 기능을 선택하면 추세선의 수식 및 R-제곱값이 표현된다.

[그림 4-116] 추세선과 R-제곱 값 개념 이해를 위한 예시 자료

$R^2 = 1$

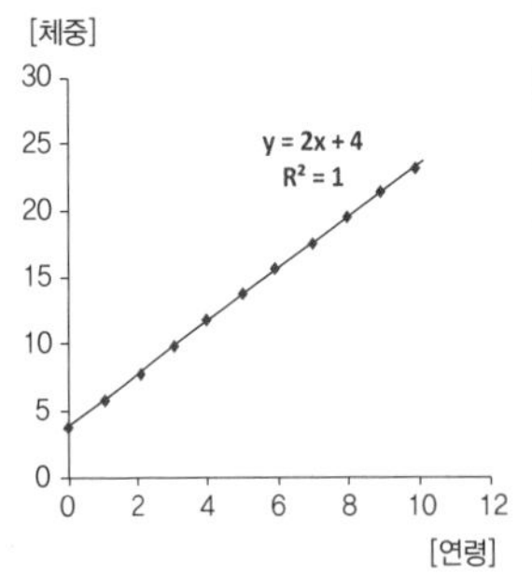

연령	0	1	2	3	4	5	6	7	8	9	10
체중	4	6	8	10	12	14	16	18	20	22	24

$R^2 = 0.8$ 이상

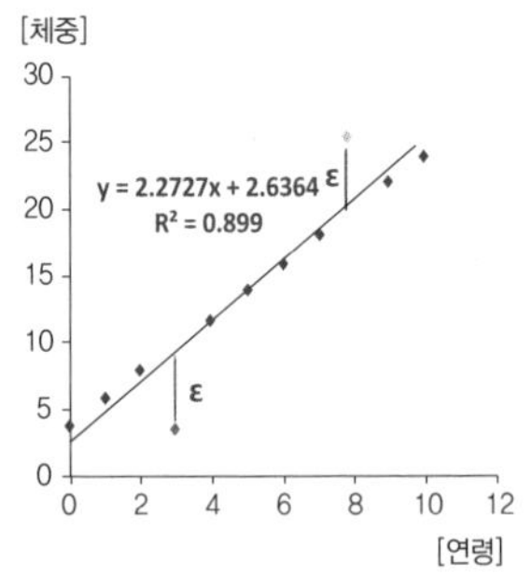

연령	0	1	2	3	4	5	6	7	8	9	10
체중	4	6	8	4	12	14	16	18	26	22	24

$R^2 = 0.2$ 이하

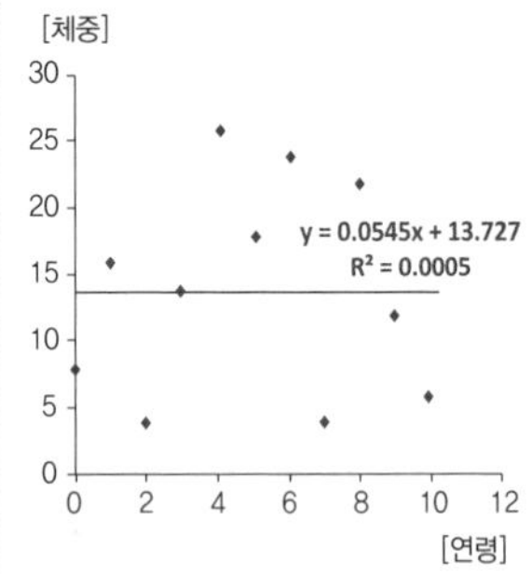

연령	0	1	2	3	4	5	6	7	8	9	10
체중	8	16	4	14	26	18	24	4	22	12	6

구분	내용
추세선	$y=\beta o+\beta 1x+\varepsilon$ y(종속변수) βo(절편) β1(기울기) x(독립변수) ε(잔차)
R^2	두 변수(독립변수/종속변수) 간 상관관계(Correlation)에 대한 설명력을 나타내는 것으로 (일반적으로) 0.8 이상이면 연관성이 높고, 0.6~0.8이면 유의미한 관계이고, 0.6 미만이면 연관이 낮다고 설명될 수 있음.(단, 인과관계가 아님을 유의하여야 함)
Outlier [ε] 이상점	분석한 요인(독립변수, X축) 외의 다른 요인에 의해 결과값(종속변수, Y축)이 추세에서 멀어진 개체를 의미함. 추세선과 이상점 Outlier 간의 차이를 Residual(잔차)라고 하며, 설명 요인이 "다른" 것이지, "틀린" 오류가 아님!!

위의 사례에서 연령을 x로 체중을 y로 할 경우, 제일 첫 번째 사례는 y = 2x + 4라는 추세선이 나온다. 즉 태어나자마자 0세일 때에 4kg인데, 1살씩 더 나이를 먹을수록 2kg씩 정확하게 더 늘어나는 상황이다. 이와 같이 독립변수가 늘어날수록 종속변수가 정확히 늘어나게 되어 모든 데이터들이 추세선상에 위치하게 되면 R-제곱 값은 1이 된다. R-제곱 값은 그 범위가 0에서 1까지 나올 수 있는데, 0에 가까울수록 독립변수와 종속변수 간 상관관계가 낮아 설명력이 낮다는 것을 의미하고, 1에 가까울수록 독립변수와 종속변수 간 상관관계가 높아 두 변수 간 설명력이 높다는 것을 의미한다. 특히 R-제곱 값이 1이라는 의미는 독립변수와 종속변수 간에 명백한 상관관계가 있다는 것을 의미한다. 일반적으로 R-제곱 값이 0.8 이상이면

높은 상관관계가 있음을 의미하고, 0.6~0.8 사이이면 유의미한 관계가 있으며, 0에 가까울수록 상관관계가 없다는 것을 의미한다고 한다.[94]

위의 연령과 체중 사례 중 두 번째 사례는 R-제곱 값이 0.899를 나타내고 있다. 이 경우에도 R-제곱 값이 0.8 이상이고 1에 가까우므로 독립변수와 종속변수 간에 매우 높은 상관관계가 있음을 나타내지만, 첫 번째 사례와 비교한다면 추세선에서 벗어나는 값이 나오고 있음을 알 수 있다. 즉 3세인데 4kg에 불과한 데이터가 있으며, 8세인데 26kg이나 되는 데이터가 있었기 때문이다. 그런데, 이러한 데이터들은 틀린(wrong) 데이터가 아니라 다른(different) 데이터라는 것을 유의해야 한다. 즉 연령과 체중간의 관계도 그렇고, 임금에 영향을 미치는 요인들과의 관계도 그렇고 현실에서는 얼마든지 추세에서 벗어나는 데이터들이 나오기 때문이다. 이 때 추세에 비해 비정상적으로 벗어난 값을 이상점(outlier)이라 하며, 수식에 따라 추정된 y 값과 실제 데이터인 이상점(outlier) 값 사이의 차이를 잔차(Residual)라 한다. 임금 데이터를 분석할 때에는 추세선에서 벗어난 값을 유발한 요인이 무엇인지를 밝히는 것에서 시사점이 도출되는 경우가 많이 있다.

위의 연령과 체중 사례 중 세 번째 사례는 R-제곱 값이 0에 가까운 것을 볼 수 있다. 그래프를 보면 추세선과 관계없이 데이터들이 매우 넓게 퍼져있다는 것을 알 수 있다. 즉 연령과 체중 사이에는 상관관계가 거의 없다는 것을 의미한다. 이와 같은 통계의 기초 개념을 바탕으로 엑셀 프로그램 등을 활용한다면 보다 과학적으로 임금 자료를 분석할 수 있게 된다.

보통 임금 분포 경향성을 분석하기 위하여 직급, 근속연수, 연령, 평가포인트 등을 독립변수로 하고, 임금을 종속변수로 하게 된다.

우선 직급을 독립변수(x축)로 하고, 임금을 종속변수(y축)로 하여 분석한 사례들을 살펴보도록 하자.

94) 다만 연령과 체중간의 관계는 인과관계는 아니라는 것을 유의하여야 한다. 즉 일반적으로 연령이 높아질수록 체중이 높아지는 경향이 있을 수는 있지만, 체중을 좌우하는 원인이 되는 요인이 연령인 것은 아니기 때문이다.

[그림 4-117] 직급 별 임금 분포 분석 (사례)

직급별 Pay Band 내 실제 연봉 분포 분석 (사례)	직급별 연봉 분포 분석 (사례)
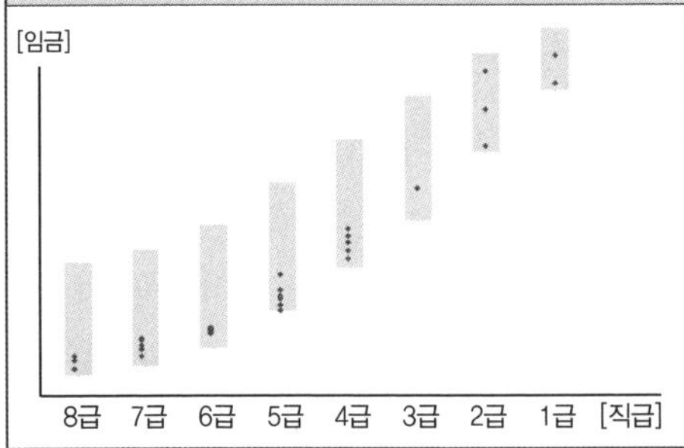	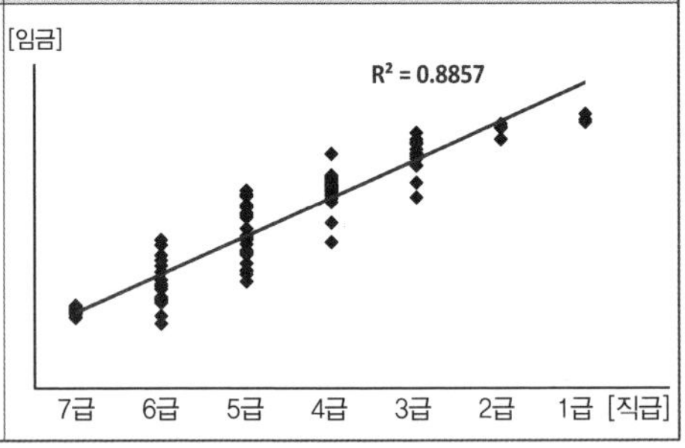

위의 그림 왼쪽 사례는 설정된 직급별 Pay Band 내에 실제 직원들의 임금 분포 데이터들을 표현한 것이다. 특이한 점은 4급부터 8급까지의 분포를 보면, 밴드를 전체적으로 활용하지 못하고 대부분 밴드의 하위 1/3 정도의 구간만 분포되어 있는 것을 확인할 수 있다. 이에 이러한 분포를 유발한 원인과 이슈가 무엇인지를 분석해 보니 해당 사례는 승진으로 인한 임금 인상 Merit가 지나치게 낮게 설정되어 있고, 상위 직급의 임금 하한값이 낮게 설정되어 중첩률이 매우 높았으며, 매년 임금인상률이 상대적으로 낮았던 것이 원인임을 알 수 있었다.

위의 그림 오른쪽 사례 역시 직급별 임금 분포 데이터들을 표현한 것이다. R-제곱값이 0.8857로 나왔기 때문에 직급이 올라갈수록 임금이 올라가는 경향이 강하다는 것인데, 이는 대부분의 회사에서 당연한 것이라 할 수 있다. 문제는 동일한 직급이라 하더라도 임금 수준의 차이가 매우 크다는 것이다. 예컨대 5급의 임금 분포를 보면, 임금을 제일 많이 받는 직원부터 제일 적게 받는 직원까지 임금 분포가 넓게 퍼져있다는 것을 알 수 있고, 이에 6급보다 임금 수준이 낮은 직원들도 있으며, 4급보다 임금 수준이 높은 직원들도 있다는 것을 알 수 있다. 이러한 경우에는 다른 요인들과의 상관관계 분석을 심층적으로 해야 한다. 즉 같은 5급임에도 임금 수준의 차이를 크게 유발한 것이 평가포인트와 같은 성과 요인인지, 학력이나 자격과 같은 속인적 역량 요인인지, 연령이나 근속(특히 직급 내 체류년수)과 같은 연공적 요인인지 등을 분석함으로써, 임금 차이를 많이 내는 이유들이 합리적 요인 때문인지를 분석해 볼 필요가 있다.

[그림 4-118] 연령 별 임금 분포 분석 (사례)

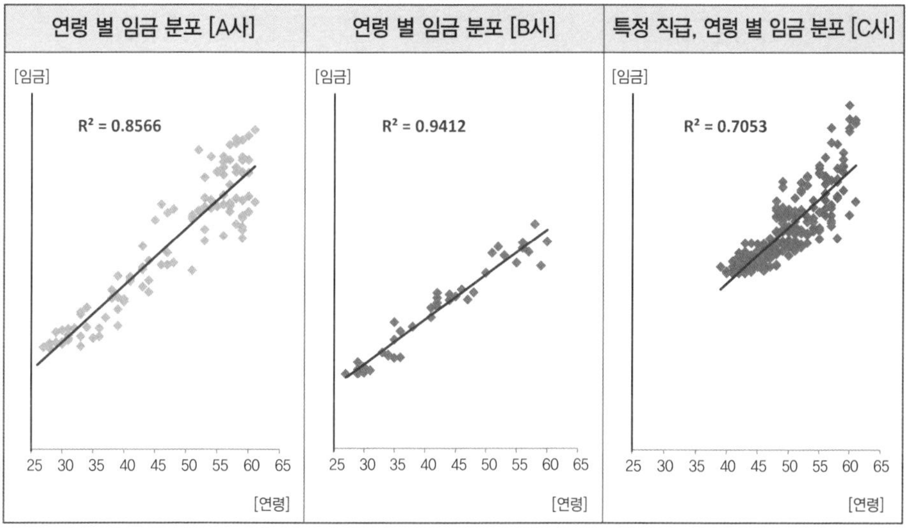

위의 사례는 3개 회사의 연령별 임금분포를 분석한 자료이다. R-제곱 값을 보면, A사는 0.85이고 B사는 0.94이며 C사는 0.70임을 알 수 있다. 즉 상대적으로 B사의 경우는 연령과 임금과의 상관관계가 매우 높으므로 임금체계의 연공주의 성향이 매우 강하다는 것을 알 수 있다. 반면에 C사는 상대적으로 연공 요인 외의 다른 요인들이 임금에 영향을 미치고 있다는 것을 알 수 있다. 참고로 C사의 경우에는 전 직원의 임금 분포가 아니라 특정 직급에 해당되는 직원들만 따로 추출하여 동일 직급 직원들의 연령 별 임금 분포를 분석한 것이다. 이와 같이 1개 직급에 대하여 연령별, 근속별, 학력별, 평가 포인트별 임금 분포 분석을 하게 되면, 임금에 영향을 미치는 차등 요인이 무엇인지를 알 수 있게 되고, 그 차등 요인이 회사가 원하는 합리적 요인인지, 아니면 불합리한 요인들이 반영되고 있는지를 알 수 있게 되어, 향후 개선방향을 도출할 수 있도록 시사점을 준다. 게다가 특별한 이유 없이 특이점에 해당되는 직원이 있는지도 명확하게 알 수 있게 되어 임금 관리에 도움을 줄 수 있다.

[그림 4-119] 근속 별 임금 분포 분석 (사례)

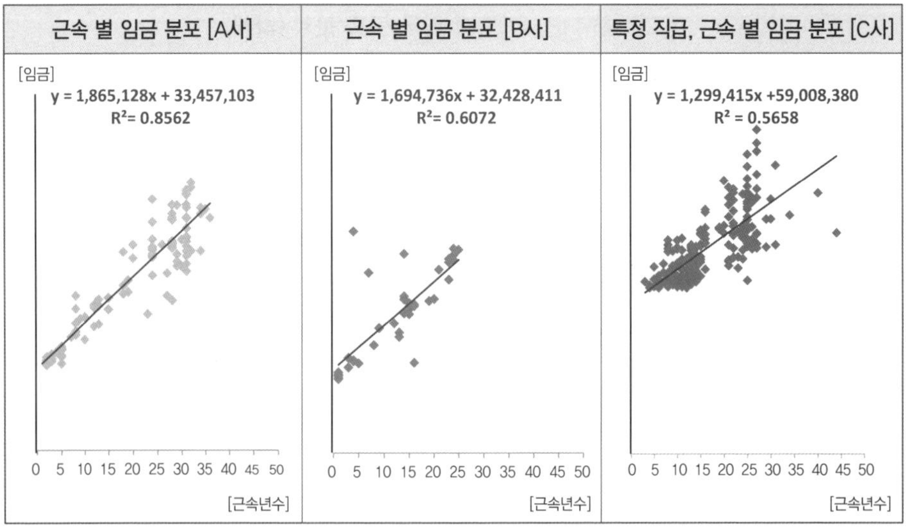

위의 사례는 3개 회사의 근속별 임금분포를 분석한 자료이다. R-제곱 값을 보면, A사는 0.85이고 B사는 0.60이며 C사는 0.56임을 알 수 있다. 즉 상대적으로 A사의 경우는 경력사원으로 입사하는 사례가 별로 없이 사원 직급으로 입사하여 계속 장기근속을 하는 경우라고 볼 수 있고, B사의 경우는 경력사원으로 입사하는 사례가 상대적으로 많이 발생되는 경우라 할 수 있다. 실제로 B사의 경우에는 근속년수가 적음에도 높은 연봉을 받고 있는 특이점들이 몇 개 보이는데, 이는 높은 직급으로 경력입사를 하여 높은 연봉을 받게 된 경우라고 추정해 볼 수 있다. 만약 그렇지 않다면 심층 분석을 해 보아야 한다. C사의 경우는 역시 특정 직급에 한정하여 근속년수별 분석을 한 것이다. 상대적으로 근속년수 0~15년 사이에는 데이터들이 비교적 추세선에 몰려 있지만, 근속년수 20년 이상의 경우에는 데이터들이 추세선에서 넓게 퍼져 있음을 알 수 있다. 이에 이렇게 차이가 나게 되는 이유에 대해 심층 분석을 할 필요가 있으며, 특히 시계열 분석을 해 볼 필요가 있다. 대체로 장기근속자일수록 임금 분포가 넓게 나타나는 경향이 있는데, 이는 승진 여부에 따라 직급이 달라진 것, 직책 보임 여부에 따라 직책수당 및 역할급을 받고 있는지의 여부, 입사 시 학력 및 경력 인정 여부, 임금체계 개편으로 인한 효과 차이 등이 원인이 될 수 있다.

(2) 시계열에 따른 임금 변곡점 및 history 분석

임금체계를 운영하다보면 시간이 흐를수록 특정 계층에 대하여 왜곡이 발생되고, 이에 특정 계층들이 불만을 제기하는 경우가 발생된다. 즉 직군·직급체계나 임금체계를 변경하는 경우, 채용을 급격하게 많이 하거나 하지 않는 경우, 승진율을 높게 운영했다가 낮게 운영하는 경우, 기업 합병에 따라 2개 이상의 회사 직원들이 섞인 경우 등 소위 인사 히스토리가 축적이 되고, 특정 시점의 사건이 시간이 지나면서 장기적인 영향이 점점 커지는 경우가 흔히 발생된다.

이에 임금체계를 운영하다가 발생되는 왜곡이 누적되다보면 어디서부터 이를 개선해야할지 막막한 경우도 생기고, 특정 계층의 불합리함을 보완하기 위한 개선안을 적용하게 되면, 다른 계층이 상대적 불이익을 받게 되어 제도 개선이 힘든 상황이 발생되고는 한다. 어쨌든 문제의 해결을 위해서는 현재의 임금체계도 명확히 분석을 해야 되지만, 이러한 문제가 야기된 사건과 그 영향을 진단·분석하여야 그 해답도 얻을 수 있게 된다. 이에 아래와 같이 시계열에 따른 임금 히스토리를 분석할 필요가 있다.

이를 위해 현재 시점에서 동일한 특성(동일 직급, 동일 연령, 동일 근속 등)을 지니고 있는 집단을 추출하여, 지난 기간 동안의 연간 총 급여 데이터를 확보한 후, 아래와 같은 시계열 분석 그래프를 그려볼 필요가 있다. 그리고 담당자와의 인터뷰 및 과거 자료 분석을 통하여 특정 시점에 임금이 급격히 오르거나 정체되거나 낮아진 이유, 특정 그룹 간 임금 격차가 벌어지게 된 이유 등을 찾아내고, 그러한 현상이 나타나게 된 원인이 합리적인 요인 때문인지 아니면 불합리한 요인 때문인지를 분석해 보아야 한다.

[그림 4-120] 시계열에 따른 임금 history 분석 (사례)

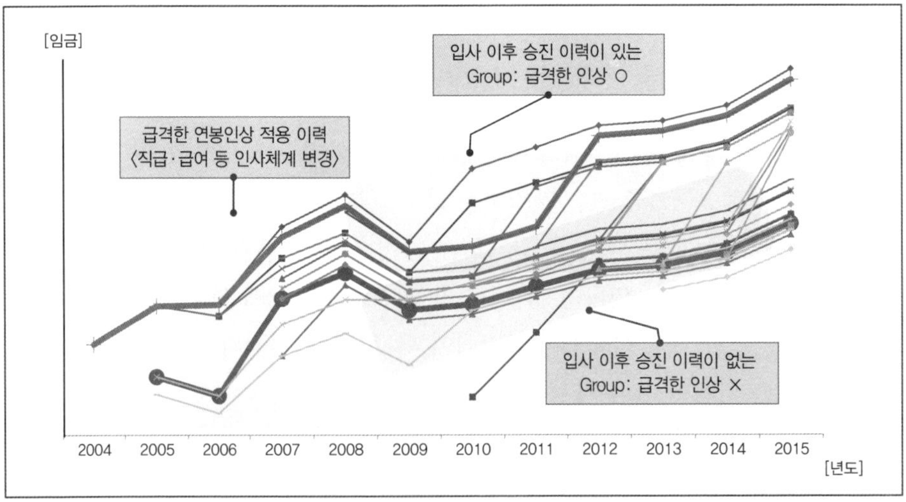

위와 같은 시계열 분석 결과 시사점을 도출한 후, 앞으로 문제점이 심화되지 않도록 개선안을 제시하고, 특정 개선안이 미칠 수 있는 부작용까지 시뮬레이션을 통하여 분석한 후 의사결정을 받고 직원들의 동의를 받아야 할 것이다.

특히 최근에는 기업 내부에서도 직급별, 세대별 갈등이 발생되는 경우가 많다. 이는 특정 시점에 인사제도를 변경했을 경우, 이전 임금체계를 적용받았던 직원 그룹과 이후 임금체계를 적용받게 되는 직원 그룹 간 형평성 문제를 야기하여 내부 갈등이 심화되는 현상이 나타나는 것이다. 예컨대 퇴직금 누진제를 적용하다가 폐지한다거나, 호봉제를 적용하다가 연봉제를 적용한다거나, 직급 수를 축소하는 경우에 해당 직장 내에서 기대할 수 있는 생애 임금수준이 크게 변동되는 경우가 발생하는 것이다.

따라서 특정 시점에 큰 폭의 임금체계 개편을 하게 될 경우에는 개편 당시의 효과 뿐 아니라 중장기 효과에 대해서 시뮬레이션을 통해 검증해 볼 필요가 있다. 이때 기존 제도를 적용받았던 직원의 과거 임금들을 현재가치로 할증하고, 향후 변경되는 제도를 적용받게 되는 직원의 미래 임금들을 현재가치로 할인하여 비교·분석하는 것을 고려할 수 있다.

[그림 4-121] 과거 및 미래의 임금을 현재가치로 할증 및 할인하는 logic

과거 임금을 현재가치로 할증	미래 기대 임금을 현재가치로 할인
Σ (OO 년도 임금) $\times (1+r)^{x}$	$\Sigma \frac{(\text{OO 년도 임금})}{(1+r)^{x}}$

※ r은 물가인상률, x는 현재 시점까지 소요 년수

위의 수식은 특정 특정 시점에 직급 및 임금체계를 개편할 경우 그 효과를 비교하기 위하여 기존 제도를 적용받았던 직원의 임금 데이터를 현재가치로 할증하고, 앞으로 변경되는 제도를 적용받게 될 직원의 미래 예상되는 임금 데이터를 가정하여 추정한 후 현재가치로 할인할 때 활용하는 로직이다. 이 때 주의할 것은 비교 대상을 선정할 때 다른 요인이 개입되지 말아야 한다는 것이다. 예컨대 과거에 신입사원으로 입사하여 기존 제도로 10년간 적용받은 직원이 있다면, 임금체계 개편 후 신입사원으로 입사하여 향후 10년간 적용받게 될 직원을 비교 대상으로 선정해야 할 것이다. 물론 해당 신입사원들의 학력, 경력 등의 조건이 동일한 직원들을 선정하거나, 조건이 동일하도록 조작하거나 가정한 후 비교·분석해야 할 것이다.

아래 가상의 사례는 6직급 및 호봉제 체제에서 2008년에 입사하여 10년간 임금을 지급받은 직원을 비교 대상으로 하고, 5직급 및 연봉제 체제를 새로이 적용받게 되는 신입사원이 2019년에 입사하여 향후 10년간 예상되는 임금을 비교하기 위하여 시뮬레이션 한 것이다.[95)]

각각의 인사제도를 적용받은 두 직원의 임금 수준을 비교·분석하려면, 물가인상요인 등을 감안하여 현재가치로 환산한 후 비교해 볼 필요가 있다. 이에 2018년을 기준으로 기존 직급·임금체계를 적용받았던 직원의 2008년~2017년의 임금들은 현재가치로 할증한 후 합산하였고, 개정 직급·임금체계를 적용받게 될 직원의

---

95) 두 체제 모두 매년 임금인상률은 3%로 설정하였고(연봉제를 적용받는 직원의 경우에도 매년 B등급을 받아 3%만 인상된다고 가정함), 기존 6직급 체계 때는 직급별 체류년수를 3년·3년·4년으로 하되 승진 가급액을 각 5백만원으로 설정하고, 개정된 5직급 체계 때는 직급별 체류년수를 5년·5년으로 하되 승진 가급액을 7백만원으로 설정하였다(승진한 해에도 매년 임금인상률 3%는 적용함).

2019년~2028년의 예상 임금들은 현재가치로 할인한 후 합산하였다. 그 결과 10년간 임금 총액 및 평균을 보면, 현재가치로 환산하지 않았을 때에는 기존 직급·임금체계를 적용 받았던 직원 [A] 보다 개정 직급·임금체계를 적용받게 될 직원 [B]가 더 많은 임금을 받게 되지만, 현재가치로 환산하여 비교해 보면 오히려 개정 직급·임금체계를 적용받게 될 직원 [B]의 10년간 임금 총액 및 평균이 기존 직급·임금체계를 적용 받았던 직원 [A] 보다 적다는 것을 알 수 있다.[96]

[그림 4-122] 임금체계 개편 효과 검증을 위한 현재가치 할인·할증 (사례)

(단위: 만원)

구분		기존 직급·임금체계 적용 직원 [A]										2018년 기준		개정 직급·임금체계 적용 직원 [B]									
		G6			G5			G4						G5					G4				
		2008년	2009년	2010년	2011년	2012년	2013년	2014년	2015년	2016년	2017년	10년 합계	10년 평균	2019년	2020년	2021년	2022년	2023년	2024년	2025년	2026년	2027년	2028년
기존 직급·임금체계	실제 수령	3,000	3,090	3,183	3,778	3,892	4,008	4,629	4,767	4,910	5,058	40,315	4,031										
	현재가치 할증	3,657	3,693	3,729	4,340	4,382	4,425	5,010	5,059	5,109	5,159	44,564	4,456										
개선 직급·임금체계	미래 수령 예측											44,986	4,499	3,600	3,708	3,819	3,934	4,052	4,873	5,020	5,170	5,325	5,485
	현재가치 할인											40,062	4,006	3,529	3,564	3,599	3,634	3,670	4,327	4,370	4,413	4,456	4,500

※ 매년 임금인상률은 3%, 물가상승률은 2% 가정

※ 기존 직급(6직급)·임금체계(호봉제)에서는 승진 시 5백만원의 가급액 적용
　개선 직급(5직급)·임금체계(연봉제, 평균 B등급 기준)에서는 승진 시 7백만원의 가급액 적용

따라서 직급체계 및 임금체계를 개편하게 되면, 기존 제도에 비해 향후 적용될 제도가 개별 임금 및 회사의 인건비에 미치는 영향을 현재가치로 환산한 후 비교·분석함으로써 의사결정의 자료로 활용할 수 있을 것이다.

---

96) 연평균금액을 기준으로 볼 때, 현재가치로 환산하지 않았을 때는 기존 체계[A] (4,031만원) 〈 개정 체계[B] (4,499만원)이지만, 현재가치로 환산하였을 때에는 기존 체계[A] (4,456만원) 〉 개정 체계[B] (4,006만원)으로 역전됨을 알 수 있다. 이는 직급체계 개편으로 승진을 통한 임금 인상 Merit가 3백만원 줄어든 것이 영향을 미쳤기 때문이다(승진 가급액을 보면, [A]는 5백만원 × 2회 = 1,000만원의 가급액을 받았지만, [B]는 7백만원 × 1회 = 700만원을 받게 될 것이다.). 그리고 해당 금액의 차이는 향후에도 누적되어 반영되기 때문에 현재가치를 기준으로 보면 [A]〉[B]의 임금 격차는 점점 더 벌어지게 될 것이다.

6. 직무급 도입 검토 시 알아두어야 할 것들

(1) 직무급의 배경

우리나라의 고도성장 시기가 끝나고 저성장 시기로 접어듦에 따라 기존에 우리나라의 성장을 이끌었던 각종 인사제도와 임금체계가 한계에 봉착하고 있다. 특히 출산율 저하로 인해 각 기업들의 인력구조가 피라미드형이 아닌 항아리형 내지는 역피라미드형으로 이행하면서 기존의 조직 위계 구조(관료형 hierarchy)와 직급/승진 체계 및 연공적 호봉제 등이 발목을 잡고 있는 것이다. 즉 하는 일의 직무 가치와 역할은 거의 동일함에도 직급 및 근속년수 차이에 따라 임금이 2배 가까이 차이가 남에 따라 세대 갈등도 벌어지고 있는 형국이다. 고 근속 고 연령자들은 관리자 자리가 부족하다 보니, 역할이 바뀌지 않는 것에 대한 매너리즘과 함께 사내 정치에 관심을 쏟게 되고, 저 연차 직원들의 경우 승진 적체 현상과 함께 동일직무 동일임금이 적용되지 않는 현실에 좌절과 체념을 느끼는 등 전반적으로 활력이 떨어지고 있는 형국이다.

그나마 젊은 IT기업들과 민간 기업들은 팀제/사업부제 및 프로젝트/매트릭스/애자일 조직 등 조직체계를 유연화하고[97], 직급체계 통폐합을 통한 직급/역할 단순화, 다양한 성과주의 보상체계(인센티브, RSU 등)로 변화를 모색하고 있고, 젊은 직원들은 스스로 이직을 통해서 보다 좋은 직위/역할/임금을 찾는 변화가 이루어지고 있다.

그럼에도 아직까지 많은 기업들은 폐쇄적이고 경직된 조직/인력 운영과 연공적인 직급/승진제도 및 호봉제 등 사람 중심의 인사관리를 운영하다 보니 그에 대한 대안으로 직무 중심 인사관리로의 패러다임 전환 및 직무급 도입이 필요하다는 논의가 계속 나오고 있는 것이다.

---

97) 수시로 프로젝트 조직이 생겨나고, 사업부/팀의 조직장에게 인원·인건비 권한을 부여함으로서, 주어진 인력 Pool 및 예산 범위 내에서 인력을 Selecting하는 경우도 많아지고 있다.

(2) 직무급 도입에의 부정적 환경 및 우려

상기와 같은 배경과 이유로 인해 직무 중심의 인사관리로 이행해야 할 명분은 합리적이지만, 실제 기업 현장에서 직무급 도입/전환이 어려운 부정적 환경과 요인들은 넘쳐 흐르고 있다. 그러다 보니 이러한 난관을 헤쳐 가면서 도입해야 할 정도로 직무급이 좋은 제도인지에 대한 회의감도 많은 것이 현실이다.

① 경영환경 변화로 인한 직무 변동성 심화

기본적으로 직무급은 직무별[98]로 과업 범위 및 직무역할/성과책임(accountability)을 명확히 해야 한다. 이를 위해서는 직무 변동성이 별로 없이 매년 거의 유사한 직무를 프로세스와 매뉴얼대로 행하는 것을 전제하여야 한다. 그러나 최근 경영환경의 급속한 변화로 빈번한 조직개편 및 프로젝트 조직 일상화로 인해 직무가 고정되지 않고 살아 움직이는 것처럼 느껴지는 등[99] 직무 및 직무 내 과업 범위가 수시로 변동되면서 프로세스와 매뉴얼이 과연 의미가 있을까 싶은 상황이 벌어지고 있다.

이러한 상황 속에서 전통적인 방식의 직무분류와 직무분석, 직무평가가 그 의미가 있을지 의문이다. 실제로 직무분석을 위해서는 상당한 노력과 시간 투입이 필요한데, 직무분류와 직무분석이 끝나고 나면 다시 조직이 개편되어 기존 직무분류/직무분석이 무의미해지는 경우가 적지 않다.

② 직무명세서 명확화 시, gray zone에 대한 책임 회피 우려

그동안 우리나라가 고도성장을 했던 이유 중 하나는 민간 기업을 중심으로 명확한 업무 구분 없이(= 직무기술서/직무명세서나 매뉴얼도 없이 안되면 되게 하라!), 사람중심의 인사관리를 바탕으로 너의 일과 나의 일을 가리지 않고 창의적 방식으로 헌

98) 수직적/수평적 직무분류가 전제되어야 한다.

99) 원래 직무가 명확하다면 조직개편이 되더라도 변경된 조직에서 기존 직무를 수행하면 되는 것이지만, 현실에서는 조직에 따라 직무가 변경되는 경우가 많다. 이에 아메바처럼 유연하게 조직/직무를 디자인하는 애자일 조직이 중요해 지고 있다.

신했던 유능한 직원들이 고속 승진을 했던 문화였다고 생각된다. (물론 그러한 업무 방식이 지금도 유효하다는 것은 절대 아니다!)

그런데 직무급을 운영하기 위해 직무기술서/명세서를 명확하게 정의하게 되면, 급속도로 변화하는 경영환경에 따라 발생되는 gray zone[100]에 대한 책임 회피가 우려될 수 있다. 최근 젊은 직원들 중심으로 소위 "3요 현상(그걸요? 제가요? 왜요?)"이 생겨나고 있다고 하는데, 직무급은 그러한 현상을 심화시킬 수 있다고 생각된다.

③ 수평적 직무평가의 왜곡과 현실적 어려움

직무급을 위한 전제 조건 중 하나가 직무평가라고들 한다.[101] 그러나 여기서 몇 가지 문제점이 생기는데, 하나는 직무 자체에 대한 가치/중요도/난이도 평가를 하는 것이 아니라 자꾸만 그 직무를 수행하는 직원의 업무 태도/성과/능력으로 치환하여 평가하느라 왜곡이 발생되는 문제이다.

다른 하나는 평가자의 평가역량과 관련된 이슈이다. 최근 직무급을 도입하려는 공공기관들은 사내외 직무전문가를 평가자로 선정하여 직무평가를 하는데, 그 평가자들의 해당 직무에 대한 이해도가 낮은 것이 문제이다. 대학교수 등 사외 평가위원의 경우 비록 유사한 전공을 담당하는 교수나 유사한 업무를 수행하는 타사 관리자라 하더라도 해당 기업의 해당 직무에 대한 세밀한 특성들까지 이해하기는 어렵다. 또한 사내 평가 위원의 경우에는 타 부서 타 직무에 대한 경험과 이해도가 부족하다 보니 막연하게 선입견을 바탕으로 평가하는 경우도 많고, 특히 공정성 제고를 위하여 평가 시 본인 부서의 직무들에 대한 직무평가 점수는 배제하다 보니 결국 그 직무를 잘 모르는 사람들의 평가에 따라 평가등급이 결정되는 모순이 발생되고 있다.

또 다른 하나는 직무의 범위가 기업마다 직급마다 그 폭과 깊이가 다르다는 것이다. 예컨대 인사직무의 경우 사원의 인사직무와 차장의 인사직무가 같은가 다른

100) A부서의 업무인지 B부서의 업무인지, a의 직무/책임인지 b의 직무/책임인지 모호한 영역

101) 필자는 직무급의 핵심은 직무평가가 아닌 직위공모제(Job Posting)라고 생각한다. 직급체계 단순화를 통해 수직적 역할 명확화를 하는 것은 중요하다고 생각하지만, 현실적으로 직무 간 수평적 직무평가에 대해서는 매우 회의적이다.

가? 직원 수가 50명인 회사의 과장급 인사직무와 직원 수가 20,000명인 회사의 과장급 인사직무가 같은가 다른가? 채용/평가/보상/인력관리 등 다양한 직무를 두루두루 담당하는 과장급 직무와 IT개발자 보상업무만 깊이 담당하는 과장급 직무를 비교했을 때 누구의 직무가 난이도/중요도/직무가치가 높다고 할 수 있는가? 인사직무에 대해 당장 직무분류는 어떻게 할 수 있는가? 심지어 인사 담당자들이 현업의 직무들을 공정하고 객관적으로 평가할 수는 있는 것인가?

④ 지나치게 직급 수가 많아 수직적 역할/직무요건 정의가 어려움

직무를 분류할 때, 소위 수평적 직무분류(인사, 회계, 품질, 생산 등등)만 하는 경우가 있다. 물론 수평적 직무분류가 중요하고, 분류된 각각의 직무에 대해서는 leader급 – Senior급 – Junior급 – Assistant(Associate)급으로 수직 분류 체계를 넣으면 되기는 한다.[102)]

그런데 우리나라의 일부 기업들은 지나치게 많은 직급체계를 운영하는 나머지 직급 간 직무/역할/성과책임 구분이 명확하지 않은 경우가 많다. 한동안 국내 민간 기업들은 사원–대리[계장]–과장–차장–부장의 5직급 체계를 운영하는 경우가 많았고, 일부 기업들은 6직급 내지 9직급체계까지 운영하는 경우도 있었다. 그러나 직급을 구분하는 원래의 취지(역할과 책임/권한이 달라지니, 직급을 높여주고 임금도 높여준다는 취지)[103)]가 퇴색되면서 직급 간 직무 내용도 동일하고, 역할/권한/성과책임도 동일한 경우가 많은데, 임금 수준만 차이나는 경우가 많다.

예컨대 XX 제품을 검사하는 XX 검사원의 경우 4급과 7급의 직무가 크게 다르지 않은데 급여 차이는 크다 보니, 하위 직급에서는 동일직무 동일임금 원칙에 어긋난다는 불만이 많아지고 회사에서도 인건비 문제가 커지는 것이다. 물론 4급 검사

---

102) 일부 직무는 3단계나 4단계의 수직 분류가 불필요하고, 수직 분류가 필요 없거나 직책 유무에 따라 2단계로만 분류해도 충분한 경우도 있다. 예컨대 마트 캐셔, 미화원, 경비원, 운전원 등을 생각하면 될 것이다.

103) 예전에는 조직 위계와 직급이 일치하는 경향이 있었으나, 팀제 도입 전후에는 호칭에 불과한 경우가 많다. 즉 예전에는 OO부 OO과 OO계와 같은 공무원 편제를 민간에서도 활용하면서 부장은 OO부의 최고 책임자(OO부의 長), 과장은 OO과의 長, 계장은 OO계의 長, 차장은 부장 다음(次) 가는 長의 의미로 사용되었을 것이나, 요즘은 호칭에 불과한 경우가 많다.

원이 7급 검사원보다 숙련도가 좀 더 높거나, 후임 직원들에 대한 육성을 포함하는 등 성과 책임에 있어 세부적인 업무 범위가 조금 다를 수는 있을 것이고, 선배 사원들은 본인들도 느꼈던 불합리함에 대해 이제야 보상을 받는 것인데 왜 자기들에게만 문제를 제기하냐는 불만을 갖는 경우도 있는 것 같다.

여하튼 직무 내용과 역할/권한/책임이 수직적으로 뚜렷하게 분리되지 않는 직급 체계도 직무급 도입에 장애물이 되고 있다. (※ 원래 직무급의 목적 중 하나가 동일 직무를 수행한다면, 4급이든 7급이든 같은 직무등급에 속하게 되어 같은 수준의 급여를 받아야 한다는 논리가 포함되어 있는 것이다.)

따라서 최근 몇 년 전부터 젊은 IT기업들이나 민간 대기업들이 직급체계 단순화를 하는 것은 직무급 도입에 유리한 환경을 만드는 것이라 할 수 있다.

⑤ 개인의 과거 성과/역량에 기반한 졸업 방식의 승진 제도/문화

직급 수가 많다 보니 국내 기업들에서는 승진 여부가 매우 중요한 경우가 많다. 즉 승진을 해야만 급여가 큰 폭으로 오를 수 있고, 사회적 체면 등을 중시하는 국내 정서로 인해 불필요한 에너지를 승진에 쏟는 경우도 많다.

이러한 영향으로 인해 국내 승진 제도는 '상위 직급에 필요한 사람을 선발하는 입학 방식'이 아니라 '현재 직급에서 요구하는 직급 체류년수나 승진/평가/교육 포인트를 충족한 사람을 골라내는 졸업 방식'을 채택하는 경우가 많다. 이에 기업들의 인사규정에 직급 내 최소체류년수나 표준체류년수를 정해 두고, 그 체류년수를 충족해야만 승진에 기회를 부여하는 경향이 있다. 그러다 보니 반드시 상위 직무의 상위 역할/책임/권한이 필요하지 않은 경우에도 밀어내기 식으로 승진을 시키고, 그 결과 직급 구조가 항아리형 구조나 역피라미드 구조가 되는 경우가 발생되고 있다. 특히 승진을 하고 난 후에도 직무가 변경되거나 역할/책임/권한이 전혀 바뀌지 않고, 기존 직무를 그대로 수행하면서 임금(인건비)만 높아지는 경우도 많이 발생되고 있는데, 이러한 승진 제도/문화 역시 직무급 이행에 있어 걸림돌이 되고 있는 것이다.[104)]

---

104) 필자의 아내는 예전에 미군 부대 군무원으로 근무했었는데, 필자의 아내는 인사업무를 전혀 담

⑥ 노동법 환경에 따른 직군 간 직무/역할 혼재 이슈

하나의 회사에 여러 직종이나 직군을 두는 경우가 많이 있다. 예컨대 제조업의 경우 연구직/사무직/생산직이 있고, 병원의 경우에는 의사직/의료기사직/간호직/행정직 등을 두는 경우가 있다. 이 경우에는 필요한 기술이나 전공, 직무 자격 및 요건이 다르고, 이에 채용도 달리 하고, 임금체계 등 인사제도 역시 다르게 운영하는 경우가 많으며, 상대적으로 직종/직군 간 이동(직간 전환)이 매우 어렵다.

경우에 따라서는 큰 틀에서 직무의 내용은 유사하지만(= 사실상 동일 직종/직군이지만) 최초 입사 시 전형 방식의 차이 등으로 인해 직급이 달라지는 경우도 있다. 예컨대 부사관과 장교의 경우, 9급/7급/5급 공무원 등 합격하는 시험 전형의 종류에 따라 직급 시작이 다른 경우도 있다. 그나마 이런 경우는 역할/권한/책임이라도 달리 설정되지만, 장기 복무 중인 부사관과 초임 장교 간, 7급 시험에 합격하여 20년간 근무한 공무원과 5급 행정고시에 갓 합격하여 발령된 공무원 간에 실무 역량은 직급과 비례하진 않을 것이다.

그런데 최근 기업들, 특히 공공기관에 가까운 기업들은 직종/직군은 달리하지만, 실제 업무 내용이나 직무 내용 등이 혼재된 경우가 발생되고 있다. 즉 비정규직의 정규직화 정책으로 인해 소위 말하는 무기계약직, 또는 공무직과 같은 별도 직군의 경우에 하는 일은 크게 차이나지 않지만, 최초 채용된 방식에 따라 일종의 신분처럼 인사제도는 달리 적용되는 사례들이 제법 발생되고 있다. 일반직의 업무와는 전혀 다른 전형적인 공무직(미화, 조리, 경비, 운전직 등)의 경우에는 문제되지 않지

당한 적이 없었지만, 필자도 아내 덕분에 직무급의 개념을 알 수 있었다. 예컨대 미군 부대에서 근무하는 한국 군무원들이 본인의 배우자가 승진했다고 자랑하는 경우가 있었는데, 그러면 미군들은 축하의 인사를 전함과 동시에 승진 전에는 어떤 직무를 담당했었고 승진 후에는 어떤 직무를 담당하게 될 것이냐고 질문을 한다는 것이다. 이에 대해 배우자의 성과/역량이 좋아서 승진했을 뿐 담당하는 직무는 동일하다고 답변하면, 미군들은 직무가 변경되지도 않는데 그게 무슨 승진이냐고 의아해 한다는 것이다. 실제로 미군 부대에서 근무하는 한국 군무원들 역시 정기 승진이라는 개념이 존재하지 않았고, 상위 직급에 배정되는 상위 직무로 내부 지원을 해서 선정이 되어야만 승진이 되고, 당연히 담당하는 직무가 변경되는 구조로 운영되고 있다. 이처럼 직무급 체계는 단순히 임금체계만 다른 것이 아니고 인력 운영 체계, 특히 내부 승진/인사이동 등과 연계가 되어야만 하는 것이다.

만, 일반직의 정원(T/O)이 부족하여 비정규 기간제 근로자로 채용한 후 무기계약직으로 전환된 경우에는 실질적으로는 정규 일반직의 직무와 큰 차이가 없음에도 직급/승진/임금에 있어 불이익을 받는 경우가 발생되고 있다. 예컨대 국책 연구기관들 중에서도 직종은 구분해 놓았지만 업무 차이로 직종 구분을 한 것이 아니라 채용 방식에 따라 직종 구분을 한 나머지 사실상 하는 일은 크게 다르지 않아 상호간 갈등이 발생되고 별도 노동조합이 설립되는 경우도 있다. 또한 갓 입사한 고임금 일반 사무직 직원을 믿지 못하여 공무직으로 사무보조 업무를 십여년 간 담당한 저임금 직원에게 업무를 떠 맡기는 경우도 발생되고 있다. 이처럼 일부 기업들이 신분제 사회처럼 직종/직군 체계를 운영하는 것도 직무급 도입의 걸림돌이 된다고 볼 수 있다.

⑦ 인사발령/순환보직 문화로 인해 개인이 직무를 선택할 수 없는 환경

최근 국내의 젊은 IT기업들은 승진하는 경우가 아니라고 하더라도 사내 직위 공모제(Job Posting) 방식으로 스스로 부서/직무를 변경하는 경우가 많아지고 있다. 그러나 공공기관, 금융권 등 상당수의 기업들은 부패 방지 및 업무 경험, 선호·기피 부서/직무 충원 등을 이유로 정기 순환보직을 실시하는 경우가 많고[105], 인사발령도 상명하복식, Top-Down식으로 일방적인 발령을 내리는 경우가 많다.

그러다 보니 스스로 경력개발 경로를 설정하여, 보다 상위 직무로 이동하기 위하여 능동적으로 노력하기 보다는 조직의 인사발령에 따라 수동적으로 업무를 수행하는 경우도 많이 있다. 이런 조직에서 직무평가를 통해 수평적 직무등급이 결정되면, 자칫 본인의 의사와는 상관없이 순환보직으로 인해 직무급이 낮은 직무로 발령받게 될 경우 급여가 떨어지게 된다. 현장에서 직무급에 반대하는 가장 큰 이유가 순환보직 때문이라고도 볼 수 있다.

⑧ 직위 공모제(Job Posting)의 비용 문제

직무급 도입을 위해 필요한 개념이기도 하고, 직무급 도입의 수용성을 높이기 가

105) Career Path를 설정할 때, Expert Track이나 Professional Track 보다는 Managerial Track을 지향하는 CDP를 운영하는 회사들이다.

장 좋은 방법이 사내 직위 공모제(Job Posting)를 실시하는 것이다.

예컨대 4급에 C직무를 수행하는 직원의 연봉이 4,500만원이고 D직무를 수행하는 직원의 연봉이 4,400만원이며, E직무를 수행하는 직원의 연봉이 4,300만원이라고 가정해 보자. 이때 같은 4급의 직무 중 B직무가 공석이 되었고, 이에 회사에서는 공석이 된 B직무의 직무내용 및 직무요건을 자세히 정의하여 직무명세서를 작성한 후 직무평가를 통해 B직무의 직무급이 4,800만원임을 공시한 후 사내 공모제를 실시하는 것이다. 이 경우 해당 직무급보다 급여 수준이 낮은 C직무, D직무, E직무 수행자들은 사내 공모에 관심이 있을 것이고, 그 중 직무수행 자격 요건이 충족되지 않는 E직무 수행자를 제외한 C직무 및 D직무 수행자가 지원을 하여 C직무 수행자가 합격할 수 있을 것이다. 그러면 C직무 수행자의 임금은 4,500만원에서 4,800만원으로 오르게 되어 만족을 하게 되고, 다시 공석이 된 C직무에 대해서는 또 사내 직위 공모제를 하게 되어 D직무와 E직무 수행자가 지원하는 방식이다. 만약 사내에 적합자가 없다면, 사외에서 경력직 채용을 하면 되는 것이고, 사외 채용을 할 때에도 B직무는 4,800만원짜리 직무인데 지원하고 싶은 사람 중에 채용한 후 4,800만원을 연봉으로 책정해 주면 되는 것이다.

이는 승진할 때도 마찬가지로 활용될 수 있다. 3급에 해당되는 A직무가 공석이 되었을 때, 그 직무의 역할/권한/책임 및 직무수행 자격 요건을 명확히 한 후 직무평가를 통해 A 직무의 직무값은 6,000만원이라고 공표를 한 후 사내에서 먼저 직위 공모제를 실시하고, 같은 3급 내 이동 뿐 아니라 4급에서 3급으로의 승진 이동 개념도 열어 놓는 것이다. 이때 상대적으로 낮은 임금을 받는 4급 직원 중 적합자가 있다면(= 입학 방식), 그 직원을 사내에서 채용하면 되는 것이고, 자연스럽게 그 직원은 승진 전 직무와 승진 후 직무가 달라지게 되는 것이다. 우리나라 기업들은 최초 채용할 때만 전형 과정을 거치게 되는데, 최초 채용뿐 아니라 동일 직급 내 인사이동이나 승진 때에도 전형 과정을 통해 보다 적합한 인재를 적재적소에 배치할 수 있고, 직원들에 대한 동기 부여 효과도 얻을 수 있게 될 것이다.

그러나 이러한 장점에도 불구하고 사내 직위 공모제는 여러 문제들을 내포하고 있다. 우선 직원 수가 적은 회사들에서는 적용이 가능할 수 있겠지만, 직원 수가 많은 대기업의 경우 당장 충원이 급한데 이러한 연쇄 사내 공모제를 실시한다는 것은 현실적으로 매우 어렵다. 또한 지원자 측면과 심사자 측면에서도 많은 시간과 에너지가 소요될 수 있고, 사내 공모에 응했다는 사실이 공개된 후 불합격할 경우에는 국내 문화와 정서상 기존 팀장/팀원들과 껄끄러운 관계에 놓일 수도 있으며, 사내 정치나 뒷말이 나올 우려도 있을 것이다.

(3) 직무급 도입 시 접근 방향

이처럼 우리나라에서 직무급을 도입한다는 것은 쉬운 것이 아니며, 직원들의 반발과 우려에도 불구하고 도입해야 할 만큼 직무급이 좋은 제도인지 확신하기도 어렵다. 그럼에도 낮은 출산율과 저성장이라는 현재의 우리나라 상황을 고려할 때, 직무 중심의 인사체계로 나아갈 필요는 있다고 생각된다.

① 임금체계만의 개편이 아니라 인사관리 패러다임 전환 및 인사제도 전반의 개편이 전제되어야 함

기존에도 연봉제, 성과급제 등 임금체계가 개편되어야 한다는 논의가 많았고, 실제로 지금은 많이 도입/전환되어 온 것이 사실이다. 이를 위해서도 평가제도 고도화 등 다른 인사제도의 연쇄적 개선이 필요했지만, 직무급의 경우에는 더더욱 다른 인사제도의 대대적 개선 및 패러다임 전환이 필요하다.

즉 (설령 그 역할을 담당할 직원이 변변치 않아 역할을 제대로 못하는 한이 있더라도 누구나 인정할 수 있는) 역할 기준으로 직급체계를 단순화할 필요가 있고, 최소한 직군/직종 단위에서는 직무 내 과업 범위 및 직무수행 자격 요건이 중복되지 않도록 해야 한다.

[그림 4-123] 직무 중심 인사 이동 개념

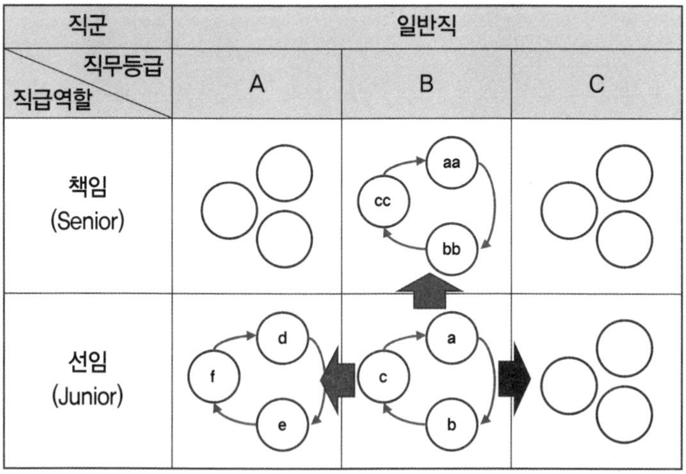

그리고 기존의 졸업 방식의 승진 제도를 없애고 상위 직위/역할이 필요할 때만 사내 직위 공모제 개념을 도입하여 입학 방식의 승진 제도를 운영해야 할 것이며,[106] 상위 직급의 역할/권한/책임에 걸맞는 보상을 해주어야 할 것이다. 즉 수평적 직무 난이도 차이에 따른 직무급 개념보다는 수직적 역할/권한/책임 차이에 따른 역할급 관점으로 접근하는 것이 바람직해 보인다.

만약 직무순환이 불가피하고, 수평적 직무평가를 통한 직무등급 획정이 반드시 필요하다면, 상기 그림과 같이 너무 세분화된 수평 직무평가는 지양하고, 직무순환은 가급적 같은 직무등급 내 순환을 하도록 하며, 필요시 직위공모제 개념을 활용하여 같은 직급(역할) 내에서 상위 직무등급으로의 이동만을 추구하고, 하위 직무등급으로의 순환보직은 지양하는 것이 바람직해 보인다.

이처럼 직무급은 임금체계로만 좁게 접근해서는 안되고, 인사관리 패러다임 전환 및 인사제도 전반의 개편으로 넓게 접근해야만 한다.

106) 승진 누락에 대한 불만, 승진 Merit 감소에 대한 불만을 감소시키기 위해서는 하위 직급에서 성과를 낸 경우 성과급으로 보상을 해주어야 할 것이다.

② 기존의 임금체계를 직무급으로 전환하는 것이 아니라 Pay Mix의 관점에서 보완하는 측면으로 접근해야 함

필자는 임금 전략에서 4P 관점으로 접근할 필요가 있다고 강조했으며, 그 중에서도 임금 영향 요인(Pay Contributor)이 중요하다고 했었다. 즉 연공에 따른 임금 보상을 지양하고, 성과 및 직무에 따른 임금 보상으로 개선해야 한다고 하는 것은 임금을 차등함에 있어 어떤 임금 영향 요인을 중시할 것인가를 전략적으로 고려해야 한다는 것이다.

또한, 4P 관점 중 하나인 Pay Mix를 유연하게 활용해야 한다고 하였는데, 어떤 회사에 적합한 고유의 임금체계를 마련할 때 절대적으로 옳거나 그른 한 가지만 채택하는 것이 아니라 여러 요인들을 적절히 배합해야 한다는 것이다. 이에 직무급이 반드시 옳거나 그르다는 관점이 아니라 직무급적 요소를 일부 포함시키고, 그 비중을 좀 더 넓혀가는 관점으로 접근하는 것이 필요하다. 즉 직무급이라는 것을 전에는 전혀 없던 어떤 새로운 것을 도입해야 하고, 과거의 임금체계는 옳지 않다는 관점으로 접근해서는 안된다. 어떤 회사든 어느 정도는 직무급적 요소를 이미 지니고 있다. 예컨대 수직적 직무분류 관점에서 특정 보직자에게 지급해 왔던 직책수당(본부장 수당, 팀장 수당 등)이나 직급별로 지급하는 직급수당[107]도 직무급/역할급의 일종이고, 수평적 직무분류 관점에서 특정 직무 수행자에게 지급해 왔던 직무수당(위험수당, 자격수당, 승무수당, 출납수당, 격오지 근무수당 등)들도 직무급의 일종인 것이다. 이처럼 기존에도 직무급적 요소가 이미 있음에도 이들 수당들은 그대로 둔 채 다른 방식으로 임금체계를 개편하려는 것은 직무급을 오인하고 있는 것이라 볼 수 있다.

따라서 Pay Mix 관점에서 기존의 Pay Contributor를 분석하여 연공급적 요소들의 비율은 점점 낮추고, 단순화된 직급/역할 하에서의 직무 요소 비율과 성과 요소 비율을 높여서 그 회사에 적합한 이상적인 비율을 찾아가는 것이 올바른 접근 방식이라고 생각된다.[108]

---

107) 물론 직급수당이 의미가 있으려면 역할에 따라 직급이 명확히 다르도록 직급 수가 축소되어야 하고, 승진제도가 입학 방식으로 변화되어 승진 후 직무/역할이 변경되어야 할 것이다.

108) 예컨대 기존 임금체계의 Pay Mix가 연공급적 요소 70%에 직무/역할 요소 20%, 성과 요소

사례연구 Ⅳ-5 공공기관들의 직무급 사례들 (공공기관 보수 규정에서 인용)

정부에서 공공기관들로 하여금 직무급을 도입하도록 하면서 다양한 형태로 직무급을 운영한다고 공시하는 사례들이 나오고 있다. 그러나 대부분 인사제도는 그대로 둔 채 무늬만 직무급[109] 형태로 운영하는 경우가 많다. 이에 경영평가를 통해 보다 강한 직무등급 구분이 요구되고 있으나, 이에 대한 직원들의 반발이 강하게 나오고 있는 형국이다. 여하튼 공공기관들은 아래와 같이 몇 가지 유형으로 직무급을 도입하고 있다고 보수규정 등에 공시하고 있다.

첫 번째 유형은 직책 유무 및 위계에 따라 직무급을 운영하는 형태이다. 사실상 역할에 따른 역할급 개념이고, 기존에 운영하던 직책수당을 직무급이라고 변형한 형태이다. 가장 현실적이고 직원 수용성 차원에서 무리가 없으나, 일반 직원들은 직무 가치에 따른 차이가 없으므로 제대로 된 직무급이라고 평가받지 못하고 있다.

[그림 4-124] 직무급 공시 유형 (1) 사실상 직책수당

구분	지급기준	
직무급	본부장	4,500,000원/년
	센터장, 실(팀)장	2,700,000원/년

직무등급	해당직무	연간금액
1등급	본부별 주무부서장	7,200,000
2등급	기타부서장(실장, 소장 등)	6,000,000
3등급	1급 팀원	3,600,000
4등급	2급 팀원, 3급 이하	2,400,000

두 번째 유형은 사실상 직급에 따라 직무등급을 구분하는 것이다. (※ 사실상 직급별 Pay Band를 직무등급별 Pay Band로 그대로 치환하여 직무급이라고 하는 경우도 있다.) 직급간 수직적 업무분장이 분명히 구분되고 직급에 따른 역할이 명확하다면 그나마 바람직하겠지만, 실제로는 그러지 못한 경우가 대부분일 것이다. 이에 동일 직무를 수행하면서 역할/권한/책임도 거의 차이가 나지 않지만 단지 직급만 다른 경우(예컨대 거의 동일한 업무를 하는 4급 직원과 6급 직원) 직무급 금액 차이가 난다는 것에 대해 수용성을 얻지 못하고, 직무에 따른 구분이 아니므로 가짜 직무급이라고 지적될 가능성이 크다. 혹자는 그럼에도 4급 직원이 6급 직원보다 근속년수가 길고 경험이 많을테니 보다 역량이 뛰어나고 성과도 더 많

10%였다면, 연공급적 요소를 30%로 낮추고 직무/역할 요소를 50%로 높이고, 성과 요소를 20%로 높이는 식이다. 직급체계를 단순화하고 상위 직급 및 하위 직급간 역할/책임을 잘 규명하여 운영한다면, 직급별 호봉표 또는 직급별 Pay Band를 운영한다는 것도 직무/역할 요소가 반영된 것이라 볼 수 있을 것이다.

109) 직무평가에 따른 직무등급 구분을 실시하지 않고 사실상 직군/조직/직급/근속년수에 따라 직무등급을 구분하거나, 직무등급을 두더라도 직무등급 간 직무급 차등을 매우 미미하게 두는 경우

이 내지 않겠느냐고 반문할 수도 있겠지만, 그러한 차이는 기본연봉(역량에 따른 차이)과 성과급(성과에 따른 차이)과 같은 속인적 요소의 임금항목에서 내면 되는 것이지 직무급에서까지 차이가 나야 하는 것은 아니다. (※ 아래 오른쪽 그림의 경우 진짜 직무등급일 가능성도 배제할 수 없으나, 직급이나 근속년수 등을 직무등급으로 치환했을 가능성도 있어 보인다.)

[그림 4-125] 직무급 공시 유형 (2) 사실상 직급별 Pay Band 또는 직급수당

(단위 : 천원)

직군	직무등급	직무급	
		하한	상한
일반직	1등급	82,759	104,836
	2등급	67,290	90,434
	3등급	53,683	72,147
	4등급	41,267	55,460
	5등급	32,758	41,495
별정직	가등급	25,643	34,360
	나등급	26,188	35,091
	다등급	26,734	35,823

■ 일반직·운영직 직무등급별 직무급 (단위 : 천원/년)

구분	직무등급					
	A	B	C	D	E	F
상한액	15,780	15,420	15,060	14,700	10,800	10,440
하한액	12,540	12,180	11,820	11,460	7,600	7,240

세 번째 유형은 조직(본사와 지사 구분 등)이나 직군을 기준으로 직무등급을 구분하는 것이다. 현실적으로 동일 조직이나 동일 직군 내 직무평가를 하지 않아도 되니, 직원 수용성을 확보하기는 상대적으로 용이할 것이다. 그러나 금액 차이가 크지 않고, 조직/직군 간 갈등이 심화될 수 있으며, 경우에 따라서는 그 금액 차이를 다른 임금항목을 통해 보전해 줄 가능성도 있을 것이다.

[그림 4-126] 직무급 공시 유형 (3) 직급 및 조직/직군에 따른 구분

■ 1급 · 2급(무보직자) 및 3급 이하 (단위 : 원)

직급	기술 분야		행정 분야		안전기술원
	A분야	B분야	본부	지역사무소	
1급	605,000	745,000	780,000	745,000	780,000
2급	505,000	645,000	680,000	645,000	680,000
3급	405,000	545,000	580,000	545,000	580,000
4급	605,000	445,000	480,000	445,000	480,000
5급	205,000	345,000	380,000	345,000	380,000
6급	105,000	245,000	280,000	245,000	280,000
7급	0	0	0	0	6

구분		직무등급	해당직무	월지급액(천원)
주요조직 및 하부 조직의 장		가등급	본부장, 지사장	700
		나등급	본사 소속 실장, 서울사무소장	440
		다등급	지사 소속 실장, 팀장 및 사업소장	430
일반	1급(특정적 가급)	가등급	본사 소속 감사, 경영기획, 실무업무	430
		나등급	지사 소속 기획운영, 실무업무	420
		다등급	기타직무	410
	2급(특정적 나급)	가등급	본사 소속 감사, 경영기획, 실무업무	420
		나등급	지사 소속 기획운영, 실무업무	410
		다등급	기타직무	400
	3급	가등급	본사 소속 감사, 경영기획, 실무업무	390
		나등급	지사 소속 기획운영, 실무업무	380
		다등급	기타직무	370

네 번째 유형은 사실상 근속년수, 직급 내 체류년수에 따른 연공급을 직무급으로 치환한 것이다. 직급 내 체류년수가 많아지면 숙련도가 높아질 것이고, 직원들 수용성은 최대한 확보할 수 있겠지만, 당연히도 직무급 본연의 모습과는 거리가 멀다. 특히 [그림 4-127] 오른쪽 그림의 직무 등급(1직무~12직무)은 겉으론 그렇게 보이지 않지만, 근속년수 등을 바탕으로 구분했을 가능성이 커 보인다.

[그림 4-127] 직무급 공시 유형 (4) 직급 및 근속년수에 따른 등급 구분

직급	등급	금액	대상자
1급	-	1,912,600	-
2급	-	1,664,300	-
3급	-	1,217,400	-
4급	1	1,011,700	6년 이상
	2	931,800	3년 이상 6년 미만
	3	874,500	3년 미만
5급	1	717,400	5년 이상
	2	663,700	3년 이상 5년 미만
	3	597,300	3년 미만
6급	1	463,300	3년 이상
	2	401,200	3년 미만
행정 서무직	1	867,500	27년 이상
	2	751,000	20년 이상
	3	624,100	15년 ~ 20년 미만
	4	527,400	15년 미만

등급	연간지급액
1직무	18,720천원
2직무	17,280천원
3직무	15,840천원
4직무	14,400천원
5직무	12,960천원
6직무	11520천원
7직무	10,080천원
8직무	8,640천원
9직무	7,200천원
10직무	5,760천원
11직무	4,320천원
12직무	2,880천원

■ **관리지원 업무 수행 직원** (단위 : 천 원)

직급	근무부서	5년미만	5~10년미만	10이상~15년미만	15년이상~20년미만	20년이상~25년미만	25년이상
3급	본사	283	445	465	485	505	525
	지역, 부속	283	388	408	428	448	468
4급	본사, 지역, 부속	219	317	337	357	377	397

다섯 번째 유형은 실제 직무평가를 통해 역할(보직 및 비보직) 및 직무평가 등급에 따라 실질적인 직무급 형태를 갖춘 경우이다. 즉 보직자 및 비보직자용 직무평가표 및 척도를 활용하여 직무평가를 한 후 직급과 무관하게 직무등급별로 직무급을 지급하는 형태이며, 가장 바람직한 형태라고 볼 수 있는 유형이다.

[그림 4-128] 직무급 공시 유형 (5-1) 역할별 직무평가에 따른 직무등급 구분

(단위 : 천원)

구분	직무등급	금액(연간 지급액)
M1 (실장급)	1등급	9,760
	2등급	9,080
	3등급	8,400
M2 (팀장급)	1등급	7,560
	2등급	7,080
	3등급	6,600
G (비보직자)	1등급	1,320
	2등급	1,200
	3등급	1,080

구분	직무등급	월지급액(천원)
보직자	G1	3,100
	G2	2,950
	G3	2,800
	G4	2,650
	G5	2,500
비보직자	G6	1,400
	G7	1,350
	G8	1,300
	G9	1,250
	G10	1,200

[그림 4-129] 직무급 공시 유형 (5-2) 역할별 직무평가 기준표
(평가항목별 [5점] 평가척도도 있으나, 인용 생략)

직무평가 기준

1. 보직자

가. 배점표

구분	배점	단계				
		5	4	3	2	1
① 커뮤니케이션 능력	117	117	99	84	72	61
② 문제해결력	239	239	203	173	147	125
③ 대내외 접촉	123	123	105	89	76	64
④ 정신적 작업환경	105	105	89	76	65	55
⑤ 직원관리에 대한 책임	97	97	83	70	60	51
⑥ 성과에 대한 책임	105	105	89	76	64	55
⑦ 의사결정 영향력	101	101	85	73	62	53
⑧ 전략적 중요도	113	113	96	82	69	59
계	1,000	–	–	–	–	–

2. 비보직자

가. 배점표

2) 사무관리군

구분	배점	단계				
		5	4	3	2	1
① 문제해결력	200	200	170	140	110	80
② 문제발생시 파급력	170	170	145	119	94	68
③ 전문지식 및 숙련도	170	170	145	119	94	68
④ 주요보고서 작성책임	130	130	111	91	75	52
⑤ 성과에 대한 책임	120	120	102	84	66	–
⑥ 커뮤니케이션 능력	110	110	94	77	61	44
⑦ 업무집중도	100	100	85	70	–	–
계	1,000	–	–	–	–	–

다만, 직무평가 항목별 평가척도를 갖추고 있음에도 직무평가자의 평가 역량 부족 및 평가 오류로 인해 얼마나 실질적으로 직무평가가 이루어지고 있는지와 직원 수용성을 확보하였는지는 미지수이며, 직무가 변경되거나 순환보직과 관련된 이슈가 없는지도 미지수이다.

이처럼 아직까진 직무평가를 통해 수직적/수평적 직무등급을 명확히 구분하여 직무급을 차등 적용하는 사례보다는 무늬만 직무급 형태를 띠는 경우가 많다. 이에 경영평가 등에서도 이를 지적하면서 진정한 직무평가를 통해 직무급 차등을 크게 늘리라는 요구가 많아지고 있지만, 직원들의 반발 또한 만만치 않은 상황이다.

저자소개

장 명 현 공인노무사 (jmhnomusa@iandcompany.co.kr)

저자는 성균관대학교 경영학과 및 동 대학교 EMBA를 졸업하였고, LG디스플레이(주) 노경협력팀에서 사내 노무사로 근무하였으며, 2007년부터 현재까지 노무법인 아이앤컴퍼니에서 부대표노무사로 근무하고 있다.

국내 유수의 대기업 및 중견기업, 공공기관, 외국계기업을 대상으로 노동법의 안정성과 HR의 효율성을 통합적으로 접근하는 프로젝트 및 자문을 주도적으로 수행해 왔으며, 중앙경제HR교육원, 한국인사관리협회, 전경련IMI경영원 및 각종 기업체 등에서 인사노무관리 관련 강의도 활발하게 하고 있다.

특히 근로시간 및 임금 관련 프로젝트와 강의에 풍부한 경험을 갖고 있다.